这才是北宋史

揭秘历史真相
走出戏说误区

余耀华 著

中国书籍出版社
China Book Press

词曰：

富贵沉浮都是梦，时光似电如风。人生何处不相逢。品茗侃俊杰，煮酒论英雄。

一百余年北宋史，是非成败皆空。何人慧眼辨奸忠？人心分曲直，都付笑谈中。

序

　　北宋始于宋太祖赵匡胤，亡于宋钦宗赵桓，历经九个皇帝，一百六十八年。

　　北宋历代帝王，有一代雄主太祖赵匡胤，有变法皇帝神宗赵顼，还有寻花问柳的风流皇帝徽宗赵佶，可谓冰火两重天。

　　北宋的名臣，文有范仲淹、欧阳修、司马光、王安石、苏轼等，可谓星光灿烂；武有杨家将、狄青等，可谓震撼古今；蔡京、童贯的奸佞，可谓遗臭万年。

　　本书以正史为经，野史为纬。

　　涉及的重大事件有：陈桥兵变、杯酒释兵权、金匮之盟、斧声烛影、澶渊之盟、庆历新政、王安石变法、乌台诗案、元祐更化、绍圣绍述、方腊起义、宋江起义、靖康之变等。

　　涉及的重要历史人物，除了北宋九位皇帝外，还有赵普、杨业、李煜、小周后、花蕊夫人、寇准、范仲淹、狄青、包拯、欧阳修、司马光、王安石、苏轼、范纯仁、蔡京、童贯、李师师、方腊、宋江、李纲、张邦昌、张叔夜等。

目 录 | Contents

第一篇　大宋开国

宋太祖

赵匡胤的大军返回汴梁城，把守城门的石守信、王审琦立即打开城门，放大军入城。先头部队的首领王彦升，带领铁骑，一马当先冲进城，在大街上正好与韩通相遇，大叫道："韩侍卫，快去接驾！新天子到了。"

一　陈桥兵变	/2
二　枪打出头鸟	/9
三　太后的遗嘱很怪	/19
四　赵普是个高人	/23
五　江山美人都可爱	/31
六　治国要用读书人	/41
七　筹备南方最后一顿大餐	/45
八　会写诗的不如会打仗的	/55
九　未了的心愿	/61

第二篇　非常即位

宋太宗

突然，大家听到赵匡胤似乎是在嘱咐赵光义什么。由于声音很低，断断续续，听不清楚说的是什么。过了片刻，见到寝宫内烛影摇红，或明或暗，好像是赵光义急步后退躲避。猛然，听到有斧子戳地之声。突然听到赵匡胤大声叫道："就让你好好地去干吧！"声音激动，颇为惨烈。

  一 皇位继承不合法   /68
  二 北方的诱惑   /74
  三 终于讨回了一点面子 /81
  四 阴谋家的较量   /88
  五 北方的邻居不好惹   /94
  六 血溅陈家谷   /100
  七 半部《论语》治天下   /107
  八 王小波川中起兵   /113
  九 最后的心愿   /116

第三篇 龙脉顺延

宋真宗

  赵恒不是长子，他的母亲也不是皇后，原本没有资格继承皇位。可是，当大哥疯了，二哥暴死之后，情况就发生了变化，因为疯子做不了皇帝，死人更不能做皇帝。这样，在剩下的几个皇子中，他成了最大，太宗皇帝在生前也确立了他的太子地位，轮到他来做皇帝了。

  一 来自北方的压力   /126
  二 益州兵变   /131
  三 边境在呻吟   /137
  四 战火在北方燃烧   /141
  五 澶渊之盟背后之秘闻   /147
  六 天书的闹剧   /155
  七 粉饰太平   /159
  八 投资美人，回报一个皇后 /165
  十 没有结局的争斗   /177

第四篇　守成之君

宋仁宗

赵祯即位时，年仅十三岁，还是一个孩子。皇帝没有长大，根本就没有能力处理军国大事。刘太后便成了宋朝第一个垂帘听政的皇太后。

刘太后的垂帘听政，是在争吵中开始的。在起草遗诏时，宰相丁谓和参知政事王曾为了遗诏中的一个字，发生了激烈的争吵。

一　皇帝没有长大　　　　　　　/184
二　人生何处不相逢　　　　　　/189
三　女人的折腾　　　　　　　　/195
四　狼烟在西北升起　　　　　　/202
五　疯猫戏病虎　　　　　　　　/207
六　敲竹杠　　　　　　　　　　/213
七　花钱买了个主子的身份　　　/219
八　积重难返，咽不下一剂猛药　/224
九　后院起火　　　　　　　　　/228
十　终于出了个狠人　　　　　　/234
十一　太子非亲生　　　　　　　/238

第五篇　短命王朝

宋英宗

皇帝的职位最令人眼热，由于皇位继承法的规定，真正有资格做皇帝的人并不多。为了取得皇位继承权，许多宗室子弟相互争斗，甚至骨肉相残。惟独赵曙是个例外，他不愿做皇帝，而且态度还非常坚决。仁宗皇帝立他为太子，他百般推辞，就是不肯上任，在众人的劝说下勉强走马上任后，也是做一天和尚撞一天钟，随时准备撂挑子。

仁宗皇帝死了，赵曙继承了皇位，但这不是他的本意，他是被人硬拽上皇位的。

一　匆匆撤去的帏帘　　　　　　/244

二　宏图未展　　　　　　　　　/248

第六篇　变法皇帝

宋神宗

　　赵顼降生在濮王府，他的父亲赵曙只是一个普通的皇室成员，却因为仁宗皇帝没有儿子，被选为皇位的继承人，便是英宗皇帝。从此以后，濮王子孙的命运发生了翻天覆地的变化。

　　英宗皇帝有三个儿子，赵顼是长子，无论是人品，还是学识，他都是最棒的，英宗皇帝去世之后，皇帝就轮到他来做了。

一　怪人王安石　　　　　　　　/254

二　谁点燃了火药桶　　　　　　/258

三　怪人掀起的风暴　　　　　　/262

四　帝王的决心　　　　　　　　/266

五　剪除异己　　　　　　　　　/271

六　拗相公　　　　　　　　　　/275

七　小人物掀翻了大宰相　　　　/278

八　朋友是最大的敌人　　　　　/283

九　乌台诗案　　　　　　　　　/289

十　破灭的梦想　　　　　　　　/293

第七篇　党争一朝

宋哲宗

　　皇太子赵煦，原名赵佣，是神宗皇帝赵顼的第六个儿子，母亲是朱德妃。

　　赵煦既非嫡出，也非长子，但是他的五个哥哥先后夭折，剩下的皇子中他的年龄最大。于是，在神宗皇帝升天之后，金銮殿上的那把交椅就轮到他来坐了。这一年，赵煦年仅十岁，还是一个孩子。

一　影子皇帝　　　/302

二　落花流水的新党　/305

三　戏言引发的战争　/312

四　闱帘悄然崩塌　　/317

五　疯狂的报复　　　/319

六　福薄的孟皇后　　/324

七　疯子章惇　　　　/327

八　丧命于纵欲过度　/333

第八篇　亡国之君

宋徽宗

端王赵佶，是神宗赵顼的第十一个儿子，哲宗赵煦的弟弟，依宗法礼制，皇帝这把交椅轮不到他来坐。然而，神宗没有子嗣，向太后力主，几位大臣附和，他才入主金銮殿，糊里糊涂地做了皇帝。

风流才子，错位做了皇帝，成为北宋的亡国之君。

一　昙花一现的清政　　　/338

二　蔡京弄权　　　　　　/346

三　谁点燃了导火索　　　/352

四　花石纲之祸　　　　　/358

五　谁是凶手？　　　　　/363

六　佞臣惑君　　　　　　/369

七　神秘的嫖客　　　　　/374

八　皇帝成了道教掌门人　/380

九　失败的外交　　　　　/386

十　方腊造反　　　　　　/392

十一　万金赎回一座空城　/402

十二　玩火　　　　　　　/411

十三　撂挑子　　　　　　/416

· 5 ·

第九篇　替罪皇帝

宋钦宗

　　赵桓在太子的位子上苦苦等了十四年，就是想坐上金銮殿上那把交椅，可是，当机会来临的时候，他哭了，坚决不当皇帝。因为他发现，金军已兵临城下，父皇是在撂挑子，留给他的，是一个百孔千疮的烂摊子，是一座即将爆发的火山，龙椅，就放在火山口上。但是，前任皇帝的禅位诏书已经下达，几位宰臣也都一致拥护，大家硬把他拽到金銮殿，按在那把至高无上的龙椅上，强行将龙袍披在他身上，他这个皇帝，做也得做，不做也得做。

一　被逼上皇位的皇帝　　　/426

二　城下乞盟　　　　　　　/430

三　窝里斗　　　　　　　　/439

四　铁蹄踏碎汴梁城　　　　/446

五　靖康耻　　　　　　　　/453

壹

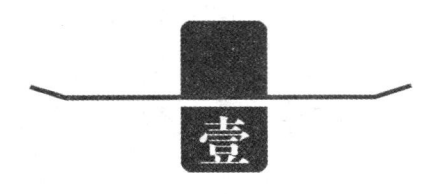

大宋开国

宋太祖

赵匡胤的大军返回汴梁城,把守城门的石守信、王审琦立即打开城门,放大军入城。先头部队的首领王彦升,带领铁骑,一马当先冲进城,在大街上正好与韩通相遇,大叫道:"韩侍卫,快去接驾!新天子到了。"

一　陈桥兵变

出征

显德七年（公元960年）正月初一，汴梁沉浸于一片节日的欢乐气氛之中，全城的官民都在尽情庆祝这一年一度的传统佳节，家家户户张灯结彩，张贴对联，爆竹声此起彼伏，到处喜气洋洋。

大道上，两骑马风驰电掣奔向汴梁城。路人见两骑跑得如此急促，眼里都露出惊异之色，暗自思忖，这个年恐怕又过不安宁了。马上的骑士，顾不得路人的惊恐神情，仍然快马加鞭，从北门入了汴梁城，直向宫城驰去。

刚继位的皇帝柴宗训还是一个孩子，值此新春佳节，他也和同龄的孩子一样，在一群太监、宫女的陪伴下，尽情地玩闹嬉戏。符太后坐在绣榻上，看着他们玩乐，十分惬意。

就在这个时候，宰相范质和王溥慌慌张张地跑进宫，向小皇上和皇太后奏报重大军情：镇州、定州飞骑传书，北汉刘钧勾结辽兵，兴兵南侵，声势甚大，请朝廷发兵增援。

皇帝柴宗训还是一个七岁的孩子，只晓得嘻嘻哈哈地玩耍，哪知道什么军国大事，符太后也是一个涉世未深的女子，封皇后不到一个月便成了寡妇，哪里见过如此阵式？一时间，小皇上和皇太后都吓呆了。

范质是个文弱书生，不懂带兵打仗。他只晓得先皇在的时候，每逢打仗，都是叫赵匡胤带兵，而且赵匡胤打仗百战百胜，叫人放心。他急忙向符太后建议说："殿前都点检赵匡胤智勇双全，勇冠三军，可命他为统帅；副点检慕容延钊骁勇善战，是一员悍将，可以命令他为先锋；再命各位将军会合，一同北征，都归赵匡胤调遣。这样一来，就能化险为夷了。"

符太后准奏，命赵匡胤会师北上，并让慕容延钊率军先行出发。

赵匡胤领旨后，立即对人员和部队进行了周密部署。赵普、高怀德、张令铎、张光翰、赵彦徽等随大军出征。石守信、王审琦留守汴梁。命先锋慕容延钊率领前军先行，开拔前线。他自己率领大军随后出发。

大队人马出城不久，京城突然谣言四起，百姓们沸沸扬扬地传说："出军之日，当立点检为天子。"谣言越传越广，似乎真的又要改朝换代了，闹得汴梁人心惶惶。

皇宫里并不知宫外之事，仍然风平浪静，好像什么也没有发生一样。皇宫与外界，本来就有一道墙，如果有人故意要封锁消息的话，那宫里可就与世隔绝了。

谣言到底从何而来，谁在暗中捣鬼？不得而知。大凡散布谣言的人，一定是别有用心，想必散布这个谣言的人，也是别有所图吧！

前队中有一个叫苗训的指挥使，他通晓天文，见天上的太阳出现重影，就对赵匡胤的心腹楚昭辅说："你看，天上太阳下面，还有一个太阳。"

楚昭辅仔细观察，果然看见日下有日，互相掩映，若隐若现，熔为一团黑光，过了一会儿，一个太阳消失了，天空仍然是一个太阳，而这太阳，比刚才两个太阳的光彩更加明媚，紫云环绕，绚丽多彩。

天上同时出现两个太阳，其实是日晕的一种特殊形式，叫幻日，是大气的一种光学现象。

楚昭辅问道："这是吉兆，还是凶兆？"

苗训神秘地说："这叫天命，先落下去的太阳代表大周，后落下去的太阳代表点检。"

楚昭辅问道："什么时候应验？"

苗训活灵活现地说："天象已现，应验就在眼前。"

赵匡胤率领大队人马出城之后，一路向北进发。令人奇怪的是，部队出城之时，似乎是风风火火；出城之后，行军速度却明显放慢，似乎并不急着赶路，好像在等什么，到下午太阳快要下山的时候，才走了四十多里路程，来到一个叫陈桥驿的地方。赵匡胤下令扎营，准备第二天早晨继续赶路。

陈桥驿，一个名不见经传的地方，即将发生一件惊天动地的大事件，使这个地名与中国古代的历史紧紧联系在一起，永载史册。

当天晚上，天空出现两个太阳的事情，迅速在军营中传开了。天上两个太阳，一个阳光灿烂，一个即将坠落，灿烂的是都点检、坠落的是幼主的谣言，迅速在军营中传开。

这时，从中军帐里走出了两个人，一个是赵匡胤的亲信郭延赟，一个是赵匡胤的亲信、归德节度使掌书记赵普。

郭延赟出了中军帐，回自己营中打个转，然后骑上快马，向汴梁方向绝尘而去。

赵普出了中军帐，四处转悠，不时找人聊上几句，有时神秘兮兮，有时慷慨激昂，走到哪里，哪里就是一片骚动。

陈桥兵变

都押衙李处耘的帐篷里，马军都指挥高怀德慷慨激昂地说："当今皇上还是一个小孩子，我们拼死拼活地去冲锋陷阵，挣下的汗马功劳，谁人知道？不如应天顺人，先立点检为天子，然后再去北征。"

李处耘说这是件大事，必须先禀明都点检后才好执行。好在点检的亲弟弟赵匡义也在军中，叫他先去摸摸底细，看点检的意思如何，再作处理。

众人马上找来赵匡义，向他说明了情况。赵匡义建议先同掌书记赵普商量。大家找来赵普，赵匡义将情况向他说了一遍。

赵普说，"点检作天子"之事已在军营传开，各营将士都齐集在营门口，甚至有人声言，如果点检不肯即位，大家就散伙各自回家种田去。

大家七嘴八舌地议论起来，李处耘见大家说得差不多了，就请赵普拿个主意。赵普似乎胸有成竹，向大家说出了自己的安排，然后手一挥道："今天夜里安排停当，明天早晨就可以行事，到时点检即使不允，也由不得他了。"

天刚蒙蒙亮，众将冲着中军帐高呼万岁。守门卫兵制止说，点检还没有起床，请大家不要高声喊叫。

有人对卫兵说，今天大家要拥立点检为天子。只见赵匡义拨开众人，径直走进中军帐，告诉赵匡胤，说众将在帐外等候了一夜，欲拥立赵匡胤做皇帝。

"这怎么可以？"赵匡胤推辞道，"众将欲图富贵，陷我于不义，这情有可原；你是我的亲弟弟啊，怎么可以这样做呢？"

赵匡义回答道："话不能这样说。古有明训：'天与不取，反受其咎。'请兄长不要顾虑重重。从前曾有老僧赠兄偈语，内有'两日重光，囊木应谶'，这两句话，现在已经应验，有何不可为呢？况且，三军归心，都说点检如不从拥立之言，情愿回家种田。如果将士就此散去，兄长岂不是成了有罪之人吗？兄长不妨就做了天子吧！"

赵匡胤似乎还是有些犹豫不决，于是说道："等我出去看看，再作打算。"

赵匡胤刚刚走出帐篷，众将齐声高呼："三军无主，愿拥戴都点检为天子！"

"不行！不行！"赵匡胤推辞说，"大家还是选有德的人来当天子吧！"

正在这个时候，高怀德手捧了一袭黄袍，上前就要披在赵匡胤的身上。赵匡胤正欲穿上这袭黄袍时，突然有一个人挤上前挡在他们两人中间，冲着高怀德说："干什么？你要陷都点检于不义吗？"

这个人正是赵匡胤的亲弟弟赵匡义。

"我怎么是陷点检于不义呢？"高怀德冲着众人问道，"点检为天子，是人心所向，你们说是不是？"

"点检为天子！点检为天子！"众人异口同声地大声喊叫。

赵匡胤先是一愣，心里想，刚才是你请我出来做天子的，怎么突然又出来捣乱了？略一思索，恍然大悟，立即冲着众人一拱手道："事关重大，怎么能够如此仓促？况且，我世受国恩，怎么能够妄自尊大，做这种不仁不义之事呢？"

赵普大声说道："天命所归，人心所向，明公如果再要推辞，反而是上违天命，下逆人心。如果要为周家着想，以后善待幼主、优待太后就是了。这样，也算是善始善终，不负先皇。"

说到这里，众将士将赵匡胤拥上马。

赵匡胤还是不放心，拉住马的缰绳，对大家说："我有号令，你们大家都听从吗？"

所有的人都跪下了，齐声回答愿意服从命令。

赵匡胤又说："周主和太后，我当北面事之，你们不得冒犯；各位大臣，不得欺凌；朝廷的库藏、百姓的家里，不得侵扰。这些你们都做得到吗？"

众将回答："做得到！"

赵匡胤正色道："如果服从我的命令，以后必有重赏，否则，不但要按军法从事，还要祸及妻儿，绝不宽贷。"

众将全都拜伏于地，声称愿意服从命令。

赵匡胤命部众返回汴京。

大军自仁和门进城，秋毫无犯。赵匡胤派楚昭辅、潘美两人先行，潘美的任务是将"点检为天子"的事情通报汴梁的宰辅们，楚昭辅则是去安顿赵匡胤的家人，以防有人浑水摸鱼，害了家人性命。

陈桥兵变，赵匡胤黄袍加身。看似一场兵变，细想起来，却是一个天大的阴谋。理由有三：

其一，明明是率兵出征，怎么又自行返回？此后也没有这次外敌深入的记载，有可能从头开始，外敌入侵的消息就是假的。

其二，本来，众将找赵匡义是叫他去向赵匡胤说明众将拥戴他为皇帝这件事，赵匡义请赵普来，也是这个意思。然而，这两人根本就没有进帐向赵匡胤说明情况，而是直接安排大家在帐外守候到天亮，待赵匡胤出帐，见面就呼万岁。赵匡胤也并没有惊讶之色，谁敢说，他不是胸有成竹呢？

其三，行军途中，哪来现成的黄袍？即使现做，就是用纸糊，也要费一番功夫。如果说这件黄袍是真的，那就不是现做的，而是事先有人准备好了。

陈桥兵变的整个过程，就像是在做戏，诸多疑点，不得不使人问一个为什么。如果说是一场戏，谁是导演？谁是主角？虽然各人心里似乎都有数，但也只能是凭着蛛丝马迹去揣测，谁也拿不出证据。

回师汴梁

汴梁城的皇宫里，符太后已经知道了陈桥兵变的消息，她伤心地责问宰相范质，赵匡胤是他推荐的，怎么在陈桥驿发动了兵变？

范质也是有苦说不出，敷衍了几句后，借口去劝说赵匡胤，便抽身出了皇宫。

符太后也流着泪返回后宫。

范质退出朝门，正碰上王溥，范质上前握住王溥的手，叫苦不迭："仓促之间遣将，竟然出现了这样大的乱子，这都是我们的过失，该如何是好？"

王溥闭口无言，忽脸露痛苦之状，口里呻吟起来。范质关心地问："王相公，怎么了？"

王溥看着自己的手，痛苦之状不减反增，范质一见，慌忙松手，并连声道歉。原来，范质因紧张过度，手握得过紧，指甲深深陷进王溥手背的皮肉中，已经渗出血来了，故而王溥疼痛难忍。

正在这时，侍卫亲军副都指挥使韩通慌里慌张地从宫中出来，见范质、王溥二人站在那里说话，焦急地说："叛军就要到了，你们怎么还有闲心聊天呀？"

范质愤然说道："兵来将挡，水来土掩，京城之中，还有禁军。你们赶快进宫请旨，调集全城兵马守卫，再传檄文到各镇，命令各镇节度使赶往京师勤王。镇帅之中，也有忠义之士。如果他们连夜赶来，协力讨逆，不愁叛贼不灭。"

范质说叛军马上就要进城了，叫各镇节度使勤王，那是远水救不了近火，说了等于没说。

"那你们就去请旨，我去召集禁军。"韩通说罢，匆匆忙忙地走了。

范质与王溥正在犹豫，忽见有人来报，说叛军前队已经进城。二人急得团团转，不知如何是好。

赵匡胤率大军返回汴梁，把守城门的石守信、王审琦早就得到郭延赟送回的指令，立即打开城门，放下吊桥，迎接大军入城。

先头部队的首领王彦升，率领铁骑，一马当先冲进城，在大街上正好与韩通相遇，大叫道："副都指挥使，快去接驾！新天子到了。"

韩通大骂道："接什么鸟驾！哪来的鸟天子？你们贪图富贵，卖主求荣，一班叛军，大逆不道，我韩通可不是叛逆之人，等着吧！我一定要率禁军消灭你们！"说罢，穿小道飞马赶回家去。

王彦升也是个性情残暴之人，哪里受得了这样的恶气，听到韩通的叫骂声，气得三尸魂暴跳，七窍孔生烟，拍马紧追上去。韩通跑到自家门口，正欲叫门，不防王彦升驱马赶到，手起刀落，将韩通砍死在门口。王彦升见韩通已死，一时杀得性起，索性闯进韩通的家里，杀了韩通的妻儿，然后再去迎接赵匡胤。

赵匡胤率领大军，从明德门入城，命令将士一律归营，自己回到殿前司衙门。

受禅帝位

散指挥都虞候罗彦瓌等人拥着范质、王溥来到殿前司衙门。

赵匡胤见了他们，痛哭流泪地说："我受世宗厚恩，被大军逼到这个地步，真是无颜以对天地啊！"

范质正欲答话，罗彦瓌突然拔剑在手，厉声喝道："天下无主，大家议立点检为天子，哪个再有异议，我的宝剑可不留情！"

王溥吓得面如土色，连忙伏地跪拜。范质也是一个聪明人，心知大局已定，如果想改变这个事实，那无疑就是找死。识时务者为俊杰，范质连忙跟着跪下参拜新的皇帝，冲着赵匡胤口呼："万岁！"

赵匡胤连忙下阶扶起两人，好言抚慰一通。范质便问他如何处理幼君。

"请幼主效法尧禅舜之事，将皇位禅让给点检。"赵普代为回答说，"以后善待于他，绝不负周室。"

赵匡胤说:"我早已下令军中,不许侵害太后和幼主。"

范质、王溥虽然是宰相,但都是一介书生,刀架在脖子上,哪敢说半个不字,战战兢兢地说愿意效劳,接着准备去安排受禅仪式。

赵匡胤也对他们允诺,只要他们办好了事,绝不会薄待他们。

当天下午,范质、王溥将文武百官召集到朝堂,分左右站立。过了一会儿,石守信、王审琦等簇拥着赵匡胤从容登殿。

禅位仪式开始了,赵普突然发现,竟然没有准备禅位诏书。

禅位仪式,没有禅位诏书,这可是一个天大的笑话,不知是范质、王溥二人故意要看赵匡胤闹笑话呢,还是慌中出乱,出了差错。好在有一个人及时弥补了这个过失,这个人就是翰林承旨陶谷,只见他从袖中取出禅位诏书,交与礼官宣读。

随后,宣徽使昝居润引赵匡胤退至北面,拜受禅位诏书。

马上有人上前替赵匡胤戴上皇冠,穿上衮龙袍,拥至崇元殿,坐上了只有皇帝才能坐的那把龙椅,接受文武百官的朝贺。

赵匡胤正式登基做了皇帝,从此,天下换了主人。

赵匡胤做了皇帝,成了天下的主人;天下的事,自然得由他做主。他当了皇帝后,要做的第一件事就是定国号。天下换了主人,国号当然也要改一改了。因为他曾经担任过归德军节度使,属地在宋州,故取宋州的"宋"字,称新朝国号为"宋",年号定为建隆。

宋朝开国第一年为建隆元年,也就是公元960年。

第二件事是取消周主的帝号,改封为郑王,符太后改称周太后;并安排人将他们从皇宫中迁出,搬到西宫去住。周室宗庙,仍然派人守护,按时祭祀。

然后是大封拥戴他成为皇帝的功臣:石守信为归德节度使、侍卫马步军副都指挥使;高怀德为义成军节度使、殿前副都点检;张令铎为镇安节度使、马步军都虞候;王审琦为泰宁节度使、殿前都指挥使;张光翰为江宁度使、马军都指挥使;赵彦徽为武信军度使、步军都指挥使;提拔慕容延钊为殿前都点检、昭化军度使、同中书门下二品;赐赵匡义为殿前都虞候,因避赵匡胤匡字之讳,改名光义;赵普为右谏议大夫,枢密直学士。

范质、王溥两人,仍然为宰相。其余一众攀龙附凤的人员,大大小小,都论功行赏,给他们一个相应的官做,表示不忘功臣。

传说华山隐士陈抟老祖,听说赵匡胤这天受禅代周做了皇帝,拍掌大笑道:"天下从此太平了!"百姓听了他这一句话,更加相信赵匡胤是真命天子,大家心里都很高兴,期盼着今后能过上好日子。

二　枪打出头鸟

有人不服

赵匡胤陈桥兵变，夺取了后周天下，面对新的政权，后周旧臣中识时务者俯首称臣，但也有不甘心俯首听命于赵匡胤的人，特别是那些手握兵权的将领。周世宗去世后，想做皇帝的何止赵匡胤一个，只是赵匡胤捷足先登罢了，但这并没有打消那些人想做皇帝的念头，他们仍然在做皇帝梦。

驻潞州的昭义军节度使李筠就是这样一个人，赵匡胤做了皇帝，他很不服气，率先发难。

李筠是太原人，勇健有力，善于骑射。历任后唐、后晋、后汉三朝将校，后周立国，屡立战功，被郭威视为创业功臣之一，官授昭义节度使。

李筠是一个性格复杂的人，既飞扬跋扈，又有些优柔寡断，谁都不放在眼里，甚至连朝廷派去的监军他也敢关起来。在辖区内恃勇专恣，任意截留本应上缴朝廷的赋税，周世宗在世的时候也要让他三分。

如此一个专横跋扈的赳赳武夫，怎么可能甘心俯首听命于赵匡胤呢？

赵匡胤知道李筠不是一个好剃的头，做了皇帝后，下旨加封李筠为中书令。中书令是宰相里的最高级别。以节度使兼宰相衔，称为使相，虽无宰相实权，却是武臣至高无上的荣誉。

李筠根本就不领情，拒不接旨，将传达圣旨的使臣晾在一边。朝廷的使臣进也不是，退也不行。幸亏身边的谋士极力劝说，李筠才勉强接了圣旨。

晚上宴请使臣，酒过三巡，李筠突然命人取来周太祖郭威的画像悬挂在大堂上，手捧一杯酒倾在地上，大哭地说："先帝啊！你在世之日，是何等英勇神武。如今臣不能保护幼主，完成你未竟的大业，臣对不起你呀！"

酒筵上的气氛陡然紧张起来，奉命陪酒的官员们面面相觑，显得很尴尬。几个幕僚出来打圆场，说令公喝醉了，酒后失态，请使臣不要见怪。

使臣回京后，向赵匡胤如实地作了汇报。

赵匡胤淡淡一笑，冷冷地说："天作孽，犹可恕。自作孽，不可活！"

北汉主刘钧听说李筠对赵匡胤不是很服气，派人给李筠送来一封蜡书，约李筠一同举兵攻打大宋。

李筠正要举兵反宋，长子李守节进谏说："潞州乃一隅之地，难与大宋为敌，不可轻举妄动。"

李筠生气地说："你知道什么？赵匡胤欺负先皇孤儿寡母，发动兵变。废少主，幽禁太后，这是大逆不道，伤天害理。我能向这样的乱臣贼子俯首称臣吗？我要为周室讨个公道，死而无憾。"

李守节哭着劝道："父亲要伸张正义，也要有个万全之策，依孩儿之见，不如将北汉的来书送往汴梁，赵匡胤见我们如此忠心，当然不会起疑心，我们再暗中准备，伺机而动，打他个措手不及。"

李筠觉得这个主意很好，便派李守节亲自将北汉刘钧的书信送往汴梁。但是他一意孤行，不听儿子的劝告，反宋之心愈急。

赵匡胤得知消息后，立即召见李守节说："你父亲反情已现，你就留在汴梁抵罪吧！"

李守节拜倒在地说："臣劝过父亲，叫他不要生异心，陛下若放臣回潞州，臣将会极力劝阻父亲弃邪归正，归顺朝廷。"

"好！"赵匡胤不假思索地说，"朕知道你不像你父亲，现放你回去，告诉你父亲，朕没有做天子的时候，他可以自由行动，朕既然做了天子，他就得守臣节，不可轻举妄动，如不识时务，公然与朝廷为敌，必将是死路一条。"

李守节回到潞州，发现这里早已是弓上弦、剑出鞘，大战的气氛弥漫在每一个角落。他急忙赶到父亲官邸，苦苦劝阻。

李筠是个犟驴子脾气，铁了心要反宋，谁也阻挡不了，不但不听儿子的劝告，反而将儿子臭骂一顿。李守节大哭而去。

李筠向天下发布檄文，历数赵匡胤的罪状，说他起兵反宋，并不是与赵匡胤有什么个人恩怨，而是赵匡胤从孤儿寡母手中谋夺了后周天下，他要为周世宗的后代讨回一个公道。接着，他将赵匡胤派到潞州的监军周光逊五花大绑，派人送往北汉交给刘钧，作为觐见之礼，请他派兵前来助战，共同攻打汴梁。

北汉援军还没有到，李筠的军事行动就开始了。他派兵袭击泽州，杀死了张福。

李筠手下有个幕僚叫闾丘仲卿，此人对兵法颇有研究，头脑也很冷静，向李筠献计说："潞州孤军起事，非常危险，虽然有北汉援师，恐怕也不是大宋的对手。不如西下太行山，守住洛邑，向东以争天下，这才是上策。"

李筠刚愎自用，不但没有采纳闾丘仲卿的建议，反而还沾沾自喜地说："我是周朝老臣，与周世宗义同兄弟，禁卫军中很多人都是我过去的部下，知道我起兵讨逆，一定会倒戈归我。"

闾丘仲卿见李筠固执己见，默然退出。

北汉皇帝刘钧接到李筠请求信，决定挥兵南下，会同李筠攻打汴梁。有人对他说，李筠举事轻浮，不足以成大事，倾举国之兵贸然与宋宣战，是很危险的。刘钧不听，率兵南来，李筠迎接到太平驿，向刘钧行跪拜之礼。

刘钧受了李筠的跪拜礼，封李筠为平西王，并赏赐三百匹战马。

李筠为刘钧摆酒接风，筵席间，李筠说自己世受周室厚恩，无以为报，赵匡胤是个卑鄙小人，欺负人家孤儿寡母，谋夺了周室天下，心里不服，故而起兵反宋。

李筠是一个没脑子的赳赳武夫，他忘却了一个基本常识，就是北汉与后周有不共戴天之仇。周太祖郭威夺走了后汉江山，刘家的两任皇帝，一死一废。周世宗指挥的高平之战，更是让刘钧刻骨铭心。如此一来，平平常常的一句话，引起刘钧极大不快，并对李筠的忠心产生怀疑。于是，他将宣徽使卢赞派到李筠的队伍中任督军，监督李筠。

李筠见刘钧给自己派了个督军，心里很不舒服，认为是不相信自己，在返回潞州途中与卢赞发生摩擦。卢赞将这件事情密报给刘钧。

刘钧派人前来替他调解矛盾。李筠心里终究还是不舒服。只是箭在弦不得不发，只好命儿子李守节留守潞州，自己率兵南下。

去死吧！

李筠是第一个站出来公开与赵匡胤叫板的人。

赵匡胤不但没有惊慌，反而非常平静。他知道自己做了皇帝，不服气的人很多，李筠只是第一个站出来罢了。

赵匡胤要杀一儆百，枪打出头鸟。他命令石守信为统帅，高怀德为副帅，率兵北上。

赵匡胤久经沙场，对战事显然是胸有成竹，他命令石守信、高怀德统帅前军，由孟津北渡黄河，昼夜兼程，直插太行山。临行前再三叮嘱，大军渡过黄河后，要快速前进，扼守险要，不要放李筠西下太行；还告诉他们，他将命慕容延钊、王全斌从东路出兵，与西路军遥相呼应，叫李筠插翅难飞。

赵匡胤率军亲征，李筠一败再败，退守泽州，急得不知如何是好。侍妾刘氏劝李筠投降。李筠哭丧着脸说："降是死，不降也是死啊！"李筠绝望了，他将自己关在屋里，点了一把火，自焚而亡。

北汉刘钧听说赵匡胤御驾亲征，潞州被宋军攻克，李筠举火自焚，早已吓破了胆，连夜拔寨起兵，逃回北汉去了。

潞州李守节得知泽州兵败，宋军大举来，不敢拒战，在宋军抵城之日，献城投降。

赵匡胤见李守节诚心归降，赦他无罪，并命他为卓州团练使。

赵匡胤的缓兵之计

赵匡胤御驾亲征，打出头鸟，逼得昭义军节度使李筠举火自焚，本是想杀一儆百，叫那些不服新朝的人死了那份贼心，谁知仍然还有一只不怕死的鸟，再次往枪口上撞。这个人就是淮南节度使李重进。

李重进是周太祖郭威的外甥，出生于太原，历经晋、汉、周三朝。后周末期，他出任淮南节度使，镇守扬州。赵匡胤做了皇帝后，即降诏加封为中书令，下令将他从扬州调往青州。

后周时期，李重进与赵匡胤的职务一样，都是节度使，分掌兵权。赵匡胤篡夺后周天下做了皇帝后，李重进心里很不痛快。

李筠反宋的消息传到扬州，李重进便派亲信翟守珣到潞州同李筠联络，准备共同起兵，南北夹攻。

翟守珣是赵匡胤的旧知，受李重进之命去潞州联络李筠，出扬州之后，并未去潞州，而是去了汴梁，将李重进的阴谋和盘托出。

赵匡胤得知李重进要反，心里就打鼓了，如果李重进与李筠同时起兵，朝廷腹背受敌，就要被迫南北两线作战，这对于刚刚建立的新朝来说，是一件很为难的事情。考虑再三，决定先稳住李重进，待打掉李筠后，再收拾李重进。于是对翟守珣说："李重进想造反，无非是怕朕加罪于他，因此才起异心。朕赐他铁券，保证绝不加害于他，他能回心转意吗？"

翟守珣摇摇头说："李重进对皇上坐天下不服气，终究会有异志，还是防着点好。"

赵匡胤说："朕与你相识多年，你不忘旧情，前来向朕报告这个秘密。朕很高兴。现在潞州李筠已经反了，朕要率兵到潞州平叛，但又担心李重进背后捅刀子。朕派人去淮南，赐李重进铁券，先稳住他，请你速返扬州，想办法劝说他，即使不能阻止起兵，也要想办法延缓他反叛的时间，等朕平定李筠之后，腾出手来再收拾他。"

翟守珣领了赵匡胤的旨意，返回扬州。

翟守珣返回扬州见李重进，口吐莲花，编了一大堆谎言，说潞州李筠底气不足，士气不振；北汉援军不足万人，驻扎在太平驿，似乎在隔岸观火，隔山观虎斗，李筠进军汴梁，同朝廷叫板，毫无胜算；并劝说李重进不要急于起兵，先静观时变，如果李筠稳操胜券，再举旗响应，如果取胜无望，则按兵不动。这样进可攻，退可守。如轻举妄动，一旦事败，将会殃及自身，连回头的机会都没有了。

李重进是一个优柔寡断的人，遇事常常举棋不定，听了翟守珣一席话，居然信以为真，居然按兵不动，真的坐山观起了虎斗。

李重进想的是鹬蚌相争，渔人得利，但却忘了唇亡齿寒的道理，白白地错过了与李筠联合进攻汴梁的良机。他焦躁地等候潞州的军报，等来的却是李筠兵败身亡、北汉撤军的消息。

赵匡胤为了稳住李重进，在出征潞州之前，派陈思诲到扬州，赐给李重进铁券。

铁券，就是免死金牌，有了它，不论犯了什么罪，都可饶恕。李重进留住陈思诲，说是等皇上回京之后，和他一同入朝。

赵匡胤平定潞州叛乱回朝后，李重进心中颇生惧意，打点行装，准备同陈思诲一起入朝面君。

可他经不住左右劝说，又改变主意，下令拘禁了陈思诲，再派人给南唐送信，请求南唐李璟出兵联合攻宋。

李重进太天真，也太不了解李璟的为人。

自从周世宗柴荣收复江北、淮南诸州后，南唐国势一落千丈，成了后周的附庸国。赵匡胤受禅建立宋之后，李璟马上派使者到汴梁，呈上御服、锦绮、金帛以示祝贺，信誓旦旦地表示，要像事奉周室一样，臣服于宋。

现在的南唐主李璟，能保住江南国土，做一个苟且偷安的小国主，就已经很满足了，哪里还有称王称霸的野心呢？更不会出兵援助李重进，引火烧身。

李重进将赌注押在这样一个懦弱之主的身上，注定了他的叛乱要以失败告终。

南唐主李璟派人到汴梁，祝贺宋军平定李筠的叛乱，顺便将淮南节度使李重进的信交给赵匡胤。目的只有一个，讨好赵匡胤。

从这封信转到赵匡胤手中的那一刻起，李重进的丧钟就敲响了。

赵匡胤看完信，当着南唐使臣的面夸赞李璟的忠心，并叫他回去转告李璟，守住各处关隘，不要让叛军进入南唐地界，朝廷即刻就要发兵平定淮南。

南唐使者领命走了之后，赵匡胤立即召见赵普，商量李重进叛乱之事。赵普自平定潞州叛乱以后，已升任兵部侍郎，充枢密副使，成了赵匡胤的首席谋臣。

赵普审时度势地说，李重进虽然凭恃长江、淮河之险与朝廷为敌，但凭淮南的兵力，很难与朝廷相抗衡。为了不使反叛之火蔓延，助长恶势力，他建议，要集中兵力，迅速平定李重进的叛乱。

赵匡胤采纳了赵普的建议，决定立即发兵南下，消灭李重进。

赵匡胤立即召见石守信、王审琦、李处耘、宋偓四将，对他们说，自己念在李重进是周太祖之甥，周室的至亲，是昔日在战场上并肩作战的战友，做了皇帝后，派遣陈思诲去淮南，赐给他铁券，表示绝不加害于他。不想李重进不思感恩，反而密约南唐主李璟图谋叛乱。如果不迅速消灭他，便是养痈成患。因此，命令他们四人，分别率领精兵，日夜兼程赶往扬州，形成合围之势，一举歼灭叛逆。并嘱咐他们，作战一定要勇猛，切不可大意。

四将领旨而去。

平定淮南

李重进一边加紧备战，一边等待着南唐的援军。不想南唐的援兵未到，大宋军队却大兵压境。李重进大惊失色，一时倒没了主意，急对众将说，唐兵还没有动静，宋军却已南来，如何是好？如何是好？

李重进心里发慌，只好硬着头皮上了，派部将出城迎击宋军，自己则坐镇扬州城。

李重进心神不定，总觉得要出事，忽见探马来报，说宋军主将是石守信、王审琦、李处耘几个狠人，派出的部众全军覆没。

李重进吓得面如土色。正在这时，又闻城外鼓角齐鸣，喊杀之声震耳欲聋，探马来报，说宋主亲自率领兵马，已经杀到了城下。

李重进登上城楼，见城外四面八方兵士如蚁，矛戟如林，绵延数里，遍地都是宋兵。大宋皇帝赵匡胤金盔金甲，张华盖，骑骏马，在众将的簇拥下，正在指挥宋军攻城。李重进的心彻底凉了，长叹一声，下了城楼。

李重进回到军帐，对左右说："扬州城破在瞬间，我是周室旧臣，决心以死报主，你们没有必要再待在这里，快快各自逃命去吧！"

有人建议杀掉陈思诲，李重进说："我已是要死之人，何必要再杀人呢？"说话间，宋军攻城的势头更加猛烈。

"城马上就要攻破了，你们快逃命去吧！"李重进说罢，命家人取来薪柴架在一起点燃，李重进一家数口，顿时化为焦骨。赫赫有名的一镇节度使，就这样怀着恐惧心理举火自焚，到黄泉地府见他的旧主人去了。

李重进举火自焚，城中已是群龙无首，哪里还有人守城？宋军兵不血刃，长驱直入，进了扬州城。

赵匡胤进城后，派人寻找陈思诲，发现他已死在狱中，于是命人厚葬他；又命人寻访到翟守珣，论功行赏，授翟守珣殿直之职，不久又改任供奉官。

赵匡胤算是一个仁者，不忘那些对新朝有功之人。

南唐李璟得知赵宋皇帝御驾亲征扬州，且已平定李重进之乱，特地派使臣带上酒、肉、粮食到扬州犒劳宋军，并派遣自己的儿子从镒代表他到扬州朝拜宋天子。

赵匡胤笑纳了南唐的贡品，对南唐使臣抚慰一番，但他心里所想，已不仅仅是南唐的贡品，而是南唐的整个国土了。

赵匡胤就要班师回朝了，淮南这块富庶之地，凭江淮之险，又临近南唐，是一个战略要地，叫谁来署领？他将所有的人排了排，最后选定李处耘留守扬州。

李处耘是陈桥兵变的策划人之一，平定李筠叛乱、征伐扬州李重进都立了汗马功劳，是赵匡胤的亲信近臣，可见赵匡胤对淮南极为重视。

平定了二李之乱，大宋恢复了后周鼎盛时期的版图。

哥们儿，歇了吧！

二李伏诛，藩镇归心，赵宋王朝进入了一个四海升平、万民乐业的和平时期。

但赵普心中仍存担忧，他向赵匡胤奏道："禁军大将石守信、王审琦两人兵权太大，还是把他们调离禁军为好。"

赵匡胤说："你放心，石守信、王审琦、慕容延钊这些将帅都是朕的老朋友，与朕同甘苦，共患难，都是赤胆忠心的人，他们不会反对朕，你也不要太多虑。"

赵普说："臣并不担心他们叛变。但是据臣看，这几个人都没有统帅的才能，管不住下面的将士。有朝一日，下面的人闹起事来，只怕他们也身不由己呀！"

赵匡胤点点头，思索半天后说："朕微服私访，不是出来逛风景，也不是出来喝花酒。正因为国家初定，人心是否归顺朝廷尚不得而知。朕心里很担心这个问题，所以要私行察访，一刻也不敢懈怠。"

赵普建议道："如果将大权收归天子，他人不敢觊觎，这样，天下自然就太平了。"

赵普这是在暗谏皇上要集权。

建隆二年（961年）闰三月，赵普终于看到赵匡胤有所行动了。

赵匡胤诏令撤销慕容延钊殿前都点检一职，调任山南节度使，从此以后，不再设"殿前都点检"这个职位；罢免韩令坤侍卫都指挥之职，改任节度使。

慕容延钊、韩令坤都是赵匡胤在洛阳时的朋友，算得上铁哥们儿。赵普见皇上终于开始行动了，心里暗自庆幸，谁知此后又是风平浪静，一切没有了下文。

赵普心里虽然着急，可也不敢再去问，因为他还摸不透赵匡胤葫芦里到底卖的是什么药，害怕触犯圣怒，自讨没趣。

赵匡胤是个城府很深的人，他之所以稍动即止，用意正是投石问路，他想看一看，群臣对这件事有什么反响。三个月过去了，一切风平浪静，没有人提出异议，甚至连风凉话也没有听到一句。

夏末秋初的一天，赵普被皇上召至御花园，坐在凉亭内品茶赏花。侍奉太监沏好茶后退了下去。凉亭之内只有他们君臣二人。

赵普见皇上今天单独召见，连侍奉太监也不要，知道有重要的事情商量，但皇上没有开口，他也不便询问，端起茶杯，静静地品茶，只等赵匡胤开口。

赵匡胤放下茶杯，带着询问的口吻对赵普说："自从唐朝末年以来，换了五个朝代，没完没了地打仗，不知道死了多少老百姓。这到底是什么道理？"

赵普没有想到赵匡胤要问这样一个问题，并没有马上回答，端起茶杯呷了一口茶，借这个短暂的时间，在头脑里飞快地理了一下头绪，然后说："李唐自高祖、太宗皇帝开创大业，坐了三百余年天下。历任君王都是励精图治，慎于守成，才出现了大唐盛世。但自天宝以后，藩镇作乱，狼烟四起，终使大唐王朝走向终结。进入连年混战的五代时期，五十三年中，王朝五更，帝易六姓，历十三君，各王朝长者十五六年，短者三年即告灭亡。其之所以短命，原因在于骄兵悍将恣行，藩镇专横跋扈，动辄兴兵作乱，篡夺皇位。二李之乱，也是拥兵自重，故而藐视天威，敢冒天下之大不韪。"

赵普的分析，切中要害而又透彻分明，正是赵匡胤近来所想而要引出的话题。他频频点头，询问道："朕现在想消弭天下之兵，树立长治久安之计，使百姓安居乐业，应该从何入手？"

赵普深深地吸了一口气，理了理头绪，胸有成竹地说："五代数十年之乱，就是因为藩镇的权力太大，从而出现君弱臣强的局面。要想免除以前的祸乱，当务之急，就是要反转其道，削夺藩镇之权，制其钱谷，收其精兵。这样，天下就安定了。这件事，臣去年就向陛下说过的。"

"制其钱谷，收其精兵"，就是剥夺地方藩镇的财权，收回藩镇的兵权，由朝廷统一管辖和指挥。

几句话，犹如一道闪电，在赵匡胤眼前闪过，犹如一道惊雷在赵匡胤耳边响起。他顿时心领神会，点点头笑道："朕知道了！心急吃不了热豆腐，慢慢来吧！"

几天来，赵普关于"藩镇太重，君弱臣强"的提醒和"削夺藩镇之权，制其钱谷，收其精兵"的对策，一直在赵匡胤脑子里萦绕。毫无疑问，这一对策，是今后强化皇权、厉行专制、息天下之兵的纲领。

建隆二年（公元961年）七月的一天晚上，赵匡胤在皇宫里举行宴会，请禁军将领石守信、王审琦、高怀德、张令铎等几位老将军喝酒。酒过三巡，赵匡胤命令在旁侍候的太监全都退出去。他拿起一杯酒，先请大家干了杯，认真地说："朕要不是有你们帮助，也不会有现在这个地位。但是，做皇帝也有做皇帝的难处啊！就拿朕来说，做了皇帝，还不如做节度使自在。不瞒各位说，一年来，朕就没有睡过一夜安稳觉。"

石守信听后十分惊奇，连忙问道："陛下还有什么忧虑呢？"

赵匡胤微笑着说："朕与各位都是哥们儿、老朋友，不如直说吧，皇帝这个位子，谁不眼红呀？"

石守信等人听出皇上话中有话，慌忙跪下说："陛下为什么说这样的话？现在天下已经安定了，谁敢对陛下生异心？"

赵匡胤摇摇头说："你们几个当然没有野心，如果部下将士中有人贪图富贵，暗中怂恿你们，把黄袍硬披在你们身上，那也就由不得你们了。"

石守信等人都冒出了一身冷汗，皇上的话分明是怀疑他们有夺位之心，他们都知道，做臣子一旦被猜忌，后果是很严重的。于是，他们齐刷刷地跪在地上，不住地磕头，请求皇上给他们指引一条明路。

赵匡胤见时机成熟，抬抬手说："你们都起来，朕有几句知心话要对你们说。"

石守信等人忙叩头谢恩，起来坐下，眼巴巴地看着赵匡胤，恭听圣谕。

赵匡胤直截了当地说："人生如白驹过隙，几十年光阴转眼就过去了。谁也不能长生不老，所贪图的不过是多积蓄一些金银、日子过得快活一些罢了。朕替你们着想，你们不如交出兵权，歇了吧！到地方上去做个闲官，买点房屋，置点田产，给子孙留点家业，快快活活地颐养天年。这样，我们君臣之间毫无猜嫌，不是更好吗？"

众人诺诺连声，都说皇上说得有理。

赵匡胤接着说："朕还想和你们联姻，永结秦晋之好。君臣之间，既是皇亲，又是兄弟，彼此无猜疑，上下相安，这样不是更好吗？"

石守信等齐声说："陛下讲交情，给我们想得太周到了。我们都很乐意。"

酒席一散，大家各自回家。

第二天上朝，石守信等人都递上一份奏表，说自己年老多病，请求辞职，告老还乡。

赵匡胤马上照准，收回了王审琦、高怀德、张令铎的兵权，赏给他们一大笔财物，打发他们到各地做节度使去了。第二年，石守信也罢落军职，出就大藩去了。

历史上把这件事称为"杯酒释兵权"。释，就是解除的意思。

赵匡胤是厚道的，他没有采用汉高祖刘邦屠杀功臣的做法，而是在酒桌之上，一杯酒就说服了这些开国元勋，用赎买政策，罢免了他们的职务，收回了他们的兵权。

在中国历史上，从来没有过开国皇帝和开国功臣之间以这么完美的结局收场。赵匡胤的这一做法虽然很难说是绝后，但绝对是空前的。这对于皇帝和功臣，可以说是一个皆大欢喜的结局。

赵匡胤是一个言而有信的人，并没有忘记"永结秦晋之好"的许诺，除了高怀德已经做了他的妹夫以外，将大女儿昭庆公主嫁给王审琦的儿子王承衍；还将二女儿延庆公主嫁给石守信的儿子石保吉，并封石保吉为左卫将军、驸马都尉。赵匡胤的三弟赵光美则娶了张令铎的女儿为夫人。

被解除兵权的众将军，既感激皇上让他们长保富贵，以终天年，又敬皇上言而有信，一诺千金，大家都与皇帝做了亲家，情绪自然也就稳定了，虽然没有了实权，但心里并没有怨言。从此以后，这些人的身影便在宋朝的政治舞台上消失了。

三　太后的遗嘱很怪

老调重弹

赵匡胤用赎买政策解除了禁军中几员大将的兵权之后不久，突然心血来潮，又想让天雄节度使符彦卿统领朝廷禁军。

赵普得知后大惊，慌忙进宫劝止赵匡胤的这个决定。他说，符彦卿已经位极人臣，不能再授予兵权，况且，刚刚收回兵权，又要放出去，这不是没事找事吗？

赵匡胤解释说，符彦卿是自己人，不会有异心。

赵普闷了半天，突然反问道："天下之事，没有谁能预料得到，陛下当初同世宗皇帝不也是很好吗？为何又负了他呢？"

赵匡胤默然无语。他能有话说吗？当初他与周世宗柴荣的关系也很铁，柴荣死后，他就从人家孤儿寡母的手中篡夺了天下，丝毫也不念与周世宗的交情。

在赵普的极力劝阻下，赵匡胤打消了任命符彦卿统领朝廷禁军的念头。

赵匡胤罢了禁军将领的官，收回了他们的兵权，京畿重地可以放心了，可全国各地藩镇的威胁还在，剥夺外藩节度使兵权摆上了他的工作日程。

到了开宝二年（公元969年），时机已经成熟。赵匡胤老调重弹，再次设下了鸿门宴。

几位掌握兵权的节度使都接到朝廷的通知，通知内容是进京述职。这些人虽然都是封疆大吏，但外藩毕竟没有京师繁华，接到通知后，即刻整装进京。

赵匡胤设宴招待这几位掌握兵权的节度使，并亲自作陪。

酒席间，赵匡胤向每位节度使都敬了酒，很体恤地对大家说："你们都是国家功臣宿将，戎马一生，已经是很辛苦了，如今藩镇的事务那么繁忙，还要你们干这些苦差事，实非朕优待贤士的本意，朕实在是过意不去!"

大家都以为皇上体恤下情,心里感动得不得了,有一个人颇能揣摩主上心意,听出皇上话中有话。这个人就是凤翔节度使王彦超。

王彦超,就是当年在复州将投奔他的赵匡胤拒之门外的那个人。赵匡胤做了皇帝以后,曾当面质问过他,为何当初不肯收留自己。这是一个很难回答的问题,最好的回答好像就只有磕头赔罪,多说几句臣罪该万死之类的话以求得宽恕。王彦超却没有这样说,他谦恭地说,复州是个小郡,庙太小,容不下真龙天子,如果当年留下皇上,皇上也就没有今天了。并说这一切都是天意,非人力所能左右。

王彦超的言下之意,他当初没有收留赵匡胤,不但无过,反而还有功。

赵匡胤听了心里很高兴,他喜欢那句"一切都是天意"。因而,没有再与王彦超计较当年那件事。王彦超也凭他的能言善辩,逃过了一劫。

今天,王彦超听出了皇上话外之音,心领神会,连忙跪下奏道:"臣本来没什么功劳,却一直受到恩宠,心里一直很惭愧。如今年纪大了,留在节度使的位子上实在是占着茅坑不拉屎,请陛下赐臣归老田园,完成臣最后一个心愿吧!"

赵匡胤离座而起,扶住王彦超,说他深明大义,着实夸奖了一番。

另外几位节度使武行德、郭从义、白重赞和杨廷璋虽然明白赵匡胤的意图,但却不愿意解除兵权,只管唠唠叨叨地说自己过去打了多少胜仗、立了多少功。

赵匡胤听后皱起了眉头,冷冷地说:"这些都是老皇历,陈年旧账,不要再提吧?"

第二天,赵匡胤下诏,免去了武德行、郭从义、白重赞、杨廷璋节度使之职,每个人重新安排了一个有职无权、待遇不变的虚衔。这样,随同赵匡胤一起打天下的将领就都解除了兵权,回家享清福去了。

赵匡胤吸取唐末五代藩镇之乱的教训,听从赵普的劝谏,削夺了开国将领们的兵权,这对于皇帝和武将来说是一个皆大欢喜的结局,充分体现了赵匡胤在政治上的驭人之术。然而,过分地削夺武将的兵权,导致宋朝出现了兵不知将、将不知兵,能调动军队的人不能带兵打仗、能带兵打仗的人却又不能调动军队的局面。虽然成功地防止了军队政变的可能,但削弱了部队战斗力。这是导致宋朝武事不振、形成积弱局面的重要原因。

太后的遗嘱很怪

建隆二年（961年）六月，杜太后病情加剧，她知道自己在世的日子不多了，将子孙们召至病榻前安排后事。一同召入的还有枢密副使赵普。

赵普奉召，迅速赶到滋德殿，跪在杜太后病榻前见礼后站起来，恭恭敬敬地站在一旁，看看在场的人，都是皇帝自家的人，他预感到要发生什么事了，但他不明白，皇太后为何要将他这个外人召来。

杜太后靠在病榻上，看了大家一眼后，目光停留在赵匡胤的脸上，问道："我儿继承大统，做了皇帝，你知道是什么原因吗？"

赵匡胤不假思索地说："是祖上的庇佑和母后的教诲，儿子才能做皇帝。"

"全都不是！"杜太后轻轻地摇摇头道，"为娘告诉你，你之所以能做皇帝，是因为柴荣把皇位传给了一个小孩子，你才有机会做皇帝。如果柴荣有个年纪大的儿子继承皇位，你绝不会有今天！"

赵匡胤心里也明白这一点，尴尬地说道："母后教诲得极是！"

杜太后环视三个儿子一眼，示意光义、光美退下。赵普正欲跟着出去。

杜太后轻轻地叫道："赵书记别走！"

赵普立即站住了。杜太后示意赵普关上宫门，然后向赵匡胤招招手，叫他靠近些。赵匡胤连忙来到杜太后病榻前，双膝跪下。

杜太后轻轻地咳了一声道："你死后，要把皇位传给你的弟弟光义；光义之后，传给光美；光美之后，再传给德昭。四海固然广大，天下固然辽阔，但很难治理，只要是大人做皇帝，不让无知的小儿去主持国政，就能够保得国运长久，江山稳固。你可要记住为娘的话。"

赵匡胤万万没有想到杜太后会说出这样的话，听了之后，觉得心里格外别扭。自古以来，皇位都是传子不传弟、传嫡不传庶，而现在母后却要自己百年之后将皇位传给弟弟光义，心里实在是一百个不愿意。然而，此话出自母后之口，自己是难以违抗的。只得极不情愿地磕头应道："儿臣谨遵母后之命！"

杜太后看了赵普一眼，示意他过来，待赵普靠近病榻后，她温和地说："你跟随匡胤多年，就像家人一样，今天之事，你记下来，他日为赵宋开国之制，不得有违。"

赵普慌忙跪下奏道："臣定当谨记太后的旨命。"说罢，取来纸笔，站在病榻前，迅速记下太后刚才所说的话，立成誓书，并在末尾署上"臣赵普谨记"几个字，给太后过目之后，装进一个金匮之内。然后打开宫门，把金匮交给管档案的太监收藏起来。

这就是历史上所说的"金匮之命"。

杜太后这个遗嘱很怪，违反了皇位继承龙脉顺延、传嫡不传庶的祖制。

这件事载于正史，当时在场的只有杜太后、赵匡胤两个当事人和赵普这个见证人。

正是因为这个"金匮之命"，使此后赵宋王朝的皇位继承出现了很多扑朔迷离的怪事，使后人由此而产生无穷的推测。甚至还有人怀疑，"金匮之命"是否真有其事。

驭将之术

赵匡胤用了赵普之计，顺利地收回地方将领的兵权、财权，为建立新的军事制度扫平了道路。不久，赵匡胤命皇弟赵光义为开封府尹、赵光美为兴元府尹。

老将们都被免职了，边境的安全还得考虑，赵匡胤起用一批将领去镇守边关，令赵赞屯兵延州，姚内斌守卫庆州，董遵诲屯兵环州，王彦升守卫原州，冯继业镇压守灵武，以防御西戎，李汉超屯兵关南，马仁瑀守卫瀛洲，韩令坤镇守常山，贺惟忠守卫易州，何继筠领棣州，以抗拒北狄，再令郭进镇控制西山，武守琪戍屯晋州，李谦溥扼守隰州，李继勋镇守昭义，以御太原之敌。

同时，他还作了一条补充规定：就是他们的家属不得随任，妻妾儿女统统留在京师，朝廷以非常优越的条件照顾他们。在他们回京述职时，赵匡胤都要赐宴招待，同时还会奖赏不菲的银两，使他们死心塌地地替朝廷卖命。

家属、妻妾不许随任，颇有留在京中做人质的嫌疑。这就是赵匡胤的驭将之术。

在派出守边军事长官的同时，赵匡胤又下令，从地方军队中挑选出精兵，编成禁军，由皇帝直接控制。这样，军权完全集中到了中央，牢牢地控制在赵匡胤手中。

建立新制度

赵匡胤顺利地解决了军队问题，又派遣文臣任各州的行政长官，官名叫知州，全称知军州事。

为了防止再次出现州官尾大不掉的弊端，赵匡胤又在州设通判一职，作为副职，与知州共同处理政事。

通判的职责，根据史书记载为："凡兵民、钱谷、户口、赋役、狱讼听断之事，可否裁决，与守臣通签书施行。"通判还有一个职责："所部官有善否及职事修废，得剌举以闻。"即有监督任务。

这样看来，通判一职，既司州郡官的副职，而又起了汉代的监御史（监郡）和督邮（监县）的双重监察作用。有此一职，中央与州、县的关系更为密切，朝廷指挥起来，就能够得心应手、应付自如了。

与此同时，赵匡胤还在各州设置转运使一职。这是从唐朝起设置的官吏，专门负责全国各地的军用、民用物资的转运工作。

设置转运使的目的，就是控制全国的财政收入，也就是赵普提出的控制财政（制其钱谷）这一招，转运使专管各路财物，将各州、县的财政收入，除留下少量应付地方日常开支外，其余全部缴京城汴梁，入中央财政。

在此之前，各藩镇常以各种借口截留地方赋税收入，中央也没有好的办法加以控制，故此唐末以来，出现了地方财政肥得冒油、中央财政穷得叮当响的局面。将地方赋税收入一律收归中央，一下子就断了藩镇的财路。这一招是釜底抽薪，没有经济基础，外藩想要闹事，恐怕就难了。

通过这些措施，赵匡胤建立了赵宋王朝新秩序，政局也逐渐稳定下来。

四　赵普是个高人

御案上摆了两份文书

建隆三年（公元962年），武平节度使周保权突然向朝廷发来了告急文书。

周保权是周行逢的儿子。周行逢在周世宗时，割据湖南，为朗州大都督，兼武平节度使，管辖湖南全境。

赵匡胤做了皇帝后，为了稳定局势，加封他为中书令，继续担任武平军节度使。赵匡胤初定中原，忙于稳定皇位，没有精力过问朗州之事，只要他不兴风作浪对抗朝廷就万事大吉了，故湖南的一切制度仍然沿袭旧制，赵匡胤也不曾强求他们按赵宋的规矩实行。

到了建隆三年，周行逢病了。临终之前，他把老部下都叫到病榻前安排身后事，对众将说，他儿子周保权年纪太小，只有十一岁，他死之后，请大家扶持、保护他的儿子。他说平时待大家不薄，想必不会生异心，唯衡州刺史张文表性情凶悍，他死之后，恐怕要作乱，到那个时候，请杨师璠率兵征讨。周行逢一再叮嘱各位帮助他的儿子，不要把土地丧失了。万不得已之时，宁可归附朝廷，也不要陷落虎口，同遭祸殃！

周行逢死后，众将遵循周行逢的遗命，扶持年仅十一岁的周保权做了节度使。

周行逢去世的讣告传到衡州，张文表果然不服气。他认为，他同周行逢一同出道，周行逢本事比他大，他服气，周行逢活着的时候，他可以勉强服从。现在周行逢死了，却将节度使的位置让给一个乳臭未干的小孩子，要他向一个小孩子俯首听命，实在是没有道理。于是，他立即着手整顿军队，厉兵秣马，伺机作乱。

恰好周保权派兵去永州换防，换防的部队从衡阳经过。张文表觉得这是个好机会，派兵将这支换防的人马包围起来，迫使他们投降。接着，他命令这些人和自己的兵士都换上孝服，装扮成向朗州奔丧的队伍。

奔丧的队伍来到潭州城下，守城兵士禀报潭州行军司马廖简，说这支队伍很奇怪，不像是奔丧，并且有人发现，张文表好像也在里面，恐怕有诈。

廖简本来就很看不起张文表，根本不把这批人放在眼里，这时候，他正陪同客人饮酒，听说有一支奔丧的队伍到了城下，张文表也在其中，不以为意地说："让他们进来，张文表算什么东西，进来后就将他抓起来。"说罢，继续与客人饮酒作乐。

张文表率兵进了潭州城后，气势汹汹冲进廖简府中，廖简发现不对劲，急忙伸手拔剑，可是，他已喝得醉醺醺的，双手连举剑的力气也没有，剑还没有拔出来，张文表就冲上前去，一刀砍下了他的头颅。廖简就这样糊里糊涂地到阎王爷那里报到去了。

张文表攻占了潭州，取了廖简的印信，取代廖简的职位，自称是代理留后。

张文表攻陷潭州的消息传到朗州，周保权大惊失色，急忙命杨师璠率兵去抗击张文表，并告诉他，这是先父临终时的遗命。接着连修两封国书，一封送往荆南，请求派兵支援，一封送往汴梁，向朝廷求援。

荆南同湖南毗邻，荆南节度使高继冲担心张文表乘机攻打荆南，于是也向朝廷发来告急文书，请朝廷派兵剿灭张文表。

唐末五代以后，藩镇林立，南北分裂，全国割据的政权很多，北边有北汉雄踞太原，契丹族建立的辽政权也对中原虎视眈眈。南方几股割据势力如荆南、湖南、南汉、南唐、后蜀等，有的自立一国，有的虽然对赵宋朝廷表示臣服，却是那种附庸属国的形式，土地并没有真正归入赵宋的版图。赵匡胤费尽心力地从柴氏孤儿寡母手中弄来的江山，也就是中原地区那么一小块，整个大中国，仍处于四分五裂的状态。

赵匡胤心中正在算计，用什么办法扩大赵宋的疆域。他看着御案上的两份奏札，犹如看到从水里冒出的两个葫芦，既然葫芦自动冒出来，那就捞起来，放进自家的厨房里，岂不是一件美事？

假虞伐虢

赵匡胤作为一代圣君，心高志远，深谋远虑，他早就派卢怀忠为使臣，出使荆南，查探江陵的虚实。卢怀忠回来之后告诉他，荆南高继冲兵马虽然齐整，但人数不足三万，尽管那里是鱼米之乡，由于高继冲不体恤民情，横征暴敛，百姓的日子过得很苦，对高继冲的政权并不怎么拥戴。加之江陵南近长沙，东临建康，西迫巴蜀，北奉朝廷，四面受敌，易攻难守，要攻取荆南，并不是一件很难的事情。从那时候起，赵匡胤就在算计着如何吃掉荆南这块肥肉。如今，湖南和荆南的求援信先后到达，这是天赐良机，使他有了出兵的借口，如此好事，他怎能不欣喜若狂呢？

赵匡胤收复告急文书后，很爽快地答复武平使者，说朝廷即将派兵，帮助周保权平定叛乱。他连续下达命令：命慕容延钊为元帅，李处耘为监军，率兵南下，借道江陵，讨伐张文表。乘借道之机，顺带拿下江陵。再发一道圣旨，命荆南高继冲发水军过长江，赶赴潭州讨伐张文表。

荆南节度使高继冲遵旨，派遣三千水军，命将校李璟威率领，发兵潭州。

慕容延钊、李处耘的部队到达襄阳，派遣丁德裕为使，赶赴江陵传达圣旨，朝廷大军要借道江陵，赶赴湖南扫平叛乱。

高继冲听丁德裕来说借道之事，连忙召集僚属开会，商量宋军借道之事。

部将孙光宪建议说，中国自周世宗时起，就有一统天下的志向。如今的宋主声势更大，他的军队比周世宗时还要强大。江陵乃一隅之地，地狭民贫，根本就不能与赵宋抗衡，与其与之争锋而被他吃掉，不如赶早归顺赵宋，既可以免祸，主公还不失富贵。

高继冲听后犹豫不决，同他的叔父高保寅商量。高保寅建议先探看宋军的虚实，然后再作决定。于是，高继冲准备了数十头肥牛、百瓮美酒，派高保寅亲自送往荆门宋营中，犒劳宋军将士。

宋军监军李处耘热情接待了高保寅。第二天，主帅慕容延钊又亲自设宴款待，彼此之间，推杯换盏，气氛相当融洽。

高保寅见宋军主帅招待热情，并无吞并江陵之意，便派人飞骑赶回江陵安慰高继冲，叫他不要担心，说宋军并没有吞并江陵之意。

高保寅万万没有想到，正当他与慕容延钊推杯换盏之时，李处耘已经率领一支精锐部队连夜赶往江陵。

江陵城中，高继冲接到高保寅传回来的信息，心里总算松了一口气，谁知就在这个时候，忽然探子来报，说宋军已经到了江陵。高继冲顿时脸色大变。他不明白宋军为何突然到了江陵，一种不祥的预感袭上心头。尽管如此，他还是带人出北门去迎接宋军。在离城十五里的地方，迎头碰上李处耘带领的部队。

李处耘将高继冲迎入营中，问寒问暖，表现得相当热情。

就在高继冲在营中等待慕容延钊的时候，李处耘率领一队人马已经进了江陵城，等到高继冲返回江陵，江陵城四门的城楼上已经插上了宋军的旗帜。慕容延钊兵不血刃占领了江陵。

高继冲见大势已去，知道再反抗也没有用，极不情愿地捧出官印，取出荆南全境钱赋图册，拱手敬献给宋军主帅慕容延钊。

赵匡胤得知慕容延钊顺利收复荆南，当然很高兴。立即安排王仁赡为荆南巡检使，急赴江陵传达圣旨，赏高继冲朝服、玉带，仍然做荆南节度使；孙光宪劝说高继冲归宋有功，任命为黄州刺史。

慕容延钊、李处耘以假虞伐虢之计突袭江陵，将荆南三州十七县的版图收归赵宋。

李处耘人肉劳军

慕容延钊、李处耘收复荆南以后，率领宋军渡过长江，继续向湖南潭州进发。

此时，湖南的情况却发生了戏剧性的变化。杨师璠率军在平津亭与张文表展开激烈战斗，并一举活捉张文表。杨师璠手下将士对张文表恨之入骨，竟将张文表身上的肉一片一片地割下来，用大锅煮熟，做了下酒菜。

周保权请朝廷派兵平定张文表之乱，现张文表之乱已平，按理说，朝廷的兵马应该就没事了。然而，慕容延钊率领的宋军，并没有停止前进的迹象。大军继续前进，直逼潭州。此时的潭州城，已是一座空城，慕容延钊、李处耘率领宋军乘虚长驱直入，不费一兵一卒，占据了潭州。

　　武平节度使周保权还是个孩子，什么都不懂，军国大事都靠他父亲昔日的部下替他拿主意。张文表起兵造反，周保权自知不敌，才上奏朝廷，请求派兵支援。现在，内乱平定了，请来的救兵却占据了潭州。
　　请神容易送神难。周保权很是为难，召集手下幕僚、将佐商量如何应对这件事。
　　牙将张从富主张，乘目前军威正盛，奋力与宋军决一胜负。他认为，朗州城池坚固，即使打不赢，也可以固守，宋军远道而来，粮草不足，一定不能坚持多久，到时候，自然就退去了。
　　张从富自不量力，竟想和赵宋的雄师相抗，真是不知天高地厚。
　　可叹朗州的这些人，没有一个有头脑，竟然都同意了张从富的意见，决定厉兵秣马，同宋军大战一场。
　　慕容延钊先礼后兵，先派丁德裕到朗州，劝周保权献土投诚。丁德裕带着百余人来到朗州城下，大声喊话，说他是朝廷阁门使丁德裕，前来传达皇上的圣旨，叫守城兵士开门，却遭到讥笑。
　　丁德裕见进不了城，只得退回潭州。慕容延钊连忙将湖南的情况报告给朝廷。
　　赵匡胤接到前方军报，得知前军已顺利拿下了潭州，正在高兴之时，又接到周保权抗拒王师的报告，立即派人到朗州责问周保权。
　　赵匡胤在诏书中冠冕堂皇地责问周保权，是你请求朝廷发兵救援，所以朝廷才发兵来拯救你们。如今，贼人已经消灭了，你们竟然以怨报德，抗拒王师，究竟是什么意思？
　　表面看来，赵匡胤说得似乎是理直气壮，仔细一想，似乎又不是那么回事。按照赵匡胤的思维方式是：你请我帮你平叛，现在叛乱平定了，你的国土就得归我，否则，就是抗拒王师。赵匡胤的这番话，明显是一种强盗逻辑。
　　张从富站在城楼上，仍然将赵宋使臣拒之城外，将使臣宣读的诏书当做耳边风。为了防止宋军攻城，张从富下令拆除境内所有的桥梁；戳沉所有的船只；在大道上堆满了树木和乱石，阻挠宋军进攻朗州城。

　　慕容延钊和李处耘商量，决定分兵两路进攻朗州。
　　李处耘这一路先到澧江，遥见江对岸旌旗招展，军帐林立，知道朗州已有准备，便命令兵士伐木扎筏，作准备过江的架势，暗地里却分兵从上游潜渡过江。

张从富命令众将士严密注意江对岸宋军的动静，不料突然从后山杀出一支宋军，在毫无准备的情况下，被宋军冲得七零八落。对岸的李处耘见偷渡过去的宋军已经得手，连忙指挥众将士乘筏强渡过江，与先过江的宋军会合。

宋军势大，张从富抵挡不住，败回朗州去了。

宋军大获全胜，缴获了大批军械物资和粮草。李处耘在俘虏中挑出几个长得肥壮的，命人杀了，割下他们身上的肉，煮成肉粥，同大家一起分吃。其余的俘虏，早已吓得魂飞魄散，肝胆俱裂，很多人都吓得尿了裤子，当场昏了过去。

吃完了人肉粥，李处耘又选几名健壮俘虏，在他们的脸上刺上字，然后放回朗州。这些兵士逃回朗州城，报告宋军好吃人肉这件事。城中顿时一片恐慌，兵士纷纷逃跑。

李处耘兵抵朗州城下时，城内更是一片惊慌。张从富自知敌不过宋军，逃到西山去了。别将汪端护着周保权及周氏一门，躲避到江南岸的寺庙中。

李处耘并没有费多大的工夫就攻占了朗州城，与慕容延钊俘获了周保权及全家。张从富、汪端乘机逃跑，为乱军所杀。湖南十四州、一监、六十六县，悉数收归赵宋。

张琼冤案

平定荆南和湖南以后，赵匡胤考虑到部队远征数月，将士们都很疲惫，便安排部队暂时休整，没有安排军事行动。

部队打仗的时候，大家都很忙，麻烦事情也少。休息了，闲来无事，一些乱七八糟的事也就跟着来了。有一天，军校史珪、石汉卿两人因为与殿前都虞候张琼有些矛盾，合伙到赵匡胤面前告刁状，说张琼拥兵自重，专横跋扈，擅作主张，目中无人，不把任何人放在眼里，暗地里还贪污纳贿，积敛了很多钱财。

其实，两人都是泛泛而谈，根本就没有说出实质性的东西，也就是说，没有什么真凭实据。可偏偏赵匡胤这个时候耳朵根子软了一软，立即召见张琼，问他有没有这回事。

张琼是个直性子，见有人捕风捉影、无中生有地在皇上面前告刁状诬陷他，很不服气，心里一急，顶撞了几句，而且说话声音也大了点，有失君臣礼节。

赵匡胤见张琼如此放肆，便喝令他自己掌嘴。

石汉卿站在一旁，见皇上发话，要张琼自己掌嘴，便走过去，举起手中铁棒，击向张琼的头顶，几棒下去，把张琼打得头破血流，当场昏厥过去。

赵匡胤坐在一旁，并没有制止这种粗劣行为，不制止，就等于是放纵。

石汉卿见皇上没制止，命人将张琼拖出来，关进了大牢。

张琼在牢中苏醒过来，疼痛难忍，自觉伤势沉重，在牢中大哭大叫，说自己在攻打寿春一战中，身中数箭，当日如果死在战场上还落得一世英名，今天受小人陷害，不明不白地死在牢中，死得冤枉，并大骂石汉卿不得好死。

张琼痛痛快快地哭过一回后，解下身上的腰带交给狱卒，请他帮忙交给他的母亲。然后，一头向墙上撞去，猝不及防之下，狱卒想阻止已是不及，眼睁睁地看着一位战场上的虎将撞得脑浆四溢，不明不白地死在大牢之内。

赵匡胤听说张琼撞死在狱中，就命人抄了他的家，结果发现，张琼家里一贫如洗，这才知道自己听了谗言，颇觉后悔，命令有关部门厚恤张琼的家人。但是对于陷害张琼的元凶石汉卿，却没有做什么处理。

赵普是个高人

乾德二年（公元964年），范质、王溥、魏仁浦三人同时罢相，赵普被提拔为同平章事。宋朝的官制沿用的是唐朝的制度，同平章事是宰相的代名。

赵普有能力，但也很专断，任何事情，除了皇上以外，只能由他说了算。

赵匡胤是个很勤政的皇帝，他很信任赵普，朝廷的大小事情都要和赵普商量，有时一件事情没有决定，常在晚上亲自到赵普的家中商量。所以，赵普退朝回家之后，不敢脱去朝服，以免皇上突然来了，再去换朝服拜见。

这一天，天上下着鹅毛大雪，地上积雪一尺多厚，汴梁白茫茫一片，街上行人断绝，到处一片寂静。赵普退朝回家，吃过晚饭之后，看到天上大雪下个不停，估计皇上今晚不会来，想脱去朝服，但又有些犹豫不决。

下人说，今天天气这样冷，就是一般的百姓也不愿出门，都躲在家里烤火。皇上贵为天子，怎么会在这样寒冷的天气出来呢？

赵普觉得有理，便脱去朝服，退入内室，同家人一起烤火闲聊。突然，门外传来叩门声，正在疑惑之际，门人慌慌张张地跑来报告，说圣上驾到！

赵普来不及穿朝服，一身便装，匆匆忙忙赶出来，见赵匡胤站在风雪之中，披风上沾满了雪，慌忙将皇上拜迎进屋，惶恐地说："臣接驾来迟，且衣冠不整，请陛下降罪！"

赵匡胤哈哈大笑地说："今夜大雪，怪不得你，何必请罪。"

赵普迎进赵匡胤，恭恭敬敬地请他上坐，行过参拜之礼后，关切地对赵匡胤说，天气寒冷，陛下要保重龙体，不要轻易外出的好。

"无妨！无妨！"赵匡胤微笑着问道，"朕约光义一起来的，他还没有到吗？"

话刚说完，赵光义在门人的带领下已经进来了，他见赵匡胤早到了，连忙上前拜奏道："臣迟到了，请皇兄恕罪！"

赵匡胤伸手扶起赵光义，然后对赵普说，之所以大雪夜造访，是有些事情心里不踏实，特地约光义过来商量一下。

赵普立即命人在客厅内摆好垫子，将炉火拨旺，端上羊肉、美酒，并叫来妻子和氏参拜皇上。

和氏上堂，先拜见皇上，后谒见赵光义。

赵匡胤对和氏道："贤嫂，今天可要麻烦你了！"

和氏见皇上称她嫂子，有些受宠若惊。赵普连忙代妻子谢了皇上。

不一会儿，肉烤熟了，酒也炙热了，和氏亲自将酒、肉端上来摆好，赵普拿起小刀，动手将肉切成小块，分别放在皇上、赵光义和自己面前的盘子里，再斟上热酒，君臣三人，边喝酒边吃肉，边聊了起来。

赵匡胤叉起一块肉，正欲放进嘴里，忽然又放下了，面色凝重地对赵普道："朕有一事犹豫不决，想听听你的意见。"

"皇上请讲！"赵普放下手中的酒杯说。

赵匡胤说："朕的皇位虽然稳固了，但国内还有几块版图为他人所有，列国环绕，仍对我中原国土虎视眈眈，朕每每想到这些，就食不甘味、寝不得安。"

赵普叉一块肉放进嘴里，慢慢地嚼着，两眼注视着赵匡胤，等待他继续说下去。赵匡胤见赵普没有答话，试探地说："外敌之中，以北汉最为强悍，朕欲先取太原，然后再去征伐其他割据政权，你认为如何？"

"那可不行。"赵普脱口而出，"太原北边便是契丹，北汉虽然与我为敌，却是赵宋的屏障，挡住了西、北两面。如果我军攻下太原，国土将直接与契丹接壤。契丹比北汉更是强悍，此时他国未平，却要直接面对如此劲敌，实在不是万全之策。"

"你的意见如何？"赵匡胤询问道。

"以臣之见，不如先易后难，先南后北，待削平南方诸国之后，再挥得胜之师转攻太原，太原乃弹丸之地，取之易如反掌。请陛下明察。"

"真是英雄所见略同。"赵匡胤哈哈大笑道，"朕刚才之言，是想试试你罢了。"

要削平他国，不如先取后蜀。后蜀乃天府之国，国富民殷，如果攻克了后蜀，天府之国的财富将为宋所用。

五　江山美人都可爱

伐蜀有了借口

蜀地乃天府之国，土地肥沃，物产丰富，是一个令赵匡胤垂涎三尺的地方，虽然他很赞成赵普的建议，决定先取后蜀，但迟迟没有动手。没有动手的原因，就是没有找到出兵的借口。他认为，做了皇帝，就要有皇帝的风度，无缘无故地出兵攻占他国，别人会说你霸道。

中国有句俗话：又要当婊子，又想立牌坊。用这句话形容赵匡胤此时的想法，是再恰当不过了。

想瞌睡就有了枕头，用这句话形容赵匡胤此时的处境很合适。正当他为伐蜀找不到借口的时候，后蜀主孟昶却蠢蠢欲动了，这真是老天也要帮赵匡胤的忙。

孟昶躺在天府之国享福享够了，觉得在西蜀那一隅之地玩得不过瘾，竟然想玩一玩猫戏老虎的游戏，赵宋没有去惹他，他反倒要找赵宋的茬儿。用一个恰当的词来形容孟昶的行为，就是玩火自焚。

孟昶的皇位是从老爸孟知祥手中继承的，登基之初，他衣着简朴，勤于国事，兴修水利，注重农桑，与民休养生息，表现得中规中矩，在百姓的眼中，也算是一代圣君。谁知后来环境变了，心性也变了，孟昶一下子栽进了温柔乡，白天围着酒杯转，晚上搂着美女眠，荒淫无度，不理朝政。

宋朝大军平定荆南、湖南之后，后蜀的宰相李昊倒是有点自知之明，对形势认识得很清楚，料知宋军的下一个目标就是吞并后蜀。因此主张向赵宋纳贡称臣，以求偏安自保。他对孟昶说，赵宋的皇帝不简单，绝不亚于后周的柴荣，大有统一海内的气势。后蜀是个小国，力量对比悬殊，不是赵宋的对手，与其等他来吞灭后蜀，不如先向赵宋皇帝称臣纳贡，以免将来受兵祸之患。

孟昶认为李昊的建议有些道理，似乎也有所心动。

知枢密院事王昭远却坚决反对向宋廷纳贡称臣，认为这是找贱。

王昭远这个人虽然没有什么本事，但自命不凡，他自比诸葛亮，在蜀中除了蜀主孟昶之外，谁都不放在眼里。他振振有词地说："蜀道险峻，三峡之险乃天然屏障，易守难攻，宋军就是长了翅膀也飞不过来。况且我还有十四万大军，扼险而守，根本就不怕宋军来犯。主上尽可安心地守住天府之国，安享荣华富贵，何必要向赵宋纳贡，俯首称臣、听命于他呢？"

乍一听起来，王昭远说得确实有道理，因为中国自古就有蜀道难，难于上青天之说，若能以天然屏障而扼守天险，真是一夫当关，万夫莫开。

王昭远高估了自己，也小视了赵匡胤，说得更具体点，就是小视了赵匡胤吞并后蜀的决心。

孟昶是个没有主见的人，觉得王昭远说得有理，采纳了他的建议。下令增加水兵，扼守长江入川之道，以抵御宋兵。

几天之后，王昭远又向孟昶出歪点子，劝说孟昶与宋廷的宿敌北汉修好，联合北汉发兵进攻汴梁，使宋廷腹背受敌，首尾不得相顾。具体作战计划为：北汉自太原发兵，南下黄河，蜀兵则自黄花谷、子午谷一带出兵响应，东出潼关，进攻汴梁。

这个计划并不是王昭远的主张，而是其幕僚张廷伟的点子。正是这个歪点子，送给了赵匡胤一个伐蜀的借口。

孟昶对王昭远算得上是言听计从，依计修了一封国书，用蜡丸封好，派兴州军校赵彦韬和孙遇、杨蠲三个人，带上蜡丸帛书出使北汉，游说北汉出兵攻打汴梁。

遗憾的是，并不是所有人都像孟昶、王昭远君臣二人一样得了狂想症。至少，赵彦韬就没有得这种病，他带上蜡封的国书没有去北汉，反而借故去了汴梁，将蜡书和他随行的两个人一并交给赵宋皇帝赵匡胤。

赵彦韬送来的蜡书，算是帮了赵匡胤一个大忙。因为他早就制定了取蜀的计划，就差一个出兵的借口。他讲究出师有名，认为不义之战难以服人，更难以服天下。现在好了，不是我赵宋要攻打你，而是你孟昶企图勾结北汉来夹攻汴梁，这是向宋廷挑衅。既然是挑衅，我发兵征伐，当然就是师出有名了。

赵匡胤看到赵彦韬送来的蜡书，高兴地说："朕正准备西征，只是苦无借口。如今，孟昶竟然勾结北汉攻宋，公然挑衅大宋的权威，朕出师有名了。"

兵发西蜀

乾德二年（964年）十一月初，赵匡胤下达西征伐蜀的命令。

任命王全斌为西征元帅，刘光义（后改名刘廷让）、崔彦进为副帅；王仁赡、曹彬为监军。西征之军，兵分两路：王全斌、崔彦进、王仁赡等人，率领三万兵马为北路军，由凤州出发，沿嘉陵江南下；刘光义、曹彬等人率领三万兵马为东路军，由归州出发，溯长江西进。

两路兵马，浩浩荡荡，杀奔西川。约期会合，攻打成都。

赵匡胤知道西川地势险要，这个仗不好打，当西征主帅王全斌率众将入朝辞行时，故意问道："你认为此次西征，能一举拿下吗？"

王全斌信心百倍地说："西川就是菜园里的一个大西瓜，这次西征，就是到菜园里去摘瓜，去去就回。"

都校史延德瓮声瓮气地叫道："西川如果是在天上，人不能到，那就没有办法。如果是在地下，大军一到，一定能马到成功，踏平西川！"

在场的人不是朝中大臣，就是出征将领，没有谁说他们吹牛，打仗要的就是这种豪气。赵匡胤久经沙场，深谙此理，霍地一下站起来，挥手说："朕只要西蜀的土地，其他什么也不要，你们入川之后，攻城拔寨之后，所得军械、粮草充公，金银财物尽数分给将士们。"

重赏之下，必有勇夫。赵匡胤不愧为带兵打仗的人，将驭兵之道用到了极致。

赵匡胤的激励机制对于这场战争的最终胜利，确实起到了重要作用。然而，这种过分的赏赐，使那些杀红了眼的将士们最后变成了杀人狂，却是他始料不及的。

三战三捷

孟昶得知宋军大举来犯，害怕了，找来王昭远，说祸是他惹出来的，叫他去收拾残局。

王昭远拍着胸脯说，兵来将挡，水来土掩，并主动请缨，愿意率军抵御入侵之敌。三军拔寨起行，王昭远手持铁如意指挥部队，自比是诸葛亮,声称要拒敌于境外。

孟昶见王昭远从容不迫、神态自若的样子,心里踏实了很多,认为蜀军此去定是马到成功,安心转回后宫,到温柔乡风流快活去了。

宋帅王全斌率宋军从凤州出发,先头部队逢山开路、遇水搭桥,整个部队像一阵旋风一样刮向西蜀。将士们都知道,西蜀是一个富得冒油的地方,遍地都是黄金,等着他们去捡。且这次与以往不同的是,除了粮食器械之外,捡到的金银财物大家平分。这样好的事,怎能不群情鼎沸、斗志昂扬呢?因此,宋军没有费多大的力气,就如秋风扫落叶一样,接连攻克万仞寨和燕子寨。

王昭远率领蜀军到了罗川,宋军已经在向兴州逼近。王昭远急忙命令韩保正、李进率数万兵马前去拒敌。可是不到一顿饭工夫,蜀军主将韩保正、副将李进就被宋军生擒活捉。可怜数万蜀军,被史延德率领的宋军先锋杀得片甲不留,还有那三十万石粮米也被宋军照单全收。宋军也不愁粮草供应了。

王昭远率大军走到罗川,得知前军已经战败,赶忙在罗川扎下营寨,严阵以待。

罗川位于嘉陵江东岸,前面是广元,后面是剑门,是剑门的一道天然屏障。这个自命为诸葛亮的人,想在这里据险而守,把宋军挡在嘉陵江对岸,直至消灭在这里。正在他指挥兵士安营扎寨的时候,脑海突然产生了一种猫戏老鼠的冲动,连忙命令士兵,叫江面上的浮桥留住,不要撤掉。他想看着宋军一拨一拨地冲上浮桥,一排一排地倒在蜀军刀下的情形。

史延德虽然旗开得胜,但也不孤军深入,命令部队原地休息,等待后面的部队跟上来。待崔彦进率后军赶到之后,合兵一处,一路向前进发。宋军突破重重险阻来到嘉陵江边时,只见江中一座浮桥连接两岸,遥见江对岸有蜀军扎下无数营盘,旌旗招展,气势不凡。

崔彦进指着江对岸对身边的史延德说,看来,王昭远是一个很有胆子的人,居然还留下了浮桥,莫非其中有诈?

史延德说,有一种人,认为老子天下第一,实际上是井底之蛙,狂妄自大之徒,王昭远故意不拆桥断渡,是在向咱们示威,说不定他就是这种人。

"管他有诈也好,狂妄自大也罢。"崔彦进帐下的骁将张万友大叫,"浮桥就在眼前,我带一队兵马,抢过浮桥。"

崔彦进没有阻拦。

张万友一马当先,冲上浮桥,浮桥对岸的蜀兵见有人抢渡,慌忙前来阻挡，但哪里挡得住张万友的神威？只见他左一刀，右一刀，将冲过来的蜀兵纷纷杀落江中，宋军跟在后面一拥而上，须臾间夺取了浮桥。

王昭远吓晕了，也后悔透了。悔不该留下浮桥，想玩猫戏老鼠的游戏，如今，自己的人马不但不是猫，反而成了找洞钻的老鼠，宋军都变成了猫，将四处逃窜的老鼠不是斩下头，就是砍断手脚。知道大势已去，率蜀兵退回大漫天寨，坚守不出。

崔彦进分兵三路，同时进击。他同史延德亲率中路，先抵达大漫天寨。

大漫天寨建在山上，山势险峻，易守难攻，崔彦进知道很难攻克，只是命令士兵在山下辱骂叫战，欲引敌人出来。

王昭远自比诸葛亮，是一个自视清高的人，哪里受得了这种气，仗着自己兵多，大开寨门，率领全寨兵马冲下山来迎战，结果中了埋伏，眼见蜀兵死伤惨重，只好率自己的部队拼命往回逃，宋军紧跟在蜀军的后面，杀进了大漫天寨。王昭远估计大漫天寨是保不住了，率领残部穿寨而过，一路向西溃败而逃。

宋军在大漫天寨休兵一日，继续西进，途中正遇王昭远调集兵马前来迎战，王全斌指挥宋军迎头痛击，蜀军一触即溃。短短数天之内，蜀军便三战三败。王昭远收拾残兵，西渡桔柏江，这一次，他吸取上一次的教训，过江以后，便焚烧了桥梁以阻止宋军的追击，接着便率兵退守剑门关。

宋军进而攻占了利州，夺得粮米八十万石，军械、金银不计其数。主帅王全斌赶到漫天寨，将缴获的军械充实到军中，粮草收归后军，银钱全部分给众将士。众将士欢呼雀跃，军威更盛。手中有粮，心中不慌，王全斌的心更踏实了。

攻夔州、克剑门

剑门是蜀中第一险峻之地，易守难攻。王全斌下令全军休整待命，一面派人去打探东路兵马的消息，一面派人飞骑回京城汇报北路军战况。

赵匡胤接到王全斌从前方送回的战报，欣喜若狂。当时正是年底，天寒地冻的时候，赵匡胤身穿貂皮大衣，坐在火炉旁还觉得冷，这样艰苦的天气，前方的将士还在浴血奋战，打了大胜仗。赵匡胤觉得，有必要奖励一下他的将士。当即脱下身上的貂皮大衣，取下头上的貂皮帽，命人骑上快马，将衣帽送到前方去，赏给王全斌。

一件貂皮大衣、一顶貂皮帽虽然算不了什么，但这是从皇上身上脱下来的，上面还带着皇上的体温，这意义就非同一般。难怪王全斌接到赏赐后激动得大哭，跪地向汴梁磕头说："皇上，你就在宫里安心烤火吧！臣一定拿下西蜀！"

王全斌率领的北路军旗开得胜，刘光义率领的东路军却遇到了麻烦。他们从鄂西进入三峡，溯江而上向蜀中进发，夔门是他们的必经之地。

夔门是西蜀江防第一门户，江面狭窄，两边是刀削般的悬崖峭壁。这里自古以来就是兵家必争之地。

镇守夔门的蜀中正、副守将是高彦俦、武守谦，他们在夔州城外江面上架起浮桥，桥上安排重兵、重炮把守，两岸悬崖峭壁上也布列大炮。如此重兵防守，别说是宋军，就是一只鸟，恐怕也难飞过夔门。

赵匡胤早就料到这一招，出发前交给刘光义、曹彬一张入川地形图，告诉他们夔门是蜀军江防第一门，倚长江之险，易守难攻，要过夔门，只可智取，不可力敌。

刘光义率宋军乘船溯江而上，到达离夔门三十里的地方，根据赵匡胤的授意，命令军士舍舟登岸，翻山越岭，神不知，鬼不觉地摸向夔门，偷袭守桥的蜀军。

蜀兵只注意江面，没有提防崇山峻岭间突然有一支宋军杀来，被打了个措手不及，全都做了宋军的刀下鬼，浮桥也被毁去，宋军将桥上的大炮推到江里；悬崖上的伏兵同样也遭到偷袭，人被放了血，大炮也被毁了。

宋军大队人马乘船顺利过了夔门，直逼夔州城下。

蜀将武守谦见宋军已兵临城下，欲开城迎战。高彦俦阻止说："宋军远道而来，粮草供应有困难，利在速战，我军如坚守不出，等到宋军粮尽兵疲之时再以逸待劳，一定能一举击败宋军。"

高彦俦是一个熟识兵法的人，他的谋略抓准了宋军的弱点。可惜武守谦只是一个赳赳武夫，他认为高彦俦的方法太麻烦，不如速战速决来得痛快，不听高彦俦之言，独自率领千余骑，大开城门冲出夔州城，结果被杀得大败。宋将张廷翰率军紧追不舍，冲入城中，守城军士待要关门，已是不及，被张廷翰杀翻几人，其余兵士见宋将如此神勇，哪还敢上前。

刘光义率宋军没有遇到大的阻碍，一拥而入，杀进夔州城。武守谦穿城而逃。蜀将高彦俦率兵抵挡，已是招架不住，身中数枪，奔路回府，整衣正冠，望西北拜了几拜，自焚而亡。

刘光义攻克夔州之后，立即出榜安民。他敬重高彦俦是个忠义之士，命人在灰烬中收拾他的残骸，给予厚葬。做完了这些事，率领大军继续向西北进发。所到之处，蜀军望风而逃，先后攻克万州、施州、开州、忠州，遂州知州陈愈哪还敢拒敌，宋军刚到，他便大开城门，率军民出城迎降。宋军一举平定峡中郡县。

王全斌得知东路军大捷，率宋军向益光进发，经当地人指点，抄小道绕过剑门关南面的青疆。

王昭远得知宋军绕道到了青疆，命偏将踞守剑门，亲自领兵至汉源坡拦阻宋军，还没有找到宋军踪迹，突然传来剑门失守的消息，吓得魂不附体。正在惊魂未定之时，突见前面尘土飞扬，号炮连天，大队宋军杀来。这个自比诸葛亮的人顿时吓得瘫软在地，没有了主张。

都监赵崇韬倒有点主意，慌忙布阵出战。

蜀军连主帅都吓得六神无主，士兵还能有什么作为？一触即溃，顷刻间一哄而散。赵崇韬虽大声呵斥，哪里喝止得住？慌乱之间被乱军撞下马，被宋军活捉了。

王全斌见敌军一战即溃，指挥宋军乘胜追杀，可怜那些蜀兵，被宋军杀倒一大片，地下的头颅到处乱滚，惨不忍睹。

王昭远被左右救起，扶上马背，仓皇逃回东川，藏在一个破仓库里痛哭流涕，满指望能躲过宋军的搜捕，逃过一劫，谁知最后还是被宋军搜出来，用铁索套住脖子，像牵猴子一样牵走了。

西蜀的江山很可爱

乾德三年（965年）春正月，蜀主孟昶正在宫中与爱妃花蕊夫人饮酒作乐，突然接到前方战败的消息，酒都吓醒了，慌忙命太子玄喆为统帅，李廷珪、张惠安为副帅，率万余蜀兵赶赴剑门增援。

孟玄喆是一个酒色之徒，根本不懂行军打仗，在领军拒敌之际，还不忘寻欢作乐，大军走到成都时，就地找了几个美人，带上数十名伶人，笙箫管笛，沿途吹吹唱唱，不知情者还以为是一支迎亲队伍，哪像即将开赴前线打仗的部队？

李廷珪、张惠安都是庸碌之辈，走到绵州，得知剑门已失，竟带兵返回成都。

孟昶得知夔门天险失守，宋军又攻克了剑门，惊慌失措，问左右有什么办法退敌。老将石斌献计说："宋军远来，不能久战，蜀军只需深筑高垒，严防固守，宋军就没有办法。"

孟昶说："我父子奉衣送食，养了你们四十余年，如今大敌当前，却要固垒拒敌，竟然无人为我效命？"说罢泪如雨下。

众人听罢，羞愧不已。

正在这时，宰相李昊进来报告，说宋军主帅王全斌已到魏城，要不了几天就到达成都。

孟昶大惊失色，结结巴巴地问："这该如何是好？"

李昊说："宋军入蜀，势不可挡。主公若想使身家性命得到保全，唯一的出路是纳土请降，除此外别无出路。"

孟昶一言不发。

李昊进一步说："湖南的周保权、荆南的高继冲，都是一藩之主，且都是识时务者，归顺赵宋之后，住进汴梁城，宋朝的皇帝对他们礼遇有加，日子过得也不错。"

孟昶呆坐了半天，声泪俱下，无奈地点点头，同意降宋，并吩咐李昊草拟降书。

李昊立即写了一份降表，派人送往宋军营盘，呈给宋军主帅王全斌。

王全斌接到孟昶的降表，命马军都监康延泽，带百余骑人马，随蜀将伊审征同往成都。

第二天，王全斌率领大队人马进入成都，封了府库。不久，刘光义也引兵前来会合。

孟昶出城迎接，王全斌早就得了赵匡胤的旨意，对孟昶以礼相待，好言抚慰。

赵匡胤接了蜀主孟昶的降表后，立即下诏：授吕余庆为成都知府；蜀主孟昶率家属速来京师授职。

西蜀的江山很可爱，赵匡胤做梦都想得到它，今天果然如愿以偿。西蜀四十六州、二百四十县、五十三万余户，正式纳入的赵宋的版图。

孟昶接旨后不敢怠慢，带上妻儿老小和族人，赶忙启程。由峡江顺流而下，径直来到宋朝京城汴梁，住进驿馆之中，等候赵宋皇帝召见。

赵匡胤得知孟昶已到京师，第二天便在崇元殿召见孟昶。

孟昶拜过之后，赵匡胤赐坐、赐宴，下诏释放包括王昭远在内的所有俘虏。几日后又下旨：封孟昶为检校太师兼中书令，授爵秦国公；自孟昶之母以下，子弟、妻妾、下属都赐给不等的银两。

为了安抚西蜀的百姓，赵匡胤又下诏，在西蜀实行大赦，免除乾德二年赋税，三年的夏税也减半征收，废除地方巧立名目的苛捐杂税，降低食盐价格，发粮赈济灾民等等。

这天晚上，赵匡胤在大明殿设宴款待孟昶，有哪些人陪宴，史无记载。赵匡胤是巨杯豪饮，孟昶也是尽兴相陪，直饮至半夜，才尽欢带醉而散。

第二天晚上，赵匡胤继续召宴孟昶，孟昶自昨晚饮酒归来之后，便觉得酒力太猛，有些支持不住，睡到第二天，更觉得周身的血管像要炸裂似的，竟是得了酒病，起不了床，只得辞谢不赴宴。

赵匡胤听说孟昶得了酒病，叹惜道："为朕的豪饮，害得秦国公身体不适，朕之过也！"他立即命御医前往诊治。不料几天之后，孟昶猝死家中，时年四十七岁。

赵匡胤得知孟昶猝死的消息，非常伤心，追封孟昶为楚王，下令废朝五日，并下诏，孟昶的丧事、丧葬费都由朝廷负担。

孟昶之母李氏奉有特旨，可以随时进宫面圣。每当她与皇上见面的时候，总是悲容满面。赵匡胤安慰说："您不要太过悲伤，如果觉得京城不便，朕派人送你回去。"

李氏问道："使妾归于何处？"

赵匡胤答道："蜀！"

李氏说："妾身本是太原人氏，如果能够回到并州老家，妾身当感恩不尽了。"

赵匡胤欣然答道："并州现在被北汉占据，待朕平了北汉刘钧，定当如您所愿。"李氏拜谢而去。

孟昶病逝之后，李氏并不号哭，她在祭奠儿子的时候，悲怆地说："你不能以死殉社稷，如今却不明不白地死在汴梁，这是你贪生怕死的报应。娘是为你而活，不忍离你而去，现在你已经死了，娘活着还有什么意义？"

李氏去意已决，绝食而亡。

花蕊夫人吟诗

孟昶的丧事办完之后，他的家属少不了要进宫谢恩。

孟昶有个妃子叫花蕊夫人，是天下闻名的美人儿，人说蜀中多美女，而花蕊夫人，则是美女中的美女。花蕊夫人其人，正史记载甚少，而稗官野史中却留下了不少的笔墨。传说花蕊夫人的容颜倾城倾国、艳丽无比、天下无双，当她出门行走时，树上的鸟儿停止了歌唱，百花害羞地低下高贵的头，水中的鱼儿不敢浮出水面。

孟昶死后，赵匡胤便册立花蕊夫人为皇妃，并保留花蕊夫人的名号。

花蕊夫人本是徐匡璋之女，因为她生得娇柔，仿佛花蕊，故而得了个花蕊的绰号。她本与孟昶很恩爱，此次迫于赵匡胤的皇威，勉强成为赵宋皇帝伴枕之人，但她的心里还是想着孟昶。为了表示对孟昶的怀念，花蕊夫人亲手画了一张孟昶的画像，画中的孟昶身背一张弓，栩栩如生。像画好后，朝夕供奉。不过，这些都是背着赵匡胤偷偷地进行的。

这一天，花蕊夫人正在内室挂着孟昶像焚着檀香，伏地默祷，忽然赵匡胤踱了进来，对着画像看了半天，既不是神，又不是佛，绘的却是一个白面书生，心里想这是谁呀？难道是神仙？出于好奇，他便问道："爱妃，供的是哪路神仙？你在这里拜他，是求福，还是求寿？"

花蕊夫人见赵匡胤骤然出现在内室，收拾不及，表面上虽然不慌张，内心却透出一丝凉意，一种恐惧。她当然会恐惧，她现在是赵匡胤的妃子，心里还在想着孟昶，这不是成心要赵匡胤戴绿帽子吗？正在她为难之际，脑海里急速地运转，要找出一个合理的解释，把这件事遮掩过去。忽然听到赵匡胤说到神仙二字，灵机一动，巧妙地回答道："臣妾该死，没有启奏陛下。这供的是张生，是送子神仙，妇人想生儿育女，虔诚祈拜于他，他就会给你送来。臣妾不能免俗，侍奉在陛下身边，也想生个儿子以续皇家的烟火，盼得个母以子贵呢！"

"啊！原来如此。"赵匡胤问道，"为何以往不见爱妃供奉呢？"

花蕊夫人狡辩道："臣妾日常都是供奉的，担心陛下斥为异端，故此，都是在陛下上朝的时候才取出张生像，礼拜之后，便收了起来。故此陛下未曾见过。"

赵匡胤竟然信以为真，微笑着说："既然是这样，那就不要遮遮掩掩的了，就把东间厢房改为静室，将张生像供在里面，爱妃可以朝夕虔诚礼拜，免得一收一挂的，亵渎了神灵。"

花蕊夫人连忙拜谢。

有一次，赵匡胤令她咏蜀，她立即口吟七绝诗一首：

> 君王城上竖降旗，
> 妾在深宫哪得知。
> 十四万人齐解甲，
> 更无一个是男儿！

这是一首《亡国诗》，从字面上看，悲愤婉转，不亢不卑，表达了一个有气节的亡国之女深沉的悲哀。细细品味，却能体会到花蕊夫人极高的智慧。

"妾在深宫哪得知",后蜀亡国,很多人说女人是祸水,意思是蜀主迷恋女人,才导致亡国,而迷恋的女人就是花蕊夫人。这句诗,就是花蕊夫人的自辩词,后蜀亡国,她在深宫并不知情,一句话就摆脱了女色亡国的嫌疑。女人不是祸水,至少她不是祸水。

"十四万人齐解甲",说的是蜀中十四万大军解甲降宋,而宋兵只不过五六万人,以五六万兵而屈十四万之众,反衬出赵宋天朝的气运正隆,以少胜多。

"更无一个是男儿",将蜀中那些贪生怕死的男人骂了个够。更进一步地说明,后蜀之所以亡国,都是你们这些臭男人无用,不要叫嚣什么女人是祸水,不要把责任推到女人的头上。

赵匡胤看了花蕊夫人的诗,特别是后两句,不由得拍案叫绝。赞叹花蕊夫人之言,是锦心绣口!

六　治国要用读书人

铜镜背后的故事

孟昶死了,他的母亲跟着也谢世了。

在清理孟昶住过的房间时,清出了一个溺器,溺器俗称夜壶。

夜壶是一个极平常的器物,而且还不能登大雅之堂,本不应该大惊小怪。只是孟昶所用的这个夜壶确实非同凡响,别说赵匡胤未曾见过,就是从开天辟地的帝王算起,也找不出一个见过这种夜壶的人。

孟昶用的夜壶,有什么独特之处呢?原来它是用七宝镶嵌而成的,式样奇特,精美绝伦,极为罕见,如果有什么宝物价值连城的话,这个夜壶就十倍于这个价值连城的宝物。皇宫里也有不少稀世珍宝,但没有一件的价值能与这个夜壶相比。出人意料的是,赵匡胤观赏了一会儿后,顺手把夜壶丢在地上,叭的一声,摔得粉碎。

看着睁大眼睛的卫士,赵匡胤叹道:"一个溺器,也要用七宝镶成,装尿用这样贵重的器皿,那吃饭用什么来装呢?孟昶奢侈到如此地步,怎么能够不亡国啊?"

这天,赵匡胤取过一面铜镜把玩,见镜子背后镌有"乾德四年铸"五个字。不觉惊异地说:"朕此前改年号,曾经晓谕各位宰相,年号不得用过去用过的旧年号,现在是乾德三年,为何这面镜子上面会有乾德四年呢?"

赵匡胤将铜镜带上朝,群臣奏完事散朝之后,他特地将赵普等几个宰臣留下来,向他们出示铜镜,询问镜子后面"乾德四年铸"五个字是怎么回事。谁知几个宰臣都是半瓶醋,面面相觑,没有人回答得出来。甚至有人还说,哪有这回事呢?莫非是铸镜作坊把年号弄错了?

赵匡胤看了几个宰臣一眼,什么也没有说,命人去把翰林学士陶谷、窦仪召来。

几位宰臣的脸挂不住了,刷地一下从额头红到耳根,特别是赵普,他是当初议年号的主要责任人,赵匡胤特地吩咐他,年号一定要是新的,不能与前代重复。现在出了问题却又回答不出来,皇上传召翰林学士,明显就是瞧不起他们。其实,他们这是自作自受,谁叫他们平时不学习,技不如人呢!

窦仪来了,看了看铜镜,肯定地说,镜子是前蜀之物。

赵匡胤非常吃惊,问他为何说得如此肯定。

窦仪说:"蜀主王衍,当年曾经用过这个年号。想必铜镜就是那个时候铸造的。"

赵匡胤叹了口气:"看来,要治理天下,宰相还是要用读书人啊!窦仪,你有宰相之才呀!"

赵普听了赵匡胤的话,好像被狠狠地扇了一记耳光,羞惭地低下了头。

铜镜事件后,赵普开始读书了,赵匡胤也开始重用读书人了。

朝中大臣议论纷纷,都说窦仪要做宰相了。

可是窦仪得知赵普在皇上面前给自己使绊,料知只要赵普还是宰相,自己就无出头之日,心中闷闷不乐,时间一长,竟积郁成疾,不久便一命归天,好端端的一个人才就这么活活地给气死了。

赵匡胤对窦仪的死也很惋惜,命人厚葬了窦仪。

铜镜本来就是一个故事,不想这个故事又引来了新故事。一个才高八斗、学富五车的翰林学士,竟由于铜镜的故事白白送了性命,岂不是天丧英才?可见刀可以杀人,嫉妒也可以杀人。赵普的嫉妒,杀了窦仪。

王全斌残暴杀战俘

赵匡胤正在为平定西蜀而高兴，蜀中忽又传来告急文书。内容是西川发生内乱，局面已经失去控制。

原来，王全斌进川打了胜仗之后，居功自傲，飘飘然起来，昼夜狂饮，不理军务。曹彬等人多次劝说，请速班师回朝，王全斌置若罔闻，仍然我行我素。他认为，好不容易到天府之国出趟差，面对满地的财富、如云的美女，不趁机享受一下，岂不是暴殄天物，有枉此行？为了这点爱好，他纵兵掳掠民女、抢夺民财，把蜀中搞得鸡犬不宁，百姓怨声载道。

赵匡胤接到告急文书，立即下诏：命蜀兵全部开赴汴梁，每人发饷钱十千，如果有不愿去汴梁者，加发两个月口粮，让他们回家去种地。

王全斌接到诏令后，打起了军饷的主意，蜀兵赴汴梁的命令不变，饷钱却由十千减到五千，不想去汴梁的人可领口粮走人，但口粮数由两个月减为一个月。

要想人不知，除非己莫为。王全斌克扣军饷之事很快在蜀兵中传开了。蜀兵群情鼎沸，骂王全斌是黑心狼，大军走到绵州时，有人提出倡议，刚刚归顺宋朝，就有人克扣军饷，时间一长，还有命吗？汴梁咱就不要去了，反了吧！

反了吧！反了吧！大家齐声响应，他们推举文州刺史全师雄为头，自号"兴国军"，仅几天工夫，便聚集蜀兵十万余众，声势浩大。

王全斌见蜀兵作乱，派将佐朱光绪领兵千人，前去抚慰乱军。朱光绪是一个浑人，他不但不去招抚乱军，反而大发淫威，火上浇油，跑到乱军首领全师雄的家里，将他的一家老小数十口杀得干干净净，仅留下一个小姑娘。留下这个小姑娘，也不是有什么善心，而是看见这个小姑娘娇嫩如花，秀色可餐，便将这个小姑娘强掳回营中，做了他的随军小妾。这个小姑娘，就是全师雄的女儿。

他以为杀了全师雄全家，全师雄就怕他了，做了全师雄的女婿，别人就会放下屠刀，上门认亲了。

全师雄得知自家惨遭灭门之祸，女儿被人抢去做了小妾，气得三尸魂暴跳，七窍孔生烟，率兵迅速攻占了彭州，自称兴蜀大王。西川百姓群起响应，乱军如滚雪球一样，越滚越大。

宋将崔彦进同弟弟崔彦晖分兵前往平乱，却是节节败退，崔彦晖不幸阵亡，张廷翰前去增援，仍然是大败而归。成都处于一片恐慌之中。

成都城中有降兵二万七千余人。全师雄起兵造反后，城中的降兵并没有什么反应，王全斌担心这些降兵响应全师雄，在城内作乱，与城外的乱军内应外合，于是来了个先下手为强，略施小计，将这些降兵诱入夹城之中，然后团团围住，火烧箭射，将二万七千余名俘虏杀得一个不留。

战场上，那是敌人，真刀实枪地干，要怎么杀就怎么杀，杀多少，看你的本事，看你的狠劲。一旦对方缴械投降了，敌人就变成了俘虏，俘虏手无寸铁，不能杀，杀俘虏是不仁道的。

蜀中各州县的百姓听说王全斌在成都杀了数万战俘，都吓得胆战心惊，大家一致认为，有这样的杀人魔头在，蜀人就没有好日子过，于是，他们纷纷拿起锄头、镰刀、棍棒，参与到乱中军去，与宋军对抗，西川十七州一齐响应，反宋的声势如大海的波涛，一浪高过一浪，西蜀的局面失控了。

这下，王全斌知道自己的娄子捅大了，收拾不了残局，只得将蜀中的情况奏报朝廷，请求支援。

赵匡胤得到军报，接连下了两道圣旨：一是命令客省使丁德裕率兵入川，支援王全斌；二是命令康延泽为东川七州招安巡检使，尽最大的力量安抚川中百姓，做好招安工作。

前一道诏令，是挥舞着大棒子镇压川民造反；后一道诏令，则是施一些小恩小惠，对川民进行安抚。

剿抚兼施，恩威并举，忙乱了好一阵，总算平定了蜀中之乱。

克平西南的捷报传到汴梁，赵匡胤总算放心了，立即诏令王全斌班师回朝，免得大批军队留在川中再惹出什么乱子。

由于蜀中之乱是因为王全斌等人克扣军饷、惨杀战俘所致，大军返回京城后，赵匡胤下令，对王全斌、崔彦进、王仁赡等人给予降职处分。

王仁赡在对簿公堂的时候，大肆诋毁众人，以求减轻自己的责任。唯独对曹彬一人大加赞赏。他对皇上说："在行军打仗途中，清正廉洁、对陛下忠贞不渝的人，唯有曹都监。"

赵匡胤叫人查看曹彬的行囊，发现里面只有几本书和换洗的衣裳，别无他物，果然同王仁赡说的一样，于是重赏曹彬，提拔他为宣徽南院使。

七　筹备南方最后一顿大餐

乾德六年（968年）二月，由司天监择定良辰，册立左卫上将军宋偓的长女宋氏为后。此时的宋氏，年方十七岁，赵匡胤已四十二岁。

征北汉无功而返

乾德六年底，赵匡胤下诏改元开宝。

赵匡胤制定统一大业的攻略是北防南进，先南后北，戡定荆湖，灭掉后蜀，既定方针在有条不紊地贯彻执行。

开国不久，赵匡胤曾派人出使北汉，游说北汉主刘钧归顺赵宋。说北汉与后周是世仇，那是过去的事，现在到了赵宋，两国没有什么芥蒂，如果北汉志在中原，不愿归附，那你就领兵下太行，咱们决一胜负。

刘钧连忙备了一份厚礼，派人送到汴梁，可怜巴巴地说，北汉乃一隅之地，根本就不足与中原为敌，再说，刘家世代也不是叛逆，之所以守着这一隅之地，只不过是守着一份祖业而已，免得像燕云十六州那样被辽人夺去。

赵匡胤似乎动了恻隐之心，大度地对北汉使者说，回去对刘钧讲，朕放他一条生路。其实。他是做了个顺水人情，在他的眼中，北汉只不过是一道菜，按出菜顺序，还没到端上桌吃掉的时候。

历史就像流水，它不会一条直线似的向下流，遇到阻力的时候，可能会卷起一个旋涡，阻力大了，可能会转弯，甚至改道。

乾德六年（968年），历史出现了一个旋涡。这年七月，北边传来消息，北汉主刘钧病逝，养子刘继恩继承北汉主之位。北汉的政局在皇权交接时出现动荡，赵匡胤觉得有机可乘，虽然南方的事情还没有解决好，但是现在，他想改变出菜的顺序，借机先吃掉北汉这道菜。

赵匡胤诏令昭化军节度使李继勋，率兵北征。

李继勋率领宋军攻至铜锅河，汉军节节败退，眼看将要打到北汉的都府太原。

北汉主刘继恩正在居丧期间，得知赵宋军大兵压境，一面调兵遣将抵抗宋军，一面派人出使辽邦，请求辽主出兵支援。

宋军即将兵临城下，辽国救兵还没有到达，太原城却在此时发生了内乱。

刘继恩即位，宰相郭无为专权，刘继恩虽然很恼火，但由于郭无为的势力在北汉已经盘根错节，刘继恩也奈何他不得。硬的不行，便来软的，明的不行，便来暗的，刘继恩采取了逐渐疏远郭无为的办法，想一点一点削弱他的权力。

郭无为也不是省油的灯，看清了新任皇帝的心思，他可不转弯抹角，直接动真格的，抢先下手，指使人杀了这个即位才两个多月的刘继恩，然后杀了刺客灭口，接着便扶立刘钧的另一个养子刘继元登基做了北汉的皇帝。

刘继元登基之后，屁股还没有坐热，宋将李继勋便率领党进、曹彬、何继筠等一班威猛似虎的宋将宋兵，一路烽烟地杀进北汉，直逼太原城下。

赵匡胤派人给北汉送去诏书，传谕刘继元投降，还给郭无为等也发去诏书，许诺给郭无为安国节度使的高位。

郭无为见宋朝皇帝许他如此高位，动心了，满腔热情、不遗余力地劝说刘继元降宋，可刘继元死活也不干。凭借坚固的城池死守，刘继元终于等到了辽国南院大王耶律挞烈的援兵。李继勋害怕腹背受敌，便领兵撤退。北汉暂时逃过一劫。

次年二月，赵匡胤决定御驾亲征。

宋朝大军再次围攻太原城。刘继元一面再次向辽邦求援，一面布置军民守城，虽然郭无为大吵大闹地劝说他投降，甚至以死相谏，但也没有动摇刘继元抗宋的决心。北汉有一位将军，姓刘，名继业（此人便是杨家将的杨业，亦称杨令公），此人精通兵法，骁勇善战，在他的指挥下，太原城固若金汤，无论宋军采用什么方法，就是难以撼动太原城。后来，宋军采用水攻，引汾水淹城，驾船攻打太原城，战斗异常惨烈，双方损失都很大。

四月，辽主再发兵支援北汉。赵匡胤预料辽兵必由镇定救太原，便命韩重赟率兵日夜兼程，前去阻挡辽兵。

过了几天，探子来报，说辽兵分兵两路，一路由镇定出兵，一路从石岭关进入，赵匡胤便命令何继筠率兵迎击，临行之际，赵匡胤对何继筠面授机宜。

何继筠率领宋兵在阳曲与辽兵相遇,他并没有给辽兵喘息的机会,率兵冲上去,与辽兵展开激战,杀了辽兵个措手不及,宋军大获全胜,斩敌首二千余。

韩重赟也先在嘉山布好阵,辽兵从定州西面进入,见前面宋军旗帜招展,知道宋军早有准备,不敢交战,立即后军转前军,前军变后队,想拍屁股走人。韩重赟见辽兵想逃,立即率兵追击,辽兵无心恋战,丢下数百尸体,仓皇逃走。宋军大获全胜。

辽人的援兵虽然被打败,太原城却仍然是久攻不下。仿佛是天不灭汉,此时气候已进入盛夏雨季,阴雨连绵,暑热难当,宋军中爆发了时疫,大批兵士病倒了。加上雨中道路泥泞难行,运输非常困难,宋军的粮食补给也面临威胁。更要命的是,辽国重新组织起了援军,在大将耶律斜轸的率领下杀向太原。

军队染病,补给不畅,辽国援军即将杀到,几方面的压力一齐向赵匡胤扑了过来,眼见再也坚持不下去。

太常博士李光赞因此劝赵匡胤班师。赵匡胤转问赵普,赵普也赞同李光赞的意见。赵匡胤便决定于闰五月班师,分兵屯守潞州,御驾返回汴梁。

太原之战,是一场计划外的战争,这场计划外的战争,并没有带来意外的收获,轰轰烈烈的北伐,就这样无功而返。

历史仿佛给赵匡胤开了一个玩笑,宋军撤军不久,太原城的城墙成段成段地轰然倒塌!原来,这是城墙经过长时间水泡的缘故。如果当时宋军坚持到这个时候,情况会是怎么样呢?或许,赵匡胤就不会在他有生之年,留下这样的遗憾了!

反间计

广东有个小朝廷叫南汉。

在五代后梁时期,刘隐受封为南海王。刘隐死后,他的弟弟刘陟继承南汉主之位,并冒用帝王的尊号称帝,改名为龑(音 yǎn)。

汉字中并没有龑这个字,是刘陟为自己改名造的字。如同唐朝的武则天,为自己的名字造了"曌"(zhào)这个字。

刘龑死后,传位给儿子刘玢。刘玢继位不久,弟弟刘晟发动宫廷政变,杀死哥哥刘玢,篡夺了南汉主之位。刘晟死后,他的儿子继位,就是现在的南汉主刘铄。

南汉地处广东,北面与内地相连,南面是浩瀚的海洋,可能是看海看多了的缘故，染上了"夜郎"之气，以为南汉才是最大、最强的。赵宋建国后，南汉没有像其他割据政权那样表示臣服，还是照样关起门来做皇帝。当南唐臣服于赵宋，荆南、湖南、后蜀相继被赵宋消灭之后，南汉主刘鋹丝毫没有危机感，反而还要惹是生非，存心撩拨赵宋，今天到桂阳去抢几头牛，明天到江华去杀几个人，弄得赵宋的边民不得安宁。

开宝三年（970年）九月，赵匡胤诏令潭州防御史潘美、朗州团练使尹崇珂为正副元帅，领兵讨伐南汉。次年，南汉主刘鋹出降，所辖六十州、二百四十县尽归赵宋版图。

南汉被消灭之后，南方的割据势力只剩下南唐、吴越和偏安一隅的泉漳。对于赵宋朝廷来说，吴越、泉漳只是两碟小菜，南唐则是一顿大餐。

南唐主李煜是一个聪明人，南汉灭亡之后，他已感觉到唇亡齿寒的威胁。

开宝四年（971年）十一月，李煜备了一份厚礼，派堂弟李从善去汴梁觐见赵匡胤，主动提出削去南唐国号，改称号为"江南国主"，恳请赵宋皇帝赐号。

赵匡胤见李煜如此巴结，便做了个顺水人情，赐封李煜为江南国主，还额外赠送白银五万两。授李从善为泰宁军节度使，在汴梁赐了一处宅子，将他留在京师。不难看出，名义上，是将李从善留在京师做官，实际是将他扣押、软禁在京师做人质。

南唐有一个能人，他就是南都留守林仁肇，此人有勇有谋，他见宋朝平西蜀，克南汉，所向披靡，预料江南是下一个被攻击的对象，便向江南主李煜上了一份奏札。说赵宋先灭西蜀，又取岭南，江南将是他们的下一个目标。与其坐以待毙，不如奋力一搏。赵宋连续征战，已成疲惫之师，他们在淮南守军不多，这是一个千载难逢的好机会。他愿率兵数万，自寿春渡淮，收复在后周时被夺去的江北大地。赵宋如果发兵来救，就据守淮南，与宋军一决雌雄。如果胜了，则国家得利；如果败了，请李煜杀了他全家，以此向赵宋谢罪，说他是南唐的叛臣，收复淮南是自作主张。到时，赵宋就不会追究李煜的责任。

林仁肇算得上是忠勇仁义之士，为了保护国家利益，连家都不要了，为了使自己的行为不至于连累自己的国家，甚至甘愿背负叛臣的骂名，此等气概，千古能有几人？

李煜虽然做了江南之主，但他是一个不愿多事的人，只想过平平安安的日子。他并不理会林仁肇的奏议，将奏札丢进了废纸篓。

赵匡胤久闻林仁肇是江南第一猛将，骁勇善战，智勇双全，早就有除掉此人之心，当他得知林仁肇向李煜献策，欲收复江南失地的计谋后，更是心惊，认定此人是心头大患，如果不除掉此人，想吃掉江南这道菜，恐怕就不那么容易。思之再三，终于有了主意。

李从善留在汴梁，李煜便经常派人往来于汴梁，向李从善打探朝廷的一些消息。信使南北往来不绝于道。赵匡胤命人重金贿赂江南使者，窃得一幅林仁肇的画像，然后，将林仁肇的画像悬挂在别室。

这一天，李从善进宫觐见赵匡胤，内监故意把李从善引到别室等候，李从善看见别室悬挂着林仁肇的画像，惊异地问，为何将林仁肇的画像挂在这里。

侍臣故意问道："足下见到这幅画像如此惊异，难道你认识这个人吗？"

李从善道："这是下国南都留守林仁肇的画像，不过，据我所知，他与朝中人士素无来往，为何他的画像却挂在这里？只是不明原因，故此惊讶！"

侍臣迟疑了半天道："我既与你同殿为臣，也不拿你当外人，实话告诉你，林仁肇有意归顺朝廷，先派人送来画像作为信物。皇上爱惜林仁肇是个人才，特备下一套府第，等他来京后，赐给他居住。将他的画像悬挂在这里，则是表示朝廷重贤的意思。"

李从善听在耳里，记在心头。回府后，立即写了一封信，派人飞马送回江南。

李煜得到报告，以为林仁肇有异志，立即传召林仁肇，赐了一杯鸩酒，把他毒死了。可怜林仁肇一生忠心为主，就这样不明不白地被冤死了！

霓裳羽衣

李煜不知自己中了反间计，还以为除去了一个奸细，更是高枕无忧了，便放情声色，不理国事。

李煜是李璟的第六个儿子，天资聪颖，文采出众，能诗善画，通音律，尤其长于诗词歌赋。他给自己取号钟山隐士、莲峰居士，所仰慕的也是远古隐士许由、伯夷和叔齐等人，全然一派文人骚客清逸的潇洒气派。李璟非常喜爱李煜，故在临终时，将南唐国主之位传给他，史称李后主。

李煜在艺术上有很高的成就，他的书法，他的画，达到了很高的艺术水平。

李煜在填词上也有很高的造诣，前期的词风格绮丽柔靡，不脱"花间"习气。根据内容可大致分为两类。一类是描写富丽堂皇的宫廷生活和风花雪月的男女情事，如《菩萨蛮》：

花明月暗笼轻雾，今宵好向郎边去。刬袜下香阶，手提金缕鞋。画堂南畔见，一向偎人颤。奴为出来难，教郎恣意怜。

还有一类是在宋朝的压力下感受到无力摆脱的命运时所流露的沉重哀愁，如《相见欢》：

无言独上西楼，月如钩，寂寞梧桐深院锁清秋。剪不断，理还乱，是离愁，别有一番滋味在心头。

这都是一些脍炙人口的词，广泛地流传于后世。

李煜确实很有才气，如果他能将才华用于治国，将是万民之福，可他偏偏性骄侈，好女色，不理朝政，声色犬马，醉生梦死，乐而忘忧。李煜的皇后周氏，不但生得天姿国色，而且博古通今，尤其善弹琵琶，是一个不可多得的才女佳人，夫妻二人你情我爱，感情一直很好。

周后天生慧质，曲意献媚，不知从哪里弄来唐玄宗的《霓裳羽衣曲》，按谱校音，日夜研摩，竟得神韵。自此以后，南唐的宫廷里朝歌暮舞，《霓裳羽衣曲》回荡于皇宫后院，惹得李煜意荡神迷，沉浸于中，无心国事。

周后有个妹子，秀外慧中，姿色和才华比她的姐姐更胜几分，经常进宫来探望姐姐。李煜是一个天生的情种，见到这个小姨子，早就心猿意马，吃着碗里的，瞧着锅里的，有了一箭双雕之念，只是碍于周后，且又苦于没有机会，故迟迟不能得手，只好将满腹的欲念埋藏在心里。

机会终于来了。

有一次，周后偶感寒疾，小姨子进宫的次数更频了。李煜乘机将小姨留在宫中，只说是请她陪伴病中的姐姐。周后也不疑心，任由李煜将妹子留下。

李煜为了达到与小姨子幽会的目的，特地命人在御花园的花丛中修筑了一间小亭子。亭子修得精致华丽自不待说，关键是里面的摆设，一床、一椅，仅供二人起坐，床上的锦被绣枕一应俱全。

李煜与小姨子有了第一次，就有第二次，有了第二次，第三次也就顺理成章了，他们乘周后尚在病中之机，天天在御花园的小亭子里幽会。时间长了，总会露出一些蛛丝马迹，周后起了疑心，宫女们虽然不敢说真话，周后也用起了心思，将宫女寅时叫来一个，卯时叫来一个，旁敲侧击，多方查探，终于将二人的秘密探得个清清楚楚。周后气得肝肠寸断，病情陡增，几天后便香消玉殒了。

李煜痛哭了几场，虽然有小姨子陪伴，减少了一些悲哀，但念及周后的旧情，还是流下了不少伤心泪，因为他是一个天生的多情种子，喜新并没有忘旧。

李煜刚办完周后的丧事，便正式册立小姨子为新后。历史上，称周后为大周后，称大周后的妹妹为小周后。

开宝六年（973年）四月，江南国举行庆典活动，李煜给汴梁送了份请柬，赵匡胤乘机派翰林学士卢多逊出使江南，名义上是去参加庆典，实际上是去搞间谍活动。

李煜以最高礼节接待卢多逊。临走的前一天，卢多逊有意无意地对李煜说，朝廷要重修天下图经，国史馆独缺江东各州的版图。言下之意，要李煜提供一份江南的版图资料。

李煜虽然有些不愿意，却也不敢拒绝，安排人连夜复制了一份江南版图送给卢多逊。有了这份图，江南十九州的地形，军队驻防，户口数量，都一目了然。这些家底是国家一级机密资料，李煜这个书呆子，就这么轻易地拱手送人，南唐不亡国，那才是怪事了。

赵普罢相

赵普是宋朝的开国元勋，陈桥兵变，他是策划人之一，杯酒释兵权，也是他的点子。当上宰相以后，十年来，协助赵匡胤总领朝纲，工作干得有声有色，深得赵匡胤的信赖。可能是他家的风水尽了，倒霉的事情一件一件地降临到他的头上。

赵匡胤有个习惯，就是退朝后，经常要出去溜达溜达，只要他高兴，随时会走出宫，到街市上转转，或到哪个臣子家串串门，事先从不打招呼，弄得宰臣非常紧张，回家也不敢脱朝服。因为臣子见皇上，要穿上正规的朝服，否则就是失礼，失礼就是欺君，这样的罪名，谁承担得起呀？

恰巧在这天晚上，赵普刚刚接待了吴越王钱俶派来的客人，来人说宰相为国操劳，实在是辛苦，特送来十罐海鲜，给宰相补补身子。客人刚走，海鲜还放在走廊里，赵普来不及开罐看一眼，突然听到家人来报，说皇上已经进了家门，来不及入内换衣，赵匡胤已入了大厅。

赵匡胤看到走廊里放着十个瓷罐，随便问一句是什么东西。赵普不敢说谎，回答说是吴越王托人送来的十罐海鲜。

赵匡胤与赵普，虽是君臣关系，私交也不错。听说是吴越王刚送来的海鲜，高兴地说："海鲜？味道一定很鲜美吧？拿出来，让朕也尝尝。"

赵普心里可有些为难了，因为他心里明白，虽然使者说是海鲜，但说不定海鲜里面有文章，仅仅是十罐海鲜，值不了几个钱，也用不着大老远地从吴越送到京师来。但皇上开了金口，他也不敢抗命，只好让家人拿来工具开罐。

罐子打开了，赵匡胤傻眼了，赵普也傻眼了。原来，罐子里装的并不是什么海鲜，而是闪闪发亮的瓜子金。

赵普曾说过，人臣无私受，也无私赠。如今竟出现这样的事，弄得非常尴尬，结结巴巴地说："臣未开罐，不知道罐子里装的是黄白之物。"

赵匡胤叹息地说："你也不妨接受了吧！他的来意很清楚，以为国家大事，都是你书生做主，所以就给你送来如此贵重的礼物。"说罢，转身拂袖而去。

赵匡胤的话虽不多，却表达了一个信号，赵普的权力太大了，大得威胁到了皇权，大到连邻国都知道，要想得到赵宋的照抚，先得买通赵宋的宰相赵普。

赵普匆匆送走赵匡胤，想起皇上离开时说话的语气，他就像在冬天掉进了冰窖里，里里外外凉透了。此后好些天，赵普总是窥探赵匡胤的脸色，但赵匡胤的脸上没有任何反应，读不出什么内容，对他的态度也像以前一样，似乎并没有改变，于是，赵普悬着的心，稍稍放下了些。

谁知一波未平，一波又起。赵普要盖房子，派亲信到秦陇去购买木材。谁知这名亲信竟打着赵普的旗号，乘机多买了一些，运到京师转卖，从中牟取厚利。

当时朝廷有明文规定，禁止私贩秦陇木材。赵普派人私自采购，而且还从中牟利，这个娄子可就捅大了。

权判三司赵玭知道这件事，在赵匡胤面前告了御状。赵匡胤听了赵玭汇报，联想到上次瓜子金事件，气不打一处来，大骂道："赵普真是贪得无厌的家伙！"骂过之后，命令翰林学士拟旨，要将赵普逐出朝廷。

老宰相王溥知道了这件事，畏于赵普的权力太大，极力替他开脱，才使得诏书没有发出去，赵普逃过一劫。其实，这是赵匡胤不忍心向赵普下手，借坡下驴罢了。

赵玭并不是弹劾赵普的第一人，屯田员外郎雷德骧也曾告发过赵普，后被赵匡胤贬为司户参军。再后来，赵普借故罢了雷德骧的官，把他下放到灵武县去了。

赵匡胤也听说了这件事，但没有去追究。

雷德骧的儿子雷有邻，知道赵普故意排挤他的父亲，日夜寻找证据，要报复赵普。查来查去，不但查清了赵普的许多重大贪赃受贿的证据，而且连他身边的几个党羽——堂后官胡赞、李可度，秘书丞王洞，摄上蔡主簿刘伟，宗正丞赵孚等人也牵连进来。为了做到一击中的，雷有邻直接将事情捅到了皇上面前。

赵匡胤得知这件事后，怒火中烧，让御史台立即讨论，如何惩处这几个贪官污吏。结果，摄上蔡主簿刘伟被砍了头；秘书丞王洞、宗正丞赵孚先各打了八十大板，然后削职为民；堂后官胡赞、李可度被没收了全部家财。雷有邻举报有功，提拔为秘书省正字，并赐给他丰厚的赏赐。

但对于如何处理赵普，赵匡胤一直下不了决心，尽管他也知道，只惩处几个中级官吏，放过赵普，不免有只打苍蝇、放过老虎之嫌，但他还是不忍心对这位患难知己、布衣之交下手。

赵普屡屡逃过惩罚，朝中大臣虽然有些不服，但也只是在背后嘀咕几句，并没有人公开叫板，一切似乎都显得风平浪静。然而，树欲静而风不止，终于有一个人从幕后跳出来了，这个人就是翰林学士卢多逊。

翰林学士卢多逊是赵普的政敌，两人在朝堂上经常磕磕碰碰。卢多逊为人机警，知道皇上喜欢读书，便常到史馆去查看赵匡胤取哪些书，然后借同样的书回家，通宵阅读。等到第二天召见时，赵匡胤问起大臣们书中的事情，唯有卢多逊一个人应答如流，大家都以为卢多逊学识渊博，打心眼里佩服他，赵匡胤也认为卢多逊有学问，对他很赏识，如此一来，卢多逊在赵匡胤面前就越来越吃香，在朝臣中的分量也就越来越重。

赵普虽然接二连三地出问题，却还没有被打趴下。卢多逊心有不甘，于是便亲自登场，在赵匡胤面前告赵普的刁状，说赵普把河南、河北等一些地方的一些公田当做私田卖，大发横财；在京城和外地还建有多处豪华住宅；还经营店铺，与民争利等等。

赵匡胤虽然当时没有发作，但从他的脸色看已经怒到了极限。卢多逊知道，这把火已经挑起来了，识趣地退下。出门后，听到屋内传来摔杯子的声音。

卢多逊出宫后，并没有直接回家，而是去了开封府尹赵光义的府邸。看来这个赵光义与"倒普"活动，似乎有某种联系。

赵匡胤本来对赵普就心有芥蒂，听到卢多逊的嘀咕，对赵普渐渐地失去了信任。于是下诏，命参知政事薛居正、吕余庆与赵普共同议事，也就是增加了两名副宰相，这叫掺沙子，分散赵普手中的权力。

赵普是个聪明人，他从人事变动中看出了问题，主动向赵匡胤上表请辞，不做宰相，回家养老去了。

赵匡胤并没有挽留，下诏免去赵普宰相之职，改任河阳三城节度使。宰相一职由薛居正、沈仪伦接任；并封皇弟赵光义为晋王，仍领汴梁府，朝班位列宰相之前；封皇弟赵光美兼侍中；封儿子赵德昭山南西追节度使、同平章事。

赵普离京之时，给赵匡胤上了一道书，自诉说："皇弟光义，忠孝两全，外人说臣轻议皇弟，臣怎敢做这样的事呢？这是外人的离间之词。何况当初太后临终前的遗命，臣是耳闻目见，并作了记录，怎能有二心呢？知臣莫若君，请陛下明察。"

这里，赵普首次提到了太后遗命，即金匮之盟，他似乎是要表白什么，但什么也没有明说。看来，赵普的罢相，似乎并不是表面上看到的那么简单。

赵普是一个做事很认真的人，为相十年，刚毅果断，以天下事为己任。他做事非常执着。有一次，他认为某人适合一个职位，向赵匡胤举荐这个人，赵匡胤不同意；第二天，再举荐，赵匡胤还是不同意；第三天，继续举荐。赵匡胤发怒了，将他的奏札扯破，甩在地下。赵普神色自若，从地上将扯破了的奏札拾起来，带回去，用糨糊粘好，第四天仍然将粘贴好的奏札呈给赵匡胤。赵匡胤终于同意了，后经考察，此人果然称职。

还有一次，有名官员立了功，应当升迁官职。但是，赵匡胤很不喜欢这个人，就将这个人晋职的事压了下来。赵普多次奏请，应该给此人升职。赵匡胤非常恼火，不高兴地说："朕不喜欢这个人，就是不给他升职，你能怎么样？"

赵普并没有被赵匡胤的气势吓倒，仍然据理力争，说刑以惩恶，赏以酬功。惩办谁，奖赏谁，是要看这个人是不是做错了什么事，立了什么功，陛下怎么能以个人的好恶、任一己之喜怒而治理国家？

这话说得不中听，但赵匡胤又无以辩驳，于是起身就走。赵普跟在赵匡胤的后面，不肯离去，赵匡胤进宫，赵普站在宫门口，一站就是几个时辰，赵匡胤无奈，只好同意了赵普的请求，提升了立功者的官职。

这表明，赵普不曲意逢迎皇帝赵匡胤，在效忠皇帝还是效忠大宋朝廷的问题上，他选择了后者，这恐怕触动了皇权与相权之争。而赵匡胤是位明君，他容忍了赵普。

但是在经济问题上，赵普受贿，还庇护部下，这就触犯了法律。

赵匡胤想到这里，暗叹道，这样一个人才，怎么就经不住金钱的诱惑呢？这样处理他，是对还是错？想了半天，理不出一个头绪，还是放下了，命掌管档案的内侍把赵普的上表藏在金匮之内。

赵普罢相后，卢多逊提升为参知政事，当上了副宰相，在这一场官场角力中，卢多逊暂时占了上风，成了胜利者。

卢多逊的父亲曾担任过开封府少尹之职，有丰富的官场经验，年纪大了，赋闲在家。他得知儿子在皇上面前告赵普的刁状，致使赵普罢相，叹惜地说："赵普是开国元勋，小子无知，诋毁先辈，他日一定遭到报应。我得早死，免得看到现世报。"

卢多逊的父亲果然不久病逝。卢多逊为父丁忧，后又奉旨起复，深得赵匡胤的信任。至于说报应不报应，那是以后的事。

八　会写诗的不如会打仗的

小人物解决大问题

开宝七年（974年），朝中的事情办完了，征伐江南的准备工作也就绪了，缺少的是一个开战的借口。赵匡胤开始找茬儿了。他先派阁门使梁迥到江南去请李煜，说朝廷有柴燎之礼，请他到京师助祭。李煜害怕去了就回不来了，推说自己有病，不能远行，没有接受邀请。赵匡胤见请不解决问题，便派知制诰李穆出使江南，这一次不是请，而是命令，命令李煜来朝。

李穆也就不转弯抹角了，冷冷地对李煜说，朝与不朝，由他自己决定，凭江南这点兵力，想抗拒朝廷，那是螳臂当车，鸡蛋碰石头，要是给脸不要脸，到时别后悔。

李煜口气仍然不改。李穆见这个人不开窍，只好扫兴而归，将出使江南的情况原原本本地向赵匡胤作了汇报。

赵匡胤听了的汇报，恼羞成怒地说，江南主屡请不至，显然是违抗朕命，朕出兵征伐，也就师出有名了。

九月，赵匡胤命曹彬为统兵元帅，潘美为都监，曹翰为先锋，率领十万大军，出征江南。

赵匡胤为众将送行时，郑重地叮嘱曹彬，说王全斌平定西蜀，残杀降卒，引发了川军兵变，教训深刻。这次出兵江南，一定要记住，不得暴掠生民，破城之后，要做好安民工作，不得滥杀无辜。李煜一门，不得加害，要给他们留条活路。接着，当众取下腰中佩剑授予曹彬，厉声说道："自副将以下，如有不遵军令者，准你先斩后奏。"

潘美等众将领闻听此言，一个个心惊胆战，相顾失色。

赵匡胤刚送走出征的将士，有个江南人来献策，赵匡胤立即召见了这个人。

这人名叫樊若水，江南池州人，是个落第秀才。由于科场屡次失意，便对江南那个国主，那个小朝廷，那个朝廷的科举制度失去了信心，有了改换门庭，投奔宋朝的想法。他在最适宜于渡江的采石矶，佯装钓鱼，实地勘测，然后向赵匡胤献上在长江上造浮桥渡江的计策。

正是有了这个浮桥，才打了南唐一个出其不意，看来小人物照样能影响历史。

赵匡胤大喜道："朕似乎看到敌俘站在面前了。"

他当即任命樊若水为右赞善大夫，赶赴江陵的曹彬大营参战。再派人到荆、湖，根据樊若水的设计，赶造黄、黑龙船数千艘，以备征南之用。

十月下旬，宋军沿江东下，水陆并进。曹彬率领水兵，乘数千艘大舰船和黄龙船、黑龙船，载运着大批楠竹、绳索，由江陵出发，沿长江北岸顺流而下。潘美率领陆军，沿江岸而行。

黄龙船、黑龙船是按照樊若水的设计打造的，楠竹、绳索是用来架扎浮桥的应用之物。

长江南岸的南唐驻军见到宋军船队，以为是江上的巡逻兵，毫不在意，更没有询问，任其行驶，为了表示友好，还派小船送来酒肉劳师。宋军在没有遇到任何阻力的情况下，顺流而下，破峡口寨。曹彬连克池州当涂、芜湖，驻军采石矶。决定在这里架设一座浮桥，让陆路军过江作战。

在浩瀚的长江上架设浮桥，这在中国历史上还没有先例。消息传到金陵，南唐小朝廷的君臣们认为这是异想天开，如同儿戏，根本就没有将这件事放在心上。

樊若水带领兵士，将预先排定的黄、黑龙船，依次在江面上排列，搭上扎好的竹排，再用绳索捆扎好，仅用了三天时间，一座跨江浮桥就像变戏法一样架设好了。

曹彬命令潘美率领步兵渡江，众将士在浮桥上轻而易举地过了江。

进军金陵

宋军经浮桥跨越长江天险的消息传到金陵，李煜这下觉得问题有点严重了，勉强升朝，命镇海节度使、同平章事郑彦华率军万人，从水路迎击宋军，天德都虞候杜真率步兵万人，从陆路迎击宋军。送走御敌的将士后，他觉得万事大吉了，便将军国大事交给大臣们处理，安心地回后宫与小周后吟风咏月去了。

郑彦华与杜真先后被宋军杀得个七零八落。李煜得知水、陆两路大军全都败北，下令全线戒严，招募百姓从军御敌。

这时江南的军国大事，完全由光政使陈乔和清辉殿学士张洎等人主持。李煜则成天在后苑召集僧人诵经念咒，祈求上天保佑，对于外面的战事，一概不问，皇宫外面发生了什么事情，他也一概不知。既然李煜交出了军权，负责守城的将军皇甫继勋也懒得去向他请示，只是按既定的作战计划固守城池，同宋军耗下去。

于是，中国古代战争史上一大"奇观"出现了：金陵城被围数月，身为南唐后主的李煜竟然一点儿都不知道。直到一个偶然的机会，李煜突然听到金鼓齐鸣、炮声震天，才登城瞭望，意外地看到城外驻扎的尽是宋军，奇怪地问守城军卒："宋军已攻到城下，为何没有人向我报告？"

一位守卒胆怯地回答，是皇甫都指挥使不准报告。看来，南唐对外的保密工作做得差劲，对内倒是一流的。

李煜听罢大怒，即刻召见皇甫继勋，问他为何隐瞒实情。皇甫继勋回答："宋军来势汹汹，过于强大，无人能敌，臣就是将军情报进宫，也不过是徒增陛下的恐慌，陛下也没有什么办法退敌。为了不让陛下操心，故此没有进宫汇报。"

李煜认为这是对他的极大侮辱，一怒之下，命令将皇甫继勋就地正法，再飞诏神卫军都虞候朱令赟，火速率水军支援金陵城。

此时，江南使臣徐铉，飞骑驰往汴梁，谒见赵宋皇帝，哀求宋国休兵。

赵匡胤质问道："朕数次召李煜来朝，他为何抗命不遵？拒不来朝？"

徐铉小心翼翼地问道："自古以来，有道之君兴师讨伐，都得师出有名。我江南国主无罪，陛下却兴师讨伐，不知所为何来？"

赵匡胤饶有兴趣地看着这个书生，一言不发。徐铉吞了口唾沫，继续说道："我主侍奉陛下，谦恭而又谨慎，以小事大，如儿子孝顺父亲一般，并没有什么过失。陛下征召没有来，那是因为我主身体有病的缘故。父母爱护儿子，是无微不至，无怨无悔的。难道不来见驾，就要加罪吗？请陛下格外体贴，赐诏罢兵吧！"

赵匡胤哈哈大笑，顺着徐铉的话说："你主既然事朕如父，朕待他如子，父子应出一家，哪有南北对峙之理？朕屡次召见，竟然拒而不至，这不是有违常理吗？"

徐铉听赵匡胤如此说，一时倒回答不上来，踌躇半天，只得跪下哀求说："陛下即使不念李煜，请顾及江南无数生灵，这个仗如果继续打下去，将会生灵涂炭，百姓无家可归。陛下是仁慈之君，绝不想看到这样的事情发生吧？"

赵匡胤大声说："朕已命宋军统帅，不得妄杀一人，李煜如果爱惜子民，为何不投降？"

徐铉又说："李煜岁岁朝贡，对赵宋并未失礼，请陛下开恩，放江南百姓一条生路。"

徐铉一再申辩南唐无罪，大宋师出无名，赵匡胤理屈词穷，恼羞成怒，猛然拔出腰上佩剑，啪的一声放在御案上，大声呵斥道："不必多说！"

赵匡胤虽然很霸道，但说明了一个千古不变的道理，强者为尊，弱国无外交，落后就得挨打。

妙计败水师

朱令赟驻师湖口，大军十万，号称十五万。接到李煜的诏令，率军顺流而下，直逼宋军的采石矶浮桥。

曹彬得到探子的报告，立即找来将佐王明，授他密计，命他赶往采石矶抵挡南唐援军。

朱令赟率领十五万大军，数千艘战舰，顺流而下，连夜直奔金陵。当舰队快到采石矶的时候，远远看见江面上帆樯林立，不计其数，不由心中起疑，当即命令舰队停航，停泊于皖口。

夜黑风高，摸不清敌人的路数，朱令赟不敢分兵应战，只好命令军士纵火，先将水路的来船堵住。谁知当天晚上刮的是北风，南唐军的战舰正好停泊在南面，那火势借着大风，不但没有烧向宋军的船只，反将自家的船烧着了。朱令赟大惊，连忙下令拔锚起航，向上游原路返回，由于船身庞大，数千艘战船全都挤在一起，根本就动不了。正在惊慌之际，宋军的船只冲了过来，已有宋兵跃上大船。吓得朱令赟魂飞天外，正欲跳水逃生，一员宋将抢上一步，大喝一声，将朱令赟掀翻在船板上，上来许多宋军，将他捆得个结结实实，扛猪一般扛走了。

这场水战，以江南水师全军覆没而告终。

天亮以后，再看那宋军无数的帆樯，原来是浮桥上下竖立的无数长木，长木上悬着旗、挂着灯，不近看，谁能说这不是帆樯。再加上步军在岸上摇旗呐喊，犹如千军万马一般。如此疑兵，鬼神莫测，朱令赟岂能不中计？宋军的真正人数，水军五千，步军五千，总共不过一万兵马而已。

金陵城中，李煜还在眼巴巴地等着朱令赟的水师来救命，突然听说水军全军覆没，吓得魂飞魄散，万般无奈，只好派修文馆学士承旨徐铉，带上自己的亲笔乞缓师表到汴梁，乞求宋皇帝赵匡胤退兵。然而，此时胜券在握的赵匡胤又怎么可能罢休呢？徐铉再次无功而返。

会写诗的不如会打仗的

李煜得知赵宋不肯罢兵，更是惊慌。忽然常州又传来急报，吴越王钱俶奉赵宋皇帝之命，率兵攻打常州。

金陵已被宋军围得如铁桶一般，李煜根本就派不出兵去支援常州，只好写了一封信，派人给吴越王钱俶，信中的意思是：赵宋今天灭了南唐，明天就轮到吴越，金陵的今天，就是吴越的明天。

吴越王钱俶并不回信，率兵连下江阴、宜兴、常州。江南的州郡，已经所存无几。金陵几乎成了一座孤城。

曹彬派人进城告诉李煜，金陵已经只是一座孤城，叫他不要继续顽抗，并限他三日之内开城投降，如若不降，将大举攻城，破城之日，将玉石俱焚。

李煜仍然犹豫不决。

曹彬决定攻城，但又担心破城之日，城门失火，殃及池鱼，使平民百姓的性命不保，虽然有禁令，恐怕也不能制止，左思右想，终于想得一法。

这天早上，曹彬的卫兵告知众将，说曹大帅卧病在床，不能理事。众将听说主帅病了，纷纷进帐请安。询问曹彬得的是什么病，请郎中看过了没有。曹彬躺在床上对众将说："我得的是心病，非药石可治，唯有大家诚心起誓，破城之日，不乱杀一人，我的病即可不治而愈。"

众将听了曹彬之言，知道主帅的良苦用心，当即便焚香立誓，破城之日，一定约束自己的部下，不得滥杀无辜。

第二天，曹彬的病稍愈，第三天，指挥宋军水陆并进，一举攻进金陵城。众将果然约束各自部下，除反抗者格杀勿论外，对平民百姓秋毫无犯。江南百姓皆称宋军是仁义之师。

破城之日，江南光政使陈乔哀恸地回到家中，悬梁自尽。勤政殿学士钟蒨，朝冠朝服，在自家的堂屋里，将全家召集到一起，集体服毒而死。

张洎和陈乔自始至终是主战派，当初曾有个约定，同死于社稷，如果金陵被宋军攻破，就以身殉国。金陵城被攻破，陈乔悬梁自尽，张洎并没马上就死，他要陪李煜一同到汴梁，替国主承担罪责。

曹彬自出兵至凯旋，肃正军纪，兵士没有人敢乱来，破城之日，兵不血刃，江南十九州、三军、一百零八县的版图，收归赵宋。

会写诗的当了亡国奴，会打仗的得了天下。会写诗的到底还是不如会打仗的。

开宝九年（976年）正月，赵匡胤在明德门接见李煜，李煜带领南唐旧僚，跪在明德门下听候宣诏。

宣旨官宣读诏书，先是将李煜责备一通，然后是开恩赦免众人，并授李煜为光禄大夫、检校太傅、右千牛卫上将军，封违命侯。

封违命侯，是一个带有侮辱性的封号，它赤裸裸地表达了赵匡胤对李煜的憎恶和鄙视。

李煜的夫人小周后，封为郑国夫人。

李煜带着家人，住进了赐给他们的宅子，开始了寄人篱下的生活。

江南自李昇篡吴，自称是唐太宗李世民的儿子吴王李恪的后裔，立国号唐，称帝六年；传子李璟（后改名景），袭帝号十七年，被周世宗打败后，去帝号，自称国主有四年；李煜继位，到梦断金陵，有十五年，共经历了三世，三十九年。

二月，赵匡胤下诏，曹彬提升为枢密使；潘美提拔为宣徽北院使。

赵匡胤收复江南，基本上统一了南方，剩下的只有吴越和泉漳，先南后北的统一方略也基本完成。宋朝取得了南方雄厚的人力物力，增强了对抗北方强敌契丹的力量，两强的碰撞只是时间问题，但究竟鹿死谁手，还要拭目以待。

九　未了的心愿

吴越王北上面圣

收复了南唐，南方还有一个吴越政权，仍然酣睡在卧榻之旁。不过，吴越只是一个弹丸小国，成不了气候，宋朝如果要举兵讨伐，那简直就是探囊取物、易如反掌。卧榻之旁，岂容他人鼾睡？这是赵匡胤的一贯作风，但是，他又不想动用武力，因为打仗是很耗钱的，他想将有限的财力用在刀刃上，因此，他决定以一种不花钱的形式收复吴越。

吴越辖区为浙江全境、太湖的东北部、东部和南部，首都设在杭州。吴越王钱俶的祖父叫钱镠，是个贩私盐的大枭，唐僖宗时，纠集众人攻打黄巢，平定吴越，僖宗封他为越王，不久又封为吴王，后梁时，又加封为吴越王。到赵匡胤建立赵宋的时候，吴越王已传到了钱俶这一代。赵匡胤封钱俶为天下兵马大元帅，钱俶也岁岁向宋廷纳贡，丝毫不敢怠慢。其实，天下兵马大元帅只是一个虚衔，并没有真的统领天下兵马。

赵宋平定江南后，吴越王钱俶派使臣到汴梁朝贺。赵匡胤笑对来使说："这次讨伐江南，你家元帅攻克常州，立有大功。朕很想念他，你回去后，请他到汴梁来一趟，见面之后，立即让他回去。"为了表示不相欺的诚意，赵匡胤还拍着胸膛，信誓旦旦地对使臣说："苍天在上，朕绝不食言。"

吴越王钱俶接到使者带回赵宋皇帝的圣旨，心里直发怵，发慌，而且不是一般的慌，是恐慌。为什么呢？因为他知道，南唐李煜的今天，就是他的明天。当初，赵匡胤数次传召李煜进京面圣，李煜不敢去，害怕去了不能回来，推三阻四，借口身体不舒服，终究还是没有去汴梁面圣。结果惹恼了赵宋皇帝，大兵压境，南唐顷刻之间土崩瓦解，李煜梦断金陵。前事不忘，后事之师，血的教训就在眼前，钱俶当然不敢以身试险。

钱俶是个聪明人，他知道不去的后果，借一百个胆子，他也不敢抗旨不遵。临行之前，他把国事都向大臣们作了交代，然后带上妻子孙氏、儿子惟浚，西赴汴梁，拜谒赵宋皇帝。看他这个架势，大有英勇赴义、去了就没打算回来的气概。

赵匡胤得知钱俶在杭州踏上了北上的航船，立即督促有关部门，加快为吴越客人专门兴建的别墅的工程进度，保证在客人到来之前建成，使客人一到就能入住。

钱俶北上汴梁，赵匡胤派儿子赵德昭为代表，到睢阳迎接吴越王钱俶。值得注意的是，以前这样抛头露面的事，都是由御弟赵光义负责。但是这一次，赵匡胤没有这样做，而是安排儿子赵德昭出面。

钱俶进宫觐见赵匡胤，赵匡胤盛情款待他，赐坐、赐宴，而且还命他与御弟晋王赵光义叙兄弟之礼。钱俶可不敢托大，坚决不接受，赵匡胤才打消了这个念头。

当晚，吴越王钱俶住进了专门为他新建的一处豪宅，赵匡胤亲自到钱俶的住处探望，察看各种生活用品是否齐全，体贴得就像是对待自己的家人一样。

第二天，赵匡胤又在大明殿举行了一个盛大宴会，欢迎钱俶这个远道而来的客人，文武百官都参加了这次宴会，根据赵匡胤事先安排，他自己先向钱俶敬过酒后，从晋王赵光义、宰相薛居正开始，大臣们依次向钱俶敬酒，面对如此隆重的场面，钱俶受宠若惊，感激涕泪。

转眼间，钱俶到汴梁已经住了半个多月，虽然说日日歌舞游乐，夜夜丝竹宴饮，但俗话说得好，金窝银窝，不如自己的狗窝，钱俶开始思念杭州，思念他的国家，思念他的王宫，思念他的臣民了。不过，赵匡胤没有开口，他只能将思念故国之情深埋在心里，不敢表露半分。

这一天，忽听门人来报，说有圣旨到，钱俶慌忙开中门跪迎圣旨，赵匡胤下的圣旨有两个内容，一是封吴越王钱俶的妻子孙氏为吴越国王妃；二是准许吴越王钱俶佩剑上殿。如此厚封，钱俶一家受宠若惊。

赵匡胤下这道圣旨，是经过一番斗争的。依古制，只有同姓诸侯王才可封为妃，吴越王钱俶是异姓诸侯王，封他的夫人为王妃，有违祖制。佩剑上殿，更是绝无先例，就是晋王赵光义，也没有享受这种殊荣。为了保证君王的安全，古往今来，面见君王的人，是不准佩带武器的。允许带武器上殿，表示皇上对这个人是完全放心的了，这种信赖，这种礼遇，这种荣耀就可想而知了。正因为如此，赵匡胤在下诏之前，征求了晋王赵光义、宰相薛居正等人的意见，这些人却没有一个投赞成票。这时候，他有点想念赵普了，如果赵普在，对自己的苦心早已心领神会，何须多费唇舌。但是赵匡胤并不是一个墨守成规的人，他没有听取晋王与几位宰臣的劝告，签发了这份特殊的诏书。

迁都遭到众人反对

开宝九年（976年）三月，赵匡胤准备巡幸洛阳，到洛阳举行郊祀之礼。吴越王钱俶请求一同前往。赵匡胤认为南北风土不同，担心吴越王钱俶不适应洛阳的气候，没有答应他的请求。

西巡洛阳之前，赵匡胤在讲武殿大宴群臣。酒过三巡，赵匡胤微笑着问钱俶，来汴梁一个多月，是否住得惯。

钱俶恭顺地说："皇恩浩荡，微臣一家在京城得到无微不至的照顾，过得非常好。"

"不想家吗？"赵匡胤体贴地说，"思念故土，想念亲人，这是人之常情。朕祖籍虽是涿州，但出生在洛阳的夹马营，洛阳是朕的第二故乡，这次西巡，就是想去看看那片故乡热土。朕当初召你进京，曾许诺不留你，让你回去，朕说话算数，绝不食言。"

吴越王钱俶见赵匡胤真的放自己回去，喜极而泣，叩头谢恩，抽泣着说："回杭州以后，每隔三年，臣父子一定要来京师朝拜一次。"

赵匡胤微笑着说："吴越到此，山水相隔，路途遥远，往来一次不容易，只要你有这份心，朕也就心领了。还是不要预定期限，诏令你来，你再来入觐便了。"

第二天，钱俶陛辞后即将启程，临别之际，赵匡胤命左右捧来一个黄包袱交给钱俶，钱俶正准备打开看，赵匡胤制止道："现在不要看，到路上了再看，看到了什么，你自己知道就行，不要向外人泄露。"

钱俶登程之后，在途中打开包袱检看，原来是一百多封群臣向赵匡胤上的奏札，都是要求留下钱俶，有的甚至说杀掉钱俶。钱俶越看越怕，越看越惊，连忙上表谢恩。

自此以后，钱俶对宋朝廷更加恭顺，时时把皇恩记在心头，每年的贡品更加精细和贵重，次数也更多，就像姑娘向娘家送节礼一样，四时八节，有礼有数。

赵匡胤对自己导演的这场政治剧，当然很满意。现在的吴越国，与宋朝的一个行政区并没有什么区别，钱俶的吴越王，只是一个虚名而已，要不了多长时间，他就会奉上吴越所辖十三州的版图。

赵匡胤送走钱俶之后，率领文武百官启程前往西京洛阳。

在唐朝时洛阳称为东都，长安称为西京。五代除后唐外，均定都汴梁。赵匡胤夺取后周天下后，继续以汴梁为都城，称汴梁为东京，洛阳为西京。

赵匡胤创建宋朝时，中原还是四分五裂，经过十六年来的东征西讨，南征北战，先是戡定荆南和湖南，次则平定西蜀，接着是剿灭南汉，再定江南，使中华民族的统一，向前迈进了一大步。因此，他要前往洛阳，祭祀天地。

赵匡胤在洛阳祭祀天地之后，突然向群臣宣布，说要迁都洛阳。

无论在哪个朝代，迁都都是一件大事，赵匡胤在没有同任何人商量，更没有经过廷议的情况下，突然作出迁都的重大决定，到底为了什么？他并没对群臣说，似乎也不愿说。

赵匡胤迁都的决定，遭到大臣们的一致反对，说出口的原因很简单，就是大家都在汴梁已经扎下根，突然迁都，拖儿带女的，实在是太麻烦了。真实的原因是什么？谁也不愿说出口。

其实，赵匡胤御驾到了洛阳，突然作出迁都的决定，并不是他一时的心血来潮，而是经过深思熟虑作出的决定，他似乎是在回避一个人，似乎是在为一个重大的决定做准备，但这些都不足为外人道。皇上不说，臣子也当然不敢问。

晋王赵光义知道了赵匡胤要迁都这件事，立即劝说赵匡胤改变迁都的动议。赵匡胤不仅不为所动，而且还负气地说："朕不但要迁都洛阳，还要迁都长安。"

赵光义问是什么原因。赵匡胤说："汴梁地势开阔，无险可守。如果迁都长安，易守难攻。裁去冗兵，励精图治，治理国家，岂不是长治久安、一劳永逸之策？"

赵光义却说："要使国家长治久安，靠的是恩德，而不是山河的险要，何必要迁都呢？"

赵匡胤叹息道："你也太固执了，今天依了你，不出百年，天下百姓恐怕要为此付出沉重的代价。"

定都汴梁，不如定都长安，在汉、唐时期就对此有过争论，关中长安地势险要，进可攻，退可守，极具战略地位。

赵匡胤也深刻认识到这一点。然而，他的决策遭到包括赵光义在内的众人的反对，只得怅然返回汴梁。此时的赵匡胤，似乎有一种无奈的感觉。看来，皇帝也有无奈的时候。

未了的心愿

赵匡胤返回汴梁。作为一国之君，他还有很多事情要做，头等大事，就是降服北汉，打败辽邦，收复燕云十六州，统一天下。这是他一生最大的心愿。

经过缜密思考，赵匡胤决定，以党进为河东道行营马步军都部署，以潘美为都监，以杨光美为都虞候，同牛思进、米文义等兵分五路，分进合击，征讨北汉。同时，又命令郭进等人分别率兵对太原周围的忻、代、汾、沁、辽、石等州发起进攻，与攻打太原的主力军遥相呼应。

如此大的攻势，在以前从未有过。看来，赵匡胤是想以泰山压顶之势，迅速解决战斗。

赵匡胤自派出北伐之师以后，便在御医的诊治下调养身体。串门是他的一个习惯，赵普在朝为相的时候，去的最多的地方是赵普的家，不知是什么原因，自从赵普被逐出朝后，他就很少串门了。这一天，他走出宫，在市场上溜达一会儿，然后信步向晋王府走去。

赵匡胤性格和善，兄弟之间的关系一直很好，赵光义生病，赵匡胤与他灼灸，赵光义怕痛，赵匡胤便取艾自灸，笑着对光义说不痛。赵匡胤曾对他人说："光义龙行虎步，他日必为太平天子。"赵光义听到哥哥这样夸他，心里当然很高兴，对赵匡胤更是恭敬。

自那天在赵光义家饮酒回宫之后旧病复发，赵匡胤渐渐就难以支持，继而卧床不起，万般无奈之下，只好将一切国事委托给晋王赵光义处理。

赵光义倒是很尽心，白天处理朝政大事，晚上侍候在赵匡胤的病榻旁，忙得不可开交。

十月二十日，赵匡胤突然驾崩，带着他的未了之愿，离开了人间。

赵匡胤英年早逝，驾崩时年仅五十岁，在位十七年。

赵匡胤一生最大的愿望是统一天下，最想灭的是北汉，最想击败的是辽朝，最想收复的是燕云十六州，但是，这一切都未能在他的有生之年达成，他带着未了的心愿离开了人世。而他的未了之愿，竟成了两宋时统治者一个长久之梦！

非常即位

宋太宗

  突然，大家听到赵匡胤似乎是在嘱咐赵光义什么。由于声音很低，断断续续，听不清楚说的是什么。过了片刻，见到寝宫内烛影摇红，或明或暗，好像是赵光义急步后退躲避。猛然，听到有斧子戳地之声。突然听到赵匡胤大声叫道："就让你好好地去干吧！"声音激动，颇为惨烈。

一　皇位继承不合法

烛影斧声

按照封建王朝的嫡长子继承制度，皇帝死后，皇位应该传给他的儿子。赵匡胤的皇位继承却不是这样。

他的皇位，并没有传给他的儿子，而是传给了他的弟弟赵光义，也就是宋太宗。

哥哥死了，皇位传给了弟弟，这就是历史上所说的兄终弟及。这是一次非比寻常的皇位继承，也是一次不合法的皇位继承。

开宝九年（976年）十月二十日夜，宋朝的缔造者赵匡胤，拖着病体来到太清阁观看天象，起初，星光灿烂，天空晴朗，他心里很高兴。可是，没过多久，突然阴云四起，雪雹骤降，他见势不妙，赶忙退回寝宫。

由于天在下雪，赵光义进宫稍微比往日迟了一点，突然，内侍慌慌张张地赶来传诏，说是皇上的病情突然恶化，请晋王赶快进宫。

赵光义走出门，习惯地抬头看看天，天空阴云密布，雪还在纷纷地下，丝毫没有放晴的迹象。

寝宫内，赵匡胤躺在逍遥椅上，喘气急促，见赵光义进来，嘴巴动了动，却没有出声，赵光义等了半天，仍然没有听到皇上的口谕，只好靠近前，安慰他好好养病。

赵匡胤瞪着双眼看着门外，赵光义看看赵匡胤，又看看门外，点点头，叫内侍全部退出去，关好门后，重新回到赵匡胤的身边，静静地看着赵匡胤，等着听他说话。

内侍们退出寝宫，远远地站在门外，探头探脑地向内张望。突然，大家听到赵匡胤似乎是在嘱咐赵光义什么。由于声音很低，断断续续，听不清楚说的是什么。过了一会儿，大家见到寝宫内烛影摇动，或明或暗，好像是赵光义急步后退躲避。猛然，听到有斧子戳地之声。突然听到赵匡胤大声叫道："就让你好好地去干吧！"声音激动，颇为惨烈。

内侍们不知里面到底发生了什么事，但由于事先有吩咐，又不敢进去。

过了一段时间，里面的声音停止了。

夜深了，赵光义神色紧张地走出寝宫，吩咐近侍说，皇上睡着了，让他好好地休息一会儿，不要打扰他。说罢，匆匆而去。

次日，赵匡胤突然驾崩。

这就是赵匡胤死时的故事，被称为"烛影斧声"，正史不见此事，只载于野史。

历史的真相到底如何，留给后人的只是一个谜。

赵匡胤死时没有立遗嘱，这也是个谜：是因为死得太仓促，来不及立？还是因为已经有金匮之命，根本就不需要立？谁也说不清楚。

"烛影斧声"，成为了千古之谜，留给后世的，是无限的猜想。

非常即位

宋皇后得知赵匡胤去世，立即命宦官王继恩去召皇子德芳入宫。

王继恩出宫之后，并没有去传召赵德芳，而是去了开封府。当他来到开封府时，看见程德玄正站在开封府门外东张西望，程德玄精于医术，是赵光义的心腹。王继恩上前问道："程大人为何站在这里，是在等人吗？"

程德玄说他在二更时分，听到有人召唤他出来，说是晋王召见，当他开门探看时，却又不见人影，因担心晋王有病，便赶到汴梁府来探视。二人叩门入府去见赵光义。

赵光义得知皇上驾崩，皇后召见德芳，满脸讶异之色，但又有些犹豫不决。王继恩催促地说："时间不等人，晋王可别错失良机啊！"

"走！"赵光义似乎下定了决心，手一挥，三人便冒着风雪赶往宫中。到了皇宫殿外，王继恩请赵光义在外稍候，自己进去通报，王继恩刚进去，程德玄却主张直接进去，不用等候，便与赵光义闯入殿内。

宋皇后得知王继恩回来，便问德芳来了吗？王继恩却说晋王到了。

宋皇后一见赵光义，顿时满脸愕然，接着便号啕大哭起来。

王继恩过来安慰，并说先帝奉昭宪太后遗命，传位于晋王。遗命就密封于金匮之内，请娘娘传旨，谕晋王即位，才好办先皇的丧事。

皇后听了王继恩之言，哭声更大。于是赵光义过去劝慰皇嫂，要她节哀！

宋皇后痛哭流涕地说："我们母子的性命，就托付给官家了。"官家是对皇帝的称呼，她这样喊赵光义，就是承认赵光义做皇帝了，仅这一句话，说明宋皇后承认将皇位传给晋王赵光义这个事实。

赵光义含着眼泪安慰说:"我们应当共保富贵,这一点不必多虑。"

宋皇后听了赵光义的话,才慢慢地安静下来。

此时,皇上驾崩,宋皇后想到自己孤儿寡母以后还不知怎样,故而哭得很伤心。宋皇后的哭,一半是为皇上逝去而哭,一半是为自己孤儿寡母的生存而哭。她很清楚,前有太后的金匮遗命,后有晋王大权在握,自己孤儿寡母根本就不是晋王的对手。皇帝的宝座,晋王是坐定了。她之所以痛哭流涕,是想要晋王在赵匡胤尚未入殓之时,给个说法。

赵光义此时尚未继承皇位,自然是和蔼可亲,宋皇后提出的要求,他满口答应。不管是真情也好,假意也罢,先答应下来再说,至于以后的结果如何,只有到时再说了。

当初,赵匡胤从人家孤儿寡母手中夺得皇位,如今,他刚一晏驾,就有了宋皇后之悲,不知这是不是天道轮回。

新皇上任

赵光义即皇帝位,下诏改当年为太平兴国元年(976年),尊赵匡胤为宋太祖,加宋皇后为开宝皇后,迁居西宫。任命弟弟赵廷美为开封府尹,封齐王(原名光美,避讳,改光为廷);封太祖的儿子赵德昭为永兴节度使兼侍中,封武功郡王;赵德芳为山南西道节度使,同平章事。

赵光义为了追念太祖,下诏太祖和赵廷美的子女并称皇子、皇女,视同自己的子女。

朝中官员也做了一些调整。任命薛居正为左仆射;沈伦右仆射;卢多逊为中书侍郎、平章事;曹彬仍为枢密使,加同平章事;楚昭辅为枢密使;潘美为宣徽南院使;就连亡国之君、宋朝的高级政治犯、原南汉国主刘𬬮、南唐后主李煜,也分别加封为卫国公、西郡公。

授官已毕,赵光义便素服办理太祖的丧事。第二年夏,归葬太祖于永昌陵,丧事便告完成。

太平兴国二年(977年),赵光义改名为赵炅。不久,议立皇后。

赵炅的元配尹氏,婚后不久便去世了,追册为淑德皇后;继配夫人符氏,开宝八年也病逝,追册为懿德皇后。赵炅做了皇帝后,中宫还是虚位以待,还没有正宫皇后。有立后资格的,只有一个李妃。

李妃与赵炅很恩爱,生有二儿二女,次女早夭;长子元佐,后封为楚王;次子元侃,就是后来的真宗皇帝。李妃在开宝年间封为陇西郡君。赵炅即位后,晋封李氏为夫人,正准备册封为皇后,偏偏李妃命运不济,无福享受,突然得了一场大病,在赵炅做皇帝后的太平兴国二年夏,便香消玉殒。立后的事，只得暂时搁置。

第二年，选潞州刺史李处耘的次女进宫，经过八年的"试用期"，至雍熙元年（984年）才扶正，立为皇后，这里一并交代，后不再叙。

小周后忍辱难偷生

表面上看，赵炅身边似乎只有一个女人，先是去世的李氏，后是李处耘的女儿，第二个李氏、一个还在试用期的皇后，其实则不然，皇帝的身边，永远不缺女人。

赵炅也一样，漂亮的女人，只要他想要，一定要搞到手。投怀送抱的女人如此，不怎么心甘情愿的女人也是如此。

有一个绝代佳人，就是不怎么情愿的那一种，她就是小周后，那个南唐李后主的夫人，那个善奏霓裳舞衣曲的绝代佳人。

宋朝人王至在《默记》引龙衮《江南录》说：

小周后……每一入辄数日而出，必大泣骂后主，声闻于外，多宛转避之。

李煜是一个亡国之君，人在屋檐下，不得不低头，有什么办法？忍吧！

小周后只是一个弱女子，她能抗拒皇上的淫威吗？当然不能，不能就只能逆来顺受，在外面受了委屈，回家后就大哭大闹，将寄人篱下的南唐后主李煜当成出气筒，大骂一通，哭了、闹了，还是要活下去。

李煜一个大男人，被戴了绿帽子，还经常要被爱妻臭骂，心中的愤懑与屈辱可想而知。他无力反抗，嘴上还不能说，不敢说，于是，他将这种屈辱写在纸上，《破阵子》、《子夜歌》、《望江南》等著名诗篇，都是这一时期的作品。

正因为屈辱、羞愤，他终于写出了千古绝唱《虞美人》：

春花秋月何时了，往事知多少。小楼昨夜又东风，故国不堪回首月明中。雕阑玉砌应犹在，只是朱颜改。问君能有几多愁，恰似一江春水向东流。

赵炅看到了这首《虞美人》，恼羞成怒，赐宴毒杀了李后主。李煜死的时候，年仅四十一岁。

据说在中国历史才子排行榜上,李煜可以进入前十名。一个震撼古今的大才子,就这样英年早逝了。真是历史上的一大悲剧,而宋朝皇帝赵炅,是悲剧的导演。

李煜死后不久,小周后也悬梁自尽,到阴曹地府同李煜做夫妻去了。

科举取士

赵炅做了皇帝后,很想搞出些名堂,借以树立和提高自己的威望。在此期间,赵炅做了两事情:开科取士;摸米桶,看国库的钱粮如何。

中国历史上的科举制度始于隋朝,那是试行阶段,到了唐朝,科举取士才逐渐走上正轨。经过五代战乱,大宋开国以后,在太祖皇帝时,已经建立了较为完善的科举取士制度。

赵炅做了皇帝后,要通过科举取士,来培植自己的天子门生。赵炅此次开科,还惦记着一个人,这个人叫张齐贤,曹州人,太祖皇帝活着时,向他推荐了这个人。

原来,当年太祖行幸洛阳,张齐贤以布衣的身份,向太祖上了一个条陈,陈述国家十件事。太祖破格召见了他,认为他所说的十件事中,有四件可行,六件不可行。

偏偏张齐贤是个直性子,在太祖面前据理力争,坚持说十件都可行,惹恼了太祖,喝令武士将他轰了出去。其实,太祖皇帝心里挺欣赏张齐贤,只是他想将这个有用之才留给他的继任者使用。

太祖返回汴梁后,对赵光义说,他在巡幸洛阳时,有个叫张齐贤的人上了个条陈,陈述十件事,很有见地,此人是个相才,可堪大用,但他现在不想提拔重用此人,留给光义日后重用,并叮嘱赵光义不要忘了此人。

赵炅谨记太祖的话,这次开科取士,特别留意张齐贤这个人,欲在高位取中。谁知张榜时,张齐贤排在几十名以外,名次靠后。赵炅很不高兴,也很为难。做官,必须是进士及第,进士也有等级,第一名叫状元,第二名叫榜眼,第三名叫探花,合称三鼎甲。后面按名次排列。

赵炅本想开个后门,又怕难以服众,引起大家的不满,想来想去,为了解决张齐贤的问题,赵炅下诏开特例:赐这一榜一百三十名进士全部任京官(宋代指不经常列班上朝、职务较轻之官),这样,张齐贤理顺成章地有了京官的资格。

赵炅想摸一下国库的底,带着宰臣们,来到左藏库,看到里面积储的财物,高兴地对宰相们说:"左藏库、封桩库储存的金帛、物资堆积如山,简直是用都用不完。先帝高瞻远瞩,为北伐之战准备下如此丰厚的储备,实在是令朕敬佩得很。"

泉漳纳土、吴越归地

赵炅即位后，国家承平，一晃就到了太平兴国三年（978年）三月。吴越王钱俶、平海节度使陈洪进相继入朝。

陈洪进，泉州人。南唐后主李煜时任命为清源军节度使，节度泉、漳等州。太祖下扬州、平荆湖之后，声威大震，陈洪进非常害怕，派人到汴梁，向朝廷上表，自称是清源军节度副使，暂时管理节度使之印，恭请朝廷下旨定夺。

太祖派人前去慰问，从此以后，陈洪进岁岁来贡。乾德二年（964年），诏改清源军为平海军，以陈洪进为节度使；开宝八年（975年），赵宋平定江南，陈洪进惶惶不可终日，派儿子陈文颢到汴梁进贡。太祖诏令他入朝谒见。陈洪进不敢推辞，立即起行，走到剑南州的时候，听说太祖已经驾崩，便原路返回。

陈洪进看到众多节度使的地盘一个个都被宋廷吞并，知道自己的末日也快到了，与其等着宋廷来收拾，倒不如自己主动送上去，还落得个人情。于是，他采纳了幕僚南安刘昌言的建议，上表请降，主动献上所管辖的漳、泉二州的版图，共十四个县。这就是历史上的"泉漳纳土"。

有人纳土归降，赵炅当然高兴，诏令嘉奖：授陈洪进为武宁节度使、同平章事。

赵炅这是学了太祖赵匡胤的招数，对于投降的一方之主，封一个虚职的高官，赐给府第，好酒好肉地供养着，但要留在京师居住，再也不能返回他原来的地盘。在政治上，这些人彻底地失去了自由。

陈洪进纳土归降，赵炅高兴，吴越王钱俶却高兴不起来。

五月，吴越王钱俶带着数以万计的礼物，入朝进贡。如此厚贡，就是想取悦赵炅，不要刁难他，让他早点回归故里。然而，他的命运捏在别人的手里，事情并没有按他的思路发展。他带着丰厚的礼品来到汴梁，赵炅对他也很和气，还赐给他"钱千万，白金万两，绢万匹"，但就是不说让他回去的话，钱俶虽然恳求了三十八次之多，赵炅仍然不松口，这实际上就是暗示他：你独霸一方的时代，是不是该结束了？

钱俶心里非常恐惧，但实在不愿将自己的国土拱手让人，他还想努力争取一下。于是向赵炅上表，请求罢去吴越王的封号，撤销天下兵马大元帅，解除兵权，情愿解甲归田，终享天年。

赵炅拒绝了他的请求。

放弃权力不行，想走也不行，吴越君臣陷入了恐慌之中。

陪同钱俶来朝的崔仁冀是个聪明人，他劝说吴越王向宋廷纳土，只有这样，才能有善终，否则，恐怕就要大祸临头了。其他人都不同意纳土，崔仁冀急了，厉声说："不纳土又能怎么样？吴越距汴梁有千里之遥，我们的命运捏在他人手里，除非能生出翅膀飞回去，不然，就在这里等死吧！好汉不吃眼前亏，纳土吧！纳土还可以保得一命。"

钱俶彻底绝望了，为了避免杀身之祸，只好听从崔仁冀的建议，向赵炅上表，献吴赵所辖两浙十三州、一军、八十六个县，史称"吴越归地"。

赵炅当然是笑纳了，下诏嘉奖钱俶，并封钱俶为海国王，其子侄、旧吏也都得到了封赏。接下来，任命老宰相范质的大儿子范旻为两浙的军政长官。钱氏的亲属以及境内的旧吏全部迁到汴梁，人员和物资装满一千零四十艘船。

吴越自钱镠得国，历经三世五王，共八十一年而亡。到此，东南一带，尽归宋朝所有。

吴越归地和泉漳纳土，使赵炅的信心陡涨，但他觉得还是遗憾，因为这些都是靠威胁和高压手段取得的，虽然得了实惠，可在形式上一点儿也不壮观。更为重要的是，赵炅有个说不出口的心结，他总觉得自己在承受着太祖赵匡胤的余荫，走不出皇帝哥哥的阴影。他很想搞出些大名堂，借以树立和提高自己的威信。

他要完成太祖没有完成的统一大业，使自己的功绩超越皇兄太祖，做一个流芳千古、名垂青史的皇帝。

二 北方的诱惑

激战石岭关

太平兴国四年（979年）正月，东南一带已尽归宋廷，唯北汉仍在那里与朝廷对峙，赵炅有心要征伐北汉。他召见几位大臣，向枢密使曹彬问道："周世宗和我朝的太祖都御驾亲征过太原无功而返，是不是因为太原城格外坚固，根本就攻不下来呢？"

曹彬如实地回答说:"周世宗的时候,是因为史彦超兵败石岭关,军心不稳才撤兵。太祖是因为屯兵甘草地,时逢雨季,兵士都染上痢疾,非战斗减员严重,不能再战,不得不半途而废。这都是有原因的,并非太原城池坚固不能攻下。"

赵炅想了想说:"朕欲举兵伐北汉,你以为何如?"

曹彬回答道:"国家正是强盛时期,兵强马壮,人心安定,进攻太原,犹如摧枯拉朽一般,定能马到成功。"

赵炅点点头,下定了征伐北汉的决心。

薛居正劝谏道:"昔日周世宗举兵,太原依靠契丹的援助,坚守不出。周军难以久战,只好班师。太祖在雁门关南打败了契丹,将那里的人民驱赶到河、洛一带安家,使那一带人口凋零,成为极贫之地,这种地方,得之不足以扩大疆土,失之也不足以为患,陛下何必为这种地方兴师动众,大动干戈呢?"卢多逊也附和薛居正的意见,不同意北伐。

赵炅认为,先帝破契丹,迁走人民,空出土地,正是为今日讨伐北汉做准备。于是,他不听薛居正和卢多逊的劝谏,决定出兵北伐。他命潘美为北路招讨使,率崔彦进、李汉琼、刘遇、曹翰、米信、田重进等,分兵四路,包围太原,又安排勇将郭进为太原北石岭关都部署,负责阻击支援北汉的辽军。

北汉主刘继元得知宋军大举来犯,急忙向辽主请救支援。

开宝八年(975年),辽主曾派使臣到汴梁,谋求与宋朝修好,太祖赵匡胤曾回信,同意与辽国和好,只是没有正式订立和约,由于有这层关系,辽主想做和事佬,他接到北汉主的求援信后,并没有派兵援助,而是派遣一个叫长寿的官员出使汴梁,询问赵宋皇帝赵炅出兵伐汉的缘由。

赵炅听到辽使的询问,心里老大的不痛快,他认为辽邦这是多管闲事,由于有了这种想法,说话的语气就不怎么友好了,他说北汉是中原的叛逆,征伐北汉是应天顺人、理所当然之事,并对辽使说,若辽国不插手宋廷与北汉之事,咱们还是朋友,宋、辽之间还可以和平相处,假如一定要从中插一杠子,那就是敌人,是敌人,就只有兵戎相见。

辽使长寿见赵宋皇帝态度很强硬,没有丝毫的调和余地,只好灰溜溜地走了。

赵炅预料辽主定会出兵支援北汉,如此一来,便是一场大战。为了打好即位以来的第一仗,他决定御驾亲征。他本想叫齐王赵廷美留守汴梁掌管朝政,赵廷美却听从吕端的建议,请求随军出征。于是,赵炅命宰相沈伦为东京留守,王仁赡为大内都部署,在赵炅出征期间,由他们两人代管朝廷政务。

　　一切安排妥当，赵炅率兵出发了。他这次御驾亲征的目的，就是要完成周世宗、宋太祖的未竟大业，消灭北汉，证明他比前面这两个人强。

　　再说辽主，他得知赵宋皇帝不但不肯休兵，而且还出言不善，将他派去的使臣好好地羞辱了一番，实在是咽不下这口气。既然不能息事宁人，那就只有刀兵相接了。他决定出兵教训一下赵宋皇帝，让他明白，辽邦可不是好惹的。于是，他命令丞相耶律沙为都统，敌烈为监军，领兵万余人，连夜驰援北汉。

　　耶律沙率领辽兵行至白马岭，正好与宋将郭进的兵马相遇。

　　耶律沙见宋兵扼守要道，知道宋军早有防备，不敢贸然轻进，准备隔涧扎营，将前方的情况报告给辽主，请求援兵。但他的想法遭到监军敌烈的反对，他认为耶律沙太怯懦，是胆小鬼，不满地说："你我奉命杀敌，遇到敌人，自然要上前冲杀，如果战而不胜，再请求主上添兵增将，这是可以的。如今仗还没有开打，便请求援兵，这样的话怎么说得出口？即使国主不责备你我无用，朝中的文武百官在背后也要笑掉大牙了，未经决战分胜负，倒先惹人笑话，这不是太失策了吗？说一句不怕丞相见气的话，如果遇到一次敌兵，便请求增兵一次，屡遇屡增，那倾国之兵都来了也不够。再说，北汉主那里火烧眉毛，正等着我们呢！救兵如救火，如果等援兵来了再开战，北汉的君臣恐怕早就成了宋军的阶下囚了。"

　　耶律沙被敌烈抢白了一顿，一时无话可说。敌烈见耶律沙不出声，进一步说道："丞相如果胆小，那就请你在后面压阵，看我去踏平宋营。"

　　耶律沙申辩说，他并不是胆怯怕死，出兵打仗，还是小心为妙。敌烈不听劝告，坚持进兵，耶律沙见不能阻拦敌烈，一面派人快马报告辽主，一面随同敌烈进兵。

　　辽邦兵马走到一山涧旁，涧对面就是宋军营盘。敌烈自恃骁勇，也不打招呼，策马率先渡过涧去，辽兵见敌烈抢先过涧，谁也不敢落后，争先恐后地抢过涧去，只是没有统一号令，部队不成队形。正在辽兵半渡之时，猛然听得一声巨响，宋军自营内突然冲杀出来。冲在前面的辽兵刚刚上岸，后面的辽兵还在乱哄哄往岸上爬，完全没有队形，更不用说列阵了，宋军突然杀出，本来就不成队形的辽兵更加混乱，士兵们惊慌失措，手忙脚乱，除了挨打，就不知该怎么办。敌烈不顾死活，一个劲地向前乱冲，凑巧碰上宋军主将郭进，两马相交，大战三四个回合。郭进卖一个破绽，手起刀落，将敌烈砍落下马。

　　耶律沙隔涧相望，见涧对岸两军已经交上火，正准备率兵过涧接应，不等他的命令发出，过涧的辽兵已经败下阵，纷纷逃过涧来，慌乱之中，反而冲乱了耶律沙军的阵脚。宋军乘胜追击，跟在辽兵的屁股后面渡过涧来，喊杀之声不绝于耳。耶律沙见阵脚已乱，难以抵挡宋军，只得调转马头后撤。辽兵只恨爹娘少生了两只脚，没命地跑，跑得快的，保得一条命，跑得慢的，吃了宋军的刀削面。幸巧南院大王耶律斜轸率军及时赶到增援，挡住紧追不舍的宋兵，才救了耶律沙一命。

郭进见辽邦有援兵，也不穷追，见好就收，立即鸣金收兵。

辽军大败，还损失了大将敌烈，无力再战，只好狼狈地打道回府，至于北汉的安危，也顾不了那么多了。

郭进收兵之后，仍然驻扎在石岭关，并驰书向赵炅报捷。

赵炅御驾刚到镇州，接到郭进的捷报，得知宋兵在石岭关外击退辽兵，高兴地对左右说，辽兵已破，石岭关无忧，太原城孤军无援，刘继元成了瓮中之鳖。他以鼓动性的语气大声说："走，到太原喝酒去！"

围攻太原城

潘美指挥崔彦进、李汉琼、刘遇、曹翰、米信、田重进各军，一路连克镇州、岚州、宪州，直逼太原城下，他们仍然沿袭上次太祖攻城的计划，将太原城围得个水泄不通，自春至夏，昼夜攻打。

太原内无粮草，外无救兵，实际上成了一座空城。

赵炅传令猛力攻城，并亲自领马军都军头辅超，铁骑军指挥呼延赞到城下督战。众将见圣驾亲临战场，哪还敢怠慢，一齐奋力攻城。一霎时，毁去城墙多处。宋军正要从打开的缺口冲进去，那边刘继业早指挥弓弩手万箭齐射，宋军不得入城。刘继业即率军民冒死将缺口重新堵住，你攻我守，你毁我修，双方伤亡都很惨重。

刘继元内外交困，再也支撑不住了，知道大势已去，决定开城投降，修了一封降表，派客省使李勋出城呈给赵宋皇帝，请求归降。

赵炅收到降表，命将士停止攻城，全体退出一箭之地，带领众将士转到城北，登上城台，安排乐队，设下宴席，等候刘继元出降。

刘继元率领文武百官出城，缟衣纱帽，跪在台下请降。

众将请赵炅杀了刘继元，为阵亡的将士报仇。赵炅对大家说，凡是亡国之君，不是失之懦弱，便是失之残暴，这类人只该怜悯，不可问罪，所以，太祖皇帝未杀一君，就是这个道理。赵炅不但没有杀刘继元，反而封刘继元为检校太师、右卫上将军，授爵彭城郡公，命令他带路，引领宋军进城。

突然，一员身着金甲银盔的大将站在城楼上大叫道："主子降宋，我却不降，愿与宋军决一死战，拼个你死我活。"

潘美见是刘继业，立即命兵士停止前进，将情况报告给赵炅。

赵炅御驾亲临，命刘继元只身进城去解决这个问题，并说刘继业忠义可嘉，是个将才，要好言抚慰。

刘继元进城之后，劝说刘继业，叫他不要逞一时之勇，如果再战下去，太原城的军民不战死，也要饿死，请他为全城百姓着想。

刘继业大哭一场，然后解甲开城，放宋军入城。

赵炅入城之后，特别召见刘继业，授右领军卫大将军，并加重赏。

刘继业是太原人氏，本姓杨，因事奉北汉主刘崇，赐姓刘。投降宋朝之后，他便恢复了原姓，仍以业字为名，改名叫杨业。他就是后世广为传颂的杨家将的杨令公。

赵炅率宋兵进入太原城，标志着北汉就此灭亡。北汉历四主，二十九年，北汉所管辖的十州、一军、四十一县，尽归宋朝版图。此时是太平兴国四年（979年）五月。

赵炅进城之后，命毁去太原旧城，改为平晋县，以榆次县为并州，并遣部分太原百姓迁居并州。

接下来，赵炅命刘继元打点行装，带上妻儿老小，离开太原城，到汴梁奉职。

在此之前，所有的亡国之君，如南汉主刘鋹，南唐后主李煜，吴越王钱俶等，都走了这条路，远离故土，搬到京师去居住。这些亡国之君，在汴梁名义上是朝廷的座上宾，实际上，是宋朝高级囚犯，远离故土，软禁在汴梁，永远失去了翻身的机会。这是宋朝处置亡国之君的独特招数，在中国历史上，也算是一道奇特的风景。

自宋太祖赵匡胤乾德元年（963年）开始，宋朝两代皇帝，历时十六年，历经四次血战，终于结束了自唐朝中叶安史之乱以来的藩镇割据和五代十国的分裂局面，实现了南北主要地区的统一。赵炅完成了周世宗柴荣和宋太祖赵匡胤的未了心愿。

围攻幽州城

赵炅率宋兵荡平北汉之后，一股自豪之感油然而生，他认为，打遍天下无敌手的周世宗柴荣、开创宋朝天下的太祖赵匡胤数次征伐北汉都是损兵折将，无功而返，自己居然啃下了这块硬骨头，自己才是英勇神武之君，丝毫不考虑宋军在占绝对优势下，攻打太原这座弹丸之城，竟用了几个月的时间，死伤了无数将士的事实。赵炅志得意满，似乎有点飘飘然、不可一世的味道，欲挥得胜之师，顺手牵羊，收复燕云十六州，在自己的统治画上最完美最精彩的一笔。如果实现了，他的功绩将会超过皇兄太祖，真正做到流芳千古、名垂青史。

收得燕云十六州，统一北方，就能做个流芳千古、名垂青史的一代圣君，这样的诱惑，实在是太大了，赵炅实在是难以拒绝。

从形势来看，宋灭北汉之后，宋辽之间的缓冲地带没有了，东起渤海，西至雁门，两国边界直接接壤，双雄对峙，终有一战，势在难免。但是，赵炅选择的时机并不好，因为他的想法有失误。他觉得，石岭关一战大败辽兵，辽兵只不过外强中干而已，没什么可怕的，再与宋兵交锋，只有哆嗦的份儿，宋军挥得胜之师，长驱直入，取燕云十六州，犹如探囊取物般。

赵炅高估了自己，也轻视了敌人。

他命令宋军以迅雷不及掩耳之势，越过太行山，直扑幽州城，乘辽兵没有防备之际，一举拿下幽州，然后挥得胜之师，乘势收复燕云十六州。

初期的战斗，似乎也朝着赵炅预想的方向发展，宋军连克易州、涿州，直逼幽州城南。蓟州、顺州守将先后投降了宋军。

幽州城守将耶律斜轸率领辽兵死守城池。

赵炅亲自临幽州城下督战，昼夜不息，攻势一浪高过一浪。城中辽兵见宋军攻势如此猛烈，倒也害怕起来，有胆小的竟吓得哭了起来，一人哭，带动大家哭，守城兵士，哭成一片。正在城中辽兵惶惶不可终日、预感世界末日来临之时，突然有人发觉，宋军停止了进攻，更怪的是，宋军拔营而去。

原来，赵炅接到探卒报告，说辽国宰相耶律沙，率辽兵来救幽州，前锋已经到了高梁河。赵炅决定先迎战耶律沙，再回师攻打幽州城。他命宋军先放弃幽州城，拔寨起行，直奔高梁河迎击增援的辽兵。

兵败高梁河

宋军大队人马临近高梁河，遥见数万辽兵越河而来，赵炅不待辽兵排下阵式，指挥宋军杀上前去，众将得令，个个奋勇向前，挥舞着长枪大戟，快刀利剑，一齐杀向辽兵。

耶律沙是宋军手下败将，他见宋兵迎面扑来，立即命令辽兵抗敌。两军金鼓齐鸣,旌旗飞舞,杀声震野,直杀得天昏地暗。激战三四个时辰,辽兵伤亡惨重,渐渐有些力不能支,于是边战边走,向后撤退。

赵炅见辽兵败退,令旗一挥,驱赶宋兵随后追杀。猛然间,只听轰雷般数声炮响,突然见无数辽兵从两翼杀来,从左翼杀出的是辽将耶律斜轸,从右翼杀到的是辽将耶律休哥。

为何在此紧要关头杀出了两支精兵?原来,辽主自从派出耶律沙后,两只眼的眼皮不住地跳,心里一直忐忑不安,总觉得这次宋军是来者不善,善者不来,派出去支援幽州的援军,有可能是"肉包子打狗,有去无回"。于是,在耶律沙出兵不久,他又派出了第二批援军,耶律斜轸和耶律休哥,两将各领所部精兵二万,前往助战。

耶律休哥智勇双全,英勇善战,是辽国名将。他所率领的兵,是训练有素、剽悍无比的精锐之师,冲锋陷阵,无不以一当十、以十当百。他料定宋、辽两军必在高梁河展开决战,便与耶律斜轸商量,各率所部,分两路从左右两侧杀过来,刚到高梁河,果然见前队辽军败下阵来,二人以放炮为号,率军冲杀过来。

宋军激战了几个时辰,已经是精疲力竭,怎禁得两支劲旅的横冲直撞,抵挡不住,一下子就乱了队形。

耶律休哥久经沙场,绝对不会放过如此杀敌的好机会,亲自带领一支生力军,杀向宋兵中军帐,直奔赵宋皇帝赵炅,欲擒贼先擒王,来个斩首行动。

潘美等众将士各自与辽将辽兵捉对厮杀,竟将他们的皇帝丢到了脑后,忘了护驾。

赵炅见辽兵杀向中军帐,一边大呼救驾,一边落荒而逃,辅超与呼延赞听到皇上呼叫,一个舞着钢刀,一个挥着铁鞭,双双杀到,挡住耶律休哥,赵炅拼命冲出重围,向涿州方向逃去。

潘美等众将率领残兵,陆续逃回,计点人数,阵亡将士万余人。

大宋自太祖赵匡胤开国以来,大小数十战,从来没有像今天这样败得如此彻底。此时已日暮西山,宋军正准备入涿州城休息,不料耶律休哥带着辽兵,举着火把,尾追而来,宋军惊魂未定,哪还有心恋战?惶惶如丧家之犬,急急如漏网之鱼,各自夺路逃命去了。真是兵败如山倒,谁也喝止不住。

赵炅此时也没有了做皇帝的尊严,快马加鞭,向南拼命逃跑,慌乱之中,大腿上中了两箭,他紧咬牙关,拔出箭头,负痛而逃。此时天色渐晚,加之路径不熟,他像个没头苍蝇一样,不辨东南西北,到处乱窜。夜色迷蒙，后面喊杀之声不断，就连坐骑也跟他作对，两蹄刨地，原地打圈，就是不肯走。

赵炅急得没法，收紧马缰，甩鞭一顿乱抽，坐骑忍痛不住，索性乱窜，扑通一声，竟跳进了路边的一个泥潭之中，稍一挣扎，越陷越深，终于陷在泥潭里，动弹不得。赵炅急喊侍卫救驾，不见答应，举目一看，四周空荡荡，不见一个人影，原来，他落单了。

后来，赵炅一路向南奔逃至定州，稍作整顿后，下令班师回朝。命孟玄喆屯定州；崔彦进屯关南；刘廷翰、李汉琼屯真定；留崔翰、赵延进等援应各镇。

三　终于讨回了一点面子

德昭走上不归路

高粱河大战期间，有一个小插曲。

赵炅被辽将追杀落荒而逃，一个人落了单，将士们到处寻找，不见赵炅的踪影，以为皇上不是死于乱军之中，就是做了辽邦的俘虏，在群龙无首的情况下，有人建议立太祖赵匡胤的儿子赵德昭为帝。这个建议，遭到了一些人的反对。最主要的反对者是赵廷美，赵廷美是太祖的弟弟，也是现任皇上赵炅的弟弟、德昭的叔叔。按照太后遗嘱，赵炅之后，他是皇位第一顺位继承人，立德昭为帝，就直接断了他的皇帝梦。两种意见相持不下，后来，赵炅又出现在众人面前，这件事就没有人再提了。

皇上在战场上失踪，国不可一日无君，有人想拥立新君，是一件很正常的事，况且，当真皇帝出现在众人面前的时候，就没有人再提这件事，这似乎是一件很正常的事情。可就是这件看似正常的事情，却给赵德昭惹来了杀身之祸。

赵炅兵败回朝之后，知道了有人在战场上议立新君的事情，便对侄儿赵德昭起了疑心，以为是赵德昭想篡夺他的皇位，心里格外不舒服。这次北伐，虽然兵败高粱河，但攻打太原城、收复北汉还是取得了胜利，赵炅因为生气，心里不愉快，将收复北汉奖励有功将士的事情也一并丢在了脑后。

将士们北伐归来，见打胜仗的奖金还没有发下来，心里有些想不通，不免议论纷纷，有的人甚至口出怨言，在战场上卖命，打了胜仗连一点奖赏也没有。今后，谁还上战场呀！

赵德昭觉得将士们说得有理，该发的奖赏还是要发，于是，他直接到赵炅面前，说北伐的奖金还没有发下去，将士们有意见。

赵炅正在为那个小插曲生闷气，见当事人来了，气不打一处来，大声呵斥道："仗都打败了，还有脸要赏赐吗？"

赵炅没有丝毫反省的意思，反而把吃败仗的责任推到将士们的头上，将一腔怒火莫名其妙地发在赵德昭的头上。

赵德昭申辩说："打败仗是在幽州，攻克太原、荡平北汉，可是大获全胜，这个账要分开算，量功行赏，赏罚分明，这样才能稳定军心。"

赵炅没好气地说："等你做了皇帝，再论功行赏吧！"

国无二君，做皇帝的说出这样的话，具有相当的杀伤力。因为这句话很明确地传出一个信息，赵德昭有篡位之心。

赵德昭本来是为国着想，并无半点私心，竟然挨了一顿抢白，还被怀疑有篡位之心，心中的委屈和痛苦难以用言语表达，气得脸色发青，一句话也没有说，低了头，默默地退了出来。

赵德昭的地位本就很微妙，回到家后，越想越恼，越恼越悲，想到父母早逝，无可依靠，继母宋氏虽然还在，但太祖去世后，便被迁到西宫去了，形同幽禁一般，弟弟德芳年纪太小，还不懂世事。一腔苦衷没有诉说之处。觉得如此下去，以后的日子恐怕很难过，想到这里，顿时万念俱灰，觉得这个世界上，再也没有留恋的地方。取下挂在墙上的剑囊，拔出三尺青锋，横颈一抹，自刎而亡。死时年仅二十九岁。

赵炅得知赵德昭自刎身亡的消息，立即赶往赵德昭府第探视，但见德昭的尸体僵卧在床，睁着一双大眼，似乎是死不瞑目。赵炅又惊又悔，或许也是良心发现，抢上一步，抱着德昭的尸体，痛哭流涕地说："痴儿！痴儿！何必如此？"

赵德昭是太祖赵匡胤的儿子，是金匮遗命中的皇位继承人之一，如今他死了，皇位的继承人自然就少了一个。

赵炅虽然到德昭府中抱尸痛哭，然而，心中所想，与表面上的行动是否一样，只有他自己知道。

诈降之计

再说辽国，耶律沙和耶律休哥率军凯旋归来，辽主特别高兴——总算是报了兵败石岭关的一箭之仇。于是论功行赏，犒赏三军。

辽主也是一个野心很大的人，他原以为宋军很强大，高梁河一战后，改变了他的看法，宋军不过如此，即使皇帝御驾亲征，也是不堪一击。他的野心更加膨胀，加之高梁河一战虽然大获全胜，但心里的一股怨气还没有完全发泄出来，决定要对赵宋进行报复。

说干就干，辽主立即派遣韩匡嗣、耶律沙、耶律休哥，率兵五万，兵发镇州。

宋朝在镇州的守将叫刘廷翰，他得知辽兵大队人马杀奔镇州，知道问题很严重，连夜同崔彦进、李汉琼、崔翰等人商议御敌之策。

崔彦进冷静地说："辽军士气正旺，如果同他们正面交锋，一定不是对手，胜败立即可见。"刘廷翰等人瞪大眼睛看着崔彦进，等待他继续说下去。崔彦进接着说："既然不能力敌，不如智取，我的想法是用诈降之计，诱敌深入，然后四面设伏，包饺子，定可击退辽兵。"

刘廷翰认为，辽将耶律休哥深通兵法，智勇双全，耶律沙老奸巨猾，也是只老狐狸，同这样两个人打交道，要他们上当恐怕不是一件容易的事情。

李汉琼也赞成崔彦进的计谋，补充说道："将军只知其一，不知其二，这计策虽然骗不了耶律休哥，却能骗过韩匡嗣。因为这次辽军的主帅是韩匡嗣，听说韩匡嗣这个人好大喜功、刚愎自用，耶律休哥虽足智多谋，韩匡嗣不会听他的。而且这次辽兵攻宋，来势汹汹，气势正旺，加之宋兵初败，如果前去诈降，他们一定会以为我军不堪再战，惊慑他们的威名，故而望风而降。如果将军担心他不相信，还有一个使他相信的法子，就是一面约他进城，一面献上粮草，以表达我们的诚意，这样，就不愁鱼儿不上钩了。"

刘廷翰想了想，认为可行，同意了诈降之计，并派人到辽营中，献上百车粮草请降。

韩匡嗣果然信以为真，接受了粮草，便问宋军送粮草的人出降的时间定在哪一天。送信之人回答："我家主帅说过，如果元帅准降，那就事不宜迟，时间定在明天。"

韩匡嗣大喜，当即答应接受宋军的投降，约定第二天派军前往接管镇州城，并重赏宋军使者。

耶律休哥却有些怀疑，他认为，两军还没有交锋，宋军便来请降，其中恐怕有诈，叫韩匡嗣提防着点。

韩匡嗣不以为然，他说，如果用的诈降之计，怎么会献上这么多的粮草？

"兵法上说：将欲取之，必先予之。"耶律休哥似乎不买韩匡嗣的账，意思是问，你懂兵法吗？

"我军锐气正盛，杀败宋师数十万之众，已经是先声夺人。宋军犹如惊弓之鸟，闻风丧胆。得知我军再来，怎得不惊？我想，他们是真心投降。"韩匡嗣手一挥，说，"即使是诈降，又能怎么样，难道怕了不成？"

耶律休哥见韩匡嗣不听劝告，只得退了中军帐，命令自己所部兵士不得轻举妄动，没有他的命令，谁也不得擅动一兵一卒。

韩匡嗣则与耶律沙整顿兵马，准备次日入城受降。

刘廷翰得到使者回报，立即分拨军马：李汉琼率兵一万，埋伏城东，阻击辽兵来路；崔彦进率兵一万，埋伏城北，截断辽兵去途；他自己亲自率兵一万，埋伏在城西，专待辽兵到来，再约边将崔翰、赵延进连夜发兵前来助战。

第二天，辽帅韩匡嗣率领前军，耶律沙率后军，大摇大摆地向镇州进发。走近城外，见城门大开，并无一人把守。韩匡嗣不知是计，望着空空的城楼，高兴地对耶律沙道："刘廷翰昨天约定今日献城归降，怎么就逃之夭夭，留一座空城与我们呢？"

耶律沙总算还有一点见识，慌忙说道："元帅，情况恐怕有些不妙啊！宋军不是弃城逃走，恐怕是设了埋伏，我们中计了。"

韩匡嗣举目四下一看，也觉得有些不对劲，慌忙命令撤军。话犹未了，猛听得轰轰轰三声炮响，直震得山摇地动，胆战心惊，炮响过后，城西杀出刘廷翰，城东杀出李汉琼。

韩匡嗣情知中计，勒转马头便走，前队辽兵见主帅勒马回头，一齐调转马头往回奔。耶律沙率领的后队，也被前军冲乱了阵脚，禁遏不住，只好跟着后撤。忽然炮声又响，崔彦进抄后路杀出，截住了辽兵去路。

辽兵腹背受敌，顿时成了没头的苍蝇，只想找条路，杀出重围。不料宋将崔翰、赵延进又率兵前来增援，将辽兵团团围住。韩匡嗣、耶律沙带领辽兵，左冲右突，无奈四面八方都是宋军，宋军围住辽兵后，并不上前厮杀，就像猫戏老鼠一样，轮番向辽兵射箭，眼见得辽邦士卒纷纷落马，伤亡无数。

韩匡嗣仰天长叹，说不听耶律休哥的忠告，果然中了宋兵的诈降之计。

正在危急万分，忽见一员辽将挺刀跃马，带领一队精锐之师从北面杀进重围。韩匡嗣一看大旗，知道是耶律休哥到了，连忙合兵一处，突出重围。

此一战，宋军夺得辎重无数，比前日送给辽兵的粮草还要多得多。

杨家将夜踹辽营

赵炅在京师得此捷报，自然是高兴，但又担心辽军报复，对群臣说："辽兵进犯镇州，大败而归，将来必然移师他处。朕看代州一带最为重要，必须派良将前去把守，才可保得城池不失。"

大臣们也都赞成赵炅的看法，建议选良将前去镇守代州，以防万一。

赵炅立即想起在高梁河救了他一命的杨业。他认为杨业久据太原，对北方的情况熟悉，且智勇双全，足堪大任。于是，立即传召杨业，命杨业为代州刺史，驻守代州，以防辽兵入侵。

杨业领了圣旨，带了两个儿子杨延玉、杨延昭，立即赶往代州赴任。

杨延昭就是那个被赵炅夸为虎父无犬子的杨延朗，随父降宋以后，受职供奉官，改名杨延昭。杨业有七个儿子，他最喜欢杨延昭，经常对大家说，昭儿最像我。所以，每次出师，他都要带上杨延昭。

杨业带领两个儿子赶到代州，当时已是隆冬季节，虽然天寒地冻，杨业仍然不敢怠慢，亲自率领军民修筑城墙，以防敌人来犯。

转眼已是太平兴国五年（980年）三月，冬去春回，暖风吹绿了原野。

辽主见春暖花开，又是行军打仗的好时机，想到上年兵发镇州，偷鸡不成反蚀了把米，一直耿耿于怀，又想兴兵南犯，做一些偷鸡摸狗的勾当。吃一次亏，卖一次乖，这一次，他避开镇州，将南侵的地点选在雁门关。他哪里知道，大宋君臣已料到这一招，早就派遣杨业父子到雁门关守株待兔了。

辽国宰相耶律沙和大将耶律斜轸率领十万辽兵，浩浩荡荡，直逼雁门关。

雁门关在代州的北边，是代州的门户，雁门关一旦失守，代州必定不保。杨业得知十万辽兵大举来犯，而代州的宋军不足二万人，在兵力上处绝对弱势，知道凭这点兵力，要守住代州，恐怕非常困难。他同两个儿子商量，决定出奇制胜，偷袭辽军。他带着延昭、延玉，挑选数千名精壮士兵，从雁门关西边西陉关出发，绕道至雁门关北边。当时正是夜深人静之时，天上星光灿烂，月色迷蒙，雁门关下，黑压压的辽兵大营依稀可见。趁着夜深人静，杨业命杨延玉率领三千兵士从左杀入；杨延昭率领三千兵士从右杀入；他自己亲率精兵百余骑独踹辽兵中军帐。

三路兵马，人衔枚，马勒口，分头进发，一阵疾走。靠近辽营附近，杨业发一声喊，手挥金刀，纵马直踹耶律沙的中军大帐。

耶律沙、耶律斜轸与辽兵都在睡梦之中，巡营辽兵的注意力都放在雁门关，只防关内宋兵出关袭营，根本就没有想到会有宋军从屁股后面杀过来。睡梦中的辽兵被喊杀声惊醒，不知宋兵来了多少，爬起床，穿上衣裳，抢过兵器，便投入了战斗，手脚慢了的，衣裳还没有穿好，就已经成了无头之鬼，到阎罗殿报到去了。

辽兵中军帐内，有一个名叫萧咄李的辽邦节度使，自恃武功了得，手执利斧，从帐后杀将出来，凑巧碰着杨业，两马相交，杀在一处，不到十余合，杨业奋起神威，挥舞金刀，一刀劈下去，萧咄李的头颅连同头盔飞落马下，正碰在马蹄上，像球一样骨碌碌滚出老远。

耶律沙与耶律斜轸见辽兵溃散，已经喝止不住，也不知宋兵来了多少，只得带着亲兵落荒而逃，黑暗中，辽兵自相践踏，死伤不计其数。

杨家父子率领宋军乘胜追击，并命士兵大喊："杨家将在此，辽狗胆敢来犯，定杀你个片甲不留。"

辽兵听到喊声，哪敢再战，丢下无数的军械粮食和近二万具尸体，惶惶如丧家之狗，向北溃败。眼看天将黎明，杨业知道敌我兵力悬殊，偷袭获胜，已算侥幸，连忙命鸣金收兵，不再追赶。

雁门关一战，辽兵死亡接近二万，宋军死伤不过几十人，且还缴获军械、粮食无数。辽人经此一战，已经被杨业吓破了胆，他们给杨业起了一个外号，叫"杨无敌"！自此以后，辽兵只要见到杨字旗号便闻风丧胆，不战自退。

偷袭瓦桥关

辽国皇帝耶律贤，见两次发兵南下都被宋军打得灰头灰脸，气得哇哇直叫，竟然决定御驾亲征，点精兵二十万，命耶律休哥为先锋，杀奔瓦桥关，要与宋军决一胜负。

瓦桥关守关的宋将见宋军两次大败辽兵，不免起了轻敌之意，认为辽兵是软柿子，不堪一击。得知辽兵大举来犯，竟然大开关门，倾巢而出，部队开到安阳河边，列好阵式，准备与辽兵在这里展开决战。

耶律休哥率领他的精锐之师，开到安阳河边后，立即抢渡过河。

依作战惯例，渡河作战，敌兵半渡之时，正是截杀、消灭敌人的最好时机。可笑的宋将，欺负辽兵人数少，妄自尊大，欲等辽兵过河后，双方列成阵式，中规中矩地打一仗。竟然轻易地放弃了截杀敌人的最好机会，很礼貌、很大度、很友好地看着辽兵过河，不作任何行动。

战场上，对敌人仁慈，就是对自己残忍。

辽将耶律休哥是深通兵法的良将，所率部下也是身经百战的精兵悍卒，见宋兵并不半渡截击，指挥兵士迅速抢渡安阳河，过河后，也不列阵，直接向宋军冲杀过来。

宋军万万没有想到，自己让辽兵过河，要与他们列阵作战，谁知辽兵并不按理出牌，那么没有君子风度，过河后，也不打招呼，便气势汹汹地杀了过来，一时便乱了阵脚。顷刻间，便被辽兵杀得七零八落，败进瓦桥关，连吊桥都来不及拉起来，辽兵就跟在屁股后面杀进来了。宋兵只得穿关而过，弃了瓦桥关，逃入莫州。耶律休哥乘胜追击，直逼莫州城下，命令辽兵将莫州城团团围住。

莫州的告急文书飞到了汴梁。

赵炅接到莫州的告急文书，决定御驾亲征，立即调集众将，率领五万大军，浩浩荡荡赶往莫州，欲在莫州同辽军展开决战。

辽帝耶律贤因攻克了瓦桥关，怒意渐消，围攻莫州旬日后，听说宋帝赵炅御驾亲征，便见好就收，自动退兵。

赵炅率领宋军走到大名，得知辽帝已经退兵，便欲率兵攻打幽州。因李昉等人力谏，才罢了这个念头，命曹翰部署众将守卫，自己班师回了汴梁。

赵炅觉得小小的辽邦真是太猖狂了，在雁门关吃了败仗，竟敢偷袭瓦桥关，见宋军大队兵马出动了，却又像缩头乌龟一样缩回去了，心里是越想越气，回到汴梁，屁股还没有坐热，又准备兴师伐辽。大多数廷臣都迎合赵炅的决定，并且还奏称，应速取幽、蓟。唯独左拾遗张齐贤上书谏阻。

这个张齐贤，就是太祖推荐、赵炅开特例录用的那个张齐贤，他在奏札中对敌我形势作了深入的分析，最后说：圣人说，治国先本而后末，安内以攘外。陛下以威德而服远方，以优惠政策治民，国家强大了，他人自然就不敢侵犯，为何要穷兵黩武呢？

好一个"穷兵黩武"，张齐贤真是说到点子上了。

赵炅是否真正认识到穷兵黩武的危害，我们说不清楚，至少，他采纳了张齐贤奏议，罢了出师之念。

四　阴谋家的较量

殃及池鱼

赵普是开国元勋，在太祖朝位居宰相，由于贪赃枉法，加之死对头卢多逊从中作祟，被太祖逐出京城，出任河阳节度使。太祖驾崩，赵炅即位，他对赵普虽然不怎么放心，但赵普是开国元勋，为了安抚人心，利用元老重臣装点门面，欲召赵普回京。恰在此时，朝野有一种谣传，说新皇帝的皇位来得不正，"金匮之盟"令人存疑，"烛影斧声"的故事更是在朝野传得沸沸扬扬，大概意思是赵炅的皇位继承有点不地道。

赵炅虽然坐上了金銮殿上那把交椅，其实心里也有些发怵，多少有点理不直、气不壮的味道，因为他的皇位继承属于违规操作。

皇位继承，是一个很复杂、很麻烦的工程。继承法的规则是嫡长继承、顺序继位。皇帝死了，皇位由皇后所生的长子继承，如长子早死，有子即立其子，无子再由嫡生次子顺序继承。只有在皇后无子的情况下，才考虑庶出的长子。皇帝无子，则依照亲疏顺序选立继位人。

太祖赵匡胤有两个儿子，德昭和德芳，按皇位继承法的规定，怎么也轮不到做弟弟的赵光义来继承皇位，朝野对"烛影斧声"的种种猜测是有道理的。

赵炅听了这个谣言后，也无可奈何，嘴长在别人身上，爱怎么说就怎么说，想捂是捂不住的，这个时候，他想起了被太祖逐出京城的赵普。

赵普既是开国元老，又是金匮遗命的现场见证人，如果将他召回，必要的时候，可以由他出面证明。

想干就干，做皇帝的有这个能耐，一纸诏令传到河阳，将赵普召回京师，改封太子太保。

赵普重回京师之后，当时的宰相是他的政敌卢多逊，他之所以被贬出京师，很大程度上也是拜卢多逊所赐，而此时的卢多逊圣眷正隆，在朝中一手遮天。

赵普沉浮宦海几十年，深知一朝天子一朝臣的道理，在身家性命随时都有危险的情况下，首先得自保，复出之后，他的政治态度发生了一些变化，处世为人收敛了许多。每天只是上朝、下朝，夹着尾巴做人，居京数年，一直是郁郁不得志，日夜图谋着要除去卢多逊这个政敌。

卢多逊也不是一盏省油的灯，奸猾得很，他知道赵普是一颗定时炸弹，随时都有爆炸的危险，对赵普保持了十二分的警惕，凡是赵普可能出手的地方，他都预先予以防范，事事做得天衣无缝，弄得赵普空自劳神，却又奈何不得。同时，他还利用与皇上接触多的机会，经常在赵炅面前煽阴风、点鬼火，说赵普当年曾建议立太祖儿子德昭为太子，对于赵炅做皇帝这件事，他从心里是不赞成的。赵炅听了这些话，对赵普也是不冷不热的。

赵普宦海多年，经验老到，察言观色，知道皇上对自己有看法，也知道是卢多逊在中间捣鬼，但一时找不到对付卢多逊的办法，只好暂时忍让。

卢多逊是个奸佞之人，以害人为乐趣，不害人，心里就痒痒的，当他在新朝的位子逐渐稳固之后，又要捣鼓着害人了，选择的对象，自然就是他的宿敌赵普。

赵普有个妹夫叫侯仁宝，原来在京师供职，卢多逊与赵普有矛盾，便打起了赵普妹夫的主意，一纸调令，将侯仁宝调到邕州去做了地方官。邕州远在岭南，与交州（唐朝时称安南）交界。

赵普知道这是卢多逊搞鬼，但他是宰相，实权人物，有权做这样的人事调动，反抗也没有用。但他担心侯仁宝久居邕州，数年不调动，恐怕要老死岭外，便向赵炅上书，建议出兵夺取交州。因为按照惯例，出兵交州之前，朝廷要召与交州交界的邕州地方官来京询问情况。赵普想乘这个机会，将妹夫留在京师。

赵炅本来就好大喜功，看了赵普的奏札，立即准备召见侯仁宝，询问边境之事。

卢多逊老奸巨猾，早已看出赵普的用意，即刻入朝，对赵炅奏道："听说交州发生内乱，此时正是夺取之时，如果先将侯仁宝召回京师，反而会引起交州的警觉。以臣之见，不如密令侯仁宝整顿兵马，直接攻打交州，才是万全之策。"

赵炅的耳朵根子软，又同意了卢多逊的意见。下诏命侯仁宝为交州水陆转运使，孙全兴、刘澄、贾湜等随同部署，率兵攻伐交州。

卢多逊这一招，完全出乎赵普的意料，打了他个措手不及，想变招已是不及，他恨死了卢多逊。

侯仁宝奉诏，不敢耽搁，立即整顿兵马，与孙全兴等先后出发。大军走到白藤江口，正碰上交州水兵驻扎在江边，江面停泊着数百艘战船。侯仁宝率先冲入敌营，宋兵见主帅一马当先，谁还敢落后，发一声喊，一齐杀向交州兵营。交州兵毫无防备，顿时作鸟兽散。宋军大获全胜，夺取战舰二百艘。

侯仁宝待孙全兴等人到后，同他们商量，继续向交州纵深进攻，他自己为前锋，约定孙全兴等随后跟进。不料孙全兴等人将兵马驻扎在与交州交界的地方，按兵不动，让侯仁宝率军孤军深入。

侯仁宝孤军杀入交州，沿途竟没有碰到有效的抵抗，一路势如破竹，正在宋军节节胜利之时，交州知军府事黎桓派人送来一封书信，恳求宋兵停止攻击，他们情愿投降。侯仁宝信以为真，命令士兵安营扎寨，等候敌人来降。宿营后也无戒备，夜深人静，黎桓突然率兵偷袭宋营。宋军将士死的死，逃的逃。侯仁宝也死于乱军之中。

是赵普害死了侯仁宝还是卢多逊害死了侯仁宝？恐怕只能用城门失火，殃及池鱼这句话来说这件事情了。

赵炅得知交州兵败，立即下诏班师，命令把按兵不动的孙全兴、刘澄、贾湜押解到京师，斩首弃市。

赵普得知妹夫战死沙场，暗自后悔，本想暗中帮助妹夫侯仁宝，不想倒害他丢了性命，因悔而生恨，他对卢多逊更是恨之入骨。旧仇未报，又添新恨，恨不能将卢多逊千刀万剐，碎尸万段，掏出他的心肝拿去喂野狗，方才解恨。

卢多逊此时圣眷甚隆，他知道侯仁宝一死，他又欠了赵普一条人命，两人的梁子结得更深了，所以对赵普的防范更加严密了。他知道赵普是老臣，在朝臣中有很大影响力，担心他联合朝中大臣上章弹劾自己，便规定所有朝臣给赵炅的奏章，必须先报到他这里来，他看了之后，签了"不敢妄陈利便，希望恩荣"十个字后，才能报给赵炅御览。他是宰相，有这个权力，朝臣们虽然心里不服气，但也无法抗拒。

赵普见卢多逊防范得紧，无隙可乘，无计可施，只好暂时忍下这口气，等待机会再行报复。

兄弟相残

人刚生下来，并无善恶之分，善恶是后天形成的。人的一生，也不是一成不变的，因各种原因，有人因善而转恶，有人因恶而转善。爱，可以融化人心中的恨；恨，也可以使人失去理智。

赵普整日生活在仇恨之中，就像一只猎犬一样，密切地注视着卢多逊的一举一动,他要寻破绽,觅机会,突然出手,击倒卢多逊。

太平兴国六年(981年)三月,太祖的第二个儿子、兴元尹赵德芳得了种奇怪的病,时间不长,竟莫名其妙地就死了,死的时候,年仅二十三岁,距他的哥哥赵德昭自刎,只隔一年多一点的时间。赵炅哭过几声后,即下诏赠德芳为中书令,追封岐王。

此时,金匮遗命中的皇位继承人,赵炅之后,只剩下皇弟赵廷美一个人了。赵廷美见两个皇子一个自刎而亡,一个又不明不白地病死,心里颇为不安。感觉到两人之死,与二哥赵炅总有那么一种说不清、道不明的关系,内心极为不安,为了避祸,便寄情于声色,深居简出。

赵炅为晋王时的旧僚柴禹锡、赵熔、杨守一,乘机兴风作浪,进宫密奏,揭发秦王赵廷美骄恣不法,有谋反之意。

赵炅对这件事将信将疑。以往,赵炅有事,一般是与卢多逊商量,但卢多逊与秦王的私交不错,或许也牵涉其中。赵炅这次多了个心眼,他不找卢多逊,而是找赵普。他之所以找赵普,还有另外一层意思,秦王赵廷美涉及到皇位继承,金匮遗命是兄终弟及。太祖之后是赵炅,赵炅之后是廷美,廷美之后是德昭,德昭之后是德芳。这个继承顺位,是很离奇古怪的。他找赵普,想试探一下赵普的忠心,看他还有没有利用的价值。正是这一试,使宋朝又出一惊天大案,给后人留下了千古之谜。

老谋深算的赵普绝不会放过任何稍纵即逝的机会,当赵炅询问他秦王赵廷美阴谋造反的事情时,他表示不甚了解,不敢贸然下结论。但是,他愿意对这件事进行调查,如果有蛛丝马迹,一定会及时向赵炅禀报。

赵炅点头答应之后,赵普突然跪在地上不住叩头,说有事要向皇上说清楚。

赵炅抬抬手,示意赵普起来说话。

赵普站起来,说他是两朝旧臣,当年备受太后恩遇,是昭宪太后遗命的现场见证人,对官家忠心耿耿,受权奸所害,才遭到太祖责罚。他当年被迁出京,曾向太祖上表自诉,说他是赞同皇上继位的,当时的奏札,定会存档。他恳请赵炅复查档案。如果能还他一个清白,他将死而无憾。

赵炅略略点点头,未置可否,待赵普退出后,即令近侍查找赵普当年的上表,可是翻遍了当年的存档,就是找不着。有老近侍回忆说,记得有这么回事,好像是由太祖贮藏在金匮里。

赵炅立即命人打开金匮查看,果然看到赵普的前表。赵炅看过之后,顿时感悟,感觉到赵普原来是自己的大忠臣。于是,他对赵普的态度来了个一百八十度的大转弯,下旨授赵普为司徒、兼侍中,封梁国公,并密令

— 91 —

他暗察秦王赵廷美谋反一案。

赵普领了密令回家后,三天没有出门,他要理一下头绪,筹谋下一步的计划。首先,他要领会赵炅交给他这项任务的真实意图是什么,最终要达到一个什么目的。经过三天三夜的揣摩,他似乎猜出了赵炅的用心。经过苦思,他终于想出了一个击倒政敌卢多逊的办法,虽然这个办法很损,不地道,管他呢!为了报仇,就得不择手段,做他一回小人。

猎犬,终于出击了。

太平兴国七年(982年)三月,赵炅准备巡察西池,忽然接到柴禹锡、杨守一的密报,说秦王赵廷美图谋作乱,要在圣驾巡察西池途中下手,请圣上提前预防。

赵炅并没有多作考虑,更没有派人去调查事实的真假,果断地下诏,撤了赵廷美开封府尹的职务,并将他遣出京城,打发到洛阳去任西京留守。

告密者立即得到提拔重用,柴禹锡升为枢密副使、杨守一升为枢密都承旨。

赵廷美的突然倒台,令文武百官都感到有些莫名其妙,因为说赵廷美图谋不轨,并没有拿出证据,仅凭一封告密信就下了结论,实在是难以服人。

这是赵普设的一个局。

赵普知道,按太后遗命,赵廷美是皇位的第二继承人,与赵炅的关系很微妙。选择赵廷美为突破口,很对赵炅的口味,个中缘由,只有赵普最清楚。

赵普与秦王赵廷美并无宿怨。不过,他为了扳倒卢多逊,只好从赵廷美着手,设下一个陷阱,布了一个局。因为卢多逊与赵廷美的关系非同一般,搬倒了赵廷美,卢多逊就失去了一个靠山,更重要的是,按太后遗嘱,赵廷美是除赵炅外唯一活在世上的皇位继承人,与皇上的关系很微妙,这一点,赵普比任何人都清楚。这就是赵普关门想了几天才想出的一着妙棋。

秦王赵廷美倒了,卢多逊也料到赵普会对自己不利,但他存着一种侥幸心理,并没有特别在意,再说,他也很贪恋这个相位,不甘心就此退出政坛,也就是这一犹豫,给了赵普机会。

赵普是不会放过卢多逊的,通过明察暗访,终于查到了卢多逊的破绽,就是他派遣亲信勾结秦王。这名亲信叫赵白,与秦王府中的孔目官阎密、小吏王继勋、樊德明等狼狈为奸。秦王与卢多逊关系密切,都是他们几个人从中串通一气。赵白经常将朝中的机密密告赵廷美，并向赵廷美传卢多逊的话："盼皇上早日晏驾，好尽力侍奉秦王。"

赵廷美也派樊德明去告诉卢多逊说："你的话，正合我意，我也盼望皇上早些晏驾，由我来做皇帝。"

赵普毫不客气地将这些捅给皇帝，赵炅大为恼火，说道："兄终弟及，本有金匮遗言，但朕正在壮年，廷美为何这样性急呢？朕待卢多逊也不薄，难道他还不知足，一定要廷美做皇帝吗？"

赵普奏道："自古帝王传位，是父传子，当年太祖已误，陛下今日岂能再错？"

赵普的这句话，是经过三天三夜的冥思苦想、揣摩所得出来的一句话。今天，总算找到机会当面对赵炅说出来。

赵普的揣摩果然不错，此言一出，正中赵炅下怀，他要借题发挥，严惩卢多逊及其同党。当即下诏，责备卢多逊不忠，降职为兵部尚书。第二天，又下令拘捕卢多逊，关进天牢。与此案有关的赵白、阎密、王继勋、樊德明等人，一并缉拿归案。

赵炅命令翰林学士李昉为首，包括学士扈蒙、卫尉卿崔仁冀、御史滕正中等人，组成一个陪审团，秉公审理卢多逊及其同党。

在审案过程中，赵白等人对所做的事情供认不讳，他们与卢多逊对簿公堂，卢多逊也无可抵赖。

李昉将审理的结果上表给赵炅。

赵炅又召集文武百官朝议卢多逊一案。

太子太师王溥等七十四人，联名上奏：卢多逊身为宰相，却心怀二志，泄露机密，暗结亲王，诅咒当今圣上，属大逆不道，应依法处斩；秦王赵廷美，并案处理；其余人犯，皆依大宋例律，依法惩处。

朝议刚完，处理决定就下来了。

削夺卢多逊官爵，发配崖州充军。雍熙二年（985年），卢多逊死于崖州；同案犯赵白、阎密、王继勋、樊德明等，推出都门外斩首，没收全部家产，亲属流配海岛；赵廷美勒令归私第，其儿女不再称皇子皇女。

赵普借卢多逊暗通秦王案，既打击了政敌卢多逊，又讨好了赵炅，一箭双雕。

卢多逊死了，赵廷美的悲惨命运还没到头。赵普觉得他是一个隐患，如果有朝一日东山再起，自己就没有好果子吃，索性来个一不做，二不休，暗中指使开封知府李符上了一道奏章，说赵廷美呆在家里仍然不思悔改，口出怨言。

赵炅对这一类奏章格外重视，下诏降赵廷美为涪陵县公，安置到房州，并诏令房州知州阎彦派人严加监管。

赵廷美被发配到一个僻远的山区，身份也从一个亲王变成一个失去自由的囚徒。后来，赵廷美病死在房州。

顺便要说的是，李符并没有从这件事中得到什么好处。因为赵普怕他泄露秘密，找了一个茬儿，将他贬到地方去做了一个小官。

赵炅因右仆射沈伦没有发现卢多逊两个人的阴谋，有失职之过，下诏免去他们的相位，降职工部尚书。左仆射薛居正这时候已经去世，于是，任命窦偁、李昉同为参知政事。

赵普导演了一个秦王阴谋造反的惊天大案，除去了政敌卢多逊。赵炅利用赵普和卢多逊的矛盾，铲除了金匮之命中除他之外的第三个皇位继承人，清除了将皇位传给儿子的最后一个障碍。君臣二人，各得其所。

赵普击败了卢多逊，泄了心头之恨，暗自高兴了好些天，重新又甩开膀子大干起来。但他忘了一件事，当他在击倒卢多逊的同时，也根除了赵炅心中的隐患，从此以后，赵炅可以高枕无忧了。

中国有句古话，叫做鸟兽尽，良弓藏。汉高祖刘邦得天下后大杀功臣，就是前车之鉴。赵普似乎忘记了这段历史，他认为自己是新朝的功臣，又可以像太祖时那样大干一场了。其实，他错了，他的好日子也不多了。

不久，赵普再度罢相。

赵普走后，赵炅又命宋琪、李昉同平章事，别选李穆、吕蒙正、李至三人为参知政事，随即，诏令史官编修史书，每天呈上三卷御览，故此书就叫《太平御览》。

第二年又改元雍熙（984年），即赵炅即位九年。文武百官拜表祝贺，文人墨客吟诗赋对，粉饰太平，赵炅同满朝文武大宴三日。

五　北方的邻居不好惹

皇宫失火后罢了封禅之念

赵炅的心情很好，因为对皇位继承有着潜在威胁的赵廷美、赵德昭、赵德芳，不是自杀，就是病逝，他已经没有了后顾之忧，眼前的一切是阳光灿烂，天下太平。他的这种心情，也感染了朝中的几位大臣，宰相宋琪、李昉等人建议他赴泰山封禅。赵炅心里也痒痒的，但没有立即答复。李昉见皇上虽然没有答应，但也没有拒绝，便紧锣密鼓筹备泰山封禅的事情。

封禅是古代帝王在泰山上举行的祭祀天地的国家大典。在东岳泰山筑土为坛，祭天叫"封"，报天之功；在泰山下的小山如梁父山、云云山、亭亭山等辟场祭地，称为"禅"，报地之功。

古代帝王为何热衷于泰山封禅呢？因为古人认为，群山之中，泰山最高，离天最近，人间的帝王应到那儿去祭天，表示受命于天。泰山封禅不仅是古代帝王祭祀天地的国家大典，同时还是皇帝向天下昭示国家繁荣昌盛、天下太平的景象，进而炫耀自己丰功伟绩的一个机会。这就是中国古代帝王之所以热衷于泰山封禅的原因。

秦始皇是第一个到泰山封禅的封建帝王，汉武帝是封禅次数最多的封建帝王，先后五次到泰山封禅，唐太宗李世民虽然英明神武、国力强盛，但他一生都没有赴泰山封禅。

汉武帝提出赴泰山封禅应具备三个条件：一统天下；天下太平、长治久安；有祥瑞不断显现。

泰山封禅，内宫嫔妃、文武百官都要跟随，封禅的队伍有数千人之多，沿途州县都要接待，友好邻邦要来祝贺，人、财、物的耗费是一个天文数字。

唐太宗一生不封禅，就是为了节约民力，汉武帝对封禅乐此不疲，耗费了大量的人力、物力、财力，不但老百姓怨声载道，连史学家司马迁也颇有看法。

就在几位大臣紧锣密鼓地筹备封禅大典之时，皇宫内的乾元殿和文明殿突然先后无故失火，赵炅以为这是天象示儆，立即罢了封禅的动议。

赵炅做了十年的皇帝，中宫还是虚位以待，后宫缺一个领班的。李妃德貌双全，进宫数年，没有出现什么差错，赵炅正式册立李妃为后。

赵炅的大儿子赵元佐，是第一个李妃所生，自幼聪明过人，长相很像父亲，颇得赵炅的欢心。元佐长大成人后，博览群书，善于骑马射箭，曾随赵炅出征太原、幽州，在军前会议上，元佐经常有一些独到的见解，这些使赵炅更加喜欢这个儿子，班师回朝后，拜检校太傅，加职太尉，晋封楚王，命工部特地建造了一座宏伟气派、富丽堂皇的楚王府赐给元佐，以示对他的宠爱。

赵元佐虽然身为皇子，在性格上与赵炅却有些不同，他有正义感，有同情心，特别是在赵炅迫害秦王赵廷美这件事情上，表现得尤为明显。

赵廷美获罪重病期间，元佐多次恳请父皇赦免叔父赵廷美，将他召回京中治病，赵炅不但没有答应元佐的请求，反而还将他痛骂一顿，说他吃饱了没事干，不懂得做父亲的良苦用心。赵廷美死于房州之后，元佐对父皇的所作所为极为不满，对叔父的辞世悲愤成疾，竟到了发狂的地步。左右仆从，无论是谁，只要有一点小错，元佐都要用刀、棒来惩罚他们，弄得左右仆从人人自危，谁也不敢接近他。赵炅命太医为元佐诊治，并且还大赦天下，以求上天保佑元佐的病早日康复，然而，元佐的病情并没有多大起色。

雍熙二年（985年）重阳节，赵炅召集几个儿子在宫苑中设家宴，因元佐病还没有完全好，就没有请元佐赴宴。散宴后，陈王赵元佑从楚王府门前经过，顺便进去探望这个有病在身的哥哥。

元佐得知父皇设家宴没有请他，以为父皇抛弃了他，一个人在家里喝闷酒，左右仆从见他喝得酩酊大醉，一个个吓得心惊胆战，害怕他发酒疯打人，站得远远的不敢近前，出人意料的是，元佐放下酒杯之后，竟悄悄地上床睡觉去了，一点也没有发脾气惩罚人的迹象。左右仆从见他酒足饭饱后不发怒，悄无声息地去睡觉，虽然有些奇怪，但谁也没有多想，收拾好一切，各自去睡了。

元佐其实并没有醉，躺在床上只是假寐，过了一会儿，等大家都睡了之后，他悄悄地爬起床，在寝室内放了一把火，先将蚊帐点着，火势立即向四周蔓延，瞬间突破屋顶，顿时浓烟四起，火光冲天，元佐站在大火中拍手大笑，声嘶力竭地喊道："烧吧！死吧！死了干净，这个龌龊的世界，有什么看头？"

楚王府的这场大火烧红了半边天，轰动了汴梁。赵炅询问失火原因，得知是元佐有意纵火，怒不可遏，立即派御史将元佐抓起来，下诏将他废为庶人，遣送出京城，贬至均州。

宋琪率百官上表，为元佐求情，请皇上念他有病在身，留在京师。

赵炅不答应，命令元佐立即出京，不得逗留。后经宋琪等多次恳求，赵炅才下诏召回元佐，此时，元佐一行已经走到了安徽黄山。

元佐奉诏回京后，被幽禁在南宫，他似乎对先废为庶人逐出京师，后奉召回京幽禁于南宫的事麻木不仁、泰然处之，根本就不当一回事，该吃就吃，该睡就睡，该发疯时就发疯，过起了不问世事的逍遥生活。

有人说元佐确实得了疯狂病，无药可救；也有人说元佐是在装狂，以表示对父亲的不满和对皇位的拒绝。孰是孰非，没有定论。

在元佐纵火焚烧楚王府这个事件中，有一个特殊人物，他就是陈王赵元佑，家宴之后，是他去楚王府探望元佐，并将父皇设家宴之事告诉元佐的。至于他到底说了些什么，竟导致元佐如此愤怒，一气之下纵火烧了楚王府，这是一个谜。而当赵炅得知楚王府的一场大火是元佐的杰作时，想也不想，就将元佐废为庶人，这中间是否有其他原因，是不是元佑向赵炅说了什么？仍然是一个谜，说不清，道不明。后来的事实是，雍熙三年（986年）七月，元佑改名元僖，被封为开封府尹兼侍中，成为准皇储，顶替了元佐的位子。

贺家父子的歪点子

宋军兵败雁门关六年之后的雍熙三年（986年），雄州守将贺怀浦上表，请求朝廷出兵，北取幽、蓟，收复燕云十六州。

贺怀浦是太祖赵匡胤的原配夫人贺皇后的胞兄，曾任指挥使，儿子贺令图，出任雄州守将。此人夸夸其谈，好谈国事。他为何要在这个时候上这样一道奏札呢？原来，辽国内部这时出了问题。

此前，辽景宗用萧守兴为尚书令，立萧守兴的女儿燕燕为皇后。燕燕才色过人，兼通韬略，坐上皇后的宝座后，见丈夫是个疾病缠身、懦弱无能的庸君，便干预起了国政。景宗本来就有病，对国事也没有多大的兴趣，见皇后插手国事，干脆撒手不管，将朝廷的一切事情都委托给燕燕裁决，时间久了，国人只知有萧后，不知有景宗这个人。

辽景宗耶律贤病逝，儿子耶律隆绪继位。

耶律隆绪还是一个小孩，什么也不懂，辽国的政权实际上由燕燕掌管，史称为萧太后。萧太后恢复大契丹国号。

萧太后用韩德让为政事令，兼枢密使，总宿卫兵。耶律勃古哲总领山西诸州事，耶律休哥为南面行军都统。号令严明，威震朔漠。

贺怀浦就是在这个时候向朝廷上表的，他认为契丹主年幼，萧太后掌权，孤儿寡母，有机可乘。

赵炅本来就好大喜功，对高梁河之败一直耿耿于怀，接到贺怀浦的奏札，认为收拾北边这个邻居的时候到了，不顾有些人的劝谏，决定分兵三路北伐：东路军由曹彬为幽州道行营都部署，崔彦进为副，米信为西北道都部署，杜彦圭为副，出师雄州，北上攻涿州；中路军由田重进为定州路都部署，出兵飞狐；西路军由潘美为云、应、朔三州都部署，杨业为副，出兵雁门关，征伐辽国，以取幽、蓟。

赵炅坐守京师,遥控指挥。这时是雍熙三年(986年),所以历史上称这次出征为"雍熙北伐"。

大军临出发时,赵炅特别叮嘱曹彬,说潘美率领的西路军可以先取云州,有十万之众的中路军虚张声势,进取幽州,途中要慎重缓行,不得贪功急进,契丹知宋军大兵来攻,必定要去救范阳,无暇顾及后方,到那时,再率兵冲杀前去,可望马到成功。

赵炅计划得很好:即先让东路军步步为营,缓缓而行,吸引契丹军的注意力,借以牵制契丹兵力,西路军则采取大迂回的战略,攻取山后再会合中路军东进,对幽州形成夹击之势,一战夺取幽州。

北伐之初,战争的进展似乎是按照设想在发展,取得了一些胜利。

中路军田重进率兵出飞狐县南,连破契丹兵,生擒契丹兵主帅西南面招安使大鹏翼,飞狐、灵邱的契丹守将见宋军势大,自知不敌,先后竖起白旗,开城降了宋军。

西路军潘美率军从西径关进兵,与契丹兵大战寰州城下,大败契丹兵,寰州刺史赵彦章开城投降,接着进攻朔州,节度副使赵希赞也出城投降,转攻应、云等州,所向披靡,捷报频传。

曹彬率领的东路军也不示弱,他似乎忘记了皇上临出发时要东路军缓行的旨意,不知不觉地加快了进军速度,派遣先锋李继隆接连攻下固安、新城,并乘势攻占了涿州。

前方的捷报传到汴梁,百官都向皇上祝贺。唯独武胜军节度使赵普持不同意见,他认为,自宋军征伐幽、蓟以来,老百姓为了向前方运送军需,土地都荒芜了。朝廷这次北伐,是以明珠弹射麻雀,为鼷鼠而发机弩,得不偿失。时已至秋,内地先困,边廷早凉。契丹兵强马肥,我军已成疲惫之师。因此,赵普给赵炅上表,劝他撤军。

可是赵炅并没有采纳赵普的意见。

曹彬逆旨冒进

有时候,事情的发展往往就那么巧,你担心什么就会发生什么,怕什么什么就要来。赵普上表担心的就是宋军战线太长,后方粮草供给困难,一旦辽兵切断粮道,宋军不战自乱。

正在赵炅还沉醉在前方打了胜仗的喜悦之中的时候,曹彬传回急报,说东路大军攻克涿州之后,被辽兵切断了粮道,只好放弃涿州,退据雄州。

赵炅得报后,知道大势不妙,立即飞使传诏,命令曹彬再不得冒进,引兵到白沟河与米信的部队会合，静候潘美攻克山后诸州，然后会合田重进东下，集合兵力攻取幽州。

曹彬遵旨，驻军雄州，再也不敢乱动，尽管东路军据守雄州没有出击，但对幽州的辽兵起到了牵制作用，他们担心曹彬的兵马会随时出动，所以不敢分兵去抗击宋朝的中路军和西路军，给了这两路军长驱直入的机会。

在这种形势下，潘美的西路军攻占了山后所有的地盘，同田重进的中路军会合东下，乘势攻打幽州。

曹彬部下将士心里又痒痒的，认为朝廷命令三路出师，中路军是主力，兵力最多，如今却在雄州按兵不动，反而让两路偏师建功立业，觉得跟随曹彬不能建功立业是一种耻辱，纷纷迫请曹彬进兵，免落人后。曹彬先是犹豫不决，经不住大家一再劝说，竟然将圣旨抛到九霄云外，命令兵士备好粮草，然后直奔涿州。

契丹大将耶律休哥，觉得自己的兵马太少，不敢贸然轻进，更不想同宋军展开正面交锋，只是带领手下精锐之师，专门袭击宋军的运粮车队，切断宋军的粮道，并派人飞报朝廷，请求派兵前来支援。

萧太后本来是一个女中丈夫，接得耶律休哥的求援报告，竟然亲自统领雄师，挟着幼主御驾亲征。

耶律休哥得知契丹援兵快到了，立即率兵直奔涿州，途中正好与曹彬的兵马相遇。两军各自安营扎寨。

耶律休哥安下营盘后，命令大队人马驻营休息，派出一支小分队到宋军营前挑战，采取的策略是：宋军出战，即刻撤退，等宋军吃饭的时候，再冲杀过去，宋军若出，还是撤退。目的是叫你吃不安。

夜晚，耶律休哥又命少量契丹兵埋伏在四周的山谷里，或吹胡哨，或鸣鼓角，等到宋军杀出来，却又不见一个辽兵，等回去睡觉后，胡哨声、鼓角声又是此起彼伏。目的是叫宋军睡不宁。

耶律休哥不愧是用兵高手，这种骚扰策略也很管用，弄得宋兵草木皆兵，昼不安食，夜不安眠，只好结成方阵，步步为营，缓缓前进。

偏又天不作美，当时正是五月天气，气温不亚于盛暑，军士们在烈日下行军，口干舌燥，沿途又无水井，只能喝路边臭水沟的浑水解渴。如此一路折腾下来，待赶到涿州时，已经弄得人困马乏，而所带粮草也快用尽。

曹彬率领疲惫之师前脚刚到涿州，耶律休哥率兵后脚也赶到了。曹彬命各路军马严阵以待。恰在此时，探马来报，说辽主隆绪和萧太后率大队人马日前来增援耶律休哥，先头部队离涿州只有几十里路程。

宋营将士听说萧太后前来增援，大惊失色。曹彬、米信自知不是对手，慌忙下令撤军。可叹曹彬，人称良将，退兵却毫无章法，军心一动，仗还没有打，就先自乱了阵脚，军队一窝蜂似的向南溃退。

耶律休哥是辽国名将，精通战法，见宋军撤退乱了阵脚，知道宋军军心已乱。这是杀敌的好机会，他率部下精锐之师，一路追赶，终于在岐沟关追上宋军，赶上前一路猛冲，宋军无心恋战，勉强回头接战，却无一点士气。耶律休哥所率的部队，人数虽然不多，却是精锐之师，加之养精蓄锐，士气正盛。此消彼长，宋军大败，仓皇奔逃，溃不成军。曹彬虽大声吼叫，根本无济于事，因为他的声音在乱军之中只有身边几个人听得见，无奈之下，他也只好夹在乱军之中溃退，好不容易逃到沙河，以为抛开了追兵，命令兵士停在河边休息，埋锅造饭。

灶火刚刚生着，忽然杀声又起，原来耶律休哥率兵又赶上来了。曹彬不敢再战，忍饥挨饿，率兵渡河南逃，正在半渡之时，辽兵大举杀到，宋军已成惊弓之鸟，没上船的，四处逃窜，被辽兵犹如削瓜切菜一般乱劈乱砍，乘船半渡的，不是被箭射落水中，就是失足落水。可怜这班宋军，一部分被杀死，一部分被淹死，岸上尸横遍野，河中尸积成堆，塞住河道，使河流成了一条血河。

曹彬、米信三战三败，几乎全军覆没。

萧太后母子统兵到沙河与耶律休哥会合，见耶律休哥已大获全胜，自是欢喜非常。休哥请求乘胜南追，一直杀到黄河以北，方才回军。

六　血溅陈家谷

明知是个火坑，还是要跳下去

赵炅接到前方战败的奏札，心情懊丧至极，立即命令曹彬、米信、崔彦进带领他们的军队回京，命令田重进屯兵定州；潘美仍然回到代州去，并要他保护云、应、朔、寰四州的官民分别迁往河东、京西去安置。

宋军各路布置以及战后的善后工作还没有安排好，契丹大将耶律斜轸就率领十万辽兵直逼安定之西。

雄州守将贺令图得知契丹兵来犯，点兵出城迎战，被契丹人杀败，带领残兵向南溃逃。耶律斜轸率兵乘胜追击，两军在五台再次展开激战，宋军还是惨败，阵亡数万人。辽兵一举攻占蔚州。

贺令图飞骑向潘美求援，潘美率军与贺令图合兵一处，在飞狐与契丹兵展开一场激战，宋军再次大败。浑源、应州的宋兵见辽兵来势凶猛，弃城而逃，辽兵不战而得浑源、应州的城池，并乘胜追击，攻占寰州，杀死守城宋兵千余人。

潘美败走飞狐，退回代州，与副将杨业引兵，保护云、朔、应三州的军民百姓南迁。

杨业深通兵法，又久居北方，对契丹人的习性和当地的地理都很熟悉，认为仗打到这个地步，契丹兵气势正盛，不宜同他们正面交锋，因此他建议：宋军出兵大石路，直入石碣谷，避开契丹兵的锐气，保护三州的官民南迁。

潘美听了杨业的话，沉默不语，护军王侁却认为杨业怯战，冷笑着说："君侯素称杨无敌，今天却屡次阻挠不进，如果不是吓破了胆，恐怕就另有所图吧？"

俗话说，冷茶冷饭好吃，冷言冷语难听。杨业是顶天立地的英雄豪杰，哪能受得了如此奚落？听了王侁的冷言冷语，愤然说道："杨业岂是贪生怕死之辈？我们的任务是保护百姓迁移，不是攻城拔寨子，打仗如果逞匹夫之勇，就会让士兵白白地去送死。王护军既然怀疑我心有二志，我愿为先驱，叫你们知道，杨业并不是怕死之人。"

杨业说罢，召集自己的部下及儿子杨延昭、杨延玉，传令厉兵秣马，准备从石跌路趋朔州，临行时，流着眼泪对潘美说："我这次出兵，不可能取得胜利，杨业本是太原降将，应当早死，蒙皇上不杀，提拔为大将，交付兵柄，杨业并非纵敌不前，实在是要伺机而动，以报皇上的知遇之恩。今天，有人说我有意避敌，我也无从解释。杨业此去，恐不能再见主帅了。"

潘美听了，只是哼了一声，强装笑脸说："杨家父子扬威北方，久负盛名，今天未曾开战，却先说这些丧气的话，确实令人不解，你尽管放心去吧，我一定会率兵救应你。"

杨业指着前方一个谷口说："契丹兵打仗变幻莫测，潘将军一定要提防，前面那个谷口叫陈家谷，地势险峻，可以驻守，请你们派兵埋伏在那里，布下强弩硬箭，等我转战到谷口的时候，立即率兵夹击辽兵，千万要记住，不然，我杨家父子及所率兵马，恐怕就死无葬身之地了。"

潘美点点头，答应在陈家谷布阵接应。

杨业明知前面是个火坑，为了证明自己的清白，却不得不跳下去。

血溅陈家谷

杨业出兵之后，潘美按照事先所约，同王侁率兵赶到陈家谷口列阵以待。

杨业怀着赴死之心，率领所部兵马，自石跌口出发，儿子杨延玉、杨延昭随父同行，途中正遇契丹兵，两军也不答话，上前即杀。耶律斜轸率领辽兵，似乎并不恋战，只一交战，便向后撤，杨业见沿途多是平原，料无伏兵，只管尽力穷追。耶律斜轸且战且走，正在追赶途中，耶律斜轸忽然又回兵再战，只听一声炮响，四面八方，突然冒出无数的辽兵，把杨业父子和宋兵困住。

宋军只有数千兵马，辽兵有十万之众，敌众我寡，打下去只有死路一条。杨业知道形势严峻，吩咐两个儿子紧跟着自己，舞动手中枪，舍命冲突，硬是杀出一条血路，退到狼牙村。

自寅时等到已时，没有得到杨业的消息，令人登高远望，仍然不见踪影，潘美不免心生怀疑，王侁在一旁说道："杨业如果败下阵来，必定有急报，如今许久得不到消息，大概是已经杀败敌兵，主帅如果不赶紧上前，那么，这份功劳就被杨业一个人独得了。"

潘美踌躇了半天才说道："再待一二个时辰，如果还没有杨业的消息，再作决定。"

王侁退出后，对众将道："此时不去争功，尚待何时？你们不去，我就要先走了。"说罢，带领自己的部下，径出谷口。

众将也是争功心切，都是跃跃欲试。潘美见不能说服众将，也身不由己地跟着众将，一起离开陈家谷口。沿着交河西进，才走了二十余里路，忽见王侁领兵退回。潘美问他为何又退了回来。王侁答道："杨业战败，契丹兵猖獗得很，我军恐怕抵挡不住，所以就赶快退回来了。"

潘美听了此言，也不觉惊慌，索性指挥兵士全部撤退。把与杨业的陈家谷之约抛到了九霄云外，一直退回代州去了。

杨业且战且走，接近陈家谷，已是人困马乏，死亡过半，眼巴巴地等援军杀出。哪知进谷一看，并不见宋军一兵一卒，他忍不住大哭道："我被王侁等逼迫，使我一败至此，现在既不能求胜，也不必求生了。且返身再战，拼一个战死沙场、马革裹尸吧！"

杨延玉、杨延昭兄弟俩也是痛哭不止。杨业说道："父子同死，也是于事无补，我上受国恩，下遭奸人嫉妒，除死以外，没有其他路可走，你们两人还年轻，赶快杀出去，将这里的情况报告皇上，让皇上知道，我们杨家是忠心为国，只是为奸人出卖，蒙受不白之冤，才致战死沙场。如蒙皇上鸣冤昭雪，我死也瞑目了。"

杨延玉哭着说："儿愿随父亲一同赴死，不愿逃生。让哥哥突围出去，向潘帅请援。如果援兵早到，说不定还可转败为胜，即使搬不到救兵，留得哥哥在，他日面见皇上，还可以说清今天战败的实际情况，不然，我们死后，那些奸人不知要给我们安上一个什么罪名。"

杨业觉得延玉说得有理，立即叫延昭突围出去请求潘帅派兵增援。

杨延昭哭着不愿离去，要同父帅和兄弟共同战死沙场。

杨业举起马鞭狠抽了杨延昭的坐骑一下，大声说："速去！速去！不要顾虑这些了。"

杨延昭的坐骑负痛，一下子就蹿了出去，杨延昭只得回头大声喊道："父帅保重！弟弟保护好父帅！"话音未满，一人一骑已经没入乱军之中。

辽兵见有人突围，万弩齐发，杨延昭的手臂中箭，血流如注，他也顾不得裹伤，咬牙拔出箭头，奋勇杀出重围，飞马请求援兵去了。

杨业与杨延玉率领手下数百名士兵，与辽兵展开了一场血战。杨延玉身中数十箭，犹如刺猬一般，忍痛不住，哭着对他的父亲说："儿子去了，不能保护父……"话没有说完，便已口中喷血，坠马身亡。

杨业见延玉死了，好似万箭穿胸，回顾手下不过数百人而已，流着泪对大家说，大家都有父母妻子，不能死在这里，赶快逃生去吧！"

杨业带兵，有勇有谋，平时训练，都是与士卒同甘共苦，从不搞特殊，对待士兵就像对待自己的兄弟儿女一样。士兵们对杨业既崇敬，又爱戴，冲锋陷阵，人人奋勇，个个争先。此时见主帅叫他们逃命，他们哪里肯依，都表示要与主帅同生死、共进退。

杨业见将士们众志成城，虎目圆睁，挥动手中枪，大喝一声，如猛虎般杀向敌阵，手刃契丹兵百余人，身上所受刀、箭之伤数十余处，先还觉得疼痛，后来麻木了，敌箭射在身上，竟浑然不觉。人可以凭一口气奋战，马可不行。杨业见坐骑浑身打战，已是站立不稳，只得退至树林暂避。

契丹大将耶律希达，远远看见树林中杨业的身影，用强弩射来，正中杨业的马腹，马应声倒地，杨业也坠落马下。契丹副部署萧挞览纵马抢入，活捉了杨业。

此时，杨业的部下全部战死，无一生还。

辽国活捉了杨业，知道他是一员猛将，不但没有羞辱他，而且还好酒好肉地招待他，劝他投降，并许以高官厚禄。杨业是一个顶天立地的英雄汉，绝不为其所诱，仰天长叹道："皇上待我甚厚，本想保卫边关，以报答皇恩。今被奸臣逼迫，致兵败遭擒，还有什么面目活在世上呢？"

杨业被俘之后，不吃不喝，绝食三日而亡。这就是杨业捐躯的真相。至于杨业撞死李陵碑的说法，只是野史的记载。

谁导致了杨业兵败身亡？罪魁祸首当属王侁，他为了贪功，率兵离开陈家谷，但潘美身为主帅，轻信谗言，也是罪不可恕。

杨业和他的后代的事迹，被民间传为"杨家将"的故事。其中，为表达对潘美的憎恨之情，人们将他塑造为十恶不赦的太师潘仁美。至今，杨家将的故事还在广为流传，但其中的故事情节多是经过小说家们的艺术虚构而成。

宋朝自宋太祖杯酒释兵权，夺了几位开国老将的兵权之后，宋初之名将，首推曹彬，其次则莫如潘美。曹彬在大战之时，举棋不定，不能自律，北伐大败而归；潘美身为主帅，不能约束部下，不顾杨业的忠告，为贪功而贸然出击，致使一代良将被擒陈家谷。故有人说，"北宋无将"，说的是有道理的。

岐沟关一战之后，耶律休哥威震赵宋，据说当时夜里小孩啼哭，只要大人说上一句："耶律休哥来了！"小孩马上就不敢哭了。反观宋军的将领，对辽的威慑力从来没有达到这个水平。

君子馆弃甲丧师

杨延昭遍体鳞伤地赶到代州，请求潘美赶快发兵陈家谷，救援自己的父亲。

潘美见杨延昭如此模样，已知酿成大祸，再发救兵，不仅于事无补，恐怕还会送羊入虎口，有去无回。因而，拒不发兵。杨延昭大哭一场，然后上表朝廷。

杨业战死的噩耗传开后，边境各州为之震动。镇守云州、应州、朔州的宋军将官，都被这一消息吓破了胆，契丹兵还没有来攻城，他们便弃城而逃，将莫大一片三州疆土，拱手送给了契丹人。

噩耗传到汴梁，赵炅惊得目瞪口呆，既痛恨丧失疆土，又哀悼痛失良将。当即下诏：潘美降职三级；王侁撤销一切职务，发配金州。召杨延昭还京，任为崇仪副使，并追赠杨延玉官阶。还有杨业的儿子杨延浦、杨延训，俱授供奉官，杨延环、杨延贵、杨延彬，同授为殿直，杨氏一门，都承余荫，也算是告慰杨业屈死的英魂。

曹彬、米信等兵败奉旨回京，赵炅诏令尚书省将他们拘禁起来，令翰林学士贾黄中主持审讯，责问他们违背诏令，擅自出兵。事实很清楚，审讯也只是走一个过场，处罚决定马上就下达了：曹彬降为右骁卫上将军；米信降为右屯卫上将军；其余崔彦进以下，都给予相应的处罚。

田重进全军不败；李继隆所部，也是毫无损伤地撤回。两人不加罪，并提拔田重进为马步军都虞候；李继隆为马军都虞候，兼知定州。

杨业死后，代州守将出缺，代州是边防重地，不可无将，必须另择大将去接替空出来的位子，镇守代州。恰逢张齐贤上书言事，深得赵炅的欣赏。张齐贤是个文臣，从来没有带兵打仗，赵炅竟然命张齐贤出知代州，与潘美同领军务，镇守边关。

赵炅的决定，未免有轻率之嫌，幸亏张齐贤虽是一个文人，却也颇通兵法，否则，岂不要酿成大祸？

雍熙三年（986年）冬，契丹主耶律隆绪，与其母萧太后率兵十万，以耶律休哥为先锋，再次兴兵南侵。

瀛洲部署刘廷让（原名刘光义，因避皇上之讳，改名廷让），得知契丹兵又大举来犯，同边将李敬源、田重进等联络，集兵十万，沿海北进，欲乘虚袭击契丹老巢。

耶律休哥不愧为契丹良将，他早就提防了宋兵乘虚而入这一招。沿途派出大批探骑，密切注视着宋军的一举一动。当他得知宋兵已向契丹老巢潜去的时候，立即在沿途险要之处，设下埋伏，等待宋兵入瓮。

刘廷让率领宋兵到了一个叫君子馆的地方。当时是数九寒冬，天寒地冻，士兵们的手都冻肿了，无力张弓。

耶律休哥所率的契丹兵都是北方人，耐得住寒。他之所以选择这个时候南侵，就是有点欺负南人不耐寒。正当宋兵在凛冽的寒风中哆哆嗦嗦地行进时，耶律休哥率领契丹兵突然从山后杀出来。

刘廷让等慌忙指挥宋军迎敌，怎奈朔风冽冽，黑雾沉沉，兵士们冻得连武器都握不住，哪里还能与契丹兵战斗？契丹兵个个如出山猛虎，宋兵如冻僵了的小绵羊，胜败立见，宋兵大败。

契丹兵能耐寒，更仗着一股锐气，将刘廷让和他的部队团团围住。刘廷让临出发时，曾分兵给李继隆，令他为后援。偏偏李继隆带着兵马退回去守护灵寿，并不曾率兵往救。

刘廷让等待援兵不至，只得同李敬源、田重进率领宋兵冒死杀开一条血路突出重围，在突围过程中，李敬源、田重进两人身负重伤，坠马身亡。刘廷让也只带数骑残兵突出重围。

耶律休哥打了胜仗，率领契丹兵进攻雄州。

雄州刺史贺令图是最先奏请赵炅北伐的人，这是个典型的贪功生事、无勇无谋的人，得知宋军在君子馆打了败仗，料知雄州是契丹人下一个攻击目标。恰在此时，耶律休哥派人持密信求见，谎说耶律休哥因功高震主，得罪了契丹主，愿投附宋廷。

如此伎俩，连小孩子都骗不过，贺令图偏偏利令智昏，信以为真，收下了耶律休哥的厚礼，还回赠了耶律休哥一份贵重礼品。

耶律休哥见鱼上钩了，立即带兵至雄州，离雄州十里安营扎寨，派原使者去雄州城报告贺令图，约定相见的时间、地点。

贺令图以为这是一份天大的功劳，想连肉带汤一人独享，不同将校幕僚们商议，私自带着数十骑人马，出城迎接耶律休哥，当他兴致勃勃地来到契丹军营，辽兵营门大开，有人引他去见耶律休哥。耶律休哥坐在胡床之上，指着贺令图大骂道："你一直称善于经营边事，今天竟然到这里来送死吗？"

贺令图刚刚进来，就挨了一顿臭骂，正在莫名其妙、不知所措之时，帐内外伏兵一涌上前，将贺令图团团围住。贺令图想反抗，可惜羊入虎口，哪里还能挣脱？顷刻之间，贺令图和带去的数十从骑，成了契丹人的刀下鬼。

耶律休哥乘胜南驱，连陷深、邢、德三州，杀官吏，俘士民，把城中子女玉帛尽行掠夺，满载而归。

贺怀浦与杨业战死时，已先败死，一年中，父子皆死，当时的人都说，是他们父子贪功挑衅契丹人，才有此报。

雍熙北伐之所以惨败，赵炅有不可推卸的责任，他的武功远不及太祖，却急于表现自己，自以为是，刚愎自用，再加上秉承太祖削夺武将兵权的做法，每次出征前都要制订作战计划，将士们出征，只能按既定计划行事，而战场上往往是千变万化，这样做严重地束缚了将领们的手脚。这也是宋代祖宗家法中的"将从中御"。另外，赵炅将北伐分为三路，然而，三路军似乎是各自为战，没有形成统一的指挥体系，使宋军在战场上很难形成配合，导致三路兵马很容易被敌人各个击破。

雍熙北伐的惨败，对于赵炅和整个朝廷产生了巨大的影响。一时间，朝廷上下弥漫着一股恐辽情绪。辽阔而美丽的北方，对赵宋君臣来说，已不再充满开疆拓土梦幻的诱惑，而是一个挥之不去的梦魇。

七 半部《论语》治天下

赵普第三次做了宰相

雍熙四年（987 年）冬，赵炅欲刷新政治，下诏改元端拱，次年，改称端拱元年（988 年）。这一年正月十五上元节，赵炅大赦天下，亲耕籍田，倡导耕种。

山南东道节度使赵普进京述职，赵炅在召升殿接见赵普，赵普见到皇上，激动得泣不成声，赵炅也为之动容。开封府尹陈王元僖（七月，元佑改名元僖，封开封府尹兼侍中，成了准皇储）见君臣二人似乎动了感情，乘机奏请父皇将赵普留在京师任职。

元僖是个很有心计的人，因排在他之前的皇位继承人不是离世了，就是被幽禁，东宫虚位以待，朝中还没有立太子，他是储君的不二人选。赵普是开国元勋，两朝元老，交好他，对自己继承皇位一定有帮助。

赵炅果然采纳了元僖的建议，将赵普留在京都。

知制诰胡旦与宰相李昉有过节，他想扳倒李昉，但又不敢明目张胆地亲自出马，便唆使他的布衣之交翟颖做他的枪手，击登闻鼓告御状，攻讦李昉渎职。

李昉得知有人弹劾他，主动向皇上请辞。赵炅借坡下驴，撤了李昉的宰相之职，降为右仆射（右仆射是副宰相级别）。

赵炅撤了李昉的宰相之职，本想任命吕蒙正为宰相，但又担心吕蒙正资历浅，难以服众，于是便任命赵普为太保兼侍中，与吕蒙正同为平章事。侍中也是副宰相级别，加平章事的头衔，就是宰相。这是赵普第三次入相。

赵炅用赵普，就是要借重他的经验和威望，为吕蒙正作表率。

赵普是个很有魄力的铁腕人物，再次入相，便重新立班建制，肃正朝纲。工部侍郎、同知京朝官考课雷德骧得知赵普为相，惊得手中的笏板都掉到地下了，他知道，赵普为相，他就没戏份了，与其到时灰溜溜地走人，不如像好汉一样先自离去。于是立即上疏辞官。即使是赵炅亲自挽留也没有留下来。

　　枢密副使赵昌言、胡旦、翟颖几个人，自从上次击登闻鼓一举扳倒宰相李昉后，气焰很是嚣张，认为他们在朝中很得势，想做什么就做什么。经常聚在一起，专找别人的隐私去诽谤他人，进而诋毁时政，并通过各种手段，将数十名狐朋狗友，推举到各个部门任要职。闹得朝中乌烟瘴气，邪气蔓延。

　　赵普是个眼里容不得沙子的人，见赵昌言、胡旦、翟颖几个人狼狈为奸、败坏朝纲，同吕蒙正联名上表，请求拘捕这几个人，依法论罪。

　　赵炅见两个宰相联名上书，知道事态严重，下诏将赵昌言贬为崇信行军司马；胡旦谪为坊州团练副使；翟颖流配充军。其余相关人员，都得到了应有处罚。

　　陈利用原来是个在京城卖假药的，会幻术，常眩惑于乡里。枢密承旨陈从信将这件事告诉了赵炅。赵炅召见陈利用，当面测试其术，颇为灵验。便授予陈利用一个小官。偏偏陈利用特别会钻营，得到赵炅的信任，竟然升迁到陈州团练使之职。陈利用认为自己是皇上的宠臣，恣无忌惮，家里的摆设、平时的服饰竟然模仿宫中式样。凡依附他的人，都能得到荐用。一个卖假药的，能有如此呼风唤雨的本事，已经算是登峰造极了。士人君子虽然心里不服，但畏惧他的淫威，敢怒而不敢言。

　　赵普经过调查，上表陈述了陈利用十桩罪，请将其正法。堂堂的宰相上表弹劾一个人，是够分量的了。赵炅见赵普也弹劾陈利用，知道这个人留不得，于是下诏将陈利用发配到商州。事后不久，又下诏召陈利用回京。赵普担心皇上重新起用陈利用，再次上奏，请将陈利用正法，并说天下人都认为他还有复出的机会，若留下此人，必为后患。

　　赵炅心里很喜欢陈利用，见赵普总是盯住不放，不满地说："朕是一国之君，难道不能庇护一人吗？"

　　赵普叩首道："陛下若不诛此奸佞，便是乱法，是国法重要还是陈利用重要？"

　　赵炅见赵普上纲上线，执意劝谏阻拦，只得忍痛割爱，诏令将陈利用斩首。

　　陈利用此时正在回京途中，已经走到商州，自恃有皇上宠护，一路上，仍然是颐指气使，大言不惭，以为到了京师，又能得道升天。

　　圣旨到了以后，商州刺史奉诏行刑。

　　陈利用刚刚伏法，又有朝使飞马赶到商州，当朝廷使臣得知陈利用刚刚伏法，不由感叹地说："圣旨已令缓刑，偏我迟了一步，竟没有救下陈利用一命。大约是陈利用恶贯满盈，天不活他，只怕我会因迟到而获罪了。"

原来，朝使骑马走到新安的时候突然陷在泥坑中，等出了泥坑，到驿站换了马匹赶到商州，恰恰是陈利用人头落地的时候。前后不过半炷香工夫。

汴、陕一带的官民知道这件事后，不禁拍手称快，都说这是"天网恢恢，疏而不漏"。

由此种种可以看出，赵普主政，确实有其过人之处。

噩梦缠身，赵普奈何不了冤魂

次年，赵炅又下诏改年号为淳化，990年为淳化元年。

赵普渐渐看出皇上想起用吕蒙正为相，不愿再呆在宰相这个位子上，以年纪大、身体不好为由，上表辞职。

赵炅当然不答应。为了留住赵普，赵炅为赵普开特例。按当时的制度规定，宰相每天下午三点下班回家，这一年夏天很热，赵炅特准赵普上午十一点下班；第二年，又特许赵普不上朝，每天只到中书省去看看，有事就处理，无事可以呆在家里，朝廷有大事，就派人请他上朝商量。冬天，赵普又病了，赵炅还多次亲自到他家里看望他。赵普当面请求告老，赵炅见赵普去意已决，勉强同意他辞去宰相之职，仍命他为西京留守，诏命下发后赵普三次上表，恳让此职。

赵炅赐手谕说："开国旧勋，只卿一人，不同他等，无至固让，俟首途有日，当就第与卿为别。"

赵普捧着皇上的手谕，涕泣不止。于是上朝见皇上，赵炅赐坐，君臣畅谈国事，赵炅频频点头，逾时才退。

赵普启程的时候，赵炅亲自到赵普的家里为他送行。

淳化三年（992年）初春的一天，赵普以年老多病，令留守通判刘昌言奉表到京师，哀求皇上批准他致仕，也就是退休。赵炅派专人到洛阳慰问赵普，授予赵普太师之职，封魏国公，给予宰相一样的俸禄，命他养好病后再回朝谒见。

赵普身体本来就不好，只好硬撑着，时间不长，还是病倒了。

赵普这次病倒，不仅是病魔缠身，而且还遇到恶鬼拍门。病魔缠身，恶鬼催命，再不倒下，那就是奇迹了。

原来，近段时间，赵普每天晚上都做噩梦，只要一闭上眼，就会有冤魂索命。

杜太后站在床头冲着他喊:"赵普,你还我儿子!"

秦王赵廷美立在床尾,凄婉地叫道:"赵普,还我命来!"

赵普在梦中大呼小叫,一时喊太后,一时叫秦王,哀求不已。左右唤醒他,问他梦中见了什么,如此大呼小叫。赵普只是闪烁其辞,不肯明言。等到朦胧睡去,又惊叫起来,昼夜不得安宁,精神恍惚,寝食不安。即使一个好人,也经不住这种折腾,何况赵普是一个体弱多病的老人,更是经受不起。

吃不安、睡不宁的日子实在不好过。赵普只得延请道士,建醮诵经,上表攘祷。道士问为何事上表,超度哪一个,赵普又不好明说,睁着眼想了半天,叫人取来纸笔,伏在枕上,亲自写了几句话:

情关母子,弟及自出于人谋,计协臣民,子贤难违乎天意。乃凭幽祟,遽逞强阳,瞰臣血气之衰,肆彼魇呵之厉。信周祝霾魂于鸠诉,何普巫雪魄于雉经,倘合帝心,诛既不诬管蔡,幸原臣死,事堪永谢朱均。仰告穹苍,无任祈向!

写好后,也不署名,亲加密封,吩咐向空焚祷。道士遵命持焚,火才点着,突然一阵狂风将这道封章刮到天空,凌空飘然而去,众人惊讶不已。

后来,有人路过朱雀门,拾得一函,两边似乎被火烧焦,中间完好无损,拆开一看,原来是赵普祷告上天的表章,字迹依然存在,看了之后,才知秦王赵廷美之死完全是人谋,由赵普一手构成,到了卧病在床,冤魂来缠,所以上表告天。一传十,十传百,都知道赵普暗害秦王赵廷美。这道表文,成了赵普的自供状。

赵普焚表祷天之后并无灵验,那秦王赵廷美的冤魂更加缠着他,有时白天也能在赵普的眼前出现,口口声声要他赔命,说是奉了昭宪太后的懿旨、太祖皇帝的圣旨,要捉他去对质。赵普经此一吓,病情日渐加重。

赵普实在经受不住,解下所佩的双鱼宝犀带,命亲信甄潜,持往上清太平宫,建醮斋天。

有个叫姜道元的道士,精于扶箕术,为赵普扶箕,乞求神语,但见觇上写道:"赵普系开国元勋,可奈冤魂相牵,不能再避。"

姜道元又叩问道:"冤鬼是谁?请赐明示,以便解让。"

只见乩笔又画出一面巨牌,牌上乱书数字,多不可识,只牌末有一火字,姜道元不能解,还要问时,乩笔停止不动,神仙已经去了。姜道元只得告诉甄潜，叫他将求乩之事转告赵普。

赵普听了之后，叹息地说："这必是秦王廷美无疑，但他与卢多逊勾结，以致遭祸，咎由自取，与我何干？为何要作祟我呢？"

说罢，痛哭不止，到了半夜，大叫数声，手足似被缚住，气绝而亡，年七十一岁。

半部《论语》治天下

赵炅得知赵普病逝的消息，大为震悼，叹赵普是开国元老，朝廷忠臣，下诏停朝五日，为赵普举丧，赠赵普尚书令，追封真定王，赐谥忠献。又亲撰神道碑铭，作八分书以为赐，并派右谏议大夫范杲，摄鸿胪卿，护理丧事，赐绢、布各五百匹，米、面各五百石。

赵普自小学习如何做官，学术并不怎么样，太祖常劝他多读书。自此后，他手不释卷。做了宰相之后，每当退朝或吃饭之后，稍有空余时间，便关门读书。第二天办公，解决事情，快捷果断。

传赵普一生所读，仅《论语》而已，赵炅曾以此问他，赵普回答说："臣平生所知，不出于此，昔以半部《论语》佐太祖定天下，今欲以半部《论语》佐陛下致太平。"

此事未见正史，而是载于宋人罗大经《鹤林玉露》。旧称"半部《论语》治天下"的典故即出于此。

赵普善于强谏。太祖曾将他所上奏疏扯了丢在地上，赵普仍是神色不变，跪在地下将扯破了的奏疏捡起来，带回家去。第二天，将粘贴好的破奏疏，重新上奏。太祖感悟后，诏令按赵普的意见执行。

赵炅任用佞臣弭德超，疏远直臣。赵普经常提醒，运用他宰相的权力，保护忠臣，铲除奸佞。

唯赵廷美冤狱，是赵普一人造成，这件事影响了一代名相的官声。

宋初功臣，不止一个赵普，而赵普的功劳最大，但遭非议也最多：陈桥之变，赵普是主谋之一，让太祖成不忠不义之人；赵廷美之狱，赵普是主谋，让赵炅成不孝不友之人。

陈桥兵变，赵匡胤受禅，事关天下，行不得妇人之仁，容不得礼让谦恭，定策佐命，本来就是你死我活，这也怪不得赵普；赵廷美之狱，赵炅犹畏人言，赵普对赵炅说，太祖已误，陛下不容再误，而大狱也就因此产生。试问赵普，前日金匮之命，谁为鉴证？如以兄终弟及为非，当时为何不谏阻，而后却要背盟违命？

赵普临终，冤鬼相随，正史、野史都有记载，虽不足以尽信，然即幻见真，是否可以看成人之将死，其言也善，这是赵普临死之时的一种良心自责。有道是，为人不做亏心事，半夜敲门心不惊。所以，赵普临终时所见之鬼并不是真的有鬼，而是他自己心里有鬼。

赵普死了，他将"金匮之盟"的秘密永远带入了九泉。

除了赵普外，世上还有一个人知道这个秘密的真相，这个人就是赵炅，但赵炅做了皇帝，他只会说，"金匮之盟"是兄终弟及，至于真相到底如何，他永远也不会说出来的。所以，赵普死了以后，"金匮之盟"以及烛影斧声，就永远是一个谜了。

元僖猝死，储君仍虚位以待

淳化三年（992年）十一月，元僖早朝时觉得身体不适，提前下朝回府。罢朝后，赵炅也赶往开封府探视，此时元僖躺在床上，已处于半昏迷状态，赵炅呼叫数声，先还能看到他点点头，但脸现痛苦之状，就是回答不出来，不久便猝死家中，死时年仅二十七岁。

赵炅极为悲伤，痛哭不已，罢朝五日，赠皇太子，并写下《思亡子诗》给近臣们看。

元僖之死，据传是其侍妾张氏下毒害死的。

原来，元僖不喜欢正室李氏，宠爱张氏。张氏是一个悍妇，在元僖面前装得温柔贤惠，在下人面前却是一个母老虎，常有下人被她惩罚至死，下人敢怒不敢言。张氏虽然得宠，但仍视正室李氏为眼中钉，本想下毒毒杀李氏夫人，结果误杀了元僖。

赵炅知道这些事，异常震怒，派人去审问张氏，张氏自知罪责难逃，自缢身亡。赵炅又下诏停止元僖的追赠仪式，降低其葬礼的规格。

赵炅本来就很喜爱元僖，元僖的口碑也不错，朝中不少大臣建议立他为太子，却因侍妾所害而死于非命，真是可惜。

八　王小波川中起兵

吕蒙正蹭饭

赵普死后，赵炅任命了好几个人做宰相，觉得都不合适，最终还是任用吕蒙正。

吕蒙正，河南人。他的父亲名龟图，曾做过起居郎。吕蒙正是正室刘氏所出，吕龟图除了正室以外，还有若干个妾，妾多了，反而与正室刘氏不能和睦相处，以致发展到将刘氏与吕蒙正母子赶出家门。吕蒙正被父亲逐出家门后，无处藏身，只得流落街头。他经常到寺庙去蹭饭吃，时间长了，难免要遭到寺庙里和尚的白眼。寺庙里吃饭，以敲钟为号，钟声一响，和尚各自走出禅房，到伙房去吃饭。众和尚由于很厌恶吕蒙正，琢磨着要戏弄一下吕蒙正，这一天吃饭的时候，敲钟的和尚故意不敲钟，彼此之间打个招呼，和尚们便悄悄地去伙房吃饭，饭吃完饭之后，敲钟的和尚再敲钟。

吕蒙正听到钟声，连忙赶去伙房吃饭，伙房的和尚正在收拾碗筷。有个和尚揶揄地说："吕相公吃饭，要早些来啊！现在饭已吃过了，是不是要叫师傅们再替你煮些饭？"说罢，又故意对一个小和尚呵斥道，"我们出家人，吃的、花的，都是十方施主的捐助，很不容易。你吃了白米饭，也须替我做些事情，怎么在这里闲坐着呢？难道和尚的饭，应该给你们白吃的吗？"

吕蒙正知道和尚是在指桑骂槐，只是微微地叹一口气，并不与他们争论，忍着饿，径自读书去了。

"饭后钟"便是吕蒙正落魄时的典故。

太平兴国二年（977年），吕蒙正考中状元，出任升州通判，后来入选翰林学士，提升为左谏议大夫，参知政事。

吕蒙正发迹以后，并没有以怨报怨，反而厚赏寺庙的僧众。他的生母刘氏，虽被生父逐出，但矢志不肯改嫁，吕蒙正便恭迎父母同他一起住，同堂异室，侍奉得非常周到。父母相继逝世后，吕蒙正入朝参政。有一名官员指点着他的背影说："这样的人也能参政吗？"

吕蒙正佯装没有听见，从容而过。同事们很不服气，欲去问那个官员的姓名，吕蒙正连忙阻止道："不必，不必，若知其姓名，便终身不能忘记，还是不知的好。"

同事们见吕蒙正如此宽宏大度，都从心里佩服他。吕蒙正做了宰相之后，刚正不阿，有一个下属家里藏有一古镜，欲送给吕蒙正，自称这面镜子可以照二百里。吕蒙正笑着说："我的面孔不过碟子大小，何用照二百里的镜子呢？"坚拒了这名下属的馈赠。

吕蒙正平时常准备一个夹袋，无论大小官吏，进见时都要详细地询问他的才学，记录下来装在袋内，等到朝廷要用人的时候，便从袋中取出过去的记录，按才奏荐。所以，吕蒙正为宰相的这段时间，朝廷取官都是量才而用。

赵炅听从了吕蒙正的谏言，在吕蒙正为相期间，朝廷没有劳师远征。

王小波、李顺川中起兵

做皇帝的人，都想做一代圣君，赵炅也一样。总的来说，当时朝廷中枢机构的官员还算开明，但是汴梁城外的情况，恐怕就没有这样乐观了。

西蜀青城县令齐振元，是一个贪得无厌的家伙，想尽办法，巧立税费名目，搜刮民脂民膏，对百姓是敲骨吸髓，弄得十室九空，百姓苦不堪言。

淳化四年（993年）二月，青城县辖区内一个叫王孙亭的地方，有一个名叫王小波的茶农顺应民心，召集一班被压迫受苦的贫民揭竿而起，他对众人道："列位乡亲父老呀！我们的痛苦受够了，难道我们还要继续忍耐下来吗？你们看这个社会，贫的贫，富的富，很不均平啊！我们这些痛苦是谁给的？就是这班贪官污吏。为官一任，就要造福一方，你们看那个狗官齐振元，他把青城的政治搞得乱七八糟，我们不去说他，那不是我们小百姓管得了的事；他把公家的财产都掏空了，装进了私人的腰包，我们不去管他，反正那是皇帝老儿的钱；但如今，他又挖空心思，兴出名目繁多的苛捐杂税，把我们辛辛苦苦在烈日底下、寒冷的风雨中，拼着血汗挣来的几个活命钱都变着法子夺去了，格老子的，这是要逼着我们去死啊！这日子还能过吗？列位乡亲们呀！反了吧！杀了那个狗官齐振元。"

"反了！反了！"乡亲们群情鼎沸，"格老子的，杀了那个狗娘养的齐振元。"

王小波接着说，今日起事，并不想争城夺地，无非是要均贫富罢了。

王小波"均贫富"的口号，很有号召力，得到了贫民的响应，数日之内，就拉起了一支数万余人的队伍，他们准备攻打青城县城。

宋初规模最大的一次农民起义爆发了。

后来王小波在战斗中受重伤而亡。众民安葬了王小波，推举王小波的妻弟李顺为首领，领导这支起义军继续进行战斗。李顺率领这支农民起义军，攻克邛州、永康，归附者达数十万之众。起义的风暴席卷了整个川西平原，并攻占了川西重镇成都。在成都建立了"大蜀"政权，李顺做了大蜀王，两川为之震动。

西蜀有人闹事的消息很快就传到了京城。

这时候，朝中的人事有了很大变动，李沆、贾黄中、李昉、温仲舒等人先后被罢免，苏易简、赵昌言当了参知政事，也就是副宰相。

赵炅接到蜀中的告急奏札，顿时慌了手脚，立即召开御前会议，商议如何应对川民闹事的事情。他忧心忡忡地对大家说："四川有几个草贼闹事，还杀了几个县令，这件事情该怎么办？各位卿家，快替朕出个主意。"

赵昌言听了，觉得有点不对味儿，说道："陛下，能杀几个县令的人，还能算是草贼吗？以臣估计，怕是山雨欲来风满楼啊！"

赵炅见赵昌言将事情说得如此严重，似乎也有些着急，连忙询问众大臣，怎样解决这件事情。

有的人建议派遣大臣入川招抚，赵昌言却极力主张派兵前去围剿，他认为，川中小民兴兵作乱，虽然是跳梁小丑的闹剧，但朝廷如果不派兵前去征讨，便难以显示天威，如果贼势蔓延养成大患，到时局势恐怕就更难收拾了。

赵炅觉得他说得有理，即命宦官王继恩为两川招安使，率兵五万官兵西行；命雷有终为陕西路转运使，负责西征军粮饷的供应。

王继恩长驱直入，最终攻破成都。李顺力竭遭擒而被杀，起义军死亡三万余人。自王小波举起义旗到李顺被擒，前后历经半年时间。

李顺被擒后，他的部下张余逃出城外，收集残军，东山再起，至至道元年（995年）也失败被杀。

第二篇　非常即位

九　最后的心愿

反复无常李继迁

岁月匆匆，转眼到了至道二年（996年）四月。忽然西北传来警报，说李继迁劫了朝廷四十万石军粮，并带兵围攻灵武（今宁夏灵武）。赵炅闻报，暴跳如雷，大骂李继迁是个反复无常的贼子。

说到李继迁，有必要把这个人和西北的情况略作交待。

西北地区包括银州、夏州、绥州、宥州、静州五个州，唐朝以前被拓跋氏占据。唐初，拓跋赤辞带贡品进长安，向大唐纳贡称臣，大唐皇帝李世民赐他姓李。后周显德年中期，李彝兴继任定难军节度使，后周封他为西平王。

宋太祖初年，李彝兴派人到汴梁向朝廷纳贡，太祖授李彝兴为太尉。李彝兴死了以后，他的儿子李克睿继承父职。李克睿死后，儿子李继筠继承父职。

赵炅征伐北汉的时候，李继筠曾派遣大将李光远、李光宪渡河进攻太原声援宋军。李继筠死后，他的弟弟李继捧袭位。

太平兴国七年（982年），李继捧来汴梁觐见大宋皇帝，将银、夏、绥、宥四州之地献给赵宋，说自己家族不和，请求居住在京城。赵炅让李继捧及其家属住在京城，任命他为彰德节度使，赐名赵保吉，另派都巡检使曹光实去镇守四州。

李继捧有个族弟叫李继迁，他不愿意进京，听说宋廷派人来接管四州，就带着几十个亲信跑到夏州东北三百里一个名叫地斤泽的地方，集众闹事，反对宋廷接管。李继迁很有号召力，在不长的时间内，便拉成一支数千人的武装力量。

曹光实担心贼势蔓延会成为边境的祸患，率兵袭击地斤泽，李继迁的队伍是乌合之众，不经打，一打即溃，李继迁丢下妻儿老小乘乱逃走。

李继迁是一个狡猾而又有心计的人，他不甘心失败，联络当地的豪族，他对部族说："这里是我们李家的土地，一旦被别人夺去，我们就没了安身之地。大家如果还没忘记李家，就请共同努力，复兴我们的大业！"

李继迁用诈降计在葭芦川诱杀了曹光实，占领银州。

赵炅再次派兵征讨，大败李继迁。李继迁穷途末路，投靠了契丹。契丹此时是萧太后当政，她不但接纳了李继迁，而且还将宗室女义成公主嫁给了他，数年后封他为夏国王。萧太后册封李继迁的目的很明确，就是要利用李继迁骚扰赵宋边境，以图南下。

赵炅得知这个消息，非常愤怒，下旨召来李继捧，令他去做夏州的长官，主要任务是招降李继迁。

赵炅用的是投狼诱狼之计，后来的事实证明，他的这个计策并不高明，偷鸡不成，反蚀了一把米。

李继捧到达夏州之后，不但没有招降李继迁，反而和李继迁勾搭上了。刚开始，李继捧还有那么几分效忠朝廷的心肠，同李继迁稀里哗啦打了几架。李继迁吃了点小亏，被迫投降。不久，他便生出花花肠子，跑到契丹人那里替李继捧要来一个王爵的封号，李继捧官迷心窍，立刻投到了契丹人的怀抱。

赵炅见李继捧派到夏州是肉包子打狗。立即派李继隆调兵到夏州征讨。李继捧见李继隆带兵前来，又忙不迭地献上战马五十匹，请求罢兵。

前面说过，宋朝用兵有一奇特的现象，就是带兵打仗的人，无论大事小事，似乎都做不了主，行军打仗、排兵布阵，都是在出征之前安排好了的，权力集中在皇帝手中，带兵的将领按既定方针办。李继隆收下李继捧的五十匹战马后，立即派人以六百里加急的速度，向赵炅请示处理意见。

赵炅上了一次当，再也不相信李家兄弟的鬼话了，命李继隆继续进兵，非要剥了李家兄弟的皮不可，并还授了李继隆一个锦囊妙计。

李继隆受计之后，写信约李继捧出兵讨伐李继迁；接着又给李继迁写信，约他讨伐李继捧，欲导演一场狗咬狗的好戏。

李继迁是个卑鄙小人，没有信用可言，没有情义可讲，他知道不是李继隆的对手，为求自保，也讲不得兄弟情义，先下手为强，率领自己的部众，连夜袭击李继捧的营盘。

这一天，李继捧刚刚睡觉，哪曾料到自己的弟弟在背后捅他的刀子，见李继迁杀到，慌忙从帐后逃回城。指挥使赵光嗣将李继捧诱入偏房关起来，并派人严加看守，然后开城迎接李继隆。

李继隆入城后，将李继捧打入囚车，派人押送京师。李继捧到了汴梁，被赵炅骂了个狗血淋头，除了叩头谢罪，无话可说。

赵炅并无杀战犯之意，还是下诏特赦李继捧，授右千牛卫上将军，封宥罪侯，并在京师赐给他一处宅院居住，剥夺所赐的赵保吉姓名。

宋军毁掉夏州城，把居民迁移到绥州、银州等地，增兵防守。

李继隆又率军打败李继迁。

李继迁一面献马五百匹以谢罪，一面派人到汴梁觐见赵宋皇帝，把那背叛朝廷的罪过全部推在李继捧的身上。

赵炅仍然采用安抚政策，对来使好言安慰，给了很多的赏赐，再派内侍张崇贵，招谕李继迁，并带去大批茶药器币衣物，赏赐给李继迁。

至道元年（995年），李继迁派押牙张浦，向宋廷贡献良马和骆驼。

赵炅派人带诏任命李继迁为鄜州节度使，还放宽了食盐专卖的禁令，让李继迁从贩卖食盐上获取利益。

赵炅一味地迁就李继迁，李继迁却反复无常，所以，他这次劫了洛苑使白守荣押送的四十万石军粮，让赵炅暴跳如雷，骂他是一个反复无常的小人。

五路出兵

赵炅见事态严重，立即召开宰臣会议，讨论应敌之策。当时吕蒙正已罢相，参政吕端继任宰相之职。

吕端建议采用围魏救赵之计，由麟府、鄜延、环庆三路出师，会攻夏州，直捣李继迁巢穴，灵武自可解围。

赵炅也同意这一思路，只是改三路为五路。派李继隆从环州（今宁夏中宁东北鸣沙镇），丁罕从庆州（今甘肃庆阳），范廷召从延州（今陕西肤施），王超从夏州，张守恩从麟州，五路进军，直捣李继迁老巢乌白池（乌池、白池二盐池合称。在今宁夏盐池县北与内蒙古鄂托克前旗南之北大池一带）。

五路出兵，使皇权再次受到了挑战。

李继隆嫌环州太远，自作主张改变行军路线，率领军队走清冈峡，并派弟弟李继和飞马驰奏朝廷。

赵炅闻报大怒，呵责李继和说："你兄逆旨而行，必定要败。朕叫他兵发环州，无非因环州与灵武相近，欲令李继迁闻风回救夏州。你速回去，告诉李继隆，不得违旨。"

李继和奉旨返回，李继隆已经走远了。

李继隆出清冈峡，与丁罕合兵一处，连续行军十日，不见敌人的踪迹，竟然带领军队原路返回。

张守恩这一路倒是碰上了敌人，但他也不想真刀实枪地打仗，不战即退，也是无功而返。

范廷召与王超两路兵马行到乌白池，远远看见敌兵蜂拥前来。王超对范廷召说，敌兵来势正盛，宋军宜固守营寨，免得为敌所乘。

范廷召也同意先坚守再说，他们各自选择险要之地安营扎寨，命令军士坚守营垒，只须防守，没有命令，谁也不准出战。

李继迁率兵赶到，见宋军分立两营，命部众分左右攻打，宋军只是用箭招待他们，相持一昼夜，双方仍是个不胜不败之势。

王超有个十七岁的儿子叫王德用，他主动请战，被王超怒骂一顿。王德用解释说："我军不出战，敌兵决不会自己退却。这里没有粮饷供给，坚守不了多久，只有杀出去，将他击退，才能班师。"

王超听儿子说得有理，就同意了他的主张。

王德用率领人马冲入敌阵，李继迁不能抵挡，王超、范廷召随即发兵接应，李继迁遭到夹击，只好带人朝北逃窜。

王超、范廷召撤兵还朝，李继迁欲乘虚袭击宋军，无奈撤退之时，队形未乱，没有可乘之机，只好退回。

赵炅派出的五路兵马，相对于李继迁，无论从哪方面讲，都占绝对优势，由于互不相统，毫无章法，有的擅改进军路线，三路兵马没有见到敌人的踪影就自行撤军，另两路也只是消极防守，如果不是小将王德用挺身而出，兵马能否全身而退还说不定。

五路兵马，兴师动众，杀鸡用了牛刀，竟都无功而返，成了一个不了之局。而贼首李继迁，仍然逍遥法外，继续为祸边境，骚扰边民。赵炅竟然没有一个说法，没有追究任何人的责任。如此治军，要想打胜仗，除非瞎猫碰上了死老鼠。

没过多久，李继迁从契丹得到补给，又来骚扰边境，赵炅本想率军亲征，无奈年纪大，老天已不给他时间了。

最后的心愿

赵炅虽然是大宋天子，手持天下生杀大权，呼风唤雨，无所不能，但有些事情他还是无能为力，比如他身上的箭伤，他就无能为力。他在高粱河之战受过箭伤，是杨业在运粮途中凑巧碰上才救了他一命。杨业虽然救了他的命，却治不了他的箭伤。自那以后，箭伤一直折磨着这位大宋皇帝。当他准备御驾亲征李继迁时，箭伤又发作了，而且这一次发作似乎比以往任何一次都要来得猛烈。

赵炅第一次感到了死亡的恐惧。他本想向世人证明，他比哥哥赵匡胤强，看来这个心愿注定难以了却。感觉到死神迫近，他不敢再擅离京师了，因为他还有一个心愿没有完成，这个心愿，就是皇位继承问题，这比剿灭李继迁更重要，看来，是该解决这个问题了。

宋室的皇位继承，曾有一个"金匮之盟"，这是杜太后留下的，其内容是"兄终弟及"，哥哥死了，弟弟继承皇位做皇帝，这虽然有违皇位"传嫡不传庶"的祖制，有些不合法，但赵炅还是凭这个做了宋朝第二代皇帝。

依"金匮之盟"的约定，皇位继承的顺序自赵炅以后，应该是皇弟赵廷美、皇侄即太祖的两个儿子德昭和德芳。但是，赵廷美因谋反罪而被贬至房县，最后客死他乡，德昭和德芳也先后离奇死了。赵炅成了"金匮之盟"唯一的受益人。

赵炅本想将皇位传给长子元佐，他很喜欢长得像自己的长子元佐。元佐人聪明，武艺也不错，但他很注重亲情，不止一次向父亲为叔叔赵廷美求情，后来他知道赵廷美在房州忧郁而死，竟然伤心到得了精神病。他不仅抡刀舞棒地乱打，还放火烧了宫院。赵炅一怒之下把元佐废为庶人，剥夺了他继承皇位的资格。

历史上对元佐发狂也说法不一，有人说是真疯了，也有人说是装狂，借此来表示对赵炅的不满和对皇位的拒绝。究竟是真疯还是假疯，谁也拿不出过硬的证据，因此便成了宋初的又一悬案。

不管怎么说，从此以后，元佐再也没有出现在政治舞台上，不过，后来的真宗并没有为难他，他得以善终。

赵炅废了元佐之后，把二儿子元佑改名为元僖，并委以开封府尹兼侍中重任，隐隐有成为太子的迹象，可惜他福缘不厚，竟在淳化三年暴亡。赵炅在迫害兄弟侄子时毫不手软，可父子连心，为此他罢朝五日，还写了《思亡子诗》。伤感的他有一段时间根本不想考虑立太子的事。冯拯等人也曾上疏请早立太子。这是个敏感问题，赵炅正为此心烦，便将冯拯等人贬到岭南。自此以后，没有人敢议论继承问题。

赵炅从青州召回左谏议大夫寇准，见面就叫苦不迭，说自己年纪大了，身上的旧伤又复发了，不知该怎么办。

寇准是一个有能力且敢于说话的人，他就是由于心直口快才被贬到青州去的。回来后脾气还是不改，仍然是心直口快，他说："臣没有奉诏命是不敢回京的，既然回来了，有一句话臣还是要说，求陛下采纳！"

赵炅便问是什么话。寇准果断地说："立储！"

这一次，赵炅没有发火，因为君臣二人想到一块儿去了。赵炅征询寇准的意见，问他的几个儿子哪一个最适合继承皇位。

寇准说得十分得体："陛下是在为天下选择君主，这样大的事情，不应该问近臣，更不应该问妇人和太监，只有陛下您自己做主。"

赵炅低着头想了半天，赶走了身边侍候的人，缓缓地说："襄王元侃怎么样？"

寇准还是巧妙地回避了直接回答，说："知子莫若父，既然陛下你认为可以，那就早做决断，免得夜长梦多。"

这次君臣对话，赵炅很有可能是推心置腹，但一向以刚直著称的寇准说话却很委婉，这是因为，历朝历代立储都是个很敏感的问题，随便掺和进去，会有掉脑袋的危险。寇准尽管很率直，但遇到这样的事情说话也得谨慎，毕竟脑袋对于每个人来说只有一个，弄丢了可划不来。

赵炅主意已定，即诏命襄王赵元侃为开封府尹，进封寿王。接着向天下公布，立寿王赵元侃为皇太子，更名做恒。

立太子，大赦天下，这是立储的典礼。自唐朝天祐年间以来，中原一直处于多事之秋，立储的典礼，废止已经有近百年，到赵炅时重现立储大典，朝野一片欢腾。

太子祭太庙还宫途中，京城中的士、农、工、商，黎民百姓，一齐涌向街头，争相观看新太子的风采。人们见太子仪容俊秀，更是欢呼道："真是个少年天子啊！"

赵炅听到百姓的欢呼声，心里很不高兴，召见寇准说："人心归向太子，将置朕于何地呢？"

寇准看见赵炅气呼呼的，马上打圆场，跪拜祝贺说："太子深孚众望，大得民心，是陛下选对了人，也是社稷百姓的福气啊！"

赵炅听了寇准这么一说，才算舒了一口气。大宴群臣之后，赵炅诏命李沆、李至为太子宾客。太子宾客就是太子的老师，他还嘱咐太子，要以师傅之礼对待二李。太子领了父皇的旨意，对李沆、李至的礼仪十分周到，无论在哪里见到二李，一定要先下拜行师生之礼，然后再说话。李沆、李至见太子如此礼遇，倒觉得有些过意不去，联合上表不敢当，请赵炅免去这个礼仪。赵炅不但不同意，反而给二李下了一道手谕：

朕旁稽古训，肇建承华，用选端良，资于辅导。借卿凤望，委以护调，盖将勖以谦冲，故乃异其礼数。勿饰当仁之让，副予知子之心！特此手谕。

李至、李沆得诏后，一同进宫面圣，当面向赵炅请求，免去这些礼仪。赵炅不但没有答应他们的请求，反而语重心长地对他们说："太子贤明仁厚，国本是已巩固的了。但你们一定要尽心教诲；太子举动如果不合礼仪，必须告诉他，遇事一定要遵循礼仪；太子做事如果欠妥当，必须要劝说他，使他行事妥当。至于礼乐诗书的道理，你们都很熟悉，朕就不必一一嘱咐了！"

李至、李沆见赵炅言词恳切，难以推辞，只得叩首而退，尽心尽力地去辅导太子。

太子赵恒天生慧质，聪明绝顶，有过目不忘之能。李至、李沆给他讲课，无论多难的文章，教读一遍便能够背诵，讲解经义也能举一反三，两人曾私下议论，说太子他日定能做一代贤明之君。

传说太子赵恒的母妃李氏，夜里梦见用衣服托着太阳，因而怀孕。赵恒生下来之后，左脚板的脚纹，成一个天字。其实，这些都是史官杜撰的谀颂之辞，当不得真。

赵恒小时候很喜欢玩排兵布阵的游戏，五六岁的时候，与诸位王子嬉戏，还像模像样地自称"元帅"。一天，他竟然跑到金銮殿，爬上了龙椅。赵炅伸手抚摸着儿子的头，微笑着问："这是皇帝的御座，你也愿做皇帝吗？"

赵恒天真地说："做皇帝是天命，如果天命所归，孩儿是不敢推辞的。"

赵炅听后，暗暗称奇，从心里更是喜欢这个儿子。看来，赵恒立为太子，真的是天命所归了。

至道三年（997年）二月，赵炅的身体越来越差，太医使尽了浑身解数，仍然不见好转，赵炅已经到了弥留之际。

在这种情况下，大臣吕端被推到了风口浪尖之上。

吕端为相时已经有六十一岁了，担任宰相前，他在地方和中央都做过官。吕端为人稳重、镇静，颇得赵炅赏识。据说在重用吕端之前，赵炅曾写过《钓鱼诗》，诗中说："欲饵金钩深未达，磻溪须问钓鱼人。"这是赵炅以周文王自诩，而将吕端比做姜太公。当时，曾有人反对用吕端为相，说他为人糊涂，赵炅说："吕端小事糊涂，大事不糊涂。"

事情是否真如赵炅所料，马上就要见分晓了。

宣政使王继恩忌惮太子英明,担心太子继位之后,自己额外的宣政使恐怕不保,因而与参知政事李昌龄、知制诰胡旦等人密谋,欲拥立已废的楚王赵元佐继位。胡旦认为,楚王是奉明诏已废,而寿王是奉明诏立定的太子,要想推翻这两个事实,恐怕比登天还难。接着他又出主意说:"虽然说这件事比登天还难,但还是有天梯,这个天梯就是皇后,如果得到皇后娘娘的支持,由皇后娘娘出面主持,这件事情就容易办了。"

王继恩担心地问:"娘娘会同意吗?"

"娘娘很贤明,绝不会蹚这个浑水。"胡旦话锋一转说,"只有找出一个站得住脚的大道理来,才能煽得动皇后出面。幸亏在世的皇子中楚王居长,我们就拿立嗣以长为顺的道理,去说服娘娘。"

王继恩连说有理,几个人计议已定,王继恩便找个机会密奏李后。

李后听王继恩所奏有些道理,虽然也有几分心动,只是她从来不肯参与国政,也只是听听而已,并没有表露出来,更没有发表意见。

至道三年(997年)三月,赵炅驾崩。王继恩赤膊上阵,请李后召楚王进宫继承皇位。李后觉得不妥,认为这样的大事应该先同大臣们商量,便叫王继恩去传召宰相吕端。

吕端早就风闻王继恩有拥立楚王的密谋,见王继恩奉李后懿旨召见,心知有些不妙,为了不致引起混乱,他灵机一动,耍了一个小花招,把王继恩引进藏书阁,说是有话要说,待王继恩进了藏书阁后,立即将他反锁在里面,然后去见李后。

李后见了吕端,说皇上已经晏驾,自古立嗣以长为顺,而今应该怎样传位呢?

吕端肯定地说,先帝活着时册立太子,为的就是今日,太子是储君,这是不能更改的。

李后听后默然无语,没有提出异议。吕端嘱咐内侍传皇后谕旨,迎太子进宫,奉请太子到福宁殿即位。

吕端果然不负赵炅所托,成功地粉碎了一场宫廷政变,保证赵恒顺利登基做了皇帝。赵恒便是后来的宋真宗。

赵炅在位二十一年,改元五次,享寿五十九岁,不失为英明之主。他的去世,标志着宋朝开创局面的时代结束。

叁

龙脉顺延

宋真宗

赵恒不是长子,他的母亲也不是皇后,原本没有资格继承皇位。可是,当大哥疯了,二哥暴死之后,情况就发生了变化,因为疯子做不了皇帝,死人更不会做皇帝。这样,剩下的几个皇子中他最大,太宗皇帝在生前也确立了他的太子地位,皇帝轮到他来做了。

一　来自北方的压力

龙脉顺延

赵恒不是长子，他的母亲也不是皇后，原本没有资格继承皇位。可是，当大哥赵元佐发疯，二哥赵元僖暴死之后，情况就发生了变化，因为疯子做不了皇帝，死人更不会做皇帝，剩下的几个皇子中他最大，太宗皇帝在淳化五年（994年）便确立了他的太子地位，因此，皇帝轮到他来做了。

至道三年（997年）三月，赵恒正式登基，做了赵宋王朝的第三代皇帝。赵恒继承皇位，是正宗的龙脉顺延，身份合法。

赵恒做了皇帝后，改元咸平，葬先考大行皇帝赵炅于永熙陵，尊庙号太宗。

随之，赵恒晋封弟弟越王赵元份为雍王，吴王赵元杰为兖王，徐国公赵元偓为彭城郡王，泾国公赵元偁为安定郡王，季弟赵元俨为曹国公，侄子赵维吉为武信军节度使。

追封涪王赵廷美为秦王、魏王赵德昭为太傅、岐王赵德芳为太保。

加授吕端为宰相，并封两位老师李至、李沆为参知政事。

接下来就是收拾阴谋搞宫廷政变的那几个人。李昌龄被贬为忠武军司马；胡旦削职为民，流放到浔州，永不录用；王继恩降为左监门卫将军，下放均州。这些处理都不重，搁在哪一个皇帝手里，搞宫廷政变都是杀头的罪。

郭氏册立为皇后。

郭氏是宣徽南院使郭守文的次女，素有贤德之名，册立为皇后也是众望所归。赵恒的元配潘氏是潘美的女儿，在端拱元年病逝，也追封为皇后。

四月，尊母后李氏为皇太后，追封生母李氏为贤妃，尊号元德皇太后。

赵恒登基后，似乎也不想做一个平庸的皇帝，每天正殿视朝，后殿批阅公文。

改元以后，宰相吕端因年老多病，李至也因视力下降，不能视物而请求离职，赵恒批准他们退休回家养老。

随后，张齐贤、李沆被任命为同平章事，向敏中为参知政事。

时隔不久，枢密使兼侍中鲁公曹彬也因病去世。

曹彬病重期间，赵恒曾到他的府上探望，询问赵宋与契丹的事情。

曹彬告诫说："太祖皇帝定天下之后，尚且与契丹罢战言和，请陛下善承先人之志，不要轻言用兵。"

赵恒点头表示赞同，接着问道："此后谁能为将，担当国家守卫边防的重任？"

曹彬看了赵恒一眼说："曹璨、曹玮两个人都行。"

"曹璨、曹玮不是你的儿子吗？"赵恒吃惊地问。

"陛下是问谁可为将，并没有问谁是我的儿子。"曹彬喘着气说，"曹玮比曹璨强，他日边廷有战事，可以为将。"

赵恒看了曹彬一眼，见他说话很费力，安慰了几句，起身告辞。

曹彬是三朝元老，在太祖时期平定西蜀、太宗时期对辽作战都立有战功，去世之后，赵恒痛惜不已，赠他为中书令，追封济阳王，谥武惠。

咸平二年（999年），退休的宰相吕端也病逝。

康保裔血溅瀛洲

自太宗雍熙北伐失败以后，辽阔而美丽的北方，对赵宋君臣来说，已经不再充满开疆拓土梦幻的诱惑，而是一个摆脱不掉的梦魇。

咸平二年十月，契丹主耶律隆绪率兵南侵攻宋。

宋廷镇、定、高阳关三路都部署傅潜，拥有精兵八万余众，但他被契丹人吓破了胆，任凭契丹骑兵在宋军营前耀武扬威、骂阵挑战，仍高挂免战牌，就是不敢出战，做起了缩头乌龟。

傅潜手下的将士们面对辽军的嚣张气焰，怒不可遏，他们自己制造了杀伤力很大的铁挝、铁锤等沉重兵器，等候主帅一声令下，随时就可去冲锋陷阵，可左等右等就是没有消息，有的将士忍不住了，就去找傅潜请战，结果被这位傅将军臭骂了一顿。

第一批骂退了，第二批继续来，仍然是请战，傅潜被逼急了，索性大骂请战的将士是糊涂虫，完全不知道他的良苦用心。他说，不出战并不是为自己，而是为将士们的生命安全着想，并扬言，谁要是再请战，就推出去砍了。

胳膊拗不过大腿，将士们敢怒不敢言，只得愤然而出。

主将不出战，大家就来找副将范廷召，要他去说服傅潜出战。

范廷召年近古稀，从周世宗算起，算是四朝元老，在后周时期，他同太祖赵匡胤一起参加过高平之战，大宋开国以后，跟随太祖皇帝南征北战，参加过紫金山之战、平定二李之战、征伐李继迁等大小数十余战，久经沙场，屡建奇功，官拜定州行营都部署。带兵打仗的人，脾气都很火暴，范廷召来到中军帐，先还是耐着性子对傅潜说："大敌当前，将军稳坐中军帐，一定是有退敌的妙策吧？"

"主守不主战，这就是我的妙策！"傅潜冷淡地回答。

"这恐怕不是善策。"范廷召说，"我军有八九万之众，而且，将士们求战心切，士气高昂，足以与契丹兵一战。如果出兵扼守险要，与敌人展开决战，一定能击败契丹人。"

傅潜只是摇头，并不说话。

范廷召见傅潜如此态度，火气就上来了，愤然说道："身为主将，却胆小如鼠，贪生怕死，手握重兵却不敢出战，连个老太婆都不如！"

"敌人这么厉害，派兵出战，不是找死吗？"敌兵凶猛，也成了傅潜不抵抗的理由。

范廷召愤然说道："朝廷怎么用你这样的人为将啊！"

傅潜依然面不改色，就是不出兵。

正在这时，部将张昭允手拿一纸文书进来递给傅潜说："傅将军，朝廷来了廷寄，催我军出战。"

傅潜虽然一万个不愿意，但朝廷的命令来了，再不出战就是抗旨不遵。他看了范廷召一眼，冷冷地说："范将军既然请战。我就拨你八千骑兵，两千步兵，凑足一万人，你到战场上建功立业去吧！"

范廷召见傅潜只给一万兵马，愤然说道："契丹兵有十万余众，一万兵马，即使是以一当十，也不够数，这个仗怎样打？"

"你要多少？"傅潜反问道。

"再加三五万。"

傅潜皮笑肉不笑地说："将在谋不在勇，兵在精不在多，你为前锋，我为后应，你怕什么？"

范廷召不相信地问："你真的做后援吗？"

傅潜有些不耐烦地说:"就你知道忠君,我不想报国?你尽管带兵前去,我随后发兵接应你就是了。"

范廷召退出之后,觉得傅潜的话未必可信,担心孤军陷敌,于是修书一封,派人送往离高阳最近的并、代州都部署康保裔,请他发兵增援。

康保裔是洛阳人,出生将门,祖父、父亲都战死沙场,他承世荫做了领军将领,在太祖朝,曾参加过石岭关之战,太宗朝,因累有军功,升任马军都虞候,领凉州观察使。赵恒即位之后调任并、代州都部署。并、代州离高阳最近,范廷召所以请求他派兵支援。

康保裔治兵有方,很有血性,平时爱兵如子,深得将士们的拥戴。他接到范廷召的求援书,立即率万人赶来增援。

契丹兵已经攻破狼山寨,隔断了通往镇、定的道路。康保裔决定绕到契丹军后面发起进攻,他一面率兵直奔瀛洲,一面派人给范廷召送信,约他发兵前后夹击契丹兵。

康保裔抵达瀛洲之后,范廷召的兵马没有到,契丹兵却先来了。此时天色已晚,康保裔命令部队择地安营扎寨,准备次日再战。

第二天黎明,康保裔出营观阵,突见军营四周全是敌兵,一夜之间,契丹兵竟将宋营里三层、外三层围得水泄不通,宋军已陷入契丹兵的重重包围之中。敌众我寡,有人建议康保裔率亲兵杀出重围。

康保裔振奋地说:"本帅自领兵以来,身经百战,你们谁见我后退过?古人说:'临难毋苟免',今天竟然身陷重围,正是为国效死的日子,怎能丢下将士们自己逃跑呢?"

众将士见主帅慷慨激昂,受到很大鼓舞,一齐振臂高呼,愿跟随元帅同契丹人决一死战,让他们知道,宋军也有不怕死的。

"养兵千日,用兵一时,报国的时候到了。"康保裔挥刀大喝一声,"兄弟们,不怕死的随我杀敌去。"

康保裔一马当先,冲出大营,杀入敌阵,众将士见主帅身先士卒,都是争先恐后,发一声吼,一齐杀向敌阵。

宋军抱着必死的决心,冲入敌阵后左冲右突,虽然凭一股勇气杀出了第一层包围圈,但在第二层包围圈中又被契丹兵困住,从日出杀到太阳西下,已经是人困马乏,虽然杀敌数千,宋军也自损千余,眼看不能突出重围,只好退回大营。契丹兵战了一天,也觉疲乏,双方各自鸣金收兵。

一宿过后,两军再战。

宋军拼命冲杀,欲突出重围,契丹兵缩紧包围圈,欲将宋军全歼。两军拼死相搏,杀得天昏地暗,日月无光。契丹兵有十万之众,前面战死两个，后面再添上一双，同宋军交战的人数总不见少，宋军不足万人，孤军陷落敌阵，没有援兵，战死两个，少了一双，从日出杀到日薄西山，众将士人人杀得筋疲力尽，盼救兵却又不见踪影。

康保裔身先士卒，奋勇当先，左冲右突，无奈敌众我寡，身中数枪，成了一个血人。跟随在身边的数百名兵士也多半受伤，不堪再战。康保裔看着身边这些残兵，流着泪对大家说："罢、罢、罢！我是死定的了，你们大家赶快各自逃命去吧！"说罢，提起最后一点力气，挥刀向敌兵最多的地方杀去，虽然手刃敌兵数十名，无奈敌兵众多，可怜赵宋一员大将，竟战死在乱军之中。

康保裔战死，他所率领的部队全军覆没。

再说范廷召得知康保裔已率兵赶往瀛洲，并约自己赶赴瀛洲夹击契丹兵，便率领一万宋军火速前往，大军刚赶到瀛洲西，便遭到契丹兵的阻击，两军展开生死搏斗，范廷召身先士卒，宋军无不以一当十，人人奋勇，个个争先。契丹兵虽然人多，但他们从未碰到过这样不要命的打法，未战心中已有怯意，范廷召抓住这稍纵即逝的机会，一举杀退敌兵，打扫战场，杀敌二万，但也自伤两千。

击退契丹兵之后，范廷召立即命部将张凝、李重贵率两千精兵为前驱，火速赶往瀛洲支援康保裔军，他率领余部紧跟其后，杀往瀛洲。

眼看就要逼近瀛洲，忽然前军回报，康保裔战死，所率一万宋军全军覆没。

范廷召闻报，不敢再进，只得在瀛洲西南选择有利地形扎下营寨，暂行驻扎。

契丹兵与范廷召所率宋军交锋了几次，遭到宋军的顽强抵抗，见占不到便宜，便转攻遂城去了。

契丹人以为遂城是个小城，攻遂城犹如探囊取物一般，到遂城就是去搬运粮食、搂女人。到达遂城之后，他们才知道自己错了，因为他们遇上了死对头，确切地说，是死对头、赵宋大将杨业的儿子杨延昭。

杨延昭刚刚升任保州缘边都巡检使，署所就在遂城。

遂城确实是个小城，资源有限，防务也很差，城中的军民人等见契丹兵声势浩大，来势汹汹，一时人心惶惶，很多人都准备离乡背井，逃往他乡。

杨延昭见人心不稳，立即将城中的青壮年召集在一起，对大家说："你们是遂城人，身家性命全靠这座城为保障，如果契丹人攻破了城池，就会杀了你们这些男人,奸淫你们的妻女姐妹,难道你们要看到这样的惨剧发生吗?"

在场的人听了杨延昭的演说,群情鼎沸,纷纷表示要拿起武器誓死保卫自己的家园,保卫遂城,保卫大宋国土。

杨延昭见士气、百姓的激情起来了,便将军民混编,发给武器和盔甲,分段守城,他自己则昼夜在城墙上巡逻,丝毫不敢懈怠。

一开始,契丹兵并没有把遂城放在眼里,当他们靠近城池,便遭到守城军民的猛烈反击,连攻数次,竟然都被城中的矢石击退。

当时正是寒冷的隆冬,恰巧又碰着北风怒起,天气更加寒冷,杨延昭突发奇想,命令城中军民搬出库藏中的鱼肠燕角,插遍城墙的堞口处,然后取冷水灌注在城墙堞口处,天明之后,水都结成了冰,城墙变成了冰墙,既坚固,又滑溜。

第二天,契丹军来到城下就傻眼了,昨日还是破碎不堪的城堞,现在如同银铸一般,城墙像是穿上了一层冰甲,白晃晃、光溜溜,抓也抓不住,爬也爬不上,一点办法也没有。野战中所向无敌的契丹铁骑,在冰墙之下却束手无策。

契丹主帅耶律隆基叹一声道:"天助杨家将啊!"便下令从遂城退兵。

杨延昭见敌兵退走,率兵乘机杀出,夺得粮草器械无数。

当时的百姓盛赞杨延昭守卫的遂城为"铁遂城"。

二 益州兵变

抢劫的又来了

咸平二年(999年)十二月,契丹骑兵又出没于赵宋边境,屠杀边民,掠夺财物,闹得宋朝边境鸡犬不宁,他们的胃口似乎越来越大,在交界的地方闹得似乎不过瘾,还常有小股骑兵深入到内地杀人放火、抢掠财物。

北方的告急文书,如雪片般飞向京城。

赵恒坐不住了,决定御驾亲征,他命令宰相李沆留守京师总理朝政,命大将王超为先锋,临行前,给了王超一幅行军路线图,叮嘱他按图行事。

这次北伐，是赵恒做皇帝后的第一次御驾亲征。

大队人马行到澶州，赵恒亲自登城楼，上浮桥，视察澶州的防务，将甲胄、弓箭赏赐给近臣和将士，将锦袍、茶帛赏赐给澶州的父老百姓，鼓励他们同仇敌忾，共同抵御外敌。澶州的军民人等欢声雷动。

突然，前方传来噩耗，康保裔战死，所属部队全军覆没。

赵恒得此惊报，悲痛不已，下诏追赠康保裔为侍中，这是个宰相级别的待遇，授予他的儿子康继英为六宅使、顺州刺史，康继彬为洛苑使，康继明为内园副使，康继宗为供奉官，孙子康惟一为将作监主簿。康保裔的妻室已经亡故，唯老母健在，赵恒又追封康保裔的妻子为河东郡夫人，封他的老母为陈国太夫人，并派专使到康保裔的家里慰问，赐白银五十两。

随后，赵恒率军继续北上至大名府，传召傅潜到行宫，责问他为何拒不出战，导致康保裔战死沙场，全军覆没。

傅潜知道自己罪责难逃，只是一个劲地磕头请罪。

赵恒责令钱若水等人审讯傅潜的罪责。

事实清楚，证据确凿，傅潜无可抵赖。

傅潜作为镇守边关的主帅，贪生怕死，不敢出战，坐观出征宋军的成败，使朝廷痛失良将等罪责，依律当斩。

钱若水等人公议的草案送上了赵恒的御案。

赵恒此时却动了恻隐之心，法外施恩，免了傅潜的死罪，改为撤销职务，流放房州，副将张昭允负连带责任，撤销一切职务，流放道州。

咸平二年年底，赵恒与随同出征的文武百官在大名府过年。

次年正月初十，范廷召等人从前方传来奏报，说契丹的军队得知大宋皇帝御驾亲征，知难而退，载着掠夺的财物和数万百姓，准备撤离宋境。范廷召等人率兵随后掩杀，追至莫州东三十里的地方，赶上契丹的大队人马，宋军奋勇追杀，斩敌万余，将契丹人掠夺的财物和数万百姓尽数夺回，契丹余寇已逃出境外。

赵恒闻报，下诏提拔范廷召为并、代都部署，李重贵提拔为郑州知州，张凝提拔为都虞候。

杨延昭也因守卫遂城有功，升为莫州刺史。

赵恒还特地在行宫召见杨延昭，询问他边防守备情况。杨延昭对答如流，赵恒听后兴奋异常，指着杨延昭高兴地对群臣说："杨延昭是前朝名将杨业的儿子，治兵有方，带兵守卫边关要塞，有其父风范，不愧是将门之后，虎父无犬子啊！"于是，厚赏杨延昭，鼓励他为国镇守边关，抵御外敌入侵。

杨延昭谢恩而退。

这一年的冬天，契丹再次南侵，杨延昭在羊山设下埋伏，并亲自率一队老弱残兵为诱饵前去诱敌，刚一交锋，不敌而走，将契丹兵诱至羊山宋军的伏击圈内痛宰一顿，契丹兵被打得丢盔弃甲，狼狈而逃。

在杨家将中，杨业名扬关外，他的几个儿子当中，唯杨延昭，也就是杨六郎威震边关。其余大郎、七郎，其实并没有什么战功，他们的故事，都是小说家们虚构的，正史并不见记载。

杨延昭也因为这一仗的战功被提拔为本州团练使。契丹人称杨延昭为杨六郎，此后打仗，只要听说是杨六郎的部队，便闻风丧胆，不战而退。

澄州刺史杨嗣也因屡战有功，与杨延昭同一天被提拔为本州团练使。

两人同受命为大宋国镇守边关，被边境的百姓称为宋军二杨。

川中兵变

赵恒率领出征的文武百官返回京城，途中接到从汴梁传过来的急报，益州发生兵变。赵廷顺等八人主谋，推都虞候王均为首领，打着大蜀的国号，建元化顺，署置官称，俨然一小朝廷；兵马钤辖符昭寿被叛军所杀，都巡检使刘绍荣自杀身亡。

赵恒闻报，立即诏命户部使雷有终为川峡招安使，李惠、石普、李守伦同为巡检使，拨给步骑八千，前往益州平定叛乱，所有在蜀军官，如上官正、李继昌等都受雷有终节制。

雷有终奉诏后，携众将陛辞圣驾，立即领兵入川去了。

原来，雷有终任四川招安使，张咏为益州知州的时候，四川还是一个乱摊子。两人到四川后，对川民采取安抚政策，局势逐渐安定下来。此后不久，雷有终和张咏两人先后调离四川，改用牛冕为益州知州，符昭寿为兵马钤辖。

牛冕懦弱无能，符昭寿骄恣不法，部下兵士对他们两人极为不满，背地里策划要推翻这两个人。

益州的军队，由都虞候王均、董福分别统辖，董福治兵有方，部下的待遇也比较优厚。王均是个军棍，不但好酒，而且好赌，赌输了，克扣军饷为赌资。因此，他的部下的待遇与董福部下的待遇相差悬殊，显得很寒碜。

这一天，知州牛冕、兵马钤辖符昭寿在东郊阅兵，蜀中的百姓都赶到现场看热闹。王均和董福的部下，分别站成方阵接受检阅。

董福的军队甲仗鲜明、衣装整齐；王均的军队装备简单、衣装破旧，两相比较，形成鲜明的反差，不仅围观的百姓议论纷纷，就是王均的部下也自惭形秽，羞于见人。

王均的部下有个叫赵延顺的，觉得很掉面子，心生怨愤，他没有将这个怨愤发泄到王均身上，反而迁怒于符昭寿，认为是他无事生非，搞什么阅兵仪式，才使他和他的兄弟们丢了面子。因怨而生恨，咸平二年除夕夜，他纠集一帮兄弟，冲进兵马府杀死了符昭寿。

咸平三年正月初一，益州的官吏和百姓都在欢天喜地、热热闹闹地过大年，走亲戚，访朋友，相互庆贺。突然听到兵变的消息，全城一片恐慌。知州牛冕弃城而逃，转运使张适也乘乱遁去，唯有都巡检使刘绍荣留守城中。

乱兵闯进刘绍荣的署所，请他出来主持大局。

刘绍荣本是燕人，弃虏而归顺赵宋，他不愿背叛朝廷而与叛兵同流合污，不仅拒绝了叛军的请求，反而还将他们臭骂一顿。叛兵请将不成，还挨了一顿臭骂，立即翻脸围攻刘绍荣，刘绍荣虽奋力抵抗，终因寡不敌众，退回内署，左思右想，觉得四川发生兵变，他作为都巡检使有不可推卸的责任。对朝廷，他不能交待，对叛兵，他又无能为力。求生的希望很渺茫，无奈之下，找出一条绳索，悬梁自尽了。

监军王泽找到王均，说叛兵是他的部下，他不能袖手旁观，必须出面解决这件事。

王均走上街头，晓谕叛兵，叫他们不要继续作乱。叛兵乘机将王均围起来，要拥戴他为叛军主帅。王均见这么多人拥戴自己，顿时心花怒放，不作推辞，乐而受之。

四川的兵变是因王均克扣军饷所起，反过来，却又拥立王均为主，可见这些叛军都是一些乌合之众、没脑子的浑球。

王均做了叛军首领后，自立王国，国号为大蜀，建元化顺，并模仿朝廷建制，任命官员。他用一个叫张锴的人充当军师，率领叛军攻打汉州，一举而下。接着又转攻绵州，因绵州守军顽强抵抗，久攻不下，转而趋兵攻打剑州，被知州李士衡击败，只得又退回益州。

蜀州知州杨怀忠见王均领兵叛乱，向各州发送檄文，号召各州齐心协力，讨伐叛军，以平叛乱。四川各州纷纷响应，联军初战告捷，乘胜追击至一个叫三井桥的地方，突然，叛军蜂拥而至，杨怀忠见叛军势大，勒兵退回蜀州，再发檄文至嘉、眉等七州，重新组成联军攻打叛军。

官兵与叛兵在鸡鸣原打了一仗，官兵全胜，杨怀忠命部队暂时驻扎在鸡鸣原，等待朝廷王师到来。

雷有终受命后，会同李惠、石普、李守伦，率领众将士日夜兼程，以最快的速度赶到益州。

叛军首领王均得知雷有终领兵来攻益州，先在城中暗设埋伏，然后大开城门，率叛军出城同雷有终率领的官军交战，一番激战之后，王均佯装不敌，带领乱兵绕城而逃，城门仍然洞开。

雷有终以为王均怯战而逃，指挥部队进军益州城。

官兵们见稀里哗啦地就那么打了几下益州城便拿下来了，都觉得这个仗太好打了，个个乐得心花怒放，进城之后，纷纷闯进民居，想发一点外财，找女人快活快活。正在狂欢之际，猛然一声炮响，民居里、巷子里，突然杀出无数伏兵，官兵们猝不及防，很多都死在了温柔乡，做了风流鬼，没有死的与叛军在城中展开巷战。王均率军绕城转了一圈后，又返回城里，堵住城门，向官兵发动了夹击。

官军被叛军关在城里，腹背受敌。雷有终见势不好，同石普乘乱跑上城头，缘堞坠下城墙逃走了。李惠虽想遁去，但迟了一步，被乱军所杀。可怜数千官兵，一下子就被叛军包了饺子。

雷有终、石普逃出城直奔汉州，躲进张思钧的城中，命人出城收拾残兵，整顿兵马，以图再战。

王均终究是一个莽夫，用计击败官兵之后，并没有乘胜追击，而是放纵士兵抢掠民财，奸淫妇女，他自己则左拥右抱，搂着几个女人，白天饮酒作乐，晚上在温柔乡里逍遥快活，完全将战事搁在脑后。

雷有终、石普逃到汉州可没有闲着，他们在张思钧的协助下收拾残兵，整顿队伍，经过休整之后，逐渐恢原了元气，准备再次发兵攻打益州。

王均得知官兵又要进攻益州，以为雷有终不过尔尔，又故伎重演，带领叛军在升仙桥设下埋伏，妄图一举消灭官兵。

雷有终上次吃过亏，这一次就格外小心，出发之时，兵分三路，自己亲率中军从升仙桥进发，石普、张思钧各率一军从左右分头逼近，三路军随时保持联络。

王均见官兵进了伏击圈，一声炮响，率领叛军从山谷中、树林里冲杀出来，将官兵团团围住。

雷有终早有提防，并不慌张，指挥兵士守住阵脚，拖延时间，等待左路军、右路军包抄过来，再向叛军发起攻击。

王均不知是计，以为官兵只有招架之势，没有还手之力，指挥叛军对官兵发起一次又一次攻击。无奈官兵严阵以待，防守严密，怎么也攻不进去。

正在这时，石普、张思钧率领左、右两路兵马杀到，对叛军来了个反包围。雷有终率领中路军从中心开花，石普、张思钧两路军对叛军进行围攻，叛军腹背受敌，顿时乱了阵脚，王均带领一批死士杀开一条血路，仓皇逃回益州城。

雷有终率军随后杀到，将益州城围得水泄不通。

雷有终久攻益州城不下，改用火攻，他命令兵士将火把绑在箭上，一齐射入城中，城上敌楼、城门，以及城墙边的房屋，全部着火，城中一片大乱。雷有终命令兵士从四面架起云梯，乘乱登上城墙，一举攻破城池。

王均手下还有两万余人，见城池攻破，知道大势已去，坚持到天黑后，率军突围而去。

雷有终是一朝被蛇咬，十年怕井绳，上次吃过亏，担心又有埋伏，命士兵纵火焚城，益州城陷入一片火海之中。天亮之后，将搜捕到的伪官二百多人一齐推入火中点了天灯。

雷有终收复益州后，立即派都巡检使杨怀忠率一支军队追杀王均。

王均带领残兵刚逃到富顺，杨怀忠率领的官兵便尾追而至，此时，王均已成丧家之犬，人困马乏，无力再战，料难脱身，绝望之下，拔出腰刀，抹了脖子。

乱军无主，顿时溃散，杨怀忠率兵擒获叛军六千余人，然后率兵返回益州。

赵恒得知四川叛乱已平，心中大喜，下诏提拔雷有终、杨怀忠等人的官阶，将牛冕流放儋州，张适流放连州，派翰林学士王钦若、知制诰梁灏前往四川安抚蜀民。

第二年，再次任命张咏知益州。

蜀民得知张咏再任知益州，奔走相告，欢呼相庆。

张咏到益州后，恩威并举，政绩斐然。赵恒下诏褒奖，并对群臣说，有张咏在蜀，朕无后顾之忧啊！

三　边境在呻吟

小人作乱

宋初是一个多事之秋，真宗也总是处在风口浪尖之上，他的邻居们似乎也不想让他睡一个安稳觉，西陲的叛乱刚刚平定，北边的边境又发出了金戈之声。

赵宋在北边的邻居有两个，一个是西夏，一个是契丹。

先来说西夏。

赵恒刚即位的时候，西夏的李继迁派人来汴梁上表，恭贺大宋新皇即位，并讨求封藩。

太宗朝的时候，太宗皇帝就曾说李继迁是一个狡诈无比、反复无常的小人。

赵恒当然知道这件事，他也知道李继迁是个小人，只是太宗皇帝刚刚去世，国家还处在大丧之期，他不想多事，姑且从了李继迁的请求，封他为定难节度使，并把夏、绥、银、宥、静五州一并赏给李继迁，将朝廷委派到那里的行政长官张浦调回京师。

李继迁是一条吃屎的狗、喂不饱的狼，他从大宋皇帝那里讨到好处之后，叫弟弟李瑗专程到汴梁致谢，那是表面文章，其实，只是想得到一些好处，骨子里并没有感恩戴德的意思。没过多长时间，他便露出了白眼狼的本来面目，率领他的散兵游勇，今天在宋廷边境的甲地抢几车粮食，明天到乙地杀几个人，后天再换个地方找一些良家妇女发泄一下兽性，弄得大宋边境鸡犬不宁。边境的告急文书如雪片般飞往汴梁，送到了赵恒的御案上。

赵恒对北方的事情也很头疼，但是，他找不到很好的处理办法，其实这也怪不得他，英勇神武的太祖赵匡胤、雄心勃勃的太宗赵炅都没有解决的事情，承祖上余荫继承皇位的他又能有什么办法呢？他想找两位宰相商量一下，看有什么好的办法。

恰巧在这个时候，宰相张齐贤与另一个宰相李沆的关系出现了问题，常常为一些鸡毛蒜皮的小事争吵不休、斗来斗去，似乎还有那么一点不亦乐乎的味道，时间长了，不但文武百官有些议论，皇帝赵恒也有点烦了。

咸平三年十一月的一次朝会上，张齐贤喝得醉醺醺地上朝，一身的酒气，话也说不清，实在是不成体统。

皇帝上朝，百官议政，这是一件非常隆重的事情，来不得半点马虎。张齐贤因醉酒而失态，这是大不敬，上纲上线分析起来，可是欺君之罪。如果较起真来，张齐贤可是要吃不了兜着走。

御史宿茂祯看不过去了，当场弹劾张齐贤，说他醉酒上朝有失礼仪，犯了欺君之罪。如果仅仅是御使弹劾，赵恒可能要和一下稀泥了事，偏偏有个人站出来较劲儿。这个人就是另一位宰相李沆，他公开站出来支持御史的意见。

有了李沆的支持，宿茂祯弹劾的分量就不同了。赵恒便问张齐贤有何话说。张齐贤说他偶感风寒，喝几口酒御寒，不想喝多了，并伏地请罪。

赵恒说道："你是宰相，这样有失检点，怎么能够做文武百官的表率呢？朝廷有明文规定，朕也不敢徇私哟！"于是下诏，免去张齐贤平章事，即宰相的职务，守本官。

什么叫守本官呢？史书记载，张齐贤的官职是门下侍郎兼兵部尚书、平章事，也就是说，他的本官是门下侍郎，兵部尚书、平章事是兼职。免去宰相之职后，回到门下省去，继续做他的门下侍郎兼兵部尚书。这就是守本官。

咸平四年八月，守边的大臣传来告急文书，说李继迁率领他的部队出没于塞外，运送粮饷的车队，经常遭到他们的袭击，损失很大。

赵恒下诏，命兵部尚书张齐贤为泾、原等州、保安等军安抚经略使，知制诰梁灏作为他的助手，并命他们骑快马前去赴任。

张齐贤放外要向皇上辞行，这叫陛辞。

赵恒接见了张齐贤，除对他说一些勉励的话外，也吐了一肚子的苦水，说李继迁是个卑鄙无耻的小人，是一只喂不饱的狗，在大宋的边境，不是抢粮食，就是掠人口，弄得边境鸡犬不宁，他为这件事伤透脑筋，吃不安，睡不宁，接着话锋一转问道："朕命你为安抚经略使，有什么打算？"

张齐贤认为，灵武远离内地，搁在塞外，是一座孤城，李继迁经常在那里做一些偷鸡摸狗的事，朝廷实在是有些鞭长莫及，想守住灵武，很难。要想使那里的百姓过上平安的日子，是不可能的事。六七万军民住在那里，身陷险境，朝廷每年还要费大批的粮饷，实在是不划算。因此，他建议，放弃灵武，弃远图近，把那里的军民向内地转移，退守环庆，这样就一了百了，一劳永逸。

可叹张齐贤，空有满腹经纶，却出了这样一个馊主意，延伸在外的国土，如果遇有敌人来犯，为了图省事就自动放弃国土，那祖宗留下来的江山岂不是要被外敌蚕食殆尽了吗？

赵恒听了张齐贤的建议，思索一会儿后说："你先去看看再说吧！到时视具体情况而定，可弃就弃，可守必守。"

张齐贤领旨而去。

通判永兴军何亮得知张齐贤向皇上建议放弃灵武，上了一个名为《安边书》的奏章，强烈反对朝廷放弃灵武。

赵恒看了何亮的奏札，命朝中四品以上的官员传阅，讨论。一番争论之后，下诏命王超率兵增援灵武。

王超兵发灵武，向文武百官表达了一个信息，皇上要保卫灵武。

斩草未除根

张齐贤得知王超率兵增援灵武，知道皇上要保灵武，他在任所向朝廷上了一道奏札，说朝廷决心要守卫灵武，建议多派一些军队来，如果兵源不够，可以到江南招募壮丁，派往前线。

赵恒认为，到江南招募壮丁不仅会动摇人心，而且，把江南的壮丁千里迢迢调到北方去守卫边境，很不方便，没有采纳张齐贤的建议。

咸平四年底，李继迁又大举进犯宋境，先是率军攻打清远军，宋廷清远军都监段义投降了李继迁，都部署杨琼为求自保，拥兵不救，清远城被贼兵攻陷。

李继迁攻陷清远城后，转攻定州、怀远，劫去宋军粮草辎重数百车，幸亏副都部署曹璨率军出击，才将李继迁击退。

这个曹璨，就是曹彬的大儿子。

咸平五年三月，李继迁又联合西夏各部落攻打灵武，知州事裴济率领军民人等坚守灵武城，与贼兵展开了激烈的战斗，两军相持数月时间，仍是个不胜不败之局。

李继迁一面增兵围攻灵武城，一面派兵切断了宋军的粮道。裴济眼看城中粮草将尽，咬破手指写成血书，奏请朝廷发救兵，谁知送信的人在半路被李继迁截获。城中军民望眼欲穿，盼望救兵，不见援兵的踪影。人饿一天两天大概可以，时间长了，士兵们再也无力战斗，李继迁率贼兵攻陷灵武，裴济率兵与敌人展开巷战，力竭而亡。

李继迁攻陷灵武后，改灵武为西平府，作为西夏的都城。

赵恒得到灵武失守、裴济战死的消息后，有些后悔没有听信李沆等人的建议，放弃灵武，最终导致灵武失守，良将战死沙场的结局。他一面责令有关部门优恤裴济的家属，一面诏令王超屯永兴军，不得再误。

第二年，李继和向朝廷提供一个重要情报，说六谷部酋长潘罗支愿意讨伐李继迁，请朝廷授潘罗支刺史之职。张齐贤也上书，请封潘罗支为六谷王，兼招讨使。

赵恒召集大臣商议，大家认为潘罗支是酋长，授刺史之职未免太轻，若封王爵似乎又太重。招讨使的官职不应轻意封给外夷。商量许久，最终决定授朔方节度使，兼灵州西面都巡检使。

潘罗支受封后，上表谢恩，并说已集结六万骑兵，等待朝廷王师到来，然后共同讨伐李继迁，收复灵州。

后来，李继迁攻打麟州，被知州卫居宝率领军民击退，转攻西凉，杀死西凉知府丁惟清，占据城池。

潘罗支居在六谷，本是西凉的藩属，于是拟定用诈降之计消灭李继迁。

李继迁还不知潘罗支归附宋廷，还以为他只是一个蕃酋，畏惧他的军威才前来投诚，没有丝毫疑心，立即传见潘罗支。

潘罗支进城向李继迁行跪拜之礼，给李继迁送上几顶高帽子，表示情愿听从他的指挥。

李继迁以为凉州既得，大局已定，便掉以轻心。在受降归途受到潘罗支军队的伏击，中了流矢，逃回西凉府后，不久就去逝了。

李继迁的儿子李德明，继承了父亲的职务，派人将父亲战死沙场的事情禀报契丹。契丹赠李继迁为尚书令，封李德明为西平王。

环庆的守臣，因李德明刚刚继位，部落元气大伤，奏请朝廷降旨招降。

赵恒颁诏灵州，招降李德明。

李德明派牙将王侁奉表归顺。朝廷商议加封李德明，唯独知镇戎军曹玮提出了不同意见，他建议乘势灭掉西夏，并请缨出战。

曹玮就是曹彬的二儿子，曹彬夸他有将才。

曹玮的奏章上达朝廷，赵恒看后却不以为然。朝中大臣们也有人说伐丧不义，不如恩加李德明。于是授李德明充定难军节度使，统辖夏、银、绥、宥、静五州。后来听说契丹封李德明为西平王，也就封他为西平王。

四　战火在北方燃烧

狼来了

收复了灵武，消灭了李继迁，臣服了李继迁的儿子李德明，大宋皇帝似乎可以松一口气了。其实不然，刚刚搞定了西夏，另一个邻居又来找麻烦了。不用说，这个老添乱的邻居就是契丹。

契丹自莫州战败之后，老实了两年，大宋的边境也安静了两年。

李继迁攻陷清远军，大宋的边境又在到处冒烟，契丹人认为这是到大宋抢劫的最好时机，兵法上说，这就是乘虚而入。

赵恒在二十天前就接到了契丹人要入侵的情报。为防患于未然，他派遣王显为镇定、高阳关都部署，王超做他的助手，在契丹兵可能入侵的地方，驻扎军队，严阵以待。河北一带，几乎成了军营。

契丹兵果然来了，他们这一次将抢劫地点选在遂城。

契丹人万万没有想到，宋军已经采取了严密的防范措施，他们刚刚进入遂城境内，宋军就出来迎接他们了。不过，迎接的方式特别了一点，不是奉茶，更不是吃饭、喝酒，而是刀箭相向。

契丹的士兵们在出发的时候都在做一个相同的梦，这次出征，就是到大宋境内去出差，出差的任务是搬运粮食物资，再找女人快活一番。他们好久没有出这样的美差了，一想到到达目的地后的那种快活，人人心里都美滋滋的。可是，当他们到达遂城的时候，却发现现实与他们想象的有很大差别，全副武装的宋军，早就在那里严阵以待，还没等他们列好阵势，宋军就如猛虎般扑了过来。契丹兵在没有任何思想准备的情况下，遭到如此猛烈的攻击，一下子就被打蒙了，仓促之间，胡乱地招架了几下，就从原路溃逃而去。

王显得理不让人，率领宋军发扬痛打落水狗的精神，一路狂追猛打，砍下了契丹兵两万余颗血淋淋的人头，一直将契丹兵驱逐出境，才收兵回城。契丹人这次吃了大亏，又老实了两年。

转眼到了咸平六年四月，契丹主再次派遣南府宰相耶律诺衮、南京统军萧达兰率领五万兵马进攻定州。

高阳关副都部署王继忠与大将王超、桑赞分兵两路支援定州。

王超率领的一千五百人马为西路军，王继忠率领的两千兵马为东路军。

王超的西路军，在望都县与一小股契丹兵相遇，一番交战，宋军杀敌甚多，小胜一场。

王继忠的东路军就不那么幸运了，他们走到一个叫康村的地方，与大队契丹兵相遇，王继忠一马当先，率兵与敌兵展开了激烈的战斗，从上午战到天黑，双方互有伤亡。天黑不能再战，双方各自收兵，约定来日再战。

次日天明，两军再战，王继忠指望西路军会来支援他们，谁知王超、桑赞见契丹兵声势浩大，不敢增援，带着他们的部队做了缩头乌龟，悄悄地溜走了。剩下王继忠的东路军在那里孤军作战。

王继忠率军孤军奋战，无奈敌众我寡，只得且战且走，退到白城的时候，天色已晚，将士们激战了一整天，滴水未进，粒米未沾，已经是精疲力竭，不能再战。恰在此时，契丹大队兵马追杀过来，四下里喊声震天，地动山摇。

王继忠仰天长叹道："我与王超、桑赞合兵到此，满望杀敌报功，哪知他两军不战而去，单剩我孤军抵敌，为虏所乘，真正可恨！"

他见敌兵越来越多，便命令残兵赶快逃走，他率兵亲自断后。一部分部队突出重围，王继忠却被敌兵缠住脱不得身，身边的战友越来越少，最后只剩下孤身一人，眼看突围无望，回转手中剑，正想抹向自己的脖子，谁知一支流箭射中马眼，坐骑一个踉跄便轰然倒地，王继忠坠落镫下，被敌兵活捉。

契丹兵将王继忠押解到炭山见契丹主耶律隆绪。

耶律隆绪知王继忠是一条好汉，命人劝他投降辽邦。起初，王继忠不肯相从。萧太后得知王继忠是一员勇将，命令将他软禁起来，每天大鱼大肉地款待他，派几个能说善辩的人陪着他，王继忠经不住诱惑，终于变节投降了契丹人，改姓名为耶律显忠。耶律隆绪封他为户部使，并赐给他妻室。

宋廷这边，以为王继忠战死沙场，又是抚恤他的家人，又是追赠他为高官，他们哪里知道，王继忠已是契丹人的座上宾，享受着契丹人的高官厚禄。

寇准为相

咸平六年岁末，赵恒下诏改元，次年元旦，称为景德元年（1004年）。

国家改元，当然要庆贺一番。谁知庆祝活动刚刚结束，京师一带就发生了地震，京城虽然不是地震中心，但发生地震的时候，房屋都在晃动，有些不结实的房子经过这一震，也就变成了危房，再也不能住人了。地震持续十多天，此后一段时间内，朝廷上下为了救灾，忙活了好一阵，才算平息下来。

三月底，皇太后病逝，尊谥明德。

不久，宰相李沆病逝。赵恒非常痛惜，亲自到他的灵前吊奠，痛哭失声地对左右说："李沆忠良淳厚，始终如一，谁知天不假年啊！"

赵恒下诏，追赠李沆为太尉中书令，予谥文靖，算是对良相的奖赏。

李沆走了，宰相的位子不能空着，一个重要的历史人物适时登台，他就是寇准。

寇准是华州下邽人，在很多文学作品中，常被戏称为"寇老西儿"。寇准十九岁考中进士，仕途比较顺利，为人豪爽，不拘小节，是个很有个性的人。

太宗朝时，有一次在大殿奏事，寇准的话很不合太宗的心意，太宗愤然而起，欲离去，寇准竟不顾君臣礼仪，扯住太宗的衣服不让走，当着群臣之面，搞得非常尴尬。也许正是寇准的直率，使太宗比较信任他，在立太子等重大问题上，也征求他的意见。寇准支持太宗立襄王元侃为太子，又打消了对太宗的疑虑。所以说起来，赵恒能顺利地登上皇位，也有寇准的一份功劳。

赵恒这次任命的宰相有两人，一个是毕士安，一个就是寇准。

毕士安此前拜为参知政事，升职了，照例要入朝谢恩，当他入朝谢恩的时候，赵恒微笑着说："别忙着谢恩啊！真正谢的时候未到咧！过段时间后，朕还要提拔你做宰相呢！"

毕士安听了心里当然高兴，但表面上不敢表露出来，只是一个劲地谢恩。

赵恒接着问道："你做宰相时，谁可以与你一同为相？"

毕士安奏答道："寇准，寇准兼资忠义，能断大事，臣实不及他。"

赵恒说道："朕听得一些议论，说寇准这个人好刚使气，恐怕不好任

— 143 —

用吧？"

毕士安又奏答道："人们的议论是靠不住的。寇准是个忘身殉国、秉道疾邪的人，所以平常一班人便不喜欢他。现在，内地的人民虽然蒙圣德涵养，成为顺民，但是北方的胡虏还是不曾服王化，屡屡侵扰边境。像寇准这样的人，正该任用！"

赵恒点点头，表示同意毕士安的意见。于是下诏，寇准与毕士安同时提拔为宰相。

和、战之争

随着天气的转凉，北方也是草肥马壮，正是用兵的好时机，契丹主耶律隆绪与他的母亲萧太后亲自率二十万兵马，南下攻打大宋。

外敌入侵，北方的战火又在熊熊燃烧，边廷的告急文书再次如雪片般飞往京师。

契丹人大举来犯，大宋举国震惊，一片恐慌。

赵恒召开御前紧急会议，讨论御敌之策，所有人都主张言和，唯独寇准主战，赵恒犹豫不决。

是战是和，后方还在举棋不定，而前方的战火已熊熊燃烧，契丹兵攻威虏、顺安军，都被宋军击退，转攻北平寨、保州，也没有占到什么便宜。

赵恒听到前方捷报频传，这才稍稍放宽了心。

定州军传来捷报，王超在唐河击退虏兵；岢岚军传来捷报，高继勋力战却敌；瀛洲传来捷报，李延渥接连获胜。

面对如此大好形势，有一个人仍保持着清醒的头脑，这个人就是寇准，他认为，契丹兵东侵西扰，打一枪换一个地方，并不是真败，而是在搞武装侦察，恐吓宋廷。他建议朝廷迅速训练军队，命将领扼守要塞，与契丹决一雌雄。

赵恒口里虽然答应了，心中却是迟疑不决。

寇准退出之后，又接莫州都部署石普奏章，报称契丹主派使臣前来议和，并且还带来了王继忠的一份密表。

王继忠，就是前面说的朝廷以为他战死沙场，而他却被俘降敌的那个人。直到这时，宋朝君臣才知道王继忠没有死。

王继忠在密表中说，当年他孤军奋战，没有援兵，兵败被虏，即使死了也于事无补，故此苟且偷生。如今劝契丹主和萧太后与宋廷议和修好，各息兵争，以报皇恩。

赵恒阅罢密奏，召问宰相毕士安。毕士安本来就是议和派，当然建议赵恒同契丹人议和。赵恒却认为敌人来势凶猛，凶悍无比，担心他们不同意议和。

毕士安说，过去也有契丹人降宋，据这些人说，契丹人虽然屡次入侵，但并没有占到多大便宜，背地里想退兵，又觉得很没有面子，这次他们倾全国之兵南侵，又恐人乘虚袭入他们的本土。因此，他认为，这次求和可能是实情。

赵恒下诏给石普，叫他告诉王继忠，就说宋朝同意议和。

王继忠又请求石普转奏皇上，请宋廷先派使臣到契丹。

赵恒命门祗侯使曹利用为使臣，前往契丹军议和。曹利用临行前，赵恒对他说："契丹南来，不是求地，就是索赂，朕想关南之地久归中国，如果契丹人提出土地要求，坚决不答应，如果提出金钱的要求，可以酌量应允，汉朝时，曾用玉帛赐单于，这是有先例的。"

曹利用说："臣此去，务求不辱君命，他们如果妄有所求，臣也不望生还。"

赵恒说："你既然如此竭诚报国，朕也就没有什么可担心的了。"

曹利用衔命即行。到契丹营，入见萧太后母子，他们果然向宋朝索求关南地区。

曹利用心中有底，说关南地区是大宋疆土，不能给契丹。

萧太后说，关南是晋和周时从辽国那里夺去的，理当归还契丹。

曹利用则说，晋、周故事，与宋朝无关。贵国如欲议和，请不要再说索地的事情，就是想求索一些金帛，还不知宋皇帝意下如何呢！

萧太后不待曹利用说完，顿时柳眉倒竖，指着曹利用的鼻子说："不割地，不赔款，还议什么和？你难道不怕死吗？"

曹利用面无惧色，抗争道："怕死我就不来了，大宋皇帝不忍劳民，所以许贵国议和，如果仍要索地索金，这样的议和，不谈也罢。"说毕，拱手欲辞。

正在这时，帐下闪出耶律显忠（即王继忠），劝住曹利用，将他拉到别帐去。

萧太后见索地不成，索金未果，便下令进军。当下炮声三响，拔寨再进，攻陷德清军，进逼冀州，直抵澶州。

前线战事日趋紧急，急报一封接着一封发往朝廷，一天之内，竟然连送五封急报。

赵恒见一次送来这么多急报，心里顿生惧意，召集群臣紧急会商。

王钦若是临江人，他主张御驾巡幸自己的家乡金陵。陈尧叟是阆州人，他建议御驾巡幸自己的家乡成都。

南巡金陵，西幸成都，实际上就是迁都，这是好听的说法，实质就是逃跑。

赵恒没有回答，左右四顾，不见寇准，便问群臣："寇相怎么没有来？"

王钦若说："他还在家中饮酒博戏呢！"

"大敌当前，他还有这般闲心吗？"赵恒不觉一怔，连忙叫人去传召寇准入朝。

寇准刚到，赵恒劈头盖脸地问道："契丹兵已经到了澶州，朕忧心如焚，听说你还有心在家里饮酒博戏，是不是有好的对策呀？"

寇准不紧不慢地说："陛下是想尽快解决此事呢，还是想慢慢来？"

"朕当然想尽快解决问题。"

寇准趁势说道："只要陛下御驾亲征，这件事情五日之内就能解决。"

赵恒并没有正面回答寇准的问题，而是说道："现有人奏请南巡金陵，也有人奏请西幸成都。"赵恒看了寇准一眼，问道，"你认为这两个建议可行吗？"

"是什么人替陛下出这样的歪点子？"寇准由于心情激动，说话的声音似乎大了些，且还带有质问的语气，依常理，在朝堂上以这种语气同皇上说话，是大不敬。群臣睁大眼睛看着皇上，担心他发脾气。

赵恒似乎不计较这些，语气平和地说："你替朕决断，哪一个计策可行，至于是谁出的计策，你就不要问了。"

"臣所以要问这出点子之人，是要先把他杀了，取他的血来祭鼓，然后再商议北伐的事情。"寇准振振有词地说，"当今陛下英明神武，军队将帅团结，如果陛下御驾亲征，敌军必然闻风丧胆，不战而遁。即使辽兵不退，我军可以坚守以消耗敌兵的士气，敌疲我逸，然后出奇兵，可一战而定，怎么能够丢下江山社稷，躲到遥远的楚、蜀之地去呢？陛下是万民之主，一旦移徙，则举国震动，人心动摇。那时敌军乘势长驱深入，天下还能保得住吗？"

赵恒闻言，沉思了半天，没有答复。

此时，毕士安也站出来支持寇准的意见。

"既然两位宰相都是这个意见，朕决定御驾亲征！"赵恒接着问道，"今敌军内侵，天雄军是个重镇，万一陷落敌手，广袤的河朔将会尽归敌军的势力范围。必须派一个大臣前去镇守，才是上策，朝中大臣，谁能担当此任？"

寇准最不放心的就是副宰相王钦若,他知道南巡金陵是他的歪点子,有心想支开他,不假思索地说:"参政王钦若可当此任。"

赵恒即传召王钦若,命他为判天雄军兼都部署,即日启行,前往天雄军。

王钦若面有难色,可又不敢推辞不去。

寇准在一旁说道:"主上亲征,臣子难道还要讲条件吗?参政是国家重臣,要深体此意。"一句话便将王钦若逼到墙角去了。

王钦若似乎还是不甘心,不服气地说:"寇相做什么呢?难道在京城享福吗?"

寇准回答说:"老臣要为圣驾为前驱,绝不会独享其安。"

赵恒也开口道:"王卿要善体朕意,朕命你判天雄军兼都部署,不要推辞了!"

王钦若不敢再说,只得叩首受敕,辞行而去。

赵恒虽然不情愿,但总算还是决定了御驾亲征。安排雍王赵元份留守京城,处理朝政大事。元份是太祖的第四个儿子。

五　澶渊之盟背后之秘闻

皇帝不敢过河

两天之后,赵恒下诏北伐,开始了他又一次御驾亲征。

出征之前,命李继隆、石保吉为驾前左右排阵使,将相一概随驾出征。当时正是隆冬季节,天气寒冷,朔风凛冽,左右见天气寒冷,便向赵恒献上貂皮帽、毳裘。赵恒认为,将士们在寒风中行军打仗,忍受着削面的寒风,自己身为皇上,也不能独自享受。他拒绝了近侍送来的貂皮帽、毳裘。

看来,赵恒颇识鼓励将士之法。

将士们听说皇上拒戴貂皮帽、拒穿毳裘,大受感动,纷纷说道:"圣上这等体念我们,此次北伐,一定要拼死报国!"

三天之后,赵恒御驾抵达韦城,但前方战况不明,王超的部队又没有按照事先约定南下接应,赵恒开始犹豫,是否按原计划继续北上。此时随行的官员中，有人主张尽快撤退到金陵，也有人主张撤回京城。寇准则坚决反对，他对赵恒说："陛下现在只能前进，不能后退！河北诸军日夜盼望陛下到来，如是现在撤退，军心必然大乱，辽军趁势前来攻打，恐怕到不了金陵就成了契丹军的囊中之物。"

赵恒听后大惊失色，加之有其父太宗亲征失败的前车之鉴，于是不敢再提撤退之事。

宋军在日夜兼程北进，辽军也在继续南下，他们的主力早于赵恒之前到达澶州（河南濮阳）城下。宋朝大军行动迟缓，景德元年十一月二十五日才到达澶州南城。

澶州以黄河为界，分南、北两城，南城相对较为安全。赵恒看到河对岸烟尘滚滚，就想留在南城，不去北城。寇准劝说道："宋军的主力都在北城，陛下如果不去北城，亲征就没有任何意义了。再说，各路大军已经陆续到达澶州，陛下去北城也不会有什么危险。"

殿前都指挥使高琼也劝赵恒过河到北城去，并且信誓旦旦地拍着胸膛说："请陛下放心，臣率兵保驾，定保万无一失。"说罢，也不等赵恒同意，就命令卫兵们护送皇上前进。

赵恒勉强随大军渡河，到了北城，在城楼上召见各军将领。宋军将士看到城楼上的黄龙旗，知道是皇上到了，立即万众欢腾，一齐高呼万岁，声雄气壮，数十里外都能听见，契丹兵卒听到喊声，吓得胆战心惊。

正在前方战局紧张的时候，突然传来留守东京的赵元份得暴病去世的消息。赵恒立即命参知政事王旦赶回东京处理善后事情，并接替赵元份的职务。

王旦深知当前战局的凶险，回京之前，特地将宰相寇准叫到赵恒面前，问赵恒，如果十天之后接不到捷报，该如何处理。

赵恒沉默良久，说："立皇太子！"

实际上，这是将江山社稷托付给了王旦。

王旦出身名门，老成持重，赵恒非常器重他，常在他奏事退出时，以目光相送，并在心里说，致朕为太平天子者，必定是此人。一次，赵恒与钱若水聊天，钱若水当着赵恒的面，也说王旦可任大事。赵恒说，朕也是这样想的。

可见，赵恒委王旦如此重任，是对王旦深信不疑。

神奇的床子弩

契丹统军顺国王萧挞凛自恃骁勇，领兵直逼宋军营前列阵，萧挞凛带数骑出阵观察地形。

宋军前军主帅李继隆得知契丹兵过来了，一面派人奏报皇上，一面带领众将士赶到营前观阵。

李继隆到达前营，见契丹兵列阵以待，几个首领人物站在营前的小山包上指手画脚，便命令部将张环守在床子弩旁，密切注视敌兵的动向，他自己转进后营去调兵遣将。

床子弩是一种重武器，依靠几张弓的合力，将一支箭射出，由于张力很大，需要几十人拉弓才可拉开弓，射程可达五百，在当时，算得上是威力很大的远程武器。

张环守在床子弩旁，见敌方一个黄袍大将站在阵前指手画脚，料知不是常人，也不待请示，悄悄地告知控制床子弩的士兵，悄然一声令下，突然扳动弩机，顷刻之间，百箭齐发，一齐射向敌兵营前的几个人，萧挞凛正在那里布阵，猝不及防，顿时被射成了刺猬，毙命当场，身边的几个人，也没有一个活着回去的。

契丹阵上将士见主将毙命当场，慌忙出兵抢回尸首，退兵扎营。待到张环派人报告李继隆，麾兵驱杀，契丹兵早已逃远了。

萧挞凛是契丹一员猛将，他所率领的部队也是契丹的精锐之师，尚未开战，便被宋军射杀在阵前，对契丹军的士气是一个重大打击。

这时，杨延昭守广信军，驻扎在遂城，魏能守安肃军，驻扎在梁门，两军离契丹境地最近，契丹军屡次围攻这两个地方，屡战屡败。杨延昭追击契丹军，每次都是大获全胜，当时的人便把这两军称做铜梁门铁遂城。

唯独王钦若守天雄军，束手无策，整日里修斋诵佛，闭门默祷，求神灵保佑他能渡过难关。幸亏契丹兵没有进攻天雄军，才使得王钦若在这次北伐战争中全身而退。

契丹自萧挞凛被射死之后，士气受到很大影响，又见大宋皇帝御驾亲征，并亲自登上城楼督师，更是气沮。萧太后派出两员大将，挑选五千精骑，命令他们说，大宋皇帝到了澶州，你们快去攻打一阵，给大宋皇帝一个下马威。

两员大将领命，率领五千精骑，前来攻城。

寇准认为这是来试阵的，奏请赵恒命将士出战，痛击一阵，不要被敌人小看了。

赵恒命李继隆开城迎敌。

李继隆领旨，率领三军，放炮出城。

李继隆本来就是勇冠三军，威猛无敌的大将，又见皇上在城楼上亲自督战，更是精神抖擞，率领宋军，身先士卒，冲上前去，与契丹兵展开激烈战斗。

李继隆的部下虽然也都是身经百战的精锐之师，但他们从来没有当着皇帝的面与敌人战斗，碰上了这样的机会，人人都想表现一番，冲向敌阵，人人犹如下山的猛虎，个个似出海蛟龙，势不可挡。顷刻之间，契丹军便被杀得七零八落，非死即伤，最后活着逃回去的只有百余骑。

赵恒嘉奖了出战的将士。然后将军队的指挥权交给了寇准，他自己下城回行宫去了。

赵恒虽然把指挥权交给了寇准，但心里还是忐忑不安，转回行宫之后，派人去打探，看寇准在做什么。其实，寇准等人内心的忧虑绝不亚于赵恒，只是不能表露出来而已。为了稳住皇上的心，寇准每日与杨亿等人饮酒作乐，装出毫不在意的模样。

派去打探消息的人，把寇准的一举一动向皇上作了汇报。赵恒听了后，心下大宽，高兴地对左右说："大敌当前，寇相还有此闲情逸致，他一定是胸有成竹，胜券在握了。这样，朕就放心了。"

寇准其实是外松内紧，受命之后，召集几位将领，对军事作了周密部署，号令三军，军纪威严，士兵们既畏惧，也高兴，都认为如此治军，这个仗一定是能够打胜。

宋、契丹双方在澶州相持了十余日，形势对宋军相当有利，宋军坚守辽军背后的城镇，又在澶州城下射死契丹军大将萧挞凛，击退契丹军的一次进攻，使契丹军士气一落千丈。

萧太后唯恐腹背受敌，无奈之下，便命韩杞为使者，与曹利用同到澶州城与宋讲和。

曹利用带契丹使臣韩杞进入澶州，先行谒见赵恒。他对赵恒说，契丹的意思，想要宋朝将关南地区的土地割让给他们，他已经当着契丹主和萧太后的面拒绝了契丹人的要求，他们还提出赔款一条，他也没有承认。

赵恒说道："朕说过，割地一事，是万不能答应的。如果契丹恃强要挟，非要朕割让土地不可，朕决意用武力与他解决。若要赔款，从前汉朝也曾把玉帛赐给单于，这是有先例的，不伤国体，可以商量。朕过去是这个意见，现在还是这个意见。"说罢传契丹使臣觐见。

契丹使臣韩杞进了行宫，向大宋皇帝行跪拜之礼后，呈上国书，并说奉国主命，索还关南地区，如果宋能满足这个要求，和议就可以达成。

赵恒接过国书之后，吩咐曹利用带使臣下去，设宴招待，等候答复。

赵恒立即召见寇准，商量与契丹和议之事。寇准说："如果陛下要想保住百年间不再发生战事,一定要令契丹俯首称臣,把幽、蓟十六州土地尽还我国,赔款的事,休要提起。如果不然者,数十年后,契丹又要谋我了。只要契丹答应了这个条件,才许和议。他要恃强,就用战争与他解决。我军自陛下御驾到来,军气日壮,战将云集,正可一战大破敌兵!"

赵恒要赔款议和,寇准不但不同意赔款,而且还想要契丹称臣,乘机收复燕云十六州土地。君臣的意见分歧很大。

赵恒面有难色地说:"依你之言,就一定是非战不可,但胜负难以预料,就是胜了,也要使将士们付出很大的伤亡为代价。朕实在不忍百姓受战争的苦困。数十年后,契丹再来侵略,那时自有捍御的人,你也不必虑得太远了,如果赔款能成和议,朕意姑且与他议和,两下罢兵了事。"

寇准见说服不了赵恒,便推说等他去见见契丹使臣,摸摸情况后再商量。赵恒答应了他的请求。

寇准去会见韩杞,两人唇枪舌剑,一番辩论,谁也没有说服谁。

和谈的事情还没有结果,但这件事情在军中传开了。大家都在议论和与战的问题。这些出来打仗的士兵,都是上有老、下有小的人,他们哪里顾得上国家的长远利弊,只想早日和议成功,好回家去吃安乐茶饭。他们都知道皇上主和,寇准主战。不知从什么时候起,忽然从军中传出蜚语,说寇准之所以要主战是想出风头,要挟皇上,想邀功,未必是为了国家安全。

军中的蜚语很快就传到寇准的耳里,他知道这是有人从中捣鬼。然而,人言可畏,特别是在军前,这样的谣言是可以杀人的。无奈之下,只好违心地同意赵恒和议的决定。

赵恒见寇准不再坚持自己的意见,立即命曹利用随同契丹使臣韩杞同赴契丹军,商议和谈的细节问题,并特别嘱咐曹利用,只要是不割让土地,多给一些钱没问题,哪怕是他们要一百万,也在所不惜。

看来,赵恒是铁了心要议和了。

城下之盟

皇帝虽然不惜血本,出价一百万,但寇准心里一点儿也不痛快,他把曹利用叫到一旁,警告道:"即使皇上已经答应以一百万为限,但是你要敢超过三十万,回来我就杀了你!"

寇准是宰相,对曹利用下达的是死命令,曹利用不能不掂量这句话的分量,皇帝的话虽然是圣旨,但宰相也是可以杀人的,何况他也是为国家,不是为自己个人的利益。他觉得自己的脖子不够硬,还想保住他大好的头颅。因此，寇相的话还得听，并且要保证完成。

寇准的一句话节省了七十万，当真是"一字千金"。

曹利用到了契丹军那里，果然契丹又提起了关南地区的事，萧太后说："关南那些地方，是当初晋感谢我国，作为谢礼送给我国的，柴荣以武力夺取过去，你们有义务把那片地区还给我国。"

曹利用拒绝了，他说："晋把地盘送给别人，周再夺取回来，和我们大宋无关，我们守卫的是自己的领土。割地这件事我不能向皇上奏明，至于每年拿出些金钱来佐助军用，这件事情还可以商议。"

契丹有的大臣威胁道："我们这次发兵，就是要恢复旧地，想拿点儿钱来就把我们打发了，不行！"言下之意，不割地就继续打下去。

曹利用也不甘示弱，反驳道："我是奉命前来议和，大不了一死。"接着又说，"你们如果狮子大开口，漫天要价，别说地盘捞不到，这仗还要继续打下去，到时鹿死谁手还不一定呢！"

萧太后耳里听他们争争吵吵，讨价还价，心里在快速地思索，看宋使的态度，关南旧地肯定是要不回来的，再争论下去也没有结果，眼下形势险恶，只能见好就收，于是，契丹接受了以金钱换和平的议和条件。

在具体的数目和细节上，当然免不了争吵，但要是超过了三十万就会掉脑袋，这一点曹利用是牢牢记住了，所以他竭尽全力守住了这道最后的防线。

讨价还价过后，议定宋每年给契丹岁币银十万两、绢二十万匹。

曹利用完成使命，并且没有丢脑袋的危险。辽国身处险境，还获得了这么多的钱财。双方皆大欢喜。

曹利用兴冲冲地回去复命，高兴得忘了看太阳，等到行宫时正赶上吃饭的时间，赵恒才举起筷子，听说曹利用回来了，他一面赶紧吃饭，一面让小太监出去问问曹利用，到底给契丹多少钱。

在这个地方，史书上写的是"使内侍问所赂"，这个"赂"字，很是传神。

小太监见了曹利用，问花费多少钱，曹利用就是不说，问急了，就说："这是国家机密，得面奏皇上，不能告诉你。"这算个狗屁国家机密，等大车小车给辽国送银绢的时候，天下谁会不知道？

赵恒也着急，他又派小太监来问："就算是机密吧，你先说个大概数。"可这位曹先生始终不开口，只是得意地伸出三个手指头，轻轻地敲打着自己的脸蛋。他要当面去和皇帝讲，你开价一百万，我三十万就搞定了，我可是能臣，大忠臣啊！

小太监得不到回答，只好对赵恒说："曹利用就是伸出三个手指，莫非是三百万吗？"

赵恒一哆嗦，筷子几乎掉了下来，脱口而出："三百万？这也太多了吧！"接下来又一想，三百万虽然多了点，好歹还是把契丹这尊煞神打发了，就又说："嗯，总算没啥事了，将就了。"

曹利用在外面听得真真的，心里偷着乐。

赵恒匆忙吃完饭，立即召见曹利用，见面就问："契丹人到底要多少钱？"

曹利用为了设置悬念，故意卖了个关子，不正面回答，只是一个劲地说："臣有罪，臣有罪，臣答应给的银子和绢帛太多了。"

"到底是多少？"赵恒真急了。

"三十万！"曹利用见火候差不多了，得意地亮出了底牌。

"什么，三十万？"赵恒高兴得脸都抖了起来，怕耳朵听错了，追问道。

曹利用从怀里掏出草签的和议文本送过头顶说："草拟文书在这里，请皇上过目！"

赵恒得知以区区的十万白银和二十万匹绢就搞定了和约，大喜过望，当场把曹利用大大地夸奖了一番，并赏给他一笔丰厚的奖金。

赵恒派李继隆往契丹军正式签订和约，契丹也派丁振来缴和约，姚东之来献御衣食物。赵恒御行营南楼大宴群臣和契丹来使。

宋与契丹签订为兄弟之国，两下罢兵。契丹军全部撤退出塞，宋军也班师返京，并将契丹和约颁告两河诸州。

这个和约是在澶州签订的，而澶州的西边有个名叫澶渊的湖泊，澶州也因此又名澶渊郡，因此，这个盟约在历史上就被称为"澶渊之盟"。

契丹军到大宋边境走了一趟，得到了战场上得不到的东西，敲锣打鼓地走了。

赵恒以为送走了一只饿狼，大宋取得了伟大的胜利，顿时神气起来，诗兴大发，提笔写下了《赋契丹出境》诗一首：

> 我为忧民切，戎车暂省方。
> 旌旗明夏日，利器莹秋霜。
> 锐旅怀忠节，群凶窜北荒。
> 坚冰消巨浪，轻吹集嘉祥。
> 继好安边境，和同乐小康。
> 上天垂助顺，回旆跃龙骧。

明明是把钱财交给了来抢劫的强盗，强盗大摇大摆地走了，居然在他的笔下变成了"群凶窜北荒"，当真是"妙笔生花"。

那位王继忠，也在和议中捞到了巨大的好处，宋、辽两国都把他看成大功臣，每年宋朝派遣使者去辽国的时候，皇帝都会让使者给他带去大批的花红礼物。辽国也没亏待他，赐他国姓，官职一路高升，最后居然坐到枢密使，被封楚王。

"澶渊之盟"以后，契丹贵族每年都会不劳而获得一大笔钱财，个个心满意足，萧太后巩固统治的目的达到了，五年之后，萧太后离开了人世。

辽圣宗也信守和约，还真把宋朝皇帝赵恒当大哥对待，宋辽一直和平相处。乾兴元年（1022年，辽太平二年），宋真宗去世，辽圣宗还为此大病一场，大有兔死狐悲之感。天圣九年（1031年，辽太平十一年），辽圣宗病逝，在临死时还嘱咐"不得失宋朝之信誓"。

此后，一百二十多年间，双方未发生大的战争，维持了和平的局面。

"澶渊之盟"影响深远，历来也是评价不一，从经济发展上看，宋辽可谓"双赢"，连续数十年的流血征战不再，百年和平降临，边境开通榷场，加强了南北经济文化的交流和发展，促进了民族融合，其历史意义不容忽视。

但对宋朝来说，经济上的成功不能掩盖政治上的失败，无论如何，"澶渊之盟"是个屈辱的城下之盟，因为宋朝是在占优势的情况下与人结城下之盟，更为恶劣的是开了妥协、不抵抗的先例，成为解决和西夏、金国争端的范本，此后靖康年间迷信和谈，坐失良机，最终覆国；南宋高宗在与金人交战有利的情况下，达成了屈辱的绍兴和议；乃至隆兴和议、嘉定和议等等，都是"借鉴"了这条祖宗之法。

六　天书的闹剧

寇准罢相

和平降临了，来自北方的巨大压力没有了，大宋终于甩掉了压在心头数十年的包袱。虽然有那么一点点不光彩的味道，但和平终究是可贵的。

景德二年（1005年）正月，赵恒下令，合并防区，裁减军队，让大批的士兵回家种田，将那些因战争而荒废已久的土地重新开发出来，种上庄稼和经济作物，尽快恢复经济发展。在那个农耕的时代，农业绝对是立国之本，赵恒的这一决策确实是一条利国利民的聪明决策。

澶渊之盟签订以后，赵恒大大地松了一口气，宋廷虽然赔了一些财物，但换来了宋、辽两国边境的和平，在他看来是值得的。因此，他对当时力主亲征的寇准也心存感激，在战后的一段时期内，对寇准言听计从。

景德二年（1005年）十月，毕士安病逝，赵恒亲自到灵前哭祭，辍朝五日，赐谥文简。

寇准性格刚直，很多事情都是毕士安从旁调停，工作才更有起色，澶州一役，政策虽多出自寇准，但也有毕士安相助之功，毕士安的去世，对宋朝是一个损失，对寇准，也少了一个在工作上能互补的好搭档。

毕士安病逝后，寇准一人独居相位，一切政令多半独断独行。责任大了，做的事情就多了，难免要得罪人，其中就有劝赵恒南逃金陵的王钦若。

王钦若虽不是忠诚善良之人，但也颇有才干，能干一些实事，可惜心术不正。当契丹兵打过来的时候，他劝说赵恒南巡金陵，被寇准臭骂了一顿，随后还被驱赶出京，知天雄军去了。从此，他和寇准的梁子就结上了，心里把寇准恨上了。

辽、宋澶渊会盟之后，南北通好，在裁减军队的过程中，知天雄军王钦若奉诏还京，恢复原职，仍为参知政事。

王钦若是小人，谁得罪了他，绝不会善罢甘休，他像一只饿狼，眼睛放着绿光，睁得大大的，时刻注视着身边的一切，他要寻找机会，狠咬寇准一口，以泄心头之恨。

一天散朝后，赵恒很恭敬地目送寇准离去，王钦若对赵恒说："陛下这么敬畏寇准，是因为他对江山社稷有功吗？"

赵恒点点头，表示赞同。

王钦若却说："澶州一战，陛下不以为耻，反认为是寇准的功劳，臣实在是想不通。"

赵恒愕然，忙问王钦若为什么这样说。

王钦若解释道："城下之盟，春秋时期的小国都感到耻辱。陛下是大国天子，反而与外夷议和，这不是很可耻的事吗？"

赵恒听后，不禁脸色大变，心里极不是滋味。

王钦若见赵恒心有所动，故意不看赵恒的脸色，进一步说道："澶州之役，有一个极恰当的比喻，犹如赌博，赌徒的钱快要输光了，就把剩下所有的钱全押上，作最后一搏，这叫做'孤注一掷'，寇准请陛下至澶渊，就是把陛下当做他的孤注啊！用陛下的生命作最后一搏，这是多危险的事啊！"

赵恒听后，犹如五雷轰顶，脸色大变，原来寇准竟如此不顾自己的安危。

这原本就是王钦若挑拨离间，故意陷害寇准，但赵恒居然信以为真，于是，他渐渐疏远寇准了。

寇准是个性情中人，凡事率性而为，就是在选任官职上，也不是按部就班地搞升迁，他说："当宰相的职责就是选贤任能，循规蹈矩可不行。"不拘一格，选贤任能，这本是一件好事，想不到却授人以柄。

景德三年二月，寇准被罢相，以刑部尚书衔出知陕州，参知政事王旦升任宰相。

寇准成了地方官，王钦若升参知政事，出任知枢密院事。这是一次简单的人事变动，似乎没有什么大惊小怪，因为宋朝的宰相变动太频繁了，好些人都是几上几下，做了几次宰相。然而，这一次却不同，这一次宰相的调整，预示一个安定平稳的时代逐渐逝去，一个多事之秋即将开启。

王钦若的歪点子

寇准到陕州以后，一切倒还顺利。这一天，知益州张咏从成都回京述职，路过陕州。寇准出郊迎接，并设酒为他饯行，临别之时，寇准对张咏很客气地说："君治蜀多年，政绩卓著，寇准敬慕得很，能将你治政的经验传授给我吗？"

"你也未免太谦虚了吧!"张咏话锋一转道,"不过,《霍光传》不可不读哟!"

寇准闻言,一时莫名其妙,只得答一声:"领教了!"

送走张咏之后,寇准立即取来《汉书·霍光传》,边读边想,不知张咏的话到底有何含意。忽然,《霍光传》中出现了"不学无术"之句,寇准顿时醒悟,不由笑了起来,自言自语地说:"张公说我,想必指的就是这句话了。"

过了一段时间,赵恒下诏,寇准调任知天雄军。契丹使臣经过大名,寇准设宴招待,来使笑着对寇准道:"你是宰相,德高望重,怎么不在中书省,却到这里来了呢?"

"我朝天子,由于朝廷无事,特地派我到这里来,掌管朝廷北大门的钥匙。"寇准机智地说,"你有什么疑问吗?一并提出来。"

契丹使臣哑口无言。

寇准罢相之后,王旦继任。王旦胸怀宽广,有宰相气量,深得人心。赵恒受王钦若迷惑,一直将澶渊之盟视为耻辱,整日闷闷不乐。

王钦若最会揣摩赵恒的心事,奏说道:"陛下如果想雪耻,可以再次发兵,夺回燕云十六州。"

赵恒哪里还敢与契丹作战,便借口说河北的百姓刚刚脱离兵祸,他不想让百姓再受战争之苦,问王钦若有没有其他好办法。

王钦若顺水推舟地说:"那就只有封禅,因为封禅才可以镇服四海,夸示外国。"

"那是不可行的啊!"赵恒说,"自古封禅,先要有祥瑞之兆,或是建立了很大的功勋,才会封禅。"

王钦若又奏道:"祥瑞当然是不容易得到,但古往今来的祥瑞有多少是真的呢?前代载在史书上的种种祥瑞都是人力制造的。只要人主尊信崇奉,诏告天下,大力推崇,那和真的祥瑞有什么区别?"

王钦若见赵恒心有所动,又补充说:"陛下认为最大的祥瑞河图、洛书就一定是天降的吗?其实那只不过是前代圣人以神道为名,假造出来,教化天下罢了。"

王钦若显然是诱使赵恒人为地创造条件进行封禅。

赵恒虽然心有所动,但担心宰相王旦会反对。

"王相那里我去做工作。"王钦若说,"只要把陛下的意思告诉他,他不会反对。"

赵恒终于点头同意了。

天书出笼

王钦若找到王旦，把皇上的意图告诉他，王旦心里虽然很不情愿，但最后还是点头同意了。

赵恒虽然同意造假，但还是顾虑重重，心里也没有底。一天，他信步走进掌管书籍的秘阁，秘阁里值班的是右谏议大夫、龙图阁直学士杜镐。赵恒知道杜镐是位饱学之士，便问他："先生精通经典，所谓的河出图、洛出书究竟是怎么一回事呢？"

杜镐是个书呆子，根本没有那么多的弯弯绕，也不知道察言观色去琢磨皇帝问这话的意思，就老老实实地回答："这类事，其实就是古时的圣人以神道的名义来教化天下的手段。"

杜镐与王钦若说的话一模一样，赵恒就不再犹豫了。

根据王钦若的建议，赵恒将宰相王旦召进宫中，在偏殿设专宴招待他，吃饱喝足之后，赵恒还赐给王旦一坛酒，并特别地提醒说："这酒的味道很好，回家和夫人一起尝尝吧！"

王旦回到家里，打开酒坛一看，发现里面装的全是稀有的珍珠。王旦心里明白了，前些日子王钦若对自己说皇上有意制造天瑞的事，就要开始实行了，皇上无端赐给自己这么多的金银珍珠，实际上是要堵住自己的嘴，叫自己不要多说话。

从来都是下级向上级行贿，臣子向皇帝进贡，这里，赵恒给王旦名义上是赐，实际上是行贿，给的是封口费，这在中国的历史上，恐怕是破天荒的一回。

景德四年正月，赵恒驾临大明殿接受群臣朝贺。忽然皇城司进奏，说左承天门南鸱尾上，有一幅长约二丈的黄帛挂在那里。

赵恒面有喜色，一面派人前去看是怎么回事，一面对群臣说："去冬十一月的一天夜里，朕刚睡下，忽然满眼放光。朕正在惊讶，忽然看见一位神仙穿着红衣、戴着闪烁星光的帽子。他对朕说：'你应该在正殿连续做一个月的黄箓道场，上天将降赐天书《大中祥符》三篇。'朕正要详问，这神仙就消失了，朕就按照这位神仙的建议。十二月开始，就素食斋戒，在建元殿建了黄箓道场，诚心祈祷，整整一个月，从来没松懈，如今有帛书出现，莫非就是天书不成？"

正在这时，奉命察看的使者回来报告，说黄绢长约二丈，系着像书一样的东西，外面用青绳缠着，封口处隐隐有字。

赵恒装出一副吃惊的样子说："这一定是天书了！"

于是，王旦等人齐集殿阶，跪拜称贺。赵恒率领文武大臣，前往承天门迎接天书。到了承天门后，赵恒先对着黄绢行礼，然后命人上到屋顶把黄绢取下来。宰相王旦接过跪下，献给赵恒。赵恒又拜了三拜，接了过来，把黄绢送到黄箓道场，命知枢密院事陈尧叟启封。

陈尧叟先读黄绢上的文字：

赵受命，兴于宋，付于恒，居其器，守于正。世七百，九九定。

然后打开黄绢，里面有天书三幅，语句类似《尚书·洪范》、老子《道德经》。

第一幅赞赵恒能以孝道和仁政治理国家，第二幅告诫赵恒要清静节俭，第三幅祝赵宋国运昌隆。读完天书，赵恒跪接，把天书收入一个金匮之中。

三幅天书，全都是为赵恒歌功颂德，简直就是老天发给赵恒的嘉奖令。

第二天，赵恒在崇政殿接受百官朝贺，派礼部官员祭告天地、宗庙、社稷，大赦天下。

改元以大中祥符为年号，次年为大中祥符元年（1008年），大宴群臣，并赐京师百姓大吃大喝五天。

天书的闹剧，在王钦若的导演下，就这样粉墨登场了。

七　粉饰太平

戏还在继续演

天书出笼，序幕已经拉开，戏还得继续演下去。

下一幕自然就是纷至沓来的祝贺、祭告、赏赐，当然也少不了滚滚而来的马屁文章。朝廷的几位老夫子如陈尧叟、陈彭年、丁谓、杜镐等人，引经据典，对祥瑞的历史渊源进行广泛地开发，弄得朝野上下议论纷纷，朝廷内外满城风雨。龙图阁待制孙奭头脑似乎很清醒，还有那么一股不信邪的勇气，上表启奏说："臣虽愚笨，但也看过一些古书，见过不少世事，从来没有听说天能讲话，怎么会有书呢？"言下之意，天书是假的。

孙奭万万没有想到，听他汇报的人，就是造假者。

赵恒看了孙奭奏本，并没有作出任何回答，原因是心里虚，无论是赞同或是不赞同孙奭的意见，都没有底气，不出声，是他最好的选择。

经过"导演"一番操作，开始有人说"正事"了。

兖州的乡绅百姓一千多人进京，请求赵恒封禅。

赵恒亲自接见了他们，对他们的善举表示感谢，假装谦虚地推辞说，封禅是件大事，要慎重对待，即使要举行封禅大典，朕也要同大臣们好好研究一下才行，不能轻易决定。虽说没有答应，但也没有把门关死。

接着，他命令有关部门好好招待这些客人，临走的时候，每人还赠送一份礼品。

宰相王旦也很顺民意，率领文武百官、军队的将领、地方的官吏、少数民族的首领、和尚道士等宗教领袖、地方名流、长者两万四千三百多人，奏请皇上举行封禅大典，并连续五次上表。

请求赵恒封禅的声势越来越大，朝野的呼声也越来越高，戏也越演越热闹。

四月初一，皇宫内又出现了第二份天书，内容与前一份天书相同。群臣又奏请封禅，这一次赵恒就没有推辞了，下诏向天下宣布，十月份，前往泰山举行封禅大典。

封禅的时间越来越近，六月，赵恒命王钦若打前哨，先行赴泰山，筹备有关封禅的事情，并命他继续搜集祥瑞。

王钦若当然不负圣望，到泰山不久，便传回了好消息，说泰山附近出现了苍龙，泰山上的王母池水变成紫色，这都是百年未遇的祥瑞之兆。随后不久，又传来一个更惊人的消息，泰山上也出现了天书。

据王钦若所报，泰山脚下有一个叫董祚的木匠，在醴泉亭北面发现了黄绸子，上面有字，这个木匠不识字，不知写的是什么，只得把绸子取下来，交给了皇城使（负责皇城警卫的官员）王居正，王居正看到上面有皇上的御名，就马上通知王钦若，王钦若便派人快马加鞭、日夜兼程送往京城。

赵恒得到这个消息后，驾临崇政殿，在大殿上对众人宣布："朕在五月十七日的夜晚做了个梦，梦见神仙告诉我，下个月会有'天书'降临泰山。朕密谕王钦若到了泰山，凡有祥异的征兆，即行上奏朕知。王钦若先奏称有醴泉出在泰山，有苍龙现于锡山，今天果然又得天书，正符合朕的梦兆。"

赵恒再次大动干戈地迎接"天书"，宰相王旦领着群臣跪拜迎接，将天书迎送到含芳园正殿。

赵恒也装模作样地跪拜，仍命知枢密院事陈尧叟当众启封宣读。百官竖起耳朵恭听，只听陈尧叟讯道：

汝崇孝奉，育民广福。锡尔嘉瑞，黎庶咸知。秘守斯言，善解吾意。国祚延永，寿历遐岁。

"天书"上别的话都是陪衬，主要内容就是一件事：善解吾意，准备去泰山封禅。为了制造封禅的神圣，赵恒可算是不惜血本。

"天书"的接连降临，加上朝廷的大力宣传，大宋上上下下已经陷入了狂热迷乱之中，大臣们一致同意给赵恒上尊号，拟定的尊号为"崇文广武仪天尊道宝应章感圣明仁孝皇帝"。

赵恒心里很美，他有些飘飘然起来。

事情进行到这一步，已经不能不用"荒唐"来形容了，因为这部大戏的策划、导演之一的赵恒已经神魂颠倒了，时常发癔病，认为天书什么的都是真的。

骗人最难的不是骗别人，而是骗自己，赵恒成功地把自己骗倒了。

狂热迷乱是可怕的，有人就在这种情形之下浑水摸鱼，呈报各种各样的祥瑞，什么芝草、玉丹、嘉禾、瑞木，不一而足。这些东西当然不是那些献祥瑞的官员自己去找来的，而是充分地发挥各自的想象力想出来的，反正上头对于搜集这些资料是多多益善，也没有人追究其可信度，且提供这方面的情报还能得到一笔可观的奖赏，这样的好事，谁都愿意做。

粉饰太平

为了供奉天书，赵恒特地下令修建玉清昭应宫，而且要求建造一个高规格的宫殿，以表示对神灵的敬仰。知制诰王曾、都虞候长旻分别上书谏阻，说投资费用太大，如果非建不可的话，他们建议压缩规模，不要太奢华。但他们的奏札如石沉大海，赵恒连看都不看一眼，便丢到废纸篓里去了。

大是祥符元年十月初，封禅的队伍浩浩荡荡地出发了。天书用玉辂载着，由专人护送，走在队伍的最前面。赵恒头戴通天冠，身穿绛纱袍，坐车紧跟在天书的后面。大队人马在行进过程中，沿途州县迎进送出，百姓们欲一窥天子尊容，纷纷站在驿道旁转观，天下为之震动。

经过十七天的长途跋涉，封禅的队伍终于到达泰山。

王钦若早已带上随行官员在道旁迎接圣驾，并再次献上灵芝三万八千多株。

赵恒看到这么多祥瑞之物，异常兴奋，当着文武百官的面表彰了王钦若。

大队人马在山下停顿，赵恒斋戒三天，各位大臣在这几天内当然也只能跟着吃素了。二十四日，赵恒和群臣起了个大早，开始向泰山峰顶进发，走到陡峭难行的地方，赵恒也只能下轿步行，徒步上山。随行的人都累坏了，只有赵恒精神抖擞，丝毫没有困倦之意，到了山顶，他还兴致勃勃地游览了玉女泉以及唐高宗、唐玄宗封泰山的碑文。

第二天，封禅仪式在山顶正式举行。

赵恒身着华贵的礼服，享祀昊天上帝，左陈天书，配以太祖、太宗灵位。然后命群臣在泰山下享祀五方帝以及诸路神仙。礼成之后，由宰相王旦亲自将盛玉册、玉牒的金匣、玉匣封好，放进事先准备好的石匣中。封禅大典圆满完成。

封禅大典完毕，赵恒驾临寿昌殿，接受百官朝贺，王钦若致贺词，什么彩霞起岳、黄云覆辇、瑞霭绕坛、紫气护幄、日重轮、月黄色等等，只要是能想到的溢美之词全都用上了。读完贺词，执掌礼仪的官员一声令下，山上山下的文武百官、看热闹的老百姓齐声高呼万岁，欢呼声震动山谷。

赵恒下诏大赦天下，文武百官，晋级加薪，赐宴天下百姓，大吃大喝三天；改泰山所在地的乾封县为奉符县，在穆清殿大宴群臣，在殿门赐宴泰山父老。

封禅大典第二天，赵恒又在附近的社首山举行"禅地祇"的仪式，其过程与封泰山大致相同。不过，这次围观的百姓更多。

人越多越好，赵恒要的就是这个热闹。

返程途中，赵恒率领文武百官绕道去了山东曲阜祭拜孔子庙。

在孔子庙里，赵恒虔诚地祭拜孔圣人，加谥孔子为玄圣文宣王，并与群臣分别祭奠七十二弟子。然后，带着嫔妃和文武百官，游览了孔林，尽兴而归。

十一月，封禅队伍回京，赵恒驾临朝元殿，受"崇文广武仪天尊道宝应章感圣明仁孝皇帝"的尊号。封禅大典总算是落下帷幕。

东封以后，又有人提议西封。恰在此时，徐州、兖州发大水，江、淮又出现干旱，金陵又发大火，各地的灾情接二连三地上报京师，尽管佞臣会制造一些祥瑞的假象，但真正的灾情报来之后，想将其变成祥瑞，恐怕就不行了。接二连三的灾情，朝廷只得暂缓西岳封禅之事。

第二年旧事提起，群臣上表，奏请皇上祭后土。这一次，赵恒就不像泰山封禅那样假惺惺地推辞了，立即作出决定，次年仲春祭后土。

转眼冬尽春来，西祀汾阴的时间临近，朝中大臣又忙碌起来。恰在此时，京畿发生旱灾，农作物在地里晒成了干柴，眼看粮食无收，市场上米价暴涨，龙图阁待制孙奭上疏，劝谏赵恒取消西祀汾阴，还是考虑一下如何赈灾的问题。

赵恒看了孙奭的奏疏后，丢进了废纸篓。他在弄虚作假、粉饰太平这条道上越走越远，一发而不可收了。念在孙奭是个忠臣，没有计较他言语过激的行为。西祀汾阴的计划还是照常进行。

春天，选了一个吉祥的日子，赵恒又带着文武百官、后宫嫔妃前往河中府祭祀后土，接着又去亳州亲谒太清宫，举行册封老子的仪式。两次行动的规模都很大，不亚于泰山封禅。

国家再富也经不起这样穷折腾，有资料记载，东封泰山，耗费国库八百三十余万贯，西祀汾阴，又耗费一百二十万贯。还有各地祭祀的耗费无法统计，加起来就是一个天文数字了。折腾下来的结果，不仅把咸平、景德年间积累的财富消耗殆尽，就连太祖赵匡胤、太宗赵炅积攒的家底也给弄个精光。

本来赵恒完全可以做一个承前启后的皇帝，他继承了前两代君主开创的江山和财富，又消除了北方和西边边境的战争，迎来了难得的和平时代，只要励精图治，总结和改正太宗朝以来的弊政，大宋国力军力不难强盛，太宗时期曾有过的大一统，是完全有可能实现的。

可惜赵恒不是英明决断之主，虽然有初期咸平、景德年间的兴盛，但他性格上的懦弱最终影响到了在政治上的作为，拿钱买和平，签了城下之盟，为宋朝后期留下无穷的隐患。此后宋朝的积贫积弱，赵恒难逃始作俑者的责任。

五鬼闹京城

大中祥等五年（1012年）八月，赵恒提拔王钦若、丁谓、林特、陈彭年、刘承珪五个人。

王钦若是造假运动的发起人之一，祥瑞之兆、天书下凡都是他一手策划的。他被提拔为枢密使。丁谓被提拔为参知政事。林特是丁谓做三司使时的副手，丁谓提拔了，三司使的职位就让给他了，一直负责财务，为赵恒提供了强有力的后勤保障。

这三个人相互勾结，又与经度制置副使陈彭年、内侍刘承珪，混在一起。

陈彭年本来是个才子，可惜有才无德，先后依附王钦若、丁谓，在制造"天书"工程中出了大力，那些典礼祭拜的文章很多出自他的手笔，而且他把学问发挥得淋漓尽致，无论怎么荒唐的事，到了他的手里，都能笔下生花，有根有据，当时的人送给他一个绰号叫"九尾野狐"。

刘承珪是个另类，他是太监，地位特殊，能和赵恒随时接触。天书的事，别的参与者都是策划人，他则是地地道道的实施者，因为天书的事大多是皇城司报上来的，刘承珪恰恰就是皇城使。

五个人沆瀣一气，成天给赵恒灌迷魂汤，使赵恒如坐雾里，像着了魔一样。对他们是言听计从。朝中大臣称五人为"五鬼"，五鬼当道，上下不得安宁。

赵恒听信五鬼的谬妄，又大兴土木，敕建景灵宫、太极观于寿丘，奉祀圣祖、圣母；筑玉清昭应宫于京师，奉祀玉皇、圣祖、太祖、太宗。

怎么凭空冒出圣祖、圣母呢？这得从刘承珪的一个报告说起。

据刘承珪奏称，汀州有个叫王捷的人，在南康遇着一个道人，自称姓赵名玄朗，即司命真君，授予他炼丹术及一柄小钚神剑，忽然便不见了。

不久以后，赵恒就梦见神人向他传达玉皇的命令，说命他的始祖赵玄朗传授他天书。次日，又梦见神人传他的始祖命令在他的神位西偏，应设六个座位候着。赵恒即在延恩殿建道场，在五更时候，忽觉异香满室，便见黄光遍殿，那个始祖赵玄朗居然光临了。赵恒拜伏殿下。

接着便有六个人来揖见赵玄朗，各自落座。赵玄朗命赵恒说："我是人皇九人中间的一个，是赵氏的始祖；再生为轩辕皇帝；后唐时复降王赵氏，而今已百年了。愿尔后嗣，好好地抚育庶民，不要怠惰了先人的志向。"说毕，各个离座，乘云上天去了。

从此以后，赵恒便把他那始祖公唤做圣祖，始祖婆唤做圣母；更上尊号，尊圣祖做"圣祖上灵高道九天司命保生天尊大帝"，尊圣母做"元天大圣后"。朝廷里，每逢朝议，只是谈神说圣，讲得有声有色，把天下万民的疾苦置之脑后，提也不提。又把天书刻在玉石上，存放在玉清昭应宫，并加封王旦为玉清昭应宫使，掌管玉清昭应宫一切祀事。

王旦虽然明知这些都是荒谬绝伦的事，徒是劳民伤财，于国无补，且有大害，但自己也收了封口费，已经与这件事有了关联，不好谏诤，只好装聋作哑，任赵恒与王钦若等捣鬼胡闹。

八　投资美人，回报一个皇后

大胆的投资

赵恒的皇后郭氏，贤惠淑德，执掌后宫，善待嫔妃及宫女内侍。郭皇后生性节俭，反对侈靡，同赵恒装神弄鬼、挥霍无度的作为形成鲜明的对比。她不仅自己厉行节约，就是族人进宫探望她，服饰穿得稍微华丽些，她都要严词诫勖。娘家人常在她面前嘀咕，想谋个一官半职，她也从来不答应。正是由于这样，赵恒非常敬重她，夫妻之间相敬如宾，从来没有红过脸。

景德四年，她跟从赵恒到西京洛阳拜祭诸陵，途中偶染风寒，回京后竟一病不起，虽经太医诊治，没有任何好转，猝然而逝。谥称章穆皇后。

郭皇后去世后，宫中还有数名嫔妃，最得赵恒宠眷的属刘德妃，次为杨淑妃。

刘德妃就是后来有名的刘皇后。说起这个刘皇后，颇有些传奇色彩。

刘德妃原来是一个花鼓女，一个偶然的机会，使她当上了嫔妃，此后的一生与宋朝的政治紧密相连，甚至对北宋政局产生了重要影响，是一个不得不说的人物。

刘氏本名刘娥，太原人，后迁移到四川。父亲刘通为虎捷都节度使、嘉州刺史。随太宗皇帝出征太原，死在途中，刘家自此衰落。其母梦见月亮入怀而怀孕。父亲死在军中时，刘娥还在襁褓之中，被寄养在外婆家，后母亲又病亡。开始，还有外祖父家可以依靠，但外祖父家门庭衰弱、人丁稀少，朝暮也得为生活发愁，刘娥对他们而言，也是一个生活上的累赘。因为无依无靠，刘娥几次想自尽，离开这个苦难的世界。少年贫寒的滋味，使这个本来天真明媚的少女比寻常女子多了更多的欲望和心机。

一天，游乡银匠龚美在刘娥的家门前摆摊，刘娥闲来无事，便在旁边看热闹。

游乡的工匠见多识广，见人能说人话，见鬼能说鬼话，不管是什么人，都能搭上腔，边干活边有一搭没一搭地同人神侃，活干完了，拍屁股走人，下次有幸碰上了，那就是熟人。

银匠龚美看见刘娥后，一下子被小姑娘的姣容吸引住了。心里想道，我游乡串巷走遍了四川，阅人无数，从未见谁比眼前这个小姑娘漂亮，按说书人的说法，真的是有沉鱼落雁之容，闭月羞花之貌。因此，他不由得对刘娥多看了几眼。刘娥被看得有些不好意思，没好气地问道："你干活呀！怎么老看我？"

龚美说："我并非心存歹意，只因你的品貌大贵。我阅人无数，从未遇见过像你这样貌美而大贵之相。"

龚美见眼前这个小姑娘说得天真率直，脑海里突然冒出一个大胆的想法，在这个小美人身上投资，赌一把，说不定能赚大钱。

龚美虽是一个小生意人，却有独到的眼光，他想在这个小姑娘身上投资，做一笔似乎很难得到回报的投资。

由于有了投资的想法，他便对刘娥讲，说他有一个办法，能使刘娥今后大富大贵，吃不完、穿不尽。

刘娥以为龚美骗人，不想搭理他了。

"我说的是真的。"龚美认真地说，"只要你能够听我的话，暂时忍受屈辱，吃点苦，我保你今后一定能享受荣华富贵。"

刘娥见龚美不像是开玩笑，也有所心动，心里想，从来做人都要能屈才能伸，吃得苦中苦，才为人上人。如果真的能有好日子过，暂时吃些苦、受些罪算不了什么。但她不知道龚美怎样给她带来荣华富贵，半真半假地问道："你说说看，怎样才能得到荣华富贵？"

龚美知道刘娥心有所动，便对刘娥说出了他的计划，他叫刘娥随他学习鼗鼓，然后一同上京城闯天下，凭她的美貌和自己教给她的技艺，如果能得到哪位王子皇孙的赏识，说不定就可一步登天，荣华富贵也就缠上她了。

刘娥低头想想，觉得自己已是穷困潦倒，呆在这穷山沟里，永无出头之日，出去闯一闯，说不定真能交上好运。只是益州离京城，远隔千山万水，自己一个弱女子，身无分文，怎么去呢？

龚美似乎看穿了刘娥的心事，便说只要她愿意，其他就不用她操心，他能想办法。刘娥说道："我同你非亲非故，你凭什么要帮助我？"

"我虽是一个银匠，也颇通相术。"龚美说，"你有后妃之相，将来一定能大富大贵。"

"我现在是个穷光蛋。"刘娥仍然不放心地说，"没有什么报答你。"

"我也不富裕，也不要你马上报答我。"龚美认真地说，"只要你日后有了出头之日，不要忘了我就行，当我有困难的时候，接济我一二即可。"

刘娥本是一个弱女子，生活在僻陋的乡间，一日三餐都有问题，那种富贵的生活，是她连想都不敢想的。听龚美说得认真，不像是开玩笑，便提议与龚美结拜为兄妹，日后有了出头之日，一定不忘龚美的大恩大德。

龚美当然是求之不得，两人真的焚香对拜，结为异姓兄妹。然后，两人结伴，一同前往京师。

这趟京师之行，对于刘娥，是走出穷乡僻壤，到京城去碰运气，对于龚美，则是一项投资的开始。

美人进京

在赴京城途中，龚美教了刘娥一项技艺——打鼗鼓，鼗鼓是一种两旁缀灵活小耳的小鼓，有柄，执柄摇动时，两耳双面击鼓作响，俗称"拨浪鼓"。原本是小商贩用来招徕顾客的道具，配上鼓声唱着曲子，就成了一种说唱艺术。

原来，龚美小时本是个玩鼗鼓的，后来才改行做银匠。他的鼓词鼓术，都是在传统基础上经过改良的，有一种独特的风味，格外新颖别致。刘娥天生丽质，聪颖绝伦，加之心灵手巧，鼗鼓的敲击方法一点即通，教唱的曲儿一学即会，更兼珠喉婉转，唱起曲儿格外动听。有时，她觉得龚美教的词调有不完善的地方，还要自行修改，故她的击打方法和唱的曲调是青出于蓝而胜于蓝。

一路上，两人边走边卖唱，后来又买了一面小铜锣，每当演出的时候，龚美敲铜锣，刘娥打鼗鼓唱曲，居然创造出一种男女合演的花鼓戏。这在当时可是新鲜事儿，二人逢州过县，走一路，唱一路，吸引了不少的观众，甚至还在不少地方引起轰动，不但吃住的问题解决了，而且还略有结余，两人分外高兴。

两人到了京师，在最繁华的地段找了家客栈住下。第二天，便在闹市区找一块空场子，打起鼗鼓，敲响铜锣，摆地摊卖唱。

打鼗鼓的技艺，在京城是一件新玩意儿，以前从没有人这样玩过。京城的特点是人多，而且闲人特多，闲人都喜欢瞧新鲜、凑热闹。他们突然看见一位绝色美人，敲着新奇的鼗鼓，唱着动听的曲儿，一下子就围了过来。刘娥见围的人多了，表演起来格外卖力，有节奏的鼗鼓声，银铃般的歌声，加上苗条的身段，更有卖弄风骚的表演，使围观者如醉如痴，三五日间，便轰动了汴梁城。人们争相前来观看，刘娥的名气也越来越大，两人赚得个钵满盆满。

赵恒此时年方十四岁，被封为襄王，还没有册立为太子。他早就听说蜀中出美人，欲找一名川妹子做侍妾。听说京城来了个唱鼗鼓戏的川妹子，有沉鱼落雁之容，闭月羞花之貌，不但长得漂亮，曲儿也唱得动听，便动了好奇之心，欲前往一睹为快。带了几个近侍，微服去看刘娥的表演。

刘娥虽然年纪不大，但颇通人情世故，见一个气度不凡的公子，带着几个随从挤进来观看，知道定非常人，便拿出浑身的绝活儿，表演起来格外卖力，甚至有时抽个空儿向这位公子哥飞个媚眼。

赵恒也是情窦初开之时，初见刘娥的花容玉貌，已经被她的美色弄得目眩神迷，再加上刘娥有意地目挑眉语，暗中传情，更惹得他意马心猿，怎奈在大庭广众之下，由不得自己的性子。回到府邸，他立即命人去把打鼗鼓的女子召进襄王府。

问起刘娥的身世，她说自己姓刘，名娥，山西太原人氏，后来流落到益州，祖名延庆，曾在晋、汉时代做过右骁卫大将军。父名通，在太宗朝做过虎捷都指挥使，随同太宗出征太原，中途病逝。母亲不久也病逝，她是由外婆家抚养长大的。后舅家人相继去世，就与表兄龚美游走四方，以卖唱糊口。前不久才来到京城讨生活。说到伤心处，两眼含泪，一副凄切之态，使人越觉得楚楚可怜。

赵恒是越看越爱，越爱越看，当即决定，将刘娥留在襄王府做侍女。

刘娥随同龚美进京的目的，就是要投身公子王孙，谋求荣华富贵，进京不久，就有此奇遇，一步登天进了襄王府，当然是求之不得。

龚美的投资项目，第一步已经成功了。刘娥也如愿以偿，进了富贵官宦人家。

龚美的投资，能够收到回报了，他在等。

美人进宫

赵恒贪恋刘娥的美色，才将她收入王府。刘娥进入襄王府后，名义上是侍女，实际上享受着远远超过侍女的待遇。

刘娥进京的目的，就是要找一个公子王孙，过上那荣华富贵的日子。进了襄王府，同襄王赵恒，一个有情，一个有意，一个是含情脉脉，怜香惜玉，一个是移篙近舵，投怀送抱。真是洛皋解珮，幸遇陈思，神女行云，巧逢楚主。两人相怜相爱，如胶似漆，掉进了温柔乡，熔成了鸾凤交。

赵恒的乳母秦国夫人，对来历不明且出身低贱的刘娥十分不满，要求赵恒将刘娥驱逐出襄王府。赵恒正当少年，遇到刘娥这样才貌双全的女子，情投意合，如何能轻易舍弃。乳母见赵恒不听话，便将这件事告诉了太宗皇帝。

太宗听说儿子小小年纪便沉溺于女色，勃然大怒，勒令赵恒立即将刘娥逐出襄王府。

乳母的话可以不听，父皇之命却是难违，万般无奈之下，赵恒只好将刘娥送出宫，表面上是将她送回四川老家，暗地里却将她送到亲信幕僚张耆（原名张旻）的家里。张耆悄悄安排家人悉心照顾刘娥，为了避嫌，他自己每天都睡在襄王府中。

赵恒送走刘娥之后，奉太宗之命，娶了名将潘美第八个女儿为妻，潘氏成了他第一位正妻。赵恒虽然娶了潘氏，但一有机会，就悄悄溜到张耆家与刘娥私会，张耆的家变成了他金屋藏娇之地。

刘娥的处境虽然不那么名正言顺，一般的女子，可能会厌倦这种偷偷摸摸的生活，但刘娥不是寻常女子，此时的她并没有怨天尤人、自怨自艾，而是借这个机会，在张耆家里博览群书，遍读史经，研习琴棋书画。

赵恒见刘娥如此善解人意，更是对她另眼相看，从心里真正地爱上了这个女人。刘娥是赵恒第一个真正爱上的女人，而且这份爱情终身不变。

投资人龚美在等，他在等投资的最终回报，刘娥在等，她要等那出头之日。资源共享是长远的，等待是漫长的，两人这一等，等了十五年。

十五年后，太宗皇帝驾崩，赵恒即位做了大宋第三代皇帝。登基后，赵恒立即派人把刘娥接进宫，刘娥终于拨开乌云见太阳，重见天日了。

刘娥进宫之后，立即被封为美人，不久便荣升为德妃。按宋宫制度，皇后以下的命妇主要有妃、嫔两等。妃有贵妃、淑妃、德妃和贤妃四等，嫔的等级则多达十七等，其下又有婕妤为一等，美人为一等，才人和贵人为一等。当时赵恒的第一任妻子潘氏已死，第二任妻子郭氏封为皇后。

刘娥生性机敏，为人机巧多变，对郭皇后十分殷勤，与其他嫔妃相处得也很好，算得上是八面玲珑。由于她很会处理人际关系，宫中嫔妃没有人不喜欢她，包括宫女在内，无人不称她贤德。

刘德妃得宠之后，称龚美为兄，命他改姓刘，然后请求赵恒赐给一个官职。这个聪明的投资人，果然收到了回报。

赵祯的身世之谜

郭皇后去世后，宫中还有数名嫔妃，最得宠者当属刘德妃，次为杨淑妃。

此时，赵恒尚无子嗣，故去的郭后虽然生过三个儿子，没有一个活下来；杨淑妃也生了两个儿子，先后夭折了。刘德妃肚皮不争气，没有怀上龙种。

赵恒望子心切，又选纳前宰相沈义伦的孙女沈氏进宫为才人。此时的沈氏只有十四岁，又是名门之后，这个女人进宫，对刘德妃在宫中的地位带来了巨大威胁。朝中群臣一直赞成立沈才人为新皇后，赵恒迟迟不表态。

刘德妃很有心计，郭皇后在世的时候，她没有非分之想，当郭皇后没了，她对中宫之位有些心动。但她知道，如果有儿子，就有了竞争皇后的资本。经过一番苦思冥想，终于想出了一个移花接木，也就是借腹生子之计。

刘德妃先用自己的侍女李氏的美色去打动赵恒，让李氏去做赵恒的司寝。司寝的职责，就是给赵恒铺床叠被，当然，只要赵恒高兴，她随时可以在那个床上陪主人睡觉。

刘德妃的目的很明确，自己生不出儿子，就让李氏去替她生，等她怀了龙种、生了儿子之后，抱过来据为己有，变成自己的儿子。这是她借腹生子的全盘计划。

李氏年轻，人也长得漂亮，而且性情温和、善解人意。

赵恒很快就喜欢上了这个新来的司寝，赵恒就临幸了她，由司寝变为侍寝，几度云雨，李氏怀上了龙种。

大中祥符三年四月十四日，李氏十月怀胎，一朝分娩，生了个儿子。

赵恒中年得子，大喜过望，给这个新生婴儿取名受益；并晋封李氏为才人。这个受益后来改名赵祯，就是宋仁宗。

刘德妃没有将这个孩子留在李才人的身边，而是抱过来据为己有，这就是她设想的移花接木之计。刘德妃把李才人生的儿子抱过来后，对杨淑妃说，由她们两人共同抚养这个孩子，杨淑妃为人随和，一口答应了。为了防止真相外泄，刘德妃严厉地告诫宫中的宫女太监，就说孩子是她生的，谁要是说漏了嘴，后果自负。

刘德妃所说的后果是什么，这些宫人清楚得很，除了死，没有第二条路可走。从此，赵受益的身世成了宫中的一等机密，谁也不敢提这件事。

想到严重的后果，谁敢拿自己的性命开玩笑呢？

李才人向来很温和，眼看自己的儿子被刘德妃抱走，心里虽然不高兴，但慑于刘德妃的权势，也不敢流露任何不满的情绪，否则，不仅会给自己带来灾难，可能还会危及儿子的安全。

赵恒宠爱刘德妃，也默许了她抱养李才人之子这件事。

从此，赵受益的起居就由刘德妃和杨淑妃照料，赵受益呼刘德妃为大娘娘，呼杨淑妃为小娘娘。

刘德妃终于如愿以偿了，自己生不出儿子，却堂而皇之地当上了皇子赵受益的生母。

后世之人不齿刘娥的行为，将这段故事演绎成匪夷所思的"狸猫换太子"，至有狸奴换主之讹传，并说这件事是宦官郭槐一手操办的，包拯三审郭槐，致使仁宗皇帝寒窑认母。这都是捕风捉影、荒唐之谈，都是文人杜撰出来的，描写虽然风趣，但却歪曲了历史。

九　五鬼乱朝

后宫有了新主人

后宫无主，时间长了不行，赵恒不准备再拖了，他决定要立新皇后。

当时的皇后候选人有三个，刘德妃、杨淑妃、沈才人，其中，刘德妃的要求最迫切，而且她还在背后给赵恒吹了不少的枕头风。

册立皇后是件大事，赵恒当然要与大臣们商议一下，不过，他的态度很明朗，就是要册封最宠爱的刘德妃为后，谁知他的话刚出口，就引来了激烈的反对声，翰林学士李迪认为，刘德妃出身寒微，不足以母仪天下，旗帜鲜明地反对立刘德妃为后。

赵恒闻声脸色大变，反驳道："刘德妃祖父刘延庆在晋、汉的时候做过右骁卫大将军，父亲刘通在太宗皇帝驾前，官至虎捷都指挥，世代将门，怎么能说是出身寒微呢？"

参知政事赵安仁出班启奏，他说沈才人是宰相沈伦的孙女，出自相门，更合适当皇后。

赵恒见激起群臣反对，蛮横地说："朕曾在宫里宣谕，无论哪一个嫔妃，谁先生得儿子，即立谁为后，现在刘德妃生下的皇子已经三岁，君无戏言，朕怎么能自食其言，失信于德妃呢？"

其实，这个儿子到底是谁生的，他自己清楚得很。为了能使自己心爱的人顺利地登上中宫之主的位子，他竟对文武百官撒了个弥天大谎。

群臣听了，再也没有人多言。既然她生了个儿子，而且这个儿子即将立为储君，母凭子贵，皇上力排众议，谁还敢再说什么呢？

赵恒见反对的人闭嘴了，便命丁谓传谕学士杨亿起草诏书。

杨亿为人很正直，他以为这事终不妥，不肯奉旨。丁谓劝道："学士勉强作了此诏，不愁不富贵啊！"

杨亿摇摇头说："像这样的富贵，不要也罢，你还是让别人去享受这个荣华富贵吧！"

丁谓见杨亿拒不奉诏，不好强求，只好命令其他学士起草这份立后诏书。

大中祥符五年十二月，刘德妃正式被立为皇后，继位中宫。

皇后的野心

刘氏当上了皇后，并没有忘记她的投资人兼合伙人龚美，除了命他改姓刘，还给他谋了官爵。这样做的结果是，刘后有了宗族，刘美成了国戚。

龚美的投资，终于得到了回报。

龚美改为刘美，成了皇后宗室，既成了皇亲国戚，又得了高官厚禄，身份立即就尊贵起来，不但不像做银匠时被人轻视，反而还有人来巴结他。翰林学士钱惟演得知刘美尚无妻室，立即托人保媒，将自己的妹子嫁与他，做个间接的皇亲国戚。

李才人呢？刘后见她只是恭顺，又由赵恒加恩授为婉仪，不久，进位顺容。

刘娥该报恩的报恩了，该安抚的安抚了，然后，心安理得地做起了正宫娘娘。

刘娥住在张耆府中等了十五年，苦读了十五年，虽说不上通古博今，但确实是一个多才而有心计的女子。同时，她还有一项特长，就是过目不忘，一篇文章，只需看一遍便能背诵。继位中宫后，更留心时事，博览经史，每当赵恒退朝，批阅天下奏章到深夜，她总是陪伴在身边，看到赵恒对奏章的处理，她都一一牢记于心。赵恒有所疑问，她即引经据典，滔滔不绝，给赵恒提供帮助。这便是史书所记载的："后性警悟，晓书史，闻朝廷事，能记其本末，赵恒退朝，阅天下封奏，多至中夜，后皆预闻宫闱事，有问辄博引，故实以对。"

正因为如此，赵恒更加看重刘皇后。

渐渐地，刘皇后开始干预朝政了。

贼臣弄权

赵恒仍然喜欢谈仙说怪，祈神祷天，他给老子尊号为"太上老君混元上德皇帝"，并亲自到亳州朝拜老子像。他建应天府为南京，从此宋朝有三京，即东京汴梁、西京洛阳及南京。他下令南京建鸿庆宫，祀奉太祖、太宗圣像。命丁谓监造，由于规划不严，建筑图纸画了改，改了画，很多地方是建了拆，拆了又再建，耗费的人力、物力、财力，无可计数。

张咏自益州调任京师，进入枢密院任职，见丁谓如此浪费，实在是忍无可忍，连着上了三道奏札，痛陈大兴土木，建造一些无用的建筑，"是竭天下之财，伤生民的生命"。这些都是贼臣出的歪点子。这种人不杀不足以谢天下。因此，他请求把丁谓杀掉，悬头国门以谢天下，甘愿把自己的头也斩下来，算是向丁谓谢罪。

赵恒看了张咏的奏札，并没有大发雷霆，只是把张咏撵出京城，放到陈州当地方官去了，但并没有加罪于丁谓。

张咏虽然因弹劾丁谓而被贬到地方，但这件事在百官中传开了。大家都在背后痛骂丁谓诳惑圣聪，祸国殃民。

这个时候，太子太师吕蒙正、司空张齐贤等都已先后谢世。

宰相王旦年老多病，多次请求去职退休，赵恒就是不批准。王旦身为宰相，虽然不满五鬼的所作所为，但他们都有赵恒庇护，根本就奈何不了这几个人。他明知赵恒的所作所为不合情理，但也没有办法制止，眼看着五鬼乱朝，却又无能为力，对于勤勤恳恳为国操劳的宰相来说，实在是一件很痛苦的事情。

每当王旦感到无奈的时候，他就会想起从前的宰相李沆。

赵恒刚继位的时候，宰相李沆总是将全国的水、旱、盗贼等事奏报给赵恒。王旦当时还是参知政事，他认为这样一些琐屑小事不必向皇上奏报。李沆却说，皇上还是一个少年，应当让他知道百姓生活之疾苦，否则，他血气方刚，不是留意声色犬马，就是大兴土木、求神拜佛。并说他老了，看不到这些事情的发生，王旦他日或可见到这样的事情发生。李沆病逝后，赵恒果然东封西祀，大兴土木。想不到一切都被李沆一一言中。

王旦私下常对人说，李文靖不愧是个圣人，有先见之明，我真是自愧不如啊！

王旦见五鬼实在是闹得不像话，自己又制服不了他们，便想到了寇准。于是秘密奏请赵恒，将寇准召回来。赵恒听从了建议，下诏召寇准入京，命他为枢密使。

寇准进京出任枢密使后，果然同五鬼之一的三司使林特较上了劲。

林特只是一个三司使，当然斗不过寇准，但他有皇上做后台，在寇准那里吃了亏，抽空就到赵恒面前唠叨了几句："寇准给臣小鞋穿，无事找事，说什么维护玉清昭应宫的费用太多，用于祭祀的花销太大，国库快成一个空壳子。他还在查臣的账，说臣的账目有问题。"最后，他满脸委屈地说，"玉清昭应宫的日常维护、祭祀费用的支出，都是陛下亲自吩咐开支的呀！他寇准心里不服气，总不能拿我出气吧？"

赵恒听了林特的汇报，果然来气了。但他没有直接找寇准，而是传召了王旦，冷着脸对王旦说："寇准还是老脾气，处理事情不知道转弯，你看怎么办？"

王旦见赵恒生气了，说道："寇准是个很耿直的人，如果不是仁主，是容不下这样的直臣的。"

王旦的激将法对赵恒没有起到作用。没过多长时间，赵恒便命寇准为武胜军节度使，判河南府，徙永兴军。寇准等于是到京城出了趟差，又回到地方了。

王旦知道皇上着了魔，除了五鬼，谁的话都听不进去，毫无办法。

大中祥符九年（1016年）底，赵恒又改元天禧。

这一天，赵恒在滋福殿召见王旦，见王旦日渐衰老，不禁黯然地说："朕有重大的事情要托给你，不想你身体这样差，朕真的很担心啊！"随即叫内侍召来皇子受益，命他跪拜王旦。

王旦慌忙起来避让，受益起至阶下，还是拜了下去，王旦只得跪下答礼。站起来安慰地说："皇嗣盛德，一定能继承皇家大业，陛下何必担忧呢？"

接着，他连续推荐寇准、李迪、王曾等人都可为宰辅，自己可以让位了。

赵恒见王旦身体实在是不好，加之态度坚决，答应免去他的相职，但仍命他继续担任玉清昭应宫使兼职太尉，领宰相半俸，并允许王旦乘车入朝。

王旦的病越来越重，赵恒亲自到王旦家里探望。伤感地说："朕本想委你以重任，而你却病成了这样，万一有什么不测，朕应把匡事托付给谁呢？"

王旦说："知臣莫若君，皇上自择吧！"

赵恒一连说了几个人，王旦只是摇头。赵恒急了："到底是谁？你不妨直说吧！"

王旦说："以臣的愚见，非寇准莫属。"

赵恒认为寇准太过偏激，叫他再推荐其他人选。

王旦说："除了寇准，我实在不知道谁更胜任宰相了。"

赵恒说："寇准经常说你的短处，你为何一再保荐他呢？"

王旦说："臣蒙陛下过举，久参国政，岂无过失？寇准事君无隐，为人正直，所以臣才屡次荐举他。至于其他人，臣就不知道了，恐臣病困，不能再侍奉陛下了。"

"除了寇准，再没有第二人选了吗？"赵恒焦急地问。

王旦答奏道："知臣莫若君，陛下到时自择便了。至若愚臣，晓得他事君无隐、谋国尽忠的人，只有寇准一个，别的臣一个都不知道。"

赵恒安抚几句后，便启驾回宫了。

赵恒到底还是没有采纳王旦的建议，没有起用寇准，而是任命王钦若为同平章事。

名相抱恨而终

王钦若没有什么本事，他最大的专长就是会察言观色，顺着赵恒的杆子爬。上朝的时候怀揣几个奏本，不同的奏本有不同的内容，探明皇上的意图后，再拿出相应的奏本奏事，其余的就塞在怀里不拿出来。

枢密副使马知节是员武将，他看不惯王钦若的小人嘴脸，有一次当着皇上的面，半玩笑半认真地说："怀里还揣了几道奏札？全都拿出来吧！"

王钦若见马知节揭了他的老底，恼羞成怒，指责马知节诬陷大臣，马知节并不惧怕王钦若，要他脱了衣服查看。朝堂之上，赵恒当然不会让王钦若脱衣服的。衣服虽然没有脱，但两人的梁子算是结上了。

退朝之后，马知节恨恨地对王旦说："本想用笏板打死这个奸贼，又恐惊了圣驾，不敢轻举妄动。此贼不除，朝廷永无宁日啊！"

王旦看着这个不愿与五鬼同流合污的同僚，敬佩不已，敬佩之余，却又心有愧疚，因为他身为宰相，任由五鬼乱朝，却不能制止。

有一次，王钦若没有请示赵恒，擅自提拔了他的一名亲信的官职，马知节在朝堂上将这件事给捅了出来，并大骂王钦若是奸臣，扰乱朝纲。

赵恒这次真的发火了，王钦若提拔自己人，竟然连招呼都不打，这不是公然挑战他的皇权吗？一怒之下，免去了王钦若枢密使的职务。马知节免掉现职，改任彰德留后，下放到地方去了。

这场交锋，王钦若和马知节弄了个两败俱伤。

王旦免相后，王钦若仍拜为枢密使，进任同平章事。

王钦若当了宰相之后，愤愤不平地对人说："十年之前，我就该拜相，就是那个王子明，迟我十年做相。"

王子明就是王旦，十年前，由于他的谏阻，打消了赵恒拜王钦若为相的念头。故在拜相之后，他才说出了这样的话。

王旦病在家里，听说王钦若入相，悔恨不已，病情加剧。赵恒听说王旦病情加重，派专人到王旦家里探视他的病情，每天达三四次之多，有时还亲自到王旦家里，亲自为他煎药、熬粥。

王旦无话可说，只是说有负圣恩。弥留之际，叫儿子把杨亿请到家里，口述遗表，请杨亿代为启奏。他对杨亿说，自己忝为宰相，做错的事太多，遗表只叙生平遭遇，感谢皇恩。并请皇上亲庶政，近贤臣，远奸佞。最后对杨亿说："你是我多年好友，所以拜托你办理这件事。"

杨亿依王旦的口述写了遗表，并请王旦过目，王旦稍稍作了些改动。

晚上，王旦将几个儿子都叫到病床边，对他们说："我这辈子没什么别的过失，就是'天书'这件事没有尽力谏阻，是个没办法弥补的大错。我死以后，要把我剃光头发、穿上僧服入葬，就算是对天下谢罪吧！"说罢，瞑目而逝。

王旦死后，他的儿子要遵从父亲遗嘱，以僧人之礼安葬父亲，幸亏翰林学士杨亿劝阻，王旦才没有像和尚似的入土。

王旦任宰相十八年，是宋初任宰相最长的人，可称名相。赵恒信神弄鬼，不理朝政，朝廷的一些琐碎事都由他处理。但他迫于五鬼的挟持，明知五鬼乱朝，却不敢同他们作斗争，甚至在一定程度上还同流合污，明知赵恒的天书是假造的，却不敢极言谏止，致使天书的闹剧愈演愈烈。但如果不是他总理朝政，收拾乱摊子，当时的政局和社会经济可能会更糟。临终之时，他能够深刻地剖析自己的一生，对没有谏止赵恒天书的闹剧痛悔不已，也不失为名相的风范。

王钦若当了宰相后，并没有什么建树，他除了装神弄鬼、结党谋私之外，似乎就没有什么特长，他最大的本事就是排除异己、陷害他人。

参知政事王曾是一个直臣，对赵恒装神弄鬼的行径极为不满，拒受会灵观使之职。

王曾认为王钦若是个奸佞，尽管他做了宰相，并不附会于他，更不会与他同流合污。王钦若做了宰相之后，身边有这么一位志不同、道不合的副宰相，老觉得碍手碍脚。于是老在赵恒面前嘀咕，说王曾是一个异类，不合群，他连皇上的话都不听，更不把其他大臣放在眼里，这样的人做参知政事，他这个宰相的工作很难开展。

赵恒听信王钦若的谗言，免去王曾的参知政事，下放到南京去。

赵恒因皇子受益年纪渐大，自己又经常患病，下诏立受益为太子，改其名为赵祯。朝廷册立太子，照例是大赦天下、赐宴群臣，天下同庆。

天禧三年，永兴军巡检使朱能，勾结宦官周怀政，在乾佑山伪造天书。当时寇准正出镇永兴军，便将天书上奏给出朝廷。

赵恒得知这个消息后大喜，下诏举行隆重的仪式，将天书迎进宫里。鲁宗道和孙奭先后上书，说这是奸臣妄诞，荧惑圣聪，请求速斩朱能以谢天下。

赵恒不但不听他们的意见，反而下诏召寇准进京。

恰巧在这个时候，商州有个叫谯天易的道士，私藏禁书，并且对人说他能驱使六丁六甲各路神仙，在搜查他住处的时候，搜出了王钦若写给他的书信。

朝中大臣们乘机弹劾王钦若，说他借用六丁六甲之名装神弄鬼。这一下可击中了赵恒的心病，同时王钦若又犯了众怒，谯天易遭了殃，王钦若也跟着倒霉，赵恒下诏，罢了他的宰相之职，下放到杭州去了。

正好，寇准应召赴京，受任同平章事，丁谓为参知政事。

十　没有结局的争斗

一次未遂的政变

寇准很赏识丁谓，常夸奖丁谓是个人才。已经去世的宰相李沆曾告诫寇准："丁谓这种人，能让他得志吗？"

寇准却说："丁谓有才，恐怕你比不上他。"

李沆说："不必辩论，以后你再想想我的话。"

寇准第三次入相后，对丁谓的奸邪略有耳闻，由于是故交，对他也以礼相待，而丁谓对寇准，也是毕恭毕敬。

一次宴会，寇准的胡须沾上了菜汤，丁谓亲自帮寇准整理干净。寇准略带酒意，开玩笑地说："你是国家大臣，还要替我擦胡子吗？"

丁谓无地自容，却又不便发作，从此便怀恨在心。

寇准不吸取上次得罪王钦若的教训，偏偏要得罪这样的小人，为自己种下了祸根。

天禧四年，赵恒中风病倒在床，在病情加剧的时候，担心自己一病不起，宋室江山还要人来管理，便向宦官周怀政说起了他的担心，准备让太子监国。

周怀政同寇准的关系密切，便把皇上的想法告诉了他。

寇准得知消息后，秘密进宫面圣，建议让太子监国，选贤良之臣辅佐太子，并说丁谓、钱惟演都是奸佞小人，难以忠心侍奉少主。

恰巧那天赵恒没犯病，他也知道刘皇后擅权，点头同意了。

寇准得到了赵恒的首肯，立即密令翰林学士杨亿秘密起草命太子监国的诏书，许诺事成以后，让他顶替丁谓的位置。

杨亿知道刘皇后和丁谓的势力强大，为防泄密，支走了所有人，独自一人起草诏书。

杨亿倒是严守机密，寇准却出了问题。

寇准生活奢华，喜欢醇酒美人，一次酒喝多了，居然把这件要命的事说了出来。

丁谓听说后吓出了一身冷汗，半夜三更坐着牛车去找曹利用商议，并且通过太监向刘皇后通风报信。

刘皇后原本是中立的，并未倾向双方中的任何一派。

寇准密谋太子监国，事先没有同刘皇后商量，丁谓抓住机会从中挑拨，说寇准目中无人，如此大事竟瞒着皇后，居心叵测。

刘皇后被激怒了。指使丁谓等人参奏寇准，请求赵恒罢免寇准的官职。

丁谓、曹利用进宫谒见赵恒，请求罢免寇准，刘皇后也说寇准这个人野心太大，一手遮天，任何事情都由他说了算，朝廷快成为他的朝廷了。

赵恒又犯病了，竟然忘记了与寇准的约定，竟然罢免了寇准的相位，命他为太子太傅。

寇准被免职后,李迪、丁谓、冯拯三人同时升任参同平章事,钱惟演为枢密副使。

寇准被贬之后,周怀政因为与寇准的私人关系十分密切,自然成了刘皇后、丁谓等人的眼中钉。为了保住寇准的地位,保住自己的身家性命,周怀政不遗余力地争取赵恒收回成命。但在刘皇后、丁谓的阻挠下,他连见赵恒的面都很难。周怀政处于孤立无援的境地。在这种情况下,他作了最坏打算,与其束手待毙,不如奋力一搏。他找到寇准,说出自己的打算。

寇准失落地说:"皇后干政,天子大权旁落,我也被免了相职,还能做什么呢?"

周怀政说,太子无法监国,不妨让皇上直接禅位。

这就是周怀政的计划,冒险发动一次政变,杀了丁谓,幽禁刘皇后,重新让寇准做宰相,扶持太子登基,让赵恒做太上皇。

寇准说,这样的大事不是小孩过家家,一旦泄露出去,是杀头之祸。

周怀政拍着胸膛说:"出了事,我一个人兜着,绝不连累任何人。"

寇准虽然不主张这样做,更不打算参予其中,但他的心里,有着一股改变政局的强烈欲望。尽管觉得周怀政的想法很轻率,但制止的态度也不是很坚决。实际上,他也存在一种侥幸心理。周怀政出门时,他只说了一句,万事都要小心。显然,他默许了周怀政的计划。

寇准送走周怀政以后,将自己关在家里,暗暗地探听宫中的消息。

周怀政决定铤而走险,他找到自己的弟弟礼宾副使周怀信、客省使杨崇勋、内殿承制杨怀吉等人准备发动宫廷政变,把太子推上皇帝宝座,让赵恒退位去当太上皇,并且要把刘皇后废掉,恢复寇准的宰相职位,而丁谓等人都在预计的诛杀行列。只因他做事不密、选人不准,客省使杨崇勋跑到丁谓那里告密了。

后来的结果,就是赵恒下诏拘捕周怀政等一众人犯。

寇准遭贬

周怀政图谋政变的案子暴露后,丁谓、曹利用想乘这个机会除掉寇准。

丁谓想除掉寇准,是政见不合,而曹利用则是记恨在澶州议和时寇准对他的那一顿训斥。二人不谋而合,都有除掉寇准的想法,不知是谁先提出来的建议,反正是一拍即合。他们连夜活动,欲在审案中把寇准扯进去。

赵恒下诏，周怀政的案子交由枢密院讯问。可巧这天坐堂审案的人是枢密副使曹玮。曹玮是曹彬的儿子，累建战功，本是宋廷守卫边关的大将，因边境安宁，才命他进枢密院任职，做了枢密副使。

曹玮是武将，为人正派，皇上派他审案，他只是审问周怀政的罪状，并不想株连他人。周怀政自己也承认，所有的事情都是他一人所为，与任何人没有关系。案子很快就审完了，曹玮具本上奏，只罪周怀政一人。

曹玮是贤吏，周怀政也算条好汉。

丁谓得知审案结果后，大失所望，将审理的结果密报给刘皇后。他们说曹玮审案不公，有包庇之嫌，这样的惊天大案绝不是周怀政一人所为，肯定还有同党。他们请皇后出面，将案子发回重审，借机兴大狱，铲除所有异己。

恰好此时赵恒的病情略有好转，刘皇后便不敢擅自做主了，只能在赵恒旁边阴一句、阳一句地怂恿挑拨，要继续追查太子监国的事。

赵恒带病上朝，对群臣说，要彻查太子与周怀政谋反案是否有关联。群臣面面相觑，谁也不敢出声。李迪上前跪奏道："陛下有几个儿子，为何要下这样的圣旨？臣拿项上人头担保，太子绝无二心！再说，太子还是一个孩子，有必要将他牵扯进来、自毁皇室根基吗？"

赵恒似乎听出了话中的味道，也明白了这番话的分量，宣布将周怀政正法，案子不再重审。

丁谓又同刘皇后合谋陷害寇准，寇准被贬为太常卿，云治理相州，不久，再贬为道州司马。所有这些事，都是在赵恒病重期间发生，丁谓从中操纵，刘皇后拍板决定。

赵恒病愈后，奇怪地问身边的人："怎么好长时间没有看到寇准了？"

身边的人惧怕刘后，不敢说出实情。后来他得知刘皇后假借自己的名义把寇准撵到道州去了，尽管生气，可他本性懦弱，只好长叹一声作罢。

人之将死，其言也善

寇准遭贬之后，丁谓更加肆无忌惮，朝中之事独揽大权，根本就不同另两位宰相李迪、冯拯商量，提拔谁，罢免谁，都由他一个人说了算。李迪愤愤地对同僚们说，自己从一名布衣到做了宰相，深受皇恩，无以为报，连死都不怕，怎能依附奸佞，苟且偷安呢？于是，他格外地留心丁谓的一举一动，防止丁谓搞什么小动作。

此时陈彭年已死，王钦若遭贬，刘承珪也失势了，五鬼中只剩下丁谓、林特两个人。丁谓欲推荐林特为枢密副使，李迪坚决不同意，两人大吵一场，丁谓也不敢硬来。

丁谓的动作停止了，李迪的气还没消，第二天便上表弹劾丁谓，说他罔上弄权，私结林特、钱惟演，伙同曹利用、冯拯结为朋党，扰乱朝纲。寇准是刚直之臣，竟被他们陷害而远贬道州。

丁谓一听急了，与李迪争吵起来，百官站着看热闹。

赵恒有些不耐烦，正想发作，突然，李迪冲着赵恒说："陛下，臣不愿与这样的奸臣共事，情愿同他一起罢职。"

赵恒被激怒了，当场命翰林学士刘筠草诏，免去李迪、丁谓两人的宰相之职，李迪改知郓州，丁谓改知河南府。

次日，丁谓上朝谢罪，赵恒责备说，身为朝廷大臣，怎么总是争来斗去。

丁谓说李迪诽谤他，实在咽不下这口气，才在朝堂上有些失态，说着便跪下哀求说："如果陛下能特恩赦免，臣愿意留在朝廷，侍候陛下，以报皇恩。"

赵恒叹了口气说："你有这个心意，朕何尝不是如此呢！"

丁谓连忙谢恩而出，跑到中书省传达皇上口谕，命刘筠改草诏命。

刘筠当然不会同意，他说草诏已经拟好了，如果没有皇上的特旨，是不能改诏书的。

丁谓见刘筠不改诏，便叫学士晏殊重新起草诏书，恢复丁谓的宰相之职。

刘筠认为奸人当道，知道今后很难与这样的人共事，主动请求到地方去工作，赵恒批准了他的请求，派他到庐州去做了知州。

刘筠算得上是一个铁铮铮的汉子，惹不起，躲得起，到地方工作去了。

此后不久，赵恒干脆下旨，除军国大事外，其余的事都交太子和宰相、枢密使处理。太子还只是一个十一岁的小孩，连生活都不能自理，更谈不上治理朝政了。这道诏书颁发后，事实上是将皇权交给了皇后和权臣。

赵恒突然想起老宰相王旦临终前说的话，将王曾召回京城，官复原职，仍任参知政事。

王曾回京后，看出朝中政局不稳，担心手握实权的刘皇后对太子不利，心生一计。

一天，他故意和钱惟演说，太子年纪幼小，没有皇后的抚育不行。皇后把太子抚育好了，那可是刘氏一门天大的福分啊！皇后如果不倚仗太子，她说的话，未必有人肯听。为皇后着想，她必须善待太子，如果皇后与太子母子同心，一切问题才能迎刃而解。

王曾之所以对钱惟演说这番话，是因为他是刘美的内兄，刘美的夫人就是钱惟演的亲妹妹，而刘美又是刘皇后唯一的哥哥。王曾是想通过这个渠道，将信息传进宫中。

钱惟演果然一点即通，立即将王曾的话转达给刘皇后。

刘皇后很有心计，仔细一想也是这么个理：太子可是自己手中的王牌，没有太子，我这皇后怎么能安稳？觉得王曾的话是金玉良言，此后的态度有了很大转变，如此一来，宫中那种看不见、摸不着却又能体会得到的不和谐的暗流，逐渐平息。

王曾凭他的机智巧妙地化解了朝廷的一次危机。

天禧五年腊月，赵恒改元乾兴，大赦天下，封丁谓为晋国公、冯拯为魏国公、曹利用为韩国公。

正月十五元宵节，赵恒在几位大臣和嫔妃的陪同下到东华门观灯，玩得非常开心。偏偏是乐极生悲，回宫后就一病不起，到月底，病情越来越重；礼部派人去祷祀山川，丁谓请道士在宫中作法；御医们忙里忙外，用尽了手段，病情不但未见好转，反而越来越重。

二月，赵恒的生命走到了尽头，弥留之际，他知道自己的大限已到，诏命太子赵祯即皇帝位。

二十日晚，赵恒将刘皇后召到病榻前嘱咐说，太子年纪还小，寇准、李迪都是可托大事的忠臣，他死之后，要起用这两个人辅佐太子。

真是人之将死，其言也善，既然知道寇准、李迪是忠臣，为何活着的时候，不很好地保护他们，而使他们备受磨难，遭贬出京呢？

赵恒向刘皇后说完这最后一句话，便永远地闭上眼睛，晏驾西去了。

赵恒在位，改元五次，共二十五年，寿五十五岁，死后，尊庙号真宗。

赵恒的辞世，标志着大宋走完了风云峥嵘的早期岁月，进入了王朝的中期时代。

肆

守成之君

宋仁宗

赵祯即位时，年仅十三岁，还是一个孩子。皇帝没有长大，根本就没有能力处理军国大事。刘太后便成了宋朝第一个垂帘听政的皇太后。

刘太后的垂帘听政，是从争吵中开始的。在起草遗诏时，宰相丁谓和参知政事王曾为了遗诏中的一个字，发生了激烈的争吵。

一　皇帝没有长大

垂帘听政

赵祯即位时，年仅十三岁，还是一个孩子。皇帝没有长大，根本就没有能力处理军国大事。刘太后便成了宋朝第一个垂帘听政的皇太后。

刘太后的垂帘听政，是从争吵中开始的。在起草遗诏时，宰相丁谓和参知政事王曾为了遗诏中的一个字，发生了激烈的争吵。

赵恒驾崩之后，刘太后召丁谓、王曾进宫商议先皇遗诏，并说奉大行皇帝之命，由皇后处分军国重事，辅太子听政。命王曾入殿庐起草遗诏。

王曾起草诏书，于"皇后处分军国事"一句，在"处分"二字前面加了个"权"字，这句话就变成了"皇后权处分军国事"，意为"权且"由皇太后处理朝政。

丁谓为了讨好皇太后，看了诏书后说："刚才太后懿旨，明明是说'处分军国事'，你怎么随意增加一个字，改为'权处分军国事'呢？这个'权'字必须删去。"

王曾显然是有备而来，正色说道："我朝从来就没有母后垂帘听政的先例，如今皇帝年幼，太后临朝，这已经是国运不佳了；加入个'权'字，是为了昭示后人，况且，增减制书内容，是相臣分内之事，这也是祖制特许的。你身为首辅，难道不知道这个吗？"

丁谓见王曾拿祖制压他，一时找不到适当的言词来进行反驳。王曾似乎是得理不让人，继续追问道："难道你是想扰乱祖宗家法吗？"

王曾说得理直气壮，丁谓也就不敢再坚持自己的意见了。

诏书送进宫里，刘太后虽然有些不满足，但并没有生气，她觉得王曾是自己人，考虑问题很周到，没有提出异议，便将诏书颁发中外，昭示天下。

诏书颁发之后，即在赵恒灵柩奉太子赵祯即皇帝位，就是仁宗皇帝。

赵祯即位后，葬先考大行皇帝赵恒于永定陵，尊庙号真宗。尊刘皇后为皇太后，杨淑妃为皇太妃。

太后垂帘听政，在宋朝是第一次，中书、枢密两府在辅政形式上又发生了冲突。

王曾说要像东汉太后辅政那样，皇帝坐在大殿的左面，请太后坐在右面垂帘听政，五天召见一次大臣。

丁谓却主张皇帝每月只要初一、十五两天接见群臣，意思一下就行了，要是有了重大事件，就由太后召集宰辅们解决，一般的事就由太监首领传奏转达就行了。

中书省、枢密院两个部门的头头意见相持不下，没有形成统一意见，不欢而散。

丁谓勾结宦官雷允恭，请得刘太后手谕，按丁谓的意见颁下诏书。

王曾知道又是丁谓从中捣鬼，无可奈何，于是暗中戒备，防止丁谓一伙宦官、佞臣扰乱朝纲。

丁谓有些飘飘然起来，雷允恭也是恃势专恣，两人的气焰格外嚣张，幸亏有刚直不阿的王曾位居枢密使，时刻监督着宦官、佞臣的一举一动，两人还有所忌惮，才使朝廷没有出现大的事件。

雷允恭事件

赵恒晚年，刘皇后基本上控制了朝政，再加上宰相丁谓等人的附和，赵恒临终时留下遗诏，要"皇太后处分军国事"，相当于让刘后掌握了最高权力。

后来，太后命丁谓为司徒，兼侍中尚书左仆射；冯拯为司空，兼侍中枢密尚书右仆射；曹利用为尚书左仆射，兼侍中。三人朋比为奸，继续扰乱朝纲，其中丁谓最为猖狂。

赵恒临终的时候，曾对刘皇后说，唯寇准、李迪两人可托大事。刘皇后当时只是含糊答应。垂帘听政之后，由于对李迪当日谏阻赵恒不要立她为后之事怀恨在心，丁谓对寇准在赵恒面前说他是佞臣之事也是耿耿于怀，不但没有遵从赵恒的遗命重用寇准、李迪两人，反而与丁谓合谋，诬陷两人是朋党，贬寇准为雷州司户参军、李迪为衡州团练副使。连曹玮也谪知莱州。

王曾实在有些看不过去了，对丁谓说，罪轻罚重，是不是再考虑一下。

丁谓手捻胡须，微笑着说："居停主人，恐怕也不能幸免吧！"

王曾强压住一腔怒火，也不再争。

赵恒驾崩后，陵寝还没有建成，尸体还未下葬。刘太后命丁谓兼山陵使，雷允恭为都监，共同操办赵恒的葬事。

判司天监邢中和对雷允恭道："山陵上百步的地方，实是个好地穴，照地理法则判断，一定宜子孙，像汝州秦王坟一样，但下面有石头，可能有水。"

雷允恭说："先帝只得一个子嗣，如果能够像秦王坟墓那样使后世多子孙，不妨将原来选定的地穴改动一下，上移百步如何？"

邢中和说，山陵是一个重大的事情，要重新踏勘，还要上报批准，要很长的时间，恐怕赶不及七月的葬期。

雷允恭叫邢中和先改动原建计划，将墓地向上移百步，他自己去向太后奏明。

雷允恭是小人得志，气焰嚣张，没有人敢违拗他的意思，邢中和只得按他的意见办，在没有得到朝廷正式批文的情况下，擅自改动原建计划，将墓地位置向上移了百步。

雷允恭赶回京城，向刘太后奏明改筑陵穴的事。刘太后吃惊地说："这是一桩很重大的事情，怎么可以轻易更改呢？"

雷允恭讨好地说，能够使先帝宜子孙，这是件大好事，没有什么可以不可以。

刘太后没有当场表态，叫雷允恭去与山陵使丁谓商议后再确定。雷允恭出宫后找到丁谓，向他说了改动真宗寝陵位置的事情。

丁谓正想讨好雷允恭，连忙称赞地说："都监说可以，当然是可以的。"

雷允恭又进宫去奏复刘太后，说山陵使丁谓也赞同改动寝陵位置。

刘太后这才批准了。

于是，雷允恭命监工夏守恩领工徒数万人开始挖山，前两天，挖出的都是一些石头，到了第三天，突然挖出了一个泉眼，清清的泉水"哗"地一下从地底下冒了出来，地穴顿时变成了大池塘。

夏守恩见了，知道这个地方再也不能作为地穴了。因为没有人会把墓地选在一个大水塘里，何况是皇帝的陵寝呢？他命令立即停工，赶紧向雷允恭汇报，请他定夺。

雷允恭立即找丁谓商量，说陵寝挖到泉眼上，地穴变成了大水塘，娄子捅大了。

丁谓有心庇护雷允恭，有些犹豫不决，没有及时向太后报告这件事。丁谓也是奸诈一世、糊涂一时，这样的大事情是蒙混得过去的吗？

恰好内使毛昌达从陵墓的工地上回来，见丁谓还没有把墓基透水的事故奏报太后，便直接向刘太后奏明了墓基透水的事情。

刘太后立即召见丁谓，责问他陵墓透水为何不上奏。丁谓不能再隐瞒了，奏请太后派人去踏勘，重新选址。

刘太后派人前去勘察，派去的人回来说，还是原先勘定的墓地最好。刘太后不放心，诏命王曾亲自去一趟。

王曾是位忠臣，对丁谓把持朝政、陷害忠良、扰乱朝纲的作为，一直不满，早就想除掉丁谓这个奸佞，只是苦于丁谓权势太重，加之又深得太后的信任，没有办法击倒他。他一直在等机会，除掉这大奸之臣。

狐狸终于露出了尾巴，王曾的机会来了。他奉命去了一趟墓地，回来请求单独见太后，在刘太后面前狠狠地参了丁谓一本。他对太后说，他奉旨到山陵去勘察后发现，原先选定的陵墓地穴位置本来就很好，是不能改动的，改动后的墓穴正在泉眼上，现在已经成了一个大水坑，根本就不能作为墓地了。他指控丁谓包藏祸心，指使雷允恭把先皇墓穴移入绝地，是怀有险恶的用心。

刘太后听后大怒，立即传召冯拯，命他即刻捕拿丁谓、雷允恭等一众更改先皇陵墓建造图纸的人，一并交大理寺治罪。

冯拯听谕后吓得目瞪口呆，有心要庇护丁谓，不由得迟疑起来。刘太后怒斥道："怎么这等迟疑！你也想与丁谓同谋吗？"

冯拯脑子转得快，连忙说道："臣怎敢与丁谓同谋呢？只是以为，皇上初承大统，先帝尚未入土为安，现诛除大臣，恐天下震动，故此稍有犹豫，想筹得个较宽大的办法。"

刘太后怒意稍解，便叫冯拯先拘捕雷允恭等人再说。

冯拯遵旨退出，立即派发兵丁逮捕了雷允恭、邢中和等人。

皇帝的陵寝事关祖庙，事关国体，陵寝出了问题，是惊天大案。案情重大，情况也不复杂，审理案件也只是走过场。一审过后，雷允恭、邢中和便判了极刑：杖死，没收家产。

丁谓的好运到头了

丁谓的好运估计要到头了，他正在为改动陵寝建造计划躲过一劫而暗自庆幸的时候，另一项罪行又爆发了。

刑部在查抄雷允恭的家产时，竟然抄出丁谓委托雷允恭命后苑工匠打造金酒器的密书，以及雷允恭请丁谓荐保管辖皇城司暨三司衙门的书信。抄家的人抄出了这些来往书信后，直接送进宫中。

刘太后见了这些证据，暴跳如雷，立即召见王曾，将丁谓、雷允恭两

第四篇　守成之君

人的来往书信交给他看。

王曾看过书信后，叹了口气，自言自语地说："常听群臣议论，说丁谓与太监相互勾结、狼狈为奸、扰乱朝纲，臣尚且不信，今天看了这几封书信，果然所言非虚。"他稍停了一会儿，接着说道："外臣与太监相勾结，狼狈为奸，祸起萧墙，祸国殃民啊！丁谓视群臣于无物，将太后玩弄于股掌，欺辱皇上，欺辱太后啊！"

刘太后听了王曾的说辞，决然地道："丁谓实在是个乱臣贼子。如果正直忠纯，怎会交结宦官，做此等不法的事呢？如果不立即重办，怎么能整肃朝纲呢？"

次日，皇上临朝，太后垂帘听政，只听太后在帘后对群臣说："丁谓身为宰相，与宦官相勾结，人格卑污至极。他以前同雷允恭向中宫奏事，都说已与大臣们讨论过了，所以本宫一概诏允，现在对证起来，竟都是他一人所为。营办先帝陵寝、擅自改动陵墓的建造计划，如果不是枢密使王曾前去察看明白，几乎误了大事。这样的乱臣贼子，真是罪不容诛！"

刘太后的口谕，给群臣传递了一个强烈的信号，丁谓要倒霉了。

冯拯、曹利用等人过去是丁谓的铁哥们，这时候担心丁谓的案子牵连到自己，立即站出来与丁谓划清界限，跪下表态，说自先帝仙逝以后，所有的政事都是由丁谓、雷允恭两人议定的，但对群臣都说是宫中的决定，臣等也分辨不清，到底是宫中的意见，还是他们自己的决定，所以，只要是他说的，我们都遵照执行。幸亏太后圣明，察觉到丁谓胡作非为，这是社稷的幸福啊！

太后当即传下口谕，命中书舍人草谕，罢免丁谓宰相之职，降为太子少保，撵到西京洛阳去了。任中正也逐出京城，出知郓州。

提拔王曾同平章事，吕夷简、鲁宗道参知政事，钱惟演枢密使。

吕夷简是吕蒙正的侄子，从前赵恒封岱祀汾，两过洛阳，都住在吕蒙正的家里，当时他就问吕蒙正，他的几个儿子中是否有可堪大用之人。吕蒙正答说，几个儿子都是庸才，唯侄子吕夷简有宰相之才。赵恒回京之后，即召吕夷简进京做官，直至提拔为知开封府，颇有政声。

钱惟演是吴越王钱俶之子，博学能文，与杨亿、刘筠齐名，曾任翰林学士兼枢密副使。

鲁宗道曾为右正言，刚直无私，赵恒常称他为鲁直。

王曾即请太后匡辅新君，每日垂帘听政，太后也同意了。自此，朝廷进入刘太后垂帘听政时期。

二　人生何处不相逢

人生何处不相逢？

丁谓的霉运还在继续。

有个女道士叫刘德妙，经常出入丁谓的家，丁谓找她来，就是叫刘德妙托词太上老君，伪言因果报应、人间祸福，借以蛊惑人心。丁谓的三儿子丁玘是个好色之徒，见刘德妙颇有姿色，便与她眉来眼去，时间长了，两人便勾搭成奸。丁谓在家里供奉一座老君法像，每天夜晚，刘德妙在后花园设醮坛祭拜神灵。夜深人静，丁玘便前往后花园同刘德妙做那苟且之事，两人成了一对露水夫妻。

雷允恭经常到丁谓家，认识了刘德妙。赵恒驾崩之后，将刘德妙带进宫中谒见太后，装神弄鬼，向刘太后说一些宫中过去之事，而且每说必中。其实都是雷允恭从中捣鬼。

刘太后不知内情，认为刘德妙是神仙，对她非常信任。刘德妙带一龟一蛇进宫，谎说是真武座前的龟蛇二将。丁谓又作龟蛇颂，说是混元皇帝赐给刘德妙的。

刘太后虽然不是一个很相信怪诞的人，但刘德妙、丁谓、雷允恭几个人说得有鼻子有眼的，不由得将信将疑起来。

丁谓的案子爆发后，刘太后对刘德妙起了疑心，命人拘捕刘德妙，并对她严加刑讯。

刘德妙受刑不过，招供说都是丁谓和雷允恭叫她这样做的，还供出与丁玘的奸情。

丁谓受到这件事的牵连，罪上加罪，再贬为崖州司户参军。他的儿子丁玘因奸情案，也一并除名，贬为庶民。

最有讽刺意味的是，丁谓到崖州要经过寇准的贬所雷州，丁谓觉得同是天涯沦落人，想去见见寇准。

寇准的家丁们听说丁谓要从这里路过，摩拳擦掌，要去整死他。寇准知道后，派人拿只蒸羊堵在雷州边境送给丁谓了事，然后把家门一关，给家丁们放假，让他们尽情赌钱，直到丁谓走远才放家丁们出来。时人为此作诗：

若见雷州寇司户，人生何处不相逢？

这两句诗广为流传，成为世人对人生观的一种警示。

第二年，寇准改为衡州司马，未赴任便得了重病，他派人到洛阳取来通天玉带，沐浴更衣后，束带整冠，向北面再拜，然后叫仆人摆卧具，躺下后便悄然而逝。

寇准所带的通天玉带是太宗皇帝所赐，上面嵌有夜明珠，黑夜里可以看见光亮，堪称至宝，寇准将这条玉带做了他的殉葬品。

寇准的灵柩运回西京洛阳，走到公安的时候，百姓沿路祭奠，插竹焚纸。月余之后，这些枯竹都发芽生笋，人们便在这个地方建了一座庙宇，称为"竹林寇公祠"。

丁谓在崖州三年，转徙雷州，五年之后迁道州，后以秘书监致仕，病死在光州。

乾兴元年十月，安葬赵恒于永定陵，以天书殉葬，庙号真宗。

鱼头参政

刘太后是一个权力欲很强的女人，也是一个很有魄力的女强人，垂帘听政不久，便提拔参政张智同平章事，召知河阳军张耆为枢密使。

刘太后提拔张耆为枢密使，颇有徇私之嫌。因为当年太宗皇帝命令时为襄王的赵恒将她赶出襄王府的时候，赵恒将她秘密地安置在张耆家里，一住就是十五年，赵恒登基之后，才将她接进宫。张耆有恩于刘太后。

枢密副使晏殊似乎不理解太后的心意，居然斗胆上言，说张耆没有什么功绩，也没有能力担此重任，大大地拂了太后的本意。当然，刘太后不能就凭晏殊向她上了这一本而对他怎么样，但从此以后，她记住了这个名字。

这一天，晏殊随太后到玉清昭应宫，家人送笏板迟到了一步，晏殊一怒之下，举起笏板打了家人几下，不小心折断了笏板。

晏殊惩罚家人的方式虽然有些粗野，但毕竟是家事，与朝政无关，刘太后竟然以此为借口，将晏殊贬出京城，出知宣州。

欲加之罪，何患无辞。刘太后实在是有些小心眼。

残年已过，改元天圣。

天圣元年（1023年）五月，议定皇后与皇帝执行相同的仪卫。

一天，刘太后突然问参知政事鲁宗道："你认为武则天怎么样？"

鲁宗道随口答："武后是唐朝的罪人。"

太后问："为什么？"

鲁宗道说："幽禁少主，更改国号，几乎毁掉了社稷，难道她不是罪人吗？"

刘太后听后默然无语，一脸落寞之态。

一天，小臣方仲弓想拍刘太后的马屁，请建刘氏七庙，大臣们都不敢提反对意见，唯独鲁宗道反问道："天无二日，民无二主，太后如建立七庙，怎么处置皇上呢？"

刘太后无言以对，只得停止了这个议案。

有一次，刘太后和皇帝赵祯同去孝慈寺，刘太后示意车夫，把自己的车子赶到赵祯的车子前面去，鲁宗道赶上前拦在刘太后的车前奏道："夫死从子，天经地义，太后母仪天下，不可以乱大法，贻笑后世，这样会遭来世人非议。"

刘太后忙命停车，让赵祯的车驾先行，自己跟随在后。

从此以后，刘太后身边的人都畏惮鲁宗道，称呼他做鱼头（鲁字上头为鱼字）参政。

还有曹利用，他自恃是勋旧，平时气焰嚣张，刘太后对他也有所忌惮，同他说话时，称呼他侍中的官称，而不叫他的名字。

这时冯拯也因病离职，朝廷又召王钦若进京为相。王钦若的专长是装神弄鬼，刘太后不怎么信这一套，因此，王钦若虽然重新入相，并没有什么作为，两年后病逝。

赵祯对王曾说："朕看王钦若，就是一个奸邪之徒。"

王曾见这个没有长大的皇帝竟有如此眼力，高兴地说："入木三分，皇上圣鉴啊！"

天圣六年，张知白、鲁宗道相继去世。刘太后敬两人是忠臣，亲临吊奠。张知白赐谥做文节，鲁宗道赐谥做简肃。宋史称刘太后为贤后，与这两件事有很大的关系。

不久，曹利用举荐张士逊为同平章事。

王曾得罪了刘太后

曹利用有个侄儿叫曹汭，官居赵州兵马监押，仗着曹利用是朝中重臣，气焰嚣张，一次喝醉了酒，得意忘形，竟然身着黄色衣服，命人向他呼万岁。

朝廷得知后,刘太后传谕,将曹汭锁拿进京,杖责而死。曹利用也不免受到牵连。

张士逊为曹利用辩护,说这件事与曹利用不相干。

刘太后非常不高兴,说张士逊是感激曹利用的荐举之恩,有意包庇。

王曾也赞成张士逊的意见,说这事与曹利用无涉。

刘太后问王曾:"你不是常说曹利用骄横无状吗?怎么又替他辩护呢?"

王曾奏对说:"曹利用平时恃宠矜功,不按规矩办事,所以要奏请皇上告诫他。但如今硬说他犯了谋逆罪,臣实在是不敢苟同。"

刘太后随即平静下来,贬曹利用为千牛卫将军,出任随州知府。张士逊也罢了职。

曹利用离开京城后,又因私贷官钱的案子爆发,被流放到房州。曹利用气愤难当,郁结于心,走到襄阳驿,自缢而亡。

之后,朝廷命任吕夷简同平章事,夏竦、薛奎参知政事,姜遵、范雍、陈尧佐为枢密副使,王曾仍为宰相。

王曾以正色立朝,在丁谓、雷允恭大权在握的时候,他能巧妙地与之周旋,最终抓住机会,将两个奸佞逐出朝廷的中枢机构。

刘太后垂帘听政期间,他也经常对太后的僭越行为进行规劝。

刘太后受册垂帘听政的时候,拟驾临大安殿,接受百官朝贺,王曾力言不可,说大安殿是皇上接受群臣朝拜的地方,刘太后不宜在那里接受百官朝贺。

刘太后做寿,又想在大安殿接受群臣拜贺,王曾再次谏止。刘太后虽然勉强采纳了王曾建议,再次将拜贺地点移到偏殿,但心里认为王曾不给她面子,隐存不满之意。

刘太后左右的亲戚想进宫谒见太后,王曾也是多方限制,弄得太后很不高兴,但又不好无故发作,只得再三隐忍。

天圣七年六月,雷雨交加,玉清昭应宫被雷火烧成一片瓦砾。

刘太后传旨把守宫的官吏统统抓起来送进了大狱。然后召集群臣,哭诉说:"先帝尊天奉道,花了那么大的人力、物力和财力,才造成这一座宫殿,一夜之间,便被烧毁得只剩长生、崇寿两个小殿,如何对得住先帝的遗旨呢?"

枢密副使范雍说,先朝造玉清昭应宫,耗尽了天下的财力,一夜之间,便被雷火化为灰烬,可见这是天意。如果因为还有两个小殿存在,又去进行维修,会耗费大量的人力、物力和财力,对百姓将是一个沉重的负担。

王曾、吕夷简也都支持范雍的奏议。

王曙也说："这都是天意，不应处罚他们。"

刘太后与赵祯顿时感悟，下旨减轻守宫官吏的刑罚，罢除诸宫观使，二殿改为万寿观，不再投巨资维修。

按理说，玉清昭应宫的案子是结了。但刘太后竟迁怒于宰相王曾，说他对这件事处理不力，罢免他的相职，命他出任青州知府。

皇帝不知有生母

转眼间，仁宗赵祯已年过二十。秘阁校理范仲淹屡次上书，请太后还政。太后没有作任何答复。

晏殊是范仲淹的举荐人，得知范仲淹上疏请太后还政，责怪说："你怎么这等狂率？如果太后加罪，岂不累及举荐的人吗？"

范仲淹正色答道："我范仲淹承蒙你举荐，总担心自己不称职，有辱你的名声，不想我忠直敢谏，竟然还得罪了你。"

晏殊大感惭愧。

范仲淹见太后越礼，朝中没有人敢于直言，自己说真话，不但得罪了太后，还得罪了举荐自己的人，觉得很是憋气，打报告请求外任。

刘太后没有挽留，命他出任河中府通判。

范仲淹虽然去了河中府，但有一个人记住了他的名字，这个人就是赵祯。

天圣十年残岁，赵祯改元明道，次年为明道元年（1032年）。

二月，赵祯的生母李顺容病重，刘太后下诏把她进位为宸妃。

赵祯虽然已经长大了，由于李宸妃不肯说出自己就是皇上的生母，宫中的人慑于刘太后之威，更没有人敢说出真相。赵祯将刘太后视为生母，不知自己是李宸妃所生。

李宸妃进位不久后，竟一病而逝。

李宸妃死了，刘太后想用宫人礼治丧，移棺出外安葬。

吕夷简见李宸妃逝世后，朝廷没有什么举动，便奏问刘太后，说李宸妃薨逝了，怎么没听得内旨发表。

刘太后反问："宰相怎么干预宫中之事？"

吕夷简说："臣是宰相，宫里宫外之事，事无巨细，他都应该知道。"

刘太后立在帘子后面问吕夷简："死了一个宫人，宰相却要这样郑重其事地上奏，到底是什么意思？"

吕夷简奏答道："其他宫人死了，臣可以不问；李宸妃薨逝，臣就非问不可。"

刘太后质问说："宰相是要离间我们母子之间的关系吗？"

"臣怎敢离间太后与皇上的关系呢？"吕夷简不卑不亢地说，"请问太后，想不想保全刘氏的后人？"

"此话怎讲？"太后站在帘后惊问道。

吕夷简回答说："太后如果想保全刘氏后人，就必须厚葬李宸妃，该有的礼节，一样也不能少。"

刘太后是个聪明的人，吕夷简轻轻一点，她就意识到了问题的严重性，不由得惊出一身冷汗。

这时，司仪禀报，本年不利于下葬。

太后对吕夷简说："你退下吧！我知道了。"说完就进后宫去了。

内侍总管罗崇勋正要跟着进去，吕夷简一把拉住他说："且慢！"

"吕相有什么事吗？"罗崇勋惊问。

"你去对太后说。"吕夷简慎重地说，"宸妃必须用皇后的服饰入殓，用水银盛满棺，这样才能保得安全。他日别说我吕夷简没有提到，到时后悔就晚了。"

罗崇勋把这话转告了刘太后。

刘太后大悟，完全依照吕夷简所说的办法执行，将灵枢停放在洪福院中。

太后归天

李宸妃的丧事刚办完，宫中突然失火，朝野对此议论纷纷，都说这是上天的惩罚。

刘太后召见群臣，请大家直言朝政过失。殿中丞滕宗谅、秘书丞刘越，奏请太后还政于皇上，以赎天谴。两疏送上去后，没有得到任何回音。

明道二年春，刘太后突发奇想，想穿上皇帝的衮龙袍享祭太庙，真正地过一把皇帝瘾。

薛奎进谏道："太后穿戴天子衣冠享祭太庙，用什么拜礼呢？史官怎样记载这件事以传后世呢？"

刘太后默然，但仍然没有打消这个念头，在春祭之日，刘太后穿着按照仪天冠、衮龙袍改造的太后礼服，偕同杨太妃、郭皇后，至太庙祭享。刘太后先祭，杨太妃次祭，郭皇后终祭。

祭祀完毕，群臣敬上刘太后尊号为应元齐圣显功崇德慈仁保寿皇太后。

　　这一天，刘太后忽然染病，赵祯征召天下名医诊治，并大赦天下，以求为太后祈祷。然而，太后的病不但未见好转，反而越来越沉重。刘太后知道自己的死期到了，遗诏尊杨太妃为皇太后，与皇帝同议军国事。

　　三月，刘太后病逝。

　　赵祯在太后灵前痛哭流涕，哭着问群臣，说太后临终时，嘴里说不出话，几次用手拉着衣服，像是要说什么，却又来不及说出来，不知是何缘故。

　　薛奎说道："太后的意思，想必是自己穿着龙袍，这样的穿戴，如何见先帝于地下。"

　　赵祯顿然醒悟。即用皇后的冠服给刘太后装殓，发丧告哀。

三　女人的折腾

惊天秘密

　　赵祯办完了刘太后的丧事，便欲遵照刘太后遗诏，奉杨太妃同议军国事。

　　御史中丞蔡齐找到宰相吕夷简，说皇上已经成年，现在亲政已经太晚了，怎么还要让母后亲政呢？

　　由于这件事情关系重大，吕夷简等人不敢作出决定。正好八王爷赵元俨进宫吊丧，听说了这事，愤怒地道："太后是国母的称号，刘太后已经很勉强了，还要杨太后？"

　　吕夷简见八王爷说得突然，大惊失色。赵祯起了疑心，询问八王爷，到底是怎么回事？

　　赵元俨冲着赵祯说道："治天下莫大于孝，陛下临朝十几年，连生母是谁都不知道，能说是尽了孝道吗？"

　　"皇叔！"赵祯惊慌地问，"你这话是什么意思？你是说太后不是朕的生母？"

　　赵元俨说："陛下的生母是李宸妃，刘、杨二后，不过代为抚养罢了。"

"这是真的吗?"赵祯惊慌地问道,"皇叔为何不早说?"

赵元俨奏道:"刘太后虽非陛下生母,但她对陛下的爱护胜于己出,先皇在世时,也没有说什么,臣敢冒奏吗?陛下登基之时,又值四凶当道,专制朝政,内外交相蒙蔽,臣唯恐仓促启奏,不但起不到作用,反而会遭到奸人构陷,臣死固不足惜,万一殃及陛下和李宸妃的安全,臣岂不是成了千古罪人?纸是包不住火,这件事终究会大白于天下。十余年来,臣深居隐讳,便是等到有一天将这件事亲口告诉陛下。"

赵祯两眼盯着吕夷简问:"吕相,这是真的吗?"

吕夷简连忙跪奏:"八大王所奏句句属实。陛下确是李宸妃所生,宫中人人都知道。八大王今天不说这件事,臣也会选择一个适当的机会向陛下奏明。"

赵祯贵为天子,竟然被蒙骗了二十年,生母近在咫尺却不能相认,不由放声大哭,并欲立即赶赴李宸妃殡所,亲视遗骸。

吕夷简连忙奏道:"陛下当先全大义,后及私恩。刘太后与杨太妃抚养调护陛下二十余年,恩勤备至,陛下先处理好刘太后之事,再去探视李宸妃的遗骸。"

赵祯止住悲伤,下诏遵刘太后遗旨,尊杨太妃为皇太后,删去"参决军国事"一句。

八王爷奏道:"杨太妃既可尊为皇太后,李宸妃更应当追尊为皇太后。"

赵祯点头同意,下诏追尊李宸妃为皇太后,谥为庄懿。

赵祯办完了亟待办理的事情后,驾临洪福院,祭拜之后,立即命人开棺。

棺材打开了,棺内注满了水银,庄懿皇太后身穿皇后冠服,安详地躺在里面,由于有水银保护,尸体保存得非常好,容颜如生,就像睡着了一样。

赵祯见生母身着皇后的服饰,安详地躺在里面,心中稍安。

刘太后的丧事办得很隆重,谥章献明肃。

十月,刘太后与李太后同时安葬于永定陵。

赵祯虽然厚葬了生母,但并没有冲淡对母亲的无限愧疚,他一定要让自己的母亲享受到生前未曾得到的名分。经过朝廷上下一番激烈的争论,最终,将真宗赵恒的第一位皇后郭氏列入太庙之中,而另建一座奉慈庙,分别供奉刘氏、李氏的牌位,刘氏被追谥为庄献明肃皇太后,李氏被追谥为庄懿皇太后。

奉慈庙的建立，最终确立了赵祯生母的地位，同时也意味着年轻的赵祯在政治上的日益成熟。

郭皇后结了个仇人

赵祯亲政后，连续下了几道诏书：将刘太后最宠幸的罗崇勋、江德明等人遣出京城；召回因奏请刘太后还政于皇上而获罪，被刘太后逐出京城的范仲淹、宋绶；停止兴修寺观；裁冗员，内外政令一新。

这时候，朝野上下直接或间接攻击刘太后垂帘时政事的人越来越多，刚回京任右司谏的范仲淹以前虽然强烈要求太后还政，甚至还受到不公正的待遇，但他并未借机报复，而是对赵祯说，太后受先帝遗命，保护陛下十多年，虽然有一些小小的过失，当遮掩的要遮掩，要保全太后的名声。

赵祯听了很是感动，下令不许再议论太后垂帘时的事情。

当年太后垂帘，范仲淹奏请太后还政，没有得到重视而愤然自请出京，体现了他的忠。这一次，他不计前嫌而要保护太后的声名，体现了他的大局观。赵祯对范仲淹有了更深的认识。

吕夷简揣摩时政，上了一道奏疏，提出了八条建议，这就是：正朝纲；塞邪径；禁贿赂；辨佞人；绝女谒；疏近习；罢力役；节冗费。

赵祯立即召见吕夷简商议，准备将张旻（张耆恢复了原名）、夏竦、晏殊、范雍等全部免职。

赵祯回宫之后，将这件事告诉了郭皇后，夸吕夷简忠诚。郭皇后却不以为然地说，吕夷简一样也是庄献明肃皇太后的人，不过他为人狡猾，善于应变罢了。

赵祯说："既然是这样，朕一并也罢了他的宰相之职。"

第二天早朝，宣旨官宣布，参知政事晏殊、参知政事陈尧佐、枢密使张旻、枢密副使夏竦、枢密副使范雍、枢密副使赵稹等执政大臣都被免职，外放到地方。最后加了一句：同平章事吕夷简改授武胜军节度使，去治理陈州。

吕夷简震惊得不知所措，因为他一点思想准备都没有。宣旨官重复叫他的名字，他才如梦初醒，慌忙跪下接旨谢恩。

吕夷简不知道自己是怎么回家的，不知问题出在哪里，方案是他提出的，罢免哪些人，皇上还征求了他的意见，怎么自己突然被列入了被贬的名单，而且事先一点征兆都没有。他实在是想不通。通过内侍副都知阎文应这条渠道，才知道是郭皇后的一句话。离开京城时发誓说，如果有一天再得志，一定要将郭皇后逐出中宫，以报今日之仇。

赵祯亲政后，将刘太后垂帘听政时的朝廷中枢领导班子一锅端，重新起用一直被刘太后打压的李迪接替吕夷简，命王随参知政事，李咨为枢密副使，王德用签书枢密院事。降诏追复病逝雷州的前宰相寇准官爵，赐谥做忠愍。

两个月后，谏官刘涣上疏陈事，奏疏内有一句话为："臣以前奏请太后还政，触怒了皇太后，几乎被贬出京城，幸亏陛下采纳吕夷简之言，体量臣的愚忠，准臣待罪阙下。臣受恩深重，故不避斧钺，上疏言事。"

赵祯看了刘涣的奏疏，想起以前的事情，又觉得吕夷简是个忠臣，郭皇后所言非实，下诏将吕夷简召回京，官复原职；提拔刘涣为右正言；命宋绶参知政事，王曙为枢密使，王德用、蔡齐为副使。

吕夷简是个有仇必报的人，重新秉政后，时刻都在等待机会报复郭皇后。郭皇后已经是危机四伏了，但她还蒙在鼓里，什么也不知道。

说到郭皇后，就必须牵涉到刘太后，而说到刘太后，又必须要牵涉到赵祯，因为郭氏被封为皇后，中间还有一番纠葛。

废后的风波

刘太后在世时，同赵祯的关系并不是很融洽，常有些磕磕碰碰，特别是在婚姻大事上，赵祯明显地感觉到来自太后的专横。赵祯最先看上的是富有钱财的王蒙正之女，武断的刘太后根本就不予理会，硬是将这个"姿色冠世"的少女许配给刘美的儿子刘从德。刘美就是那个银匠龚美，他在刘氏册立皇太后之前已去世，留下两个儿子，刘从德是刘美的长子，刘太后此举是要报龚美之恩。然而却极大地伤害了少年皇帝的心。

赵祯喜欢的女人被许给了刘从德，太后选了几个有身份的少女进宫，作为皇后候选人，其中，已故平卢节度使郭崇的孙女、石州推官张尧封之女张美人先后入宫。

赵祯当时看中的是张家女子。太后再次自作主张，立张氏为才人，立郭氏为皇后。这一决定再次使少年皇帝遭受到打击，此后很长时间对正宫很冷淡。

吕夷简时刻都伺机报复郭皇后，机会终于来了。

郭皇后有刘太后做靠山，逐渐养成骄纵自恣的性格。太后死后依然旧习不改，垄断后宫。赵祯亲政后，力图摆脱太后的影响，其中一个重要变

— 198 —

化就是后宫嫔妃纷纷得宠。当时最受宠的是尚美人和杨美人。

郭皇后不免心生嫉妒，拿出正宫娘娘的身份，对尚美人、杨美人严词谴责。尚美人、杨美人不服，自恃有皇上宠爱，居然与郭皇后反唇相讥，彼此之间的积怨越来越深。

这一天正是隆冬天气，天上下着鹅毛大雪，天气格外寒冷。赵祯退朝回宫，同郭后、尚美人、杨美人围着火炉取暖。尚美人故意撒娇，倒在赵祯的怀里。郭皇后看不过去，怒斥道："成何体统，还不放尊重点！"

尚美人抿着小嘴，反唇相讥："我自求皇上取暖，干你甚事？皇上尚且乐意，哪里碍着了皇后？"

郭皇后离座而起，一巴掌打了过去，尚美人乘机钻进赵祯的怀里，赵祯侧身相护，这一巴掌打在赵祯的脖子上。

赵祯非常恼火，训斥了郭后几句，带着尚美人去了西宫。

内侍阎文应把这件事告诉了吕夷简。吕夷简觉得这是报复郭皇后的好机会，命阎文应去奏请赵祯废掉皇后。

尚美人还在赵祯面前哭哭啼啼，说皇后欺侮她是小事，打了皇上却是大逆不道，如果再不惩戒于她，今后还不知要出什么事呢！

阎文应乘机奏道："皇后无礼至极，皇上还要宽容她吗？"

赵祯说事情已经过去了，还能把皇后怎么样？

阎文应却说，就是寻常百姓家，妻子也不能凌夫，何况皇上贵为天子，怎么能受皇后的欺凌呢？皇后如此不知礼节，大逆不道，根本就没有资格位居中宫，应该废掉。

"为这点小事就废掉皇后，能行吗？"赵祯反问。

"欺凌皇上，这还算小事吗？"阎文应说道，"皇上如果以为臣说得不对，可以召吕宰相来商量一下，看皇后欺凌皇上，能不能宽容。"

赵祯本来不想把皇后怎么样，可一来看到自己心爱的女人哭哭啼啼的，二来阎文应像个拨棍一样，从中煽阴风、点鬼火，一下子就将压抑在心头多年的怒火挑起来了。立即传召吕夷简，把脖颈上爪痕给他看，问他如何处理这件事。

吕夷简说："皇后太过失礼，不足以母仪天下。"

赵祯还有些犹豫不决。

吕夷简是铁了心要报复郭皇后，说只要是陛下的旨意，谁也不敢议论，况且，废后在从前早有先例，光武皇帝是汉朝的明主，郭后对他稍有怨言，便把她废了。郭皇后打伤陛下，比郭皇后对光武帝的事情性质严重得多，废掉她又有何不可呢？

赵祯听信了吕夷简的谗言，决意废黜郭皇后。

第四篇 守成之君

— 199 —

为了给废掉皇后找一个理由，吕夷简想出一个点子，就说皇后无子，愿意出家，特封为净妃，玉京冲妙仙师，居长宁宫。

吕夷简为了防止百官谏阻，特地从赵祯那里请了一道圣旨，命有关部门不得受理谏阻废后的奏章。

废后的诏书颁发后，引来朝廷一片大哗，中丞孔道辅、谏官范仲淹、孙祖德、宋庠、刘涣、御史蒋堂、郭劝、杨偕、马绛、段少连等联名上疏，奏请赵祯不要轻易废掉皇后。

由于吕夷简早就请了一道圣旨，这些奏疏根本就进不了宫。于是出现了官员集体聚集在皇帝寝宫门前进谏的千古奇观。

内侍将百官在宫外跪求的情况报告给赵祯，赵祯命内侍传话，有事去中书省同宰相吕夷简答话去。

孔道辅率领众人来到中书省，质问吕夷简："大臣侍奉皇帝、皇后犹如儿子侍奉父母一样；父母不和，应当谏止，奈何顺父出母呢？"

吕夷简道："废皇后在汉、唐已有旧例，怎么不可行？"

孔道辅厉声道："做臣子应当导引皇帝做尧、舜一般的君主，怎得援引汉、唐失德的故事作为法则呢？"

吕夷简不能对答，拂袖而去。进宫奏请赵祯说："臣子在寝宫外请皇上答话，这不是太平盛世的现象，请陛下谪贬几个人，杀一儆百，以儆效尤！"

第二天，孔道辅还想召集百官与吕夷简廷争，谁知还没有上朝，圣旨已经下来了，谪贬孔道辅知泰州，范仲淹知睦州，孙祖德等人都被罚三个月薪俸。规定从此以后，群臣之间不得相互辩论政事。

贪色过度很伤身

郭后被废，尚美人、杨美人更是得宠，每天晚上缠着赵祯行云雨之乐，赵祯纵欲过度，身子被掏空了，人也被弄得萎靡不振，上朝没精打采，昏昏欲睡。群臣看在眼里，急在心头，谁也不敢谏奏。又过了一段时间，竟至卧床不起。

杨太后听得赵祯卧病不能上朝，亲自前去探看，见了赵祯的模样，大吃一惊，向内侍追问病源。内侍先只得从实奏明。杨太后大怒，立即传下懿旨，命阎文应将尚美人、杨美人遣送出宫。

赵祯虽然舍不得，但母后的懿旨难违，只得忍心绝爱。

次年改元景祐，九月，诏命废郭后出居瑶华宫，另选曹氏入宫待册。

曹氏是曹彬的孙女，入宫后很得赵祯的欢心，时间不长，便被册立为皇后。曹后宽仁大度，驭下恩威并施，正位以后，宫中莫不畏威怀德，禁内肃然。

有一天，赵祯忽然想念前皇后郭氏，派一个太监前去问候，写了一首诗赐给她，郭氏也写了一首诗交由宫使带回。赵祯见郭氏的诗意境凄婉，起了怜悯之心，对废后之事颇有悔意，命太监前去传召她进宫。

郭氏辞谢宫使说："万岁如要召我再入后宫，须百官立班受册，方可奉旨。如此草草，虽有圣谕，实无颜进去见诸宫人。"

传旨太监向赵祯转告了郭氏的话，赵祯心下好生为难，迟迟下不了决心。

阎文应知道这事后，担心郭氏一旦回宫，他有性命之忧，暗地策划阻止赵祯与郭后和好的计策。恰逢郭氏偶染小疾，赵祯命阎文应领太医前往诊视。阎文应心里不由一阵激动，携同太医，至瑶华宫诊治郭氏疾病。

郭后经太医诊视后，服药不久，竟然一命呜呼了。

赵祯听报，恻然泪下，命用皇后礼仪殓葬。景祐三年（1036年）正月，下诏追复为皇后。

宫廷内外，都怀疑郭后的死是阎文应下毒所致，可是又找不着实证，奈何不了他。恰在此时，范仲淹调任开封府知府，上表弹劾阎文应，请赵祯按律处治。

赵祯也因郭氏死得不明不白怀疑阎文应捣鬼，见了范仲淹奏疏，立即下诏，将阎文应流放到岭南。

阎文应在宫中过惯了衣食无忧的日子，受不了长途跋涉之苦，又气又病，死在赴岭南的途中。

过了一段时间，杨太后病逝，葬于永定陵，谥庄惠。

赵祯经此两番悲伤，益觉精神不振，时有头晕目眩、停食失眠诸症，幸得曹后看护殷勤，才渐渐复原。

曹后见赵祯体质亏弱，估计他已经没有生育能力，奏请赵祯在宗室中择取一子，作为皇嗣。赵祯赞同曹后的建议。所选之人，是太宗嫡孙赵允让的第十三子，名做赵宗实，年方四岁，取入宫中，由曹后抚养。此子长大，就是英宗皇帝，这是后话。

四　狼烟在西北升起

西夏变迁

宋朝的边患，不仅来自于北边的契丹，还来自于西夏。

西夏自从李德明接过李继迁的权力以后，就试图和宋廷修好，因为他接受了父亲李继迁的忠告，要想过上平安的日子，最好的办法是同宋修好，每年从宋得到一些补助，这样比较实惠。宋、辽签订"澶渊之盟"之后，李德明更是感受到来自宋廷的压力，缺少了强大的辽国的支援，西夏的日子更难过，"和谈"被摆上议事日程。

赵宋皇帝赵恒也不想打仗，于是给愿意称臣的李德明很优厚的待遇，授李德明定难军节度使、西平王，每年以"赐"的名义给他们银万两、绢万匹、钱二万贯、茶二万斤，开放边境市场，互通有无。

李德明很精明，周旋于宋、契丹之间，向契丹称臣，借助契丹的势力向赵宋讨赏。

辽兴宗为了拉拢李德明，把公主嫁给李德明的儿子元昊，封他为夏国王，宋朝不甘落后，加封李德明为夏王。

李德明已据有夏、宥、银、会、绥、静、灵、盐、胜、威、定、永和甘、凉、瓜、沙、肃等州的广大区域，"东尽黄河，西界玉门，南接萧关，北控大漠"，实力比李继迁时还强。

实力的增强带来了野心的膨胀，李德明开始做起了皇帝梦，平时排场模仿中原皇帝的样子。并于天禧四年（1020年）在灵州怀远镇（今宁夏银川）修建都城，正式建都。

李德明称帝的准备还没有完成，就在明道元年（1032年）十月病死了。

李德明死后，儿子元昊登场。元昊的出现，对大宋和西夏，都是一场噩梦。

元昊粉墨登场

元昊从小就聪明过人，喜好读书，不仅通晓蕃、汉文，而且精通佛学，但他并未因精通佛学而行善积德，而是以穷兵黩武为乐事，并不吸取佛学慈悲为怀的精髓。李德明活着的时曾告诫元昊，说西夏连年战祸，百姓的日子过得很苦，臣服于宋后，才过上了锦衣玉食的生活，百姓也得到了休养生息。这都是宋廷的恩惠，嘱咐元昊千万不要有背叛宋廷的想法。

元昊不服气，说穿兽皮牧牛羊，是本民族的习俗，没有必要穿宋朝的绫罗绸缎。大丈夫生为英雄，就应该自创帝业，不应该为一袭锦衣而甘作宋廷的奴隶。

李德明死后，元昊继位。

宋和契丹两国忙开了，宋廷派使臣杨吉前往西夏，册封元昊承袭西平王位，并授予他定难军节度使，夏、银、绥、静、宥等州观察使等职。契丹派使臣去册封元昊为夏国王。

元昊左右逢源，来者不拒，从两边都得到好处。

元昊袭封之后，立即启动做皇帝的程序。他仿效赵宋制度，在中央设立中书管理行政，枢密管理军事，三司（户部、度支、盐铁）管理财政，御史台管理监察弹劾，磨勘司管官吏考察和升降等等。

新的管理体制建立后，元昊又模仿汉人的做法，对旧的机制进行改革。接着便是整顿军队，训练士兵，一切都是有条不紊地进行。目标是蓄积力量，准备反宋。

经过两年的准备。景祐元年（1034年），他开始行动了。

这一年，元昊亲自率领西夏骑兵偷袭了庆州，将庆州城抢掠一空，放纵士兵奸淫妇女，然后屠城。随后又纵横宋夏边境，攻城拔寨，连打了几场胜仗，宋军闻之胆寒，就连正在哭闹的小孩听说西夏兵来了，吓得不敢哭了。

赵祯想通过安抚来维持边境安宁，颁诏抚慰，让元昊兼任中书令。

元昊将祖父李继迁的狡诈学得惟妙惟肖。表面上接受宋帝的封赐，暗中却派遣部将苏奴儿率二万五千精兵攻打吐蕃。

角厮罗得知西夏兵来犯，设计将苏奴儿的部队引入险地，关起门来打狗。西夏兵几乎全军覆没，主将苏奴儿被活捉。

元昊得知前军战败，主将被擒，亲率部队进攻吐蕃，攻占猫儿牛城，围攻宗哥、带星岭等城，最终还是被吐蕃击败，带领残兵败回。

角厮罗派人向赵宋皇帝报捷，赵祯下诏，升任他为保顺军留后。

西夏立国

元昊攻打吐蕃失败后，又转攻回纥。夺取了瓜、沙、肃等几个州，疆域越来越大，气势也越来越盛。

说到西夏的逐渐强盛，有两个不得不说的人，因为这两人对西夏的崛起，起到了至关重要的作用。

华州有两个书生，一个姓张、一个姓吴，两人虽然满腹经纶，科举却屡试不中，一气之下结伴到塞外旅游，得知元昊威震西陲，便想到西夏谋个一官半职。为了造成轰动效应，两人给自己重新起名，姓张的叫张元，姓吴的叫吴昊。

两人到灵州后，进入闹市的一家酒楼豪饮。向店家要了一支笔，在酒店的墙壁上写上："张元、吴昊到此一游"。

元昊是西夏国主的名字，这可犯了西夏人的忌讳，加之他们又是在大庭广众之下乱涂一气，引起了西夏人的注意。巡查的西夏大兵毫不客气地将两人绑了，带见元昊。

元昊怒斥道："入国问讳，你们既然到了西夏，就要问问这里的规矩，难道活腻了吗？"

张元、吴昊冷笑着说："你连祖宗留给你的姓都不在意，怎么在意自己的名字呢？"

原来，元昊本姓李，祖父叫李继迁，父名李德明，由于投降赵宋之后，赵宋皇帝赐给他国姓赵。故此，元昊本应为李元昊，却叫赵元昊。

元昊毕竟是一代枭雄，马上意识到两人是有备而来，亲自替二人松绑，赐坐，虚心地向他们请教治国之道。一番长谈，觉得二人确实不凡，立即封他们高官，不久之后，还派人偷偷把二人的家眷接到西夏。

张元、吴昊二人从此把自己彻彻底底卖给了西夏。尽力帮助西夏建章立制，制定大政方针和侵宋计划，史称"夏人以为谋主，凡立国规模，入寇方略，多二人导之"。

元昊得到二人的辅佐，如虎添翼，势力日渐强大起来。

宝元元年（1038年）十月，元昊改灵州为兴州，改西平府为兴庆府，作为国都，自立为帝，建国号大夏（宋人称为西夏），建元天授。设十六司部理国务。置十二监军司，派各部酋长分军管辖。

夏有军队五十万，四面布防。元昊还自创西夏文字，形体似汉字的隶书。

元昊准备攻打宋朝，他的叔父山遇劝他不要叛宋，元昊不但不听，反而将叔父臭骂了一顿。山遇带着妻儿投宋，宋延州知州郭劝却把山遇拿住，押回西夏，元昊残忍地将叔父一家老小全都杀了。看来，元昊是铁了心要反宋。

元昊先派使臣向宋廷上表，希望宋廷承认大夏国的合法地位。

狼烟在西北升起

赵祯收到元昊的表章后，召开会议，让大臣们讨论。很多人主张采取武力行动，向元昊兴师问罪，把这个分裂分子镇压下去。

有个叫吴育的谏官提出了一个缓兵之计，认为承认元昊的地位，不过是一个虚名，宋廷表面满足元昊的要求，以滋长其骄气，暗地里则加紧备战，一旦真的公开决裂，我们也有防备，这叫做欲擒故纵。

赵祯不同意吴育的欲擒故纵之策，下诏把过去封给元昊的所有官职爵位全部撤销。

这不过是表明一个态度，因为元昊自己要做皇帝，根本就不稀罕宋廷赐封官职。

表明态度容易，要采取打击元昊的行动就有点难。因为多年以来，宋廷根本没有整顿武备，以至于"庙堂无谋臣，边鄙无勇将；将愚不识干戈，兵骄不知战阵；器械朽腐，城郭隳颓"。这样的军队连守边境、抵御外敌入侵都有些力不从心，更不用说发兵西夏，去教训那个远在西陲的元昊了。

既然不能用武力解决问题，于是就采取经济制裁。赵祯下令，停止和西夏的贸易往来，并公开悬赏，许诺谁有本事擒杀元昊，就让他当定难军节度使。

为了防止西夏入侵，赵祯命知永兴军夏竦兼泾原、秦凤路安抚使，知延州范雍兼鄜延、环庆路安抚使，两人共同管理夏州。

知枢密院事王德用奏请率兵西征，赵祯不答应，理由是王德用的相貌。据说王德用长得威武雄健，相貌酷似宋太祖赵匡胤，且治军有方，深受兵士的爱戴。有人在赵祯耳边煽阴风，说王德用不宜留在枢密院，更不应该执掌兵权。赵祯听信谗言，不仅不让王德用带兵西征，还把他降为随州知州，改任夏官运亨通赟知枢密院事。

宝元二年（1039年）十一月，即元昊称帝的第二年，这位西陲枭雄终于发动了对宋的战争。

西北狼烟升起了。

元昊这次出兵反宋，不但没有捞到什么好处，反而败在一个名不见经传的小人物手下。发生这样的事，不仅对元昊是当头一棒，而且也令赵宋皇帝和那些呆在汴梁夸夸其谈的文武大臣们大跌眼镜。

事情的经过是这样的。

元昊率领八万大军进攻保安军，一路上势如破竹，当西夏军走到一个叫安远寨的附近，突然从前面山坳里冲出一小股宋军前来应战，充其量只有三四千人，西夏军根本就没有将这一小股宋军放在眼里，元昊也毫不在意，命前军去把这股宋军干掉。不料刚一交锋，突然从宋军阵中冲出一位披发仗剑、头戴金色面具的将军，夏兵一片哗然，顿时大乱。

宋军中这位披发金面的将军率先冲入夏军阵中，如虎入羊群一般，势不可挡，夏兵将士一片惊慌，连元昊也没有办法，夹在溃散的乱军中仓皇而逃。

宋军阵中这位虎将，就是巡检指挥使，后来名扬天下的狄青。

狄青是河西人氏，骁勇善战，最初任骑御散直，随军西征，屡建战功。他平时打仗有一个习惯，就是戴着铜面具，披着长发。他觉得，以这样的形象出现在敌人面前，可以对敌人起到威慑的作用。民间小说中，说狄青有仙术，纯属无稽之谈。

保安军的捷报传到京城，赵祯本想召见狄青，向他询问御边方略，后因战事紧迫，狄青难以离开前线，就让他画出作战地图送至京师。

元昊在与保安军之战中没有捞到什么好处，就又纠集三万兵马进攻承平寨，结果又被宋军迎头痛击，除死伤数百名士兵外，还死了一名中级将领。西夏军损兵折将，再次铩羽而归。

保安军之战，宋军依仗狄青的奇兵吓退西夏军，承平寨之战，宋军却依仗有城防的掩护，打的是防御战，侥幸取胜。小打小敲，胜负对战局没有什么影响。但在宋军中产生了一种错觉，认为西夏军不过如此，一种轻敌之气在宋军中悄然蔓延。这为此后的连战连败埋下了祸根。

元昊并不在意几次小败，因为他的进攻本来就是试探，胜负并不重要，摸清宋军的虚实才是目的。

五　疯猫戏病虎

一败三川口

西夏和宋以国土、国力相比,一个是猫,一个是老虎。理论上讲没法相提并论的。但理论和现实往往不能画等号,比如说猫和老虎,假如虎是病虎,猫是疯猫,就有可能出现猫调戏老虎的怪事。西夏是疯猫,宋朝是病虎。

元昊经过多次试探性的进攻,摸清了宋西北边防的情况。认为延州地势平坦,便于骑兵作战,决定将突破口选在延州(今陕西延安市)。

康定元年(1040年)正月,宋、夏之间第一场大战爆发了。

延州北面有个地方叫金明寨,进攻延州,这是一道绕不过去的关口。为了麻痹宋军,元昊派了一支部队大张旗鼓地去攻打保安军,接着又派人给延州安抚使范雍送去一封信,说夏军与延州是兄弟,两军各守疆界,互不侵犯,井水不犯河水。

范雍是一个没脑子的人,以为延州从此无兵患,放宽心地躲在延州城花天酒地,逍遥快活,在军事上没有做任何有效的防备。

这一天,范雍正在延州城饮酒作乐,突然听到城外炮声震天,正在惊慌之际,突然有探子来报,说西夏军已包围了延州城。

范雍得知敌人踏平了金明寨,大军已攻到城下,知道中了元昊声东击西之计,因为他收到元昊互不侵犯的信,便将部队派去支援保安军了,延州只剩下二三千守军,面对数万西夏虎狼之师,延州等于是一座空城。

范雍立即飞檄各路将士,火速回援延州城。

范雍的副将刘平、石元孙在庆州接到檄文,立即驰援延州,都监黄德和、巡检万俟政、郭遵等也由外地飞驰延州。行进中途,宋军各路将士合兵一处,风风火火地驰往延州。

战争,拼的不仅是实力,还有指挥员的智慧。元昊虽然生长在西陲,却是一位枭雄,对《孙子兵法》颇有研究,虽然围住延州城,却不急于攻城，用起了围点打援的战术，在延川、宜川、洛川三条河流汇合的三川口布下埋伏，等着驰援延州的宋军朝里钻。

宋将刘平率前队刚进入三川口西夏军的伏击圈，突然从四面八方杀出无数敌人，首先迎上来的是盾阵，结成排向宋军压过来。刘平忙将钩枪手调到前面，钩枪对付盾阵，一物降一物，西夏的盾阵顿时被攻破。刘平一马当先，冲入敌阵，一支飞箭射中刘平面颊，刘平忍痛拔出箭头，连伤都不包扎，继续率军杀敌。

元昊见宋军在那个不要命的将领的带领下，眼看就要突破重围，传令挡住这股宋军，退后者杀无赦。

刘平虽然骁勇，手下的士兵也很拼命，但毕竟力量悬殊。见难以突出重围，命众军结成方阵，以待后军支援。

再说后军黄德和，见前军中了埋伏，两军展开血战，杀得血肉横飞，被如此惨烈的战斗吓破了胆，竟勒转马头逃命去了，士兵群龙无首，纷纷夺路而逃，宋军阵势彻底崩溃。

万俟政、郭遵率领的部队见黄德和率军溃退，也跟着扭头就跑。刘平等率军在那里孤军作战，终因寡不敌众而被俘遭杀。

三川口之战，以宋军大败而告终。

元昊围城打援歼灭了宋军的援军，将主力齐聚延州城下。

范雍得知援军覆灭，夏军兵临城下，将城中军民驱赶上城墙守城。延州城依山而筑，易守难攻，宋军虽然兵力不足，夏军想破城也不是一件容易的事。恰在此时，天降大雪，两军不能再战，元昊撤军。延州之围自解。

三川口之战是西夏建国后取得的第一场大胜仗，这次胜利刺激了元昊的欲望。

二败好水川

黄德和是逃兵，为了脱罪，反而诬陷刘平勾结西夏，才致使宋军大败。朝廷不明情况，派殿中侍御史文彦博赶往河中调查。

文彦博为人正直，一经调查，水落石出。于是，黄德被处以腰斩。范雍贬为安州知府。追封刘平，并抚恤他的家人。

赵祯下诏，命户部尚书夏竦为陕西都部署兼经略安抚使，并命韩琦前去安抚陕西。

韩琦接到任命后，进宫陛辞，并乘机保荐范仲淹出守西北边关。赵祯有些犹豫，没有表态。

韩琦说，范仲淹因为参劾吕夷简被贬到越州。朝廷怀疑他结朋党，如今西北战事吃紧，自己如果为了避嫌而不举荐，便是埋没人才而误国家大事。并说如果出了问题，自己愿负连带责任。

赵祯见韩琦言词恳切，而且他对范仲淹的印象也不错，便答应了韩琦的举荐，命范仲淹同韩琦一起出任西北副将。

范仲淹本是知开封府。景祐三年（1036年），由于身为宰相的吕夷简排除异己，滥用私权，范仲淹上疏指陈时弊，隐射吕夷简执掌中枢任人唯亲。吕夷简便说范仲淹越职言事，不关他的事也要乱说话，是故意离间他与皇上君臣之间的关系，当面弹劾范仲淹。范仲淹落了个贬知越州的处罚。当时的集贤院校理余靖，馆阁校勘尹洙、欧阳修，先后上表，都说范仲淹无罪，不应该受到贬知越州的处罚。三人说情不成，反而受到处罚，罪名是结朋党。当时朝野称他们四人为四贤。

范雍军事上虽是庸才，毕竟还是忠于职守。新上任的夏竦不但在军事上无所作为，而且还是一个奸佞，从京师出发至西北战场赴任，带上一群美女，把京城的佳酿美食装了几大车，仿佛他不是去打仗，而是出门旅游。

主帅不怎么样，两个助手却很有能力。

先说范仲淹，他在出京赴任途中，听说延州的很多地方失守了，于是上奏朝廷，请求去镇守延州。批文很快就下来了，命范仲淹兼任延州政务。

范仲淹日夜兼程赶往延州。

范仲淹到达延州之后，招兵一万八千人，分成六队，选六个将领分别率领，日夜操练，根据来敌的多少，轮班出守城池，又修筑承平、永平等寨，号召流民回家，羌、汉百姓陆续回归，边防迅速得到了巩固。

夏兵数次进犯延州都没有占到便宜，于是相互告诫，说小范老子胸藏数万甲兵，不比从前那个大范老子好骗，在延州恐怕再也捞不到油水了。

大范指的是范雍，小范指的是范仲淹。看来，并不是西夏兵有多么厉害，实在是宋朝无将啊！

元昊听说范仲淹善守，又故伎重演，假装和范仲淹议和，暗中却带兵攻打三川各寨。

韩琦派任福带领七千人，连夜急行军七十里，偷袭了白豹城，在西夏人的基地上放了一把火，将西夏人的粮草付之一炬。

手中无粮，心里发慌，元昊知道韩琦是一个狠角色，立即向他发出求和信号。

韩琦的观点是，对待疯子的最好办法就是废掉他，让他以后连疯的机会都没有。元昊就是疯子，他不会同疯子讲和，一口拒绝了元昊的请求。

范仲淹很仁慈，给元昊复信，让他除去帝号，遵守臣规，报答朝廷对他的恩德，如果能够答应这几个条件，求和的大门就向他敞开。

正在这时，朝廷派翰林学士晁宗悫到陕西前线视察，询问前线总指挥的攻守方略。

夏竦是个庸人，压根就没有一个成熟的方案。

晁宗悫见前方主帅没有制订战略方针，直接传达赵祯的旨意，命在庆历元年（1041年）正月之前，对西夏人发动进攻。

原来，这几年国运不佳，赵祯数次改元，先是景祐改宝元、再由宝元改康定，而后又由康定改庆历，此时刚由康定二年改为庆历年。

宋廷的君臣、将帅还在为战、守争持不下，元昊新一轮打击开始了。

庆历元年正月，元昊准备攻打渭州，亲率十万大军自天都山出发，杀向宋夏交界处的怀远城。

韩琦得知夏军向怀远城发起了进攻，急忙赶到镇戎军，集合数万大军，命任福为前敌总指挥，桑怿为先锋，耿傅、朱观、武英、王珪为后应，前往怀远御敌。

韩琦的计划是迂回到西夏军的侧后伺机出击，大军临出发时，一再叮嘱任福，说元昊很狡猾，一定要小心，不要孤军深入。绕过羊牧隆城去攻击敌人的背后，如果形势不利，就不要硬打，在敌兵归路上找个险要的地方埋伏起来，等敌人撤兵的时候打伏击。违犯军令，即使有功，也要斩首。

任福求战心切，没有把韩琦的叮嘱当一回事，他在行军途中，遇上了镇戎军西路巡检常鼎、刘肃等人，听说夏军在张家堡以南，距他们只有数里之遥，立即与常鼎、刘肃合兵一处，改变行军路线，向张家堡以南进军。途中与夏军相遇，立即挥师杀了上去。

夏军似乎不经打，丢下数百具尸体和无数的马、羊、骆驼、粮草，仓皇而逃。

任福以为夏军不过是乌合之众，不堪一击，把韩琦的嘱咐彻底丢到脑后，命先锋桑怿率兵跟在夏军后面追杀，自己随后跟进。

参军耿傅才赶到，见任福率前军追击敌人去了，派人将韩琦手令送给任福，叫他遵从韩帅的命令，不可贸然轻进。任福接信后略看了一眼后便塞进怀里，趾高气扬地说："韩招讨太过迂腐，耿参军畏首畏尾，你们就看我杀敌立功吧！"并派送信的人传令，命耿傅、朱观、武英、王珪随后跟进，不得有误。

任福是主帅，耿傅等人只能服从命令，走到笼洛川时，探子来报，说前军已达好水川，与笼洛川相隔仅五里，此时天色已晚，各军择地安营。

第二天，任福、桑怿沿好水川西行，走到六盘山脚下，见路边摆放很多封闭的泥盒，桑怿命人取来察看，不知道是什么东西，轻轻地拍一拍，泥盒里面传出奇怪的响声，心有疑惑，不敢贸然打开，正好任福赶到，便把泥盒递给了他。

任福是个粗人，接过泥盒，不管三七二十一，一下子就砸开了，一只信鸽冲天而起，任福又命士兵打开所有泥盒子，里面装的全是信鸽，泥盒打开后，信鸽全都飞向蓝天，阵阵鸽哨在山谷中回荡。

任福、桑怿和士兵们全都惊呆了，翘首望天。

突然，四周的山谷中响起了号角声，无数西夏骑兵从山谷中冲杀出来。

原来，泥盒是西夏人摆放的，他们料定宋军走到这里，出于好奇，一定会打开泥盒，泥盒一旦打开，装在泥盒中的信鸽便会飞向天空。夏军约定以信鸽为号，只要鸽哨响起，四面伏兵就一齐杀出。因此，任福砸开了泥盒，就是启动了夏人的情报机关，向埋伏在山谷里、树林中的夏军发出了出兵的信号。

任福、桑怿见伏兵冲出来，慌忙命宋军抢占有利地形，话未说完，敌人已杀到面前，本来就未列阵的宋军被冲得七零八落，任福立即率军向外突围，不远处的半山坡上竖起了一杆大旗，宋军向东，大旗指向东，宋军向西，大旗便指向西，无论宋军冲向哪里，都逃不出夏军的包围圈。一阵激战，桑怿、刘肃死在乱军之中，任福身中数十枪，自知难以活命，拔剑自刎而亡。宋军全军覆没。

元昊消灭了任福的先头部队，转攻笼洛川，途中与朱英军相遇，两军展开激战，宋军除朱观率千余残兵突出重围外，其余全部战死。

好水川一战，宋军死亡将士一万多人。这是元昊立国以后的第二场胜仗。此战，使元昊的野心暴涨。

宋军主帅的人头只值三千文

好水川一战，是由于任福自作主张而造成的惨剧。所任非人，韩琦有不可推卸的责任。虽然夏竦向朝廷上书，说战败是任福违命所致，罪不在韩琦，并以从任福身上找到的韩琦手令和耿傅的书信为证。韩琦上表自劾，赵祯贬韩琦至秦州任知州。

元昊连胜宋军两仗，气焰更加嚣张，作书回答范仲淹，态度极端傲慢。范仲淹气极，将信撕碎，丢到火盆里烧了。

前线战败，京城就有人说事儿了。

宰相吕夷简和参知政事宋庠弹劾范仲淹，说人臣无外交，范仲淹与元昊私通书信，有通敌之嫌，其罪当斩。

枢密副使杜衍为范仲淹辩护，说范仲淹给元昊去信是招降，替朝廷办事，通敌是无中生有，不能因此而加罪于范仲淹。

赵祯一时没了主意，干脆命范仲淹自己解释。

范仲淹立即上表，说刚开始元昊来书求和，有悔过之意，便复信向他宣示朝廷恩威，后来好水川宋军战败，元昊气焰嚣张，又来信百般羞辱，因信中言辞带有极大的侮辱性，便当场撕毁来信。认为如果将原信上奏朝廷，会使皇上受辱。撕毁来信，只他一人受辱。

赵祯收到范仲淹的申诉，将中书省、枢密院的负责人召集在一起研究。

宋庠、杜衍仍然坚持自己的观点，各执一词。赵祯叫吕夷简发表意见。

吕夷简是最先主张惩罚范仲淹的人，不知出于何种原因，突然改变了主意，说杜衍说得有道理，只需对范仲淹略加惩戒即可。

处理结果很快下达，范仲淹受降职处分，出知耀州，不久又改任庆州知府，大概赵祯也知道，前线少不了范仲淹。

赵祯又命工部侍郎陈执中任陕西经略安抚招讨使，同夏竦同判永兴军。

陈执中、夏竦两人过去关系就不好，经常磕磕碰碰，这次同判永兴军，两人是你打你的鼓，我敲我的锣，尽搞窝里斗，根本谈不到一块儿去。为了调解这个矛盾，赵祯改命夏竦屯居鄜州，陈执中屯居泾州。

夏竦在西北守边二年，带着侍妾，流连酒色，根本就一事无成。

元昊导演了一场恶作剧，在边境贴了一个告示，悬赏夏竦的人头，说若有人砍下夏竦的人头，他出钱三千文以资奖励。

堂堂宋军前线主帅的人头仅值三千文钱，在边境传为笑话。元昊借此羞辱宋廷，羞辱夏竦。

— 212 —

好水川之战以后，元昊又带兵攻打麟州，破宁远寨，陷丰州，把宋的边境搅闹得烽烟四起、鸡犬不宁。

朝廷以张方平为首的一批谏官联名弹劾夏竦，建议朝廷另择他人前去巩固边防。

赵祯采纳了建议，将夏竦调离边关。重新把陕西划分为鄜延、环庆、泾原、秦凤四路。四个战区的长官分别是韩琦知秦州，王沿知渭州，范仲淹知庆州，庞籍知延州。各兼本路马步军都部署经略安抚缘边招讨使，分区防守，负责各路军事。

四人除王沿外，打防御战都很有经验，到任后修城筑寨，招藩抚民。特别是范仲淹，深得羌人爱戴，他们亲切地称呼范仲淹为龙图老子。因为范仲淹曾任龙图阁待制，故有此称呼。

经过这一连串的大败，宋朝从盲目自大滑向畏敌如虎，从一个极端走向另一个极端，完全丧失了进攻的勇气，采取退缩防守的策略，走上了消极防守的道路。

西夏骑兵在旷野上打仗，纵横驰骋，机动灵活，具有很大的优势，打攻坚战不是他们的强项，面对躲在坚固的城堡里的宋军，他们无可奈何。元昊知难而退，稍稍有所收敛。

六　敲竹杠

萧太后耐不住寂寞

西北的战火在燃烧，北边的盗贼又来打劫了，这个强盗就是契丹人。

宋朝和契丹自澶州议和以后，两国各守疆界，互不侵犯，北方的牧民放心地漫山遍野放牧，南方的农民安心地出来种地。两国的边境还设立了贸易市场，北方的牧民将他们的畜牧产品拿到市场里，交换南方百姓的农副产品，互通有无，各取所需，老百姓们过上了较为安定的日子。

这就是宋真宗赵恒当年拿钱买和平、签订澶渊之盟所想得到的结果。

澶渊盟约签订之后，宋朝把对契丹的赔款列入了财政预算，每年如约按期拨款，或派使臣送过去，或契丹派人来取款，相互之间是一团和气。

两国的皇室有什么红白喜事，还要派遣使臣前往，或庆贺、或吊丧，像走亲戚一样。宋与契丹两国，真正成了兄弟之邦。

大中祥符二年（1009年）十二月，萧太后燕燕去世。

萧太后虽是女流之辈，却也是巾帼不让须眉，智慧和谋略丝毫不输于男人。遗憾的是这样一位在政坛上呼风唤雨的人物，在感情上却相当不幸，老公去世得早，她寡居宫中，白天忙于国事，晚上却独守孤灯。

这时有一个人进入了她的视线，他就是东京留守韩匡的儿子韩德让。

韩德让貌似潘安，才同宋玉，算得上一个人才，引起萧太后的注意。为了猎取韩德让，萧太后下了血本，授韩德让政事令，禁军总头领之职。

韩德让是契丹大将韩延徽的后裔，虽是将门之后，突然沐此厚恩，仍然受宠若惊，对萧太后感激涕零。

萧太后做好这些前期工作，直接召韩德让进宫，什么也没有说，赐给他一碟禁脔，脔就是小肉片，禁脔是宫中特制的小肉片。

韩德让也是情场老手，立即体会到萧太后的用意，同时也明白自己突然青云直上的原因。高官厚禄，再加上一个投怀送抱的美人，这样的好事任何男人都难以拒绝。当夜便留在宫中，对萧太后极力奉承。萧太后久旱逢甘露，乐得心花怒放。不久，萧太后又赐韩德让姓名为耶律隆运，拜大宰相，加封晋王。

较量

萧太后是澶渊和约的当事人，活着的时候信守盟约，与宋友好往来。但在萧太后死后，事情出现了一些微妙的变化。

乾兴元年（1022年），真宗去世，赵祯即位时，契丹主耶律隆绪派使臣到汴梁祝贺、吊祭。宋、辽两国仍然是兄弟之邦。

然而，宋朝丧期刚过，契丹主竟在两国边境举行大阅兵，声言要到幽州狩猎，这是对宋采取的一种试探行动。他想看看，赵宋这个没有长大的皇帝怎样处理这件事。

宋朝当时是刘太后垂帘听政，军国大事经刘太后裁夺，再由皇帝赵祯签字发布执行。宋廷见契丹屯兵边境，担心他们乘机而入。有人建议调动军队去边境加强守备。时任宰相的张知白看出契丹人的用心，认为宋与契丹订立盟约，两国互不开兵。契丹人这次行动，可能是试探行为，如果宋向边境派兵，宋就有挑衅的嫌疑。这样契丹人就有了借口。为了防止万一，张知白建议以那里的河道阻塞，朝廷以疏通河道为名，征调民工到那里去。实际上，这些征调的民工都是士兵。太后与赵祯采纳了这个建议，那些脱掉戎装的士兵，装扮成疏通河道的民工上了前线。

契丹人似乎也闻到了什么味道，大张旗鼓地搞了一次阅兵仪式后，草草收兵。这是澶渊之盟后宋、辽之间的一次不见硝烟的较量。

陷害

天圣九年（1031年）六月，耶律隆绪死了。遗诏太子宗真继位，他嘱咐宗真，一定要信守同宋的盟约，不得毁约。宗真含泪受命。

宗真即位，改元景福，尊耶律隆绪为圣宗。

七月，派遣使臣到宋报丧，宋廷派遣龙图阁待制孔道辅前往契丹庆贺、吊丧。宋、辽两国之间的关系仍然很好。

在此期间曾发生了一个小插曲，尽管最终没有导致两国开战，但两国间的角力，倒是很有趣味，不得不提。

契丹主宗真逐渐长大了，心理上发生了一些变化，对父皇临终时的遗嘱淡忘了。庆历初年，他见国内人口日增，经济状况不怎么好，而宋又在西边同西夏的元昊打得不可开交，他突然萌发了敲诈一下宋的想法，夺取宋廷瓦桥关以南十县的土地。

庆历二年（1042年）三月，宗真不顾群臣的劝谏，派遣南院宣慰使萧特末、翰林学士刘六符出使宋，要求宋归还关南土地，并质问宋兴兵伐夏及在沿边以疏浚河道为名，征调大批民工，实际上是增加戍兵的理由。

契丹使臣来到汴梁后，赵祯命富弼为接待使，与中使官到郊外迎接契丹使臣。

萧特末等人推说身体有病，不肯下车行拜见之礼。

富弼见契丹使臣如此傲慢，非常愤怒，他说自己也曾出使北方，当时也是卧病车中，听到契丹国主的命令，立即抱病下车行拜见之礼。想不到契丹使臣竟然如此狂妄，我朝天子派中使迎接，竟然托病不见，到底是没见过世面，才作出有辱君命的事情。

萧特末自知失礼，连忙下车行拜见之礼。富弼便将他们迎到驿馆，双方进行了一次非正式的谈话。萧特末见富弼襟怀坦白，便对富弼说明来意。并对富弼说，契丹主的要求，宋可从便从，不可从，可另外想办法，或增赔款，或许婚姻，只要搪塞得住，两国便可相安无事。

富弼把这次谈话的内容奏明了赵祯。

赵祯传召宰相吕夷简，商量对策。

吕夷简认为，西夏战祸未平，契丹乘机求地，明显是敲竹杠。割地肯定不行，但我们正在与西夏打仗，如果再与契丹开兵，很难同时应付两个战场。萧特末透露割地不成，可以和亲或给钱，可以从这两件事中选择一项满足契丹人的要求。赵祯也有此意，但他还没想好派谁出使契丹。吕夷简建议派富弼去，说富弼曾出使契丹，再次前往是熟手。

赵祯下诏便命富弼出使契丹，商谈解决契丹人提出的要求。

文武百官都为富弼担忧，认为此去凶多吉少。群臣议论纷纷，说吕夷简与富弼有嫌隙，举存富弼出使契丹纯属陷害。

富弼奉诏后，没有半点犹豫，欣然答应前往。他知此去定是凶多吉少，陛辞时对赵祯说，自古以来，主忧臣辱，此次出使契丹，并没有打算活着回来，此去谈判，除增加钱帛外，绝不答应契丹人的其他要求。

赵祯闻言不禁动容，面授富弼为枢密直学士。赵祯此时除了升富弼的官职，似乎没有其他办法来抚慰这位忠臣。

富弼固辞不受，赵祯也没有再坚持。

斗智

富弼出使契丹，途中契丹主又导演了一场好戏。他在两国边境的幽州、蓟州屯兵数十万，声言要发兵南下。其实不是真的要出兵攻宋，而是虚张声势，增加谈判筹码。

赵祯经与大臣商议，改大名府为北京，命王德用判定州，兼朔方三路都部署。王德用到任后，日夜操练兵马，并大张旗鼓地举行阅兵仪式。

契丹主宗真得知宋军在北京操练兵马，有御驾亲征之意，有些不放心，派人到北京打探消息。契丹的探子潜入北京，见王德用部下人强马壮，军威雄壮，连忙返回契丹汇报。

契丹主宗真颇感不安——看来宋廷君臣并没有被自己放出去的风声吓住。恰在此时，出使南朝的使臣回来了，并带来了南朝使臣。

富弼抵达契丹，立即拜见契丹主宗真，毫不客气地质问，宋、辽两国自缔盟以来，父子继好，已有四十余年，怎么突然要求南朝割地呢？

宗真说南朝关闭雁门关，增塘水，修城墙，招集民兵，是违约行为。他也不想用兵，派使臣前往南朝询问原因，并索关南故地，如果索地不得，他就要考虑出兵了。

富弼解释，说关闭雁门关是防御西夏；增塘水，在南北通好以前就开始了，现在不过是继续以往工作；维修倒塌的城墙，是很正常的事情；招民兵是因为老兵退伍回家种田去了，空下来的位子必须有人补缺，这也很正常，不能算违约。

宗真坚持要南朝割还关南的土地，否则就发兵南下，以武力解决问题。

富弼立即说契丹主忘恩负义。当年澶渊一役，南朝占绝对优势，将士们力主将战争进行到底，南朝先帝如果听从将士们之言，恐怕北朝的将士没有多少能够活着回去。南朝先帝没有这样做，为了南、北朝的百姓，同意了萧太后的请求，息兵谈判，两国签订澶渊之盟。如今，北朝欲毁约再战，想是北朝的臣子，为了自身的利益，根本就不管主子的祸福了。

宗真问北朝的臣子如何不管主子的祸福。

富弼解释说，晋高祖欺天叛君，末帝昏乱，土地狭小，上下离叛，所以北朝进攻中原。但得到金币尽归臣下私有，国家耗费了无数的粮饷兵械，弄得府库一空。并说南朝精兵百万，法令修明，上下一心，北朝想出兵南下，有必胜把握吗？

宗真态度虽然有所缓和，还是不甘心，认为关南土地是契丹故土，应该归还。

富弼趁机说，后晋把卢、龙两州送与契丹，周世宗复取关南土地，这都是前朝往事。如果都要求归还故地，那么幽、蓟实际上是南朝前代的土地，也要还给南朝。

宗真被问得无话可说，但也没有放弃要求。

第二天，宗真邀富弼一同去打猎，委婉地说："南朝如果将关南土地割让给我朝，我朝定会与你们世代相好。"

富弼说："北朝以得地为荣，南朝以失地为辱。既然是兄弟，怎么能让兄弟受辱吗？"

宗真默然无语。

打猎之后，刘六符找到富弼，说宗真听了他的荣辱论，很有感悟。土地的事，可以暂时搁置不谈，但许婚的要求，请南朝考虑。

富弼说："我朝公主出嫁，嫁妆不过区区十万缗，还是一次性的。如果增加常年赔款，北朝可享无穷的利益。"

刘六符将富弼的意见转告给宗真。宗真即召见富弼，命他还国取了誓约来。他再从这两件事中择定一件。

花钱买和平

富弼返回汴梁，据实相奏。

赵祯同意和亲与增款两事，由契丹主任选一件进行谈判。然后召见吕夷简，口授和约内容，叮嘱办好后交给富弼。

富弼带上国书和随从人员再往契丹，走到乐寿时，突然想起自己身为使者，竟然还没有看一眼国书，虽然国书的内容是皇上口授，但起草国书的人会不会出错呢？万一内容与皇上口授有出入，不仅自己的性命不保，和谈也一定要失败。于是对副使张茂实说出自己的担心，取出国书两人同看。富弼惊讶地发现，国书所写的，果然与皇上的口授有出入。于是立即返回京城。

富弼抵京时太阳已经落山，他也顾不得这些，立即求见。

赵祯立即召见。富弼进宫后，说吕夷简有意陷害，故意使国书内容与陛下口传不同，呈上国书请赵祯过目，并说自己死了事小，和谈不成，岂不是误了国家大事？

赵祯惊疑不已，立即召见晏殊，问是怎么回事。

晏殊辩称可能是抄录的人写错了。

富弼当即指责晏殊是个奸臣，帮助吕夷简欺蒙皇上，并强烈要求赵祯追究责任。

赵祯只是命晏殊重新写，并没有追究下去的意思。富弼不好再坚持，带上重新写好的国书离开。

富弼到达契丹后，不提和亲，只说增币。

契丹主宗真有意刁难，说南朝增加岁币，要改称为"献"。

富弼说："两国相约，南朝为兄，北朝为弟，没有兄献弟的道理。"

宗真却说："'献'字不可，改为'纳'也可以。"

富弼还是不同意。

宗真仍坚持他的意见，说赔款既然可以增加，为何区区一个字就不可改呢？并威胁富弼说，如果为了一个字而引发战争，到时可不要后悔。

富弼不卑不亢地说，宋廷为了不使南北的百姓生灵涂炭，才委曲求全地答应增加岁币，并不是害怕北朝，万一因此而引发战争，胜负也难预料。

宗真劝富弼不要太固执，说古时就有这样的先例。

富弼声色俱厉地说："古时唯有唐高祖借兵突厥，当日赠遗粟帛，或称做献纳，但是后来颉利被唐太宗李世民活捉了，你是说这个事情吗？"

宗真知道富弼不会屈服，说派人到汴梁去南朝皇帝商谈，于是留下增款誓约，派北院枢密副使耶律仁先和刘六符，持盟约与富弼一同赴汴梁，就"献"、"纳"二字进行谈判。

富弼回京，先求见赵祯，说为"献"、"纳"二个字争执不下，请赵祯不要答应契丹的无理要求。赵祯也同意富弼的意见。

后来，晏殊从中调解，竟然同意了契丹人的要求，同意将"赔"改用"纳"字。宋、辽两国再签订一新和约：宋每年向契丹增纳银十万两，绢十万匹。

契丹人敲竹杠，如愿以偿，宋廷拿钱买和平，保得宋、辽边境平安无事。

和议达成之后，赵祯再次命富弼为枢密直学士。富弼说增加赔款不是他的本意，只是因为本朝正在征讨元昊，无暇与契丹人打仗，所以才不得已而为之，实在是有愧于朝廷，使朝廷被契丹人勒索了一大笔钱，有损国格，不敢受赏。

过了不久，赵祯又授富弼为枢密副使，富弼仍然固辞不受，并上表奏请赵祯卧薪尝胆，不忘修政。赵祯赞叹富弼的忠心，改授他为资政殿学士。

七　花钱买了个主子的身份

兵败定州寨

战争是柄双刃剑，在把宋朝切割得遍体鳞伤的时候，也把西夏弄得鲜血淋漓。

打仗，使西夏的土地荒芜了，畜牧业萎缩了，由于同宋撕破了脸，宋停止对西夏银、帛、茶的供应，边境贸易也中断了。加之又发生了旱灾，全国闹起了饥荒。天灾加战祸，西夏的经济出现了危机。

元昊得知契丹人在宋、辽边境装腔作势地搞了一次军事演习，扬言要打过黄河，宋马上派人与他们谈判，签订新协议，没怎么费力，就从宋廷那里弄到了一大笔钱财。有了仿效契丹人的想法。

元昊很有心计，为了能在谈判桌上得到更大的好处，一面放出风声，欲与宋讲和，一面准备再搞一次军事行动，以增加谈判的资本。

延州主帅庞籍得到消息后，立即飞马将情报报告了朝廷。

赵祯得知元昊有讲和，当然很高兴，于是命知保安军刘拯传话给元昊的亲信刚浪陵、遇乞兄弟，让他们投诚。只要西夏不与宋为敌，一切都好商量。

刚浪陵很狡猾，接到刘拯的传话后，立即派浪埋、赏乞、媚娘三人到鄜州向种世衡行诈降之计。种世衡觉得三人来得突然，有诈降之嫌，将计就计，将他们留在营中，暗地派人监视着他们。

过了不久，刚浪陵又派李文贵前往种世衡营报告投降时间，种世衡又将李文贵留在营中，同样是委以重任。

刚浪陵所做的这一切，并没有向元昊报告，大概是想给元昊一个惊喜。可惜刚浪陵的惊喜没有制造出来，自己却因此而丢了老命。因为他遇上一个比他更善于用计的人。

庆历二年（1042年）闰九月，元昊率领十万精兵侵宋，进攻地点选择渭州镇戎军。

从元昊选择攻宋的突破口来看，他确实算得上是一代枭雄。

宋靠西夏边境有秦州、渭州、庆州、延州等地。秦州守将韩琦，庆州守将范仲淹，延州守将庞籍，渭州守将王沿，韩琦、范仲淹、庞籍三人都有很强的作战经验，唯独王沿既无作战经验，知名度也很低，是一位纸上谈兵的书生。

元昊选择的进攻点，是宋军防务最弱的地方，渭州守军不足三万，且分散在不同隘口，能投入战斗的机动部队只有一万多人。西夏军以绝对优势兵力攻打宋军防御最薄弱的地方，仗还没有打，就已经稳操胜券。

王沿得知夏兵来犯，命副将葛怀敏率兵御敌。

葛怀敏率军走到定州寨，被夏军断了后路，腹背受敌，陷入夏军包围圈。葛怀敏与所率十四名将校全部战死，九千六百名士兵非死即俘。葛怀敏所率部队全军覆没。

元昊乘胜追击，直抵渭州，放火焚烧村庄，屠掠民畜，将泾、汾以东闹得烽火连天、哭声震野。

幸亏范仲淹从庆州率兵前来增援。元昊对范仲淹有所忌惮，率兵退回西夏境内。

反间之计

定州寨之战惨败，震惊了朝野。赵祯立即对镇守边关的几名主帅的防地进行调整，命韩琦管辖泾原，范仲淹与王沿换防，王沿守庆州，范仲淹守渭州。

范仲淹上书朝廷，请求与韩琦联手驻守泾州，统一部署西北防御，并将防御计划向朝廷作了详细汇报。

赵祯于是下诏，命韩琦、范仲淹、庞籍同为陕西安抚经略招讨使，府治设在京兆府（今西安），将王沿调回京师。又命文彦博守秦州，滕宗谅守庆州，张亢守渭州。

韩琦、范仲淹共同经略边疆，同心协力，号令严明，爱抚士卒，善待当地的各族人民，深得百姓们的拥戴。边境当时流传四句歌谣：

军中有一韩，西贼闻之心胆寒；
军中有一范，西贼闻之惊破胆。

形势造就英雄，边寨的危情和残酷的战争，使一介儒生范仲淹成了宋代抵御西夏入侵的一位帅才，为天下的文人争了光，正是范仲淹的努力改变了宋夏边境的力量对比，使永兴军成了一支纪律严明、敢于征战的劲旅，使西北边境得到了巩固和安定。

元昊虽然多次率兵前来骚扰，但在韩琦、范仲淹的严防固守下，总是无功而返，因为打游击战是西夏骑兵的强项，攻城拔寨就不行了。

再说种世衡，见刚浪陵派人行诈降计，欲施反间计除掉刚浪陵，但他一直没有找到一个合适人选来实施反间计。

有个叫王光信的僧人足智多谋，有很强的爱国之心，同意充当实施反间之计的人，种世衡将他招为部下，改名王嵩。种世衡给刚浪陵、遇乞写了一封招降书让他带上，并嘱咐他遇事随机应变。

种世衡在信中说朝廷知道刚浪陵有归顺之心，特授为夏州节度使，请他尽快归顺大宋。并在信的后面画了一颗枣、一只龟。刚浪陵不知其意，询问王嵩是什么意思。

王嵩回答说，枣、早同音，龟、归同声，意思是请他早归宋朝。

刚浪陵非常狡猾，对王嵩冷笑说："你是一个大人，为何玩小孩子把戏？"随之命人将王嵩绑了，连同招降书一同献给元昊。

元昊看罢招降信，命人将王嵩推出去斩首。

王嵩本是个有胆识的人，元昊喝令要杀他，不但不惊慌，反而大笑着说："人说夏人多诈，我却不信，谁知果然名不虚传啊！"

元昊拍案大喝道："明明是你宋人奸诈，欲用反间计，反说夏人多诈，真是岂有此理！"

王嵩冷笑着说，刚浪大王先派浪埋等人投降宋军，种使君才有这封回信。他派去的人还在鄜州，李文贵还得到重用，我朝已授刚浪大王为夏州节度使。现在竟然出尔反尔，不是夏人多诈又是什么？王嵩两眼望天，自言自语地说："我死了，有李文贵等四人偿命呢！"

元昊吃惊不小，转问刚浪陵是怎么回事。

刚浪陵施用诈降计，并没有向元昊报告，王嵩突然说起此事，他一时难以解释清楚，回答未免有些结巴。

元昊起了疑心，命人将王嵩押下去，然后让刚浪陵将事情的经过说清楚。刚浪陵便将他的诈降计向元昊作了详细汇报。

元昊将信将疑，将刚浪陵软禁起来。派人冒充刚浪陵的信使去见种世衡。

种世衡预料信使是元昊所派，格外殷勤，装模作样地与来人约定刚浪陵、遇乞两人投宋的时间。

信使以为这些都是真的，回去后如实地向元昊作了汇报。

元昊听了信使的汇报，召刚浪陵对质。此时，就算刚浪陵有一百张嘴也说不清楚了。元昊见刚浪陵面色惊慌，怒从心起，手起剑落，把刚浪陵斩为两段。并下令把遇乞关进狱中。

种世衡得知刚浪陵被杀，连忙写了一篇祭文，派人送到西夏境内。他在信祭文中说，刚浪陵大王兄弟，有意本朝，忽遭惨变，令人痛心。字里行间，充满了哀伤之情。

夏人拾得这篇祭文，献给了元昊。元昊命人把遇乞也杀了。

遇乞的老婆没藏氏是一位大美人，元昊早有占有之心，碍于遇乞手握兵权，投鼠忌器，不敢出手。除掉遇乞，顺便也收了他的老婆。

元昊除掉"内奸"后，把王嵩放出来，厚礼相待，请王嵩回去转告种世衡，说他愿与宋讲和。

称臣，就能得到赏赐

种世衡得知元昊有求和的意图，立即报告给延州主帅庞籍。

庞籍一面将西夏元昊求和的意图飞报朝廷，一面派人随同西夏使臣从勖赴汴梁和谈。

西夏使臣从勖到达汴梁后，态度傲慢，只说奉命和谈，不肯向宋称臣。其实，西夏是模仿契丹人，想敲竹杠，从大宋弄一笔钱。

赵祯虽然有讲和之心，但要求西厦必须向宋称臣。

西夏使臣从勖表示回去向国主汇报，请国主定夺，但提出一个条件，要求宋廷给西夏一些恩赐。

赵祯表示，只要西夏称臣，其他事情好商量。于是命邵良佐、张士元、张子奭、王正伦四人随西夏使臣一同赴西夏谈判。

经过谈判，元昊原则上同意称臣，但索要的岁币远远超出邵良佐西行时赵祯给他们的底线，四个人做不了主，只能回国请示。

元昊再命如定聿舍、张延寿为使，随宋臣再赴汴梁，举行第三轮谈判。

经过反复地讨价还价，最后终于达成协议：西夏取消帝号，宋册封元昊为夏国主，夏对宋仍保持名义上称臣，奉正朔；宋朝每年"赐"西夏绢十三万匹，银五万两，茶二万斤，在双方的节日再"赐"银两万两千两，绢、帛、衣着两万三千匹，茶一万斤；重开边疆榷场，恢复民间贸易往来，但西夏青盐不得远销宋境；双方以前所俘军民各不归还，今后如有边人逃亡，不得越界追逐；两国边境划中为界，界内停筑城堡。

宋朝花重金买了个"主子"的虚名。元昊在自己的地盘里照样当皇帝，不仅不向"主子"缴纳贡赋，"主子"每年还得给他一大笔钱财。

这份和约同契丹那份和约除银、绢等钱物的数量不同外，就一个字不同，契丹那份和约是"纳"，西夏这份和约是"赐"，"纳"字令宋廷颜面尽失，"赐"字，似乎有一点主子的味道。

和谈成功，签订了停战协议，赵祯大大地松了一口气。他不认为这个协议有什么不妥，毕竟西夏承认了他这个主子的身份，而且边廷不会再有战争，尽管花了不少钱，但能买到一个边境无硝烟，倒还是很值得的。

其实，此时的元昊已落入种世衡反间计的圈套，自剪羽翼，杀了刚浪陵和遇乞，加之西夏的经济状况相当糟糕，元昊也无心再战。宋有韩琦、范仲淹、庞籍三人御边，筑城修寨，边关已近无懈可击，元昊即使再战，也占不到便宜。元昊请求修和，西夏向宋纳贡才是正道。赵祯不但不要求元昊向宋廷纳贡，反而每年还要赐其大量的白银、绢和茶。宋朝君臣的懦弱，志在于苟安，毫无振作之气，由此可见一斑。

八　积重难返，咽不下一剂猛药

积弊如山

庆历三年（1043年）四月，朝廷决定谳西北前线的范仲淹、韩琦回京师，进入中书省和枢密院任职。

范仲淹上表请求留在西北镇守边关，未获批准。六月中旬，两人办完交接手续，回京就任新职。

范仲淹、韩琦回京时，宋与西夏的和约只是草签。赵祯为何会迫不及待地将二人从西北前线召回来呢？这要从当时的国情说起。

当时的宋朝已是积弊如山，危机四伏，国家财政也遇到前所未有的困难。财用不足的原因在于"三冗"，即冗兵、冗吏、冗费。

冗兵。宋代采取终身兵役制，无复员一说，致使军队总数逐年增加。太祖皇帝开国时军队总数为二十万，太宗皇帝统一中国时达到六十余万，至赵祯庆历年间（1041—1048年）已达一百二十五万。

冗吏。官吏的增多来源于两个方面：一是科举取仕，科举制创立初年，每年取进士不过三十人。太宗太平兴国二年（977年），中进士多达七百余人，而且成为惯例，到淳化二年（991年），全国的进士累计多达一万七千三百余人。至此进士应试才改为三年一次。累积几十年，就成了一个庞大的数字。二是世袭。宋代选拔官吏，除科举外还有"侥幸法"，即世袭。例如宋代规定"任学士以上官经二十年，兄弟子孙可出京官二十人，仍接次升朝"。推恩之广甚至达到了多及异姓宗亲甚至以门客充数的地步。

冗兵冗吏，使中央财政不堪重负。当时中央财政收入虽然是太宗朝的六倍，但财政状况却是赤字。加之西北战事，国家财政几乎到了崩溃边缘。

赵祯急召范仲淹、韩琦二人进京，是要借助他们二人在抵御西夏入侵的声望和才智，组建一个新的中枢机构，以"振兴起弊"，刷新朝政。

在范仲淹、韩琦奏请留任、滞留西北办理交接手续的过程中，国内发生了王伦之乱。京东禁军士卒王伦在沂州结伙四五十人，杀掉巡检使，揭竿造反。王伦南下江淮，"邀呼官吏，公取器甲，横行淮海，如履无人"。

以欧阳修为首的年轻官员纷纷上表，要求朝廷开放言路，揭露腐败之政，呼吁进行改革以挽救朝政危机。

赵祯也有志改革，提拔王素、欧阳修为知谏院，余靖为右正言，蔡襄为秘书中丞知谏院。四大谏官中，欧阳修、余靖、蔡襄三人在景祐年间，被吕夷简视为范仲淹朋党，现在身为谏官，言权在握，他们相互配合，不仅揭露弊政、荐举贤才，而且对保守无为的中枢班子展开攻击，呼吁范仲淹、韩琦进入中枢班子，对朝政进行改革。

赵祯听从了谏官们的建议，从四月到七月，三次改组中枢班子：罢吕夷简首相之职，夏竦刚被提拔为枢密使即被免职，罢王举正首相职。

七月，朝廷中枢班子组建完成：章得象为中书门下同平章事、晏殊为枢密使、范仲淹为参知政事兼陕西安抚使，韩琦为枢密副使代范仲淹宣抚陕西，富弼为枢密副使。

范仲淹就是在这种乱哄哄、毫无准备的情势下，卷进这场政治改革之中。

庆历新政

赵祯特开天章阁，召范仲淹、富弼入内，赐座、赐纸笔，以最高、最隆重的礼遇，要求他们将朝廷当前的急务写出来，不要有顾虑，也不得回避。

这是一种近乎于囚禁逼索的行为，但也反映了赵祯心情急迫和对两人的信任。

范仲淹是一位儒将，在朝廷和地方任职多年，平时对朝政很留意，虽然没有准备，经过一番思考，对积存在脑海多年的关于刷新政治、振衰除弊的想法略作梳理，当场疾书《答手诏条陈十事》，作为改革的基本方案，呈献于赵祯。富弼也上陈当世之务十余条和安边十三策。

范仲淹《答手诏条陈十事》的十条措施是：明黜陟、抑侥幸、精贡举、择官长、均公田、厚农桑、修武备、减徭役、覃恩信、重命令。

赵祯对《答手诏条陈十事》深有同感，全盘采纳，并在当年和次年上半年陆续颁行全国，这次改革，历史上称为"庆历新政"。

庆历三年十月，宋廷从整顿吏治出发，由中书与枢密院开联席会，选拔各路转运使。

范仲淹提名时翻阅名册，将庸碌无才的人一笔勾去，推荐的都是德才兼备的精锐之士。富弼看到范仲淹提出的人选，笑着说："范文丈公则是一笔，焉知一家哭。"

范仲淹笑着说："一家哭，总比一路哭好呀！"

新政的实施，直接关系到很多人的官位、前程、利益和朝制朝规，犹如大铁锤砸在官场贪渎者、不法者、狡诈者、懒惰者、昏庸者的头上，使他们寝食不安。而"择官长"择出的数百名都转运按察使和提点刑狱带着刑狱之剑，勘察审问，囚禁抄家，更使他们心惊胆战。

范仲淹的改革轰轰烈烈地进行了八个月，期间他重定《三班审官院流内铨条贯》，通令天下州县立学，更定科举法，派出数百名转运按察使和提点刑狱，查处撤掉了一大批贪官污吏和昏庸无为的官员，按新法保举了一批清正廉洁的人士，颁布新规，取消公费宴会、赐宴、聚书和补贴膳食制度，消除奢侈之风。

新政给天下带来一股新颖之风，给天下百姓带来希望。可蛰伏于新政背后的旧势力不甘心于失败，他们伺机而动，图谋卷土重来，给新政、给倡导新政的人以致命的一击。

新政对于积弱的宋室，与其说是一剂良药，不如说是一剂猛药。

积弊难返，咽不下一剂猛药

庆历四年四月，枢密副使富弼掌管宦员的升迁权，他订立新章，规定宗邑局务任期三年，不许谋求连任。宦官对这个规定非常不满，怀恨在心。

被罢去宰相职位的吕夷简看准这个机会，动员其党羽，再次掀起朋党谣言。

被罢去枢密使的夏竦乘机出来配合，说"朋党之论，滋不可解"。

吕夷简更是指使宦官蓝元震上疏，密告朋党之危，说范仲淹、欧阳修、尹洙、余靖拉帮结派，结为朋党，致使五六十人相互提挈，占据了朝廷的要害部门，握持朝政，误国迷朝，假公济私，胡作非为，没有人与其争锋。

朋党是宋朝统治者极为敏感的一个问题。为维护皇帝的专制统治，宋初以来设立了许多防微杜渐的政策，其中之一就是严禁臣僚们结成朋党。景祐年间，吕夷简就是以朋党为错口，将范仲淹逐出京城的。

蓝元震的奏疏递上后，引起赵祯的注意，立即召见范仲淹，问道："从来都是小人好结朋党，难道君子也结朋党吗？"

范仲淹回答说，他在边疆带兵打仗的时候，勇敢作战的人自结为党，共同杀敌。朝廷也是这样，邪正各有其党。这就要靠圣上明察，一心向善的人结为朋党，对国家有益无害。

范仲淹的奏言直言不讳地承认君子也分朋分党。

正在这时，欧阳修进呈著名的《朋党论》，表达对范仲淹的支持。

赵祯一直对朋党存有戒心，对欧阳修的《朋党论》似乎很不满，在最敏感的朋党问题响彻朝廷的情况下，赵祯对更革弊事的迫切心情很快就消失了。

夏竦是政坛上的老油条，他敏锐地觉察到皇上对范仲淹改革的热情降温了，就精心制造了一起耸人听闻的"石介富弼政变案"，欲置改革派于死地。

石介是兖州人，时年三十九岁，任太子中允，在集贤院当值。曾作《庆历圣德诗》，公开颂扬新政人物，指斥夏竦是大奸臣。一个偶然的机会，夏竦得到石介写给枢密副使富弼的一封书信，信中有"行伊、周之事"之句。意思是说，愿意共同做周朝伊尹、周公那样的贤臣，辅佐皇帝，做一番大事业。

夏竦有一个家奴叫萧娘，此人是位才女，夏竦命她临摹石介的笔迹，伪造了一封石介致富弼的密信，信中改"行伊、周之事"为"行伊、霍之事"。一字之差，性质完全变了。霍指的是西汉权臣霍光，意即要像西汉权臣霍光那样任意废立皇帝，同时还伪造了一份石介代富弼拟好的废立皇帝的诏书。

夏竦及其党羽拿着伪造的书信到处张扬，诬陷富弼和石介；吕夷简及其党羽发起了对富弼的声讨，并诬陷范仲淹不忠。

宦官们将伪书上呈赵祯，并以石介的亲笔与伪书相对照，笔迹完全相同。赵祯虽然连说不相信，但心中的疑虑更深了。

范仲淹预感到自己处境险恶。虽然知道是有人捣鬼，但又拿不出证据。他知道如果案子坐实，他自己、富弼、石介都是灭九族之罪。直到这时他才知道夏竦、吕夷简等人的阴险、诡诈、凶狠和残忍。改革的形势越来越严峻，皇上起了疑心，要想使改革继续进行下去，恐怕是一件不可能的事了。他已失去对局势的控制，更斗不过吕夷简、夏竦一伙，改革之心彻底死了。

正在这时，西夏与契丹的形势骤然紧张起来，范仲淹自请以河东、陕西安抚使的身份离开京师，重返西北边境。

赵祯答应他的要求，同时，富弼以河北宣抚使离开京师；欧阳修早已奉使去了河东，余靖也自请放外任。改革派被迫退却。

范仲淹等人虽然被贬出了京城,京城的那帮人似乎还不想放过他们。庆历五年初,罢范仲淹参知政事,出知邠州;罢富弼枢密副使,出知郓州。同时宣布废除新法。十一月,罢范仲淹陕西四路缘边安抚使,流放邓州。

"庆历新政"推行仅仅一年左右,就昙花一现般夭折了。

积弊难返的北宋,咽不下一剂猛药。

九 后院起火

贝州出了个草头王

庆历新政失败后,宰相杜衍被免职。陈执中、夏竦重新回到枢密使职位上,文彦博为参知政事。

有个涿州人叫王则,经常散布一些谣言蛊惑人心,引导人们迷信,并自创兴民党,印制五龙滴泪经书及诸图谶书,送给士兵和百姓诵读,扬言天下将有大乱,只有投入兴民党,才能保得平安无事。

贝州的百姓和军营的士兵不辨真假,纷纷加入了兴民党,兴民党的声势迅速壮大。州官张峦也加入兴民党,为王则出谋划策,约于庆历八年元旦,烧毁澶州浮桥,集众起事。并致书北京留守贾昌朝,请作为内应,一同造反。

贾昌朝也不敢贸然起兵同朝廷作对,命人拘拿了送信的人。

王则担心机谋泄露,决定提前起事,时间定在庆历七年冬至。

冬至这一天,王则率叛众冲进贝州衙门,活捉了州官,杀死库吏,砸开库门,将财物抢劫一空。兵马都监田斌率兵与叛众展开巷战,寡不敌众,退保南关。

北京指挥使马遂得知王则叛乱,忙报知贾昌朝,请求率兵讨贼。贾昌朝认为王则只是一个乱贼,难有所作为,写一封信,命马遂持信前往贝州招降。

马遂到贝州,费尽口舌劝降,王则不为所动,一怒之下,冲上前去要同王则拼命。

在人家的地盘上，独自一人、赤手空拳，能有效果吗？除了死，马遂没有第二条路可走。

王则占据贝州后，居然建立国号，叫做安阳，改元得胜，旗帜号令，均用佛号，手下将领以佛为号，封为斗胜佛、无量寿佛、弥勒佛等等。贝州城四面有楼，王则竟改楼为州，各取一个州名。在徒众中命几个头目为知州，贝州似乎真的成了一个独立王国。

为了防止城内人民外逃，王则订立五五联保禁令，一人缒城逃跑，其余四人负联保责任，一齐斩首。

王则活脱脱一个无知无识的草头王。

夏竦又玩阴招

赵祯得知贝州民变，立即命开封知府明镐为按抚使，率兵前往征讨。

明镐率兵直抵贝州城下，城内州民汪文庆等人，自城上射下帛书，愿为内应。半夜时分，汪文庆等到人从城上放下绳索，官军数百人登上城墙，还是被发现了，因官兵人数太少，寡不敌众，只得原路返回。

贝州城城墙高厚，易守难攻，明镐率军数次攻城，毫无进展。决定掘地道攻城。他将地道选在城南，却在城北组织佯攻，以牵制贼军的注意力。

宣抚使文彦博突然到了贝州，传旨命明镐为副使，明镐拜受诏命后，迎文彦博进入中军帐。

文彦博询问明镐，此前送往京城的奏议都卡在中途，皇上并没有见到这些奏议，问明镐是否知道其中原因。

明镐试探地说："难道是夏枢密从中捣鬼？"

文彦博见明镐一猜即中，哈哈大笑，并说今后不用担心这个问题，因为他出京时已奏闻皇上，有专奏权，今后不会受到夏竦的掣肘。

所谓专奏权，就是直接向皇上上本，不需经枢密院、中书省转呈。

旬日后，地道掘成，明镐率军从地道攻进贝州，一举破城，活捉王则、知州张德一。

捷报传到京师，夏竦不相信是真的，下令将拘拿的人犯押送进京。

文彦博亲自押王则进京，交由两府审讯，押往开封磔杀。王则从起事到被杀，前后只有六十六天时间。

一场闹剧结束了,有旨赏功晋爵。授文彦博同平章事,明镐为端明殿学士。贾昌朝也受封安国公。

侍读学士杨偕上书。说贼人就是贾昌朝的部下,他没出兵讨伐,不追究他的责任已经是很轻的了,怎么能无功受奖呢?

赵祯并没有理会杨偕的意见。但文彦博推荐明镐,说此人可大用被采纳了,诏命明镐为参知政事。

这是个多事之秋,前庭冒烟刚刚平息,后院又起火了。

后院起火

庆历八年闰正月,十五夜,两度元宵,赵祯欲在京城举行一个元宵灯会,被曹皇后以要耗费大量的资财为由极力劝止。三天之后的晚上,赵祯夜宿中宫,突然被喧哗之声惊醒,曹皇后翻身起床,说一定是有人打进宫来了。

赵祯慌忙披衣起来,一脸惊慌之色,欲出宫去察看。曹皇后一把扯住,说外面危险,不可贸然涉险。并奏请赵祯火速传旨,召侍卫王守忠领兵进宫护驾。

赵祯立即传旨,命内监宣召王守忠速进宫护驾。曹皇后又命太监传召宫中侍卫速来中宫护驾。

不一会,宫中侍卫、太监、宫女都来了。曹皇后命这些人站成两排,手拿一把剪刀,把众人的头发各剪去一绺,对这些人说:"今夜情况紧急,你们每个人都要奋勇向前,拼死护驾,不得退后,平定叛乱之后,明天凭剪发记号加赏。"

接着命令左边一排的人去紧守殿门,不奉谕旨,不许开门;命右边一排去拿水桶、水壶、面盆等盛水器物,装满水,放在殿门备用。众人分头准备去了。

曹皇后安排妥当后,拉着赵祯的手说:"走,臣妾伴陛下前去督战。"

赵祯见皇后如此冷静,得到了一股安慰,随同皇后一起来到殿门。

刚来到殿门口,一阵阵刀剑声、惨号声从殿外传来。赵祯吓得浑身发抖,众人也觉各自心慌,唯曹皇后镇静自若,喊叫众人不要惊慌,救兵马上就到,并指挥大家找来木杠、杂件抵住殿门,防止有人破门而入。

突然,轰的一声响,殿门一阵颤动,有人在撞击殿门。曹皇后站在大家中间,喝叫大家顶住,众人见皇后就在身边,没有不拼命的。

外面的人见殿门撞不开,不知谁喊了一声:"用火攻。"

随之便有贼徒举起火把,点燃了四周的门帘。曹皇后一见起火,立即叫众人端水灭火。直到这时，大家才知道皇后叫准备水的用意。

众人立即端起准备好的水，你一盆，我一桶，一齐浇向刚刚燃起的火头，顷刻间便把火扑灭了。

这时，王守忠领兵赶到了，捉拿了全部贼徒，在殿门外叩请圣安，奏报作乱的贼众已全部擒拿。

曹皇后在门内大声问道："贼首是谁，总共有多少人？"

王守忠奏答，说贼首是卫士颜秀，共有数十人。

曹皇后传旨，叫将擒住贼徒押交刑部，立即正法！

王守忠领旨，押着作乱的贼徒去了。

曹皇后这才吩咐内监宫人打开殿门，将内外打扫干净，收拾整齐，然后各自去歇息，明天论功行赏。

赵祯看到曹皇后指挥若定，高兴地说："不经这番变乱，朕哪知道卿有这等大才呢？临变不惊，处变有方，发付明决，收拾敏捷。如果生为男子，可是一个将相才啊！"

曹皇后说："都是托陛下的福。"

赵祯听后，龙颜大悦。

张美人

赵祯正在与皇后说话，众嫔妃陆续来了，为首的是张美人。进来后，叫一声："皇上、娘娘受惊了！"

"怎么？"赵祯见是张美人，调侃地说，"来护驾的吗？"

张美人忙跪下奏道："臣妾护驾来迟，死罪！死罪！"

众嫔妃跟在张美人后面跪下，向皇上、皇后请安。

赵祯揽起张美人，叫大家都起来，并说乱贼都已拘拿归案，事情过去了，只不过虚惊一场而已。

众人见皇上、皇后无恙，乱事已经平息，说了几句套话，依次退出，各自回宫去了。

第二天，赵祯给昨晚护驾有功的侍卫、太监、宫女，每人都封了一个大红包，以示奖赏。然后下诏，彻查昨晚宫中作乱的事实真相。

有人认为，副都知杨怀敏嫌疑最大。参知政事丁度以为宫中侍卫生变，事关社稷，请将杨怀敏交由刑部讯问。

枢密使夏竦与杨怀敏素有结连，想庇护杨怀敏，如果交由刑部讯审，将会按律惩处，没有回旋的余地。便奏称说这事关系宫中隐秘，不宜公开审理，交由御使与宦官在宫中讯问即可。

丁度指责夏竦目无王法，两人当着赵祯的面争吵起来。

赵祯息事宁人，说没有必要争吵，内外讯问一样，只要秉公判断就行。并命御使与宦官在宫内讯问。显然，他还是偏向于夏竦。

丁度见皇上发了话，不好再争。

夏竦立即左右打点，一切替杨怀敏安排妥当，审问的时候，得不到任何不利于杨怀敏的逆证，只把杨怀敏降职，仍然充当内使。一桩惊天大案，草草收场。

夏竦庇护了杨怀敏，再去讨好张美人，以图巴结宫闱。奏请赵祯，说张美人有护驾的功劳，应进荣封。

赵祯闻奏，正中下怀，立即册立张美人为贵妃。

夏竦自忖，本章奏上去就准，可见皇上对张贵妃的偏爱，如果能借机把曹皇后挤倒，扶张贵妃正位，自己在宫中的内援就更大了。

夏竦是一个为达到个人目的不择手段的人。立即授意知谏院王贽，教他如此奏闻。

王贽是夏竦的走狗，他根据夏竦的授意，连夜修本章，说这次宿卫的变乱，起于皇后阁前，难保不别有情弊，请圣上彻底根究，以清乱萌。

赵祯虽然贵为天子，却毫无主张，连自己那天晚上亲眼所见的事情也不相信，竟然相信王贽的言辞，怀疑曹皇后，即召御使何剡进宫，命他参详这件事。

何剡答道："这是匪人妄生奸谋，诱惑圣聪。皇后仁智，素来昭著内外，前日事变，皇后亲自守阁御贼，哪会与贼同谋？陛下亲临亲见，还有什么可疑呢？"

赵祯立即大悟，认为何剡的话有道理，便把这事搁置不问了。但对于张贵妃的宠爱，更胜于前。

尽管赵祯对张贵妃宠爱有加，但在士大夫与皇帝共治天下的大背景下，皇帝的决定，有时也要受到朝臣的约束。一天，赵祯正准备上朝，张贵妃送赵祯至殿门，拉着赵祯说："官家今天不要忘了宣徽使！"

赵祯笑着说："放心！放心！"

朝堂上，赵祯准备下达任命张尧佐的诏书，包拯站出来反对，陈述不应给予张尧佐任命的理由，长篇大论，很是激动，唾沫都溅到赵祯的脸上了。赵祯不得不收回成命。

赵祯回宫之后，张贵妃迎上前，想替她的伯父美言几句，赵祯不耐烦地说："今天包拯上殿，唾沫都溅到朕的脸上了，你只知道要宣徽使，不知道包拯是谏官吗？"

转眼到了皇祐三年十月，赵祯再拜张尧佐宣徽使，知河阳。

唐介对同官说道："这是圣上要给他宣徽使做，不过借河阳为名罢了。我辈身居言路，不可不谏。"

同官畏畏缩缩，不敢出头，唐介遂独自上章抗奏，极言外戚不可预政。

赵祯知道唐介忠耿，无法拒谏，只得召见，当面对他说，这个拟本出自中书，不完全是他一个人的决定。

这时是文彦博任首相，唐介就奏劾文彦博，说他进献蜀锦，交通宫掖，才取得宰相之位，奏请罢免文彦博，改用富弼。

赵祯大怒，把唐介的奏章掷到地上，威胁说，再固执，朕将你贬到远州去。

唐介竟毫无怯意，拾起奏章诵读一遍，读完再奏道："臣所以切谏陛下，是激于忠愤，就是将臣下油锅，臣也不会逃避，何惮乎远谪呢？"

赵祯见他仍然要谏，召谕执政官说："唐介身为谏官，论事是他的本职，却妄说文彦博是由嫔妃致宰相，这是什么话呢？至于谁做宰相，更不是他的职权所能干预，他竟引荐富弼，不是越权了吗？"

当时文彦博也在旁边，唐介指着文彦博问："文彦博！你应该自省！要有此事，不可隐瞒！"

文彦博跪下奏道："臣不称职，愿辞职让贤。"

赵祯更是大怒，喝令唐介滚出殿去。

修起居注蔡襄立即站出来解救，说唐介实是狂直，但纳谏是人主的美德，请求对唐介宽大处理。

赵祯还在生气，将唐介贬到青州，后改徙英州。

文彦博也被罢职，出任许州知府。

文彦博罢相后，夏竦不久之后也死了，赵祯命庞籍为同平章事，高若讷为枢密使，梁适为参知政事，狄青为枢密副使。

第四篇 守成之君

十　终于出了个狠人

狄青请战

狄青祖上世代为农，宝元年间，元昊叛宋，他应召入伍，投入到抗击西夏的战斗中。当时宋军屡打败仗，士兵中普遍产生畏惧西夏军队的情绪，士气低落。狄青作战都是身先士卒，披头散发，戴着铜面具，手持利刃杀向敌阵，所向披靡，极大地鼓舞了士气。经略判官尹洙认为狄青是个人才，把他推荐给当时主持西北战事的韩琦和范仲淹。

韩琦、范仲淹非常赏识狄青，认为他是个将才，只是理论有所欠缺。范仲淹送给狄青一本《左氏春秋》，对他说，做将帅的人不能晓畅古今，只能算是匹夫之勇，不足称道。劝狄青多读一些书。

狄青于是发奋读书，研习秦、汉以来的将帅兵法，自身修养得到很大提高，屡立战功，官至马军副都指挥使。

狄青是士兵出身，当时脸上仍然留着从军时的刺字。赵祯召见他时，命他敷药把脸上的刺字去掉。狄青奏答道："陛下以功提拔臣，不是为臣的门第；脸上有这个印记，留着它可以劝勉军中士卒，所以不敢奉诏。"

赵祯由此更加器重和信任狄青。宋、夏议和后，将狄青升为马军都指挥使、彰化军节度使，后又授以枢密副使。

庆历八年，赵祯改年号为皇祐。皇祐初年，广源州部族首领侬智高入侵，先后攻陷宋数州之地，他自称仁惠皇帝，国号大内，改元启历。

侬智高围困广州达两月之久。赵祯诏令陈曙、杨畋率兵征讨，无功而返。再命余靖为广西安抚使，孙沔为广南安抚使，先后前往征讨，仍是屡战屡败。赵祯感到非常失望。

狄青主动请战，愿带兵出征岭南平定叛乱，把侬智高捉拿进京。

赵祯很高兴，当即命狄青为宣抚使，统一指挥岭南的军队，征讨侬智高。

宋朝向来重文轻武，这次单独任命狄青为帅，免不了就有一些议论。

谏官韩降上疏，说狄青是一员武将，不宜有专事征伐的大权。

赵祯准备命内都知任守忠为副使。知谏院李兑又上言，说宦官不应掌兵权。搞得赵祯犹豫不决，召见宰相庞籍，问他意见如何。

庞籍认为，狄青此去一定能平定叛乱，并给他兵权，如果不想给他兵权，就不要派他去。

庞籍的话坚定了赵祯重用狄青的信心，下诏岭南各路军队受狄青统一节制，军事上的事由狄青说了算，违令即是抗旨不遵。

狄青领旨，即领军驰往岭南。

杀人立威

狄青夜兼程赶往前线，派飞骑传达命令，前方各路将士静候命令，不得私自出兵，违令者军法从事。

陈曙立功心切，乘狄青未到之时，竟出兵攻击，被侬智高大败于昆仑关。

十二月，狄青赶到宾州，会合余靖、孙沔各路兵马，询问军事状况。孙沔、余靖把前线的情况向狄青作了汇报。

狄青得知陈曙不遵命令，擅自出战，大败而归，立即击鼓升帐，命陈曙与殿直袁直以及其他将校等三十二人站到前面，冷冷地问道："日前出击昆仑关，怎样败的？可将详情告诉我。"

陈曙等不敢隐瞒，只得直说。狄青喝道："我奉旨出京时，便传檄各路不许妄动，静候命令，尔等违背号令，擅自出兵，招致兵败，损失国威，败坏军纪，该当何罪？"

陈曙等人情知不妙，慌忙跪下请求饶命。

"三军用命，才能所向无敌，本帅饶你，军法可不容情。"狄青喝命卫士把陈曙等推出辕门斩首，首级在辕门悬挂三日。

孙沔、余靖大惊，其余将校吓得浑身发抖。从此以后，再也没有人敢违抗狄青的军令。

扬威昆仑关

转眼到了皇祐五年新春，狄青在营外召集将士庆贺新春，传令全军休息十日。将士们都感到莫明其妙。

侬智高得到探子的情报，一面命探子再探再报，一面宣布放假过节，准备过完节后与宋军一较高下。

狄青宣布休息十天的第二天，宋军各路兵马突然接到出兵的命令。

狄青自领前军，孙沔居中，余靖殿后，昼夜兼程，直抵昆仑关下。次日黎明，狄青的中军帐前竖起大将旗鼓，众将环立帐前候令，不见狄青升帐点兵，正在疑惑之际，中军官传下命令，说狄元帅已连夜进关，请各位将军到关外会合。

众将督兵赶赴昆仑关，见狄青头顶银盔，身披金铠，跨着青骢马，手执白旗，正在排兵布阵，准备在昆仑关下归仁铺与侬智高展开决战。

侬智高得知宋军偷袭了昆仑关，在归仁铺摆好了战场，如梦方醒，立即倾巢出动，欲凭优势兵力一举击败宋军。

狄青见贼兵人多势众，士气高昂，命先锋孙节打头阵。孙节拍马上前，一阵混战，正想放马冲踏贼阵。

侬智高一声令下，五百硬弩齐发，箭如雨下，孙节躲闪不及，人和坐骑顿时被射成了刺猬一般，当场毙命。

狄青令旗一挥，大声疾呼："杀上去！擒贼破敌，就在此时！"

命令刚下，立即有两队骑兵各数百名，从左右两侧杀出，如一阵狂风般刮入敌阵。这是狄青从西北战场带过来的铁骑。

两队骑兵，忽纵忽横，忽开忽合，杀得敌众东倒西歪，左右不能相顾。而两队骑兵队形始终不乱，进退有序。侬智高自知不是敌手，刚想退逃，诸将与孙沔、余靖等军赶到。

狄青下令，三军一齐向敌兵猛扑过去。

侬智高自知不敌，拨回马争先逃走，众贼兵纷纷崩溃。

狄青催军追逐，直赶到五十里外才鸣金收兵。这一仗，狄青军大胜，杀死敌兵八千余人，杀死敌军军师黄师宓，将领一百五十七人，生擒五百余人。

侬智高逃回邕州，心慌胆落，携带亲信，纵火烧城，连夜由合江口逃往大理。

狄青乘胜攻克邕州，见满城烟雾弥漫，火焰冲天，传令诸军入城灭火，并搜得侬智高遗弃的金帛数万，约束下属，不得私取分毫，全数如实归库。

狄青命众将士浇灭城中大火之后，立即出榜安民，晓谕百姓各归所业，以前被胁从贼的概不追究。百姓自此安居乐业，邕州局势渐渐安定。

升官引来哗声一片

昆仑关大捷，赵祯龙颜大悦，诏命余靖管理广西，继续追捕侬智高，召狄青、孙沔还朝，并提升狄青为枢密使，孙沔为枢密副使，其余随军参战众将，皆各有封赏。

杨延昭的儿子杨文广也因随狄青出征有功，被授予广西钤辖，以后又任邕州知府。

此时杨延昭已去世，杨氏一门，要算杨文广绰有祖风。其余扫尽穆柯寨、穆桂英大破天门阵等，都是小说家杜撰的故事，不是真正历史。

后来，侬智高死在大理，余靖取回他的首级，献给朝廷。侬智高的母亲、弟弟侬智光，侄子侬继宗、侬继封逃到特磨道，都被余靖抓获，押解入京，一同伏法。

赵祯拜狄青为枢密使，朝野舆论大哗，宰相庞籍援引祖宗先例劝谏，说当年曹彬战功卓著，太祖皇帝也只是赏赐给他大量金帛，未授予枢密使的职位。

赵祯这次没有听其他人的意见，仍然将没有什么过失的现任枢密使高若讷罢免，以狄青补任枢密使之职。

狄青被拜为枢密使，为何有这么多人反对呢？原因有二，一是他的升迁速度太快，二是以武将身份升任枢密使。两条都与赵宋王朝祖宗家法相左，完全违背了太祖赵匡胤立国以来提防武人的国策。

枢密使是掌控军权的最高权力机构，在重文轻武的宋代，自太祖、太宗以来，武将出掌枢密院渐成一种忌讳，最后形成专以文臣为枢密使的惯例。赵祯命狄青为枢密使，反映了他对狄青的信任，同时也为狄青的悲剧人生埋下伏笔。

狄青不同寻常的升迁，既未被朝中大臣接纳，也引来了种种揣测。

一次，狄青家里夜间焚烧纸钱祭奠祖先，事先忘记通知负责消防的厢吏，结果厢吏连夜报告开封府。府吏赶到时，"火"已灭了许久。第二天，城中盛传狄枢密家夜有怪光冲天。家中夜有怪光冲天，在中国古代涉及到非常严肃的政治问题，常被看成是臣子有图谋不轨的表象。这种谣言对狄青有很大的杀伤力。

还有人说，狄青家里养的一只狗，长了一对奇怪的角。更有甚者，说在京师发大水的时候，看见狄青身穿龙袍坐在相国寺的大殿上，无异是说狄青穿上了帝王象征的皇袍。

赵祯虽然不相信谣言，但谣言多了总是个事，因为这毕竟关系到皇位和性命。终于，在至和三年，赵祯还是作出决定，罢免狄青枢密使，而出知陈州。

据说，狄青临行时对旁人说："我此行必死无疑，陈州有一种梨，叫青沙烂，此去青州，狄青必烂死。"

这说明狄青已预感到了不祥之兆。第二年，狄青承果然暴病死于陈州，年仅五十岁。

赵祯得知狄青死讯，悲痛万分，赠字中书令，谥号武襄，亲笔题其碑"旌忠元勋"，也算是对这位名将的交待。

十一　太子非亲生

皇帝的心事

皇祐五年，赵祯下诏改元至和。这一年，张贵妃突然暴病身亡。

赵祯痛不欲生，在左右宦官的支持下，决定以皇后之礼为张贵妃发丧。由于担心朝野反对，赵祯干脆在治丧的第四天宣布追张贵妃为皇后，赐谥温成。下令停朝七天，京城禁止娱乐活动一个月。

知制诰王洙迎合上意，私下与内使石全斌商量，准备让孙沔宣读册封诏书。

孙沔入朝抗奏，说陛下命他读册，自然不敢不遵，但他现在的职务是枢密副使，不是读册官，依礼不能读册，他装做很为难地说："臣要是不读册，违了圣旨；要是读册，又越了职权。请求陛下将臣罢免，臣才可告无罪。"

赵祯没有说话。

第二天，赵祯降诏，罢孙沔枢密副使，贬为杭州知府。

孙沔高兴地说："好了！脱离是非圈了！"即日出京到杭州上任去了。

赵祯又降诏，命参知政事刘沆为温成皇后园陵监护使。丧事完后，赵祯论治丧功臣，提拔刘沆为同平章事，加王洙翰林学士，其余有功人员有的升了官，有的得了红包，忙碌一场，各有所获。

赵祯更欣赏温成皇后亲族，加赠她父亲张尧封为郡王、伯父张尧佐为太师。

陈执中在温成皇后的丧礼中不顾名节，与孙沔的请辞而去形成了鲜明的对比，遭到了士人及谏官的非难。知谏院范镇、殿中侍御史赵抃先后上表弹劾陈执中，说他纵容爱妾打死奴婢，应当坐罪，说他非宰相之才，只是一个酒囊饭袋。

赵祯向来用人无定见，于是将陈执中免职。

此时满朝大臣中，说到德高望重，谁都比不上范仲淹、文彦博、富弼三人。这三人忠心正义，刚正不阿，因此在朝的时间不长，都被外调。范仲淹已在皇祐四年病逝，追赠兵部尚书，赐谥做文正。唯富弼、文彦博二人一个在并州任所，一个在许州任所。两人都政绩显著。

赵祯罢免了陈执中，要另择新相，恰逢枢密直学士王素因事入奏，赵祯问他："你是故相王旦之子，和朕关系不比他人，朕现在要择相，你认为何人合适？"

王素巧妙说："宦官和后宫嫔妃不知姓名的那个人，就可以入选。"

赵祯说："依你所言，只有富弼了。"

王素叩头称贺："陛下果然得人了！"

赵祯又问："文彦博怎么样呢？"

王素回答说："文彦博也是宰相之才。"

赵祯于是于次日下诏，授他们为同平章事。

至和二年，改元嘉祐元年，不料赵祯忽然生了一场大病，数日不能上朝理事，众臣忧惧不安，为了稳定大局，文彦博、富弼二位宰相晚上就睡在殿庐主理朝政，才使朝政没有出现混乱。

文彦博趁机建议册封太子，建立储君。病中的赵祯含糊其辞地答应了，病好以后，又将立储之事搁下了。

知谏院范镇屡次请求立储，竟然惹怒了赵祯，最终被免职。

范镇调离了知谏院，群臣奏请立储的呼声并没有停止，许州通判司马光，翰林学士欧阳修，殿中侍御史包拯、吕景初、赵抃，知制诰吴奎、刘敞，宰辅富弼、文彦博、王尧臣等又相继奏请。

无论这些人怎么讲，赵祯就是不听，在这些人当中，包拯的态度最坚决，为了减少麻烦，赵祯又采用同样的办法，把包拯调外任，到开封府做了知府。

包龙图

包拯,字希仁,庐州合肥人。最初考中进士,被授为大理评事,出任建昌县的知县。因为父母亲年纪都大了,包拯辞官不去赴任。得到监和州税的官职,父母又不想让他离开,于是包拯就辞去官职,回家赡养老人。几年之后,父母亲相继去世,包拯在双亲的墓旁筑起草庐,直到守丧期满,还是徘徊犹豫、不忍离去,同乡父老多次前来劝慰勉励。

过了很长时间,包拯才去接受调遣,担任天长县的知县。有盗贼将人家牛的舌头割掉了,牛的主人前来告状。包拯说:"牛没有舌头,已经没有什么用了,你赶快回家把牛杀掉,还能卖几个钱。"

牛主人觉得这个县太爷也太没道理了,他是来告状的,他不但不主持正义,拘拿割掉牛舌的盗贼,反而叫他回去把牛杀掉卖几个钱。有些不服地说:"小民来报案的呀!县太爷不替小民主持公道,却叫小民回家把牛杀了,是何道理?"

包拯佯装发怒地说:"一个牛舌值几个钱,这样的小事还要来麻烦本官吗?"接着命衙役将告状的牛主人轰了出去。

牛主人忍气吞声地回家,把没有舌头的牛杀了,将牛肉送到集市上卖了。

时过不久,又有人来告状,说有人私自杀掉耕牛。牛是用来耕地的,历朝历代都有规定,不得乱杀耕牛,杀牛是违法的。

包拯见有人告状,直接升堂,衙役将告状之人带上来后,包拯劈头盖脸地就问:"你为何割了人家的牛舌,从实招来。"

告状之人听罢大惊失色,没有用刑便招供了。原来牛舌头真的是他割掉的,他见县太爷没有理会牛主人的控告,欲对牛主人施以更大的打击,便来告发牛主人擅杀耕牛。正好就落入了包拯的圈套。

包拯因断案如神而闻名于当时。后移任端州知州,升为殿中丞。端州出产砚台,他的前任知州假借上贡的名义,随意多征几十倍的砚台送给权贵们。包拯命令工匠只按照上贡朝廷的数目制造。一年过去,他没有拿一块砚台回家。

不久,包拯又被授为监察御史,加按察使,历任三司户部判官,出任京东转运使,改授尚书工部员外郎、直集贤院,移任陕西,又移任河北,进京担任三司户部副使。天章阁待制、知谏院,龙图阁直学士,兼殿中侍御史。

包拯在朝为人刚毅,贵戚宦官都很怕他,做人做事也为之收敛。人们都说包拯能让黄河水清，老幼妇孺都知道他的大名，喊他为"包待制"或包龙图，因他曾任龙图阁学士。京城人称他说："关节不到，有阎王爷包老。"

俗小说包公案一书，里面包公断案的故事，只有一半是真的，其余皆为小说家之杜撰。至于说他日断阳、夜断阴则是随口附会之辞，不能当真。

嘉祐三年，包拯奉旨为御史中丞，其直言敢谏的作风仍然不改。上奏赵祯说："太子空缺的时间已经很久了，天下人都很担忧，陛下长时间犹豫不决，这是为什么？"

赵祯反问："朕问你，谁可立为太子？"

包拯说："臣请求皇上预立太子，是为国家长远着想。陛下问我想让谁做太子，这是怀疑我啊。我已届七十，又没有儿子，并不是谋求好处的人。"

赵祯高兴地说："朕会慢慢考虑这件事的。"

原来，包拯有一子名叫包繶，壮年去世，妻子崔氏无出，守节不再嫁，故包拯面奏赵祯，自称无子。包拯有一个媵妾宋氏，在怀有身孕时离开了包家，在母家产生一男，崔氏秘密收养，母子俱全，包拯并不知情。嘉祐六年，包拯晋升为枢密副使，次年病终，临终前，崔氏才向公爹说明他还有一个儿子，并将这个儿子带进包府。包拯命取名綖。他在遗嘱中说："后嗣倘得为官，当谨守清白家风。如若犯赃，生不得放归本家，死不得葬大茔中，不从吾志，非我子孙。"

包拯去世后，赵祯下诏追赠礼部尚书，谥孝肃。包拯之事，在这里随笔说完。

立储君

赵祯表面上不急，其实心里比谁都急，他见宫中的女人不能为他生儿子，便从民间挑了十名良家少女进宫，号称宫中十阁，每天晚上轮流召幸。被召进宫的十个女子脸蛋虽然长得很漂亮，素质却并不怎样，她们见皇上如此宠爱，有些飘飘然，不知道自己姓什么了，在宫中颐指气使，骄横无比，把皇宫闹得鸡犬不宁，但照样没有一个能怀上龙种。御史中丞韩绛将宫中十阁闹得不成名堂的事密奏给赵祯，赵祯一怒之下，将十名女子全都赶出宫，同时还放逐了一二百名宫女。

嘉祐四年时，文彦博因老病辞职，富弼也丁母忧守制在家，刘沆与枢密使王德用也都先后免职，韩琦为同平章事，宋庠、田况为枢密使，张升为枢密副使。

韩琦继欧阳修、包拯之后，再次向赵祯提出立储的事情。说皇嗣的建立关系天下安危，劝说赵祯尽快册立储君。

赵祯说后宫已经有人怀孕了，等分娩后再说，结果生下来的又是个女儿。

韩琦将《汉书·孔光传》送呈赵祯看，说："汉成帝没有儿子，立皇弟的儿子为皇子，他只是一个平庸的皇帝，尚且如此，何况陛下这样的明君呢？太祖皇帝手定天下，却传给皇弟，不传给皇子，陛下何不效法先祖，选择宗室为太子？"

赵祯仍然是犹豫不决。

嘉祐六年，曾公亮和韩琦共为同平章事、欧阳修为参知政事、司马光为知谏院，这几个人一再力请立储，赵祯这才同意册立皇太子。

七年八月，赵祯命翰林学士王珪草诏，立赵宗实为皇太子。

赵宗实就是前面说过，由曹皇后奏请赵祯取入宫中抚养长大的。他一向住在宫里，嘉祐四年十一月，生父汝南王赵允让病逝，追封为濮王，赐谥安懿，他才出宫去居守父丧。守丧期满，奉诏立为太子，改名曙。

其实，赵宗实对太子之位并不怎么感冒，刚接到宗政寺的任命以后，一再推辞，不肯接受。在中国古代，这是一件很有意思的事情，为了取得皇位继承权，许多宗室子弟相互争斗，甚至骨肉相残。而赵宗实真心实意地力辞不就，两者形成了一个鲜明的对比。

赵宗实不愿当太子，与他老成持重、恪守孝道有关，一方面，他当时正在守父丧，不愿因皇子之位而使孝道有亏，另一方面，他一夜之间忽然得到尊位，前途未卜，不知是祸是福。王府记室周孟阳曾问他为何不奉诏。他说："我并非要想求福，实在是要避祸！"

周孟阳开导说："现在天下都知道你是皇位的继承人，你一再推辞不受，假如别人登上皇位，你就能平安吗？"

周孟阳的话击中要害，也是赵宗实面临的一个很现实的问题，一旦他人成为太子，赵宗实不但永无宁日，而且还有性命之忧。

赵宗实恍然大悟，受命入宫。进宫之前，他还对家人说："一定要照看好房舍，皇上如果有更合适的人选，我会立即回来的。"

半年之后，也就是嘉祐八年三月，赵祯驾崩于福宁殿，遗诏皇太子赵曙即皇帝位。总计赵祯在位四十二年，改元九次，享寿五十四岁。

赵祯是两宋在位时间最长的皇帝，死后庙号仁宗。

伍

短命王朝

宋英宗

  皇帝的职位最令人眼热,由于皇位继承法的规定,真正有资格做皇帝的人并不多。为了取得皇位继承权,许多宗室子弟相互争斗,甚至骨肉相残。惟独赵曙是个例外,他不愿做皇帝,而且态度还非常坚决。仁宗皇帝立他为太子,他百般推辞,就是不肯上任,在众人的劝说下勉强走马上任后,也是做一天和尚撞一天钟,随时准备撂挑子。

  仁宗皇帝死了,赵曙继承了皇位,但这不是他的本意,他是被人硬拽上皇位的。

一　匆匆撤去的帏帘

母子隔阂大

　　皇帝的职位最令人眼热，由于皇位继承法的规定，真正有资格做皇帝的人并不多。为了取得皇位继承权，许多宗室子弟相互争斗，甚至骨肉相残。惟独赵曙是个例外，他不愿做皇帝，而且态度还非常坚决。仁宗皇帝命他为太子，他百般推辞，就是不肯上任，在众人的劝说下勉强走马上任后，也是做一天和尚撞一天钟，随时准备撂挑子。

　　仁宗皇帝死了，赵曙继承了皇位，但这不是他的本意，他是被人硬拽上去的。

　　赵曙在曹后和大臣们的安排下，遵仁宗皇帝的遗诏，勉强同意继承皇帝之位，举行即位大典后，正式做了皇帝，他就是英宗皇帝。

　　赵曙即位之后，尊曹后为皇太后，尊大行皇帝赵祯庙号仁宗。

　　赵曙欲依照古礼，守孝三年，命韩琦摄行冢宰，处理朝政。

　　韩琦坚辞不奉诏。

　　赵曙无奈，只好坐上龙椅，做起了皇帝，不料到第四天便骤然患病，不能临朝，诏请皇太后代为处理军国大事。

　　曹太后不能推辞，便在东门小殿垂帘听政。

　　曹太后是个很能干的女人，每天的内外章奏不下数十起，她看过之后，件件都能够提纲挈要地提出处理意见，遇着有疑难的事情，让大臣们商量解决，从不独断专行，因此，赵曙虽然生病不能理政，朝廷的机构都能正常运转，国事也都有条不紊地进行着。

　　不久，立高氏为皇后，高皇后是侍中高琼的曾孙女，母亲曹氏是太后的亲姐姐，小时候也养育于宫中，与赵曙同岁，两人可算是青梅竹马。长大出宫后，做了赵曙的王妃，封京兆郡君，至是册立为皇后，与太后形同母女。

　　为了加强中枢机构的领导力量，太后重新起用富弼为枢密使。

赵曙自得病后，情绪非常坏，对宫中的宦官、宫女、太监举手就打，开口就骂，这些人受虐不过，便向内都知任守忠泣诉。

任守忠当初被仁宗皇帝逐出宫，后又再召入宫，逐步升到内都知的职务，仁宗皇帝欲立赵曙为太子，任守忠知道赵曙聪明能干，想劝说仁宗立一个庸弱的人为太子，自己从中谋攫内权，阴谋未逞，颇为失望。见内侍投诉，乘机在太后面前说赵曙的坏话，反过来又在赵曙面前说太后不喜欢他。

两人经不住任守忠不停地嘀咕，渐起疑心，由疑生怨，由怨成隙，好好的继母继子，几乎变成仇人。

知谏院吕诲，上书两宫，开陈大义，言词恳切，太后、赵曙虽然都有所感动，究竟还是未能释然。

一天，韩琦、欧阳修在帘前奏事，曹太后一把鼻涕一把泪地说赵曙变态。

韩琦劝说，皇上有病，才会有些失常，病好了，肯定不会这样，儿子有病，母亲难道不能容忍他吗？

曹太后两眼泪汪汪地看着欧阳修。

欧阳修婉转地说，太后事奉先帝数十年，仁德昭著，天下人有目共睹，从前嫔妃得宠，太后仍处之泰然，如今母子之间，怎么就不能相容呢？

曹太后听罢，方才止住哭声。

欧阳修接着说，先帝在位日久，有恩于天下，故一旦逝去，天下人拥戴新帝，没有人敢反对的。太后虽然贤明，但终究是一个妇人，臣等也只是一介书生罢了，如果没有先帝遗嘱，谁又肯服从呢？

韩琦直率地说，臣等在外辅佐朝纲，但皇上龙体若是欠安，太后难辞其咎。

曹太后气得脸色发青，却也只能一言不发。因为她知道，朝廷内外，无论是谁，都不希望看到再出现一个像当年刘太后一样垂帘听政、权倾朝野的女人。

过了几天，韩琦独自进宫向赵曙问安，劝说道：自古圣帝明君不算少，只有舜被人称为大孝，难道除了他，别人就不孝吗？当然不是。不过是母慈而子孝，这是常人都能做到的，无足称道。如果父母不慈，儿子仍然能尽孝，这才值得称道。臣担心陛下对母亲还不够好，这才有了误会啊！

赵曙听了大为感动，表示要与太后冰释前嫌。

不久，赵曙进宫后，说自己生病的时候，神智昏乱，说了一些不该说的话，请太后原谅。

曹太后备感欣慰，安慰地说："皇儿四岁入宫，我旦夕顾复，视为已出，那些小事，怎么会放在心上呢？"

从此，母子二人和好如初，尽释前嫌。

撤帘还政

年底，赵曙封长子仲缄为光国公，不久又晋封他为淮阳郡王，改名顼。赵曙有四个儿子，都是高后所生，除淮阳郡王顼外，还有次子赵灏、三子赵颜、四子赵頵，三子赵颜生下来不久就死了。

第二年，赵曙改元治平，到了夏天，赵曙的身体大为好转。

韩琦想请太后还政，但又不好直说，趁入朝的时候，选了十件急办的公文请赵曙批阅，赵曙很快就作出了正确批复。韩琦拿着赵曙批复的公文去请示太后，太后也连连称赞。

这一天，太后垂帘听政，韩琦出班奏道："太后，臣有本要奏。"

"相公有什么事，请说吧！"太后在帘后回答。

韩琦说，"皇上的病已好，能独自处理朝政，臣请求辞去宰相之职，到地方上去做个小官，图个清闲。"

曹太后大吃一惊，继而明白了韩琦的用意，说道："朝廷大事，全都仰仗相公，相公不可以求去，该退的是我，不是你。"

韩琦顺水推舟地说："前代贤后，像马后、邓后，对于权势，都不免顾恋，太后现在便能还政，真是前代贤后所不及，不知太后决定哪一天撤帘。"

曹太后说："说什么哪一天？我参政多时，也是迫不得已得，选日不如撞日，就在此时撤帘！"曹太后说罢，起身离座退入。

韩琦大声说道："太后有旨，銮仪司撤帘！"

銮仪司听旨，疾忙上前撤帘。

帘帷匆匆撤去，百官还能看到屏风后太后一闪而过的身影。

曹太后回宫之后，当天便从宫中传出手书，表示还政于皇帝。

去奸佞

赵曙亲政后，加韩琦为右仆射，每天前殿召见群臣，后殿批阅奏札。并将太后的宫殿命名慈寿宫。

知谏院司马光上疏，说内侍任守忠，谗言两宫，致太后与皇上母子不和，如果不是太后贤明，皇上诚孝，几乎祸起萧墙。请求依照国法，将任守忠斩首示众。

赵曙虽然有些被说动，但没有降旨。

第二天，韩琦来到中书处，取出一道空头敕文，先签上自己的名字，然后叫两个参知政事欧阳修、赵概签名。

欧阳修毫不犹豫地签了名，赵概却面有难色。欧阳修说："签吧！韩宰相总会有个说法的。"

赵概很勉强地签了名。

签完字，韩琦端坐政事堂，命人召来任守忠，大喝道："任守忠，你可知罪？"

任守忠莫明其妙，不知自己到底犯了什么法。

韩琦大声说："你身为内侍，不知报效皇恩，蓄意挑拨太后与皇上之间的矛盾，本当砍下你的人头，以正国法，因奉旨从宽处理，现把你安置到蕲州，你要感念圣恩，不可再怙恶不悛！"

说罢，取出空头敕文，亲自填写，交付与任守忠。立即命人将他押送出京都。

随后，韩琦又把任守忠的余党史昭锡一并贬出京城，流放到南方去了。

数月之后，韩琦入朝，赵曙忽然问他，三司使蔡襄品行如何。

韩琦不知赵曙的用意何在，回答说，蔡襄这个人颇为干练，可以任用。

赵曙当时没有说话。第二天，居然下诏命蔡襄出知杭州。

群臣见蔡襄被逐出京城，不知是何原因。有知道内情的人透露，说太后听政的时候，曾经对辅臣说，先帝既立皇子，不但宦妾生疑，就是大臣也有异言，险些儿败坏大事，我不愿追究，已将章奏都毁去了。

有人怀疑，这些烧掉的奏札是蔡襄所奏。究竟有无此事，无从证实。

其实，蔡襄也算是一个能吏，遇有案件，谈笑剖决，没有人不服。只因说话有时口无遮挡，触犯主忌。治平三年丁母忧，归兴化原籍，次年卒于家，追赠礼部侍郎，后赐谥忠惠。

二 宏图未展

生父的名份有争议

赵曙是濮安懿王之子，过继给仁宗皇帝名下为养子。

赵曙亲政之后，韩琦提议讨论赵曙生父的名份问题。赵曙下诏将议案送到太常礼院，交两制以上官员讨论。由此引发了一场旷日持久的论战，这就是历史上有名的"濮议"。

当时的议论有两种意见，以翰林学士王珪、知谏院司马光、吕诲为首的两制认为，濮王是仁宗皇帝的兄长，赵曙应称其为皇伯，而以宰相韩琦、参知政事欧阳修为首的宰执认为，赵曙应称其为皇考。

赵曙和宰臣们认为，大臣中一定会有人迎合他们的意见，谁知情况却恰恰相反，百官们强烈反对称濮王为皇考。

正在群臣争论不休的时候，太后得到了这个消息，她亲自起草了一份诏书，严厉地指责韩琦等人，认为不应该称濮王为皇考。

赵曙和韩琦意识到，要想取得这场论战的胜利，必须取得太后的支持。治平三年，中书省大臣共同议定，尊濮王为皇考，由欧阳修亲笔起草了两份诏书，交给赵曙一份。到中午时分，太后派一名宦官将一份封好了的文书送到中书省，韩琦、欧阳修等人打开一看，不由喜上眉梢，这正是欧阳修起草的诏书，只是多了太后的签押。

太后既已下诏，赵曙即命百官停止讨论，又命在濮安懿王茔建园立庙，封濮安懿王子赵宗懿为濮国公，主奉祠事。至此，"濮议"一事尘埃落定。

事情虽定，人心却未定。吕诲等谏官集体辞职。赵曙命阁门退还辞职书，不批准辞职。吕诲等人又上疏固辞，说与宰臣们势不两立。

赵曙很烦恼，问韩琦、欧阳修如何处理。韩琦与欧阳修两人说，既然御使们说势不两立，那就请陛下决定，如果是我们有罪，就将我们革职查办好了。

赵曙心里也明白，吕诲、范纯仁、吕大防几位御史并无大错，然而，几位宰臣是支持自己的，自己主政还要依赖他们。无奈之下，只好牺牲御

— 248 —

史，将他们三人贬出京城。并特地吩咐，不宜责之过重。

御史的事刚处理完，枢密使富弼又撂挑子，隔天一奏，五天上两疏，说脚有病，请求辞去枢密使之职。

脚病只是晃子，真正原因是心病，他认为有人架空他，不把他当回事。

原来，嘉祐年间，富弼为宰相，主持中书省工作，韩琦为枢密使，主持枢密院工作，中书省只要有事，富弼都要与枢密使商量，现在，韩琦与富弼的职位互易，韩琦处理事却独断专行，从来不征询他的意见。

赵曙见富弼去意已决，便命富弼出判扬州，封郑国公。随后，张升也坚持求去，赵曙便命他出知许州。

"不拘一格降人才"

韩琦、曾公亮因为富弼、张昇都已调外任，枢密院不能没有头头，因此，他们商量拟提拔欧阳修为枢密使。欧阳修知道这件事后，立即找到韩琦，说皇上亲政，任用大臣自有自己的打算，宰相虽然抬举我，但却不能凌驾于皇上，这是行不通的。韩琦见欧阳修说得有理，便止住这个念头。

果然，赵曙对枢密使一职早已心有所属，富弼出京之后，他立即诏令判永兴军的文彦博出任枢密使。在此之前，文彦博曾进京述职，赵曙曾向他吹风，叫他暂时在西边呆一段时间，不久将召他进京。现在果然兑现了他的诺言。

赵曙又提拔权三司使吕公弼为副枢密使。

赵曙为何要提拔吕公弼呢？这得从他做太子时的一件事说起。当时，仁宗皇帝赐给赵曙一匹马，但那匹马体小毛杂，是一匹劣马。赵曙找到时任群牧使的吕公弼，想换一匹良马。吕公弼并不因为赵曙是太子就给他这个面子，他说这匹马是皇上赏赐的，如果没有皇上的明诏，他是不能换这匹马的。因此，他拒绝了太子的要求。

吕公弼升任副枢密使后，照例要进宫谢恩。赵曙问他："你知道朕为何要提拔你吗？"

吕公弼摇摇头，表示不知道。赵曙笑着说，去年，朕找你换马，你不给朕的面子，朕知道你是个正直的人。

吕公弼是因为正直而升官，可见赵曙这个皇帝做得并不赖。

吕公弼拜辞过后，赵曙又召泾原路副都部署郭逵，授检校太保、同签书枢密院事。

郭逵是一员武将，原是范仲淹的部下，范仲淹当年经常勉励他，要他多读一些书，至今日，终于成材。当年，任福战死，葛怀敏全军覆没，都在他的预料之中。人们曾夸他有先见之明。在边廷屡建战功，升至泾原路副都部署之职。赵曙得知他有智有勇，便将他召入京城，出任枢密院事。

宋朝的大臣，心目中只有文臣，没有武将。仁宗朝的狄青功勋卓著，一入了枢密院，便遭到文臣的攻击，纷纷上表弹劾。郭逵功不及狄青，进入枢密院后，哪里箝得住众人之口。知谏院邵沆等人，纷纷上表弹劾，大概的意思是说，宋朝的祖制，枢密院任用武将，必须如曹彬父子、狄青这样功勋卓著，威望极高的人，才能当之无愧。像郭逵这样的黠佞小才，怎么能够进入枢密院供职呢？他们请求赵曙收回成命。

赵曙是个很有个性的皇帝，他看准了的人，就要大胆使用，并不受谏官们左右，因此，他并不理会谏官们这些说三道四的言论。

这一年，汴梁发生水灾，宫廷门外都被水淹没了。房屋倒塌，百姓溺死者不计其数。汴梁的洪水刚退，温州又发生火灾，紧接着西方又出现彗星。彗星又称扫帚星，古人认为，彗星的出现，是一种不祥之兆。

赵曙也有这样的看法，他认为这是上天对他的警示，于是，他让百官都发表意见，指出朝廷政务上的不足。他自己也撤乐减膳，加强个人的修养。

有人提出，朝廷不能进贤任能。赵曙就这个问题询问欧阳修。欧阳修回答说，近年贤路的确太窄，他自己也常与宰相韩琦讨论这个问题。

赵曙对自己的用人政策还是比较满意的，对贤路太窄这个问题感到很惊讶，他叫欧阳修说具体些。

欧阳修认为，自赵曙亲政以来，自己和韩琦、富弼都有感皇恩。精心挑选了一批官员，都得到了赵曙的重用，这在过去，可能是不可想象的。但是，所选之人，都是钱粮刑名的强干之才，并非文学之士。

欧阳修的这番话，先是对赵曙的知人善用给予褒赞，接着提出了以前选用人才过于单一的问题。

赵曙听罢深有所悟，于是决定广泛招揽人才，并让中书省举荐贤士。

韩琦、欧阳修等人举荐了二十人以应馆阁之职，赵曙命将这些人全部召来面试，韩琦、欧阳修认为一次面试的人太多了。

赵曙却说，朕既然叫你们举荐，就是要选贤任能，能有这么多的贤士供朕选用，如果能得贤士，岂不是多多益善吗？

后经商量，召试十人，面试之后，全部录用，授馆职。

宋朝制度，进士第一人及第，往往可以官至辅相，士人尤以登台阁，升禁从为荣。当时有这样一首歌谣：

> 宁登瀛，不为卿；宁抱椠，不为监。

可见当时人心趋重科第，更羡幕台阁，所有出兵打仗的将士，即使是孙武、吴起复出，廉颇、李牧再生，也看做是没用之人。宋室积弱，原因在哪里，由此可见一斑。

治平三年（1066年）正月，契丹再改国号为辽。

四月，司马光依据《史记》体例，参考其他书写成《通志》八卷，大约是后来《资治通鉴》的前八卷，请求皇上赐《通志》为书名，赵曙对此给予充分肯定，鼓励他继续写下去，等书成之后，再赐书名。

他还允许司马光自己选聘助手。并应组织编写历代君臣事迹的书局的请求，批示将书局设在崇文书院内，特许借用龙图阁、天章阁、史馆馆、集贤院、秘阁的书籍，并在经费、服务上给予了极大的照顾。

赵曙的批示，极大地改善了司马迁编史的条件，使编写《资治通鉴》的宏伟事业从一开始就有了坚实的后盾。司马光为了报答赵曙的知遇之恩，在此后漫长的十九年里，将全部心血都耗在《资治通鉴》这部巨著的编纂上，应该说，史学巨著《资治通鉴》的最终编成，也有赵曙的一份功劳。

郭逵进入枢密院后，终究还是没有站住脚，被同僚的挤兑出了京城，出任陕西四路宣抚使，兼判渭州去了。

欲图奋起命太衰

治平三年十二月，赵曙身体又感不适，数十天不能上朝。韩琦等大臣进宫看望，见他病情沉重，面容憔悴，虽是靠在椅子上，仍显得疲惫不堪。

韩琦见赵曙病情严重，对他提出了确立储君，以安天下人的建议。

赵曙点头表示同意。

韩琦见赵曙同意立储，接着奏道："既然圣意已决，那就请陛下下一道手诏，指定日期举行立储大礼。"韩琦并不等赵曙回答，立即命召学士奉旨张方平进宫草拟诏书，并先给赵曙准备好文房四宝，由张方平进上纸笔。

赵曙提笔勉强写了几个字，韩琦见纸上写的是"立大大王为皇太子"。

韩琦说，立嫡以长，想必陛下意属颖王，还是请陛下亲笔写明吧！

赵曙于是又写了"颍王顼"三个字。

张方平立即循着赵曙的意思,恭拟了一道诏书,从首至尾,一挥而就,中间预留一段空格,请赵曙亲笔填上太子的名字。

赵曙病情似乎很沉重,不堪久坐,待了这半天,口中含糊地说了几句话,韩琦等人也没有听清他说的是什么。等到张方平呈上拟好的诏书,请他填上太子的名字的时候,他已经是坐得不耐了,接过笔,用尽最后一点力气,在诏书上写下太子的名字,然后放下笔,轻轻地叹了口气,泪水如雨一样流了下来。

内侍立即将赵曙扶上龙床,倒下便睡着了。

韩琦等人退出,文彦博对韩琦说:"看到皇上的颜色了吗?"说罢,轻轻地叹了一口气。

韩琦感慨地说:"皇上受封就在眼前,没有想到我们又在力请立太子了,世事难料,真是令人感叹啊!"

治平四年正月初七,赵曙病逝,享年36岁,在位4年,庙号英宗。

赵曙在位时间虽短,却有志革除宋朝冗兵、冗官、冗费等弊政,是一位圣明天子,可惜天不假年,宏图未展命先丧,英年早逝。这是宋朝的一件憾事。

陆

变法皇帝

宋神宗

英宗皇帝有三个儿子,赵顼是长子,无论是人品,还是学识,他都是最棒的,英宗皇帝去世之后,皇帝就轮到他来做了。

一　怪人王安石

恩将仇报是小人

英宗赵曙有三个儿子，赵顼是长子，无论是人品，还是学识，他都是最棒的，英宗赵曙去世之后，皇帝就轮到他来做了。

英宗赵曙驾崩，皇太子赵顼即皇帝位。

赵顼即皇帝位后，尊曹太后为太皇太后，高皇后为皇太后，封皇弟赵颢为昌王，赵頵为乐安郡王。

命韩琦守司空兼侍中，曾公亮行门下侍郎兼吏部尚书，文彦博行尚书左仆射、检校司徒兼中书令，富弼改武宁节度使，张升改河阳三城节度使，欧阳修、赵概并加尚书左丞，仍参知政事，陈升之为户部侍郎，吕公弼为刑部侍郎。

二月朔日，赵顼初御紫宸殿，朝见群臣，随即册立向氏为皇后。

向氏是故相向敏中的曾孙女，父名向经，曾为定国军留后。治平三年出嫁，封安国夫人，此时立为皇后。

一天，御史蒋之奇突然上书弹劾欧阳修，说欧阳修品行不正，行为不检点，乱搞男女关系，与自己的甥女淫乱。

赵顼有些不相信，问身边的老太监孙思恭。孙思恭极力为欧阳修辩解。于是赵顼批示，命蒋之奇拿出证据，否则治他诬陷罪。

蒋之奇是道听途说，根本就拿不出证据，见皇上要治他的罪，心里就慌了，无奈之下，只好交待是从中丞彭思永那里得到的消息。

原来，蒋之奇的御史是欧阳修推荐的，欧阳修的反对派对他冷嘲热讽，说他的御史之职是抱欧阳修的大腿得来的。蒋之奇受不了这些冷言冷语，决定与欧阳修划清界线。恰逢欧阳修的妻弟薛良孺与欧阳修有矛盾，捏造谎言，诬陷欧阳修淫乱。蒋之奇也不问真假，急急忙忙上本弹劾欧阳修。蒋之奇弹劾欧阳修，有个人目的，他是一个小人。

赵顼责问彭思永。彭思永只是道听途说，拿不出真凭实据，于是，诬告不成，反倒把自己拉下水，两人一齐被贬出京城。

欧阳修向来清正廉洁，事情弄清楚后，便上表请求退位，赵顼见他去意已决，便命他为观文殿学士，担任亳州知府。

赵顼是一个有理想的人，做太子时，就喜欢读《韩非子》，即位后觉得"天下时弊至多，不可不革"，变革事关全局，要有能臣主持。看到朝中没有栋梁，便把视野转向中下层官吏，要从中挑选杰出人才。

经过排查，终于找到了一个人，他便是鼎鼎大名的王安石。

怪人王安石

王安石，字介甫，号半山。临川人，员外郎王益的儿子。

王安石是个怪人，他的思想和人品都异乎寻常。

王安石从小喜欢读书，有过目不忘之能，在文学方面有很深的造诣，下笔作文，洋洋洒洒几千言。当时文坛领袖欧阳修看过王安石的文章，夸王安石是位奇才，口吟一首诗赞叹：

> 翰林风月三千首，吏部文章二百年。
> 老去自怜心尚在，后来谁与子争先。

王安石是庆历二年的进士，受欧阳修的荐举，出任淮南判官。后又调任鄞县知县。他在鄞县任职期间，修筑堤堰，开掘水塘，大力兴修水利工程，很大程度上促进了当地农业生产的发展。他体察民间疾苦，在饥荒的时候，他将官府征收的谷物借贷给百姓，并向借贷人收取一定的利息。这样，缺粮的百姓可以免受高利贷者的盘剥，官府也可从中得到一定的利息收益，一举两得。所以，任鄞县知县期间，王安石在百姓中的口碑极好。

后来，王安石又调到舒州任通判。在舒州任上，朝中大臣文彦博极力举荐他，仁宗皇帝也下诏调他进京做官，他借故婉拒了。欧阳修又推荐他为谏官，他又以祖母年事已高，不便赴京为由，再次拒绝做京官。不久，改任常州知州，继而改任提点江东刑狱。

嘉祐三年，仁宗召王安石为三司度支判官，王安石总算进京。

王安石进京不久，便写成著名的《上仁宗皇帝言事书》，在《言事书》中指出朝廷内部潜伏的矛盾和危机，并提出改革的具体意见，希望能够扭转积贫积弱的局面。

仁宗皇帝对《言事书》不置可否，对王安石的文笔却大加夸赞，令王安石哭笑不得。

随之，仁宗皇帝命为起注居。起居注是一个清要的官职，但晋升的机会比较大，王安石多次推辞，不肯受命，朝廷实在没办法，派人将任命书送到王安石的家里，王安石竟然躲在厕所里不见。最后，实在是推辞不掉，才出任起居注。

嘉祐六年，升任知制诰，专门替皇帝起草诏书、命令和文告。这一次，王安石并没有推辞，欣然领命。

嘉祐八年（1063年），仁宗皇帝去世，英宗赵曙继位。

这一年，王安石的母亲去世。他照例要丁忧，于是回老家江宁。

丁忧期间，王安石在江宁开馆授徒，培养了不少人才，有些人成了他后来变法的帮手。

王安石进京

赵顼继位后，也曾召王安石进京。王安石说自己有病在身，不能来京。

一天早朝，赵顼问几位辅臣，说王安石自先帝朝以来，屡召不至，大家说他为人不恭，现在召他进京又不肯来，到底是有病呢？还是个人有什么要求。

曾公亮说，王安石有宰相之才，他绝不会欺君罔上的，陛下要信任他。

新任参知政事吴奎说他曾与王安石共过事，此人刚愎自用，所作所为不可理喻，如果重用他，必定会给朝政带来混乱。

赵顼不高兴地说："你也未免过于诋毁王安石了吧！"

吴奎申辩说："臣蒙受皇恩，要做到知无不言，完全是出于公心，绝对没有偏见。"

赵顼不理会吴奎的劝谏，见王安石不肯来京，下诏命他出任江宁知府。

王安石这次没有推辞，欣然奉命赴任。

不久，韩琦受到排挤，上表请求辞去宰相之职。赵顼并没有立即答复，但却下诏调王安石进京，升任翰林学士。

韩琦已经看出赵顼调王安石进京的用意，索性连上奏章请求辞职，每天一奏，一天也不间断。赵顼见韩琦去意已决，下诏授韩琦司徒兼侍中，出任武胜军节度使，兼判相州。

时过不久，吴奎调出京城，到青州去当了知州。次年，吴奎病死在青州。

韩琦、吴奎免职后，赵顼提拔张方平、赵抃为参知政事，吕公弼为枢密使，韩绛、邵元为枢密副使。

御史中丞司马光上书，说张方平不适宜当参知政事。赵顼没有听，还贬司马光为翰林学士。不久，张方平因父亲去世丁忧回家守丧去了。

赵顼命唐介接替张方平，心里总还是惦记着王安石。

熙宁元年（1068年）四月，王安石终于奉旨进京，受任翰林学士之职，并特准"越级进言"，不受朝仪限制。

赵顼得知王安石来京，立即召其进宫。君臣礼过之后，第一句就问："朝政当务之急是什么？"

王安石也不客套，回答说："以决定政策为要。"

赵顼接着又问："你以为唐太宗这个人如何？"

"陛下当取尧舜为法，不仅唐太宗而已。"王安石看了赵顼一眼，继续说："尧舜治天下之道简单易行，后世儒臣并不了解尧舜的治国之术，认为尧舜之政后世不可复见。"

赵顼说："你对朕的希望太高了，朕恐怕达不到那种高度。但愿你能尽心尽意地辅助朕，使得达到目的！"

王安石叩首说："陛下如果采纳臣的建议，臣将誓死效忠于朝廷！"

一天，赵顼召大臣们议事后，特地留下王安石，要与他讨论治国之道，王安石落坐后，问道："朕观古人，刘备得到诸葛亮，唐太宗得到魏征，然后才可以有为。魏征、诸葛亮两人，都是难得的人材。"

王安石说："陛下如果能做尧舜之君，自然就有贤臣为陛下效力，天下之大，什么人才没有？诸葛亮、魏征不足为道！只怕陛下没有明确的用人政策，用人不专。今天虽有非常之才，但如果被小人排挤，也会离开。"

赵顼说："哪个朝代没有小人呢？就是尧、舜时代，不是也有恶迹昭彰的四凶吗？"

王安石说："能把'四凶'除去，才能成为尧、舜。如果'四凶'当道，良臣就没有立足之地。"

赵顼听了连连点头，心中对时弊进行改革的愿望愈来愈浓。

二 谁点燃了火药桶

边衅又起

王安石是一个颇有争议的人物，进京之后，引起了人们的普遍关注。除了吴奎、张方平、韩琦外，大家都说王安石是一个人才，定能干出一番事业。

只有眉山人苏洵写了一篇《辨奸论》，影射王安石是大奸之人。还有洛川知县李师中，他在王安石任鄞县知县时，就说他"眼内多白"，他日必定扰乱天下。

李师中是楚邱人，曾为泾原都监，从小就熟悉边境情况，长大后科举及第中进士，出任洛川县知县，后调任敷政县，对边境的事务更加熟悉。赵顼继位后，升任凤翔知府。正好青涧守将种谔攻陷绥州。李师中上表，说种谔在边境擅自挑起战端，请朝廷慎重。

宋、夏虽然休战多年，两国边境磕磕碰碰的事件还是经常发生，不过只是小打小闹，没有发生大的军事冲突，故没有惊动两国的最高领导。

其实，宋、夏边境如同火药桶，随时都有爆发的可能。只不过这次点火者不是西夏人，而是宋朝的边将种谔。

西夏主元昊在仁宗庆历八年（1048年）便已一命归天，当时，仁宗皇帝遣使赴西夏慰奠，册封元昊的儿子谅祚为夏主。

仁宗皇帝驾崩之后，英宗皇帝继承皇位。西夏国主谅祚曾派使臣吴宗来汴梁吊贺。吴宗到汴梁后，对宋廷君臣出言不逊，失了礼节，英宗下诏西夏，命谅祚治吴宗不敬之罪。

西夏主谅祚继承了他老子的血统，只想从宋朝得到好处，至于如何向宋称臣、恭顺有理之类的东西，压根就不当回事。不但不肯奉诏，反而于治平三年率兵攻打秦、凤、泾原一带，大兵直逼大顺城。

环、庆经略使蔡挺，率蕃将赵明等人增援大顺。两军在大顺城外摆开了战场。

谅祚身披银甲，头戴毡帽，亲自在军前督战。蔡挺派遣弓弩手排列在两军阵前,轮番向夏兵放箭。夏兵伤亡惨重,谅祚也身中数箭,慌忙率众逃走,转攻柔远。

蔡挺派副总管张玉领兵三千夜袭了夏营,杀得夏兵丢盔卸甲,大败而逃。西夏军退守金汤。

恰在此时,宋廷按约赐给西夏的岁币已经发下来了,延州知州陆诜见西夏正在与宋朝打仗,扣压了这批岁币。并向朝廷报告,说这样做是姑息养奸,养虎为患。建议朝廷派使向西夏主问罪。

英宗皇帝收到陆诜的报告后,转问宰相韩琦。

韩琦主张向西夏问罪。朝廷便责令延州知州陆诜发文宥州,诘问西夏主谅祚。

谅祚理屈词穷,无言辨解,只得派使向宋朝谢罪,推说是由边吏挑起来,并答应严惩惹事的人。

谅祚的谢罪折送达汴梁,正是英宗殡天、赵顼继位之时。

赵顼看了谅祚的谢罪折,便给谅祚下一道诏书,大意是说,历年来,西夏兵屡侵宋朝边陲,抢掠财物,掠夺人口,焚烧村庄,西夏违背盟约。宋朝群情共愤,纷纷要求严惩入侵之敌。上天有好生之德,朕也不想宋、夏重燃战火。请西夏主遵守盟约,约束部众,不得再到宋朝边境来闹事,如果再有此类事情发生,朕将很难说服大臣们。

谅祚得诏,派人到汴梁,算是答应下来。

这年冬季,夏绥州监军蔑名山的弟弟蔑夷山,向青涧城求降。

青涧城守将种谔,是宋朝大将种世衡的儿子。种谔受降后,派密使给蔑夷山送了一封书信,命他招降他的哥哥蔑名山,同时还送给去一枚金盂。

恰好蔑名山外出,蔑名山一个叫李文喜的亲信收了金盂后,喜出望外,便与送信的密使商量计策,请宋兵偷袭蔑名山的营帐,到时,刀架在脖子上,不怕他不投降,同时还可以乘势得到绥州。

密使返回青涧城,向种谔报告了蔑名山的亲信李文喜筹划的计谋。

种谔立即派人飞骑密奏朝廷,一面通报延州知州陆诜。

陆诜认为虏众前来投降,真伪难分,立即奏请朝廷,并告戒种谔不可轻举妄动。

赵顼收到陆诜的奏文后,命转运使薛向会同陆诜向种谔查明受降的可靠性,然后看情况再确定一步的对策。

薛向与陆诜以朝廷特使的身份召见种谔,询问受降的情况,种谔便将情况向他们作了详细汇报。

陆诜始终认为这件事其中有诈，反对种谔偷袭的决策。薛向却有意赞成种谔的动议。

经商定，将两种意见都写出来上奏朝廷。奏文由薛向主笔，派遣幕府张穆之进京上奏。

张穆之暗地得到种谔、薛向的授意，进京后，向赵顼陈述，说种谔的计策可行。

赵顼好大喜功，听了张穆之的一番奏对，便认为有机可乘，乐得兴兵略地。他怀疑陆诜不肯协力配合，从中掣肘，竟将陆诜调到秦凤，将收复绥州的任务交由薛向、种谔两个人负责。

种谔是个急性子，加之立功心切，不等朝廷的命令下来，便率兵潜入绥州，围住嵬名山的营帐。

嵬名山在毫不预防的情况下，突然遭到宋军的围攻，顿时手忙脚乱，亲信李文喜又将嵬夷山带进来，共同劝说嵬名山降宋。

嵬名山见大势已去，无可奈何，只好举众出降，共计首领三百人，一万五千户百姓，兵万名。

种谔督兵在绥州筑城，加强守备。

夏人见宋军攻占了绥州，出兵前来争夺，被种谔发兵杀退，从而收复绥州。

绥州本是宋朝国土，被西夏占领多年，种谔收复国土虽然不能说他有错，可是在时间的把握上，似乎值得商榷。

如果是在谅祚侵犯宋境的时候乘机收复绥州，则宋军是出师有名，然而，实际情况则是在谅祚谢罪之后，这样就授人以柄，有违约之嫌了。

种谔惹祸了。

陆诜以朝廷的命令还没有到，种谔便擅自兴兵，正准备派人去把种谔抓起来治罪，张穆之正好返回前线，宣布陆诜调任秦凤的决定。陆诜只得叹息而去。

夏主谅祚得知绥州失守，欲发兵攻打宋朝，部属李崇贵、韩道善两人进帐向他献策，说发兵与宋军硬碰硬，胜负难料，不如以智取。谅祚便问有何计策。

李崇贵说，以前，宋使杨定来夏，曾答应归还我沿边的熟户，我们曾送给他一大笔金银宝物，他得了我的馈赠，却没有遵守约定，反而任由种谔袭夺了绥州，实在是可恨。我们不如设一个局，诱杀杨定，乘势占领保安,作为根据地,这样,进可战,退可守,不愁不胜。

谅祚连夸好计,立即命令照计执行。

谅祚派韩道善带诏书前去约杨定。杨定竟冒冒失失地前去赴会,一到会场,还没有见到谅祚,便伏兵齐出,将杨定剁成肉泥。夏军随即攻陷保安,大肆劫掠。

保安陷落的警报传到汴梁,赵顼不免有些后悔。正在这时,李师中将保安失陷的责任归咎于种谔头上,朝廷上下随声附和,很多人建议杀种谔,放弃绥州。

夏向宋谢罪

赵顼没有采纳杀种谔、放弃绥州的建议,而是命陕西宣抚使郭逵前去调查。

郭逵让属下赵卨上奏说:夏杀了宋朝的军官,应该兴师问罪,现在不但没有征讨西夏,反而要杀种谔,放弃绥州,国体何在?嵬名山已举族投降,如何处置,也是一个急需解决的问题。他建议朝廷要保守绥州,借张兵势。在大理河川择地设堡,画地三十里,安置嵬名山归降的人众,才是上策。

朝中仍然争论不休,赵顼下诏调韩琦统率永兴军,管理陕西方面的事务。

韩琦临行前,曾说不应该取绥州,当他抵达陕西后,又向朝廷上了一本,称绥州不可以放弃。

枢密院认为他前后矛盾,叫他自己解释清楚。

韩琦再次上本,说他以前说绥州不该取,是就理论而言,现在说绥州不可弃,则是就时势而论。现在边境战祸既然已开,后悔、埋怨都没有用,只有针对目前的实际情况,就势论势。保存绥州,秣兵厉马,与西夏对峙,令西夏不敢小觑宋朝,这样才能够达到易战为和的目的,如果一味地示弱,将会助长敌人的嚣张气焰,今后的局势将更难收拾。

奏章递上后,赵顼下令将种谔撤职查办,贬谪到随州。

郭逵经过调查,得知谅祚诱杀杨定,是李崇贵、韩道善主谋,便给谅祚发了一道檄文,向他索要李崇贵、韩道善。正巧谅祚生病,加上听说韩琦镇守边境,自知与韩琦、郭逵相抗占不到任何便宜,极不情愿地把李崇贵、韩道善抓起来,交给郭逵,算是向宋朝谢罪。

时过不久,谅祚病死,他的儿子秉常继位。秉常命薛宗道为使,赴汴梁向宋朝告丧。

赵顼召见了薛道宗，责问杀死宋将杨定一事，夏主是如何处理的。薛道宗回答说，李、韩二名主犯，已经交给了陕西宣抚使郭逵，近日就会押送进京。

次日，果然有一队兵士押送着两辆槛车进了京城，槛车上关押的就是李、韩二人。

赵顼亲自审讯李、韩二犯，责问他们为何要挑起事端，计杀宋将杨定。

李崇贵便将杨定如何纳贿、如何失信的事情从头到尾说了一遍。

赵顼叹息地说："照此说来，杨定纳贿卖地，罪不容诛，但你们可以向朝廷陈述，由朕将杨定明正典刑，你们却擅加诱杀，藐视上国，难道说无罪吗？"

李崇贵、韩道善叩首认罪。

赵顼赦了李崇贵、韩道善二人的死罪，追削杨定官爵，没收了杨定的家产。另派使臣刘航出使西夏，册封秉常为夏国王。

宋、夏的这场纠纷就此平息。一场眼看一触即发的战争，以西夏交出罪魁祸首、向宋朝谢罪而告终。

三　怪人掀起的风暴

力排众议用人才

熙宁元年八月，赵顼照例要率群臣到京城南郊举行祭天大典。历年惯例，参加祭天活动的百官都会得到皇帝赐给的一个大红包。由于河朔地区发生了大面积的旱灾，国家财政匮乏。宰相曾公亮等人建议今年郊祭，赏钱就免了。

赵顼将问题交给大臣们讨论。

司马光说，赈灾救民，节约开支，该节省的要节省。

王安石认为，郊祭给百官发红包，只是几个小钱，用不着如此吝啬。再说，扣发这几个小钱，对于国家财政也只是杯水车薪，反而还有伤国体，会使皇上很没面子，国用不足，也不是当前的急务。

司马光反驳说："近年来，财用不足的问题越来越严重，怎能说不急？"

王安石说，国库空虚是大臣不懂理财之道，如果只知节流，不知开源，理财就变得毫无意义。

司马光反驳说，什么叫善于理财？无非是变着法子从百姓身上弄钱罢了，苛捐杂税，狂征暴敛，这是善于理财的人惯用的伎俩。

王安石却说，靠横征暴敛增加财政收入，不叫善于理财，真正善于理财的人，不必增加百姓的赋税负担，就能使国库充裕，这才是理财好手。

司马光反唇相讥，说天下之财是一个定数，官府多一钱，民间便少一钱，如果想方设法从百姓手中把这笔钱夺过来，比增加赋税更可怕。桑弘羊就是用这种谬论欺骗汉武帝的。

王安石并不服气，正要继续争论。

赵顼说，朕基本同意司马光的意见，但郊祭大典给百官发红包不必吝啬。如果真到这一步，朕很没面子。

于是，没有听辅臣们的建议，郊祭时红包照常发。

熙宁二年二月，赵顼召富弼进京，拜为司空兼侍中，同平章事。富弼固辞不掉，只得奉旨进京。途中听说京师一带发生地震。赵顼减少膳食，取消一切娱乐活动，以表示对上天的虔诚和忏悔。后来听说王安石上书，说地震是天灾，与人无关。感叹地说："天子畏惧的只有天，王安石连天都不怕，还有什么事做不出来？这一定是奸人想出的邪说，以此迷惑圣心，不能不防啊！"当即给赵顼上疏，洋洋数千言，说的都是选贤辨奸的道理。到京城见了皇上，又说了很多话，影射王安石是奸佞。

赵顼虽然任命富弼为同平章事，还是不忘王安石，拟提拔他为参知政事。

这一天，恰好参知政事唐介进宫奏事，赵顼向他说了自己的想法。唐介说王安石不能胜任这样重要的职务。

赵顼问："是文学方面不能胜任，还是经术方面不能胜任，又或是吏治方面不能胜任？"

唐介回答："王安石喜欢高谈阔论。如果让他执政，必定生出许多变端。"

赵顼没有回答。

唐介退出后，对曾公亮说："如果重用王安石，天下必然大乱，你们以后就会知道，我的预言一定不会错。"

曾公亮本来就推荐王安石，当然不会听唐介的话。

时过不久，赵顼又问侍读孙固，王安石可不可以当宰相。

郑固回答，说王安石的文学修养很好，做台谏侍臣一定很称职。做宰相全靠气度，王安石气量狭小，不能够当宰相。接着推荐三个宰相人选：司马光、吕公著、韩维。

赵顼不没有采纳郑固的意见，命王安石为参知政事。

变法的序幕正式拉开

赵顼对王安石说："大臣们都说，你只知经术，不懂政务。"

王安石说："只有知经术，才能通政务，这些人说我不通政务，实质上是他们自己不懂经术。"

赵顼又问："照你说来，从目前形势看，国家应采取什么样的政策？"

王安石说："变风俗，立法度，才是当务之急。"

赵顼点头称善。

王安石接着说："立国之本，首要任务在于理财，如今要理财，就要针对时弊，制定出相应的政策。"

赵顼点头赞同。

王安石继续说："古人有言：'为政在人'，但人才却难得，十个人理财，有一、二个人不出力，便会使全盘计划泡汤。陛下如果决意变法，就要有思想准备，不要为那些异议所迷惑。"

赵顼赞同王安石的意见，叫他着手拟定新法规。

第二天，根据王安石的建议，赵顼下令成立"制置三司条例司"主持变法。命王安石和他保举的知枢密院事陈升之一同主持制置三司条例司工作。所用人员由王安石选调。

王安石挑选吕惠卿、曾布、章惇、苏辙等人组成一个改革领导班子，分别负责制置三司条例司的日常事务工作。

吕惠卿曾做过真州推官，任满后进京听调，同王安石谈经论文，很多观点不谋而合，王安石称他为大儒，大事小事都要和他商议，上报皇上的材料都由他主笔。

曾布即曾巩的弟弟，事事迎合王安石，王安石也视为心腹。

新班子经过认真的研究讨论，拟定了八条新法：农田水利法、均输法、青苗法、免役法、市易法、方田均税法、保甲法、保马法。

前六法旨在富国，后二法旨在强兵，合称富国强兵八法。

新法草案公布之后，朝野立即热闹起来，反对之声不绝于耳。

廷议时，唐介反对新法。认为祖制不可改，新法太荒唐，说文学与朝政是两回事，叫王安石还是专心去研究文学。

王安石反唇相讥，说唐介没水平，读书太少，叫他回去多读点书。

唐介在朝堂之上受一个年轻后辈的挖苦，气得两眼发直，一口气没有转过来，顿时晕厥过去。

唐介抬回家，一直没有醒过来，第二天便死了。

熙宁二年七月，颁行第一个新法——均输法。

王安石委派办事能干的薛向为江、浙、荆、淮发运使，总管东南六路的财赋和茶、盐、矾、酒等收入，全权负责推行均输法。

范纯仁和钱公辅等人说薛向在处理西夏争端时获罪罢官，不应该起用。钱公辅还斥责王安石徇情枉法。王安石当然不高兴，上奏将他贬为江宁知府。

宣徽北院使王拱辰、翰林学士郑獬、开封知府滕元发也因反对变法而被贬出京城。

王安石的一系列做法，惹恼了御史中丞吕诲，连夜写一份奏札进宫面奏，途中遇见司马光。司马光问他为何行色匆匆，他说要进宫弹劾王安石，请司马光帮他说话。

司马光很惊讶，说王安石正得朝廷重用，这时弹劾他是找亏吃。

吕诲说，王安石好执偏见，排除异己，他日必败国家大事，身为言官，岂能坐视不理。

司马光顺水推舟，说他进宫给皇上讲课，于是一路同行。两人进宫面见赵顼，吕诲将奏章送呈御览。

赵顼看罢脸色大变，将奏札掷向吕诲，怒斥："一派胡言！"

原来，吕诲的奏札中有一句"误天下苍生者，必斯人也"。

这句话名义上指责王安石，却也伤了赵顼，因为变法虽是王安石组织实施，但得到赵顼的支持。说王安石误天下苍生，也就等于说赵顼误天下苍生。

吕诲大声说，陛下如果不予采纳，臣也不愿与奸佞同朝共事，请求辞职。

赵顼冷着脸，手一挥，命他退下。

吕诲刚回到家，圣旨随后就到了，命他立即出京，出任邓州知府。

范纯仁上表弹劾王安石，也没有回音。后来王安石入朝，奏请罢黜范纯仁。

赵顼说，纯仁无罪，就是外调，也要安排一个好地方，就让他出知河中府吧！

王安石见皇上不愿重罚范纯仁，不便多言，只得悻悻退出。

范纯仁是范仲淹的次子，以父荫得官，做人不失乃父风范。历任县令判官，官声颇好。后来升任侍御史，在议濮王典礼时遭到外谪，不久又召还京师，命知谏院，这次因不满王安石变法，再次贬出京城，出知河中府。

四　帝王的决心

变法遇到阻力

吕诲受革职处罚，范纯仁被逐出京城，标志着王安石变法中排除异己的开始，变法派与守旧派的争斗，逐步由暗转明。这种转变由一桩命案引起。

登州有一个妇人，出嫁前得知未来的老公长得很丑，心有不甘。暗藏利刃潜往夫家，企图谋杀亲夫。正碰上那个男人在田边小睡，举刀就砍。幸好那人没有睡着，举手相挡，保得一命，被砍掉一指。

夫家将妇人告官。知州见妇人长得漂亮，与那个男子确实不般配，有意为妇人开脱。叫妇人承认杀人之事，许诺按自首论罪，上报朝廷。

王安石认为州官的意见可行。司马光认为王安石枉法，谋杀亲夫，不能减罪。王安石说，既然是自首，就应该减罪。两人相持不下，请赵顼判决。

赵顼竟然准了王安石的提议。

侍御史刘述认为王安石无视法律，皇上的命令也有问题，于是封驳诏书。王安石一怒之下，奏请赵顼，罢免了他的官职。

刘述因封驳诏书而遭贬，御史台群情鼎沸，刘述、刘琦、钱顗、孙昌龄等御史联名上书弹劾王安石。争斗化暗为明。

王安石奏请皇上，把几名不听话的御史逐出京城。

王安石的青苗法被苏辙阻止之后，很久没有再提。后来，京东转运使王广渊向朝廷上奏札，反映京东地区农民春耕缺少资金，只得向富户借贷，富户为富不仁，乘机提高借贷利息，农民不堪重负。请求将本道的五十万钱帛以低于富户的借贷利息借贷给农民。

王安石高兴地说，这就是青苗法呀！立即召王广渊进京，与他商量青苗法。

王安石于是奏请先在河北、京东、淮南三路试行青苗法，取得经验后，再逐渐向全国推广。得到皇上批准。

苏辙仍然极力阻止，并同吕惠卿发生争吵。

王安石大怒，准备加罪苏辙。幸亏陈升之从旁劝解，才使苏辙罢为河南府推官。

随后，王安石推荐吕惠卿为太子中允。司马光认为吕惠卿心术不正，并说王安石误信奸人，建议赵顼不要重用此人。

赵顼并不听，依从了王安石的请求。

富弼见皇上如此信任王安石，知道不能与之争锋。推说有病，请求辞职。

赵顼命他出任亳州通判。并提拔陈升之为同平章事。

三不足的由来

陈升之但任平章事后，想笼络众望。奏请罢免三司条例司。

王安石认为陈升之辜负了自己，两人发生激烈争吵。陈升之知道斗不过王安石，称自己有病，请假休养。

王安石推荐枢密副使韩绛主持三司条例司的工作。韩绛上任后，第一件事便是奏请全面推行青苗法。

赵顼求变的心情很迫切，于是下令在各路设置提举官遵照执行。

王安石推行青苗法的有三个目的，一是使富人不得乘农民之急高利盘剥，体现的是抑兼并、济困乏的思想；二是使农民"趋时趋事"，不误农时，发展农业生产；三是增加国家财政收入。

各路提举官为了迎合上意，想方设法多贷青苗钱，不论贫富贵贱，按户头分配。京东的王广渊甚至将民户分为五等，上等户强行贷钱十五千，下等户强行贷钱一千，到期不能还款，派衙役上门逼讨。民间苦不堪言。

王广渊进京汇报，反说百姓对政府感恩戴德。

谏官李常、御史程灏上表弹劾王广渊，说他在京东强行摊派，坑害百姓。河北转运使刘庠奏称百姓不愿借贷政府提供的青苗钱。

王安石亲自到御史台质问御史："你们到底要怎么样？积极推行新法的能吏你们要弹劾，对新法消极对待的你们置之不理。朝廷的事情这样办，还能富国强兵吗？"

御史台不归中书省管，王安石也捂不住这些人的嘴，该说的他们还是要说。

十一月，颁行农田水利法。

司马光主持对李清臣等人的考试，在试卷里出了这样一道题："天变不足畏，祖宗不足法，人言不足恤。"

试卷送呈皇上审批时，赵顼叫人"以纸贴其上"，并批示"别出策目，试清臣等"。

第二天，赵顼问王安石："听到有三不足之说吗？"

王安石知道有人搞鬼。他虽然没有概括出三不怕，但类似的内容确实说过。脑子一转，立即申明人言不足恤、祖宗之法不足守的道理，把司马光的攻击驳了回去。

从此以后，"天变不足畏，祖宗不足法，人言不足恤"成为破除迷信、解放思想的战斗口号，广为流传。

熙宁三年春，韩琦上疏，请求废除青苗法。

韩琦当了多年宰相，他的话引起了赵顼足够的重视，有意终止青苗法，并将这个想法告诉几位辅臣。

王安石知道皇上变法之心动摇了，就请了病假。

赵顼知道王安石得的是心病，心里也觉得过意不去，命吕惠卿去做工作。王安石干脆卧床不起，拒不见客。

抉择

赵顼当时是拥护王安石的，主张等王安石销假以后再议青苗法废行问题。

韩绛说，像仲尼、子产这样的圣贤，刚主国政时，也曾遭到众人非议，何况王安石呢？陛下如果决意要行新法，非要留用王安石不可！

赵顼犹豫起来，决定派宦官张若水、蓝元振去考察民情。

当天晚上，曾公亮派儿子把政局有变的情况告诉了王安石，并说皇上派人出京巡察，叫他赶快销假。

王安石立即采取行动，在京城最好的酒楼摆宴为张若水、蓝元振饯行，喝酒的时候说了些什么，没有人知道。不过，二人回京复命时，尽说青苗法的好话，说百姓都赞成新法。

赵顼废除青苗法的念头打消了，推行新法的决心更大了。命曾布起草文件，驳回韩琦的意见，并将这份文件昭告天下，让天下人都知道他变法的决心。

皇上的决定犹如一剂良药，王安石的病立即好了，上班办事，毫无病容，变法之心比以往更坚定。

文彦博看不下去了，入朝质问赵顼，说韩琦是三朝宰相，难道不如两个宦官吗？他的话不信，居然要信两个宦官的话。

赵顼碍于文彦博是先朝老臣，不忍当面斥责他，但脸色很难看。

文彦博只好悻悻退出。

在王安石病休期间，赵顼曾想让司马光出任副枢密使。司马光谢绝不就，说个人官位无关紧要，重要的是朝廷是否废止新政，并多次上奏札请废止新法。

王安石销假之后，地位更加巩固，司马光被降为制诰，范镇却拒发新命。赵顼见范镇抗命，亲手把诏书交给司马光。范镇因此而辞去门下省职务。

稍后，司马光被派到外地陕西做外任官。司马光不愿去，以书信同王安石进行几次沟通后，知道两人政见完全不同，决定辞职，退隐山林。

从此以后，一直到赵顼贺崩，十六年时间，司马光闭门不出，倾其全力继续九年前就已经开始的历史巨著《资治通鉴》的编写。

韩琦得知原奏驳回，继续上书申辩，赵顼不理会。韩琦请求辞去河北安抚使，只领大名府一路这边的官职。

随后，知审官孙觉、御史吕公著、知制诰陈襄都因指责青苗法，被贬官。

赵抃后悔自己之前自己主持不力，使青苗法再次实施，上表弹劾王安石，被贬为杭州知府。

参知政事一职，王安石推荐韩绛继任。并推荐李定出任监察御史。正是这个李定，使御史们与王安石的争论更趋白热化。

李定曾任秀州判官，因附会王安石，升为监察御史。后来被王安石收为弟子。李定从秀州进京时遇见了右正言李常。李常向他打听南方百姓对青苗法的看法。

李定说:"南方的百姓都说,青苗法是一项利国利民的好政策。"

李常吃惊地说:"真的是这样吗?朝廷上下都在议论这件事,没有人说好啊!"

李定去拜见王安石,极力鼓吹青苗法,对京城有人反对这项政策表示不理解。

王安石很高兴,觉得那些人无理取闹。并吩咐李定见皇上时,将百姓的呼声说给皇上听。

第二天,李定在皇上面前大力颂扬新法,并说南方的老百姓都支持青苗法。赵顼一时高兴,加封他为知谏院。

宰相曾公亮反对说,李定只是一个州判官,突然提拔为知谏院,提拔太快。赵顼只好改命李定为监察御史。

宋敏求、苏颂、李大临相继上书,说李定只是说了几句话赞扬青苗法的话,并无特殊贡献,如此任命,扰乱了官吏任命的成规。

王安石以目无君上,违抗君命为由,上表弹参他们。三人同时被罢免。时人称他们三人为"熙宁三舍人"。

北宋的谏官都很尽职尽责,他们不怕丢乌纱帽,该说的话还是要说。熙宁三舍人遭贬,并没有封住御史们的嘴。监察御史陈荐继续上表弹劾李定不孝。

李定当然不会束手就擒,他说仇氏不是他的生母,所以没有上报丁忧。

原来,李定生母仇氏改嫁,李定长大成人后,不愿相认。仇氏去世,没有上报丁忧。这在道德上叫不孝,制度上是违法。

王安石有意袒护李定,斥责陈荐捕风捉影,并上表弹劾他,罢免陈荐监察御史,改任崇政殿说书。

监察御史林旦、薛昌朝、范肯继续上表弹劾李定,指责王安石袒护弟子。

王安石进宫面见赵顼,说他们三人狼狈为奸。

赵顼此时对王安石是言听计从,林旦、薛昌朝、范肯很快就被罢官逐出京城。

李定做贼心虚,请求解职,改授检正中书吏房。

王安石为了一个李定,罢免了七名御史。

五　剪除异己

朱寿昌弃官寻母

宋朝的官吏选拔，文官属审官院，武选属枢密院。此时，枢密使是文彦博。

文彦博反对变法。为了剥夺文彦博的权力，王安石提出改革官员选拔制度，建议将审官院分为东西两院，东院负责文官选拔，西院负责武官选拔。如按这样实行，文彦博就被架空。

文彦博找赵顼理论，审官院兼选文武官员，枢密院还有什么用？如果要剥夺他委任武官的职权，那就让他退休。

赵顼虽然安慰、挽留文彦博，但仍然还是将审官院分成了两部分。知谏院胡宗愈仍然极力反对，被贬为真州通判。

这时，钱明逸向朝廷奏报，说广德军朱寿昌弃官寻母的事迹，得到了百姓的称赞。这是一个很感人的故事。

朱寿昌是扬州人，父名朱巽，曾做过京兆守。朱寿昌的生母刘氏在他三岁的时候，被父亲休了，改嫁党氏。朱寿昌长大后，父亲病故，思母心切，到处访求，始终没有音讯。

朱寿昌曾任过几个州知县，除公务外，常委托同事帮助打探生母消息。为了表示寻母的诚心，他吃素、戒欲、灼背烧顶，求神拜佛。

熙宁初年，朱寿昌被任命为广德知军，上任数月之后，放不下寻母之事，于是弃官，辞别家人，踏上寻母的道路。

一个偶然的机会，朱寿昌听说党姓人家可能在关中同州一带。立即赶往关中。一天，正在逐村挨户的查问，恰遇一个老妇人倚门张望，便上前打听。

老妇人好像知道点什么，将他让进屋，仔细盘问。朱寿昌一一说明。老妇人流着眼泪，颤抖着说："你是朱巽的儿子朱寿昌？"

朱寿昌点点头。

当下老妇人便把自己如何被赶出家门，后改嫁党氏，搬到同州的经过说了一遍。

朱寿昌听完,当场母子相认,抱头大哭,然后将生母以及她在党家所生的几个同母异父弟弟一同接回家。

朱寿昌弃官寻母的事上报朝廷,一班老成持重的大臣说他孝行卓绝,应破格提拔重用,以示对大孝之人的嘉奖。

朝中正义之士还指责李定不孝,请求将他罢官。

王安石袒护李定,极力阻止这两件事。赵顼只好让朱寿昌官复原职。

士大夫们纷纷赋诗赠给朱寿昌。苏轼也赠朱寿昌诗,诗序中明褒朱寿昌,暗损李定。李定见到这首诗,怀恨在心。

不怕死的御史

监察御史程灏是河南人,他和弟弟程颐研究圣学,被称为宋朝理学"二程"。王安石推行新法之初,他多次上表奏请废除青苗法。王安石敬重他的为人,没有为难他。

一次,程灏就朝廷重用李定以及青苗法再次上疏,说滥行青苗法触犯了苍天,近来各地发生自然灾害,就是上天对人间的警告,请求废除青苗法。并说李定是一个道德败坏的下流坏子,朝廷重用这样的人,有伤风化。

赵顼批示:有想法,到中书省去反映。

程灏去中书省,恰好王安石与陈升之当班。王安石怒目而视,并不让坐。

程灏说:"我是奉旨而来,为的是国家大事,难道不能平心静气地听我说吗?"

王安石有些不好意思,尴尬地给程灏让坐。

程灏刚坐下,同事张戬来了。王安石脸色微变。

原来,张戬与台官王子韶联名上疏,说王安石乱法,弹劾曾公亮、陈升之、韩绛、吕惠卿、李定等人。王安石把奏疏压住没有上报。他知道张戬一定是为此事而来。冷笑一声,算是打了招呼。

张戬站立当场,愤然说道,我这个人太直了,受你的冷笑并不意外,笑我的仅你们两三人而已,笑你的人恐怕就遍天下了。

陈升之插言说:"是是非非,自有公论,张御史既然知道这个理,何必又要到这里来争吵呢?"

张戬怒斥:"王安石乱法,难道说你就没有罪吗?"

陈升之不说话了。王安石说:"由他说去,他就是一个疯子。"

张戬朝地上重重地吐了一口唾沫,愤然而去。

程颢见张戬同王安石撕破了脸,知道说也是徒劳,什么话也没说,起身告辞。接下来上表请辞。

第二天,程颢被逐出京城,贬到江西为提刑官。程颢再次推辞,于是改授签书镇宁军节度使判官。

张戬与王子韶也上表求去。

赵顼任张戬为公安知县,王子韶为上元知县。还有右正言李常,也被贬为滑州通判。

一个月的光景,因反对变法而遭罢免的御史有十一人之多。宋朝的御史,都是一些硬骨头,对于朝廷的军国大事,都敢直言,即使丢掉乌纱帽,也在所不惜。

王安石将制置条例司合并到中书省,条例司大小官员都各自授予官职。他推荐儿女亲家谢景温为侍御史。吕惠卿兼判司农寺,管领新法事宜。

吕公弼又想弹劾王安石,奏章没有送出去,就被侄孙吕嘉问偷走送给了王安石。王安石先下手为强,奏请皇上,将吕公弼贬出京城,出任太原府知府。

宰相曾公亮也以年老有病为由,请求辞去相职。赵顼免了他的宰相职务,任命为司空兼侍中,并集禧观使。

熙宁初年,赵顼任命的五位相臣:王安石、曾公亮、唐介、富弼、赵抃,时人戏称五人为"生老病死苦"。"生"指王安石,生机勃勃地筹措变法;"老"指曾公亮,年近古稀;"病"指富弼,反对变法而称病不出;"死"指唐介,变法刚开始就被气死了;"苦"指赵抃,心里很不赞成变法,但又无力阻止,成天叫苦不迭。

王韶献《平戎三策》

王安石正在大力推行新法时,西部边陲却传来了警报。

夏国主秉常率兵大举入寇,环庆路烽烟遍地,告急文书如雪片般飞往汴梁,直达中书省,摆上了皇上的御案。

王安石请求到边塞督战。

韩绛上奏说,朝廷离不开王安石,不能让他丢下朝廷的事务到边陲去打仗。请求由他到西陲去督战。

西夏入侵，两位重臣抢着前去御敌，赵顼离不开王安石，便命韩绛为陕西宣抚使，还给他几份盖了印的空白任命书，让他自己任命手下的官吏。

这次宋、夏两国发生军事冲突，缘于一个名叫王韶的人。

王韶是建昌军司理，曾到陕西游历，回京后写了一篇《平戎三策》的调查报告。这篇《平戎三策》对赵顼的对外政策产生了很大的影响。

王韶是一个不可多得的军事人才，他在《平戎三策》提出一个大胆的主张——建议朝廷先收复河湟，使西夏腹背受敌，再控制吐蕃与羌族各部，然后再攻打西夏。

赵顼很重视，立即征求王安石的意见。

王安石也投了赞成票。

赵顼命王韶为当地经略，派使臣加封唃厮罗的儿子董毡为太保，仍世袭保顺军节度使。

熙宁三年（1070年）五月，西夏修筑闹讹堡，在宋夏边境屯兵。

庆州知州李复圭听说朝廷要进攻西夏，想立头功，派裨将李信、刘甫率领三千蕃、汉士兵进攻闹讹堡，被夏兵杀得大败而归。

李信、刘甫率残兵逃回之后，李复圭不作自我检讨，反将战败的责任推到二人身上，将二人斩首。并率领大兵追袭夏人，杀了老弱病残兵二百名，随即上书朝廷，报称庆州大捷。

西夏人不肯善罢甘休，大举入侵庆州，猛攻大顺城以及柔远等寨。守将郭庆、高敏等人战死。

韩绛受命到西线来督战，在延安开设幕府。韩绛是个文人，对军事不在行，起用种谔为鄜延钤辖，守卫青涧城，命众将受种谔指挥。

陕西前线将士对种谔知根知底，当然不服气，很多人都口出怨言。

后来，韩绛与种谔计划进攻横山。安抚使郭逵坚决反对，说种谔不会打仗，赐荫子孙才当上军官，让他带兵打仗一定会误大事。

韩绛不以为然。

十月，宰相陈升之母亲去世，辞职丁忧。此前另一位宰相曾公亮已辞职，陈升之再丁忧，宰相之位出缺。

十二月，赵顼提拔王安石和韩绛为同中书门下平章事。

韩绛人在陕西前线。得知自己晋升，兴奋异常，上表弹劾郭逵，说他不服从命令。郭逵被召回京师。

韩绛逐走郭逵，命种谔率兵二万占领了罗兀，并在罗兀修筑城堡驻守，又修筑永乐川、赏逮岭二寨。分派赵璞、燕达修葺抚宁老城，在三泉、吐浑川、开光岭、葭芦川各建立一处军寨，每寨相隔四十余里，在边境集聚了雄厚的兵力。

韩绛在那里厉兵秣马，西夏军队已攻陷顺宁寨，包围了抚宁。

种谔在绥德得知夏军长驱直入，吓得魂飞魄散，急得连眼泪都流出来了。李南公见种谔如此模样，劝慰说，大不了放弃罗兀，保必害怕呢？

种谔完全没了主张，竟然抱头痛哭。李南公叹口气，悄悄退出去。

接着，警报纷至沓来，所有新筑的城堡、军寨，陆续被夏军攻陷，数千名将士，成了夏军的刀下冤魂。

韩绛知大局已去，只得上书弹劾种谔。

朝廷的命令很快下达：放弃罗兀城，贬种谔为汝州团练副使，安置潭州；韩绛罢相，贬为邓州知州。

韩绛当平章事才几个月，还没有正式在京城平章事的官署坐班，便被罢免。这是他错用种谔惹的祸。

西夏收回了罗兀城，也自收兵退去。

韩绛遭贬，王安石一人独大。

六　拗相公

苏轼遭贬

王安石一人独揽宰相大权，这种情况在北宋不多见。

宋朝有一本通俗小说名为《拗相公》，写的是王安石推行新法不得民心的故事，反映了宋代反对新法一派的思想倾向。

王安石当政后，赵顼给他配了两个助手，新任参知政事冯京、王珪。保甲法，免役法，在这段时期内相继出台。为了控制天下文人，在推行新法的同时，还改革了科举制度。

宋初沿用唐朝的旧制，以科举取士。所试科目是诗赋杂文及帖经墨义，仁宗时从范仲淹的建议，取消了帖经墨义，考试的科目为：先考历史或政治，次考经典古籍。两轮考试过关，在皇帝亲自监督下考诗赋，再考策论。

王安石欲对科举制进行改革。赵顼召集群臣商议。

苏轼认为，现行科举制度也能选拔人才，不必变革。王安石认为现行科举制度有不尽完善之处，请求一定要改革。

最后决定以经义论策取士，罢诗赋、帖经、墨义。后来更立太学生三舍法，注重经学。

王安石自己编写了《三经新义》一书，规定不论是学校还是科举，只准用《三经新义》，所有先儒传注，一律废止。

苏轼见王安石如此专横，心中非常不平。在一次进士考试中，拟了这样一道试题：

晋武平吴，独断而克，苻坚代晋，独断而亡，齐桓专任管仲而霸，燕哙专任子之而败，事同功异，为问？

王安石知道苏轼是指桑骂槐，立即奏请把苏轼调到开封府去做一名推官。

苏轼索性一不做，二不休，再次上疏，指斥王安石的新法。他知道奏札呈上去后，京城再也没有自己的立足之地，上表请求外调。

苏轼随之被贬为杭州判官。

苏轼在杭州任通判，除去审问案件，公务不是很多。公务闲暇之余，便寄情于山水。或与亲朋、名妓荡舟于杭州西湖，或与文人墨客游玩于名刹古寺。留下许多脍炙人口的诗篇，也留下很多喜闻乐道的故事。

狐假虎威

苏轼离京之前，京中曾发生过一次不大不小的暴乱。

前年冬天，保甲法便已实行，新兵在乡村接受军事训练，他们以为要离开家乡，调到北方去与外族打仗，于是发生了村民示威游行。骚乱的另外一个原因，是官府命令农人自备武器，其实也只是弓箭而已。乡民们认为是要远征。乡民暴乱，实际是抵抗到边境去打仗，表现出来的却是反对新法。

韩维当时是开封府知府，辖区内发生了这样的事责任难逃。立即将暴乱经过向朝廷作了汇报，请求将军训推迟到冬天农闲季节进行。

王安石当然不能容忍这样的事情发生，韩维也因之而遭罢免。

宁州通判邓绾给王安石写了一封信，在信中极力赞颂新法。大得王安石的欢心，被推荐为御史，并兼管农业。

御史中丞杨绘上本请求废止免役法，并奏请起用吕诲、范镇、欧阳修、富弼、司马光、吕陶等一批有能力而遭贬的大臣，被邓绾弹劾，逐出京城，贬为郑州知州。

监察御史刘挚，上表陈述免役法有十害，也被谪为监衡州盐仓。

王安石命知谏院张璪撰文驳斥刘挚的建议，张璪不从，也被逐出了京城。

在这段时期内，继被贬至邓州的吕诲病逝之后，一代文学大师欧阳修也客死颍州。

欧阳修本籍庐陵，北宋杰出的文学家、政治家、史学家、金石学家。一生经历了宋真宗、宋仁宗、宋英宗、宋神宗四朝，是当时的文坛领袖。奉诏修《唐书》纪、志、表，自撰《五代史》。苏轼作序时对他的评价说："论大道似韩愈，论事似陆贽，记事似司马迁，诗赋似李白。"欧阳修死后赠太子太师，谥文忠。

王安石有个儿子叫王雱，从小聪明好学，后来中了进士，更是恃才傲物，不可一世。做官不久，嫌官太小，俸禄太薄而辞官不做。在家里闲来无事，写了二十多篇策论，纵论天下大事。还写了数万字的《老子训解》、《佛书义解》。

王雱生来就倜傥不羁，风流自赏，平时寻花问柳，选色征声，秦楼楚馆，诗妓舞娃，没有不知道王公子大名。王安石宠爱儿子，事事容他三分。

王安石为参政时，道学家程灏前来拜访，两人正在谈论时政，互相辩论，王雱头发散乱，手拿女人的头巾出现在客厅，见了程灏也不打招呼，直接问王安石："父亲在谈什么？"

王安石说在谈论新政，并说新政受到其他大臣的批评。

王雱大大咧咧地坐下说："将韩绛、富弼两人推出去斩首示众，看谁还敢反对新法。"

程灏是个道学先生，见王雱如此不懂礼节，大人说话还随便插嘴，不高兴地说："大人说话，小孩子不要插嘴。"

王雱气得青筋陡胀，双拳紧握，几乎要冲上去揍程灏一顿。幸巧王安石以目制止，才怏怏退出。

王安石为了提拔王雱，让人把他写的《老子训解》刻印成书，廉价出售。经过一番安排，书流入宫中，流到皇上眼前。

赵顼看了《老子训解》，大为赞赏。邓绾、王曾乘机在皇上面前推荐王雱。赵顼召见了王雱。王雱在皇上面前大谈新法，很合赵顼的口味，当即命他为太子中允及崇政殿说书。

王雱崇尚法家，特别崇拜先秦的法家人物商鞅，言谈举止，常有一些法家观点，在崇政殿讲解经书时，常将自己的观点渗透进去。

赵顼受到他的启发，在京城设立京城巡卒。

京城巡卒，实际上是新政权的一个特务机构，这些巡卒，就是朝廷派往坊市间的密探，只要发现有人谤议新政，不问贵贱，一律拘禁。一时闹得人心惶惶，上至文武百官，下至普通百姓，敢怒而不敢言。

没过多久，王安石奏请推行市易法，接着又推行保马法，继而又推行方田均税法。

枢密使文彦博，副使吴充一起上奏，说保马法不便施行。王安石不予理睬。

枢密都承旨李评，极力诋毁免役法，并奏罢阁门官吏。王安石上书说他抵制新法，要求追究他的罪责。

赵顼口头答应他的请求，却一直没有下文。利州判官鲜于侁上书指陈时事，批评青苗法，隐射王安石扰乱朝政，竟提拔为转运副使。

王安石有一种不祥的预感，就是皇上对新法的兴趣在减退。于是递上一份辞呈，请求辞去宰相之职，离开京师。

赵顼虽然对新法有所动摇，但还没有到否定新法的一步，当然不会放走王安石。

七　小人物掀翻了大宰相

难民图

赵顼在王安石的提议下，开拓疆土，三路并进，征讨西南、西北的少数民族。

第一路，征讨峒蛮，命章惇为察访使；第二路，征讨泸夷，命熊本为察访使；第三路，招讨西羌，进兵吐蕃各部落，由王韶负责。

三路中只有羌人狡猾凶悍，不易征服，蛮、夷两地都不堪一击，官兵一到，便溃散了。王韶的第三路虽然费了一番周折，最终也是凯旋归来。

熙、河、洮、岷、叠、宕等州在内的千里土地，自唐朝安史之乱以后就被吐蕃各部落占领，至此全部收归宋朝统辖。这无疑是北宋王朝数十年来一次巨大的胜利。

熙宁六年，南岳华山发生山崩，那些别有用心的人乘机抨击新法，说这是上天对人间的警告。

文彦博在朝堂上公开说华山崩裂，是民怨惊动上天。

王安石指责文彦博诋毁新法，两人在朝堂上发生了激烈的争吵。文彦博一气之下请求辞职。

赵顼见他去意已决，便命他为河东节度使，判河阳，迁徙大名府。

熙宁六年七月，北方发生严重旱灾，赤地千里，庄稼颗粒无收。宫廷内外，朝野上下，都将此归咎于新法，说是新法惹的祸。

赵顼忧心忡忡，开始相信这是上天的某种警告，并对新法进行反思。

王安石得到消息，进宫劝慰，说旱、涝都是天灾，陛下即位以来，连年丰稔，如今数月不雨，当没有甚么大害。

赵顼说："朕担心的也是此事，恐怕我们行的不是善政。听说商税太重，外面都怨声载道了，朝野上下，宫内宫外闹得满城风雨，连皇后、太后都知道这件事。都说这是弊政，朕的想法，不如罢了吧！"

参政冯京也在场，随声附和："臣也听说有这回事。"

王安石愤然说："为什么我没听说？蚊子之所以要叮咬臭鸡蛋，是因他闻到了那股味。冯大人之所以听说，大概是所有发怨言的人都围在你身边吧！"

冯京见王安石将他比成一个臭鸡蛋，气得脸色大变。

赵顼似乎不想纠缠，起身进内殿去了。

王安石和冯京，各自怀恨而退。

几天之后，赵顼发了一份罪己诏，痛责自己治国无方，得罪了上天，导致天灾频繁降临。号召文武百官向朝廷提建议，言词语极为恳切。

正在群臣为皇上的罪己诏议论纷纷时，一个小人物的出现，改变了朝廷的政局。他叫郑侠，皇宫门吏，也就是门卫。

郑侠是福清人，进士及第，曾做过光州司法参军，在光州审理的案件报到朝廷，全部得到宰相王安石的批准，没有一件驳回重审。因此视王安石为知己，很想报效王安石。光州任满以后，郑侠进京听调，正是王安石大力推行新法之时。由于将王安石引为知己，便想向王安石进言。王安石问他听到了什么。他说青苗法、免役法、保甲法、市易法以及边境用兵，都有弊病，百官和百姓很有意见。

王安石听罢一愣，什么也没有说。

郑侠退出之后，没有再见王安石，只是给王安石写信，屡言新法病民。这样一来，就得罪了王安石。

王安石本想委派郑侠一个好的职位，见他一味反对新法，便派他一个皇宫门吏的职务，门吏即是一个门卫。

郑侠知道是王安石捣鬼，但人在屋檐下，不得不低头，虽然不服气，还是去上任。

郑侠做门卫后，经常在宫门口转悠，用官话说叫巡逻。在巡逻的时候，常看到一些难民从东北涌进京师，这些难民充塞京城的大街小巷。他认为这都是新法惹的祸。皇上如果看到这一幕，一定比看一百道奏札还管用。他突发奇想，画几幅难民图送进宫去，一定比文章管用。

郑侠说干就干，用了几天时间，画了几幅难民图，并写了一份奏札。所有工作做好后，他挟着奏札和难民图来到中书省，请求他们转呈皇上御览。

中书省的门房把他轰了出来，理由是他官太小，级别太低，无权直接向皇上报送材料。

郑侠好歹也是在官场上混的人，他想到了另一个单位——银台司。

银台司是京师城外的官差站，向皇上报送密件的专门机构，这里送上去的文件，不经过内阁，直接送呈御览。

郑侠托关系将奏札和难民图送往银司台，银司台以密件形式，经专线送进宫中。

赵顼正在为天灾带来的危害而烦忧，见银台司呈上急奏，不知道又发生了什么事，慌忙打开文件袋，里面有一份奏札和一个画卷，他先拆开奏札，见是一个叫郑侠的宫门吏上的一份奏札，省前略后，只看中间主要内容，上面写着论时政得失的上疏，并表示"观臣之图、行臣之言、十日不雨，即斩臣宣德门外。"

去年蝗灾、旱灾严重，地里的庄稼颗粒无收，各地饥荒严重，请求陛下开仓赈济灾民，废除不合理的政策，以上应天心，下延百姓垂死之命。

现在南征北战，获得大胜，朝中一片歌功颂德之声，肯定没有人将百姓典妻卖子、拆房卖屋的惨状上报朝廷。臣把最近在安上门看见的情景，画成一幅图，送呈御览，只要看看，就会流泪，天下还有比这更惨的事情吗？如果陛下行微臣之言，废除新法，十天之内不下雨，请将臣推出宣德门外斩首，以追究臣欺君之罪。

赵顼放下奏札，取过图画，见图上都是难民的悲惨情景：有的在喊冷、有的叫饿，有的嚼草根，有的吃树皮，有的卖儿卖女，有的身戴枷锁，有的倒毙路旁；一班悍吏手持皮鞭，怒目而视，神态凶暴。垂死的百姓个个愁眉紧锁，泪流满面。无论是难民，还是酷吏，都画得惟妙惟肖，看后如同身临其境。

赵顼看了难民图，悲从心起，禁不住嚎啕大哭起来，夜里在龙床上翻来覆去，一夜没有合眼。

赵顼本想通过变法，使老百姓过上安居乐业的日子，可他万万没有想到，竟会是这样的结局。

第二天，赵顼直接下令：暂罢青苗、免役、方田、保甲等十八项法令。

王安石罢相

赵顼在没有与王安石商量的情况下就下令暂罢新法，预示与王安石开始出现裂痕。对于变法派，这是一瓢冷水，对于反对变法的人，则是一个喜信。

皇上废除新法的消息传出之后，朝廷内外一片欢腾，反对变法者击掌以庆。

在暂罢新法之后没几天，天空突然风起云涌，电闪雷鸣，顷刻间下起了倾盆大雨，雨下了一天一夜，下得河满偃满。

久旱逢甘雨，这是天大的的喜事，文武百官纷纷向皇上祝贺。

赵顼便问大家是否知道天下雨的原因。

百官都说这是皇上盛德感天动地，所以才天降甘露，拯救天下苍生。

赵顼从袖中取出难民图给百官看，说他看了难民图，才知新法已使天怒人怨，过去只听说新法便民，从来听说过有这样的事。

王安石愤然抗争，说郑侠欺君罔上，妄献此图。

赵顼摇摇手："你去调查一下，核查清楚了再来回话。"

王安石怏怏退出。

反对变法者当然不放过这样的机会，继续大肆抨击王安石及其新法。在巨大压力之下，王安石提出辞职，赵顼没有批准。

　　郑侠的难民图，虽然鼓舞反对派，却得罪了变法者，这些人便要找郑侠出气。从法律角度讲，郑侠通过银司台传送奏章属违法行为，郑侠移交御史台讯审。

　　审讯的结果如何，历史上没有记载，但此后不久，他又出现了，而且继续上表，这至少可以证明，他没有受到严厉处罚，充其量只是批评教育，记过一次罢了。

　　赵顼暂罢新法，王安石思想有抵触，吕惠卿、邓绾二人进宫面奏，请求继续推行新法。赵顼犹豫不决。

　　吕惠卿声泪俱下的说："几年来，陛下废寝忘餐推行新政，已取得很大成果，天下百姓一片赞颂，怎能仅凭一个狂夫之言，说废就废呢？"

　　邓绾极力附和。

　　变法图强，本来就是赵顼梦寐以求的理想，下令暂罢新法，只是看到难民图后一时冲动，静下心来仔细一想，觉得将推行多年的新法全盘否认，心有不甘。见两位大臣苦苦相劝，变法图强的意识在思想里又占了上风，同意继续推行新法。

　　两人领旨而出，新法继续推行，力度比以前更大。

　　太皇太后对变法也有所耳闻。借赵顼进宫问安时，乘机对他说："祖宗法度不宜轻改，从前先帝在世时，凡事都会审查后才实行，你要效仿先帝之法，才能避免祸乱。"

　　赵顼轻松地说："现在天下太平，没有什么事。"

　　"听说青苗、免役各法，民间感到非常困苦，为何不一并废除呢？"

　　赵顼分辨说："新法是利民之策，为民谋福，并无害民之意。"

　　"恐怕未必吧！"太皇太后说，"王安石很有才华，但违背了民意，民怨极大，如果陛下爱护他，不如暂时调出京城吧！"

　　赵顼说："满朝文武大臣，惟王安石一人能担此重任，怎么赶他呢？"

　　太皇太后流泪说："王安石是在乱天下啊！"

　　赵顼与祖母的感情极好，见祖母如此伤心，虽然很内疚，但仍不愿放弃新法。正为难之时，昌王赵颢进来了，接过话头说："太皇太后慈训，至理之言，皇上不可不听啊！"

　　赵顼怒斥道："我在败坏天下，我不会治国，你来做皇帝好了。"

　　赵颢无端受到一顿喝斥，委屈地说："国家有事，可以共同商议，我并无异心，何至如此啊！"

太皇太后没有想到赵顼与弟弟发生争执，不高兴地说："都是王安石惹的祸，该如何处理，皇帝你看着办吧！"说罢入内去了。

赵顼本是进宫问安，结果弄得不欢而散。

王安石自郑侠上疏之后，便萌生退意，听说太皇太后、皇上与昌王发生争吵，去意更加坚决。

赵顼最终接受了王安石的辞呈，并叫他推荐接替人选。

王安石推举两个人，一个就是前宰相韩绛，一个乃是曲意奉承的吕惠卿。

熙宁七年四月，王安石正式罢相，出知江宁府。

八　朋友是最大的敌人

小人得志便猖狂

王安石离京之后，韩绛出任同平章事，吕惠卿出任参知政事，变法运动由韩绛、吕惠卿等人负责。

两人感激王安石提拔之恩，仍继续实行王安石的政策，萧规曹随，不肯改违。京城之人送他们两个绰号：称韩绛"传法沙门"，唤吕惠卿"护法善神"。

吕惠卿是个有野心的人，王安石离开之后，他企图取代王安石的地位，为此提拔族弟吕升卿、吕和卿等人，扶持自己的势力。以阻扰新法罪弹劾曾布，将曾布逐出京城，贬为饶州知府。吕嘉问也因为赵顼讨厌他，同时被免职。

吕惠卿采用吕和卿的建议，命民间的土地、房屋、宅基地，牲畜和所有资产，都要据实估价报官，官府按估价总额抽税，隐瞒不报者，重罚，举报者有赏。

于是，百姓家里一根房梁、一块土地，一只鸡，一头猪，一只羊都要纳税，苦不堪言。

郑侠看不下去了，再次画了一轴画，题名为《正人君子邪曲小人事业图》，在图中，他将唐朝宰相进行分类，其中魏征、姚崇、宋璟等为正人君子；李林甫、卢杞等为邪曲小人。并附上一道弹劾吕惠卿的奏札，呈献皇上。

在吕惠卿的操办下，郑侠被贬往英州。

冯京在郑侠遭贬之后，也被免去参政之职，出任亳州知州。

吕惠卿将冯京、郑侠等人逐出京城后，气焰更加嚣张，处事独断独行，根本不同韩绛商量。他担心王安石复出，决定对王安石下黑手。

当时，山东有一个谋反案，主犯是一个亲王，团伙中有一人是王安石的朋友。吕惠卿诬陷王安石与这起谋反案有染。

韩绛向赵顼上了一道密折，奏请罢免吕惠卿，重新起用王安石。同时派人给王安石送去一份密函，说吕惠卿欲控告他谋反罪，叫他七天之内赶到京城。他可保七天之内此事不爆发。

王安石知道问题很严重，骑快马日夜兼程，七天之内赶到京城。

赵顼自从王安石出京之后，失去了主心骨，加之吕惠卿执政后处事毫无章法，开始想念王安石。

王安石进京当天，赵顼便见他，经过长谈，第二天便让王安石官复原职。

王安石复职，吕惠卿仍然没有放弃野心，妄图搞垮王安石，取而代之。

吕惠卿做梦也没有想到，正当他算计别人的时候，有人已将矛头指向了他，这个人就是曾为他政治盟友的邓绾。

邓绾本来是王安石变法的助手，王安石罢职后倒向吕惠卿，两人狼狈为奸，对王安石落井下石，王安石复出后，邓绾不可能在两人中间左右逢源，必须选人站边。他知道吕惠卿斗不过王安石，于是选择了王安石，上表弹劾吕惠卿。

赵顼对看了邓绾等人的奏札，将吕惠卿贬出京城，出任陈州知州。

三司使章惇也为邓绾所劾，贬出京城，出任潮州知州。

韩绛是王安石复出的功臣，王安石复出之后，因和王安石意见不一致，萌生去意，托病请求离职。赵顼批准他的请求，命他出任许州知州。

王安石重新独揽宰相大权。

割地七百里

仁宗至和二年，契丹主宗真病逝，儿子耶律洪基继位，复国号为辽。

熙宁七年，耶律洪基派使臣肖禧来汴梁，要求宋朝重新划定边界，声称要以蔚、朔、应三州之间的分水岭土垄为界，并说宋朝在河东修筑营寨，已侵入辽国边界。

赵顼派刘忱等人到代州与辽国代表肖素谈判。肖素坚称宋、辽两国的疆界应以分水岭土垅为界。但经实地勘察，分水岭上根本就找不到什么土垅。肖素改说泛指以分水岭为界。

刘忱据理力争，肖素竟然执意不从。刘忱便派人回京向朝廷汇报。

赵顼一面命枢密院开会商议，一面亲自给韩琦、富弼、文彦博、曾公亮几位前任宰相写信，征求他们的意见。

韩琦回信中说，要攘外，必须废除新法，国内必须团结一心；选贤任能，使天下人心悦诚服。边备充足了，即使盟约被破坏，也可以武力收复国土。富弼、文彦博、曾公亮先后回信，内容与韩琦的观点基本相同。

赵顼犹豫不能决。

辽主见宋朝谈判代表寸步不让，再次派肖禧到汴梁递国书，说刘忱没诚意，故意拖延时间，请改派谈判代表。

赵顼命天章阁待制韩缜与肖禧继续谈判，双方仍各执一词，毫无结果。

肖禧见索地不成，赖在驿馆不走，放言不能满足辽国要求就不回国。

赵顼左右为难，征求王安石的意见。王安石对宋、辽两国边界划定的历史情况不熟悉，建议查一下历史资料再作处理。并推荐知制诰沈括负责这件事。

沈括奉命到枢密院查阅历史档案，查到英宗二年与契丹订定疆地条约及地图。地图明确标示，宋、辽边境以古长城为界，目前宋、辽两国争议的分水岭在黄嵬山，与原定界线相隔三十余里。

肖禧看了条约和地图，嚣张气焰才有所收敛。

赵顼赏赐沈括白银千两，命沈括为使臣，赴辽国就边界问题进行谈判。

沈括奉命到辽都后，辽国宰相杨遵勖接待了他，双方正式举边界问题谈判。

谈判前后进行了六轮，沈括据理争论，毫无松口之意。杨遵勖恫吓的说："区区数里地界也不肯相让，莫非要想绝好吗？"

沈括抗议道："南朝遵守约定，北朝却要废弃前盟，是你们胡搅蛮缠，怎么说是我们要绝交呢？"

杨遵勖见沈括理直气壮，改口以天池为界，在得到沈括的拒绝后，竟然将沈括凉在驿馆里，多日不见。

沈括见辽国无诚意，告辞回国。他是一个有心人，在归国途中，将沿途的山川险易，民情风俗，绘成一幅《使契丹图》，归来后献给皇上。

赵顼担心协商不成，准备出兵北伐。大臣有的主战，有的言和，意见不一。赵顼便去征求太皇太后的意见。

曹太皇太后问道："粮草辎重，预备足了吗？士卒甲仗，都准备好了吗？"

赵顼茫然地说："这些事情应该都好办。"

太皇太后脸色大变，责备地说："要打仗，这是最难办的几件事，你反而说容易，如此轻敌，怎么能打胜仗？"

赵顼这才醒悟。

太皇太后说："辽国如果容易征服，太祖、太宗皇帝早就收复了，何必等到今天？"

赵顼表示，不到万不得已，绝不言兵。

赵顼从慈寿宫出来之后，便想征求韩琦的意见。不料此时传来韩琦病逝的消息。决定停朝三天，以对韩琦的去世表示哀悼。追赠尚书令，赐谥忠献，配享英宗庙庭。

赵顼只得再次征求王安石的意见。

王安石认为凭宋朝现有的国力，不宜与辽国开战，不如依了辽国的请求，等到国富兵强之后，再重新夺回来。如果要征服辽国，一定要先给他一点甜头。欲将取之，必先与之。

赵顼于是答应了辽国的条件，以辽河分水岭为界，北宋失去国土七百多里，成为异日兴兵的争端。

擅起边衅伐交趾

中国南方有个小国叫交趾国，黎桓灭丁氏篡国，大宋朝廷没有讨伐，而是将错就错，封黎桓为交趾郡王。黎桓死后，儿子龙钺继位，不久后，其弟黎龙铤又杀兄自立，仍然向宋廷纳贡。宋朝仍封他为王，赐名至忠。

大中祥符三年，大校李公蕴弑黎至忠自立，遣使朝贡。依旧受到大宋的册封，封为南平王。李公蕴传子李德政，李德政传子李日尊，李日尊传子李乾德，即现在的交趾王，世袭封爵，朝贡不绝。

章惇收复峒蛮，熊本平占据泸夷，王韶攻克河州，都得到朝廷重赏。桂州知府沈起也想出兵交趾，猎取个人资本。派人到溪洞招募壮丁，编好队伍，让他们屯驻广南，派二十名小将指挥士兵。又在融州强行设立城寨，屠杀一千多交趾人。

交趾王李乾德派使臣到汴梁评理。赵顼自知理亏，只得把沈起就地免职，调处州知州刘彝前往接任。

刘彝上任后，虽然取消了广南屯兵，但仍然派人守卫在边关，大造船只，取消与交趾互市，切断交趾国与宋廷的交通。

交趾王李乾德大怒，带领交趾军队从广府、钦州、昆仑关三路向宋朝发起进攻。交趾兵抱必死之决，作战凶猛，一路攻城拔寨，连破钦州、廉州，杀死兵、民八千余人，随之攻陷邕州。邕州城中军民五万八千余口，惨遭屠城之灾。

交趾的布告传到汴梁，说宋朝宰相行新法，扰乱民生，特地出兵相救。

王安石看了布告，怒气冲天，命宣徽使郭逵为正使，天章阁待制赵卨为副将，率兵征讨交趾，许他调集鄜、延、河南诸旧部从征，并命召取占城、占腊两国兵夹击。

郭逵率兵到达长沙后，传令占城、占腊两国，分兵攻打钦州、廉州。郭逵与赵卨率兵向西进发。大军走到富良江，从钦州、廉州传来捷报，两州已经收复。

熙宁八年，郭逵、赵卨率兵在富良江与交趾兵展开决战。交趾兵大败，交趾太子李洪贞在乱军中中箭而亡，残兵逃回交趾。

郭逵率领的宋兵多为北方人，不服南方水土，加之触犯瘴气，很多士兵染病而亡。故不敢轻进，分兵占领广源州、门州、思浪州、苏茂州、桄榔县诸地，并将前方战况上报朝廷。

李乾德见大兵压境，也很害怕，派人告知宋军主帅，派使臣奉表到汴梁，请求和议。

赵顼也因宋军已攻到富良江，恶气已出，加之战祸是宋朝边将挑起来的，错不在交趾，于是见好就收，赦免了李乾德，允许议和。

随后诏郭逵、赵卨班师回朝；改广源州为顺州。不久，李乾德遣使进贡，并归还俘虏的兵民。赵顼见他是真心修好，将顺州赐还给李乾德，后来又将二州六县也交还给交趾，此后交趾没有再叛。

王安石二次罢相

交州的战事平定了，王安石却遇到了麻烦。

吕惠卿贬出京城，出任陈州知州。王安石的儿子王雱还想去陷害他，事情被吕惠卿知道了。吕惠卿先下手为强，控告王安石欺君罔上，并将王雱陷害他的事情一并上报。

赵顼看信后，第一次冲王安石发了脾气。

王安石回家，痛骂儿子不该招惹吕惠卿，父子二人为此大吵一场。

王雱深悔自己鲁莽，给父亲带来灾难，以至抑郁成疾，病倒了，随之背上生恶疮，不久便撒手归西了。

王安石老来丧子，肝肠寸裂，萌生退意，上表请求辞职。

御史中丞邓绾担心王安石一去，自己失去了靠山，上表奏请赵顼挽留王安石。

赵顼认为邓绾身为御史，不该为大臣请恩，免去邓绾之职，贬往虢州。王安石去意更坚，力请解除职务。

熙宁九年十月，赵顼第二次罢免王安石相职。王安石伤悲离开京城，退居金陵，潜心学问，不问政治。

王安石罢相后，赵顼提拔吴充、王珪为同平章事，冯京知枢密院事，蔡确参知政事。

吴充是王安石的女婿，他一向不赞成王安石所为，经常向赵顼奏陈新法不良，赵顼喜欢他不党附王安石，故提拔为宰相。

吴充当宰相后，奏请召回司马光、吕公著、韩维等人，又举荐孙觉、李常、程灏等数十人。

赵顼采纳吴充的建议，召吕公著同知枢密院事，进程灏判武学。

程灏自扶沟县进京，任职才数日，李定、何正臣便劾他学术迂阔，趋向僻易，赵顼仍命他回扶沟县任原官去了。吕公著上疏谏阻，并没有改变赵顼的决定。

司马光得知吴充为相后，颇有更正弊政的心志，便给吴充写了一封信，介绍一些救济时弊的方法，并建议他全面废除新法。

吴充并没有采纳司马光的意见。所以王安石罢相以后，他推行的新法仍然在继续执行。

九　乌台诗案

苏轼犯案

御史中丞李定是一个眦睚必报的小人。当年因隐瞒母丧，被司马光骂为禽兽，苏轼在诗中也影射过他，一直怀恨在心，上表弹劾苏轼诽谤朝廷。赵顼于是下诏，将苏轼带到京城，打入大牢。

原来，苏轼因对新法不满而贬杭州，历任密州太守、徐州知州，再到湖州太守，一路上他游山玩水，放情诗酒，消磨着郁郁不得志的烦恼岁月，在这段时期内，他随感而发，创作了很多脍炙人口的诗。诗可以抒情，诗可以言志，苏轼在他的诗中，难免会吐露自己的心声，抒发对王安石推行的新法的不满情绪，进而讥讽朝政。

李定等人将苏轼的这些诗搜集起来，给他定下诽谤朝廷的罪名，欲置他于死地。

赵顼一时也被谗言所蔽，以为苏轼真个是逆臣。下诏将苏轼就地免职，逮捕押送进京，交御史台审讯。

"乌台"是御史台的别称，《汉书·朱博传》记载，御史府（台）中有许多柏树，常有数千只乌鸦栖息在树上，晨去暮来，号为"朝夕乌"。因此，后人将御史台称为"乌台"。

由于苏轼这次因诗而获罪的案子，是由几名御史一手制造，后又在御史台狱受审，御史台自汉代以来即别称"乌台"，故此案在历史上称为"乌台诗案"。

审讯

苏轼七月底拘捕，八月十八日被关进御史台的皇家监狱。

苏轼被关进大牢后，一方面要随时接受讯问，另一方面要他自己交待问题。

御史们也没闲着，到处搜集苏轼的犯罪证据，抄获苏轼寄赠他人的诗词一百多首，在审问时呈阅，受牵连者多达三十九人，无论哪首诗，只要有疑问，苏轼都得作出解释。

苏轼对大部分指控都供认不讳，承认在诗中批评新政。

苏轼在受审期间，有很多人仗义相救。

宰相吴充上表，说陛下以尧舜为榜样，轻视魏武帝曹操，但是，曹操虽然疑心重，但却能容忍祢衡，陛下难道就容不下一个苏轼吗？

同修起居注王安礼也替苏轼解辩，说自古以来，宽仁大度的君主不会以言语惩罚人，苏轼是一个满腹经纶的饱学之士，认为自己可以成就一番事业，如今却碌碌如此，不免有些失望和怨愤，吟风咏月，发发牢骚，也是很正常的事情。因为作了几首诗而获罪入狱，甚至杀头，恐怕后世的人会说陛下容不得人才。

王安石与苏轼政见不同，曾因苏轼反对变法将他贬出京城。听说苏轼获罪入狱，竟然上书赵顼，说圣朝不宜诛杀名士。王安石是个君子，可惜他所重用之人都是小人。

苏轼坐牢的时候，曾发生了一件有趣的事情。

苏轼坐牢，儿子苏迈每天送牢饭。由于父子不能见面，于是暗中约定，平时只送蔬菜和肉食，如果有死刑判决的坏消息，就改送鱼，以便早做心理准备。

一天苏迈有事不能前去送饭，委托朋友帮他送牢饭，但他忘了告诉朋友与父亲约定的暗号。恰巧那位朋友做了一盘红烧鱼。苏轼一见，大吃一惊，以为自己难逃一死，悲愤之下，写了两首绝命诗给弟弟苏辙：

圣主如天万物春，小臣愚暗自忘身。
百年未满先偿债，十口无归我累人。
是处青山可埋骨，他年夜雨独伤神。
与君世世为兄弟，更结来生未了因。

柏台霜气夜凄凄，风运琅珰月向低。
梦绕云山心似鹿，魂飞汤火命如鸡。
眼中犀角真君子，身后牛衣愧老妻。
百岁神游定何处，桐乡知葬浙江西。

首诗中说得非常悲惨，说他死之后，一家十口全赖弟弟照顾，自己的孤魂野鬼独卧荒山听雨泣风号，表示与苏辙世世为兄弟。并在诗里表示皇恩浩荡，自己受恩已多，无法感恩图报，实在惭愧。又说别无所怨，都是自己之过。

苏辙接到哥哥的绝命诗，伏案而泣，悲痛欲绝。立即向皇帝上书，希望能以自己的官爵赎其兄之罪。

贬谪

苏轼关押受审的事闹得沸沸扬扬，宫中太皇太后曹氏也知道了这件事。

一天，太皇太后病了，赵顼进宫问安。太皇太后问起苏轼的事："听说苏轼被关进大牢，交御史台讯问，究竟犯了什么罪？"

赵顼说："苏轼怨望朝廷，毁谤君父，犯大不敬之罪。"

太皇太后惊问："果然吗？有证据么？"

赵顼说："当然有证据，御史连上四道奏札，都是弹劾苏轼。"

"都是哪些诗句呢？"太皇太后问道。

赵顼将苏轼涉嫌攻击新法的诗句随口背诵了几句。

太皇太后大声质问："几句诗就可认定苏轼大不敬，要将他处死吗？文人吟诗是一时之感触，并非什么成见，即是有一二句隐指朝政，也是诗人应有的态度。人君不能嘉奖诗人忠君爱国的苦心，反要罗织成罪，处以极刑，这是人君慎狱怜才的道理吗？"

赵顼称御史弹劾苏轼，他不得不下诏过问此事。

太皇太后说："当初，苏轼兄弟初入制科，你的祖父仁宗皇帝非常欣赏他们兄弟俩的才学，曾高兴地说：'朕为子孙得到两个好宰相！'现在有人指控苏轼，不是忌才，便是挟仇，你是皇帝，不能让别人牵着鼻子跑！"

太皇太后的话明显带有责备之意。

十月十三日，御史们将案子送呈赵顼御览。恰好太皇太后此时病逝，要处理太皇太后的丧事，苏轼的案子便拖延下来。

太皇太后丧事期间，苏轼一直呆在监狱里等候宣判。数年之后，他告诉朋友，说当年在狱中等待案子结果的时候，曾发生了一件很神秘的事情。

苏轼回忆说："审问完毕之后，一天晚上，暮鼓已然敲过，我正要睡觉，忽然看见一个人走进牢房，一句话也不说，往地上扔下一个小箱子做枕头，躺在地上就睡了。我以为他是个囚犯，不去管他，自己躺下睡了。大概四更时分，觉得有人推我的头，那人对我说：'恭喜！恭喜！'我翻过身子问他是什么意思。他说：'安心睡，别发愁。'说完，带着箱子神秘地走了。"

朋友们问这个人到底是谁。

苏轼回忆说:"事情是这样的,我刚受弹劾,舒亶和另外几个人,极力劝皇帝杀我,可是皇帝根本无杀我之意,所以暗中派一个太监到狱中去观察。那个太监进牢房之后,我就睡了,而且鼻息如雷。他回去后向皇帝报告,说我睡得很沉,很安静。皇帝对近臣们说:'朕知道苏轼于心无愧!'这可能就是后来被宽恕贬谪到黄州的原因。"

太皇太后去世是国丧,遇到国丧,国家总要大赦,所以,依据法律和习俗,苏轼应获赦。御史本想借这次诗案把反对派一网打尽,如果大赦,心血就会白废。李定奏上一本,对可能合乎赦罪的那些犯人,一律不得赦免。舒亶更进一步奏请,将司马光、范镇、张方平、李常和苏轼的另外五个朋友,一律处死。

赵顼其实很欣赏苏轼的才华,并没有处死的意思,只是想借些警告那些反对变法的官员,颇有杀鸡给猴看的政治意味,他准备赦免苏轼。

王珪得知皇上要赦免苏轼,再次拿苏轼的"根到九泉无曲处,世间惟有蛰龙知"两句诗说事。说:"苏轼这两句诗,显然是不臣的表证,如果不给予严厉的处罚,将来怎么能儆示后人呢?"

赵顼不以为然,叫王珪不要吹毛求疵,苏轼这两句诗是咏桧,与他无关。

王珪急了,直截了当地说:"苏轼确实有不臣之心,陛下一定要重处,不能放过他啊!"

赵顼不高兴地说:"你是想使后世的人说朕不能容纳人才吗?"

王珪才吓得不敢再奏了。

舒亶又奏附马都尉王诜与苏轼交通声气,朋比为奸;司马光、张方平、范镇、陈襄、刘挚等也与苏轼隐相联络,都要严办。

赵顼此时并没有听他们的谗言。

十一月二十九日,圣谕下发,苏轼贬往黄州,充团练副使,但不准擅离该地区,并无权签署公文。这样的结果,李定等人自是大失所望。

受到牵连的人中,三个人的处罚较重。驸马王诜因泄露机密给苏轼,而且时常与他交往,调查时不及时交出苏轼的诗文,被削除一切官爵。其次是王巩,被御史附带处置,发配西北。第三个是苏辙,他曾奏请朝廷赦免兄长,自己愿意纳还一切官位为兄长赎罪,他并没有写什么严重的毁谤诗,但由于家庭连带关系,仍遭受降职处分,调到高安,任筠州酒监。

其他人,张方平与其他大官都是罚红铜三十斤,司马光和范镇及苏轼的十八个朋友,都各罚红铜二十斤。

旧年除夕夜，苏轼被释出狱，在狱中渡过了四个多月的时间，走出监狱大门，他停下来，用鼻子嗅了嗅空中的新鲜空气，一脸的轻松快乐。当天又写了两首诗："却对酒杯浑似梦，试拈诗笔已如神。"另一首诗是：

平生文字为吾累，此去声名不厌低。
塞上纵归他日马，城东不斗少年鸡。

写完诗，掷笔于地，大笑道："我真是不可救药啊！"

十　破灭的梦想

端不平的一碗水

乌台诗案前后，赵顼并没有停止改革进程，除亲自对熙宁年间的变法措施进行调整、继续推行新法外，还着手对官制进行改革。

宋初的官制，是沿袭唐朝的旧制，但没有设置三师、三公，而是以同平章事为宰相，参知政事为副宰相。中书、门下则并列在外。

在宫中设置中书与枢密院，分别管理文武大臣，称为二府。

天下财政赋税归三司主管，纠察弹劾归御史台主管。

三省、六部、九寺、六监等都不设专官，往往由其他官员兼任。

知制诰起草对外诏书，称外制；翰林学士起草对内诏书，称内制，合称为两制。

修史由三馆负责（昭文馆、史馆、集贤院），首相任昭文馆大学士，副相任集贤院大学士。有时设置三相，分领三馆。馆中各员称学士，经过考试才能取得这个职位，一旦获得学士职位，便成为名流。

赵顼命翰林学士张璪，枢密副承旨张诚一两人负责这件事。

元丰三年九月，新官制出台，所有旧的虚衔一律取消，改为官阶。自开府仪同三司至将仕郎，分作二十四阶。如领侍中，中书令，同平章事等名，改为开府仪同三司；领左右仆射，改为特进等等。至此，宋朝才有了一定的官制。

改革了官制后，赵顼有意在新旧两派之间一碗水端平，适当引用被压制的旧派人物，并向新派人物王珪、蔡确表达了启用司马光为御史大夫的想法。

王珪、蔡确听赵顼说要用司马光，大惊失色，因为司马光重新出山，势必使旧派人物得到重用，这样就会减弱新派的势力，动摇新派的政治地位。

吴充此时已经退职，王珪位居首相。退朝之后，担心司马光出任御史大夫后会削弱新派的地位，便找蔡确商量对策。

为了个人的利益，蔡确竟然不顾国家利益，想出了一个收复灵州的办法，以转移赵顼的工作重心，借以阻止司马光入朝。

不该发生的战争

王珪采用蔡确的建议，向朝廷推荐俞充出任庆州知州，随后指使俞充向朝廷上平西夏的策略。

赵顼果然将注意力转移到与西夏的问题上，将起用司马光的事丢到了一边，只用冯京为枢密使，薛向、孙固、吕公著为副使。随后诏告民间，征集战马，准备西征。

熙宁四年四月，俞充从庆州传来消息，说西夏出现内乱，梁太后发动政变，囚禁了国主秉常，处死了亲宋的将领李清，夺取西夏政权。建议朝廷乘机出兵攻占西夏。

赵顼大喜，命李宪等人准备征伐西夏，并召种谔进京问话。

种谔是一个喜欢说大话的人，在赵顼面前夸下海口："夏国无人，李秉常只是个小孩子，征讨西夏，犹如探囊取物，马到成功。"

赵顼更加坚定了征伐西夏的决心。尽管孙固和吕公著极力劝谏，仍然没有改变决定。

赵顼命李宪出兵熙河，种谔出兵鄜延，高遵裕出兵环庆，刘昌祚出兵泾原，王中正出兵河东，五路大军同时向西夏进军。并诏命吐蕃首领董毡带兵一起出征。

西夏众将得知宋兵来犯，个个摩拳擦掌，他们说李宪只是一个宦官，不懂带兵打仗，种谔是西夏的败将，不可言勇，宋朝边廷无将，如今秋高马肥，正是打仗的好时候，主张分兵迎敌。

有一位老将力排众议，主张坚壁清野，以避宋军的锐气；在灵州、夏州集聚重兵，以逸待劳；再派精兵截断宋军的粮道。这样宋军不战自乱，到时数十万宋兵别说打仗，退兵恐怕都来不及。待到宋军溃退之时，再杀个痛快。

梁氏便采纳了老将的建议，传令依计而行。

李宪统领熙、秦七军和吐蕃首领董毡的三万兵马，杀入西夏境内，攻占了西市、新城，袭取女遮谷，收复古兰州，一路连捷，居然在开幕筑城，设置帅府。

种谔率鄜延九万三千兵，出绥德城攻占了米脂城。直逼夏州，驻军于索家坪。

王中正率河东兵攻占宥州。

高遵裕这一路有步兵骑兵八万七千，出庆州杀奔西夏，收复清远军。

刘昌祚这一路，领兵马五万六千，出泾原杀奔西夏，在磨移隘杀败夏军，迫使夏军逃往灵武。

赵顼接到前线捷报，很兴奋，令李宪统领五路军，直捣夏都。

宋军将士见攻入夏境之后，一路顺风顺水，连连告捷，以为西夏不过如此，其实，他们正在朝一个死亡的陷阱里跳。

种谔从米脂城出发，攻克石堡城，驻军索家坪，直指夏州。准备粮草一到，便起兵攻打夏州。正在此时，突然接到后军来报，说押运粮草的部队遭到夏军伏击，粮饷辎重全被夏军劫走。

士兵们听说粮草被劫，顿时骚动起来。大校刘归仁听说粮草被劫，心中恐惧起来，自知这个仗已没法打了，也没与种谔打招呼，带领自己的士兵逃跑了。宋军本来就军心已动，见有军撤退，以为是要撤退了，便一窝蜂地跑，种谔的命令已经失去了作用。恰在此时，又下起了漫天大雪，可怜宋军人马，冷饿而死者不计其数，途中还遭到夏军的截杀，等到退回鄜延，剩下不足三万人马。

王中正从宥州出发，进军至奈王井，粮食耗尽，后面的粮道被夏军切断，无奈之下，也只得撤军，退回庆州，计点人马，冻饿死亡者接近一半。

刘昌祚率兵在磨移隘杀败夏军，迫使夏军向灵州败退，宋军追到灵州城下，将灵州城围得水泄不通。刘昌祚命令部队向灵州城发起猛烈攻击，眼看破城在即，突然接到高遵裕停止攻城的命令。刘昌祚是高遵裕的部属，不得不服从军令。只好下令停止攻城。

原来，高遵裕在进军途中，得知刘昌祚正在攻打灵州。他担心刘昌祚攻破灵州，独建不世之功，立即传令停止攻城。一念之差，使宋军丧失了破城良机。

高遵裕三天之后才赶到灵州，此时，刘昌祚军的士气已泄，高遵裕的部队长途奔驰，也是疲惫之师，而灵州城中的夏兵经过休整部署，防御更加严密，守卫更加顽强，宋军连续围攻十八天，灵州城固若金汤，宋军难越雷池一步。

正在两军酣战之时，夏军的一支人马悄然决开黄河七级渠，涛涛的黄河水，以泰山压顶之势，奔向宋军。

高遵裕、刘昌祚只顾攻城，没有防到夏人这一招，顷刻间，数万宋军身陷一片汪洋之中，淹死过半，此时正是隆冬天气，气候奇冷，有幸没有淹死的人，因衣服被水湿透，又冻死了二万多人，侥幸逃得性命，又遭到夏军的追杀，高遵裕一路逃回庆州，刘昌祚一路逃回泾原，所剩残军，仅一万三千余人。

李宪这一路，因有收复古兰州之功，加之是他最先向朝廷报捷，赵顼命他为五路大军的总指挥，直捣夏都。

李宪领兵东上，在天都山下安下营寨，焚烧了西夏的南牟内殿，毁坏馆库，杀败夏军，进驻葫芦河。当他得知其余各路失败的消息，不敢再进，立即班师。

五路大兵，出兵时约定到灵州会合，四路兵马都到了灵州境内，以不同的形式，得到同一下场——惨败。唯李宪这一路没有到灵州，损失最少。

灵武战败的消息传到京城，赵顼正在就寝，惊得他从床上爬起来，急得挠脑抓腮，绕床疾走，一夜不曾入睡，从此染上疾病。

事后他对左右说："朕遣兵西征的时候，孙固力谏不可，朕以为他是迂阔，不肯听他。太后也说是高遵裕不可使领兵、任攻取，朕也不听，如今果然遭此大败，悔之晚矣！"

按罪论罚：高遵裕贬为郢州团练副使，本州安置；种谔、刘昌祚、王中正都受到降职处罚。唯独李宪不加罪。

孙固认为，各路兵马都到了灵州，唯李宪没有到，依军法论处，李宪当斩，现在不但不杀他，竟然连处分都不给，不合理。

赵顼便降诏责问李宪，自要他说明擅自退兵的原因。

李宪上表申辩，称因为粮草运输没有跟上，部队没有粮食吃，只好退兵。并说他在正在筹办粮饷器械，图谋再举。

李宪的狡辩，迷惑了赵顼。过了两天，李宪再上进攻西夏的策略，赵顼授他为泾原经略安抚制置使、兼知兰州，并命李浩为副。

吕公著再上书谏阻，赵顼仍然不从，吕公著托说自己有病，请求辞职，赵顼命他为定州知州。

此时官制改革已经确定，改同中书门下平章事，为左右仆射，参知政事，为门下中书侍郎尚书左右丞。

赵顼命王珪为尚书左仆射，蔡确为尚书右仆射，章惇为门下侍郎，张璪为中书侍郎，蒲宗孟为尚书左丞，王安礼为尚书右丞。

再败永乐城

灵州之战虽败，赵顼并没有放弃消灭西夏念头，李宪很会揣摩赵顼的心事，投其所好，提议再伐西夏。赵顼正在犹豫，种谔又向朝廷奏报，建议在横山筑寨，取高屋建瓴之势以俯瞰夏境，并主张从银州进兵征讨西夏。建议由沈括提出，种谔把沈括的建议上奏朝廷。

赵顼当即派给事中徐禧、内侍李舜举到鄜延去落实筑城之事。

王安礼认为徐禧志大才疏，不可大用，奏请赵顼改派他人。赵顼不听。

徐禧和李舜举到达鄜延，徐禧察看地形后，不赞成筑城横山，改在永乐建城。种谔不同意，两人相持不下，上奏朝廷定夺。

赵顼采纳徐禧的建议，舍横山而筑城永乐，并命徐禧带领诸将前去兴筑，命沈括为援应，陕西转运判官李稷负责粮饷供应。

徐禧因与种谔意见不合，奏请留种谔守延州，自己率众将前往永乐筑城。

城寨十四天就竣工了，名为银川寨。

银川寨距离银州二十五里，地当银州要冲，为兵家必争之地。徐禧等去后不到十天，西夏便遣铁骑二千，来攻银川寨。

曲珍派人飞报徐禧。徐禧命沈括留守米脂，自己与李舜举、李稷等驰援银川寨。

徐禧率援兵刚到银川寨，西夏已调集全国三十万大兵来攻，显然，西夏对于银川寨是志在必得，而正是种谔担心的事情。

大将高永能见夏军蜂拥而来，建议乘夏军立脚未稳，打他个措手不及。

徐禧喝斥道："王师不鼓不成列，怎可乘人未曾布阵，便施攻击呢？"

战机稍纵即逝，徐禧错过了一次打击夏军的良机。曲珍见漫山遍野都是夏兵，将士们面有惧色，建议撤军回城，以图良策，遭到徐禧一顿喝斥，只得列阵河边。

西夏军铁骑先行渡河。

曲珍急忙说："这是铁鹞子军！乘他半渡之时发起攻击，定可得胜，若等他渡过河，占据有利地形，横冲直闯，将会势不可挡！"

徐禧说："我正要他渡过河来，若半渡便去击他，不能消灭他们，反而会使他们乘机逃脱，岂不是要留下后患？"

徐禧又一次丧失击敌的良机。

曲珍长叹道："大势去矣！我将死无葬身之地啊！"

西夏铁鹞子军见宋军并不出击，迅速过河，也不列阵，直接向宋军冲杀过来，紧随其后的大批夏军纷纷过河，一齐杀奔宋军。

曲珍部众不能抵挡，立即溃败而逃。

徐禧见势头不好，调转马头一溜烟逃进城中。曲珍带着败兵退入城中。

西夏三十万大军将银川寨围得水泄不通，并切断了水源。徐禧束手无策，只能靠曲珍的部队与夏军浴血奋战，勉强守住城池。城中没水，士兵到处挖井，很多士兵活活渴死。

李宪与沈括引兵来救，被西夏军所阻。种谔怨恨徐禧，按兵不动。

银川寨里的将士缺水少粮，几乎失去战斗力。半夜时分，突然又天降大雨，城中一片混乱。西夏军乘势攻破银川寨。

徐禧、李舜举、李稷等死于乱军之中，唯曲珍丢盔弃甲，在乱军中逃脱。

永乐城一战，宋军阵亡将士二十余万。夏兵追到米脂，沈括闭门死守，夏兵攻打数天后，撤兵退走。

自熙宁年以来，赵顼数次用兵西陲，所得地盘仅葭芦、吴堡、义合、米脂、浮图、塞门六城，阵亡将士数十万，耗用钱谷银绢不计其数。永乐一役，败得更惨。

赵顼痛心疾首，几天不吃饭。追究责任，贬沈括为均州团练副使，调到随州，曲珍降职为皇城使。从此以后，再也不提西征，在军事上，宋朝也由攻势转为守势。

西夏人并不甘心，致书泾原总管刘昌祚，责问宋朝侵略西夏。

刘昌祚将西夏的书信转呈朝廷。赵顼无话可说，只得令刘昌祚答应来使，同意与西夏通好。

西夏遣使来朝，上表"乞还侵地，仍效忠勤"。

赵顼下诏，说宋朝不会对夏用兵，也希望西夏也遵守盟约，但只字不提西夏要求归还被宋朝夺取的土地。

西夏使臣走了之后，赵顼下令陕西、河东经略司，所有收复的城寨，巡逻兵不得超出二三里的范围，对西夏的赏赐，仍按以前的数额拨付。

夏主再次上书，要求宋廷归还失地，赵顼仍然不答应，夏主便心存贰心，伺机报复。

元丰七年，夏主李秉常率兵八十万，围攻兰州，宋军竭力御守，保得城池不失。李秉常因粮饷已尽，不能继续攻打，引兵退去；不久，又攻打延州德顺军、定西城及熙河诸寨，都没有得逞；转围定州，也被宋军击退。李秉常四出无功，只好收兵，宋夏暂时停止战争，依然通和。

破灭的梦想

十二月，司马光历经十九年著成《资治通鉴》一书，送呈御览。

赵顼见了《资治通鉴》，夸赞是一本伟大的著作，封司马光为资政殿学士。

有一天，赵顼正在批阅《资治通鉴》，正好蒲宗孟进见奏事，赵顼拍着书说，如今天下人才寥落，幸得还有一个司马光。

蒲宗孟对司马光心存嫉妒，随口说，人才多半被司马光的邪说引坏了，陛下怎么反而这么说呢？

赵顼逼视着蒲宗孟说："你不喜欢司马光是吧？朕以前曾命他到枢密院任职，他固辞不受，满朝文武，放着高官不做，唯司马光一人，谁能比得上他？"

蒲宗孟碰了个大钉子，满面羞惭，默默退出。

次日，赵顼罢免蒲宗孟，用王安礼为尚书左丞，李清臣为尚书右丞，调吕公著知扬州。

元丰八年正月初，赵顼患病，且越来越重。

大臣们乱作一团。王珪等人开始劝赵顼立太子。赵顼无奈地点头同意了。

赵顼有十四个儿子，其中八个出生不久就夭折了，所存六个儿子，年龄最大的延安郡赵佣只有十岁。两个同母弟弟岐王赵颢三十六岁、嘉王赵頵三十岁，论声望、凭地位、讲出身，都有资格做皇帝。岐王是昌王改封，嘉王即乐安郡王改封。

员外郎邢恕想立异邀功，想在岐王赵颢、嘉王赵頵两王中选一个皇位继承人，他去征询蔡确的意见。

蔡确建议先奏知太后，有了旨意再说。

朝中大臣对策立太子一事蠢蠢欲动，两位亲王也极为关注，到宫中探视皇上病情的次数多了起来。并常以请安为名，进宫谒见高太后，试图探听或议论立储之事。

两位亲王的一举一动，没有逃过太后的眼睛。她见两个儿子居心叵测，冷着脸对两个亲王说："从今天起，暂时关闭宫门，你们不要进宫来，因为皇太子还没有立定，难保臣下没有立异的想头，免得发生一些不该发生的事情，还是引避嫌疑为好。"

两位亲王知道太后说话的份量，受命之后，匆匆退出，各自回到王邸，闭门谢客，再也不敢有非份之想。

高太后暗中安排人赶制了一件十岁孩子穿的黄袍，以备不时之需。

高太后在宫中做好了准备，邢恕、蔡确两人也没有闲着，两人密议，决定拥立赵佣，夺策立之功。

三月初一，王珪进宫受赵顼顾命，草拟遗诏，册立延安郡王赵佣为皇太子，赐名赵煦，高太后代理军国大事，垂帘听政。

五天之后，赵顼驾崩。

赵顼一生追求自己的理想，支持王安石推行新法，希望重建强盛的国家，再造汉唐盛世。梦想破灭之后，生命也走到了尽头。

赵顼在位十八年，改元二次，享寿三十八岁，后归葬永裕陵，庙号神宗。

柒

党争一朝

宋哲宗

皇太子赵煦，原名赵佣，是神宗皇帝赵顼的第六个儿子，母亲是朱德妃。

赵煦既非嫡出，也非长子，但是他的五个哥哥先后夭折，剩下的皇子中他的年龄最大。于是，在神宗皇帝升天之后，金銮殿上的那把交椅就轮到他来坐了。这一年，赵煦年仅十岁，还是一个孩子。

一　影子皇帝

皇帝没有长大

皇太子赵煦，原名赵佣，是神宗皇帝赵顼的第六个儿子，母亲是朱德妃。

赵煦既非嫡出，也非长子，只因他的五个哥哥先后夭折，剩下的皇子中他的年龄最大，神宗皇帝升天之后，金銮殿上的那把交椅就轮到他来坐了。

这一年，赵煦年仅十岁，还是一个孩子。

皇帝还没有长大，没有能力临朝问政，军国大事要由他人代为处理。当年仁宗皇帝登基时也是个孩子，皇帝的职权交给了刘太后，刘太后垂帘听政，行使皇帝的职权，处理军国大事。赵煦不能行使皇权，摄政的是他的祖母（英宗皇帝的高皇后）太皇太后。

赵煦即位，太皇太后垂帘听政。

太皇太后是一个铁腕女人，垂帘听政后，一手包揽政务，被后人誉为"女中尧舜"。她代小皇帝发号施令：尊自己为太皇太后，神宗皇后向氏为皇太后，生母德妃朱氏为皇太妃。晋封叔叔赵灏为扬王，赵頵为荆王，弟弟赵佶为遂宁郡王，赵佖为太宁郡王，赵俣为咸宁郡王，赵似为普宁郡王。

太皇太后垂帘听政，凡军国大事，都由她和几位大臣处理，年少的赵煦坐在旁边只是一个摆设，没有发言权，大臣们也都以为皇帝是个孩子，军国大事取决于太皇太后，奏事也只是听太皇太后的意见。朝堂上，赵煦的御座与太皇太后垂帘听政的座位相对，大臣们奏事都是面向太皇太后，背对赵煦，使这个孩子皇帝只能看到大臣们的背景和屁股，倍受冷落，形同影子，因此，赵煦被人称为影子皇帝。

太皇太后反对变法，她曾与仁宗曹皇后一起在神宗皇帝面前诉王安石新法败坏了祖宗家法，坑苦了天下百姓，要求神宗废除新法，只是神宗皇帝赵顼变法的决心很大，她左右不了政局。垂帘听政之后，为了取悦于民，她下达的第一道圣旨，就是遣散修京城的役夫，停止制造军器，停建宫廷的建设项目，减免天下赋税，放宽民间保甲马。而且圣旨是直接从宫中发出，连宰相王珪事先都不知道。

新皇上的第一道圣旨，向天下传达了一个信号：新朝要实行宽政。

宰相蔡确在神宗病重期间，曾欲拥立雍王赵灏、曹王赵頵中的一位为帝，高太后明察秋毫，防患于未然，才使得蔡确的阴谋没有得逞，后来又欲拥赵煦为帝，谋夺策立大功，因王珪先行一步，他的阴谋再次落空。太皇太后垂帘听政后，他担心自己的职位不保，又使出媚功以讨好太皇太后。

太皇太后的从父高遵裕自西征失败遭贬后，仍然是职卑位贱，蔡确便向太皇太后启奏，请求恢复高遵裕的官爵。

太皇太后听奏，凄然道："灵武一战，先皇得到前线战败的噩耗，即罢宴辍朝，退回宫中，绕室彷徨，彻夜不能安寝，正是由于这次战败的打击，才导致先皇旧病复发，而致一病不起，走上了不归路。究其原因，都是由高遵裕造成的。先皇免了他的死罪，只降他的官爵，已经是格外开恩了。先皇尸骨未寒，我便顾念私恩，天下人会怎么看我？这样的歪点子，今后最好别出。"

蔡确本想拍马屁，不想拍到马蹄上，不但没有得到赞赏，反而受了一顿训斥，不禁满面羞红，惶悚而退。自此以后，蔡确再也不敢存侥幸心理，更不敢在太皇太后面前有何非份之想了。

太皇太后垂帘听政，急需要得力的帮手，搜遍朝中文武百官，似乎没有一个满意的，于是，她将搜索范围扩大到在野人士，经过一番排查，她的目光盯上了归隐西京洛阳的司马光。

司马光重出江湖

司马光是王安石新法的铁杆反对派，在王安石如日中天的时候，他自知无力对抗有神宗皇帝支持的王安石，主动请命离开京城去了洛阳，名义上是放外任，实际上是半归隐，自此以后，他不问政事，专心致志地埋头做学问，谁知这一隐就是十五年。十五年，他完成了上起战国，下至五代，横跨三百六十二年，总计六百多万字的历史巨著，神宗皇帝亲自命名为《资治通鉴》。

《资治通鉴》是中国第一部编年史，其历史地位和影响，足以与司马迁的《史记》相媲美，司马光和司马迁这两个名字，是中国史学界两颗光耀千古的双子星座。

司马光归隐洛阳，日子过得似乎并不寂寞，那里的田夫野老都对他非常尊敬，尊称他为"司马相公"，就是妇女和孩子，也都知道司马君实这个名字，君实是司马光的表字。

司马光虽然归隐洛阳，但对朝政还是格外关心，当他得知神宗皇帝赵顼去世的消息后，预感到自己翻身的机会可能来了，立即打点行装，赶赴京师奔丧，他欲借奔丧之机，探听一下朝廷的虚实。

司马光快马加鞭赶到京城，刚接近都门，便被守城的卫士发现了，卫士们以手加额，欢呼道："司马相公来了！司马相公来了！"

周围的百姓听到喊声，立即将司马光围了起来，纷纷恳求司马相公留下来辅佐天子，以救天下百姓。

司马光好多年没有见过此等场面了，实在是有些受宠若惊，见民心如此向着自己，心底反而生起一股惧意，兴冲冲地来到京城，面对高大的城门，却又不敢迈过那道坎，犹豫再三，思之再三，忽然勒转马头，在马屁股上狠抽一鞭，朝着洛阳方向，绝尘而去。

太皇太后得知司马光回京的消息，正在宫中暗自高兴，她很想召见司马光，亲眼看看这个离开政坛十五年的史学泰斗，是否还有当年的锐气，谁知左等右等，却没了下文，后来才知道，司马光来到京城后，只是在城门口转了一圈，然后勒转马头，返回了洛阳。

太皇太后没有见到司马光，倍感失落，但并未死心，她特地派内侍梁惟简专程赶往洛阳，名义是慰劳司马光，实际是带着太皇太后的懿旨：征求司马光对朝政的意见。更深一层的意义，则是要看看，司马光还是不是十五年前的那个司马光。

司马光得知梁惟简的来意后，当即向朝廷上了一份奏疏，主要内容就八个字：大开言路，广征民情。

梁惟简带着司马光的奏疏回京复命。

太皇太后看了司马光的奏疏，立即命中书草诏，告知文武百官，对于朝政的过失，民间的疾苦，大家都可以广泛地发表意见，并宣布言者无罪。

蔡确心里又犯起了嘀咕，他知道，只要言路一开，他的宰相之位恐怕就不保了，暗自忖道：只要我在诏令中加上一些限制，名为开言路，实则禁遏。于是，在草拟诏书中做手脚，设置了六个条件以限制言论：

若阴有所怀，犯其非分；或扇摇机事之宜，或迎合已行之令；上以观望朝廷之意，以侥幸希进；下以眩惑流俗之情，以干取虚誉：若此者，必罚无赦。

太皇太后见了诏书的草稿，立即装进信封，再次派遣梁惟简到洛阳，将草诏交给司马光修改。

司马光看过诏书草稿，愤然说："这哪里是广开言路？分明是设置障碍，断绝言路。"

司马光立即动手，先把自己的意见作了一个陈述，然后把诏书修改一遍，封好后一并交给梁惟简带回。

太皇太后看过司马光的陈述和修改过的草诏，感叹地说："司马光真不愧忠臣啊！"

经过司马光修改的诏书颁行天下后，引起了强烈反响，天下言路顿升，向朝廷上书言事者达千余人之多。

太皇太后知道司马光雄心犹在，下诏命司马光为陈州知州，同时还起用程颢为宗正寺丞。

元丰八年（1085年）六月，程颢奉诏之后，正欲进京赴任，陡然生病，几天工夫便走上了黄泉路。

程颢是河南洛阳人，北宋思想家，理学奠基者，官至太子中允、监察御史里行。他死之后，士大夫无论是认识的还是不认识的人，都为之扼腕叹惜，文彦博采取众论，在他的墓碑上题字，称他为"明道先生"。

司马光奉诏赴陈州，经过京师，进朝面圣。太皇太后将他留在京师，就任门下侍郎。

此时，尚书左仆射兼门下侍郎岐国公王珪病逝。赠太师，谥文恭。

王珪自执政至宰相有十六年时间，无所建树，由于他上殿奏事称"取圣旨"，皇帝裁决后又称"领圣旨"，传达圣旨时又称"已得圣旨"，故时人称他为"三旨宰相"。

王珪的病逝，新党少了一员大将，但蔡确升任为尚书左仆射兼门下中书侍郎，即左相，知枢密院事韩缜升任为尚书右仆射、兼门下中书侍郎，即右相，章惇改任知枢密院事。朝廷的军政大权仍然还掌握在新党手里。

二　落花流水的新党

以母改子

司马光是旧党领袖人物，其声望、人气绝不输于王安石，之所以败在王安石手下，被逐出京城，是因为王安石有神宗皇帝做靠山。

司马光退隐十五年后，再次出山，似乎向世人传递一个信息：新朝人事要重新洗牌，新朝的政策要更弦易辙。

新党人物如宰相蔡确等人，对司马光的重新出山极为重视，他们预感到形势会对他们不利，但绝不愿意束手就擒，为了守住原有的阵地，他们放出"三年无改于父之道"的论调，意思是说，三年之内，赵煦不应该改变他的父亲神宗皇帝的各项政策、法令。

新党放出的论调，立即遭到了旧党的回击，司马光驳斥道："先帝颁行各项法令，如果合情合理，一百年也应该遵守，何止三年？如果是王安石、吕惠卿创行的祸国殃民的政令，废除它就像救水救火一样迫切，怎么能够等三年呢？现在是太皇太后垂帘听政，改变神宗时的政令，是以母亲的身份修改儿子的过失，并不是皇上以儿子的身份改变父皇的政令，'三年无改于父之道'的话站不住脚。"

司马光向全天下人传达了一个信息"新法不是神宗的意思"，完全是王安石那几个人搞出来的，需要像救水救火一样、迅速把新法扑灭。同时还想出一个"以母改子"的绝妙说法，不但避开了"三年无改于父之道"这种似乎有些离经叛道的做法，反而还将废除新法变成了一种合情合理的行为，一箭双雕，司马光不愧为史学泰斗。

新党人物虽然对司马光的说词不服气，却又拿不出恰当的语言来予以反驳，"三年无改于父之道"的议论也就逐渐地销声匿迹了。

太皇太后又下令召吕公著进京为侍读，吕公著现居扬州，朝中使臣到扬州向吕公著传达圣旨的时候，顺便征询吕公著对朝政的意见。

吕公著与司马光一样，对王安石的变法一直持反对态度，他见使臣征询自己的意见，当然不会放过表达自己政见的机会，对使者说："先帝的本意，是以宽省民力为先，但具体办事的人，却以变法来侵害人民，排除异己，扰乱朝纲，这便失去了先帝的本意，使政治上的弊病越来越多，人民的困苦日益加重。现在，朝廷只要选用中正的人员，讲求天下的利病，同心协力从事改革，积弊还是能够消除的，世风仍然可以得到改善。"

使臣只负责传话、回复，答应将吕公著的话一字不漏带回去。接着，吕公著又上奏十事：一畏天、二爱民、三修身、四讲学、五任贤、六纳谏、七薄敛、八省刑、九去奢、十无逸。写成文字，交给使臣一并带回。

使者回京复旨，太皇太后觉得吕公著的观点很符合自己的口味，立即召吕公著进京，授尚书左丞。

司马光的起用，吕公著的晋升，标志着新朝人事的洗牌，政策的更弦易辙正式开始。

重新洗牌

十一月，京东路转运使吴居厚，继前任鲜于侁之后，将原先民营形式的冶炼业收归官营，并增加赋税，严重损害了矿冶户的利益，至使山东"莱芜监"和江苏"利国监"的矿工举动暴动，消息传到京师，吴居厚遭御史弹劾。

太皇太后下令罢免吴居厚京东路转运使之职，贬至黄州，京东路转运使由前任鲜于侁接替。有人对这次人事任命持怀疑态度。

司马光解释说："鲜于侁是个人才，确实不应该再次放外任，但朝廷要解决京东路的积弊，非他不可，所以又不得不使他去。鲜于侁这一去，是京东一路的福星啊！现在，天下的积弊如山，如果有一百个鲜于侁这样的人才散布于天下，那就好了。"

鲜于侁果然不负所托，到任后，恢复"莱芜监"和"利国监"的民营形式，并打通山东的海盐向河北运销的商路，深得百姓的赞颂。

朝廷又将光禄卿吕嘉问贬出京城，出知淮阳军。

吕嘉问是神宗朝枢密使吕公弼的侄儿，当年，吕公弼写奏章弹劾王安石，奏章还没有送出去，就被吕嘉问偷走送给了王安石。王安石先下手为强，吕公弼被贬出京城，到太原府去做了个知府，吕嘉问也被时人称为家贼。吕嘉问是王安石变法的积极支持者和参与者，王安石推行市易法，吕嘉问被委任为市易提举，率先推行市易法，他是王安石变法的铁杆人物。

吕嘉问是吕党最后一个遭清洗的人。不久，邢恕被贬出京城，到随州去做了知州。

光阴似箭，日月如梭，转眼到了残年，次年改元，为元祐元年（1086年）。

元祐年，注定是新党的灾年。新年刚过，旧党对新党便展开了一场大清洗。

右司谏王觌上疏奏称，说朝中的大奸未除，大害未废，老天数月不下雨，这就是示警。王觌所指的大奸，指的是蔡确、章淳，还有朝中掌权者，大害则指的是新法还没有废除。

这是旧党对新党发起总攻的信号，很快，那些官复原职的旧党孙觉、刘挚、苏辙、王岩叟、朱光庭、上官均等人对蔡确、章惇、韩缜等新党发起了围攻，今天你上一本，明天他奏一疏，太皇太后本来对新党就有一种厌恶的心理，加之这些人不停地参奏，便下诏免除了蔡确的宰相之职，贬出京城，出任陈州知州。

新党罢黜，旧党上位，司马光升任尚书左仆射兼门下侍郎，吕公著升任门下侍郎，李清臣、吕大防升任尚书左右丞，李常升任户部尚书，范纯仁升任同知枢密院事。

蔡确遭贬，并不是旧党对新党清洗的结束，而是旧党对新党大清洗的一个前奏，更大的清洗运动还在后头。

元祐更化

司马光出任尚书左仆射以后，立即爆发出强大的杀伤力，他不顾自己年事已高和不怎么好的身体，日以继夜地忙活着，在太皇太后的支持下，先后废除了保甲法、保马法、方田均税法、市易法。

超负荷的工作，把司马光累坏了，躺在病床上的他，仍然还惦记着新法中还有青苗法、免役法没有废除，西夏对大宋王朝边陲的威胁仍然存在，感叹地对左右说："这些祸害没有除掉，我死不瞑目啊！"

他给吕公著写了一封信，在信中对吕公著说："我现在把身躯托付给了郎中，把家事托付给了儿子，一身一家，总算有了付托，没有什么担心的了。唯有国事尚未托人，我现在就国事托付给你了。"

吕公著看过司马光的信后，感动不已，拿着信直接去见太皇太后。

太皇太后念及司马光年老有病，忠心耿耿，特别下恩诏，允许司马光不按惯例天天上朝，三天进宫一次，并且可以乘轿入宫。

司马光受宠若惊，但却不敢奉诏，他说："我身为宰相，不见天子，怎么能办事呢？"

太皇太后见司马光执意要上朝，又下诏，命司马光的儿子司马康陪同一起上朝，扶着司马光同太皇太后奏对，并免行面君跪拜之礼。

司马光乃不忘他废新法的未竟事业，奏请太皇太后罢免青苗法、免役法，恢复常平旧法。太皇太后准奏，下诏罢免了青苗法、免役法。

同为旧党的范纯仁发现，废除青苗法，国家就会重回变法前"国用不足"的老路，他找到司马光，建议以禁止摊派为前提，仍然发放青苗钱。

青苗法实际上是百姓播种正缺钱的时候、政府向百姓发放贷款的一种借贷行为，这种借贷行为，在很大程度上还是有利于百姓，只是在执行过程中，有些地方官吏想多得利息，强行摊派，要那些不需要钱的人也要贷款，因而引来了反对之声。范纯仁认为，只要禁止摊派，青苗法还是利大于弊。

司马光见说得有理，表示赞同，谁知过了两天，突然又变卦，在朝堂上莫明其妙地大骂，说哪个奸邪小人，再敢迷惑君王，干这种不仁不义的之事，我与他没完。

司马光在朝堂上公开叫骂，不知底细的人面面相觑，不知他骂谁。

范纯仁被骂得脸色大变，但却不敢顶撞司马光，只得自认倒霉。

免役法是王安石变法中最成功的一项改革，老百姓拥护这种办法。司马光废除新法，似乎到了着魔的地步，完全不顾新法适用不适用，一概否定，大笔一挥，废除了这项利国利民的法令，重新恢复差役法。这种不顾现实的乱废一气，立即爆发了一场激烈的争吵。

首先是旧党中的章惇率先发难，他当着太皇太后之面，同司马光大吵大闹，说司马光视国家大事如儿戏，是意气用事，泄私愤。惹得太皇太后大怒，将章惇逐出京城，贬到汝州去做了地方官。

废除免役法，恢复差役法，不仅新党中人反对，就是旧党中人，意见也不统一。苏轼此时已奉诏进京，出任中书舍人，他也反对司马光废除免役法、恢复差役法，韩维、吕大防、范纯仁等人也都是议论纷纷。苏轼同司马光的关系较好，他直接去见司马光，直截了当地说："你想改'免役法'为'差役法'，岂不是除了一害，又复一害吗？"

"怎见得呢？"司马光不以为然地问。

苏轼道："免役法的害处，是在聚敛于上，而下有钱荒的困苦；差役法的害处，是人民总在服官役，不能安心地从事农业生产，而且奸吏还要乘机敲诈勒索。这两种法，都是害民之法。"

"那依你之见，该怎样办呢？"

苏轼回答说："国家立法，要做到因循渐进，民才不惊。废除免役法、改行差役法，一定会遭到百姓的反对。"

马司光不以为然，苏轼愤然而去。

次日，政事堂议事，苏轼再次陈述自己的观点，不赞成废除免役法而改行差役法。司马光心里很不高兴，脸色就不那么好看了。

苏轼却不管这些，仍然心平气和地说："从前韩魏公刺陕西义勇，那时候你做谏官，再三劝阻。韩魏公不乐意，你也不顾。我常听你说起这件事。现在你做了宰相，却不许我说话，这又是为何？"

司马光面红耳赤，连声说对不起，但并没有改变他废除免役法，改行差役法的决心。

苏轼回到家，把长袍扔在躺椅上，气愤地说："司马牛！司马牛！"

司马牛是孔子的弟子，他在这里借用这个名字，说司马光这条犟牛。

王安石为相，得了一个"拗相公"的雅号，司马光又被苏轼称为"司马牛"，两人刚愎自用的性格，看来有一拼。

范纯仁也赞同苏轼的意见，但司马光仍固执己见，不予更改。范纯仁脸上挂不住了，不客气地说："像你这样不让人说话，是不行的，你以为我是在向你献媚、不顾大局吗？如果真是这样，我何不趁少年的时候去迎合王安石，那样早就图得功名富贵了，为何要等到今天呢？"

司马光见自己阵营的同志都持反对意见，答应把"差役法"再作完善，但却不肯罢行。然而，有一人却在这个时候迎合司马光的意思，极力赞同并配合司马光推行差役法，这个人就是蔡京。

蔡京是一个大奸大滑、反复无常的奸佞小人，蔡确得势的时候，他附会于蔡确，司马光入相之后，他又转投在司马光门下。

司马光是一代正人君子，不识蔡京小人献谀的嘴脸，他日力抵司马光者，就是蔡京这个小人。此是后话。

蔡京拍马屁，让司马光很受用，同时也坚定了他废除免役法、改行差役法的决心。于是下令，全国要在五日内废除免役法，恢复差役法。

司马光似乎在意气用事，一项政策执行了十多年，要在全国范围五日之内废止，同时还要恢复另外一项法规，这是不可能的事情。这哪里是处理国事，简直就是视国事如儿戏。他是在以废除新法来发泄窝在心底十五年的怨气，与新党争一日之短长，至于社会能否接纳，似乎不在他的考虑之列。

王安石经营十年的富国强兵之策，被司马光在一年之内清除得一干二净。

由于司马光废除新法发生在元祐年间，历史上称之为"元祐更化"。

王安石远在江陵，得知司马光大张旗鼓地废除新法，似乎并不在意，因为他知道，一朝天子一朝臣，现在朝廷是他主政，当然由他说了算。但当他听说罢免役法而行差役法的时候，不禁失声叹道："这也罢掉了吗？此法不可罢哟！当初创行此法，我和先帝商讨了两年之久，已经是很完善的了，司马君实太武断了啊！"

王安石表面上虽然冷静，心里却在流血。看到自己呕心沥血倡行的新法被人无情地践踏，连病带气，于元祐元年四月的一天，走尽人生最后一段路，含恨归天见神宗皇帝去了。

太皇太后念王安石是先朝大臣，追赠他为太傅。后人因王安石在元丰三年曾封为荆国公，故又称他为荆公。

王安石死后，新党中人范子渊、韩缜、李宪、王中正、邓绾、李定、吕惠卿先后都被扫地出门，流放到地方去了。

苏轼是王安石变法的牺牲品，乌台诗案的受害人。太皇太后垂帘听政后，奉诏进京出任中书舍人。

新党一个一个地被撵被出了京城，空出的官位就要由人补上，于是，旧党中人一个一个地上。

吕公著晋任尚书右仆射，兼中书侍郎，韩维升为门下侍郎。

司马光还突发奇想，把文彦博这个八十一岁的老人也请进朝，特授太师、平章军国重事，这是宋朝最高级别的荣誉官职，地位在宰相之上，其实，这是表示对文彦博的尊重，每隔六天，他由儿子扶着上朝转悠转悠，每个月给小皇帝讲两次课。司马光把这位四朝老臣当成了镇国之宝。

司马光上任之后，日以继夜，经过一年多努力，该废的新法都废了，看不顺眼的异己也都一个一个地撵出了京城，惟一剩下一个未纠正的，就是王安石的新学。于是，他奏请太皇太后，禁止传播学习王安石倡导的"新学"，并和吕公著联名举荐理学家程颢的弟弟程颐入朝辅政，得到太皇太后的批准，程颐被召为秘书郎。

程颐进京后，经过与太皇太后的谈话之后，改授崇政殿说书，命修定学制。

司马光任用程颐，就是要利用他的理学对抗王安石创立的新学，从思想上彻底铲除王安石变法的理论基础。

接着，司马光拟定科举取士的十科条例，请旨颁令。

司马光见太皇太后对自己言听计从，更激发了他的工作热情，发誓要尽忠报国，无论大事小事，事必躬亲，工作起来，似乎没有白天黑夜之分，朝野上下，声誉非常好。

辽、夏的使臣到了东京汴梁，也要问一问司马光的身体状况。两国的国君还告诫守边的将领，中国现在是司马光做宰相，千万不要在宋朝边境惹是生非，挑起边衅。

鞠躬尽瘁的司马光，把要废的新法废除了，军国大权也从新党手中全部夺回来了，郁积在心头多年的怨恨，终于都发泄出来了。

要办的事情办完了，司马光长长地舒了一口气，这位六十八岁的老人，耗尽了毕生的心血，已经是油尽灯枯，走到了生命的尽头，九月，司马光溘然长逝。

此时距王安石在江宁忧病而逝仅有五个月，两个人无论是智慧、才华、学问、见识和个人修养，都是中国历史上的顶尖人物，如果能够成为朋友，齐心协力辅佐君王，定会建立一番不朽的事业，但是，他们却以对手的身份出现在历史舞台上，演绎了一场不仅仅是他们两个人的悲剧。

两人因治国理念不同，造成巨人之间的碰撞，最后两败俱伤，同归于尽，这是他们两个人的悲哀，也是大宋王朝的悲哀。

太皇太后闻司马光的死讯，放声大哭，小皇帝赵煦，也亲临司马光的丧礼。赠太师温国公。诏命户部侍郎赵瞻，内侍省押班冯宗道，护送司马光的灵柩归陕州夏县原籍。予谥文正，赐碑"忠清粹德"。

三　戏言引发的战争

大文豪做了知制诰

司马光死后，吕公著独掌大政，朝中一切大政方针，仍然沿袭司马光时的旧制。吕大防晋升为中书侍郎，刘挚晋升为尚书右丞。苏轼已为翰林学士知制诰。

苏轼奉诏进京后，十个月之内连升三级，身兼侍读。每次进宫授课，必定反复讲解，希望以此打动君心。

一天晚上，太皇太后宣苏轼进宫草拟诏书，小皇帝坐在祖母身边，太皇太后吩咐完后，突然问道："几年前你官居何职？"

苏轼回答："常州团练副使。"

"现在身居何职？"

苏轼道："翰林学士。"

"知道为何升迁得如此快？"

苏轼回答："仰赖太皇太后恩典。"

太皇太后摇摇头："这与老身无关。"

苏轼试探地问:"莫非由大臣推荐?"

太皇太后摇摇头,两眼看着苏轼。

苏轼一脸惊愕,轻声说道:"臣虽不肖,但从不用关系谋求官职。"

太皇太后最后才说:"这是先皇的遗诏,先皇在世的时候,每次用膳举筷不定时,臣仆们就知道是在读你的文章。先皇常说你是个奇才,很想用你,不幸诏令尚未发出,便仙逝了。"

苏轼听了失声痛哭。太皇太后因苏轼一哭触动悲情,也跟着哭起来。

皇帝赵煦年纪小,见两个大人痛哭,也敞开喉咙大哭起来。

在旁侍候的宫女、太监见主子在哭,不敢不哭。

苏轼、太皇太后是真哭,赵煦是陪哭,宫女、太监则是干嚎,于是乎,整个后宫,哭声一片。

太皇太后止住哭声,抹去泪珠,唤内侍移过锦墩,给苏轼赐坐,顺手取过一包茶叶赐给苏轼道:"这是普洱茶,滋味醇厚回甘,具有独特的陈香味儿,是云南的贡品,学士带回去尝尝。"

苏轼起身接过,心情无比激动。

太皇太后语重心长地说:"苏轼呀!你要尽忠辅佐幼主,以报先皇之恩啊!"

苏轼道:"臣肝脑涂地,在所不辞。"

太皇太后指着御前燃着的金莲烛台对内侍说:"撤了它,送给学士,归院去吧!"

戏言构祸

苏轼深感知遇之恩,常在文章中揭露时政。

卫尉丞毕仲游劝说他:"您既非谏官,又非御史,常论人长短,会惹祸上身。这就像抱着石头下水救人,人没救起来,自己反沉下去了。"

苏轼没有听从。

那时,程颐做了小皇帝的老师,在崇政殿给小皇帝讲课,曾经说:"天下治乱靠宰相,君德成就在经筵。"

苏轼见程颐一副道学相,说他不近人情,常常戏弄他。程颐心里很不高兴。

程颐是理学一代宗师,又给皇帝当老师,身边的拥趸如云,很多人都巴结,拜在他的门下。程颐是洛阳人,大家便称这伙人为"洛党"。

右司谏贾易,左正言朱光庭都是程颐的弟子,他们寻找机会报复苏轼,指责苏轼在试题中诽谤先帝,上表弹劾苏轼。

除了苏轼的辩白外，侍御史吕陶上书："谏官应当秉公执法，不应公报私仇。"

左司谏王觌也上书："苏轼的文章，不过语言略失轻重，如果硬要吹毛求疵，恐党派一分，朝无宁日，这是国家大患，不可不防。"

范纯仁也替苏轼辨护，说苏轼无罪。

太皇太后临朝时说："我仔细看过苏轼的文意，他指的是当朝的一些官员，并没有讥讽先帝，苏轼无罪。"

一番唇枪舌剑，让太皇太后一句话摆平。

党争还在继续

这一天，皇帝生病，不能上朝。程颐质问宰相吕公著："皇帝不上朝，太皇太后就不能独自听政，当宰相的难道不知道？"

次日，吕公著去向皇上问疾，太皇太后说没事，偶染小疾而已。

程颐这么一闹，得罪了不少人，一下子就成了众矢之的。

御史中丞胡宗愈、给事中顾临，上表弹劾程颐，说他无德性，是一个睚眦必报的小人，就为苏轼一句玩笑话，竟然勾结台谏，假公济私，搞小动作，这样的人不能在朝中为官，更不能做经筵，这样会教坏幼帝。

程颐发现自己成了众矢之的，主动请求辞官回乡。

元祐二年八月，朝廷将程颐贬为西京国子监。

从此以后，朝中大臣开始各分党派，互相攻击。程颐一派称为洛党；苏轼一派称为蜀党；还有刘挚、刘安世等人，被称为朔党。三党非奸非邪，只是为了各自小集团的利益，争权夺利、排斥异己，甚至以袒护或结交变法派官员为武器，互相进行攻击，所谓的君子风度，在权势面前变得一文不值。

元祐四年二月，吕公著病逝，太皇太后当众痛哭说："司马相公刚去世，吕司空又走了，国家不幸啊！"

太皇太后与小皇帝赵煦亲自到吕公著府上祭奠，赠太师申国公，赐谥号正献。

范祖禹是吕公著的女婿，吕公著当政时，为了避嫌，让他跟随司马光一起修订《资治通鉴》，在洛十五年，从没想过加官晋爵。富弼退休后移居洛阳，除范祖禹外，概不接见其他人。富弼病重时，曾嘱咐范祖禹替他向朝廷代呈遗表，遗表中极论王安石误国，新法的弊害。很多人劝范祖禹不要代呈这份遗表，免得引火烧身。范祖禹不肯违约，亲自进京呈送遗表，廷议却没有为难他，追封富弼为太尉，谥文忠。

吕公著死了，范祖禹升任右谏议大夫，后加封礼部侍郎，太皇太后非常欣赏他的为人。

不久，又爆发了车盖亭诗案。

车盖亭诗案

蔡确罢相遭贬出知陈州，次年再贬安州，但蔡确的心情似乎并不坏，从他有心性游山玩水这一点就可以看出来。在安州游车盖亭时，忽然诗兴大发，一气呵成，写了《夏日游车盖亭》十首绝句。

蔡确的诗文被知汉阳军吴处厚得到，蔡确和吴处厚本是老相识。吴处厚曾在蔡确手下为官，蔡确当宰相后，吴处厚找到蔡确，希望他推荐自己，遭到蔡确的拒绝，因此怀恨在心。吴处厚存心报复蔡确，在这个落魄之人的头上再踏上一脚。

吴处厚琢磨了几天，将蔡确的几首诗逐字逐句作了注释，然后上报朝廷，揭发蔡确野心不死，讥讽朝廷和太皇太后。

吴处厚对蔡元培确的诗进行注释，实际上是捕风捉影。谏官们也上书声讨蔡确，请朝廷重处。

太皇太后于是下诏，把蔡确改判为远在岭南的新州"安置"。

蔡确因莫须有的罪名遭重处，连旧党中的人也看不过眼，他们认为对蔡确和新党，应该打击，但不能用这种下三滥的手法，包括苏轼在内的一些人都上表请求减轻处罚，都被太皇太后驳回，她说："山可移，此州不可移。"

在当时，流放岭南，实际上如同判了死刑。

最终，蔡确真的死于岭南，而吴处厚升任卫州知州。

旧党中的一部分人借"车盖亭诗案"大肆打击政敌，梁焘还列出蔡京、蔡卞等四十七人，王安石亲党章惇、吕惠卿、曾布、沈括、张商英等三十人，主张严加追究。太皇太后也对宰臣说，蔡确在朝中还有很多同党。

范纯仁进谏说："蔡确没有同党。"

吕大防却不同意范纯仁的看法，认为蔡确在朝中确实有同党。

范纯仁似乎很在正义感，他说道："判断同党有什么标准？打击朋党会不会伤及无辜？"

但是，这些人都疯了，为了打击政敌，他们不择手段，不仅把被斥责的新党章淳、韩缜、李清臣、张商英等人撵出了京城，而且还顺手将新党中人如李德刍、蒲宗孟等降职贬官，逐出京城。

这件因诗而引发的案子发生在车盖亭，历史上称这次事件为车盖亭诗案。

车盖亭诗案，是北宋开国以来以文字打击政敌面最广、力度最大一的起文字狱，旧党利用太皇太后对蔡确等人的不满，捕风捉影，对整个新党集团进行一次斩草除根式的清算。司马光的同僚及追随者在太皇太后的支持下，给了新党一次毁灭性的打击。

当蔡确被流放岭南时，范纯仁曾担忧地说："岭南之路自丁谓以后，已有七八年没有被贬的官员走过了，现在这条道路重新开通，真担心我们也会是这样的结局啊！"

范纯仁的话一语成谶，数年后，旧党中很多人，果然步了蔡确的后尘，这是后话。

朔党人物刘安世、吴安诗又借车盖亭诗案攻击范纯仁，上表弹劾他，说他是蔡确同党，左仆射吕大防也跟着凑热闹，说蔡党气焰嚣张，一定要严处。

范纯仁本是以平和的态度处理政事，站在公正的立场替蔡确说话，遭到朔党的攻击，心灰意冷，请求外任，于是出知颍州。

尚书左丞王存，是蔡确举荐的，蔡确倒台后，也被逐出京城，出知蔡州。

局势如此混乱，年近九十岁的四朝老臣文彦博，再也不想蹚浑水，便在元祐五年向朝廷告老退休。

朝中的这些人，都已经杀红了眼，范纯仁流放到颍州去了，胡宗愈也被谏官弹劾，罢了尚书右丞，朝中的人事关系又进行了一次洗牌。

朔党人物刘挚升为尚书右仆射，兼中书侍郎。苏颂为尚书左丞，苏辙为尚书右丞。韩忠彦同知枢密院事，王岩叟签书枢密院事，召邓润甫为翰林学士承旨。

重新洗牌后的朝廷，争斗仍然不断。

右司谏杨康国上表奏劾苏辙兄弟，说他们文学不正。

贾易又恢复侍御史的职务，他同御史中丞赵君锡，上表攻击苏轼，苏轼请求放外任，于是去了颍州，不久又改任扬州。

贾易与赵君锡也没有落得好下场，稍后一同被放了外任。

刘挚升任右仆射后，与左仆射并不能劲往一处使，在与吕大防讨论朝政的时候，竟然争吵起来，闹得很不愉快。

殿中侍御史杨畏，依附于吕大防不久，便上表弹劾刘挚，说他结党营私，联络王岩叟、梁焘、刘安世、朱光庭等人结为死党，并且还与章惇等人有来往，交通匪人。

太皇太后成天听到的都是争吵声，很不耐烦，一怒之下，罢了朔党刘挚的相位，把他撵到颖州去了。

王岩叟也不能幸免，逐出京城，放了外任。

稍后不久，太皇太后又召程颐入直秘阁，兼判西京国子监，但为苏辙所阻，程颐也知道京官不好做，固辞不就职。

太皇太后执政这些年，最大的成绩就是党争不断，大臣也是走马灯似换，谁都想尝一尝大权在握的滋味。三党轮流坐庄，朝令夕改，政局混乱，国计民生，似乎放在次要地位了。

四　闱帘悄然崩塌

元祐最后的日子

元祐七年（1092年）四月，赵煦十七岁，太皇太后拟为他选后完婚，让世家女子一百多人入宫备选。其中眉州防御使兼马军都虞候孟元的孙女端庄幽娴，秀外慧中。太皇太后及皇太后都属意此女，吩咐对此女进行特别培养。此女性情乖巧，聪颖过人，教过的东西，一学就会，很得两后欢心。

太皇太后传话给众臣："孟氏应位居中宫！"

大婚办得非常隆重，宫廷庆贺了很多天，才算了事。

事后，太皇太后叹息说："此女贤淑，没什么担心的，就怕她心慈，以后遇到厉害的对手，免不了要受伤害啊！"

孟皇后虽然聪颖贤淑，但姿色一般，赵煦少年好色，正巧宫中侍女中有一刘氏，生得花枝招展，是一个天生尤物。赵煦少年心性，把刘氏列入嫔妃之列，不久又进封为婕妤。这个刘氏，就是孟皇后的克星。

闱帘悄然崩塌

元祐八年八月，太皇太后病重，不能听政。

吕大防、范纯仁、苏辙、郑雍、韩忠彦、刘奉世几位大臣进宫探视，太皇太后有气无力地说："老身病势沉重，时日不多，恐怕再也不能临朝听政了！"

"太皇太后不过偶染小疾，调养几天就会好的，太皇太后一定会万寿无疆！"大家小心地说。

太皇太后说："人总是要死的，官家年纪尚幼，老身死后，你们一定尽忠扶保幼主，共振朝纲啊！"

大家告退时，太皇太后示意吕大防、范纯仁留下，问道："先皇神宗皇帝临终前，嘱老身扶持幼主，老身垂帘听政九年，你们可曾发现我娘家人受到特别照顾的事吗？"

"没有！"两人齐声说："太皇太后以国家利益为重，从未徇私。"

太皇太后两眼垂泪，颤声说道："正因为如此，我临终之时，亲生儿女却不能在身边为我送终。"

原来，太皇太后为了避嫌，将自己的儿子都打发到地方上去了，没有让他们留在京师。

吕大防、范纯仁想起太皇太后往日处理国事的丰采，再看如今躺在病榻上的老妇，心里也不是一种滋味。

太皇太后似乎欲言又止。范纯仁道："太皇太后有什么请说，微臣一定谨记在心。"

太皇太后终于说："你们给皇帝带几句话，我死之后，大臣中一定有人愚弄皇上，叫他提防身边的小人。"

吕大防、范纯仁二人俯首听命。

太皇太后叹口气说："我死之后，你们最好辞官归隐，早早脱身，因为幼主一定会起用另一些人。"

说到这里，太皇太后吩咐左右，说今天是秋社之日，带二位宰相去用社饭。吕大防、范纯仁二人不敢推辞，随内侍去餐厅用餐，吃完后再入太皇太后寝宫拜谢。

太皇太后流着眼泪说："明年社饭之时，不要忘了老身！"

吕大防、范纯仁洒泪辞去。

数日后，太皇太后病逝。

太皇太后听政九年，朝廷清明，国家还算安定，辽主经常对群臣说，南朝行仁宗皇帝旧政，老成正义之士多半起用，国势又将昌盛，你们大家注意了，不要惹事生非。因此，元祐九年间，宋廷无边衅。夏主派人送归永乐之战的俘虏，并请求宋朝归还侵夺的地盘，太皇太后志在安民，不想挑起边衅，下诏归还米脂、葭芦、浮屠、安疆四寨。夏人得到失去的土地，不再有二心。

五　疯狂的报复

山雨欲来风满楼

赵煦亲政之后，对于国家的大政方针，并不急于表态，朝中的大臣们却沉不住气了，特别是元祐群臣，他们纷纷上表，请求赵煦保持"元祐更化"的政策不变。

范祖禹担心小人乘机兴风作浪，上疏进谏，说赵煦亲政之后，没听说起用一位贤臣，却先重用内侍，这会引起天下人的误会。

赵煦沉默不语，一点反应也没有。范祖禹索性接着又连上两道奏札，劝谏赵煦维持太皇太后听政时期的政策，不要任用小人。两次上疏，犹如石头丢进了大海里，连气泡也没冒一个。

范纯仁、韩忠彦等人，也先后奏请效法仁宗皇帝的政策，赵煦仍然不置可否。

苏轼当了几年赵煦的老师，对小皇帝知根知底，这些年来，小皇帝对政事不发表意见，并不能是等于他没意见，一旦亲政之后，天下是个什么样子，还真的说不清楚。苏轼预感到了危机，便激流勇退，请求外任，赵煦连客气话也没有说一句，便派苏轼到定州去做地方官去了。

范纯仁虽然是旧党，但他头脑冷静，看待问题比较客观公正，眼见局势将要大变，苏轼抽身去了定州，知道自己正坐在火山口上，随时都有粉身碎骨的危险。想到太皇太后临终遗言，借口身体"多疾早衰"，递上辞呈，请求外任。

赵煦想对宰相吕大防说："范纯仁德高望重，朕需要他，你去劝劝他，叫他留在朝廷，不要有辞职念头。"

吕大防当然只有答应的份。赵煦接着问："前朝推行的青苗法，效果到底如何？"

吕大防头脑嗡地一响，心想，外面的传言果然不假，皇上真的有意新法，为了打消赵煦的念头，立即回答："先帝有爱民之心，但却被王安石钻了空子，青苗法很苛刻，还实行奖罚机制，各级官员为了政绩，不顾百姓的利益，强行摊派，把百姓害苦了。"

赵煦微微一笑，并没有作答。

元祐群臣的担心，其实有道理，赵煦在心里对太皇太后和元祐群臣有意见，其实这也不全怪赵煦，要怪只能怪元祐群臣自己，是他们将赵煦逼向对立面的，想当初，太皇太后垂帘听政的时候，小皇帝赵煦与太皇太后相对而坐，元祐群臣向太皇太后汇报工作，面向太皇太后，赵煦只能看到他们的背影和屁股，汇报完后，对赵煦连客套话都没有一句，在他们的眼里只有太皇太后，小皇帝赵煦成了影子皇帝。这一段经历成为赵煦挥之不去的阴影。

礼部侍郎杨畏经过观察，确定赵煦已下决心实行新法，决心再次反戈一击。

杨畏在王安石变法的时候，见新党得势，便投身到于变法运动，成为变法活动的积极分子。元祐年间，太皇太后垂帘听政，旧党得势，新党退出历史舞台，他又及时与新党"划清界线"，依附于吕大防，对新法发起猛烈攻击。现在见风向标将要吹向新党，在大家还在观望之时，率先站出来，上表请求朝廷推行新法，并向对他有举荐之恩的吕大防反戈一击。

杨畏是个投机者，时人称他为"三面杨"，或"三变先生"。

赵煦立即召见杨畏，咨询新党中哪些人可以重用。杨畏推荐了章惇、吕惠卿、安焘、邓润甫、李清臣等人，并重点推荐了章惇，说他是宰相之才，只有他才能与王安石相比。

赵煦信以为真，诏令章惇、吕惠卿官复原职，户部尚书李清臣升任中书侍郎，兵部尚书邓润甫升任尚书右丞。

科举阅卷风波

杨畏向吕大防捅刀子的时候，吕大防不在京城，他被封为山陵使，送"宣仁圣烈"、也就是宣仁太皇太后到墓地安葬去了。回京后，得知杨畏乘他不在京时下黑手，肠子悔青了。当初他推荐杨畏时，范纯仁就警告过他，说杨畏是个小人，用他会坏事，今天果然应了范纯仁的话。恰在此时，侍御史来之邵又上表弹劾他，吕大防立即上表辞官。赵煦二话没说，即刻奏准。

吕大防罢相的当月，李清臣给进士考试出了道政论题，内容是：

今复词赋之选，而士不知劝，罢常平之官，而农不加富，可差可募之说纷，而役法病，或东或北之论异，而河患滋，赐土以柔远也，而羌夷之患未弭，弛利以便民也，而商贾之路不通。夫可则因，否则革，惟当之为贵，圣人亦何有必焉！

政论题中，第一个问题是元祐变政禁用王氏经义，第二个问题影射废除青苗法，第三个问题指的是免役法，第四个问题说的治河，第五个问题则是斥责还西夏四寨之事，第六个问题是讥讽盐铁专卖政策。

六个问题，表面上是让参加科举的人讨论新法与旧法的利弊，似乎有那么一种民主议政的味道，但接下来所发生的事情，就有些变味了。

门下侍郎苏辙第一个站出来说话，他上疏抗辩，说试题诋毁朝政，有恢复熙宁、元丰新法之意。他认为，元祐以来的政策是正确的，父行于前，子救于后，这是圣人之孝。汉武帝因国用不足，推行盐铁专卖政策，导致天下大乱，昭帝即位，委任霍光罢去苛政，汉室天下乃定。他劝谏赵煦，不要轻意改变已经执行了九年的国家大政方针，不然，会天下大乱。

赵煦龙颜大怒，当众斥责苏辙，说他不该把先帝比作汉武帝。

苏辙知道捅了娄子，立即下殿去等候处理。

大臣们面面相觑，不敢站出来替苏辙求情。

范纯仁从容地说："汉武帝雄才大略，史家并没有说他不好，苏辙拿汉武帝与先帝比着，也不算诽谤。陛下刚亲政，对大臣不能像对待奴仆似的任意呵斥。"

新任尚书左丞邓润甫越级发言，说先帝的政策法度，被司马光、苏辙这些人坏尽了。

范纯仁大声说："这话说错了，如果制度不完善，当然要修改。"

赵煦稍微好看些，但还是没说话，没有当即处罚苏辙。

苏辙很感激范纯仁，退朝之后，真心诚意地向范纯仁表示谢意。

范纯仁笑着说，我也只是公事公言，心里只知道有公，不知有私。

次日，赵煦下诏，苏辙受降职处分，遣出京城，到汝州去做地方官。

选拔进士的时候，杨畏亲自评卷，把拥护熙宁、元丰新法的人列为甲等，把鼓吹"元祐更化"的人判为乙、丙等。第一名叫毕渐，此人在试卷里把王安石、吕惠卿比喻为孔子和颜回。

这次科举考试是一个风向标，天下的读书人纷纷将观点转向拥护新法上来，皇上即将恢复新法的消息被这些读书人传开了。

疯狂的报复

时间刚进入四月,赵煦下诏把年号由"元祐"改为"绍圣"。按照惯例,起用新年号从下一年开始,赵煦却在当年四月就起用新年号,可见他的心情是多么地迫切。

"绍",是继续、继承的意思,而这里的"圣",则指的是神宗皇帝赵顼,这个年号明确地告诉世人,赵煦要继承神宗皇帝的变法事业。

一场声势浩大的恢复新法的运动,即将开始,因为这是在绍圣年间发生的事情,历史上称此次恢复新法为"绍圣绍述"。

赵煦先后起用知江宁府曾布为翰林学士;淮南转运副使张商英为右正言。接着又下诏,命章淳为尚书左仆射兼门下侍郎。

章淳成为"绍圣绍述"的核心人物。

章淳注定是为新法而生,熙宁初年,他得到王安石的赏识,被委以重任。后来,太皇太后垂帘听政,司马光废除新法,将他逐出京城,贬到汝州去了。重新起用,憋足了劲。当他起程赴京时,有人就曾问他,执政后,最先要干的是什么?章淳毫不迟疑地说:"司马光大行奸邪之事,执政后的第一件事,就是要铲除司马光的残渣余孽。"

章惇上任后的第一件事,就是在赵煦的支持下,将旧党的主要人物吕大防、刘挚、苏轼、梁焘统统地贬往岭南。当年,新党蔡确被贬往岭南的时候,范纯仁就曾说过,做事不留余地,恐怕我们这些人都要步蔡确之后尘。范纯仁当年担心果然出现了。

章淳为了将旧党斩尽杀绝,采取了一个极为严厉的措施,就是把元丰八年四月以后所有攻击新党和新法的章、疏全部清理出来,进行排比分类,再分别给上章、疏的人定罪,这样一来,只要是有案存档的旧党,一个不漏。

章淳在驱逐旧党的同时,也在起用一大批新党,召蔡京为户部尚书,王安石的女婿蔡卞为国史修撰,林希为中书舍人,黄履为御史中丞。

黄履在元丰末年曾官至中丞,与蔡确、章惇、邢恕关系非常好,当时的人称他们为"四凶"。

范纯仁见恶人当道,上表求去,赵熙派他到颍昌府当知府去了。

赵煦在进行人事大调整的同时,还下诏恢复免役法,免行钱、保甲法,罢十科举士法,解除王氏字说的禁令,命进士专习经义。

章惇、蔡京等人驱逐了活人,还不忘死人,奏请皇上剥夺司马光生前追赠谥号，掘墓鞭尸。司马光是旧党精神领袖，从坟墓里挖出来羞辱，可在精神上摧毁活在世上的旧党。

赵煦只批准没收司马光的财产，取消子孙俸禄官衔，拆除朝廷司马光坟的荣耀牌坊。

章惇又提供文彦博三十人的名单，奏请将这些人全部贬到岭南去。由于李清臣的劝谏，章惇的毒计才没有得逞。李清臣的理由是，文彦博等人都是前朝老臣，如果全都惩处，将会震动天下。

赵煦总算是听了劝，其他人不予追究。后来，章惇举荐吕惠卿出任大名知府。

监察御史常安民上疏说："大名府是北朝重镇，吕惠卿难以胜任此职。当年，吕惠卿由王安石荐引，后来竟背叛王安石，待友如此，事君可想而知。吕惠卿接圣旨后，须进京面圣谢恩，见了陛下，一定会哭着说他思念先帝，欲以感动陛下，达到留在京师的目的。"

赵煦半信非疑。

吕惠卿进京后，果然如常安民所料，先述说先朝之事，后作痛哭流涕之状。

赵煦没有理会。

章惇听说常安民从中作梗，怀恨在心。正好常安民上表弹劾蔡京、张商英等人，末尾还指责章惇专国植党，请求赵煦控制局面。

章惇心里虽然恨常安民，但又有所忌惮，暗地派人去对他说："你本以文学闻名，怎么要论人短长，与人结怨呢？如果闭住你的嘴，必当以高位相报。"

常安民不为所动，对来人说："你是来做说客的吗？麻烦你传一句话，常安民只知道忠君，不知道媚相。"

章惇见许诺高官也捂不住常安民的嘴，便指使御史董敦逸弹劾常安民，说他与苏轼兄弟素有来往。于是常安民被赶出京城，贬谪到滁州做了个收酒税的小官。

门下侍郎安焘上书为常安民打抱不平，也为章惇所谗，贬到郑州去了。

范纯仁在颍昌府仍不能幸免，被再贬至随州。

旧党被章惇之流驱逐往岭南，异己也被下放到地方，剩下朝中的执政者多是一些跳梁小丑、奸佞之徒。

章惇、蔡京等人定计，与宦官勾结，并密结刘婕妤为内援，又掀起了一波恶浪。

六　福薄的孟皇后

狼狈为奸

　　刘婕妤是个聪明而又有野心的女人，得宠之后，欲望不断膨胀，把年青的皇帝弄得神魂颠倒，服服帖帖，每天晚上都宿在她的寝宫，赵煦心里只有刘婕妤，没有孟皇后。
　　孟氏被册封为皇后的时候，宣仁太皇太后就曾感叹，说孟皇后福薄，人生的道路恐怕不那么平坦，看来她确实有先见之明。

　　章惇执政后，与蔡卞相互勾结，狼狈为奸。曾布曾经说过这样一段话：蔡卞最阴巧，而章惇轻率。章惇推荐的人，多数是蔡卞的主意，当讨论这些事情的时候，章惇都说这是自己的观点，蔡卞在一边不发一言。所以，当时有这样一种说法："蔡卞心，章惇口"，说的就是这种情况。
　　章惇同蔡京、蔡卞，勾结宦官，秘密串通刘婕妤，将与章惇有旧怨的刘安世、范祖禹逐出京城，刘安世贬为新州别驾，安置在英州，范祖禹贬为昭州别驾，安置在贺州。
　　天底下没有免费的午餐，刘婕妤不会白帮章惇的忙，她是有条件的。章惇请她开条件，她当时没有明确答复，说到时候再说。这就是说，章惇欠刘婕妤一个人情。

相府密谋

　　刘婕妤恃宠，渐渐不把孟皇后放在眼里，在后宫不循礼法，颐指气使，见皇后也不行见面礼。孟皇后温和贤淑，不与刘婕妤论短长。刘婕妤气焰更加嚣张。
　　一次，孟皇后带领众嫔妃朝拜景灵宫，礼过后孟皇后就坐，众嫔妃站在皇后身边，惟刘婕妤背对皇后，站在窗前观望。侍女陈迎儿说，宫中有尊卑之分，背对皇后是大不敬。
　　刘婕妤像没有听到一样，站着一动也不动。太监、宫女们替孟皇后打抱不平，想找个机会杀一杀刘婕妤的锐气，替皇后出气。

冬至节这一天，孟皇后带领后宫嫔妃到隆祐宫，在偏殿等候拜见向太后。

宫中礼制，皇后坐花梨木朱漆金饰椅子，嫔妃坐椅没有金饰，比皇后的坐椅小。刘婕妤觉得不平衡，站在一旁不肯入座。

内侍郝随知道刘婕妤的心思，取了一张与孟皇后相同的椅子来，刘婕妤才就坐。宫女、太监们心里虽然不服，但谁也没出声。不知谁突然喊一声："皇太后驾到！"

孟皇后听了，立即从坐位上站起来，刘婕妤与众嫔妃也一齐起立，过了一会，却不见向太后的身影。孟皇后笑了笑，重新坐下，众人也跟着坐下。突然，传来"咕冬"一声响，"哎哟"一声惨叫。

原来是刘婕妤跌坐在地，她身后的椅子，不知被谁乘乱撤去了。

众人相视一笑，但谁也不敢笑出声来。

郝随上前扶起刘婕妤。刘婕妤脸涨成了猪肝色，哭着回宫去了。

刘婕妤回宫后向赵煦哭诉，说孟皇后指使宫女作弄她。赵煦见心爱的女人受委屈，对孟皇后很不满，有了废后之心。

刘婕妤也在与郝随密谋，欲除去孟皇后。

这一天，太监总管郝随奉刘婕妤之命私自出宫见章惇。章惇将郝随带入密室，询问何事。

郝随说："刘婕妤问相公，还记得你们之间的约定吗？"

章惇立即说："记得，记得，随时听候娘娘盼咐。"

"那就好！"郝随说，"刘婕妤想搬掉孟皇后这块绊脚石，请相公助一臂之力。"

章惇问："有好办法吗？"

郝随便将刘婕妤的计策告诉章惇，章惇边听边点头。最后，郝随问道："相公有什么为难吗？"

章惇表示，一定配合刘婕妤演好这场戏。

这一天，孟皇后的女儿福庆公主病了，经御医诊治，总不见好，孟皇后非常着急，派人去请她的姐姐进宫为公主治病。

原来，孟皇后的姐姐颇通医道，平时孟皇后有个三病两痛，都是她进宫来医治，每次都是药到病除。也是该当有事，这次诊视福庆公主，却不能得心应手，喝了几帖药，病情仍不见好转，孟皇后的姐姐见药石不能治好公主的病，以为公主中邪，便去求助巫婆，请了一道符和符水带进宫。

孟皇后大惊，说宫中禁令森严，有人以此说事，跳进黄河也洗不清。立即命人藏起来。

孟皇后为何如此惊慌呢？历代都严禁宫中装神弄鬼，汉武帝时，一场巫蛊之祸，导致皇后被废，并牵连一大批人。

孟皇后收了神物后不敢隐瞒，立即上奏皇上，并命左右取出符和符水送给皇上看，然后当面把符烧毁，把符水泼掉。

赵煦当时认为这是人之常情，没有追究这件事情。

皇后以为这就没事了，谁知宫中还是谣言四起。

没过多久，孟皇后的养母宣夫人燕氏带尼姑法端为孟皇后祈祷。

郝随立即密报赵煦，说有人在宫中作法，要防止宫中有变乱。

赵煦心里本来就有气，再加上刘婕妤从旁说阴阳话，立即传旨，命内侍押班梁从政与皇城司苏珪去捉拿作法之人。

梁从政、苏珪领圣旨，逮捕了宦官、宫娥三十人，一齐带回皇城司。

皇后蒙冤

梁从政和苏珪内受郝随的嘱托，外由章惇指使，竟然滥用酷刑，逼迫这些宦官、宫女诬陷皇后。

孟皇后平时待手下人很好，这些下人对主子也很忠心，谁肯无故嫁祸给她？有几个下人还反唇相讥，骂个痛快。

梁从政、苏珪大怒，竟然割掉了他们的舌头，然后捏造一份假供词，谎称宫中厌魅事件是孟皇后幕后主谋。逼迫宦官、宫女画押后，呈给皇上。

赵煦诏令侍御史董敦逸去核实。

董敦逸奉旨到皇城司复审。见宦官、宫女、太监，有的敲落了牙齿，有的割断了舌头，有的打折了手脚，料知供词是屈打成招。事实上，屈打并没有成招，供词完全是梁从政、苏珪杜撰出来的。董敦逸吩咐将人犯重新收监，草草退堂。

郝随担心董敦逸翻案，就去恐吓他。

董敦逸害怕灾祸殃及自身，违背良心在原审案结果上签字，奏了上去。

赵煦在刘婕妤的挑拨下，下诏废孟后为华阳教主、玉清妙静仙师，法名做冲真，移出瑶华宫。

赵煦废后在绍圣三年冬季，废后的诏书颁发后，天气突然发生了变化,隆冬季节,如同三伏天,热得叫人难受,人们纷纷脱下冬装,换上单衣,谁知单衣还没穿一天,突然又是阴云密布,雷电交加,鸡蛋大的冰雹从天而降。大家都说,这是皇后的冤案触怒了天庭。

董敦逸似乎良心发现,连夜写了一份奏札,说皇后一案另有隐情,提请重审此案。

赵煦不干了,他认为董敦逸是个反复无常的小人,要罢他的职。曾布上言劝谏,说董敦逸刚审理了皇后的大案,马上就撤他的职,会引起天下人的猜测。赵煦这才没有追究。

时过不久,赵煦似乎有了悔意,对人说,章惇坏朕的名节,可恨!

刘婕妤设计陷害了孟皇后,眼巴巴地盼着册立自己为皇后,不知为何,赵煦竟只晋封她为贤妃。

孟皇后被废,看似由厌魅之术所致、是刘婕妤、章惇内外勾结、陷害的结果,实际上,根子还在赵煦身上,鸡蛋有隙,蚊子才会叮咬,石头无缝,蚊子再怎么叮也无用。

七 疯子章惇

狱灾

章惇一伙制造了孟皇后冤案,还想追废宣仁太皇太后,只是一时无从下手,便想在元祐旧臣身上做文章。

在章惇的指使下,御史们纷纷上表,再次追劾司马光、吕公著等,说他们诋毁先帝,改变先帝的政策,罪恶深重,虽然有的已经死了,有的已经退体,还是要追加处罚,为后世鉴戒。

昏头昏脑的赵煦皇帝竟然批准了,下诏追贬司马光为清远军节度使,吕公著为建武军节度副使,王岩叟为雷州别驾,剥夺赵瞻、傅尧俞赠谥,追还韩维、孙固、范百禄、胡宗愈等恩诏。

没过多久,又贬司马光为朱厓军司户,吕公著为昌化军司户。

渭州知州吕大忠自泾原进京述职,赵煦对他说:"你弟弟大防忠诚正直,因为被人陷害,才被贬到岭南,你给他传句话,过两年,朕调他进京。"

章惇知道吕大忠面圣，听说他出来，连忙去询问皇上对他说了什么。吕大忠心直口快，竟然将赵煦的话告诉了他。

章惇佯作惊喜地说："我正等待令弟进京，好与他共商国事，难得皇上有这个意思，我可以得到一个好帮手了。"

吕大忠去后，章惇暗中唆使御史来之邵及三省上奏，说司马光叛道逆理，没有受到处罚就死了，便宜了他，吕大防、刘挚等人与司马光同罪，朝廷虽然给予了处罚，但太轻了，不能警示后人。

于是，赵煦下诏，贬吕大防为舒州团练副使，安置循州；刘挚为鼎州团练副使，安置新州；苏辙为化州别驾，安置雷州；梁焘为雷州别驾，安置化州；范纯仁为武安军节度副使，安置永州；刘奉世、韩维、王觌、韩川、孙升、吕陶、范纯礼、赵君锡、马默、顾临、范纯粹、孔武仲、王汾、王钦臣、张耒、吕希哲、吕希纯、吕希绩、姚勔、吴安诗、晁补之、贾易、程颐、钱勰、杨畏、硃光庭、孙觉、赵昇、李之纯、杜纯、李周等三十一人，或贬官夺恩，或居住安置。

元祐诸臣，无论洛党、蜀党、朔党，一网打尽，一个不留。

后来，吕大防病死在赴任途中，刘挚、梁焘两人之死的时间相隔不到七天。梁焘死后，章惇竟发出命令，不许梁焘的尸体运回原籍，这是中国人认为最残忍的一类行为。

章惇将他的政敌赶出京后，并不是一赶了之，事后还不忘关照他们，例如，苏轼兄弟俩就是他特别关照的对象。苏辙贬谪到雷州，他担心苏辙过得太舒服，便命人把苏辙赶出官舍，迫使苏辙到民间去租房子住，等他们租到房子后，他又乘机诬陷苏辙，说他们藉用官势，强租民房。这个案子后来经过官府调解，苏辙拿出租房凭据才算了事。

章淳并不是有虐待狂，他只是一心想报仇，又害怕对手有一天会东山再起，故采用了斩草除根的办法。除韩维之外，所有的人都贬到南方或西南，或充军，或担任税吏这样不入流的小官，仇恨不太深的，担任太守的职务。甚至连与人无冤无仇、年迈苍老的四朝元老文彦博也不放过，降为太子少保。诏命传到文彦博家里，这位九十二岁的老人，受不了这个打击，当场便呜呼哀哉了。

为了报复，章惇完全不顾道义，采用极其卑鄙的手段打击元祐党人，在北宋兴起这番大狱，也称为狱灾。

阴谋

赵煦将元祐大臣贬谪之后，任曾布为知枢密院事，许将为中书侍郎，蔡卞、黄履为尚书左右丞，林希同为知枢密院事。

别看章惇一伙在朝中搞得热热闹闹，但他们之间为了争权夺利，也是相互提防。章惇拜相的时候，曾布为翰林学士，起草任命章惇为相的诏书的时候，用尽了溢美之词，希望章惇能推荐他同执相权，章惇担心曾布胜过自己，并没有举荐他同登相位，只拜为同枢密院事。为了牵制曾布，又举荐林希为同枢密院事。曾布又用反间计收买了林希，林希背叛了章惇。两人明争暗斗，相互使绊。

蔡卞与章惇是一丘之貉，欲引用汉、唐故事，奏请朝廷诛杀元祐党人，以绝后患。

赵煦询问许将。许将总算是坏人堆里的一个好人，对赵煦说："汉、唐两代，固然有杀戮党人的事实，但本朝列祖列宗，从来没有杀戮大臣，所以治道昭彰，远过汉、唐，陛下不可不察！"

赵煦点头说："朕也是这个意思！"立即宣章惇进见，当面对他说："朕要遵守祖宗遗志，杀戮大臣一事，万不可行，你做事不要太过份了！"

章惇表面上俯首听命暗中给在中山的邢恕写信，叫他想办法。

邢恕接到章惇的信后，摆五酒宴，请高遵裕的儿子高士京喝酒。酒过三巡之后，邢恕突然问："你晓得元祐年间，令尊大人遭贬的原因吗？"

高士京说不知道。

邢恕问："尊兄高士充还在吗？"

高士京回答："先兄不幸早已去世！"

"可惜呀！可惜呀！"邢恕不住地叹息。

高士京问为什么可惜。

邢恕道："当今圣上初立之时，王珪当宰相，他本意是要立徐王；曾派令兄高士充说服令尊，令尊喝退了尊兄，所以立了当今皇上。"

高士京摇头说不知这些事。

"可惜令尊、令兄已不在人世，无人作证！"邢恕举起酒杯敬高士京的酒，说："其实，你也是可以作证的。"

"我？"高士京非常惊讶

邢恕说："只要你作证。我可以奏明皇上，不仅可追封令尊，你还可得到高官厚禄。"

高士京本来就有几分呆气，听说能得到高官厚禄，哪有不答应之理。

邢恕连夜给章惇回了一封信。

章惇召邢恕进京，一个月之内连升三级，官到御史中丞。御史中丞是言官，可以直接向皇帝奏事。

刑恕上表，奏说司马光、范祖禹当年对赵煦即位表示不满；又指使御史王栻替高士京上奏，说先臣高遵裕临死时嘱咐他的儿子，说他当年有叱退高士充，拥立当今皇上即位的事实；再指使给事中叶祖洽上表，说册立陛下时，王珪曾有异议。

赵煦被群奸诸佞搅昏了头，况且又是三面夹攻，不由得不信，降诏追贬王珪为万安军司户，追赠高遵裕为秦国军节度使。

事有凑巧，下诏之日，太原地区发生地震，坍塌房屋数千户，数万百姓无家可归。社会上谣传这是天怒人怨。

赵煦害怕，搬到偏殿去住，下令减少膳食。

章惇、蔡京、蔡卞见担心皇上改变主意，又设了一个局来哄骗赵煦。

蔡京找到一块古玉，雕琢成一枚玉玺，在玉玺上刻上"受命于天，既寿永昌"八个字，派心腹之人到咸阳，用重金收买一个叫段义的人，将假造玉印交给段义，叫他谎称玉印是从地底下挖出来，知是一个宝物，献与官府请赏。

段义是个游手好闲之人，整天无所事事，突然得了笔意外之财，当然乐于从命，高兴地带上玉印到咸阳城，找咸阳县令，说他家做房子挖屋基，得一枚古玉印，上面有"受命于天，既寿永昌"八个字，晚上放在家里，有光照室，知道是一个宝贝，不敢隐匿，特来献给官府。

咸阳县令是蔡京的门生，早已得到蔡京的指示，收下古玉印，重赏了段义，然后专程把宝玉送往京师，献给朝廷，奏称这是"天降瑞征"。

赵煦收到咸阳县令呈上的奏章和玉印，立即传诏蔡京，命他鉴定玉印是何方神物。

玉印本来就是蔡京等人找人做的，现在呈上来，能说是假吗？立即写了一份贺表，说玉印乃是神物。

赵煦龙颜大悦，即将假玉玺命名为"天授传国受命宝玺"，下诏改绍圣五年改为元符元年，大赦天下，惟独"元祐党人不赦"。此后不久，朝廷还下令捉拿文彦博的儿子文及甫下狱，再兴文字狱。

原来，文彦博有八个儿子，都在朝中任要职，第六个儿子文及甫，曾任史馆。因与邢恕的关系很好，被刘挚弹劾放了外任。当时是吕大防、韩忠彦主政，文及甫迁怨于这些辅臣，曾在写给邢恕的一封信中说："司马昭之心，路人皆知，又济以粉昆，可为寒心。"

司马昭隐指大防，粉昆隐指韩忠彦，因为韩忠彦的弟弟韩嘉彦是英宗皇帝的驸马，俗称驸马为粉侯，因称韩忠彦称为粉昆。

刑恕将文及甫的书信交给蔡确的弟弟蔡硕，并命蔡确的儿子蔡渭上书，说刘挚当年陷害他的父亲，图谋不轨，谋危宗社，并以文及甫的书信为证。

赵煦看了蔡渭的奏札，下令逮捕文及甫，命蔡京为主审官，谏议大夫安惇为副审，共同审理这桩案子。

安惇是章惇、蔡京提拔起来的，为了讨好章惇、蔡京，暗地告诉文及甫，叫他诬供刘挚、王岩叟、梁焘等人，这样，不但他自己能脱难，而且还可以得到意外的好处。

文及甫果如安惇所言，出庭作证，诡称父亲在世时，称刘挚为司马昭，粉昆指的是王岩叟和梁焘，王岩叟是个小白脸，称为粉，梁焘字况之，况字右旁从兄，乃称为昆。

文及甫的解释，又多了一个梁焘。

蔡京、安惇据此供上报，说刘挚等大逆不道，死有余辜，不治不足以治天下。

赵煦并没有多作考证，下诏将刘挚、梁焘的子孙永远禁锢在岭南，削夺了王岩叟的儿子继承的爵位。

数日后，文及甫释放出狱，安惇进为御史中丞，蔡京只调任翰林学士承旨。

蔡京、蔡卞两人是兄弟，曾布密奏赵煦，说兄弟不应该同时升迁。这时蔡卞已任尚书左丞，只转官阶，不得辅政。

后来，这件事被蔡京知道了，从此与曾布结怨，更加谄附章惇。

蔡京知道章惇最恨范祖禹、刘安世，便上表弹劾二人。赵煦得奏，下诏将范祖禹再贬至化州，刘安世再贬至梅州。

章惇最痛恨的人莫过于刘安世，因为刘安世曾反对朝廷赦免他。朝廷曾派一个使者到南方去处决一个曾经侍奉过宣仁太皇太后的人，因为刘安世也流放在南方，他便吩咐那个使者暗示刘安世自杀，名义上是暗示，实际上是命令其自行了断。刘安世是有名的好人，使者不忍开口。

章惇一计不成，又施出更加阴毒的招数，他直接同当地一个商人勾结，叫这个商人将刘安世干掉，事成之后给他安排一个职位。不知哪里走露了风声，刘家得到了消息，全家人围在一起痛哭流涕，刘安世却泰然自若，像没事人一样。据说，半夜时分，刺客走到刘安世的家门前，突然口吐鲜血，倒地身亡。刘安世逃过此劫之后，后来竟得到寿终正寝的结果。

范祖禹再贬化州，病死在贬所。

章惇、蔡京、蔡卞等虽然春风得意，但心里却时刻有一种潜在的危机感。有一次，章惇对蔡卞等人说，元祐党人，死的活的，虽然都给他们定了罪，给了相应的处置，但很多人还活在世上，恐怕有朝一日会死灰复燃，一旦再起，我们这些人便死无葬身之地了。几个人密商，一个诬陷宣仁太皇太后的阴谋出笼了。

他们的阴谋是，谎称司马光，刘挚、梁焘、吕大防等人曾勾通崇庆宫内侍陈衍，密谋废立。

崇庆宫是宣仁太皇太后居住的地方，陈衍是宫中内侍，那时已获罪发配到朱崖。还有一个内侍叫张士良，当时已调郴州任职。章惇派人到郴州召回张士良，交给蔡京、安惇审问。

审问的案情并不复杂，就是叫张士良做证人，证明当年司马光，刘挚、梁焘、吕大防等人，勾通崇庆宫内侍陈衍密谋废立，确有其事。

张士良大叫："太皇太后不可诬陷，天地神明不能欺骗，士良情愿受死，也不敢昧良心说谎话。"

蔡京、安惇没有得到口供，只得上奏说陈衍离间两宫。

章惇、蔡卞又擅自起草诏书，呈给皇上，要追废宣仁太皇太后为庶人。

赵煦犹豫不决。恰好这件事被一个老宫人知道了，立即跑去报告了向太后。

向太后已经安寝，听得这个欺天害理的消息，立即起床，宣赵煦进见。

赵煦不知发生了什么事，将诏稿藏在袖子里去见向太后。刚一进宫，向太后劈头盖脸地问："听说章惇等拟进诏稿，要废宣仁太皇太后为庶人，可是其事？"

"确有其事，儿臣正在犹豫。"

向太后哭着说："我曾每天在崇庆宫侍奉太后，青天在上，哪有废立的遗言？我本已就寝，突然听到这个消息，让我心悸不休。想宣仁太皇太后对皇上恩重如山，尚有不测的变化，以后还能容我吗？"说罢，神情凄惨。

赵煦慌忙从袖子里取出草诏，当面在灯下烧毁。

郝随连夜将消息传给章惇、蔡卞。章惇见功亏一篑，心有不甘。第二天，两人再次上奏疏，想请赵煦当场签字。

赵煦勃然大怒，撕毁了奏疏，狠狠地扔在地上，怒斥道："你们是想让朕死后不能进宗庙吗？"

章惇、蔡卞从来没有见过赵煦发这么大的脾气，知他心意已决，不敢再奏。疯子章惇最疯狂的一个阴谋，终究没有得逞。

八　丧命于纵欲过度

西夏又来骚边

时间一晃到了元符元年十月。忽然边庭传来军报，西夏发兵五十万围攻平夏城。赵煦得报，急忙召见章惇，商讨御敌之策。

章惇举荐知渭州章楶率兵御敌，说他曾上平夏策，对西夏的情况非常了解，是率兵抵御夏兵最合适的人选，得到赵煦的批准。

章楶与章惇同宗，章惇举荐他，并不完全出于公心。

原来，元祐元年七月，西夏王李秉常病死，儿子李乾顺继位，李乾顺遣使来朝报丧，朝廷仍封他为夏国王，并归还米脂、葭芦、浮图、安疆四寨。这本来是一件皆大欢喜的事情，谁知却留下一个隐患，因为在归还四寨之时，双方的分界线却没有划清楚，两国一直为这件事纠缠不清。在元祐年间，宋朝国内局势稳定，国力比较强大，西夏人有所畏惮，不敢来犯，赵煦亲政以后，朝廷任用佞臣，举国骚动，国力渐衰，西夏觉得有机可乘，便又故态复萌，今天来抢粮食，明天又烧村落，安静了十余年的宋夏边境，重新又热闹起来。

中国有一句古话，叫做家人不和，外人欺。

绍圣三年，乾顺和他的母亲梁氏，竟然五十万大军犯境，西自顺宁、招安寨、东自黑水、安定、中自塞门、龙安、金明以南。二百里长的宋夏边境，战火连连，烽烟不断。宋夏的边境平静了十余年，宋朝的军队似乎不会打仗了，金明沦陷，守将张俞战死沙场，二千五百余名守兵无一生还。

当时，吕惠卿已调任鄜延经略史，得知夏兵攻打金明，正准备派兵支援，有人带进几个西夏人放还的俘虏，这几个放归的宋兵，双手反绑，脖子上挂着一封信，信是西夏王致宋朝的，大意是西夏兴兵，是对四寨的边境线划定有异议，本来，他们是可以攻取延州，现在只取金明，以试兵锋，终不失臣子之节。

吕惠卿看完信，才知道夏兵已退，派人将书信送往京城。不想枢密院那帮混蛋把书信扣压了。边境发生了这样大的事情，皇帝还蒙在鼓里。

绍圣四年，知渭州章楶献平西夏策，请在葫芦河川筑城，据险而守，严拒夏人。

章惇接到章楶的平夏策后，认为这是一个奇计，立即转奏赵煦，得到批准。

章楶受命后，先传檄熙河、秦凤、环庆、鄜延四路人马，命令他们大张旗鼓地修缮城寨，作出防守的姿态。他自己则亲率一军出葫芦河川，筑两座城，一座在石门峡江口，一座在好水川北面，两座城都是依山傍水，据险而筑，夏人得知宋军筑城，派兵前来袭击，都被章楶预先布下的伏兵杀退。二十二天后，两座城池拔地而起。修好了城池，他立即上表驰报朝廷。赵煦闻报大喜，给两座新赐名，一座叫平夏城、一座叫灵平寨。

章惇又奏请朝廷停止给西夏的岁赐，并命令宋、夏边境的各路宋军，选择要隘险地，筑城寨五十余所。

吕惠卿也想乘势立功，奏请朝廷，各路兵马合兵一处，出兵讨伐西夏。

赵煦准奏，并诏令河东、环庆各路军统归吕惠卿指挥。吕惠卿即派部将王愍攻克宥州，并在威戎、威羌分别筑城。赵煦赏吕惠卿功，进银青光禄大夫，其余众将士，也各论功行赏。

西夏兵犯平夏城，章楶受命御敌，决定仍然采用埋伏计。调兵遣将，在城外十里之地设下埋伏，命偏将折可适带领前军出兵诱敌，只准败，不准胜，诱引西夏军进入伏击圈。

折可适得令，领兵马出城三十里迎敌，正遇西夏先锋嵬名阿理与监军穆尔图卜催军蜂涌而来。折可适将兵马散开，跃马挺枪，迎战嵬名阿理，交战三五回合，佯装不敌，兜回马往后便逃，那些马步兵卒也纷纷退走。

嵬名阿理是西夏的名将，手持一柄狼牙棒，膂力过人，但却是一个有勇无谋的莽夫，不知是计，急麾军追赶。穆尔图卜见先锋得胜，也督促后军随前军追杀宋军。

折可适溃逃十余里后，回马再战，并大叫道："来将休要逼人太甚！接招！"

嵬名阿理似乎不将眼前这员宋将放在眼里，挥舞手中的狼牙棒，以泰山压顶之势砸下来，折可适拚命抵抗，渐现怯意，力不能支，一枪慢似一枪，仍然是拨回马拖枪逃走。

章楶立马高冈，见夏兵进入伏击圈，放起号炮，四面伏兵一齐杀出，将夏兵层层围住。嵬名阿理如一头猛虎，左冲右突，无人能挡。章楶见状，令旗一挥，宋兵迅速向后撤退，接着一声鼓响，弓箭手出阵，万箭齐发，嵬名阿理拚命拨箭，但也不能持久，渐渐不支，身中数箭，坠马而亡。监军穆尔图卜也成了宋军的俘虏。五十余万夏兵，死亡大半，留下性命的，狼狈逃走了。

平夏城一战，西夏的精锐部队损失惨重。

章楶飞书向朝廷告捷，赵煦驾临紫宸殿，接受群臣朝贺。并命章楶根据前方实际情况决定作战方案。

章楶于是创设了西安州，在荡羌、天都、临羌、横岭筑寨，通会、宁韦、定戎筑城堡，采用步步为营的办法，向西夏逼进。

西夏王李乾顺经平夏城一战，已经吓破了胆，又见宋军步步进逼，更是害怕，恰在此时母亲梁氏去世，只好向辽国求援。辽国派使臣到大宋代西夏议和。

赵煦其实也不想打仗，见西夏示弱，辽国说情，顺水推舟，同意两国再修和好。

李乾顺得到这个消息，如同得到大赦一般，立即上表谢罪。宋朝仍然恢复岁赐，西陲边境稍稍平静。

刘贤妃如愿以偿

赵煦因为废后之事，心里颇有悔意，故中宫虚位三年，没有再立。

刘贤妃设计废了孟皇后，原以为中宫之位非她莫属，谁知再也没了下文，虽然在赵煦面前格外献媚，也曾暗示过多次，赵煦就是不表态，好在赵煦也没有另立新后的意思，还使她留有一线希望。

元符二年，刘贤妃竟然怀上龙种，生下一个儿子。

赵煦虽然随处留春，但却没有一个女人能为他生下一男半女，喜得皇子，高兴非常，为皇子取名茂。

刘贤妃生下皇子便有了本钱，郝随、章惇等人跟着忙活开了。

章惇奏请册封刘贤妃为后的奏章送到了赵煦的御案上。朝中大臣都看章惇的脸色行事，见章惇奏请立刘贤妃为后，也跟着起哄，你上一本，他奏一疏，一致恳请赵煦立刘贤妃为后。

这一次，赵煦没有犹豫，准了奏，下诏册封刘贤妃为皇后。

郝随、章惇、刘贤妃这才各遂心愿，暗自欢喜。

右正言邹浩上疏阻谏。赵煦立即召问邹浩，说："此事祖宗原有先例，并非朕躬独创，你又何必如此固执呢？"

邹浩说："祖宗定那么多规矩，陛下没有遵守几个，却独独咬住这个不放，恐怕会被后人议论。"

赵煦脸色大变，但没有发怒。邹浩退出之后。赵煦犹豫再三，将邹浩的奏疏批转到中书省复议。

邹浩的奏疏批转到中书省，就等于判了奏疏的死刑。章惇是立后始作俑者，废孟皇后，扶刘贤妃入主中宫是他与刘贤妃、郝随合伙设的阴谋。邹浩的命运也就可想而知了。

次日，章惇上表弹劾邹浩，说他狂妄自大，应该受到严惩。

赵煦准奏，把邹浩削职除名，流放到岭南新州羁管。

尚书左丞黄履替邹浩说情，请求将邹浩改赐到一个条件较好的地方去，以保全孤忠。赵煦不但不听，反而将黄履贬往亳州。

纵欲过度命难长

刘贤妃册封为皇后，真是吐气扬眉，说不尽的快活。哪知乐极生悲，庆功宴尚未摆完，刘后的儿子茂才两个月，突然得了一种怪病，终日啼哭，饮食不进，太医连病症都没有摸准，便一命归天了。

偏偏福无双至，祸不单行，就在皇子夭折不久，赵煦又生起病来，好不容易延过元符二年，次年正月初八，竟然乘鹤西去。

赵煦的病情据《元符遗制》记载："故冬以来，数冒大寒，浸以成疾，药石弗效，遂至弥留。"

知枢密院事曾布的日记《曾公遗录》记载其症状为"精液不禁，又多滑泄"，就是说病因是极度性放纵，这是致命的。

赵煦宫中美女如云，宰相吕大防的夫人亲眼所见，说赵煦"前后宫侍女固多，皆天下奇色。惟四人一样妆梳，衣服之类无少异"，"其服饰珠翠之盛，信天下所未睹"。

赵煦十岁做皇帝，宣仁太皇太后、嫡母神宗向皇后、生母神宗朱德妃对他管束颇严，后来年纪大了，依然身不由己，在行动上不敢为所欲为。高太后去世，赵煦大权在握，再也不受管束，纵欲无度，就是铁打的身子也经不住如此折腾。

赵煦在位，改元两次，共十六年，前十年由宣仁圣烈太皇太后垂帘听政，掌权仅六年。享年二十五岁，死后尊庙号哲宗。

捌

亡国之君

宋徽宗

  端王赵佶,是神宗赵顼的第十一个儿子,哲宗赵煦的弟弟,依宗法礼制,皇帝这把交椅轮不到他来坐。然而,神宗没有子嗣,向太后力主,几位大臣附和,他才入主金銮殿,糊里糊涂地做了皇帝。
  风流才子,错位做了皇帝,成为北宋的亡国之君。

一 昙花一现的清政

清明的初政

端王赵佶是神宗赵顼的第十一个儿子,哲宗赵煦的弟弟,依宗法礼制,皇帝这把交椅轮不到他来坐,由于神宗没有子嗣,向太后力主,几位大臣附和,他才入主金銮殿,坐上龙椅,成了天下的主人。风流才子错位做了皇帝,成为北宋亡国之君。

关于端王赵佶继位,曾有过一番争议。
哲宗赵煦去世后,向太后召集执政大臣开会,商议皇位继承人问题。
章惇说:"依人品才学来说,应当立简王似。"
向太后不同意。
章惇又说:"如果按长幼的话,就应立申王似。"
后太后说:"申王有眼病,不能做皇帝。还是立端王吧!"
章惇不同意:"端王为人轻佻,不足以君临天下。"
向太后沉下脸说:"先帝曾今说过端王有福寿相,人又仁孝,立他为君,想必别人无话可说。"
曾布善于见风使舵,附和说:"章惇发表的只是个人意见,不是执政大臣共同商量的结果。太后的决定英明,我举双手赞成。"
章惇正要分辩,蔡卞、许将也都附和曾布,拥护向太后的决定。
章惇见自己势单力薄,知道再分辩也无用,只得闭口不言。

向太后宣旨,召端王赵佶进宫,在哲宗灵柩前即皇帝位。
赵佶即位时十八岁,曾布仍然请向太后垂帘听政,理由是端王经验不足,太后既然将他扶上了马,那就干脆再送他一程。
向太后似乎不恋权,也没有垂帘的意思,她说:"官家已经是大人了,有能力处理国家大事,不必要我垂帘多事。"
赵佶本人心里也没有底,他见太后推辞,连忙跪下哭求道:"儿臣年纪轻,阅历浅,突然间做了皇帝,没有心理准备,处理国家大事,恐怕有见理不明之处，母后既然将儿臣扶上了皇位，就再送儿臣一程吧！"

向太后见朝臣奏请，赵佶恳求，勉强答应了，不过她声明，她不会像先朝刘太后和宣仁太皇太后那样终身垂帘，一旦朝廷一切工作走上正轨，她便要还政于皇帝。

赵佶继位之后，追尊生母陈美人为皇太后；尊哲宗的皇后刘氏为元符皇后；授皇兄申王赵佖为太傅，晋封为陈王；皇弟莘王赵俣为卫王、简王赵似为蔡王、睦王赵偲为定王。

立夫人王氏为皇后。皇后是德州刺史王藻之女，元符二年嫁进端王府，曾封顺国夫人。

进章惇为申国公；召韩忠彦为门下侍郎，黄履为尚书左丞。

赵佶驾临紫宸殿，受百官朝贺。韩忠彦向朝廷提出了四条建议，即广仁恩，开言路，去疑似，戒用兵。

向太后非常赞许。恰好这时，吐蕃发生叛乱，青唐、邈川两地相继失守，边将向朝廷传回告急文书。

向太后采纳韩忠彦的建议，不愿穷兵，决定放弃这两个地区。下诏将青唐留守王赡贬到昌化军，邈川留守王厚贬到贺州，并对吐蕃采用安抚政策，将鄯州（即青唐）归还羌族木征子陇拶，授河西军节度使，赐名赵怀德；赐他的弟弟名怀义，为廓州团练使，同知湟州（即邈川）；封辖征为怀远军节度使。让他们去招抚那些尚未归降的吐蕃部落。

暮春的时候，司天监计算出四月初一有日食。筠州推官崔鷃上书，奏请赵佶亲贤臣，远小人。崔鷃所说的小人，当然就是章惇了。

赵佶对左右说："崔鷃是个小小的地方官，能直言不讳，真是难得。"经与太后商量，下诏提拔崔鷃为相州教授。赵佶嘉奖了崔鷃的忠心，并没有采纳他的建议，章惇仍然继续做他的宰相。

赵佶之所以这样安排，也有他的想法，他知道章惇掌权太久，有些专横跋扈，特别是在朋党之争中排斥异己，对旧党进行疯狂的报复，夹杂了很多个人情绪。这个人的确不能再用，但第一个拿他开刀，担心招来非议，天下人会说自己挟嫌报复。因为章惇曾极力反对赵佶继位，登基后头一个拿他开刀，人们口边一句话就是：心胸狭窄，睚眦必报。为了避嫌，赵佶暂时放了章惇一马。

向太后与宣仁太皇太后不同，她不恋权，见赵佶处事颇有章法，心里很高兴，前两个月还认真垂帘听政，后来就故意少说话，大事都让皇上自己作主，觉得有所不妥，才补充说几句，垂帘听政只是一个摆设。

第八篇 亡国之君

赵佶见太后很支持自己，信心逐渐增强，随后又提拔龚夬为殿中侍御史，召陈瓘、邹浩为左右正言。

安惇见赵佶起用邹浩，提出反对意见。

赵佶怒斥道："立后这样的大事，中丞不敢言，独邹浩敢尽言，足见他是个直臣，这样的人，为什么不能够复用？"

安惇听了，惶恐而退。

左正言陈瓘上表弹劾安惇，说他扰乱圣聪，阻挠陛下起用贤臣。陛下如果要向天下人明示好恶，亲君子，弃奸佞，请从安惇做起。

赵佶采纳了陈瓘的意见，下诏将安惇逐出京城，贬到潭州去了。安惇成了赵佶亲政的第一个试刀者。

这一天，群臣齐集朝堂，韩彦忠、曾布先后出班奏，说当年魇魅一事，纯属捕风捉影，理当恢复哲宗皇帝废后孟氏的皇后之位。

章惇为山陵使，此时给哲宗送葬去了。蔡卞出班奏道："如果瑶华复位，则是直接彰显先帝之过，因为废后的诏书，由先帝亲自签发。"

右正言邹浩反驳说："先帝废孟皇后之后，中宫之位三年虚设，足见先帝自己也后悔了。现在恢复皇后之位，是做先帝想做而又不便做的事，以补先帝生前的缺憾。"

蔡京反对孟皇后恢复名誉，他说弟弟恢复嫂嫂之位，名不正，言不顺，恐怕要为天下人讥笑。

向太后见蔡京说得厉害，皇帝不好作答，立即说："蔡承旨此言不妥，今天是老身垂帘听政，权同处分军国大事，是姑复媳位，不是弟复嫂位。如果是冤案，就是弟复嫂位，又有何不可呢？先帝废后后曾说过'章惇误我！'蔡右丞当时也在场，也是知情人。"

蔡京虽然能言善辩，但在向太后咄咄逼人的气势下，只有请罪的份。

向太后见无人反对，下旨恢复孟氏为元祐皇后，从瑶华宫迎回皇宫居住。

殿中侍御史龚夬上奏，说尚书右丞蔡卞与章惇勾结，使元祐旧臣全都贬到岭南等僻远荒疏之地，"蔡卞心，章惇口"，章惇所做的坏事，都是蔡卞暗中出主意。此人不宜留在京师，应该罢黜。

赵佶放了章惇一马，便拿蔡卞出气，下诏贬蔡卞为江宁知府，谏官仍然不依不饶，继续弹劾，蔡卞被贬为毫无实权的秘书少监虚衔。

赵佶随之提拔韩忠彦为尚书右仆射，兼中书侍郎，李清臣为门下侍郎，蒋之奇同知枢密院事。

韩忠彦上疏，请求召还元祐众臣。

赵佶下诏召范纯仁回朝，授观文殿大学士，可惜这位年过古稀的老宰相疾病缠身，回京不久，赵佶便批准他退休养老。

苏轼也获平反昭雪，可惜天不为宋主留文才，苏轼在回京的路上就去世了。

赵佶得知苏轼病死途中，感慨地说："苏轼作文，好像行云流水，虽嬉笑怒骂，也都成文章，是当今奇才！召他进京，就是要他为朝廷出力，不想就溘然长逝了！"

韩忠彦还奏请追复司马光等官阶。

后来，赵佶又降诏，允许刘挚、梁焘归葬故乡，并录用他们的子孙，恢复司马光、吕公著、文彦博、王珪、吕大防、刘挚、梁焘等三十三人官阶名誉。

七月，向太后见赵佶处理朝政尚属清明，选贤任能，罢黜奸邪，国内清明，决定撤帘还政。向太后垂帘听政，不足半年时间，她不贪权势，主动撤帘，是个聪明人，也是位贤后。

宋室规定，皇帝去世，首相为山陵使，将先帝的灵柩送往寝陵安葬。章惇是宰相，正好当这个差，送哲宗的灵柩去永泰陵安葬。

八月，御史台谏丰稷、陈次升、龚夬、陈瓘等人以山陵使章惇奉使失职，致使哲宗的灵柩陷于道路的泥泞之中不能前进、露宿于荒野为由，弹劾章惇大不敬，还有谏官上表，说章惇在皇上继位时有异议。

赵佶对朝臣们说，朕不会因为章惇对朕继位有异议而罢他的官，但在护送先帝灵柩去永泰陵途中，他确实严重失职，于是下诏，贬章惇为武昌节度副使。

陈师锡又弹劾蔡京与蔡卞同恶，迷国误朝；右司谏陈祐弹劾林希党附权要，丑诋贤正。

蔡京也被罢官，贬居杭州；林希也受到牵连，贬为扬州知府。

韩忠彦升为宰相、曾布接任韩忠彦原来的职位。

曾布曾一度附会章惇，赵佶即位之后，他窥视出太后和赵佶意在延袭神宗旧法，于是见风转舵，力排绍圣诸人以迎合圣心，邀得赵佶信任，取得相位。曾布靠玩这种伎俩做了宰相。

赵佶绝对是个聪明人，知道窝里斗的危害性极大，想谋求一个在新党与旧党之间的平衡点，使两党能够和平相处。恰在此时，朝臣中有一种议论，认为无论是元祐，还是绍圣，都有过失，希望以大公至正来消除朋党，防止党争。

赵佶也有此意，议定年号时确定新年号为建中。

建中之意，就是不偏向，新党旧党一视同仁，又因"建中"是唐德宗年号，特在"建中"之后添加"靖国"二字，即为"建中靖国"。

靖国意即大家要团结，不要闹，保持安定团结的局面，让国家安安稳稳地发展。

赵佶找平衡，从用人开始，韩彦忠、曾布两个宰相，一个是旧党，一个是新党。要是能实现这个理想，宋朝的命运，可能会是另一种结局。然而，历史没有假如。

新、旧两党，注定要斗下去，宋朝的内耗，还必须继续，赵佶虽然有调和的想法，但终究还是调而不和，这就是宋朝的命。

建中元年，向太后撒手西去。

向太后撒手人寰，应该是含笑而去，因为她看到大宋王朝已后继有人，赵佶登基后，选贤任能，罢黜奸邪，朝政还算清明。可惜的是，赵佶的清政，只是昙花一现，不久以后，在一帮奸佞的误导下，开始胡来。向太后若是九泉有知，不知是否还笑得出来。

赵佶传旨治丧，尊谥做钦圣宪肃，葬永裕陵。再追尊生母陈太妃为皇太后，谥钦慈。

赵佶追怀母后慈泽，推恩两个舅父向宗良、向宗回，加位开府、仪同三司，晋封郡王。钦圣宪肃太后父亲向敏中以上三世，俱追授王爵。这里都一笔带过。

向太后去世不久，范纯仁也病死家中，他的儿子呈上范纯仁口述的遗表，劝赵佶要清心寡欲，约己便民，杜绝朋党，明察邪正，不要轻意在边疆发动战争，不要轻意罢免谏官，为宣仁圣烈太皇太后洗刷诬谤。

赵佶叹息不已，下诏赠白金三十两，赠开府仪同三司，赐谥忠宣。

引狼入室

赵佶要行中庸之政，似乎是一厢情愿，他的臣子们，并不一定都按他的意思做，特别是被"绍述"压制了多年的旧党，怀着一种以血还血，以牙还牙的复仇心理，要收复他们的失地。任伯雨就是一个代表人物，他认为君子和小人的矛盾无法调和。

任伯雨是言官，有充分地话语权，他要用这个权力，攻击那些压制过旧党的人。他认为，范纯仁遭贬官而死，章惇有不可推卸的责任，便上表论章惇之罪，并邀请陈瓘、陈次生等联名上奏，论章惇的罪责。

赵佶对章惇已经没了兴趣，下诏再贬章惇为雷州司户参军。

当年，章惇把苏辙谪徙雷州时，故意使坏，命人把苏辙从官舍里赶出来，苏辙只得租赁民屋居住。章惇又诬陷他强夺民居，命有司依律惩治苏辙，幸得苏辙的租赁手续齐全，才使章惇的阴谋没有得逞。

现在，章惇也贬谪到雷州，也向民间租屋居住，百姓不愿租给他。章惇有些不解，问那里的人，有空房子，为何不出租，别的地方可不是这样。

百姓说，雷州和别的地方一样，空房可以出租，自从苏公来过之后，事情就改变了。

"这又是为何？"章惇奇怪地，"是他叫你们以后不要出租房子吗？"

"不是这样。"百姓说，"苏公租房居住，朝中奸相章惇使坏，弄得我们几乎家破人亡，以后再也不敢出租房屋了。"

章惇满面羞惭，当日要害苏辙没害成，如今是搬起石头砸了自己的脚。章惇后来又改迁睦州，病死在那里。

任伯雨做了半年谏官，连上一百零八篇奏疏，奏疏中有的确有其事，有的捕风捉影。

有一次，赵佶生气地将奏章扔在地上说："朕不是说了吗？稳定第一，不要再搞窝里斗，怎么总是这样喋喋不休呢？"

赵佶恼火了，开始讨厌旧党中人。

曾布则不仅仅是恼火，而是忍无可忍了，并派人去警告任伯雨，今后少说话，否则会下场很惨。

任伯雨铁了心要同曾布斗到底，不但同传话的人大吵一场，而且准备上疏弹劾曾布。

曾布先下手为强，将任伯雨改任度支员外郎。

右司谏陈瓘又接连上表弹劾曾布。

任伯雨和陈瓘都是韩忠彦举荐的，两人都同曾布过不去，使得曾布与韩忠彦之间产生了嫌隙，只因此时赵佶仍然本着中和立政，持平用人的宗旨，并不偏向于哪一方，因此，朝中虽然暗流汹涌，表面上却是风平浪静。

曾布不是一个有气度的人，当然不会容忍陈瓘对他的攻击。奏请赵佶，将陈瓘逐出京城，贬往泰州。

中书舍人邹浩、右谏议大夫陈次升一齐来找曾布，请他收回成命，曾布并没有给他们面子，只好相约给陈瓘饯行。陈瓘对他们说："我原以为官家天资聪慧，或能有一番大作为，故而敢效愚忠，直言相谏。现在看来，官家的聪明不在政治上，而在文学艺术上。他虽然倡导调和、公正、持平，却又不明白怎么做。一旦调和不成，持平不了，局势必将一边倒，到那时，只怕党争要酿成党祸，其来势之凶猛，恐怕会甚于元祐更化、绍圣绍述了。"

"陈兄认为会向哪一边倒呢？"邹浩问道。

"韩忠彦懦弱，影响不了官家。曾布虽主调和，调和不成，他也影响不了官家。据说有不少人在为蔡京唱赞歌。如果蔡京上台，后果就难以预料了。"

陈次升惊问道："为什么？"

陈瓘回答道："蔡京多才多艺，办事干练，让他治理一个州县，必定是一个能吏，如果让他治国，官家能驾驭他，国必大治，如果驾驭不了，国必大乱。"

说到这里，三人默然无语。

尚书右丞范纯礼为人耿直敢言，曾布对他有所忌惮，想除去他却又找不到理由，思之再三，找到驸马都尉王诜，无中生有地说，皇上想让王诜为承旨郎，由于范右丞从旁谏阻，因此才罢了此议。

王诜怀恨在心。恰好辽国派使臣来京，王诜做接待，范纯礼主持宴会。辽使离去后，王诜向赵佶进谗言，说范仁礼多次在辽使面前直呼皇上的御名，让辽使见笑，失了臣子之礼。

赵佶不问真假，将范纯礼贬为颍昌知府。李清臣也因与曾布有矛盾，罢了门下侍郎之职。

一切迹象表明，新一轮的人事洗牌又将开始，绍述之风，又将盛行。

这时，朝中又来了一位大奸臣，就是蔡京。蔡京虽然到了杭州，时刻都在寻找机会，谋求东山再起。

赵佶做了皇帝，仍未失艺术家的本色，做皇帝的第二年，在杭州设了个访求古玩书画的明金局，并派宫里的宦官童贯专门负责这项工作。闲居在家的蔡京得得这个消息，心喜若狂。

蔡京很快就和童贯拉上了关系，帮他弄到了不少名人书画精品，加上题跋，然后在落款处写上自己的名字。蔡京能书善画，是位不折不扣的才子，他的书法在当时冠绝一时，就连号称"米癫"的大书法家米芾也都自愧不如。他利用自己的特长，特地赶绘了一些屏障、扇带，委托童贯转呈赵佶。

童贯当然不会白忙乎，从蔡京那里得到了一笔丰厚的贿赂。蔡京还给了童贯一笔活动经费，叫他在京师为自己周旋。

童贯便把蔡京画的屏障扇带等物进呈宫中，并附一道密表，极力赞扬蔡京。说蔡京实是天下奇才，这样的人闲置不用，实在是浪费人才。

奏疏递上去之后，童贯便将蔡京托他带来的金银珠宝和小巧玩意分送给后宫众嫔妃与众内侍。惹得后宫中人人都说蔡京才华出众，贤能无双，忠于朝廷，是个不可多得的人才。

蔡京也没有忘记元符皇后刘氏，当年章惇废孟后，蔡京是同谋，刘皇后是知道的。此时有个左阶道箓叫徐知常的，常以道士身份出入于元符皇后宫，蔡京便嘱咐其心腹太常博士范致虚花重金交结徐知常，托他求元符皇后暗助蔡京复职。

元符皇后本来就对蔡京心存感激，也在皇上面前说蔡京的好话。

赵佶自收到童贯的密奏以及收到他从杭州带回来的古玩书画，对蔡京很有好感，加上后宫这些人整天在他耳边嘀咕，说蔡京是天下少有的贤臣，举世无双的奇才，听多了，心中那点疑惑终于被冲淡了，下诏起用蔡京知定州，不久，又改任大名府。

蔡京有个密友叫邓洵武，是邓绾的儿子。韩彦忠因邓绾是先朝重臣，举荐他为起居郎。蔡京与邓洵武密谋，要他找机会离间韩忠彦和曾布。

这一天，邓洵武奉召进见，乘机进言说："皇家以仁孝传家，又以仁孝治天下，陛下乃神宗皇帝之子，理应绍述神考遗志。宰相韩忠彦是韩琦的儿子。神宗推行新法，韩琦常谏新法不可行。现在韩忠彦事事更变神宗时代的法度，陛下都听之任之。韩忠彦作为臣子，尚能继承他父亲的遗志反对新法，陛下作为天子，反而不能绍述先帝的遗志。"

邓洵武的话具有很大的鼓动性，将赵佶的心说活了。邓洵武乘机说："陛下要继承先帝遗志，就非用蔡京不可。"

赵佶想了想说："你下去吧！"

恰在此时，韩忠彦也推荐蔡京。这件事看起来有点怪，韩忠彦为何要推荐一个与自己政见不合的激进人物呢？

原来，曾布和韩彦忠争权夺利，韩忠彦的权谋之术远不及见风使舵的曾布，接连吃了几次亏后，竟想出了个以暴制暴的办法，曾布靠"绍述"迎合赵佶，韩彦忠想找来一个更能"绍述"的人来制服曾布。

曾布也向赵佶举荐蔡京，他的意图是，蔡京主张绍述，是自己的同党，有他帮助，一定可以轻而易举地击退韩彦忠。

第八篇 亡国之君

韩忠彦只顾用蔡京来排挤曾布，曾布也想靠蔡京打败韩彦忠，两人都忽视了蔡京的能力和野心。蔡京是个奸诈之徒，工于心计，心狠手辣，睚眦必报，且善溜须拍马，论综合能力，韩彦忠和曾布两人绑在一起也不是他的对手。

韩忠彦本想找一个助手，不想病急乱投医，引狼入室，为自己找了一个掘墓人。

曾布想找一个帮手，却找来了一个卸磨杀驴的人。

狼，真的要入室了，建中靖国这个年号，只使用了一年，就要夭折了，大宋王朝这艘船，在它的舵手赵佶的操纵下，驶向了无底深渊。

二 蔡京弄权

狼子野心

建中靖国的年号只用了一年，赵佶便下诏改元"崇宁"，以表示决心绍述熙宁。

大宋王朝这艘船，在舵手赵佶的操纵下，正式向灭亡的彼岸驶去。向太后是含笑而逝的，如果她知道自己死后不久，赵佶将宋朝这艘船来了个急转弯，恐怕就笑不出来了。

崇宁元年三月，蔡京再次出任翰林学士承旨。他是个极有野心的人，目标不是翰林学士承旨，而是一人之下，万人之上的宰相。要达到宰相之位，韩彦忠、曾布成了蔡京面前的两道坎，搬掉这两块绊脚石，前面便是海阔天空。

赵佶改年号，有意恢复神宗时期的举措。国策变动，人事重新洗牌也就成为必然。于是下诏，提拔邓洵武为中书舍人给事中、兼职侍讲；恢复蔡卞、邢恕、吕嘉问、安惇、蹇序辰等人的官职；礼部尚书丰稷，逐出京城，出任苏州知府。

蔡京要当宰相，就要搬掉韩彦忠、曾布这两块绊脚石。他决定先联手曾布向韩彦忠下手，两人在赵佶面前一唱一和，说崇尚神宗之法，不赶走韩彦忠就是空谈，因为他是百官之首，他不乐意崇尚神宗之法，这工作就没法开展。

五月，赵佶罢了韩彦忠的宰相之位，贬到大名府去做知府。

韩彦忠原本举荐蔡京是要挤兑曾布的，现在竟然搬起石头砸自己的脚。

赵佶又下诏追贬司马光、文彦博等四十四人官阶，并规定，不再任用元祐、元符党人，司马光等人的子弟，不得为京官。再下诏，进蔡京为尚书左丞，赵挺之、温益为尚书右丞，许将为门下侍郎，许益为中书侍郎。蔡京从此踏到辅政的地位。

韩彦忠罢相，左仆射虚位以待，谁来填补这个空缺，赵佶举棋不定。蔡京意识到机会来了，只是还没想好对策。恰在此时，童贯带来一个好消息。童贯此时已升任内客省使，成了内侍的最高长官，消息最灵通。

原来，赵佶召见新任翰林学士承旨侯蒙，询问他右仆射曾布、尚书右丞温益、蔡京三人谁优谁劣。侯蒙说他任京官时间不长，不好作出判断。赵佶似乎想得出一个结论，继续问道："论德？"

侯蒙说："臣对三人知之不深。"

"论才？"

"蔡京第一，曾布次之，温益最劣。"侯蒙忍不住，还是说出自己的看法。

"论能？"

"蔡京称能干，曾布次之，温益无能。"

蔡京大喜过望，他没想到侯蒙竟有如此论断，觉得时机已到，准备向曾布发起攻击。

两府议事，蔡京总是同曾布过不去，凡曾布作出的决定，他几乎都要提出反对意见。曾布意识到自己用错了人，悔之不及。此时蔡京羽翼已丰，圣眷正隆，即使想把他怎么样，已没有那个能力，一切只好委屈求全。

陈佑甫与曾布是儿女亲家，两府议事，曾布拟提拔陈佑甫为户部侍郎，蔡京不置可否。当皇上问起这事时，蔡京乘机说："加官晋爵是公事，宰相怎么能徇私呢？"

曾布愤然说："蔡京与蔡卞是兄弟，怎么能同朝为官？"

蔡京抓住曾布的语言漏洞说："曾大人，我说过亲家不能同朝吗？我是说不可凭借权位私自相授。你见过我举荐蔡卞吗？当年蔡卞任尚书左丞，位在我之上，哲宗皇帝拟授我右丞之职，有人说兄弟不可同朝，想必曾大人还记得这件事吧？"

兄弟不同朝这句话，其实是曾布说的。蔡京虽语含讥讽，曾布却无话可说，只得怒斥道："陈佑甫虽是我亲家，但以他的才干，足以胜任户部侍郎之职，外举不避仇，内举不避亲，我怎么就不能举荐？"

蔡京冷笑一声："恐怕未必有才吧！"

曾布冷哼一声："以小人心，度君子之腹。"

温益从旁叱斥道："曾布，这是在皇上面前，怎么如此无礼？"

曾布自知失礼，连忙跪下请罪。

赵佶面露愠色，不悦地说："都退下吧！"

第二天，赵佶下诏罢曾布为观文殿大学士，贬到润州去当了知州。

党人碑

蔡京成功地导演了一场联曾倒韩，卸磨杀驴的好戏，如愿以偿地坐上了宰相的位置，受命为尚书右仆射、兼中书侍郎。

蔡京入朝谢恩。赵佶对他礼遇有加，面谕道："神宗皇帝创法立制，不幸中道升遐；先帝继承遗志，又两次遭遇帘帷变更，所以国事越弄越糟糕。朕想绍述父兄之遗志，特命你当宰相，你有什么要对朕说？"

蔡京慌忙离座俯伏于地说："臣誓死效忠陛下！"

赵佶听后大喜，朝廷的一切政事，交给蔡京作主。

蔡京得志后，下令禁用元祐法规，恢复王安石的新法。提拔了私党吴居讲、王汉之等十余人，所有与他政见不同的人，都被他作为元祐党人，全部贬官。并调赵挺之为尚书左丞，张商英为尚书右丞，一同狼狈为奸，乱发政令。

元符末年反对恢复熙宁法的人，都被称为奸党，赵佶接受蔡京的建议，亲笔写下"党人碑"，刻石立在皇宫的端礼门。党人碑列有一百二十人，全部都是蔡京请皇上亲自书写，然后命人刻在石碑上的。

元符末年，曾因为出现了日食而广开言路，当时递上的奏札有几百本，全部由蔡京及其奸党检阅，定为正上、正中、正下三等，以及邪上、邪中、邪下三等。

钟世美等四十一人为正等，悉数加以提拔嘉奖，范柔中等五百多人定为邪等，一律被贬官降职，并规定这些人不准居住在同一个州。涉及的人数之多，范围之广，较之章惇当年的疯狂报复，是有过之而无不及。

经过几次大的清洗迫害，贤良正直之人都被排挤出朝廷，奸佞之徒留在朝廷。

清除了元祐党人，蔡京的下一个目标对准了元祐皇后孟氏。

孟皇后深居宫中，吃斋念佛，不问世事，不对任何人构成威助。蔡京认为，孟皇后称为元祐皇后，是元祐党人的精神支柱，元祐党人都逐出了京城，孟皇后却在宫里平安无事。元符皇后和内侍郝随也都向蔡京传话，叫他将元祐皇后赶出宫去。

蔡京复出是童贯走元符皇后这条线。刘皇后发话，蔡京当然要还这个人情。恰在此时，昌州判官冯澥上疏，奏说元祐皇后不应当复位。蔡京连忙将冯澥的奏札面呈赵佶，请求将这份奏札交给辅臣、御史们讨论。赵佶觉得程序不错，随口答应了。

朝中辅臣、御史，多数是蔡京爪牙，惟蔡京的马首是瞻，只要蔡京话，这些人就是跟屁虫，随声附和。

御史中丞钱遹，殿中侍御史石豫、左肤等人先后上疏，奏请再废元祐皇后。

蔡京又邀集许将、温益、赵挺之、张商英等人联名上疏，请求再废孟皇后。

赵佶面对一大摞奏疏，很是为难，他心里明白，孟皇后并无过错，复位以来，吃斋念佛，不问世事，做人也很低调，对一个与世无争的人下手，实在有些于心不忍。踌躇数天，实在难下决心。便把蔡京等人的奏疏拢在袖里带回宫中。

王皇后是德州刺史王藻的女儿，有德、有才、有色，元符二年嫁进王邸，曾封为顺国夫人，赵佶即位后，册封为皇后；事上御下很有礼数，不但宫中的下人对她感恩戴德，就是赵佶，对她也很敬重。孟皇后自瑶华宫迎还宫中后，王皇后见她也喜欢书法，两朝皇后，因有相同的爱好，互相爱敬，引为闺中知己，王皇后常在赵佶面前夸孟皇后贤德。

赵佶回宫时，王皇后正在后宫挥毫泼墨，见皇上回宫，连忙放下画笔，迎上前，见皇上脸有不怎么好，关心地问："陛下有何不顺心的事吗？"

赵佶从袖内取出一摞奏札递过去道："你自己看吧！"

王皇流览一遍后说："臣妾向来不过问国事，但这件事不得不说了。"

"你说吧！"赵佶两眼看着王皇后。

"元祐皇后当年被废，是章惇等人陷害之故，不是真有什么罪，哲宗皇帝降诏之后，也自追悔莫及，只是制命已出，错已铸成，不好出尔反尔，才搁置未议。废元祐皇后三年不提册立继后之事，就是这个原因。元符皇后要不是因后来诞生皇子，恐怕终先朝之世，只能处在嫔妃之列。陛下恢复元祐皇后的后号，迎回禁中居住，正是消除哲宗皇帝的遗憾，弥补先朝的失德，是一桩美举，有什么可议论的地方？大臣关心国家大事，为何要将后宫这些陈芝麻、烂谷子拿出来说事呢？到底有何居心？"

赵佶只是摇头叹息。

王皇后有些急了："陛下下令，叫这些人闭嘴。"

赵佶说："你看奏疏，说得义正辞严，哪有朕批驳的空隙呢？"

"陛下将怎样处置这事？"

"除了从谏，别无可选。"赵佶似乎有些无奈。

王皇后潸然落泪，随手把奏疏递给赵佶。

十月，赵佶下诏，撤消元祐皇后的名号，重新出居瑶华宫。元祐皇后奉诏，微笑着对左右道："我又离开是非之地了。"

从此，孟皇后在瑶华宫过着孤灯独影的生活，当她再次出现在人们视线中，已经是北宋灭亡之时。

赵佶撤消元祐皇后的名号之后，事情还没有了结。当初议复孟后一事的大臣，也受到连坐，再降韩忠彦、曾布的官职，追贬李清臣为雷州司户参军，黄履为祁州团练副使，将翰林学士曾肇，御史中丞丰稷，谏官陈瓘、龚夬等十七人再贬到更偏远的地区。

冯澥因上奏有功，提拔为鸿胪寺主簿。

刘皇后拔除了孟皇后这个眼中钉，又叫郝随去密告蔡京，想办法收拾邹浩。

刘皇后为何痛恨邹浩呢？因为当初哲宗要立她为后，邹浩反对最为强烈，刘皇后怀恨在心。

蔡京得到刘皇后密嘱，召集他的一班私党商量对策。有人说，皇上刚即位，第一个召回被贬在外的邹浩，此人圣眷正隆，要治他的罪，恐怕有点难。

"欲加之罪，何患无词？"蔡京说，"据说邹浩的奏疏、札子草稿都烧了，有这回事吗？"

"有这回事。"钱遹说，"当时邹浩同皇上奏对，是他亲口说的，听到这话的人很多。"

原来，当年邹浩谏立刘后，哲宗留而不发，群臣谁也没有见过。赵佶即位，召邹浩为谏官，曾问及奏疏、札子草稿何在。邹浩说烧了。退朝后，邹浩将皇上问话告诉陈瓘。陈瓘听后大惊，埋怨邹浩不该说将原奏疏烧毁了，假如日后有奸人从中舞弊，伪造一书，到时跳到黄河也说不清。

邹浩后悔不已，但错已铸成，只好听天由命了。

蔡京哈哈大笑，对钱遹说："钱遹，你是御史，这件事就交给你了。"

钱遹根据蔡京的授意，捏造邹浩的奏札，其中有"刘皇后杀取儿，人可欺，天不可欺"等语。

赵佶信以为真，下诏将邹浩贬往昭州。追册刘皇后死了的儿子赵茂为太子，予谥献愍，并尊元符皇后刘氏为皇太后，奉居崇恩宫。

正直的石匠

崇宁二年正月，蔡京做了左尚书仆射兼门下侍郎，不久，弟弟蔡卞升为知枢密院事。兄弟俩同掌大权，又追论任伯雨等人的罪行，一天之内连下十二道处罚令：安置任伯雨于昌化军，陈瓘于廉州，龚夬于化州，陈次升于循州，陈师锡于柳州，陈祐于澧州，李深于复州，江公望于安南军，常安民于温州，张舜民于商州，马涓于吉州，丰稷于台州。

赵挺之升中书侍郎，张商英、吴居厚为尚书左右丞，安惇复入副枢密院。

尚书左丞张商英原先依附于蔡京，因争权利与蔡京发生了冲突，蔡京便奏请赵佶，罢张商英，出知亳州，并将他的名字排入元祐党籍。

蔡京又自书元祐党人姓名，颁发到各郡县，命令各地将这些名字刻在石碑上。

长安有一个叫安民的石匠接到这份差事，看过党人姓名后说："小人愚昧，不知刻石的意思，但司马相公被天下人称为正人君子，现在却要说他是大奸臣，小人实在不懂，所以不敢刻碑。"

地方官大喝："这是朝廷的命令，我尚不敢违抗，你是什么人，竟敢违抗朝廷之命吗？"

石匠安民不敢出声。

地方官说："刻，便是活，不刻，立即乱棒打死，两条路，你自己选吧！"

"小人愿刻。"安民跪在地上，哭着说："但求大人答应小匠一件事。"

"什么事？"

"小人刻碑不留名。"

原来，石匠行当有一个不成文的规矩：所刻的石碑上，要刻上刻碑人的名字。安民不想将自己刻这个罪恶之碑的罪恶之名流传后世，故有此请。

"你的姓名算什么,哪个定要你刻在石上呢!"

安民这才勉强刻碑,刻好党人碑,大哭而去。

三 谁点燃了导火索

奸佞的野心

蔡京下令,更盐钞,铸当十大钱,并下令全国各地冶炼的金银,全部收归大内。在京师创设军器库。聚敛是为了示富,创设军器库为了以耀军威。并推荐王厚、高永年为边帅,计划收复湟中地区。

湟中位于黄河上游,汉代为羌族聚居之地,宋初,吐蕃族占领了这片地区,称青唐,神宗时,王韶收复湟中,设湟、廓、鄯三州。赵佶即位之初,向太后迫于形势,放弃了青唐,由羌族陇拶兄弟分别管辖青唐、邈川等地。陇拶兄弟降宋后,对宋廷非常恭顺。吐蕃大酋溪巴温之子溪赊罗撒却挑起事端,他们占领了青唐城,胁迫已经降顺宋朝的羌族首领陇拶归服他。迫使陇拶兄弟,哥哥迁居河南,弟弟迁居河北,而且他们兄弟之间为各自的利益,也出现了不和。整个吐蕃各部落,四分五裂,人心不安。各族首领互相猜疑。多罗巴拥立溪赊罗撒为主,盘据在西蕃。

其实,这只是吐蕃一次内乱,既没有挑衅宋朝,也没有扰边害民,对宋朝没有构成任何威胁。

熙州知州王厚得知吐蕃发生内乱,认为是收复湟中地区的大好机会,于是上奏朝廷。

蔡京得知吐蕃发生内乱,极力主张对吐蕃开战。

蔡京主张向吐蕃开战,有他自己的小算盘。因为他明白,自己执掌朝廷机枢以来,除了迫害异己、结党营私、挑起朋党之争外,没有干过一件对朝廷有利的大事,长此下去,难免会有人在背后议论,也很难巩固自己在朝中的地位和皇上对自己的信任。因此,他急于要干一番轰轰烈烈的大事,以立不世之功。建功最快捷的办法就是军功。他对宋朝周边国家势力进行对比分析,认为吐蕃政权的实力弱于辽国和西夏,对吐蕃用兵,取胜的把握最大,他把目标选在吐蕃,明显是吃柿子捡软的捏。

赵佶也是一个好大喜功之人,登基以来,朝中的事情都办得都很顺手，便自以为天纵神俊，聪慧绝伦，常自比秦皇汉武、唐宗宋祖，要成为千古流芳的帝王。

赵佶和蔡京尽管各怀目的，都需要但对吐蕃开战，因而一拍即合。

赵佶询问蔡京，派谁为将。蔡京推荐王厚为帅。河东蕃官高永年为副将。

"王厚？"赵佶摇摇头说："他镇守邈川之时，纵兵杀戮而遭贬，怎么能用这样的人呢？"

"纵兵杀戮，是青唐主帅王赡干的事，王厚只是无辜受牵连。"蔡京看了一眼赵佶，继续说："王厚是冤枉的，若能委以重任，为他申雪昔日之冤，必能激励其忠勇之气。"

蔡京极力推荐王厚，并不是真的看上了这个人才，而是他接受了王厚的重贿，王厚重贿蔡京的金银珠宝，正是在邈川纵兵抢掠所得。

收人钱财，替人消灾，蔡京很遵守游戏规则，收了王厚的重贿，当然要替王厚说话。

崇宁二年六月，在蔡京的鼓动下，赵佶命令王厚安抚洮西，调兵十万西征。

蔡京为了报答童贯在赵佶面前美言的功劳，极力推荐他去西北监军。说他曾随李宪十次去西北军，熟悉西北五路的地理环境和各位将领。

赵佶继位，童贯出了大力，他早就想重用童贯，只是没有机会，如今有蔡京举荐，乐得做个顺水人情。

君臣二人考虑的，都是一己私念，至于其他的，好像就不那么重要了。

童贯是个宦官，在后宫侍候皇上和嫔妃起居的人，受命出任西北监军，从此染指军权，官职一路飙升，最后居然当上了全国最高军事长官——枢密使。这是后话。

出兵打仗是一件事关全局的国家大事，必须慎之又慎，然而，赵佶和蔡京两人，既没有经过三省、枢密院的讨论，也没有经过廷议，这么一合计，居然就定下来了。

聪明绝顶的赵佶，被极具野心的蔡京玩弄于股掌之中。

童贯受命后，立即赶赴湟州，同王厚、高永年会合，择吉日出师。

童贯出京不久，宫城内太乙宫失火，赵佶认为是天象告警，不宜用兵，立即手写一道命令，派人送往西北前线交给童贯，叫他停止出兵。

童贯看完赵佶的手令后，随手塞进靴子里。

王厚询问公文说了什么。童贯随口说，没什么大事，只是催促早日出兵，随即传令，放炮出兵。

王厚和高永年率兵西进，大破羌酋多罗巴，杀了多罗巴两个儿子。最小的儿子阿蒙带箭而逃。

王厚攻占了湟州，飞骑向朝廷报捷。

赵佶得到捷报后大喜，重赏蔡京、蔡卞兄弟二人。并命王厚继续西进。

蔡京奏请要追究以前放弃湟州的人的责任，贬韩忠彦为磁州团练副使，安焘为祁州团练副使，曾布为贺州别驾，范纯礼为静江军节度副使。

王厚兵分三路，命高永年率领左路军，张诚率领右路军，自己亲率中军，三路齐发，约定在噶尔川会合。

羌人首领奚赊罗彻背水列阵，拒战宋军。奚除罗彻登上一座小山头，以大旗为令，指挥羌兵向宋军发起冲锋。

王厚见羌兵来势凶猛，命令众将士坚守营盘，只用弓箭拒敌，并不出战。羌兵连续三次发动进攻，均突不破宋军的箭阵，无功而返。经过三次冲锋，已是气喘如牛，不能再战。

王厚瞅准机会，率轻骑绕到山北，从奚赊罗彻的背后突然发起攻击。

高永年、张诚又率兵从左右杀出，奚赊罗彻措手不及，抛下部众，落荒而逃。羌兵没了主将，成了一群没头的苍蝇，乱纷纷四散逃窜。

王厚驱兵追杀，斩敌四千五百余人，俘虏三千人。

奚赊罗彻单骑逃回鄯州，知道不可守，连夜率亲随遁去。

次日，王厚进兵鄯州。

奚赊罗彻的母亲龟兹公主，自知没有能力抵御宋兵，率领各位酋长开城迎降。王厚乘胜追击，进攻廓州。守廓州羌酋喇什军令结，见奚赊罗彻尚且一败涂地，自知不敌，率众投诚。

湟、鄯、廓三州，一并收复。

小人得志

捷报传到汴京，蔡京带百官道贺。赵佶下诏赏功，命蔡京为司空，晋封嘉国公；童贯为景福殿使，兼襄州观察使，王厚为武胜军节度观察留后；高永年、张诚等也都得到了封赏，加官晋爵。送陇拶至京师，封安化郡王。

蔡京捡一个软柿子下手，终于建立了军功，他自恃有功，更加趾高气扬,下令撤销讲议司,各地公文直接送达尚书省。

讲议司是一个议事机构,各地送呈朝廷的公文,先送讲议司,由这里的官员商议提出意见后,再送呈尚书省。撤销讲议司,蔡京便大权独揽。

蔡京又奏请赵佶,下诏销毁司马光等人在景灵宫的画像;禁行苏洵、苏轼、苏辙、黄庭坚、张耒、晁补之、秦观、马涓等人的文集;焚毁范祖禹的《唐鉴》、范镇的《东斋记事》,刘攽的《诗话》,僧文莹的《湘山野录》等印板。

司马光的《资治通鉴》也在焚毁之列,当时,负责销毁《资治通鉴》印版的是蔡京的弟弟蔡卞及其党羽林自等人。

博士陈莹中得知消息,特意在太学考试出题时援引神宗为《资治通鉴》写的序文。

林自不学无术,不曾读过《资治通鉴》,不知神宗确实写过这篇序文,质问陈莹中:"这篇序文怎么能是神宗写的呢?"

陈莹中反问道:"谁敢说这是假的呢?"

林自说:"即使是真的,也是神宗幼年时写的文章而已。"

"天子之学出于圣人,得自天性。"陈莹中反问道,"难道皇上少年和成年时写的文章有区别吗?"

林自将这件事报告蔡卞,蔡卞只好作罢。才使《资治通鉴》得以幸存下来,流传于世。

蔡京销毁了司马光等人的画像,又命人在显谟阁画熙宁、元丰功臣的像;在都城南面修建学宫,建房千八百七十二间,赐名辟雍,广储学士,召集人研究王安石的《经义字说》,在辟雍中供俸孔子、孟子等人的图像,以王安石配享孔子,地位仅次孟子。

许将反对重列元祐、元符党人姓名并刻碑,被蔡京罢相而出知河南府;赵挺之、吴居厚则因拥护蔡京,分别提拔为门下中书侍郎,张康国、邓洵武为尚书左右丞,胡师文为户部侍郎,陶节夫经制陕西、河东五路。

陶节夫是蔡京的私党,原为鄜延总管,在地方修筑堡寨,虚报费用,所得全部贿赂了蔡京,因此当上了枢密直学士,现在又出任五路经略,都是蔡京一手提拔。

陶节夫升任五路经略之后,动用国家财物,诱贿土蕃的邦、叠、潘三州纳土归降,然后向朝廷奏报,说土蕃感恩怀德,愿意奉土归诚。并在奏报中归功于蔡京。

赵佶不知是陶节夫在胡弄他,信以为真,更加信任蔡京。

蔡京想用童贯去为熙河、兰湟、秦凤路制置使,让他想办法进攻西夏，满朝文武百官都是蔡京的同党，没有人敢提出异议。

蔡卞说："用宦官守疆，难道朝中无人吗？派一个宦官为守疆大员，是会误事的。"

蔡京见弟弟同自己唱反调，很不高兴，一怒之下，奏请赵佶，将蔡卞逐出京城，贬到河南府去做了知府。

蔡京与蔡卞兄弟之间的矛盾由来已久，童贯之事，只是矛盾爆发的一根导火索。

蔡卞是王安石的女婿，妻子称为七夫人，这位七夫人知书达理，能诗会画，而且颇有见识，蔡卞每次入朝议政，要先向夫人请教，僚属们经常开他的玩笑说："今日奉行各事，想就是床笫余谈呢！"

蔡卞升任知枢密院事，家里设宴庆贺，请戏班子来家唱了一堂戏。伶人也知蔡卞对夫人俯首听命，竟然在戏台上临时改戏词，唱道："右丞今日大拜，都是夫人裙带。"

满堂宾客哄堂大笑，蔡卞竟然一笑置之。

蔡卞平常到蔡京家去回来之后，都要说兄长的功德，七夫人冷笑道："你兄比你晚出道，现在却位在你之上，你反而去巴结他，羞也不羞？"

为了这一话，蔡卞便与蔡京有了嫌隙，朝廷议事时，常同蔡京唱反调。蔡卞同蔡京过不去，也算是自找霉头。

不该点燃的导火索

童贯在蔡京的保荐下，做了熙河、兰湟、秦凤路经略安抚制置使。

蔡京又吩咐王厚，让他诱招西夏将领仁多保忠。王厚本来已说动仁多保忠，可惜他的部下都不肯顺从，仁多保忠独力难支。王厚只能如实相报。

蔡京责备王厚办事不力，命令他继续劝降。

王厚无奈，只得派弟弟去见仁多保忠，弟弟在途中被夏人抓去，劝降计划泄露。

西夏主因此召回仁多保忠。

王厚据实上报，说劝降仁多保忠已没任何意义，即使来降，也是单人独马，不过一匹夫而已。请求停止这次反间行动。

蔡京贪功心切，给王厚下了死命令，一定要让仁多保忠归附宋朝，否则就要处罚他。

接着，蔡京下令边关，只要能让西夏将领来投降，一律重赏。

西夏主被激怒了，号召兵民侵扰宋朝边境。辽国将成安公主嫁给西夏王李乾顺，李乾顺仗着辽国的势力，向辽国求救，并上书宋朝辨论曲直。

童贯将夏国书藏而不报。陶节夫为讨好蔡京，不惜重金招降夏人，并杀死不少夏国的牧民和士兵。

夏人无比愤怒，挑选一万骑兵攻打泾原、围平夏城，杀入镇戎军，掠去兵民数万，一面又与羌酋奚赊罗彻合兵，攻打宣威城。

鄜州知州高永年发兵驰援，疾行三十余里，没有发现敌骑，天色将昏，择地扎营，埋锅造饭，行军劳顿的士兵，除了哨兵外，全都安然就寝。夜半时分，突闻胡哨齐鸣，羌兵大队人马杀来，高永年从睡梦中惊醒，来不及拿兵器，羌兵已经冲进帐篷，赤手空拳，身中两枪，成了羌兵的俘虏。高永年所率宋军，全部被击溃。

敌将多罗巴坐在大帐里，喝令带进高永年，咬牙切齿地说："这个人就是杀我儿子、夺我国土，让我们宗族失散、居无定所的人，老天有眼，让我活捉了他，我要吃了他的心肝，方泄心头之恨。"

说罢起身离座，拔出佩刀，剖开高永年的胸膛，伸手掴取心肝，竟然生吃了。

多罗巴杀死高永年后，派人毁坏大通河的桥梁。

赵佶闻报大怒，派御史侯蒙到秦州拘捕五路将帅刘仲武等十八人。侯蒙到达秦州后，刘仲武等人自穿囚服，负荆请罪。侯蒙看到这些镇守边关的将领一夜之间成为罪人，于心不忍，叫他们据实汇报，看是否有挽回的余地。

刘仲武等人见侯蒙有意为他们开脱，便将实情秉告。侯蒙知道他们冤枉，上表奏请赦免这些人的罪责。

赵佶看了奏疏，果然有所感悟，赦免了十八名将领，只将王厚贬为郢州防御使。

时过不久，西夏再次兴兵来犯，为鄜延路守将刘延庆击败。蔡京亲手点燃了导火索，使宋、夏边境从此战火不断。

四　花石纲之祸

诱君奢侈

西北边境战败，蔡京不但没有受到牵连，反而还进位尚书左仆射，兼门下侍郎，赵挺之也晋升为尚书右仆射，兼中书侍郎。

赵挺之晋升右仆射后，和蔡京地位相当，就想和蔡京争权，多次上奏说蔡京奸险狡猾。可赵佶正宠幸蔡京，不会相信赵挺之。赵挺之上表请求辞官，赵佶立即准奏。

蔡京大权独揽，居然想效法周公，粉饰太平，让人造了九个大鼎，安置在九成宫。九鼎各放一个大殿中，九殿按东、南、西、北四面，东南、东北、西南、西北八方设置，中设一殿坐镇中央。

蔡京亲自为定鼎礼仪使，引导赵佶给九鼎献辞献酒。当祭到北方宝鼎时，一件意外的事情发生了，宝鼎突然暴裂，里面装的酒也喷了出来，所有的人都惊呆了，按中国人的说法，不吉利。

赵佶吓了一跳，很不高兴。蔡京脑子转得快，翻身跪下说，北方的鼎暴裂，表示北方的辽国要出现内乱，我们可以乘机灭掉辽国。

赵佶转惊为喜，亲御大庆殿，接受百官的朝贺。

自九鼎治成之后，赵佶逐渐骄奢淫逸起来。一天，赵佶在皇宫宴请辅臣，让内侍拿出玉杯玉碗，对几位大臣说："朕想用这些物品，又怕御史们知道了，说朕太奢侈。"

蔡京说："臣以前曾出使辽国，辽国的皇帝端着玉杯玉碗，在臣的面前夸耀，说是后晋时的物品，南朝恐怕未必有。辽国皇帝尚且拿这个居奇，难道我堂堂中国，反不小小的辽国吗？谁敢说陛下不能用这些玉器？"

赵佶说："先帝做一小台，言官接二连三地上本谏阻，朕早就制好了这些玉器，就是怕他们说朕太奢侈，所以不敢拿出来使用。"

蔡京说："只要事情做得对，管别人说什么呢？陛下富有四海，正当玉食万方，使用几个玉器，只是小事而已，何畏人言呢？"

赵佶不禁喜笑颜开。群臣散去之后，特地把蔡京留下来，很久才让他离去。

赵佶的生日快到了，蔡京为了讨好赵佶，下令府、州、县、道，普建寺观，天下寺观都改名万寿宫，以向赵佶祝寿。

蔡京在苏州专设应奉局，专门负责采办花石，称为"花石纲"，并推荐朱勔负责。

蔡京为何要推荐朱勔呢？这中间有一段故事。

蔡京曾到过苏州，准备在苏州修建一座寺院，要求建得宏伟壮观。他不缺钱，就担心没有人督造。寺院的僧人向蔡京保荐一个叫朱冲的人。蔡京吩咐僧人把朱冲找来，商谈建造寺院的事。朱冲拍胸保证，一定能完成任务。

数日后，朱冲便说材料已备齐，请蔡京去工地参观。蔡京到现场一看，见砖石和巨木堆积如山，非常满意，就命朱冲督造寺院。

朱冲有个儿子叫朱勔，干练不亚于乃父，父子一同监督，寺院几个月便建成了。

蔡京前往新寺院游览，果然规模宏丽，金碧辉煌。觉得朱冲父子是人才，将他们带回京城，设法将他们父子的名字列入童贯军的军籍，然后谎报军功。经过一番运作，朱冲父子居然紫袍金带，在京城做了官。

赵佶喜好珍玩，尤为喜欢奇花异石，蔡京便命朱冲采集苏州珍玩，随时进献。

朱冲也不辱使命，第一次就寻觅到三株高达八九尺的黄杨树。

黄杨树生长缓慢，据说每年只长一寸，闰年不长。宋代的木雕常常用到黄杨树，使这种珍贵的木材更加稀少。

赵佶看到造型奇异的三株黄杨树，非常高兴，随后，朱冲又选送了几件奇珍异宝，赵佶更觉欢心。

于是，苏州设置应奉局采办花石，蔡京便推荐了朱勔。

朱勔得此美差，国库任由他支取，每次领款，少则几十万，多则数百万。民间的一棵奇树、一块怪石，只要值得一玩，立即让人贴上封条，指为贡品，让那家人小心保护，等着搬运，稍有不慎，便以大不敬之罪论处。到了搬运的时候。必定拆屋毁墙，开出一条大路，恭敬地搬出去。谁有怨言，轻则痛骂，重则鞭笞，苏州、杭州的百姓苦不堪言。

宋朝将大宗运输的货物称为"纲"，朱勔向京师运送奇石异木时，将十艘船编为一组，运送的货物又是花石，故将这些货物称之为"花石纲"。

刚开始，只是从东南地区采运。赵佶非常欣赏这些珍奇石木，只要看中了哪块石头，就会赏赐给运送石头的人高官厚禄。这一举动成了一道无形命令，一场祸国殃民的大规模运送花石纲的运动，在全国兴起。

朱勔在太湖发现了一块巨石，长、宽、高均两丈有余，需百余人方可环抱。为运送这块巨石，朱勔专门打造了一艘巨船，一路上凿城墙、毁桥梁、堤岸不计其数。历经数月，才从太湖流域将石头运抵东京汴梁。由于城门太低，只得拆掉城门，将石头运进城。

赵佶欣喜若狂，特赐役夫每人金碗一个，朱勔的四个仆人被封官，朱勔本人被封为节度使衔。朝廷将这块石头命名为"神运石"，后来修成万岁山，将这块石头竖在山上，作为奇峰。

夜砸党人碑

赵挺之自从辞去右相之后，心里痛恨蔡京，每当与过去的同事、朋友闲聊，必谈蔡京的种种恶行。户部尚书刘逵与他是莫逆之交，也常对蔡京口出怨言，声言有朝一日如果得志，一定要上本弹劾蔡京。

崇宁五年，春正月，天上出现彗星。赵佶以为又是上天示警，心里非常恐惧。赵挺之和吴居厚乘机请求赵佶下诏求言。赵佶准奏，并提拔吴居厚为门下侍郎，刘逵为中书侍郎。

刘逵上疏，请求毁掉元祐党人碑，放宽禁令。

赵佶准奏，半夜的时候，派人到朝堂砸毁了元祐党人碑。

第二天，蔡京上朝，见元祐党人碑被砸，质问赵佶是么回事。

赵佶说："朕因上天示警，想要宽大政令，所以派人把党人碑毁了。"

蔡京大声抗议："碑可毁，但是名不可灭！"

大臣们都耳闻蔡京对皇上吼叫声。

赵佶怒容陡现，看了蔡京一眼，并未出声，似乎对蔡京有所忌惮，且到了敢怒而不敢言的地步。

退朝之后，刘逵立即上疏弹劾蔡京，说蔡京专横，目无君上，党同伐异，陷害忠良，大兴土木，浪费国家钱财，败国扰民，罪不可赦。请求免去蔡京的宰相之职。

赵佶有些犹豫不决。

司天监奏称，慧星白天出现，这是不祥的预兆，陛下在行动上如果没有任何表示，恐怕会触天怒。

赵佶有些害怕了，下诏赦免一切党人，尽还所徙；暂停崇宁年间颁行的各种法律及诸州岁贡的物资；免蔡京为太乙宫使，仍留居京师；重新任命赵挺之为尚书右仆射、兼中书侍郎。

赵挺之入朝谢恩时，赵佶对他说："你经常说蔡京当政，有悖常理，扰民虐民，朕仔细地审视过，果然如你所言，你今后可要尽心辅佐朕啊！"

赵挺之俯首听命。从此，赵挺之和刘逵同心辅政，对蔡京推行的悖理虐民的事情，二人都进行了改正，天下稍得到安定。

一日临朝，赵佶对大臣们说，朝廷不应与邻国发生磨擦，要知道，衅端一开，兵祸连年，天下生灵涂炭，这不是人主的爱民之意，也不是人主想要看到的事情，你们对这件事有什么见解，不妨直说。

赵挺之乘机说，宋朝与西夏的战争已经打了数年，至今仍然还在打，国家财政已不堪负重，边境的百姓也深受其害，不如同意西夏求和的建议，停止战争。

赵佶点头同意，并叫赵挺之去拟定具体方案，然后报批实行。

赵挺之退回班中，身后竟传来一阵窃笑，原来，蔡京虽罢，其党羽仍有很多位列朝班，他们当然不会附会赵挺之的意见。

次日，赵佶接受赵挺之和刘逵的建议，罢五路经制司，黜退陶节夫，改任知洪州。并派使臣劝谕夏王。

夏王答应罢兵，两国重修和好，边境百姓才得安宁。

蔡京罢相之后，对刘逵恨之入骨，一直在暗中活动，欲扳倒赵挺之、刘逵两人，谋求恢复相位。

这一天，他秘密召集私党密商。御史余深、石公弼两人说，皇上刚刚重用赵、刘两贼，要扳倒他们两人不是一件容易的事情。

蔡京似乎很有信心，说事在人为，并说有办法。大家问他有何良策。

蔡京说，请宦官给郑贵妃进言，拉拢郑居中，向皇上进言。并解释说："皇上虽然一时听信奸言，罢了老夫的相位，但对老夫的信任并没有完全消除，只要有人说几句好话，仍然会恢复对老夫的信任。赵挺之、刘逵两人做事中规中矩，时间长了，皇上一定会不乐意，到时就会想念老夫，你们疏通好郑贵妃、郑居中两方面的关系，乘机弹劾赵挺之、刘逵，一切就水到渠成。"

郑贵妃是开封人，父亲郑绅曾做外官。她生得美丽、聪慧，自小选进宫中侍奉向太后。向太后喜欢她秀外慧中，命她做了内侍领班。赵佶在端王邸时，每天进宫给向太后请安，总是她代为传报，并由她和另外一名领班王女陪侍，二人小心谨慎，善于奉承，赵佶见她们言语伶俐，容貌娇艳，心中十分爱悦。虽碍着宫禁森严，不能搂在怀中销魂，难免有眉来眼去、言语调情的时候。久而久之感情日益加深，有时在向太后面前也有所流露。向太后也有所觉察，但见他们并无淫乱的行为，也没有禁止。

赵佶即位之后，向太后便把郑、王二女赐给赵佶，让他们以偿夙愿。

赵佶先封郑女为贵人，很快又晋封为贵妃。王皇后见郑女能书能文，书体娟秀，文辞藻丽，对她也是另眼相看。

郑居中现为中书舍人兼直学士院，是郑贵妃的远族，自称是郑贵妃的从兄弟。郑贵妃因为母族人丁不旺，想倚重郑居中，在赵佶面前美言，使得郑居中得到赵佶的信任。

蔡京的私党领了妙计，立即行动起来，一面买通内侍疏通郑贵妃，让郑贵妃在皇上面前进言赞誉蔡京，一面重金贿赂郑居中，请他奏请皇上，让蔡京官复原职。

郑居中觉得，如果自己先奏，万一不答应，就弄成了夹生饭，再要重来就难了，于是叫余深先上奏疏，由他来敲边鼓，这样把握性更大。

余深果然上疏替蔡京申辩，说蔡京为政，禀承的是圣上的意旨，从来没有私自擅改什么法令。刘逵妄加指斥，罢免蔡京及一切绍述的政策，有失绍述的本意。

赵佶看了余深的奏疏，不住地点头，大有赞许之意。郑贵妃将这些看在眼里，乘机替蔡京求情说："蔡相公执政的时候，就臣妾看来，实在未尝私用己见，都是禀承圣旨行事。他对绍述之政，有功无过。"

"你说的也有道理。"

郑贵妃见赵佶心意已动，不再多言，密使人将这个情况转告给郑居中。

次日，郑居中入朝奏请说："陛下即位以来，一切建树，都是学校礼乐，居养安济等法，上足以利国，下足以裕民，怎么能说是逆天背人呢？"

赵佶点点头，表示赞同。郑居中见赵佶点头赞许，更直接地说："臣恳求陛下要顾全绍述的初志，不要中途而废，以致前功尽弃而累了陛下的圣明。"

赵佶听郑居中说得情真意切，也有感触，便怀疑赵挺之、刘逵两人极力攻讦蔡京，可能夹杂了个人恩怨，于是有了起用蔡京之意。

蔡京觉得时机成熟，立即吩咐余深等人上疏弹赵挺之、刘逵两人。

余深等人连夜写成奏疏，联名弹劾刘逵破坏绍述，导致国家大政反复无常，且还凌蔑同僚，引用邪党，为朝廷之大恶。这一道弹劾状，就是赵挺之、刘逵的催命符。

赵佶下诏，贬刘逵知亳州，罢赵挺之为观文殿大学士祐神观使。

蔡京再次出任尚书左仆射、兼门下侍郎。

蔡京重新上任后，奏请改元，于是，崇宁六年改为大观元年（1107年），继续推行崇宁新法。

吴居厚也因赵、刘二人受到牵连被免职。蔡京的同党何执中则为中书侍郎，邓洵武、梁子美任尚书左右丞。

郑居中于蔡京复相出了不少力，满指望得到回报，蔡京也有这个打算，保荐他任同知枢密院事。

有个叫黄经臣的内侍，平时与郑居中有矛盾，知道郑居中在蔡京复位的过程中得到不少好处，故意使坏，跑去密奏郑贵妃，说本朝外戚，从未预政，贵妃应以亲嫌谏阻外戚与政，借彰美德。

郑贵妃此时身份显贵，不一定要倚赖郑居中，也想树立自己的美好形象，听了黄经臣之言，果然劝阻郑居中升职一事。

赵佶对郑贵妃是百般宠爱，她的话当然要听，而且这还是一件替贵妃彰显美德之事，他就更应该如她所请了。于是收回成命，改任郑居中为太乙宫使。

郑居中再托蔡京从中斡旋。

蔡京再次找赵佶，说枢密是掌管军事的，不是三省执政，没必要避亲。依他的说法，政权不能交给外戚，兵权交给外戚并无不可。

蔡京的说词，并没有打动赵佶。郑居中见蔡京没有给一个满意的答复，怀疑蔡京没有尽力，暗暗地就恨上了蔡京，背地里有了怨言。蔡京虽然有所耳闻，但也无可奈何，毕竟是自己失信于人，只好任由他说，装做没有听见。

五　谁是凶手？

造假运动

赵佶再次任命蔡京为相，连他的儿子蔡攸也一起提拔，升任为龙图阁学士，兼官侍读。

蔡攸和他父亲一样，对溜须拍马、阿谀奉承这一套有特别研究。元符年间，赵佶为端王时，蔡攸每次在路上遇到他，都要下马退避路旁，给赵佶让路。经过端王府，要自报家门，说自己是蔡京的儿子。时间久了，蔡攸便给赵佶留下了一个好印象，即位之后，提拔他为鸿胪丞，赐进士出身，授秘书郎，官至集贤殿修撰。

蔡攸不学无术，靠采献花石禽鸟取悦于赵佶。

蔡京也是故伎重演，花钱收买蛮夷，哄赵佶开心。边关大臣心领神会，接二连三地传来喜信，某处蛮族投城，某处夷民归附，彰显出远人怀德、四夷归附的祥和景象。

全国各地也纷纷传来奏报，什么甘露天降，什么卿云涌现，什么双头莲、连理木，什么牛生麒麟，禽产凤凰等等，只要是历史上出现过的祥瑞之兆，都在这段时期内冒了出来。举国上下都在造假。

每报一次祥瑞，蔡京便要率领百官上表祝贺，把赵佶哄得整天乐呵呵的。

这一天，都水使者赵霆在黄河捕捉到一只双头乌龟，赶忙送进宫。蔡京得到这个消息，进宫祝贺道："这就是春秋时齐小白所见之象罔，管仲说'见之可以称霸'的神物。陛下得到这个神物，定能威服四夷，万国来朝。"

赵佶命将神龟留在宫里，用一个大金盆养起来。

郑居中自进入枢密院的事情泡汤之后，对蔡京一直怀恨在心，得知蔡京就双头龟一事进宫祝贺，火速赶到勤政殿，奏称蔡京所言，纯属胡诌。赵佶似乎有些不相信。

郑居中说："乌龟本来就只有一个头，这只龟有两个头，明明是一个怪物，蔡京却说是祥瑞，真是居心叵测！"

赵佶果然不高兴了，命人把双头龟拿走，丢到金明池去了。并因此对蔡京起了猜疑之心。降旨任命郑居中为同知枢密院事。

蔡京见了圣旨，以为自己的话起了作用，算是还了郑居中一个人情。当知道郑居中升职的原因后，心里就有些不安了，见赵佶并没有责怪他的意思，也就慢慢地放下心来。

数月之后，又有人献上一枚长约六寸的玉印，玉印上刻有"承天福延万亿永无极"九字篆文。

赵佶并无疑心，将这玉印赐名为镇国宝，又在全国范围内挑选能工巧匠，再雕琢六枚方印，与元符年间所得的一枚秦玺，共称八宝。

大观二年正月，赵佶驾御大庆殿，举行隆重的受八宝仪式，大赦天下，文武百官各晋一级俸禄。蔡京晋封太师，童贯加授节度使。

五月间，童贯上奏收复洮州，赵佶下诏，授童贯为检校司空。提拔蔡京的同党林摅为中书侍郎，余深为尚书左丞。

北宋时期，宦官得授宰相之职，从童贯开始。

童贯自此恃有功勋，更加得到赵佶的信任，便有了不可一世的感觉，小人得志便猖狂，从此以后，童贯专擅军政，选拔将吏，都是直接向赵佶汇报，不问朝廷。

十月间，王皇后病逝。

王氏虽然身为皇后，由于赵佶宠幸郑、王二妃，留宿皇后寝宫的时间实在是少得可怜。作为女人，王氏虽身为皇后，过着锦衣玉食的生活，但在夫妻生活上，连民妇都不如，表面上她虽然不去争，内心的苦却是无处可诉，她实际上是积郁成疾而死。

王皇后病逝，也没有留下一男半女，赵佶觉得这个女人很可怜，有些对不起她，此后两年，他不谈立后之事。

张康国之死

张康国在蔡京推荐下做了枢密使，心理上发生了变化，便与蔡京分庭抗礼，争权夺势，每当朝议之时，常常各执政见，而且还经常在赵佶面前诋毁蔡京。

赵佶是一个没主见的人，经张康国一鼓吹，也觉得蔡京有些专横，密令张康国想办法监督蔡京的一举一动，允诺蔡京一旦倒台，宰相的之位就是他的。

张康国领了密旨，每天监视蔡京的一举一动，一有风吹草动，便向赵佶密报。

蔡京有所觉察，密令中丞吴执中上表弹劾张康国。

张康国也在朝中广布耳目，监视着蔡京一伙的一举一动，吴执中还没有发动，张康国就得到了信息，他来了个先发制人。趁赵佶在后殿的时候，进去跪奏道："今天朝堂上，吴执中一定会替蔡京弹劾臣。臣情愿让位，免得蔡京怨恨，受吴执中的指斥。"

"有这种事吗？"赵佶安慰道，"你不要担心，朕自有主张。"

张康国得到赵佶的承诺，退到候朝堂，像没事人一般。

赵佶登上金銮殿坐定之后，吴执中果然出班劾奏张康国，痛陈张康国的过失。赵佶打断他的话头，喝斥道："你敢受人唆使来进谗言吗？朕看你倒不配做中丞。"

吴执中见赵佶发怒，吓得面如土色，跪在地上不住地磕头，本想分辩几句，无奈心里发慌，想说却又说不出来。赵佶怒斥道："好个中丞！不效忠朕，替朕分忧图治，却徇私给人家作走狗，滚出朝去吧！"

吴执中叩头谢罪后，如丧家之狗退出朝堂。

当晚，赵佶即传出圣旨，将吴执中逐出京城，出任滁州知府。

蔡京的阴谋诡计受挫后，还不肯罢休，千方百计地要陷害张康国。张康国也是小心防备，可惜明枪易躲，暗箭难防，百密总有一疏的时候。

一天，张康国上朝在偏殿休息，喝了一杯茶，立刻便痛苦万分，不一会儿便咽气了。

从张康国死状分析，不懂医术的人也能看出是中毒而亡。在场的人也都心知肚明，明知有人在茶水里做了手脚，在没有证据的前提下，谁也不敢说。

终宋朝一世，执政大臣中毒猝死朝堂，仅此一例。

赵佶听到张康国暴死的消息，暗暗心惊，命有关部门优恤家属，追赠开府仪同三司，且给他一个美谥，叫作文简。

张康国的死因，赵佶没有追究，谁谋杀了张康国，成为一个未解之谜。

如意算盘落空

张康国死了以后，蔡京欲保举他的私党顶上留下的空缺。赵佶却在没有征询蔡京意见的情况下直接下诏，任命郑居中为枢密使。

郑居中与蔡京有过节，按蔡京的话说，是死了一个劲敌，又来了一个对头。

大观三年殿试，中书侍郎林摅任传胪，在集英殿传唱所中进士名字，新科进士中，有一个人叫甄盎，林摅不认识这两个字，将甄盎读成"烟央"。赵佶手上也在一份花名册，听林摅读错了声，不禁笑着说："你没有看清，读错音了！"

臣子做错了事，皇上当众说你错了，做臣子的除跪下谢罪外，没有其他的选择。林摅只看了赵佶一眼，并没有谢罪。

殿下的进士都是时之俊杰，听唱胪官将进士姓名读错了，想笑却又不敢笑。

朝廷官员没有新科进士那么多顾虑，虽然不敢大声喧哗，窃窃私笑却是难免的。

林摅见下面的人窃笑，大声喝斥道："笑什么？金銮殿上如此轻浮，失了礼仪，对皇上大不敬吗？"

"自己不认识字，怎么怪起别人来了？"赵佶接着亲自唱名："传甄盎上殿对策。"

这一个笑话刚结束，接下来又出了一个笑话，新科进士中有一个叫蔡嶷，林摅竟又读成了"蔡疑"。

大臣们遭到林摅的喝斥，本来就有气，听他又读错字，有人笑出声来，声音虽不大，但大家还是听得清楚。

蔡京见自己的死党丢人现眼，气得脸色发青。

林摅笑着问："怎么？又读错了吗？"

赵佶也乐了，笑着说："这回错得不远。"

赵佶的话音刚落，大臣们哄堂大笑。

御史们终于忍不住了，说林摅身为中书侍郎，连字都认错了，还在皇上面前倨傲不恭，大失人臣之礼！

赵佶见御史们认起真来，朝林摅一挥手："下去再读几年书吧！"

次日，赵佶下诏，罢了林摅中书侍郎之职，降为提举洞霄宫。用余深为中书侍郎，薛昂为尚书左丞。

薛昂也是蔡京的同党，对蔡京的恭顺到了无可复加的地步，为了避讳，全家人都不敢说"京"字，倘若有人说露了嘴，薛昂就要用鞭子抽打，如果自己不慎说了京字，则自打耳光以示惩罚。

蔡京喜欢薛昂对自己恭顺，故推荐他担任尚书左丞。

郑居中本来对蔡京怀有私怨，掌管枢密院后，有意排挤蔡京，暗中指使中丞石公弼、殿中侍御史张克公等人，接二连三地上表弹劾蔡京。奏章递上数十份，竟然一点反应没有。

这时，有个叫郭天信的道士正得到赵佶的信任，郑居中花重金买通郭天信，嘱托他在皇上面前密奏，说天上的太阳隐现黑子，这是宰辅欺君的预兆，不可不察。

赵佶向来相信这个，不免有些担心，下诏降蔡京为太乙宫使，改封楚国公，只准他每月初一、十五入朝。

大观四年五月，天上出现彗星，赵佶又是老一套，避殿减膳，让文武百官直言朝廷过失。于是乎，石公弼、毛注等人又将蔡京拿出来说事，说蔡京不轨不忠，是专会阿谀奉承的奸诈小人，建议将蔡京逐出京城。

赵佶犹豫不决。恰在此时，张商英调任杭州路过京师，照例进宫问安。

赵佶便把石公弼等人奏论蔡京之罪的事情说给张商英听,问他对御史们说蔡京搅乱纪纲这件事,有何看法。

张商英是蔡京私党,但他和蔡京一样,也是一个小人,善于察颜观色,看出赵佶有贬蔡京之意,便把蔡京过去对他的眷顾抛到九霄云外,见风使舵,对蔡京落井下石,奏道:"蔡京从来就是专横跋扈,任意行事,他不知道批阅各地公文要依律而行,也不知道他的头上还有陛下,这样的人主政,焉有不乱之理?"

赵佶不再犹豫,下诏降蔡京为太子少保,逐出京城,到杭州去居住。

余深见蔡京去了,失去了靠山,上疏求罢。赵佶准奏,命出知青州。

赵佶留下张商英,命为中书侍郎。

张商英上任之后,改善了蔡京所行的几项政策法规,颇合赵佶的心意。天下百姓久经苛政之苦,骤然得到一个较为宽松的环境,就像多日不曾进食的饿夫,忽然获得一碗粟米饭一样,尽管这碗饭质量并不好,甚至里面还有很多砂砾,仍然认为是精美食品。饥不择食,说的就是这种情况。天下皆大欢喜,极口称颂是善政。

赵佶对张商英说:"你佐朕广布德政,天下百姓欢呼雀跃啊!"

"这是陛下德惠天下,微臣并没有做什么事。"谦虚也好,恭维也罢,这样的话,张商英开口就可说出一串。

赵佶见张商英言语谦恭,丝毫没有贪功之意,更是认为所选得人,便提拔张商英为尚书右仆射。

恰巧彗星隐没,久旱逢雨,一班专好逢迎的臣子,都说是天人相应。

赵佶欣慰异常,亲书"商霖"二字,赐给张商英。

张商英更是感谢皇恩,于是加大改革力度,废除了蔡京推行的法令。并劝赵佶节华侈,息土木,抑侥幸。

开始的时候,赵佶很信任张商英,后来觉得不合自己的意思,渐渐有了厌恶的感觉。加上郑居中从中陷害,便下诏罢了张商英右仆射之职,调出京城,出任河南知府,不久又贬为崇信军节度使。

年底,赵佶又下诏改元做政和,以明年为政和元年。

张商英罢免之后,何执中独专宰相之权。蔡京给何执中写信,请他在皇上面前美言,让自己重新出山。

何执中虽然有意,但又担心蔡京回来后,自己难免要受到掣肘,有些犹豫。恰在此时,童贯出使辽国返京。

童贯的出现,对朝廷此后国策的转变,起了至关重要的作用,导致赵佶作出了联金灭辽的重大决策。最终导致引金亡宋的结局。北宋亡国的丧钟也就敲响了。

六　佞臣惑君

女真族的崛起

北宋自神宗听信王安石之言，把新疆方圆七百里的土地割让给辽国，辽人安稳了很久。

建中兴国元年，辽主耶律洪基病死，孙子耶律延禧继位，自称天祚皇帝，宋、辽两国仍然是兄弟之邦。耶律延禧此时已年过二十，继位之后，贪图安逸，不问国事，过上了骄奢淫逸的生活，雄霸北方的辽国，国力逐渐衰弱。

在辽国国力逐渐衰弱的时候，东北的女真部却乘机崛起，势力越来越大，大有与辽国一较高低的架势。

女真是一个古老的民族，世居在黑龙江下游、松花江、乌苏里江流域和长白山地区，隋唐时称黑水靺鞨，唐末五代，黑水靺鞨才被称为女真。辽国灭渤海国，在北方兴起的时候，女真分裂成南北两部，辽将女真一部分强宗大族迁至辽河流域，编入辽籍，称为熟女真，直接受辽的统治。北部称生女真。

生女真各部，小的千余户，大的数千户，如克展部、阿典部、完颜部等，他们自己推选酋长，各自为政，互不相属，过着渔猎、畜牧、采集的原始生活，没有纳入辽国的统治范围。

完颜部是其中一个较大的部落，酋长名叫乌古乃，此人英武过人，辽主欲拢络他，封他为生女真节度使。从此以后，他自己设置衙门，任命官吏，打造武器，训练军队，生女真逐渐强盛起来。到了辽天祚皇帝时期，完颜盈歌做了女真首领，在侄子完颜阿骨打的辅佐下，女真部的声势更加强大。

崇宁元年，辽将萧海里背叛辽国，逃亡到女真阿典部，派族人斡达剌拜见完颜盈哥，约请他起兵反辽，完颜盈哥认为他的势力还不足以与辽抗衡，不但拒绝了萧海里的请求，而且还将斡达剌囚禁起来，并派人将情况转报辽主。

辽主耶律延禧已经在派兵追捕萧海里，得到这个消息，立即命完颜盈哥出兵夹攻萧里海，不要让他逃逸。完颜盈哥招集兵丁千余人，同完颜阿骨打一起率兵攻打萧里海，兵马行到阿典部，正逢萧海里率叛军与辽兵大战，从战场局势来看，叛军明显占据优势，辽兵已经有些招架不住，败迹已现。完颜盈哥对完颜阿骨打说："辽国向来自称为大国，怎么打起仗来这般无用？"

"在我眼里，萧海里如同小儿一般。"完颜阿骨打狂傲地说："叫辽兵退，让我们收拾萧海里。"

完颜盈哥说他也有此意，于是命令兵士登高疾呼："辽兵退后！辽兵退后！"

辽兵正在苦苦支撑，眼看就要败退，蓦闻有人呼退，正是求之不得，立即后军转前军，前军变后队，向后退去。

完颜阿骨打一马当先扑向叛军，其部下也像一群饿狼一样，紧随其后。叛军突然遭到女真人的猛烈攻击，猝不及防，立即溃不成军。萧海里眼见部众已经溃退，自己独力难支，只得勒转马头，策马而逃。完颜阿骨打早就瞅准了萧海里，见他转身欲逃，立即挂刀取出弓箭，左手弯弓，右手搭箭，转展猿臂，嗖地一声，射向萧海里，萧海里听到呼啸的箭声，要躲闪已是不及，箭中后颈，坠落马下。完颜阿骨打拍马上前，一跃下马，顺手取出腰刀，割下萧海里的首级，然后纵身上马，飞驰而去。

叛军见首领已经做了刀下鬼，能逃的都逃了，来不及逃走的，纷纷缴械投降。

完颜盈哥将萧海里的首级献给辽主。辽主大喜，赏给他们三百匹马，五百只羊。

阿典部一战，女真人看到了一个秘密，辽兵自称强国，实际上是外强中干，战斗力并没有想象的那么强，假以时日，击败辽国不是一件难事。

时过不久，完颜盈哥死了，兄子乌雅束继立，乌雅束东和高丽，北收各部，势力越来越强大，渐渐有了与辽抗衡的实力与野心。

蔡京惑君

童贯从西北边关带回一个李良嗣的人，推荐举给朝廷。

李良嗣原名叫马植，李良嗣的名官是童贯替他改的，此人原本在辽国为官，因是一个大淫棍，被贬为庶民。遇见童贯时已是穷困潦倒。他向童贯吹嘘，说有良策助宋朝收回燕云十六州。童贯信以为真，替他改名，带他进京，并推荐给朝廷。

李良嗣向赵佶全面介绍了辽国的危机和金人的崛起，建议宋、金联合灭辽。

在李良嗣看来，辽国肯定要灭亡，宋朝应该抓住这个机会，王师一出，辽人必箪食壶浆，以迎王师，既可拯救苦难中的辽国百姓，还可收复燕云十六州。如果错过了这个机会，让女真得势，先消灭了辽国，宋朝若再想收复失地就遥遥无期了。

赵佶虽然过着醉生梦死的生活，但却好大喜功，如果侥幸灭辽，列祖列宗梦寐以求的燕云十六州就唾手而得，自己就可成为彪炳千秋的一代明君。当即授李良嗣秘书丞，赐姓赵，京城的人因此称呼李良嗣为赵良嗣，不久，又提升为右文殿修撰。

从此，宋朝开始了联金灭辽、光复燕云十六州之路。朝廷内外许多大臣和有识之士对赵佶的想法不以为然，但这并不能动摇赵佶联金灭辽的决策。

赵佶将他的北宋王朝，带进了一条死路。

童贯与蔡京的关系，本来就非同一般，蔡京做宰相，一半的功劳要归之于童贯，他出使辽国回来后，又在赵佶面前替蔡京说好话，何执中见童贯帮蔡京说话，知道蔡京复出已成必然之势，于是改变态度，跟着奏请赵佶召回蔡京。

蔡京极善逢迎的，赵佶好久没有见到他，心里也闷得慌，正想着他的好处，有童贯、何执中说情，也就顺水推舟，下诏将蔡京从杭州召回。

蔡京回京后，赵佶在内苑太清楼赐宴，辅臣陪宴。宴会的场面盛况空前，给足了蔡京的面子，赵佶在宴会上当众宣布，恢复他从前的官爵，并赐了他一所大宅子。

事后，蔡京特作记一篇，记录了这次宴会的盛况，里面对赵佶的献媚吹捧之词，已经到了不可复加的地步，这些都是赵佶喜欢听的，蔡京正是投其所好。赵佶看了，龙颜大悦，又对蔡京夸赞、赏赐一番。

蔡京复相以后，更是献媚贡谀地把在杭州搜求到的名花怪石，一起献入大内，赵佶龙心大悦，蔡京的圣眷更隆。

蔡京除了讨好赵佶之外，还将从杭州带回来的丝绸和工艺品送进宫里，从皇后到嫔妃，都得到一份蔡京的礼物，弄得宫里喜气洋洋，人人都说蔡京的好话。

蔡京恐怕谏官再来攻击他，想出了个压制一切的主意，所有机密事件，概请赵佶亲写诏令，称做御笔手诏。一经写定，立即特诏颁行。

以前，皇帝的诏敕，都是由中书门下议定，学士起草，审核后再盖上玉玺颁发。熙宁时期，有的诏敕不由中书门下共同议定，而是由王安石专权，亲自起草。

当时有一种封驳制度，这种制度在唐朝就在实行，朝廷有中书、门下、尚书三省，具体分工：中书省负责起草诏书，门下省负责签署，尚书省负责实施。门下省在签署诏书时，如果认为诏书不合理，可以拒绝签发，驳回诏书，称为封驳。这就是封驳制度。

蔡京请赵佶御笔手诏，如果朝臣想要封驳，蔡京便以违制的名义治罪。因此，廷臣再也不敢出来说事了，就是有些不像御书的诏令，也只好奉行无违。这个先端一开，贵戚近幸争相效尤，有事都向赵佶请求御笔手诏。赵佶忙不过来，便命宦官杨球代书，当时号称杨书。事情的发展出乎蔡京的预料，让他懊悔不已，但他已是作茧自毙，无可奈何了。

政和二年，蔡京改划官制：太师、太傅、太保三师，改做三公；司徒、司空、太尉三公，改做三少，称少师、少傅、少保；左右仆射，改作太宰、少宰，仍兼两省侍郎；罢尚书令及文武勋官，而以太尉掌管军权；改侍中为左辅，中书令为右弼，开封守臣为尹牧；府分士、户、仪、兵、刑、工六曹；县分六案；内侍省职，仿廷官号称作某大夫。修尚食、尚药、尚酝、尚衣、尚舍、尚辇六局；建亲卫、勋卫、翊卫三郎。

蔡京任太师，总管三省事宜。童贯为太尉，掌握军权。并追封王安石为舒王，王安石的儿子王雱为临川伯，从祀孔庙，并全面推行熙宁新法。

赵佶迷上道教

蔡京担心自己再次遭贬，又想出一条蛊惑皇上的方法，让皇上信奉道教，越陷越深。

赵佶宠幸的道士先是郭天信，后是魏汉津。后来，郭天信因张商英的案子受到牵连，被贬出京城，魏汉津也老死了。太仆卿王亶向赵佶推荐了又一位道士王老志。

蔡京本是想请王老志蒙蔽赵佶，偏偏王老志有自己的见解，劝皇上亲贤臣，远小人，励精图治。这当然与蔡京的本意相悖。于是，蔡京丢下王老志，又推荐了一个名叫王仔昔的道士。为了与王老志相区别，时人称王老志为大王，称王仔昔为小王。

王仔昔是洪州人，自称曾遇见许真人，得了他的真传，能知过去未来之事。

赵佶召见了王仔昔，赐号冲隐处士。宫中当时设坛祷雨，赵佶派小黄门向王仔昔索要神符。

王仔昔说，今天皇上祈祷是让爱妃的眼睛快点康复，还是治病要紧，说着取过硃砂，画一道符，当场焚符成灰，放入一个小砂罐里，兑上水交给小黄门："这水可以洗去眼疾。"

小黄门没有奉旨，不敢轻意将这些东西带进宫。

王仔昔笑道："如果皇上怪罪，一切由我来顶，治好了眼疾，你还有赏呢！"

小黄门果然将符水带进宫，呈给赵佶。

赵佶听罢小黄门的介绍，暗暗心惊，因为早晨赴坛，确实曾为爱妃的眼疾默默祈祷，王仔昔怎么会知道。便命爱妃用王仔昔的符水洗眼睛，几天后，爱妃的眼疾奇迹般地好了。赵佶大喜，进封王仔昔为通妙先生。

此后，赵佶更加信奉道教，下令在福宁殿东侧创造玉清和阳宫，供奉上道家神像，早晚顶礼膜拜。

后来，因为有人参劾王仔昔，赵佶也起了疑心，渐渐疏远了王仔昔。

王仔昔失宠后，又来了一个叫林灵素的道士。

左阶道徐知常向赵佶举荐了林灵素，说他法术通天。赵佶召见林灵素，问他懂何法术。

林灵素吹嘘说："臣上知天宫，中知人间，下知地府。"

赵佶问："神霄宫是个什么所在？"

林灵素说："神霄宫是东华帝君的治阙。天上的长生大帝君、青华大帝君，都是玉皇大帝的儿子。臣当年在天上侍奉玉皇大帝的时候，见过陛下。"

赵佶惊喜地问："真的吗？"

林灵素绘声绘色地说："陛下是玉皇大帝的长子玉清王降生人间。臣是仙府散卿，姓褚名慧，因陛下临凡御世，所以也跟着下凡，来辅佐陛下。"

赵佶也跟着装神弄鬼地说："朕记得你当年骑着一头青牛，那头牛到哪里去了？"

道家的祖师爷是老子，传说老子骑青牛过涵谷，所以人们把道士称之为牛鼻子道人。

林灵素大言不惭地说："青牛寄放在一个很远的地方，不久就会回来。"

赵佶深信林灵素真是仙人，赐林灵素名灵素，号通真达灵先生。

七　神秘的嫖客

大兴土木

政和四年，赵佶决定修建延福宫。宫址在大内拱辰门外，由童贯、杨戬、贾详、何䜣、蓝从熙五人担任修宫使。

五个人各自设计，争奇斗艳，只求建得富丽堂皇，新颖别致，不计造价，建造的亭台楼阁，风格无一雷同，池沼假山，形式绝不相似。

建成之后，又把历年从苏杭等地采办回来的花石纲珍品，巧妙地分布其中。富丽堂皇的宫殿、巧夺天工的假山、再配以佳花名木、奇葩异卉、文禽、奇兽、山石珠宝，新建的延福宫，胜似仙境。赵佶亲自写了《延福宫记》，刻碑留迹。

不久，又在宫内修建了一批村居野店，酒肆歌楼，每次长至节后，百姓都可以自由进宫参观，自东华游门以北，白天挂彩，夜晚悬灯，不禁夜，市民可以日夜在里面花天酒地，寻欢作乐，不受任何限制，直到上元节后才结束。赵佶称这一举动为先赏元宵。

随后，又修旧城，在城外濠沟上修两座桥，东边一桥名景龙门桥，西边一桥名天波门桥。两桥下面，叠石加固，舟船相通，桥上行走的人，看不见桥下的人，取名叫景龙江。江边殿宇对峙，金碧辉煌，奇花异木，点缀其间，还建有动物园，里面有白鹤、长颈鹿、孔雀、老虎等珍稀飞禽走兽。

赵佶闲暇时，也会去那里游玩，不论看到哪里，都觉得赏心悦目。对左右说，此宫是蔡太师提议兴建的，加上童太尉等精心设计，才有今天的美景。秦始皇和隋炀帝，未必享有此等仙景。

左右奉承地说："秦始皇、隋炀帝都是亡国之君，平时爱的无非是声色犬马，陛下鉴赏的是山林间奇物，无伤盛德，有益圣躬，怎么能与秦、隋相比呢？"

赵佶说："朕问过蔡太师，他说国库里还有五六千万的盈余，所以朕命筑此宫，愿意与民同乐。"

其实，朝廷已经是寅吃卯粮，蔡京说的都是假话。

赵佶的烦恼

赵佶除了大兴土木，贪图享乐之外，还有一个更大的奢好，就是好色，宫中得宠的除郑皇后外，还有王贵妃，乔贵妃，刘贵妃，此外还有韦妃等人。

在这些正式夫人中，刘贵妃最受宠，赵佶一刻也离不开她，可惜刘贵妃好命不长，在政和三年七月间得了一种怪病，撒手西去。

赵佶非常悲伤，整天闷闷不乐，杨戬又推荐了另外一个姓刘的女人，即小刘妃。

小刘妃原本是元符皇后刘氏宫里的人，谁知元符皇后被尊为太后以后，常干预外政，且还传出暧昧之情。赵佶欲下旨将她废逐，诏命没有下达，刘氏就悬梁自尽了。刘氏宫里的侍女都被遣放回家。小刘妃不愿离去，杨戬见她长得出众，便让她寄居在宦官何欣的家里。

杨戬见皇上郁郁寡欢，声称小刘妃绝不输于刘贵妃。

赵佶不相信，待杨戬把刘氏领来后，竟然被惊呆了，"酒不醉人人自醉，色不迷人人自迷"。

杨戬知道有戏，手一挥，带宫女、太监退到殿外。

次日，刘氏便被封为才人，一年之后，被封为贵妃，为了与病逝的刘贵妃相区别，历史上称死去了刘贵妃为大刘贵妃，后来的这位刘贵妃为小刘贵妃。

小刘贵妃天生尤物，聪明伶俐，善解人意，把赵佶侍候得服服帖帖，从此以后，六宫嫔妃尽少宠，三千粉黛无颜色，惟小刘妃一人承欢侍宴，朝暮风流缱绻，夜夜倒凤颠鸾，说不尽的男欢女爱，道不尽的儿女情长。

光阴似箭，日月如梭，小刘贵妃一连生了三个儿子，绿叶成荫子满枝，免不得丰韵不及当年，加之在宫里玩腻了，赵佶的忧郁之色溢于言表。蔡京见了，劝他说，人主既然以四海为家，便当以太平为娱。岁月苦短，陛下又何必自寻烦扰呢？能乐，就乐去吧！

赵佶听了蔡京之言，有了出游之念，并向高俅、蔡攸表达了这个想法。叫他们想办法出宫游玩。

"这个不难，只是……"高俅欲言又止，故意卖了个关子。

赵佶迫不及待地问："只是什么？"

"陛下想快乐，要暂时放下尊贵的架子。"高俅说。

"为什么？"

"臣以为，尊贵是一回事，快乐又是一回事，尊贵的人，未必是快乐的人。"高俅看了赵佶一眼说："陛下是天下最尊贵之人，但并不一定是最快乐的人。"

赵佶问道："外面的世界更快乐吗？"

高俅说："京城有个最令人销魂的地方。"

"什么地方？"赵佶好奇地问。

"金环巷。"

赵佶问："有什么特别之处？"

"那里有个名妓叫李师师，不仅貌赛西施，还能歌善舞，琴棋书画样样精通。"高俅吞了口唾沫说，"一句话，色艺双绝，妙不可言。"

赵佶的眼睛瞪大了，眼中露出一股贪婪的淫光。

"不过……"高俅故意卖了个关子。

"不过什么？"赵佶紧张地问。

高俅欲擒故纵地说："陛下不但不能一亲芳泽，恐怕连一睹芳容都很难。"

"为什么？"赵佶的兴趣果然来了。

"陛下平时出宫，要摆銮舆，要清道，行走时要鸣锣开道，这是极尊贵的了，可是一举一动，不得自由，处处受着尊贵的拘束，处处总得不到快乐。"

赵佶说："你们就替朕想个办法吗！"

高俅说："办法不是没有，只怕陛下不敢。"

赵佶说："说呀！朕有什么不敢的？"

蔡攸脱口而出："微服出宫！"

"微服出宫？"赵佶惊问。

"对，微服出宫。"高俅附和地说："陛下装扮成秀才儒生，臣等扮做仆从，悄悄地出宫，这样就自由了，陛下想怎么快乐，就怎么快乐，只是不那么尊贵了。"

赵佶笑着说："只要能找到快乐，暂时抛下尊贵的架子又有何妨？"

神秘的嫖客

赵佶换一身便装，化名赵乙，带着高俅、蔡攸、王黼，从侧门悄悄溜出宫。直奔金环巷。

几个美女迎上前："几位爷，既然来了，怎么站在门口不进去呀！"

"小潘安，姐姐正盼着你呢！快进来呀！"

原来，王黼人长得眉清目秀，一表人才，人送外号小潘安，是金环巷的常客，故美人上来就叫他。

王黼偷偷看了赵佶一眼。赵佶装做没听见，蔡攸乘机一抬手说："主人，请吧！"

赵佶也不推辞，进去了。皇帝进妓院，在中国历史上，算得上是奇闻。

两个丫头在前面引路，越过院内的长廊，来到一座绣阁旁，丫头掀起翡翠门帘，让四人进去。赵佶进了绣阁，举目望去，但见四壁粉饰成桃红色，鲜艳夺目。壁上挂着顾景秀的《怀香图》，周昉的《扑蝶图》，董源的《采菱图》，张萱的《整妆图》四轴名画：室内陈设的器用如紫金床、翠羽帐、七彩枕、九华衾等等，件件都是极品；再看湘妃榻上倦倚着一个美娇娘，粗看去，见她淡如秋水，艳比春霞，恍然醉后西子，又如出浴杨妃。

赵佶惊叹一声道："好优雅的所在！好漂亮的美人哟！"

湘妃榻上的美人闻声站起，轻笑道："多谢这位爷的夸奖。"

王黼先向李师师介绍赵佶，说他是做珠宝生意的。然后又向赵佶介绍了李师师。

赵佶近看李师师，见她鬓鸦凝翠，鬟凤涵青，秋水为神玉为骨，芙蓉如面柳如眉。一抹纤腰，苗条可爱，三寸弓步，瘦窄宜人，真是秀色可餐的绝世佳人，宫中的三千佳丽，无人能及。刚一照面，便喜欢上这个女人。

李师师知道王黼身份，见他对赵佶如此恭顺，料知眼前这个人的身份非同一般，不是王公，也是显贵，都是得罪不起的爷，忙堆下笑脸让坐，命丫环奉茶，叫厨房准备酒宴。

酒宴很快摆上了，蔡攸推赵佶坐首席，蔡攸、高俅、王黼依次坐下，李师师末席相陪。

王黼向李师师递个眼色，李师师会意，打起精神伺候赵佶。酒至数巡，更放开娇喉，唱了几支小曲。

赵佶目不转睛的盯着李师师，李师师也是浅挑微逗，眉目含情。蔡攸、王黼、高俅更在一旁诙谐打趣，渐渐的便言语谑浪，无所避忌了，待到了夜静更阑，方才散席。赵佶尚无归意，王黼已看出一点意思，分别对李师师、赵佶耳语一番，两人不住点头。然后，蔡攸、高俅、王黼三人起身离去。

赵佶见三人离去，猴急地扑上前抱住李师师，同入罗帏。一个是猎奇尝鲜，一个是刻意奉承，郎有情，妾有意，一夜枕席欢娱，如糖似蜜，恨良宵太短。

次日天未亮，蔡攸在外面敲门，赵佶只得起床。因为皇帝要上早朝，耽搁不得。临别时，赵佶恋恋不舍告诉李师师，他会再来。

李师师看着这个神秘的嫖客，心里也涌起了一股暖意。

赵佶回宫后，勉强御殿议事，散朝之后，惦念李师师，甚至连最心爱的小刘妃，也觉得乏味。

在王黼、蔡攸的安排下，隔三差五地溜出宫，到金环巷同李师师幽会。时间长了，李师师料到赵佶的身份，后来也从赵佶的口里得到了证实。

赵佶尽管迷上了李师师，但也不能天天溜出宫去嫖娼宿妓。王黼出了个主意，从宫里挖一条地道，直通金环巷。赵佶竟然认为这是金点子，命人秘密的挖了一条地道，从皇宫大内直通金环巷。从此以后，赵佶经常趁着夜色，青衣小帽，带着几个小太监，便到金环巷夜宿去了。

李师师从前有很多相好，傍上赵佶后，就不敢再接客了。京城里的王公贵族们心里虽然不舍，但谁也不敢同皇上争风吃醋，只能回避三舍。但有一个人，李师师却割舍不下，这个人就是著名的词人，时任大税监的周邦彦。

有一次，赵佶病了，周邦彦趁机来与李师师幽会，两人正在耳鬓厮磨之际，忽报圣驾到了，周邦彦一时无处藏身，只好匆忙躲到床铺底下。

赵佶是专程前来给李师师送鲜橙子，这是从江南用快马刚刚送到的，两人边吃边调情，让躲在床底下的周邦彦忌妒不已。

天色将晚，李师师心里虽然有事，口头上还是劝赵佶留下来。她说，夜已三更，马滑霜浓，陛下龙体要紧，就别走了吧！

赵佶可能确实是有事，再加上身体欠佳，将李师师搂在怀里亲热一阵之后，还是走了。

赵佶走后，周邦彦从床底下爬出来，擦拭着头上的冷汗，直叫好险。周邦彦也是文人性情，性格又有几分轻佻，加之看到李师师与赵佶的亲热劲，心里多少有些醋意，便把刚才的所见所闻，填了一首《少年游》的词：

并刀如水，吴盐胜雪，纤指破新橙。锦幄初温，兽香不断，相对坐调笙。低声问：向谁行宿？城上已三更，马滑霜浓，不如休去，直是少人行。

这首词将赵佶狎妓的细节传神地表现出来。

赵佶病好之后,再来金环巷同李师师幽会,饮宴间,赵佶问李师师近来有没有什么好曲子,唱来听听。李师师一时忘情,竟把周邦彦的《少年游》唱了出来。

赵佶听罢脸色大变,问这是谁填的词。因为他知道,词中描写的正是他与李师师缠绵的情景。李师师虽然很后悔,但却不敢隐瞒,只得说是周邦彦的词。

赵佶立刻明白,那天,周邦彦一定在屋内,当时并没有把李师师怎么样,次日上朝,他让蔡京找个理由,将周邦彦罢官免职、逐出了京城。

周邦彦出京的时候,李师师冒着风雪为他送行,并将他谱的一首《兰陵王》唱给赵佶听。

柳荫直,烟里丝丝弄碧。隋堤上、曾见几番,拂水飘绵送行色。登临望故国,谁识京华倦客?长亭路,年去岁来,应折柔条过千尺。　闲寻旧踪迹,又酒趁哀弦,灯照离席。梨花榆火催寒食,愁一箭风快,半篙波暖,回头迢递便数驿,望人在天北。　凄恻,恨堆积!渐别浦萦回,津堠岑寂。斜阳冉冉春无极。念月榭携手,露桥闻笛,沈思前事,似梦里,泪暗滴。

李师师一边唱,一边流泪,特别是唱到"酒趁哀弦,灯映离席"时,几乎泣不成声。赵佶也觉得对周邦彦太过严厉,便又下诏,把周邦彦招回京师,任命他为管音乐的大晟府乐正。

赵佶自从结识了名妓李师师,整天沉浸于享乐,不理朝政。纸是包不住火的,世上也没有不透风的墙,皇帝逛妓院的事,在京城悄悄地传开了。

有一个叫曹辅的小官,向赵佶上奏章,劝他不能对不起天地祖宗。赵佶虽然很恼火,但又不好发作,便将这件事交给王黼和蔡攸去处理。王黼便将曹辅抓起来,质问道:"你一个芝麻大的小官,这样的事是你管得着吗?"

曹辅不卑不亢地说:"不管小官大官,爱君的心是一样的,大官不说,只有我们小官来说了。"

王黼被噎得半天不能出声,转身问一同审案的蔡攸:"你们听说过这种传闻吗?"

蔡攸摇头说,从来没有听说有这件事。

王黼又对曹辅说:"我们做宰相的都没有听说这件事,你却在这里胡说八道,你是故意侮辱皇上。"

曹辅抗声说:"装聋作哑,你们这样的人根本就不配当宰相,国家眼看就要亡在你们这些人的手上了。"

王黼恼羞成怒,把曹辅打入了天牢,然后以诬蔑天子之罪论处,将他发配到郴州,最后迫害致死。这样一来,满朝文武,再也没有人敢提这件事了。

八　皇帝成了道教掌门人

道教新掌门

林灵素获得赵佶的信任之后,可以自由出入禁宫,宫中眷属,也不必回避。

这一天,赵佶正在偏殿围炉烤火,林灵素自外而入,赵佶赐他在身边就坐,两人聊了起来,正聊得起劲的时候,林灵素突然离坐,毕恭毕敬地站立一旁,赵佶问他这是何意。林灵素谦恭地说:"九华玉真安妃大驾将至,臣礼当恭迎!"

"九华玉真安妃?"赵佶惊问道,"九华玉真安妃在哪里?"

"陛下稍候,马上就要到了。"林灵素说罢,拱手站立一旁。

赵佶正在迟疑之际,只见三五个宫女,簇拥着一个丽姝进来,赵佶一见是自己宠爱的小刘贵妃,大笑不止。林灵素却恭恭敬敬的拜伏殿下,口中说道:"恭迎神霄侍案夫人!"

话音刚落,崔贵嫔轻移莲步,带着几名宫婢又冉冉而至,林灵素从地上爬起来,口中说道,这位贵人,在仙班中与我同列,不必行大礼,说罢只是一揖,便回座位坐下。

赵佶看了看两位贵人,再看看林灵素,似信非信。

第二天,赵佶又问林灵素,朝廷大臣当中有没有仙人。林灵素信口开河地说,蔡太师是左元仙伯,王黼是神霄文华吏,蔡攸是园苑宝华吏,其他如郑居中、童贯等人都位列仙班,赵佶高兴地说，朕建造了玉清和阳宫，供奉神像，请先生为朕设醮祭祀。

林灵素却说玉清和阳宫太窄小，做法事很不方便，必须另建一座宫殿才行。

赵佶当即批准了林灵素的建议，并命林灵素主持这项工程，内侍梁师成、杨戬任监理，协助林灵素。

林灵素将道宫的地址选在延福宫东侧，规划自延福宫东门至景龙门，绵延数里，紧连皇宫。宫殿修成之后，取名上清宝箓宫。

上清宝箓宫是一座史无前例、无与伦比的超大型道教宫观，耗资千万贯。不久，林灵素主持了祭祀大典，因为林灵素说小刘贵妃是赵佶在天上的元配九华玉真安妃下凡，所以赵佶携小刘贵妃参加大典，文武百官一律穿羽服、戴黄冠参祭。

赵佶知道，许多大臣对此相当冷淡，后宫郑皇后也有所不满，因为小刘贵妃被指认为赵佶在神宫中的元配，几乎动摇了深得人心的郑皇后的中宫之位，幸亏小刘贵妃并无夺宫之意，才使矛盾没有进一步扩大化。

一天，赵佶去上清宝缘宫祈祷，林灵素问他，是想求昊天上帝之诏，还是想求见青华帝君之面。赵佶回答说两样都想求，并叫林灵素指点迷津，让他如愿以偿。

"日有所思，夜有所想。只要陛下日夜凝想，一定能够成功。"林灵素神秘地说："但帝君只在夜间降临，且都是在梦中，他是不见凡夫俗子的。求见期间，陛下只能与玉真安妃同宿。只要陛下心诚，一定能见到帝君的。"

于是，赵佶天天宿在小刘贵妃宫里，以求做个好梦。几天之后，林灵素问赵佶，是否见到了帝君，赵佶一脸茫然。林灵素提示说："陛下晚上做了梦吗？"

"好像做了个梦！"赵佶若有所思。

"这就对了。"林灵素高兴地说："一定见到了青华帝君，是吧？"

"好像是的。"赵佶皱眉道："好像还说了几句话，没听懂，也没记住。"

"陛下当然听不懂了。"林灵素问道："陛下没看见帝君身边还有一个人吗？"

"好像是有个人。"赵佶有些迷糊了，思维随着林灵素的问话转。

"是呀！那就是我。帝君是来宣旨的，帝君将旨意交给我带来了。"林灵素随手从袖内抽出一卷天书说："这天书云篆，陛下一定能看懂。"

第八篇 亡国之君

赵佶接过一看，见天书云篆上的字，是李斯所创的小篆，落款盖有"昊天上帝"之印。赵佶看罢，喜形于色，立即命林灵素筹开千道会，并诏命天下，所有道观都要派员参加千道会，他要在这次千道会上宣布青华帝君降临、颁下天书之事。

北宋在真宗皇帝时期曾有过天书的闹剧，百余年后的赵佶，又重演了他先祖的闹剧，所不同的是，真宗皇帝天书的闹剧，是由佞臣王钦若一手导演，而赵佶的天书闹剧，则是由妖道林灵素一手策划。事同人不同，北宋的皇帝和他的臣子们，疯狂得真是够可以的了。

政和七年四月，上清宝缘宫开设千道会，林灵素宣读了昊天上帝一道奇特的诏书：

朕察中华众生遭金狄之教（佛教）所愚弄，命长子长生帝君下界，兴中华之正教。怎奈众生愚昧，仍为金狄之教所迷。因此，朕命青华帝君传谕，敕封长生帝君为中华教主道君皇帝。钦此。

众道士听罢欢声雷动。

紧接着，道箓院主事又宣布了一个重大决定，上赵佶为"教主道君皇帝"的封号。赵佶堂而皇之地登上法坛，一身二职，以皇帝的身份兼任道教教主，台下出现了一道史无前例的独特风景：他以道教教主的身份接见教众，教徒们欢声雷动，教徒们向他行教礼，他以皇帝的身份接见文武百官，文武百官则行君臣之礼，朝贺呼万岁。

皇帝当了道教掌门，这在中国历史上绝无仅有。

政和年间，道教得到空前的发展，宝缘宫经常设大斋，举行千道会，每次耗资数万贯。每次法会，林灵素头戴黄冠，身穿法衣，坐坛讲经。赵佶也在旁设座，听林灵素讲道。

其实，林灵素对道经，也只是略知皮毛，并不能讲出大道理，但他却具有演讲大师的素质，讲法的时候，他能天上、人间、地府，信口开河，编得煞有介事；三教、九流、十家，牵强附会，说得天花乱坠；滑稽、野语、村言，夹杂其中，贩夫走卒都听得懂。因此，每逢林灵素讲道，常常会引得哄堂大笑。不仅普通听众喜笑颜开，就连赵佶本人也是忘形大笑，完全没有了君臣之礼，师道之尊。

社会上风传，林灵素讲经，好比田夫野老、牧童村竖围坐于豆棚下，听滑稽先生信口开河，讲笑话逗乐。

然而，仅凭逗乐，恐怕也吸引不了听众，人们不可能总放着活不干，来听你侃大山。林灵素似乎也知道这一点，他便作出了一个特殊的规定，凡参加法会的人，除了施舍一顿斋饭之外，还可以领到三百文制钱。有饭吃，有钱领，这样的好事，当然就有人干了。于是乎，每逢召开千道会，一些无业游民、市井无赖，找一块布蒙着头，都来赶场，冒充道士的人，比正宗的道士、道姑的人数还要多。因此，每次千道会，就显得盛况空前，声势特别大。

如此一来，林灵素的威望越来越高。据说，林灵素麾下有弟子二万，他出行与宰相、太子争路，人称"道家两府"。

在宋朝，两府指东府、西府，东府是宰相，西府是枢密院，宰相管政务，枢密院管军事。林灵素的地位能与宰相、枢密院分庭抗礼，可见他的气势之大。所以，很多奸邪小人都来贿赂林灵素，以求官职。

大臣们见皇帝崇奉道教，上行下效，纷纷投其所好，上朝不穿朝服而穿道袍，每当朝会之时，金銮殿内，但见黄冠羽扇，满廷乌烟瘴气，形成一道奇观。

作为一国之君，废国事而痴迷于道，耗巨资大修寺院，广开道场，对于江山社稷和黎民百姓，则就是一场灾难。

赵佶身边的几位大臣，多是一些奸佞，他们怂恿赵佶吃喝玩乐，隐瞒实情，报喜不报忧，让赵佶觉得，他的天下是太平盛世。那些造假之人，却能飞黄腾达，其中，最走红者，莫过于童贯。

奸佞惑主

天下的事，真的有那么凑巧，就在赵佶痴求神拜佛，迷于道教的时候，道法似乎真的显灵了。

太尉童贯督造延福宫后，仍兼任陕西经略史之职。童贯呆在京师的时候，从西陲传来军报，说环州、定远军首领李额叶与西夏勾结，率部投奔了西夏。对于李额叶来说，他原本是西夏降将，这是叫回归故土。而在宋朝，于西夏，这是在挑衅，于李额叶，则是叛逆。

赵佶呆在东京，自以为是，哪里容得下这种行为，立即诏命童贯赶往西陲，调兵遣将征讨西夏。

童贯赶赴陕西前线后，命熙河经略使刘法率兵十五万，出湟州；秦凤经略使刘仲武，率兵五万，出会州，攻打西夏。他自己亲率中军驻兰州，为两路声援。

刘仲武率兵到达清水河，筑城据守。刘法进军途中，在一个叫古骨龙的地方与夏右厢军相遇，一场遭遇战，宋军击败夏人，杀敌三千。

捷报传到京师，赵佶大喜，诏令童贯兼领永兴、鄜延、环庆、秦凤、泾原、熙河六路军权。

童贯就任新职，再派王厚、刘仲武会合泾原、鄜延、环庆、秦凤四路兵马，分头进攻西夏臧底河城。然而，这一战却没有上一次遭遇战那么顺利，西夏军有备而战，宋军不但大败而归，而且损失惨重，参战的兵士伤亡近半。

童贯向来是报喜不报忧，他严密封锁兵败的消息，命令刘法、刘仲武再调熙河、秦凤两路共十万兵马，继续攻打西夏的仁多泉城。

仁多泉城守兵势单力薄，再加上等待援军不至，只得开城缴械投降。刘法率宋军进入仁多泉城后，竟然命令士兵大开杀戒，残暴地将城中的军民杀得一个不留。古往今来，战场上是不杀俘虏的，刘法似乎不受这个约束。

捷报再次传到京城，赵佶加封童贯为陕西、两河宣抚使。紧接着，渭州边将种师道率兵攻克了臧底河城，捷报传到京城，功劳又归童贯，再次加官进爵，进封开府仪同三司，签书枢密院事。

童贯的圣宠如日中天，蔡京也不甘示弱。经过精心策划，他竟然攀龙附凤，和赵佶结成了儿女亲家。赵佶将他的第六女茂德公主下嫁给蔡京的第四子蔡鞗，同时，蔡攸又兼领上清宝箓宫、秘书省、道箓院、礼制局、道史局等各种美差。蔡攸的弟弟蔡鞗以驸马爷的身份，升任保和殿大学士，蔡攸的儿子蔡行，也被任命为殿中监。蔡家一门显贵，烜赫无比。

赵桓于政和五年（1115年）二月册立为皇太子，曾封为定王，时年十七岁。赵桓为人处事，同他的父皇恰好相反，赵佶骄奢淫逸，极尽享乐，赵桓则克勤克俭，性好节俭。

太子是储君，蔡京当然要对他格外巴结，一次，他将大食国赠送给他的一套琉璃酒器献入东宫。谁知太子不领情，反而说蔡京将这些小玩意儿相赠，是在消磨他的心志。如果事情就此打住，也就没事了，偏偏太子詹事陈邦光在旁边火上加油，说春秋时的卫懿公就是玩物丧志，最后导致亡国，蔡京向太子赠送这些东西，可是别有用心。同时，他还说了蔡京的许多不是，惹得太子一时性起，命左右将蔡京送来的琉璃酒器砸得粉碎。

太子怒砸礼物的事传很快就在朝中悄悄地传开了，这叫蔡京很没面子，本想拍马屁，谁知拍到了马蹄上，讨了一番没趣。他知道自己奈何不了太子，便将一口怨气出在太子詹事陈邦光的身上。暗地里指使言官弹劾陈邦兴，他再从旁煽风点火，很快，内廷便传出御书手诏，将陈邦光逐出京城，贬至陈州。

蔡京自从与赵佶结为儿女亲家后，君臣关系可以说是到了亲密无间的地步。有时，赵佶居然略去君臣名分，以儿女亲家的身份来到蔡府，不但不避蔡氏父子，甚至连他的家仆也不回避，相处得如同家人一般。蔡京设家宴款待赵佶，餐桌上，山珍海味，飞禽走兽，应有尽有，各种菜肴，花样百出，一餐之费，竟至千金。赵佶开玩笑地说，亲家餐桌上的菜肴，比朕的御厨房还要丰盛。蔡京听后，惊出一身冷汗，他以为赵佶是说他太过奢侈，偷眼一看赵佶，并无责怪之意，一颗悬着的心，总算放下了。

赵佶吃得高兴，竟叫茂德公主及蔡家的老少妇孺，全都在旁边设席就坐，蔡府一家老小，尽沐皇恩。

次日，蔡京上表谢恩，奏表中有"主妇上寿，请醧而肯从，稚子牵衣，挽留而不却"。说的就是赵佶在蔡府的真实情景。

一个妖道在朝中装神弄鬼，一个阉宦在西陲报喜不报忧，一个奸相在君侧阿谀奉承，堂堂的一国之君，被这些奸佞玩弄于股掌之中。

万岁山

赵佶完全沉浸于寻欢作乐之中，基本不理朝政。政和七年十二月，在几个佞臣的怂恿下，又一项规模庞大的工程在京城东北动工了，按照八卦的方位，东北方是八卦的艮位，因此，这项工程称之为"艮岳"，又称万岁山。

当初，由于赵佶子嗣不旺，道士刘混康说增高艮位的地势，就会使皇家的子嗣兴旺，赵佶下令，在京城东北建造假山，抬高那里的地形，恰巧开工不久，包括王皇后在内的后宫女人，接二连三地生儿子。赵佶便以为这是块风水宝地，于是便开始大力营造这处园林。道士们还说，在这个方位修建成假山园林，国家必将繁荣昌盛。有了生儿子的先例，赵佶对道士的鬼话是深信不疑，于是下令营建万岁山。

万岁山是仿浙东余杭县的凤凰山形势修建，方圆约十余里，其中规划有芙蓉城、灵壁城、慈溪、景龙江等景点。这样，整个皇城以北，由延福宫、上清宝箓宫、万岁山，便形成了一片游览胜地。

万岁山动工之后，赵佶诏令设在苏州的奉应局大力采办花石纲发运东京。花纲石发运所到之处，各路、州、县都要大力协助，花石纲的转运，给沿途百姓带来了无穷灾难。

极具讽刺意味的是，从万岁山修建时开始，天下似乎就不那么太平，方腊、宋江领导的大起义相继爆发，金人的铁骑呼啸而至，踏碎了中原大地，北宋的大好河山，成了外族的口中之食。

国内阶级矛盾日益激化，外族对中原大地虎视眈眈，内忧、外患，接踵而来，北宋的丧钟，真正地敲响了。

九　失败的外交

谎报窃功

政和八年，赵佶下诏改元重和，文武百官各有封赏，童贯晋升为太保。次年又改元宣和。

童贯镇守西陲，屡次晋爵，还想立功邀赏，命刘法出兵攻打西夏。刘法在推辞不掉的情况下，极不情愿地率兵二万兵马抵过统安城。正巧遇到夏主的弟弟察哥引兵前来。

两军相遇，刘法即命士兵列阵出战，

察哥分兵两路，一队与刘法交战，另一路骑兵绕过宋军背后。

宋军正与夏军交战正酣之时，不料夏兵从背后杀来，首尾不能相顾，士兵纷纷溃逃，刘法不能约止，只得丢下兵士，落荒而逃。

天色渐晚，刘法摸黑逃命，迷失了方向，次日黎明，逃到离主战场七十余里一个叫盖朱岿的地方，已经是人困马乏，于是下马卸甲暂作休息，忽见对面山脚走来几个挑着担子的山民。刘法以为是几个贩夫走卒，便向他们讨食物，几个挑夫拒绝了刘法的要求。刘法一瞪眼说："你们这些小民，可认得我刘经略吗？"

其中有个人说："原来是经略大人，小民不知，小民不知，千万不要见怪。"

刘法见对方害怕了，迫不及待地说："本经略饿了，有什么吃的，快快拿来。"

说着话，几个挑夫已经在刘法的身边放下了挑子，其中一位瞅了刘法一眼说:"大人请稍等一会,小人这就给你拿。"

刘法眼巴巴地看着那人伸手去担子取物,谁知取出的却是一把钢刀,刘法慌乱之中来不及躲闪,被一刀结束了性命。脑袋也被割走了,送到察哥那里。原来,几名商贩是夏兵装扮的。

察哥见了刘法的首级说:"这位刘将军曾在古骨龙、仁多泉连败我军,我以为他是天生神将,不敢与他交锋,谁知今天被我的小兵所杀。"

童贯封锁了刘法战死的消息,派人出使辽国,请辽国出面调解,想再次与夏人和好。

辽国这时正在与金国交战,不想得罪中原,就转告夏主,让他们与宋修好。

夏主李乾顺也不想打仗,顺水推舟地答应下来。

童贯又向朝廷上书,说夏王畏惧天朝的威严,情愿投降。

赵佶闻报大喜,加升童贯为太傅,封泾国公。童贯是个阉宦,不男不女,故时人称他为媪相,同公相蔡京齐名。

童贯班师回朝,蔡京正决定图辽,派武义大夫马政从海路出使金国,相约与金国前后夹攻辽国。

金国是一个什么国度,怎么突然又冒出了一个金国?这件事还得回头细说。

女真族的崛起

徽宗政和二年时,辽国天祚皇帝耶律延禧赴春州,到混同江钩鱼,女真各部落酋长都要前去朝见,阿骨打奉兄长之命,也去觐见辽国皇帝。垂钩结束,辽帝设头鱼宴招待各部落酋长,酒至半酣,辽帝命各部落酋长轮流跳舞助兴,轮到阿骨打时,他推说身体不舒服,拒绝跳舞。辽帝脸色虽然很难看,终究还是没有发作。

天祚皇帝对阿骨打动了杀心,事后吩咐北院枢密使萧奉先,找机会除掉阿骨打。经萧奉先极力劝阻,天祚皇帝才罢休。

阿骨打回去后,担心辽国出兵讨伐,大量招兵买马,修建城堡,打造武器,吞并周围各族以拓展控制区域,把守险要,准备同辽人一战。

后来,乌雅束病死,阿骨打继位,他不向辽国报丧,而且自称勃都极烈。

辽天祚皇帝派人前去问罪,阿骨打拒绝接见来使,同辽国扯破了脸。

政和五年，阿骨打正式称帝，建国号大金，更名为旻。完颜阿骨打，亦即完颜旻，就是金太祖。

金国建立，直接威胁到辽国的统治，辽天祚皇帝派曾家奴传书给金主完颜阿骨打，要求金国作为辽国的附属国，遭到了完颜阿骨打的拒绝。

接下来，辽与金两国国主以书信来往，打了一场外交战，辽主在书信中直呼金主的名字，劝其投降，金主也在书信中直呼辽主的名字，声称要辽答应金国开出的条件。几次书信往来，谁也不服谁。

完颜阿骨打是一个敢作敢当的人，来文的不行，干脆就来武的，既然扯皮了脸，索性就大干一场。他率领凶悍的女真人，向辽国发起了猛烈的攻击，进兵益州，直捣黄龙府。辽兵节节败退，黄龙府陷落金人之手。

辽天祚皇帝得报，起兵七十万，御驾亲征，欲夺回黄龙府。

完颜阿骨打调集人马，倾国而兵，走到达黄龙府东，远远看见满山遍野都是辽兵，对左右说，辽兵远道而来，利在速战，我军如坚守不出，借以消磨辽兵的锐气，待辽兵疲乏之时再出战，必能击败辽兵。于是下令全军择险地扎下营寨，按兵不动。

辽兵扎营后，竟然也按兵不动，过了一天，竟然陆续走了。

再说辽主天祚皇帝耶律延禧率兵到达黄龙府后，正欲与金兵展开决战，突然接到国内急报，有人要乘他不在的时候，图谋篡位。

原来，辽国副都统章奴，想立天祚皇帝的叔父耶律淳为帝，带领将士回了上京。耶律淳并没有篡位之意，拒绝了章奴的好意，章奴便纵兵抢掠，到辽太祖庙数说天祚皇帝的罪行，下令各州县，进军攻打行宫。皇位不保，天祚皇帝当然无心恋战，故此下令连夜撤兵。

天祚皇帝率兵赶回上京后，恰逢章奴被熟女真部击败，所率叛军，尽皆溃散。几个巡逻的小兵捉住章奴，押回上京交给天祚皇帝。

天祚皇帝立即杀了章奴，带兵返回都城。

辽国有五个国都，分别为上京临潢府（内蒙古巴林左旗）、中京大定府（内蒙古宁城）、东京辽阳府（辽宁辽阳）、西京云中府（山西大同）、燕京析津府（今北京）。

谁知上京的内乱刚平，东京又发生了叛乱。

东京留守萧保先虐待渤海居民，为暴民所杀，辽将大公鼎、高清明率兵剿捕，刚刚将乱民镇压下去。偏将高永昌收集残匪，进据辽阳，旬日间，竟纠集了八千余人，自行称帝，改元隆基。

辽天祚皇帝派韩家奴、张林讨伐叛逆，高永昌自知不敌，便向金国求救。

金主完颜阿骨打派胡沙补到辽阳告诉高永昌，说愿意协助高永昌攻辽，条件是高永昌必须削去国号，归顺金国，金国将封他一个王爵。

高永昌刚过了一把帝王之瘾，岂肯立刻放弃。他没有答应完颜阿骨打开出的条件。

完颜阿骨打见高永昌不愿臣服于金国，便派大将斡鲁率军攻打高永昌，进军途中，恰巧与辽将张琳相遇，一场遭遇战，以辽将张琳败走而告终。斡鲁乘势取了沈州，直逼辽阳城下。

高永昌开城出战，不敌金军，向长松败退，辽阳人挞不野乘乱活捉了高永昌，献给金主完颜阿骨打。高永昌被处死。辽国的东京州县以及南路熟女真部，陆续投降金国。

完颜阿骨打任命斡鲁为南路统领，斡伦知东京事。

辽天祚皇帝得知东京失陷，大惊失色，任命耶律淳为都元帅，在辽东募集二万二千多人组成一支部队，称作怨军，即报怨女真之意。任命渤海铁州人郭药师等为统领。耶律淳派耶律奴苟出使金国，建议两国修好，完颜阿骨打提出辽国以兄礼侍金的条件。

金本是从辽国分离出来的一个小国，现在反过来要辽国称他为兄，天祚皇帝当然不干，和谈宣告失败。

恰逢辽国出现大饥，盗贼四起，国内形势混乱。在无可奈何的情况下，宋宣和元年，辽国枢密使萧奉先劝辽帝暂时答应金人提出的条件，册封完颜阿骨打为东怀国皇帝。

完颜阿骨打是一代人杰，雄才伟略，绝不会屈于人下，他认为东怀国这个名称不可理解，自己是金国，直接称为大金国即可，为何要称东怀国呢？而且在册书中，并没有提辽称金为兄的事情。他将册书弃之于地，不接受辽主的册封。辽、金的和谈再一次破裂，北方的局势更加不稳定。

使臣出海

蔡京得到这个消息，想约金国一起攻打辽国，趁机收复燕云十六州。派武义大夫马政自登州渡过渤海湾出使金国，秘密策划联合攻辽之事。

金主完颜阿骨打派使者李善庆持奉国书，并带上渤海的珍珠、东北生金等贵重物品，随马政出使宋朝。

赵佶命蔡京接待金国使者，并具体商量联合攻辽之事。金国使者李善庆并没有当场表态，在汴京住了十余天后，便打道回府了。

原来，李善庆此次出使宋朝，金主完颜阿骨打交给他的任务是探听虚实，只看、只听，不说。赵佶见和谈没有结果，便命马政再次持诏书，并带上宋朝赐给金国的礼物，同李善庆一同再赴金国。

走到登州的时候，马政奉诏停止前行，另派平海军校呼庆护送李善庆归国。

金主完颜阿骨打仍然没有表态，只是对宋使呼庆说，回去告诉你们的皇帝，如果想修好，就正式出示国书，不要使用什么诏书，大金是一个独立的国家，不是你宋朝的附属国，你们无权对金国指手画脚，诏书对我们不起作用，下次如果再使用诏书，就别怪我将宋朝的使臣拒之门外。

原来，李善庆在汴京呆了十多天，已经窥出了宋朝的虚实，堂堂的宋朝，不过尔尔，金国完全有能力与宋朝平起平坐，争一时之短长，没有必要对宋朝俯首帖耳。故完颜阿骨打对宋朝使者，说话的的语气并没有像以前那样客气了。

本钱就是实力，没有本钱，就没有实力，这是生意场的规则。国与国之间打交道，也是这样，国力强，说话的声音就大，没有那个实力，就只能装孙子。

完颜阿骨打是一代雄主，他不是装孙子的人。

呼庆身为使者，只能唯唯而退了。

几个来回，协议没有达成。蔡京、童贯建议，再派人出使金国。

对于赵佶这种投机取巧的愚蠢行为，朝中的有识之士都不以为然，由于奸臣当道，谁也不敢乱开口。中书舍人吴时忍无可忍，上书谏阻，赵佶看了吴时的奏疏，有些犹豫不决。恰好布衣安尧臣又上疏，力谏赵佶放弃联金攻辽的倡议。

安尧臣在奏疏中说：宦官交结权臣，共同倡议北伐，自宰臣以下，没有人敢说一句话。他认为，燕、云之役兴，则边衅大开，宦官之权重，则朝纲不振。当年先祖真宗皇帝澶渊一战，取得了绝对优势，但却与辽国签订了"澶渊之盟"，究其原因，不是打不过辽国，而是为固国本，息民力。今童贯深结蔡京，采纳赵良嗣之谋，重提平燕之议，引来的后果，恐怕是唇亡齿寒，边衅大开。他恳求赵佶鉴历代君臣之得失，遵守旧约，不要使外夷对中国有可乘之机。这样才能上安宗庙，下慰生灵。此则国家之幸，生民之幸。

赵佶连接两疏，正在犹豫，有两个御医从高丽归来，转告了高丽国君的意思。

原来，高丽与中国通好，高丽国主生了一种怪病，本国的医生束手无策，只好向宋朝求医，赵佶派遣两名御医前往诊治。两名御医治好了高丽国君的病，高丽国主送两名御医归国的时候，对他们说："听说天子将与女真联合，图谋契丹，恐非良策。因为契丹夹在宋朝与女真中间，契丹的存在，可以成为中国捍边的屏障。女真如狼似虎，不宜与其建交，可向天子传达我的建议，要提防女真。"

两名御医归来之后，将高丽国主的话原原本本地转告赵佶。赵佶本来以为吴时、安尧臣的奏言有道理，加之高丽国主的传话，拟将联金攻辽的计议暂时搁置，并拟提拔安尧臣为承务郎，借以开通言路。

蔡京、童贯仍然坚持要联金伐辽，说辽、金交战，这是天赐良机，如果错失良机，将会反受其害。

还有学士王黼，此时已升任少宰，他与蔡京、童贯沆瀣一气，斥责吴时腐儒，并说安尧臣只是一个布衣，根本就没有上书言国事的资格，这种目无王法之人，怎么能够再给他一个官阶呢？

赵佶奈不住三人力请，于宣和二年二月，再派右文殿修撰赵良嗣以买马为名，出使金国，再次同金国展开秘密外交。

赵良嗣到达金国的时候，适逢辽国使臣萧习泥烈到金国商议册礼。宋、辽两国的使者碰在一起。完颜阿骨打谁也没有答复，带上宋、辽两国的使臣，出兵攻打辽国的上京。

辽天祚皇帝耶律延禧正在胡土白山围猎，得知金主领兵来犯，命大将耶律白斯率精兵三千驰援上京。

金主领兵至上京城下，指着上京城对宋、辽两国使臣说，你们看我用兵，此一战若胜，辽使就滚蛋，若败，宋使就走人。说罢，指挥金兵向上京城发起了猛烈攻击，仅半天时间，金兵便搭云梯攀上城墙，拿下上京。

耶律白斯率援军还没有到达上京，上京就已经失守，只得中途撤回。

完颜阿骨打进入上京之后，排宴庆祝，酒宴间，只有宋使赵良嗣，不见辽使萧习泥烈。

赵良嗣举杯向完颜阿骨打祝贺，口中大呼万岁。完颜阿骨打大悦。赵良嗣乘机说道："燕云本是汉家土地，被辽国侵占多年，而今该由敝国取还了。现在敝国愿与贵国协力攻辽，贵国取中京、大定府，敝国取燕京、析津府，南北夹攻，两国都有利益，不是很好吗？"

"好是好。"完颜阿骨打话锋一转："但是，宋朝每年给辽国的岁币，破辽之后，必须照数给金国，这样才能如约。不然，大金兵强马壮，宁可独力自取中京与燕京两处土地，也不与宋朝联合。"

赵良嗣答应将他的意见转告朝廷。

完颜阿骨打修书一封交给赵良嗣，并命近臣勃堇随赵良嗣出使宋朝，向宋朝皇帝当面约定：宋、金夹攻辽国，长城以北的辽中京大定府由金军攻取，长城以南的燕京地区由宋军攻取。灭辽之后，宋收回燕云十六州的土地，宋将原每年给辽的岁币如数转交给金国；宋、金不能单独与辽讲和。

赵良嗣回京后，向赵佶呈上完颜阿骨打的亲笔信。

赵佶看过之后，顺手递给蔡京，问蔡京是否可行，会不会有后患。蔡京看过之后，连声赞叹是万全之策。

赵佶也修书一封，再派马政出使金国。

完颜阿骨打得书，称照约行事，宋、辽联合攻辽的协议就算确定下来。

这就是历史上有名的宋、金"海上之盟"。

正当蔡京与童贯商议出兵北伐之时，有一个叫方腊的人在青溪源帮峒举兵造反，连夺杭州、睦州等六州五十二县，气焰嚣张，大有举兵北上之势。

方腊造反，打乱了赵佶出兵北伐、联金攻辽的计划。

十　方腊造反

方腊结梁子

睦州有个青溪县，虽然不是富饶之乡，由于其山深林密，盛产楮漆竹木，当地的百姓多以卖柴、烧炭、蒸茶、割漆为生，生活还算过得去。

漆是青溪出产，也是两浙路的主要贡品。从北宋初年到中叶，每年贡漆不过几十万斤，最高也不过百万斤。到了崇宁年间，上贡数量逐渐增加，自从朱勔主持苏州应奉局后，数量剧增，到了宣和年间，每年贡漆达到千万斤。帮源漆是漆中上品，更是被搜刮得点滴不剩。

宣和二年夏，青溪知县陈光来到帮源峒，住在里正方有常的家里，催收帮源漆。

帮源峒是一个方圆几十里的大山谷，遍谷都是漆树，家家都有漆园，漆民以割漆谋生。在帮源峒，有两家的漆园最大，产漆最多，一个家主叫方有常，一个叫方腊。

方有常是帮源峒的里正，方腊则是一个有数十亩漆林的园主。

方腊是歙州（今安徽歙县）人，后移居睦州青溪（浙江淳安）县帮源峒。相传他性情豪爽，有很强的组织能力，是摩尼教中人。

方有常是帮源峒的里正，一方土皇帝，往年，别家的漆都如数上缴，他家的漆却缴得很少，等到县里上交漆的任务完成之后，方有常家的漆就是奇货，年年都能卖出好价钱。漆民明知道方有常捣鬼，却也无可奈何。

知县陈光之所以要住进帮源峒，是因为今年官府收的漆比历年都多，上面催得急，任务完不成，他只好到帮源峒现场办公了。

历年，漆民交足了官府的任务后，多余部分可以卖给进山来收购的外地商贾，即使官府强行收购，并且价钱压得很低，漆民多少也有些进项，今年却不同，漆民产出的漆，必须全额上缴，这样，就断了漆民的生计。

据知县陈光说，今年交漆的数量之所以如此之多，是因为朱勔奉旨在苏州建造宅第，东南各路，有钱出钱，有物出物，漆民的物当然就是漆了，没有漆的，也要孝敬竹木花石。

官府催得急，百姓就遭殃，方腊愤怒了，帮源峒的百姓也愤怒了，两浙一带，成了一座随时都能爆发的火山。

方腊派他的兄弟方肥出山去打探消息，看外面的世界到底怎么样。

方有常是里正，对帮源峒的情况熟悉，在他的帮助下，帮源峒漆民产出的生漆，都被搜刮得一干二净，最后，仍然还有近万斤的差额不能凑足。

知县陈光急了，将帮源峒的漆民召集在一起，限三日之内凑足万斤之数。其实，除了一个人之外，所有漆民家里都没有存漆。这个惟一有漆的人，就是里正方有常。

在知县的催逼下，帮源峒的漆民忍无可忍了，方腊第一个站出来，向知县陈光指证，帮源峒除了里正方有常，谁家也没有漆。方有常一口否认。方腊将知县带到方有常藏漆的山洞旁，撬开封洞的石头，里面果然藏有两万斤生漆。

方有常傻眼了，知县再也不能包庇了。

从此，方腊和方有常算是结上了梁子

漆园誓师

被派往山外打探消息的方肥回来了，他告诉山民们在山外看到的似是奇闻、却又是实实在在发生的一些事情。

在睦州，他看到江中尽是发运花石纲和转运漆的船只，苏、杭一带的民船，都被官府征用。很多人都因为花石纲，搞得家破人亡。

在余杭县，凤凰山上所有的古树竹木、奇花异卉，尽行移去京师，按原方位栽植、摆放。并从江南搜集大量的奇花异草、珍禽异兽，充实其中。据说，万岁山和四周还修建了园林池沼，开掘小溪清流，使江南奇景毕集于万岁山中。

在苏州，他发现很多摩尼教中人相互串联，蠢蠢欲动，商量着要杀了朱勔这个奸贼。苏州城的百姓，恨不得要吃朱勔之肉，寝朱勔之皮而后快。

方腊见民心已动，埋藏在心底的怒火也迅速地燃烧起来。他认为，要过上好日子，惟造反一条路可走。于是，他利用摩尼教的身份，在百姓中间广泛地进行串联，准备发动一次起义。

摩尼教是波斯人摩尼创立的一个教派，由于其教旨是崇拜光明，所以又称明教。

摩尼教的主张是"二宗三际"。

二宗，就是指光明和黑暗；三际，则是指过去、现在和未来。教义认为，过去，是黑暗侵蚀了光明，现在，光明正在与黑暗进行搏斗，将来，光明必将战胜黑暗，到达"明界"，即未来世界，求得光明与幸福。用教义上的话说，未来的世界是"明即归于大明，暗即归于积暗"。这种教义是含蓄的，也是模棱两可的，各阶级都可以作出符合本阶级利益的解释。

摩尼教在唐代就已传入中国，宋代也只是在民间流传，由福建传入两浙，但教徒不再信奉摩尼，而是尊奉张角为教祖。

明教的信奉者，互相亲切地称呼"一家"，不喝酒，不吃肉，所以，官方称他们叫"吃菜事魔教"。首领称魔王，主要助手称魔翁、魔母。他们提倡俭朴的生活，平等互助，因而，得到了广大农民的支持和拥护。

方腊是一个具有反抗精神的英雄，他欲利用摩尼教的教义，作为自己举起义旗、发动群众的思想武器。为了稳定民心，方腊假托唐朝袁天罡、李淳风的推背图，编成四句谶语：

十千加一点，冬尽始称尊。

纵横过浙水，显迹在吴兴。

十千是隐寓"万"字，加一点便是一个"方"字，冬尽之后为腊月，称尊二字，无非是说方腊南面为君的意思。

自从秦末陈胜发明了"篝火狐鸣"之后，这类招式就屡试不爽，凡是要起事的人，都要变着法子弄出一点神神怪怪的东西来获取人心。汉末的"苍天已死，黄天当立"，宋初太祖赵匡胤的"点检作天子"等一类的谶句，都是人为捏造出来蛊惑人心、骗人的把戏。方腊的四句谶语，玩的也是这种把戏。

帮源峒是唐高宗永徽年间女杰陈硕真举义的地方，她自称文佳皇帝，起兵造反，不幸战败而亡，至今留下天子基、万年楼遗迹。

方腊便使人在外面放出风声，说当年的陈硕真称帝没有成功，这道王气还在，要应验在方腊的身上。

又是谶语，又是谣传，百姓更加相信方腊，起义的筹备工作也在按部就班地进行。

一个意外的事件，加快了方腊起义的步伐。

原来，方有常的嗅觉也很灵敏，他已经发现了方腊的活动，准备派儿子方庚去向官府告密。

方腊在方有常家也有眼线，他得知方有常要向官府告密的消息。立即带领一帮人包围了方有常的家，将方有常一家四十余口全都杀了，惟独方有常的儿子方庚乘乱逃脱。

方庚的逃走，迫使方腊加速了起义的行动步伐。

宣和二年秋，方腊提前举事，他在漆园召开誓师大会，对大家慷慨陈词：天下赋役繁重，官吏鱼肉百姓，睦州百姓赖以为生的漆、楮、竹、木，都被官府抢夺一空。终岁劳作，到头来，仍然是妻儿挨冻受饿，求一日饱食而不可得。他振臂一呼，号召大家拿起刀枪棍棒，一起造反，杀出一片新天地。至于新天地到底是个什么样子，谁也说不清楚，在大家的心目中，新天地一定会比现在好。

方腊据帮源洞神母谷，自称"圣公"，建元年号"永乐"，自设官吏，居然做起了土皇帝。

方措的队伍，以巾布裹头，以头巾的颜色区别官吏的等级，共分六等。队伍以棍棒为武器。他还给每个人发一道符箓，说带上符箓，可以得到神的帮助。不到半月的时间，方腊的队伍就发展到几万人。

方腊得知北方有个宋江在梁山泊聚义，打出"替天行道"的旗号，喊出"贪官污吏都杀尽，忠厚老实心报答赵官家"的口号，他认为，花石纲的罪魁祸首，就是皇帝，这样的皇帝保不得，只有推翻了昏君百姓才有好日子过。于是，他打出了"申天讨，杀朱勔"的口号。

"申天讨"，就是不但要杀贪官污吏，还要申讨皇帝，不过，重点还是"杀朱勔"，杀朱勔这个口号很有号召力，因为花石纲给江南人民带来了无穷的灾难，而朱勔就是花石纲的罪魁祸首。

誓师大会之后，方腊整编队伍，准备攻打青溪。

官府得到方庚的报告，两浙都监蔡遵、颜坦率兵五千前往帮源峒，按他们的话说，就是讨伐乱贼。方腊得知官兵大队人马来侵，立即同方肥等人商量应对之策。

蔡遵、颜坦率兵到达息坑，刚靠近一道谷口，突然从山谷内冲出一队农民军。官兵看到眼前的队伍，脸上露出惊讶之色。

原来，方腊的队伍，都是一些老弱妇孺，更可笑的是，这些女人涂脂抹粉，身穿道袍，手执拂尘，仿佛是戏台上的师姑；儿童的脸上涂着红黄蓝白各种颜色，有的将头发梳成两个丫髻，有的将头发剪成沙弥圈，真是无奇不有。更令人可笑的是，这些人嘻嘻哈哈，对迎面而来的官军，没有丝毫畏惧之色。

官军们面面相觑，不知道这些人要搞什么名堂。

蔡遵生性多疑，看到眼前这支乱七八糟的队伍，有些犹豫不决，颜坦是个粗人，看了一眼对面的队伍，不屑地说，这是迷惑人的鬼把戏，看我去杀了他们。说罢，一马当先，杀向敌阵。

那些妇孺见官兵冲杀过来，顿时作鸟兽散，一窝蜂地转身就跑。颜坦更以为这些人是乌合之众，指挥官兵尾随其后，杀入谷中。

前面的妇女、儿童妇穿林越涧，四散逃窜，后面的官兵也像赶鸭子一样，一窝蜂地往前赶，赶了几里路，前面的妇孺纷纷钻进树林，忽然不见了，惟剩空山寂寂，古木森森。

颜坦正在犹豫，那些妇女、儿童又从数百步外的树林里钻出来，站在山坡上、树林边，指手画脚，嘻笑不止，似乎不是面对官兵，而是在看一台大戏。颜坦见状大怒，立即驱兵追赶。

突听一声炮响，震得树枝乱晃，官兵们四顾张望，什么也没有看见，大家毛骨悚然，顿时紧张起来，而那些妇孺们，又在树林里忽隐忽现，似乎是在捉迷藏，官兵冲着树林里的人影追了过去，只顾追赶，却不防脚下，只听传出一连串"扑通、扑通"之声，很多都掉进了陷阱，接着传来阵阵惨叫声，因为陷阱内插满了尖尖的竹片，官兵掉进去后，竹片深深地插进身体，颜坦也没有逃脱厄运，落进了陷阱。两边山谷里，突然跳出许多手握竹竿和大棒的大汉，拿竹竿的，直往陷阱里乱捣，拿大棒的，追打那些没有落阱的官兵。顷刻间，颜坦和他带领的千余名官兵，全部葬身于山谷。

蔡遵先听说前军获胜，率军赶了上来，进入谷口后，猛听到一阵大喊，知道不好，急忙下令撤退，回到谷口，谷口已被树木、石块堵死。只听山崖上喊杀连天，两边山崖上巨大的石头轰隆隆地直往下滚，官兵死的死，伤的伤，叫苦连天。蔡遵正欲指挥士兵搬开树木石头，无数手执长竿大棒的大汉，从四周树林里冲出来，可怜那些士兵，一个个都被乱棒打死，蔡遵也死于乱军中。

方腊大获全胜，还得到很多武器装备。起义军乘胜直扑青溪县城。陈光得知颜坦、蔡遵全军覆没，带着细软，连夜逃走了。

方腊占领青溪之后，发布文告，说起义军有天兵相助，叫官兵缴械投降，否则，蔡遵、颜坦就是他们的榜样。

江浙一带很久没有战争，防备松弛，那些官吏听到方腊到来，个个吓得胆战心惊。

十二月，方腊攻打睦州，知州张徽言弃城而逃，通判叶居被义军砍成了肉泥，千余名官兵，也都做了刀下之鬼；攻打歙州，歙州守将郭师中负隅顽抗，死于乱军之中。

起义军继续东进，扫荡桐庐、富阳等县，直抵杭州城下。

杭州知州赵霆登城瞭望，看到城下到处都是手拿棍棒的起义军，还有几个头戴神盔、身披氅衣，左手持矛，右手执旗，面目狰狞可怕的长人，吓得魂不附体。

其实，这几个长人都是木雕，里面设有机关，由人操纵，远远望去，犹如真人一般。方腊用几个假人，吓倒了赵霆。

赵霆胆小如鼠，当即下城赶回知州衙门，收拾细软，侨装改扮之后，带上一妻一妾，一溜烟逃出城外。

杭州置制使陈建，廉访使赵约，赶往知州衙门却不见知州的人影，慌忙退出知州衙门，不想城门已被起义军攻破，农民军一涌而入，两人逃避不及，一同做了俘虏。

陈建在两浙作恶多端，方腊先杀了赵约，再将陈建和逃到杭州来的陈光一同带出来，零刀细剐了。接着，下令屠城六日，除了有姿色的女人幸免于难外，无论是大小官吏还是百姓，都做了起义军的棒下冤魂。

方腊攻占杭州以后，命大将方七佛为东路都元帅，率兵攻打秀州，沿运河杀向苏州，要与苏州起兵响应的明教会合。又命八大王为西路都元帅，由歙州向江南重镇江宁进军。

八大王部将俞道安攻破休宁县，知县事麴嗣复被俘，大骂"反贼"，俞道安劝他投降，麴嗣复说："麴某食朝廷俸禄，落入反贼之手，有死而已。老夫倒要劝你们一句：自古谋反岂能长久？你等当去逆从顺，归附朝廷，怎么反逼我从贼呢？"

俞道安笑着说："官府逼得我们活不下去了，自古以来，官逼民反。你难道不知这句话吗？"

"废话少说，要杀要剐，随便吧！"麴嗣复说罢，闭上了眼睛。

俞道安说："我也是休宁人，素知你为官廉洁，不阿附朱勔，有善政，前后县令，无人能与你相比。方圣公早就有令，贪官污吏皆可杀，唯独不准杀麴公。麴公忠于朝廷，不肯投降，我等也不怪你，你请自便吧！"

方腊的起义军，只杀贪官，不杀好人。

此时，兰溪县的朱言、吴邦，郯县仇道人，仙居吕师囊，苏州石生等纷纷举着"申天讨，诛朱勔"的大旗，起兵呼应，归附方腊，向宋王朝发起猛烈攻击。起义队伍发展到数十万人，数月之间，攻破六州五十二县。

方腊造反，东南大震，告急文书如雪片般飞向东京汴梁。

方腊起事之初，地方官吏也曾上报过，太宰王黼正在筹备出师北伐，同时他认为，东南百姓闹事，不过疥癣之疾，不足为患，责令地方官府自行弹压，竟没有将两浙发生的暴乱向赵佶报告。赵佶还认为是天下太平，躺在温柔乡里，过着花天酒地的生活。直到淮南发运使陈遘直接奏陈赵佶，他才知道东南"贼势猖獗"。

东南是朝廷的财源之地，"国家财赋，东南十居其九"，当赵佶得知他的财富之源出了问题，惊出一身冷汗，立即召集辅臣开会，商量应对之策。

童贯认为，联金攻辽是国策，两国都在协议书上签字画押，如果违约，今后收复燕云十六州恐怕就有麻烦。蔡攸认为方腊等不过是乱民，成不了大气候，还是联金攻辽要紧。

蔡京虽然已经是老态龙钟，两眼昏花，心里却很明白，接着蔡攸的话说："乱民造反成不了大气候？秦朝覆灭，不就是始于陈胜、吴广谋反吗？汉末天下大乱，分崩离折，还不是黄巾军谋逆引发的？千里之堤，溃于蚁穴，何况方腊聚众已经数十余万，号称百万，江南半壁江山震动，朝廷还能安枕无忧吗？攘外事小，安内事大。南院已经是大火熊熊，却要去帮北邻争地，世上哪有这样的道理？"

赵佶本来就缺少主见，既不想对金人失约，又害怕方腊坐大，成为心腹之患。听了蔡京之言，认为有理，于是决定暂罢北伐之议，命童贯为江、淮、荆、浙宣抚使，谭稹为两湖制置使，王禀为统制，移征辽之兵南下，先征剿方腊。

因浙江无军队可用，便从陕西调集六路精兵，由辛兴忠、杨惟忠率熙河兵，杨可世、赵明率环庆兵，黄迪率鄜延兵，马公直率秦凤兵，冀景率河东兵，归都统制刘延庆总领，十五万大军，奔东南平叛。

临出征时，赵佶对童贯说："东南之事，朕就托付给太傅了。如果遇到什么紧急情况，可以代作诏书，听便宜从事。"

纵观赵佶一生，惟有这次处事最为果断。

童贯率军到达金陵的时候，已经是宣和三年正月，此时，方腊的东路军已攻陷婺州，衢州、处州、崇德县，转攻秀州，遭到秀州统军王子武的顽强抵抗，进攻受阻。

方腊原以为北宋政府短期内难以出兵，谁知朝廷为了联金灭辽，西北军已经移至河北集中，粮草军需也已齐备，而赵佶又果断地罢了北伐之议，命童贯率兵南下，致使起义军根本来不及占领镇江、江宁而控制长江天险。

童贯留偏将刘镇守金陵，他自己进驻镇江，得知秀州被围，命王禀率兵驰援，正好熙河将辛兴宗、杨惟忠也领兵赶到，两路军夹攻方腊的起义军。

辛兴宗等人的部队，是在西北前线久经战阵的精锐部队，对付外敌虽然是屡战屡败，对付国内这些拿棍弄棒的农民军，却是绰绰有余，再加上方腊等人毕竟才略有限，根本就抵挡不住官军的冲击。方七佛率领的东路军，难与官兵抗衡，只好退走，秀州之围自解。

童贯再移军苏州。在苏州，他亲眼看到了花石纲对老百姓的危害，幕僚们也都认为"贼不亟平，坐此尔"。于是，童贯命幕僚董耘代赵佶写了一份手诏，大意是说花石纲这件事是下面办事人干的，他对此一无所知。

为了平息民愤，童贯又下令撤销苏、杭应奉局，停运花石纲。赵佶也下诏罢免了朱勔父子的官职。

方腊在东路军没能取得胜利，又转向西进，接连攻陷宁国、旌德等几个县，官军为其牵制，只得分军西援，一时顾不到浙西。

方腊的部下，唯方七佛最为悍勇，杭州陷落，方七佛战死，起义军东路军全军覆没。方腊得知杭州兵败,大将方七佛战死,不觉心胆俱落,带着妻妾和身边的官员,逃回青溪老巢去了。

官军乘势大举进攻,收复失地。

杨可世、赵明率领环庆兵由泾县过石壁隘,杀敌三千余人,攻克旌德县;

刘镇率领泾原兵,在乌村湾大败起义军,收复宁国县;

六路都统制刘延庆,由江东入宣州,与杨可世、刘镇二军会合,同攻歙州。歙州守城义军闻风而逃;攻克杭州后乘胜出击的王禀、王渊的部队,也连克富阳、新城、桐庐各县,直捣睦州。

睦州起义军出城迎战,王禀当先驱杀,辛兴宗、杨惟忠等,分两翼夹击起义军。

起义军是由一些没有经过任何正规训练的农民组成的乌合之众,与这些在西北前线久经战阵的正规军相比,差了几个档次,尽管采取不怕死的打法与官军拚命,终归实力相差悬殊而溃不成军。官军一举攻占睦州。

童贯率各路兵马会师青溪,欲在这里全歼方腊,赶到青溪一看,青溪却是一座空城,原来,方腊见官军势大,带着妻妾和身边的官员,在官军未到之前便撤走了。

童贯进驻青溪,派人四出打探方腊的踪迹,却找不到他的藏身之处。方腊和他身边的人,就像从人间蒸发了一般。

王渊的偏将韩世忠认为,方腊必藏身于帮源峒。并将这个想法告诉了主帅王渊。王渊似乎不相信,说派出去的人也曾去过帮源峒,并没有发现方腊的一兵一卒。

"帮源峒是方腊起事的地方,山多林密,岩壑深邃,深山峡谷之中藏得下千军万马,不身临其间,很难发现。"韩世忠分析说:"方腊和他的数万兵马,行动起来目标很大,怎么能突然之间消失得无影无踪呢?就是一群鸟从天空飞过,也会有个踪影,何况数万之众?狡兔必有三窟,方腊藏身的地方,只能是帮源峒。"

王渊将韩世忠的意见转告给童贯,童贯觉得有理,下令围搜帮源峒,谁捉到方腊,谁就是南征第一功。

搜山令一下,各路将士,谁不想争得头功,于是,都像猎犬一样,争先恐后,东寻西觅,把一个帮源峒搜了个底朝天,仍然不见方腊的踪影。众人以为韩世忠的分析靠不住,渐渐地便懈怠下来。

韩世忠坚信方腊就藏在山中,带领手下几十个弟兄,沿着一条山涧,向里搜去。忽然发现对面树林里有个人影一晃，立即带人扑了上去，谁知树林里的人并不躲闪，竟然从里面钻出来，站在那里等着官兵。

韩世忠带人靠近那人的时候，那人问他们是不是在找方腊。韩世忠警惕地看着那人，答应说是。那人自我介绍，他叫方庚，是本地人，知道方腊的藏身之处。

原来，方腊的起义军攻陷青溪县城的时候，方庚乘乱逃脱。他知道，落入方腊之手，只有死路一条，因为他是告密者。后来，方腊起义的声势越来越大，他就更不敢露面了，整天躲躲藏藏不敢见人。连日来，他知道官军搜山，找的是方腊，他是本地人，知道帮源峒的一沟一壑、一石一洞。为了除去心头之患，报杀父之仇，他决定再次向官府告密，捉拿方腊。

韩世忠在方庚的带领下。翻山过涧，来到帮源峒东北的一处大山谷，方庚指着密林深处对韩世忠说，这条山谷叫桃园谷，不是本地人，很难找到这个地方，谷内半山中，有一个深约里许的石洞，叫梓桐洞，梓桐洞分上中下三层，极为隐蔽，即使走到山脚，也不易发现此洞。方腊就躲在梓桐洞里。

韩世忠带人悄悄地靠近梓桐洞，果然见密林深处有一木制黄屋，数百彪形大汉握刀执剑守卫在那里。十几个美貌女子伴着一个黄袍虎须的人坐在那里。韩世忠料定黄袍虎须者就是方腊，一催坐骑，向黄屋冲去。

众护卫突然见有人杀来，刀剑并举，仓促应战。韩世忠大奋神威，左手挺枪，右手挥剑，远的枪挑，近的剑劈，不到盏茶功夫，枪挑剑劈，地下躺倒一片死尸。其余的护卫吓得胆裂心碎，无人敢再上前，各自逃命去了。

韩世忠也不追杀，飞马入屋，轻舒猿臂，把方腊提到马上，往原路驰回。刚走到谷口，突然见熙河统帅辛兴宗率兵过来。

原来，辛兴宗得知有人探得方腊的藏身之处，立即带领部下赶过来，他是来抢功的。辛兴宗见一员小将，马上横着一位身穿黄袍的人，料定被捉之人是方腊，大喝一声："把人留下！"

韩世忠见是熙河统帅辛兴宗，立即滚鞍下马，把方腊丢在地上，站在路边，双手一揖，毕恭毕敬地说："卑职见过辛统帅！"

辛兴宗喝令手下将方腊绑了，然后问韩世忠："里面的贼匪都除干净了吗？"

韩世忠回答说都在山谷里，还来不及斩杀。

辛兴宗带领人马再入山谷，将方腊的老巢一窝端了。

帮源峒最后一战，据正史记载，官军杀死起义军七万余人，其他胁从百姓四十余万，一律勒令回归本业。而据《青溪寇轨》记载，官军杀死"贼寇"一百余万，伤及平民超过二百万，谁也搞不清楚这里面到底有多少冤魂。

童贯得知捉到方腊，大喜，将征南第一功，记在辛兴宗的名下。

韩世忠的几个同伴为他不平，韩世忠却淡淡地说，做人只要问心无愧即可，不必计较那种空名。这个被人夺走征南第一功的小将，后来成为南宋"四大中兴名将"之一，这是后话。

方腊领导的农民起义，攻破北宋六州五十二县，死亡的平民达二百万。官军从出征至剿灭，历时四百五十天，用兵十五万。

方腊被擒后，于宣和三年三月连同他的妻子邵氏、儿子、将领等共五十二人，一同押往京师。方腊被凌迟处死，其他人众也都被处死。

一场轰轰烈烈的农民起义，以方腊身首异处而告终。

童贯因南征有功，升任太师，封楚国公。各路统帅也都论功行赏，各回原来镇守的地方。

北宋内乱刚平，外患又起，这一次外患，成了北宋的催命符。

十一　万金赎回一座空城

盗入邻家

辽国在金国的猛攻之下，已经处在风雨飘摇之中。

宣和四年正月，金主完颜阿骨打命大将斜也带兵攻打辽国的中京大定府，辽兵弃城而逃，金兵乘胜追击，再取泽州。

辽主天祚皇帝耶律延禧同北宋的皇帝赵佶一样，也是一个昏庸之主，当金人入侵他的家园的时候，他却在鸳鸯泺打猎，得知金人端了他的老窝，吓得胆战心惊，带着五千卫士，狼狈地逃往西京云中府，慌乱之中，竟然连传国玉玺都落到桑乾河中去了。

金将斜也兵分两路，他亲率一路越过青岭，命副将宗翰从瓢岭出击，两路会合，袭击辽主耶律延禧的行宫。耶律延禧吓得无计可施，再次练起了跑功，乘轻骑逃到大山里去了。金兵乘胜追击，攻克西京云中府。

按宋、金海上之盟的约定，金军负责攻打燕云十六州以外的三个都城上京临潢府、中京大定府、东京辽阳府；宋军负责攻打西京云中府，燕京析津府。

开战以后，金军势如破竹，很快就把那三座都城攻下了，最后顺手牵羊，连西京也占领了。金军打到燕山后就停下来了，因为按照约定，燕山府应该由宋军攻打。

于是，金主完颜阿骨打派人出使宋廷，催促北宋政府按约出兵攻打燕京。

赵佶虽然不怎么喜欢打仗，但看到辽国节节败退，契丹铁骑并没有想象中的那么所向无敌，又动了收复燕云十六州地念头。此时，蔡京已经奉诏退休，王黼升任少宰。

王黼也是主战派，他认为，辽国已经成了强弩之末，正是收复燕云十六州的最佳时机，如果此时不收复燕云十六州，恐怕燕云十六州就没有归期了。他提出了一个建议，北伐不可由枢密院主持，而由宰相主持。赵佶同意了。

这样，王黼在三省设置经抚房，主持北伐大计。提议以童贯、蔡攸为正、副宣抚使，种师道为都统制，领兵十五万"吊民伐罪"，并在全国范围内普征人口税，计得钱六千二百万缗，供北伐之用。

蔡攸不懂军事，认为此次北伐就是去同辽国办理燕云十六州的交接手续。出征之前，兴高采烈地进宫去向赵佶辞行，恰好碰上赵佶搂着两个宫女在调笑。蔡攸看到赵佶美女在怀，浑身热血喷张，欲念上升，涎着脸说："臣得胜回来，请陛下将这两个美人赏给臣。"

赵佶并无怒色，微笑地看着蔡攸。

"默许就是表示同意，陛下已经许臣，臣去了。"蔡攸说罢返身自去。

临出发前，王黼拉着童贯的手，祝他马到成功。

辽国是宋朝友好邻邦，金人攻打辽国，相对于宋朝，等于是强盗进了邻家，宋朝不但没有帮邻居捉强盗的意思，反而乘人之危，前去与强盗分一杯羹。

阉宦掌兵

童贯、蔡攸率北伐之师，浩浩荡荡地到了高阳关。途中遇到辽国的使臣，辽国使臣对童贯说，他是奉辽国天锡皇帝之命，前来与中朝继续修订盟约，请求宋朝不要乘人之危，落井下石，出兵攻打辽国，作为交换条件，辽国情愿放弃宋朝每年给辽国的岁币。

童贯不屑地说，灭了辽国，还有人向我们要岁币吗？

辽使见童贯不但不答应重修盟约，而且还将自己羞辱了一顿，恨声而去。

辽国是天祚皇帝耶律延禧，为何冒出了一个天锡皇帝呢？原来，耶律延禧出走云中府，宰相张琳，参政李处温与都元帅耶律淳一同镇守燕京。耶律延禧逃进夹山，号令不通，而且，金军撒下了天罗地网要抓他。参政李处温与族弟李处能，儿子李奭，外联怨军，内结都统萧干，与众大臣集番汉诸军，拥立耶律淳为帝，称做天锡皇帝。遥降天祚皇帝为湘阴王。当他得知宋朝乘火打劫、出兵来攻的时候，派使臣到童贯军前议和。使者在童贯那里受了一顿羞辱之后，回来如实向耶律淳作了汇报。

天锡皇帝听后，大骂童贯、蔡攸不是东西，说辽国与金人打仗虽处下风，但对付宋军却是绰绰有余。于是命耶律达石为统军，以萧干为佐，准备迎战宋军。

童贯率五万大军经高阳关到达雄州，种师道率十万西北军已先期到达，在城外建立元帅府，童贯也派先行人员在城内组建了宣抚使衙门。

童贯到达雄州，立即召开军事会议，西北军的大部分将领都服种师道，不知有童贯、蔡攸。因此，在会上出现了一个小插曲。

童贯、蔡攸先到达会场，童贯居中坐，蔡攸坐在童贯右边的座位上，左边之位留给都统制种师道。众将陆续到达会场，众将各自依次排班站好，等候种师道上座，好行参见元帅大礼。

种师道进入会场，朝上面看了一眼，停住了脚步，叫人搬来一张椅子放在大门正中，与童贯相对而坐。

众将看在眼里，心里雪亮，他这是在抗议。

原来，古代文武百官上朝，左班为上，右班次之；左班是在皇帝的右手，所以左相在右相之上。现在，蔡攸坐在童贯右边，显然是把种师道这位全军统帅摆在了蔡攸之下，成了第三号人物。

童贯并不是不知道这个规矩，他是有意压低种师道的地位。如果是上朝，蔡攸是少保，官位在种师道之上，这样排位次，也是顺理成章。然而这不是在朝堂，是在前线的军事会议上，这种排法就值得商榷。种师道是边关老将，根本不把不懂军事的蔡攸放在眼里，当然不服气。

童贯请种师道到前面就坐。种师道冷着脸问:"这是军事会议,谁主持?"

"当然是宣抚使与将军主持。"

"上面不是已经坐着两个主持人。"种师道说,"我这个将军就坐在下面当听众好了。"

童贯装着笑脸说:"本使失言了,请元帅上坐。"

种师道说:"你身边只有下坐,本帅还是坐在这里好。"

童贯解释说:"蔡副使官居太保,上座也不为错。"

种师道站起来说:"那就上朝堂去吧!这个军事会议就别开了。要不,就请副使大人统帅全军,指挥作战吧!老朽情愿听从调遣。"

童贯脸上却有些挂不住了,质问道:"种元帅到底想怎么样?"

种师道指着蔡攸说:"让这个混世魔王让座。"

蔡攸一听,气得暴跳如雷,而众将军听罢,却哄堂大笑。原来,蔡攸这个"混世魔王"的雅号是御封的。

童贯虽然从心底里也瞧不起蔡攸,但他是皇上的宠佞,不能得罪,但这是在西北前线,如果真的与种师道弄僵了,这个仗就没法打。权衡利弊,只得让蔡攸退一步。

种师道在争座次上占了上风,在军事指挥上仍然没有决定权,童贯是西征军统帅,种师道必须要受他的节制,否则就是抗旨不遵。他虽然敢与蔡攸顶撞,也敢与童贯分庭抗礼,但却不敢抗旨。

童贯在会上根本就没有给种师道说话的机会,直接布置了他的作战计划。

种师道虽然心里不服,君命却不敢违抗。但对于这场战争他还是要提出自己的看法。他说:这件事情就如同有强盗闯进了邻居家,我们本应该救助邻居,现在不救也就罢了,还要和强盗分邻居家的财宝,这事不能干。咱们应该念及宋、辽百年的和好,与辽一起抗金才是正理。

童贯怒斥种师道,说这是君命,违抗就是抗旨不遵。

种师道再有天大的胆子,也不敢抗旨不遵。只好叹了一口气,不敢再说。

趁火打劫

童贯下令兵分两路:东路归种师道率领,进军白河;西路归辛兴宗率领,进军范村。

种师道只得督兵前进。前军统制杨可世到达白沟,遇上了辽军,宋军见辽兵蜂涌鼓噪而来，吓得未战先逃，东路军大溃，幸巧种师道后军赶到，击退辽军，才不致全军覆没，东路军败退回雄州。

辛兴宗到了范村，也被辽兵击败，跟跄遁归。

两路大军，十五万兵马，刚一交战便铩羽而归，这是很难向朝廷交待的，童贯搜罗残兵，准备同辽兵再战。

辽国担心受到宋、金两面夹击，再次派使臣来见童贯，说咱们就别打了，上次贵国出兵十五万，辽兵只出兵一万人，就杀得大败而归，这还是辽国给你们留面子。女真原来就是我们的臣子，他们现在叛乱，叛乱搁在哪国都是要镇压的。听说你们西北军前段时间不是到江南去镇压叛乱去了吗？怎么反过来援助辽国叛军呢？最好咱们联手攻打金国，或者你们保持中立，谁也不帮。

童贯不听，把辽国使臣轰了出去。

辽国使臣站在院子里大哭，因为他知道，辽国经不住两线作战，一旦遭到宋、辽两国夹击，辽国必亡无疑。他冲着童贯的住处大叫：宋辽两国，百年和好，盟约誓书犹在，宋朝怎么能够背信毁约，结虎狼之邦？金人现在的目标是辽国，辽国灭亡之后，下一个目标就是你们宋朝。有一天，你们终归要后悔的。

童贯只想眼前，没有想到以后。他叫人轰走了辽国使臣。

辽人气不过了，心想，我打不过金人，那是我们没本事，但打宋朝却是绰绰有余，当天夜里，七千辽兵袭击了宋营，宋军听说辽兵来了，撒腿就跑，宋朝的军队，留给辽军士兵的永远是后脊梁，仅自相践踏就踩死了几万人。

两次大败而归，童贯不好向朝廷交待，便想找一个替罪羊，他向朝廷上了一本，说种师道有意通辽，此次兵败，都是师道从中捣鬼。

王黼主持北伐，现在两路兵败，他也想推卸责任，立即密奏赵佶，将责任推在种师道身上，很快，圣旨下来了，贬种师道为右卫将军，并勒令他退休，用河阳三城节度使刘延庆代替种师道的职务。

童贯一举两得，既找到了替罪羊，又拔掉了眼中钉。此后不久，赵佶下诏，暂令班师，童贯与蔡攸一同回朝。

宣和四年六月，耶律淳暴病而亡，萧干等奉萧皇后为皇太后，主掌军国事；遥立天祚皇帝的儿子秦王耶律定为皇帝，由萧干专权，辽国上下人心涣散。

童贯见有机可乘，又与王黼商议，奏请再次北伐。赵佶诏命童贯、蔡攸再次统兵出征，务必要收回燕云十六州。

辽国常胜军统帅、涿州留守郭药师见国势已衰，起了卖国求荣之念，率领手下八千人和涿、易两州版图投降童贯。

童贯大喜，上表朝廷，授郭药师为恩州节度使，郭药师的部下归刘延庆统领。

刘延庆奉童贯的军令，从雄州出发，以胜捷军大将范琼为前驱，郭药师为向导，渡过白沟，杀向燕京。

刘延庆的部下军纪涣散，萧干率兵袭击宋军，宋军大败。

刘延庆吓破了胆，干脆扎下营寨，坚守不出。郭药师献计，说耶律大石被罢免，辽国惟萧干可战，现萧干在正面战场上阻挡我军，燕京必定空虚。自请愿带五千精兵袭击燕京。

刘延庆采纳了郭药师的建议，并派他的儿子刘光世带兵接应。

郭药师率军突然袭击燕京，果然打了辽军一个措手不及，一举夺下迎春门，宋军进入燕京，列阵于悯忠寺，派人劝说掌管军国大权的萧皇后投降。

萧皇后把耶律大石从牢中放出来，又派人火速通知萧干。萧干带兵杀回燕京，辽军内外夹攻，两军在城中展开了巷战。

刘延庆恼恨高世宣、杨世可一向与种师道关系密切，不把他放在眼里，暗里嘱咐他的儿子刘光世领兵观望，不要出兵。

五千宋军在城中展开巷战，从早上杀到下午，终不见援军到来，郭药师和杨世可等人只得弃马缒城而逃，高世宣为掩护宋军突围，惨死城中。

萧干稳定了燕京的局势，又领兵断了宋军的粮道，生擒活捉了宋运粮将王渊和两个士兵，萧干将两名宋军俘虏捆得较松，用布条蒙住他们的眼睛，羁押在军帐里。

随后，萧干玩了一招"蒋干盗书"的计策，故意对部将说，我军三倍于宋军，明天早上，分兵三路，袭击宋军，三路兵马举火为号，必能大获全胜，全歼宋军。故意让一名宋军俘虏逃跑向刘延庆报信。

刘延庆已经被辽兵吓破了胆，对这一眼就能识破的鬼把戏，竟然信以为真。次日三更，他看见周围火起，以为辽军来袭，自己放了一把火，烧掉军营里的粮草辎重，领兵逃之夭夭，慌乱之中，宋军自相践踏，死者数千余人，尸体枕藉百余里。

被金军杀得狼狈不堪的残兵败将，居然以几句假话就吓跑了十万宋军。萧干领着万余名辽兵，将十万宋军赶得像鸭子一样飞，一直追到涿水才收兵。查遍中国战争史，这恐怕是一个绝无仅有的战例。

刘延庆带领残兵败将，退回雄州。

两次出兵，两次战败，眼看指望宋军收回燕云十六无望，又怕朝廷怪罪，童贯几乎快要绝望了。万般无奈，他只得秘密派遣王瑰出使金国，央求金国派兵攻打燕京。

买回几座空城

金国人从与宋朝的合作中看明白了一件事，宋朝虽是泱泱大国，却只会练嘴皮子，第一次十五万大军被辽国一万人打得落花流水，第二次十万大军，被辽人的几句谎言、一把火吓跑了。宋军闻之丧胆的对手，却是自己的手下败将。宋朝的军队，只是一群酒囊饭袋。

实力就是硬道理，金国人看出宋朝不过是一只纸老虎，态度来了个大转弯，他们派蒲家奴随王瑰来见童贯，责备宋朝不讲信用，没有按时出兵攻辽。

童贯装笑脸、赔不是，解释说，当初没有如约出兵，实在是国内发生了暴乱，朝廷要出兵平乱，所以才耽误了北伐的时间。请求金使回去后多说几句好话，当然，金使回去的时候，免不了给一份丰厚的礼品。

赵良嗣再次出使金国，央求金国帮忙拿下燕京。

金主完颜阿骨打态度非常傲慢。说当初约定，燕京归宋朝攻打，如今堂堂大宋王朝，竟然连燕京也攻不下，如此没本事，凭什么想要十余州？要金国出兵可以，攻克燕京之后，只分燕京及蓟、景、檀、顺、涿、易六州给宋朝。

赵良嗣说，金国这是背约失信。

完颜阿骨打说，当初是有约定，上京、东京、中京归金国攻打，西京和燕京归宋国攻打，如果十七州是你们打下来的，给你们没有话说，可是，除了涿、易投降你们外，你们什么也没有做，按约定，燕京本来是归你国攻打，你国拿不下，求我们帮忙。有什么资格向我要土地？并强硬地说："六州之外，寸土不让。"

完颜阿骨打派李靖随赵良嗣使宋，当面向童贯说明，灭辽之后，宋朝只能得到山前六州，其余的地盘不要妄想。

童贯不敢作出决定，上本奏请赵佶定夺。

赵佶命赵良嗣再到金国去一趟，说六州之外要求增加营、平、滦三州。赵良嗣一行出发不久，完颜阿骨打已指挥金军由古北口、南暗口、居的任务交给他，使燕京成为宋朝的一道坚实的屏障。

次日，赵佶又加封郭药师为太傅。

童贯、蔡攸回京之后，赵佶封赏收复燕京的有功之臣，封童贯为徐豫国公；蔡攸进位少师，赏府邸一座；赵良嗣封为延康殿学士；王黼由少师进位太傅，赐玉带一条。郑居中晋升为太保，郑居中觉得燕京六州得来并不光彩，便以自己在收复燕京中未建大功，坚辞不接受封赏。

十二　玩火

太平天子乐逍遥

宋朝终于收回了燕京六州，举国上下一片欢腾。国人并不知道是以何等昂贵的代价和屈辱才换来的。沦陷的国土一旦收归华夏版图，他们感到扬眉吐气，欣喜若狂，还以为大宋王朝兵精粮足，国力强盛，从此可以过上太平日子了。

赵佶更是高兴非常，宋、金协约还没有正式签订，他就要开始狂欢了。刚过完一个热热闹闹的元宵节，接着又搞了一个万岁山的竣工游园活动。

十二月，历时六年之久的万岁山终于建成，完工后更名艮岳。

艮岳是一座史无前例的人造假山，方圆十余里，最高峰达八九十步，其中有芙蓉城、寻壁城、慈溪、景龙江等景点。里面有看不完的台榭宫室，说不尽的靡丽纷华。赵佶写了一篇《艮岳记》，对园中的景点作了详细描述。

赵佶过着醉生梦死的生活，似乎真的成了太平天子，其实，宋朝并没有到刀枪入库，马放南山的地步，马上，就有烦心事了。

张觉事件

北宋同金人联盟很不明智，在辽国遭到金军攻击，北宋同金人结盟的时候，守边大将种师道就曾说过，辽国是咱们的邻居，强盗进了邻居家，咱们不但不去帮忙抓强盗，反而还要同强盗瓜分邻居家的财宝，这样做很不地道。宋、辽有百年和好的历史，帮助邻居抓强强盗，联辽抗金才是正理。

种师道的观点很正确。辽虽然是夷狄，但已经逐渐汉化，也很懂礼貌，辽国皇帝铸造佛像时，还特地命人在佛像后面刻上"愿世世代代生中国"的字样，可见他对汉文化的欣赏，自签订澶渊之盟以来，谨守盟约，宋、辽两国百余年间枪炮没有走火，边境的老百姓安居乐业，友好往来。

宋与辽之所以能维持百年和好，一个很重要的原因，就是宋、辽两国的力量趋于平衡，辽的军事力量强，宋的经济、文化发达，以前，辽兵之所以经常骚扰宋朝边境，目的是为了抢点钱财物，辽也知道自己没有能力灭宋，双方议和后，宋每年给辽一大笔岁币，有了白花花的银子、亮闪闪的绸缎，辽国当然就不用打仗了。

金国强势崛起，风头正劲，打破了这种平衡，但是，金人也没有强到同时对付宋、辽两国的地步，完颜阿骨打也明白这个道理，他心里虽然想拳打辽国，脚踢宋朝，但饭还是要一口一口地吃。因此，当宋朝使臣到金国示好的时候，他虽然态度傲慢，但还是同意同宋联盟，共同瓜分辽国国土。但他最终的梦想，还是先吃掉辽国，再来收拾宋朝。

完颜阿骨打口里吃着辽国这顿大餐，心里却在筹谋着如何烹制宋朝这道菜。他虽生在北国荒蛮之地，但对汉文化并不缺少研究，既想吃掉宋朝这道菜，又不想背上背信弃约这个不好的名声，因此，他要找一些调料，让宋朝这道菜变得更加有味。这里的调料，就是机会和借口。

五年五月，宋、金之间发生了张觉事件，让完颜阿骨打看到了机会。

张觉是平州人，辽国进士，在耶律淳当政时期，曾任辽国的辽兴军节度使。有一年，平州一带乡民叛乱，杀死节度使萧谛里。张觉率兵平定了叛乱，州人便推举他为知州，当然，这个知州还没有得到朝廷的认可。耶律淳死后，萧后掌权，张觉预感到辽国气数已尽，便开始招兵买马，扩充势力。萧后执政后，委任太子少保时立爱为平州知州。新知州上任，代理知州张觉当然要让位。谁知时立爱到平州上任时，张觉拒绝交权，时立爱只得灰溜溜地返回燕京。萧后此时也是焦头烂额，自顾不暇，没有精力管张觉这档子事了。自那以后，平州境内的大小事情，都由张觉说了算，他俨然成为一方天子。

金军攻下燕京之后，完颜阿骨打召辽国旧臣萧公弼询问张觉的情况，萧公弼说张觉狂妄自大，有勇无谋，虽然有数万兵马，但都是新招的百姓，缺乏训练，没有什么战斗力，且兵器甲胄不整，粮草不足，不足为虑。因此，他建议阿骨打招降张觉，然后再慢慢收拾他。

阿骨打采纳了萧公弼的建议，封张觉为临海军节度使，知平州事，后又改平州为金国南京，张觉留守南京。但张觉一直没有公开表态降金。

金军退出燕京东归时，掠走了燕京的财富，掠走了燕京的居民。完颜阿骨打命辽国降官左企弓、虞仲文、萧公弼等带领燕京一带的百姓取道平州、榆州，入榆关回上京。张觉看到无数的辽国百姓拖儿带女，哭哭啼啼地一路东去时，虽然有些于心不忍，但也无可奈何。

一天夜里，数十名燕民来到张觉的府上跪求张觉，说左企弓等人身为大臣，贪生怕死，向金人献城投降，致使辽国的百姓流离失所。如今还要集体迁徙到金国荒蛮之地，做金人的奴隶。张大人爱民如子，能眼睁睁地看着辽国的百姓朝火坑里跳吗？

张觉本来就对金人恨之入骨，听到百姓几句好话，更是热血沸腾，只是他感觉到金军势力太大，自己独木难支。有人建议杀了左企弓几个奸贼，投奔南朝。如果金军来攻，内有平州之兵，外借宋兵强援，军民同仇敌忾，一定能赶走金军。

张觉本来就对金人怀有戒备之心，觉得这话说得有理，经与翰林李石商量，决定起兵投宋。经过策划，他赶到滦河西岸，事先埋下伏兵，然后召见左企弓、虞仲文、曹勇义、萧公弼等人，几个人到达后，刀斧手齐出，一举擒拿了这几个卖国的奸贼。历数他们背弃辽主、诋毁天祚皇帝、弃燕投敌，认贼作父等十大罪行之后，将他们全都吊死在山坡的大树上。

张觉恐金军前来找麻烦，立即派部属张钧、张敦固持书燕山府，愿率平州军民降宋。

燕山知府王安中不敢擅自作主，立即飞章奏报朝廷。

王黼接到张觉的请降书，以为是天上掉下来的馅饼，立即怂恿赵佶接纳张觉。

赵良嗣长期同金国君臣打交道，早知道他们蓄谋南侵，劝谏说："我朝新与金国结盟，如果接纳张觉，金人必不高兴，若因此而引发战祸，到时就后悔莫及了。"

赵良嗣的劝谏不但没有得到采纳，而且还遭到一顿训斥，遭到降五级官阶的处罚。

赵佶下诏，接受张觉投降，并命燕山府对归附的燕民多方抚恤，有官职者，尽量官复原职，命民众各安其业，免去三年赋税。

对于这件事的正确与否，评论不一，但当时有人打了个比方：咱们大宋王朝就像一个孱弱的小孩，人小胆子大，虽然势单力薄，却又专爱惹事生非。

为何说接纳张觉投降是惹事生非呢？因为宋、金结盟，有一个特别的约定，就是双方不得招降纳叛。这个约定是完颜阿骨打提出来的。完颜阿骨打知道，辽国有很多汉人，而宋朝又是汉人的王朝，金人攻占了辽国，这些辽国的汉人必定会投奔宋朝。他提出设这一条约定，就是要限制宋朝。可见完颜阿骨打确有过人之处。

赵佶不计后果地接纳张觉，是在玩火，中国有句古话，叫做玩火自焚。

完颜阿骨打虽然得知张觉降宋，很想严惩张觉，然而，他此时已经没有横刀立马、驰骋疆场地机会了。因为他病了，而且还病得不轻。他似乎预感到了什么，不准备立即惩罚张觉，而是决定回上京。回京前，他命宗翰为都统，驻扎在云中，负责军事防务，接着召皇弟吴乞买赴行在安排一些事情。回京前，他留下了一句话："必致张觉，以雪耻辱。"他把收拾张觉的任务交给了宗翰。

东京此时似乎也不平静，童贯、蔡攸自燕京归来之后，又是加官，又是晋爵，倍受恩宠，二人得意忘形，不把任何人放在眼里，渐渐的，群臣便有些议论了。

王黼、梁师成见童贯、蔡攸夺了他们的彩头，心里不服，共同举荐内侍谭稹，说他熟知文韬武略，是个人才，足可能取代童贯出任边帅。

赵佶本来就是一个喜怒无常、反复无常的人，就是他最宠幸的蔡京，使用起来也是三进三出；奉如神仙的妖道林灵素，也因藐视太子而于宣和二年放归故里，听了王黼、梁师成的嘀咕，居然觉得他们说得也有理，便命童贯以太师的身份退休。

童贯致仕后，命谭稹出任两河、燕山路宣抚使，接替童贯的职位。

谭稹到了太原，作威作福，更甚于童贯，惹出了宋、金失和的大麻烦，进而撼动了宋室江山，这是后话。

宗翰送走了完颜阿骨打，便着手处理张觉的事情，命大将拣摩率二千兵马去攻打平州。

张觉得知金军来犯，率兵在营州严阵以待。拣摩率兵抵达营州，见营州兵多势众，守备森严，知道张觉已有防备，而自己所带人马太少，不足以与之抗衡，便不战自退。临走的时候，拣摩派人在醒目的地方写上"今冬复来"四个大字。

张觉见金军不战而走，派弟弟去东京报捷，说金军来犯，大败而归。

这是童贯惯用的招数，张觉偷师学去了。

赵佶闻报大喜，便改平州为泰宁军，拜张觉为节度使，犒赏银绢数万，并让张觉的弟弟捎去任命张觉及部下的敕书、诰命。

金帅宗望侦得了这个消息，在宋朝钦差到达平州的头一天晚上，率军悄悄地埋伏在平州郊外的树林里。

次日，张觉率数十余人至郊外迎接天子诏书，突然，金军从树林里杀出，切断了张觉回城的道路。张觉猝不及防，身边又没有兵将，归路被断，回不了平州，只得带着几名亲信拚死杀出重围，逃往燕山府寻求保护。

金军捕获了张觉的弟弟，缴获了赵佶封张觉为节度使的御笔诏书。

平州都统张忠嗣得知张觉逃走，与副都统张敦固率众开城投降，宗望便派人随张忠嗣进城，准备做一些安民的事情，金使刚进城，便被城中愤怒的人群给杀了。大家推举张敦固为统领，闭门坚守。

宗望虽率兵攻打，但却久攻不下，因为城中的军民奋力抵抗，誓死要保卫自己的家园。金人终于知道了什么叫抵抗。

宗望在无奈之下，移师燕山府，索要金国的逃犯张觉。

燕山知府王安中把张觉藏在城里，对金人说没有这个人，后来被逼急了，他便找了一个酷似张觉的人做替死鬼，将首级交给金人，企图蒙混过关。金国使臣离去不久又回来了，将那个假张觉的头颅丢在地上，威胁说，若不交出张觉，将会移兵攻打燕山府。

王安中见事情闹大了，只得请示朝廷，并建议交出张觉，免得宋、金两国开战。

赵佶此时真的后悔了，悔当初没有听赵良嗣的劝谏，招纳了张觉这个烫手山芋。他实在很害怕打仗，迫于金人的淫威，无奈之下，只得下了一道密诏，命王安中秘密处死张觉，将首级连同他的两个儿子，一并交给金人。

可怜张觉，身为辽国大将，为了不受金人的欺凌和摆布，误投了昏庸无能、仰人鼻息的大宋朝廷，到头来落得个身首异处，而且还搭上了全家人性命。

张觉屈死，兔死狐悲，所有在宋朝任职的辽国降将及常胜军的将士们，人人伤心，个个胆寒，恨宋朝君臣寡恩薄义，卖友求安。郭药师更是气愤地说："今天金人要张觉，便杀了张觉送给金人，如果有一天来要我郭药师，岂不是也要割了我的人头交给金人吗？"

郭药师的同伴们听了，也都愤愤不平。郭药师因此心灰意冷，萌生异志，对部下的管束也就松驰了。这支被大宋朝廷倚为干将的常胜军，顿成一盘散沙。经常有士兵走出军营，干一些抢掠百姓、偷鸡摸狗的勾当。

王安中见军心已乱，自己无法控制，又觉得杀害张觉，于心不安，便辞官不做，挂印而去。

十三 撂挑子

天祚皇帝的末路

在张觉事件期间，接替童贯出任两河、燕山路宣抚使的谭稹也有一些小动作。他来到太原时，适逢金翰回朝。朔州、应州、蔚州三州守将乘机与宋方暗通款曲，说要献城投降。谭稹刚上任，立功心切，乘机招降了这三个州，并申奏朝廷，成立朔宁军，派河东守将李嗣前往镇守。山后共有九州，谭稹收回三州，更加激发了赵佶收回燕云全部失地的愿望。于是，接二连三地派人出使金国，要他们履行协议，归还山后几个州。

这时，金主完颜阿骨打病亡，弟弟吴乞买继位，改名完颜晟，尊完颜阿骨打谥号武元皇帝，庙号太祖。

宋朝与金国结为睦邻友邦，金国大丧，新皇帝即位，便派使臣前往吊唁、祝贺，并提出要回山后几个州。

金国正处大丧时期，新皇初立，百废待举，加之辽国天祚皇帝还在山上打游击，不敢过分地分兵旁骛，同意将武州、朔州交还给北宋。

一天，一位金国使者突然来到燕京，见了谭稹后既不问好，也不施礼，开口就索要赵良嗣许下的二十万石军粮，态度极为蛮横。

谭稹说二十万石军粮不是一个小数，怎么能说给就给呢？仅凭赵良嗣的一句话，岂能为凭？于是断然拒绝了金人的要求。

金使见谭稹来硬的，只好悻悻而去。

金帝完颜晟便以此为借口，决意南侵。命大将拣摩率兵攻克平州，杀死宋平州都统张敦固。并怂恿刚刚依附于金国的西夏发兵攻打武州、朔州。而金军则乘胜攻占了应州和蔚州，接着直逼飞狐、灵丘两城。宋、金的关系顿时紧张起来。

金军进攻的消息传到京师，朝廷一片恐慌。赵佶认为是谭稹处理失当，才引来了如此大的麻烦，下诏贬谭稹为顺昌军副节度，勒令他回家休息。并重新起用在家休息的童贯领枢密院事，出任两河、燕山路宣抚使。

童贯出任宣抚使，就任太原，名义上是代替谭稹交割山后土地，实际上还有另一个秘密任务。

原来，辽主天祚皇帝自从吃了败仗逃进夹山以后，过上了流亡逃窜的生活，金军布下天罗地网，到处搜捕他，在走投无路的时候，他转奔讹莎勒，向西夏求援。

西夏主李乾顺倒也仗义，见昔日的老大哥前来求援，命统军李良辅率兵三万支援天祚皇帝，谁知夏军到达宜水，遭到金将斡鲁、娄室的夹击，大败而归。

西夏吃了败仗，尝到了金人的厉害，再也不敢轻举妄动了。

天祚皇帝失去了夏军的支援，更是恐慌，率兵继续逃窜。金国大将完颜宗望携辽国降将耶律余睹率兵紧追不放，在一个叫石辇驿的地方，终于追上了辽兵。

天祚皇帝见金兵不过千余人，而他却有二万五千人，于是决定吃掉这股追兵。命令副统军萧特烈指挥辽军迎战，自己则带着妃嫔和身边的大臣登上一座小山观战。

耶律余睹略通兵法，用了一招擒贼先擒王的战术，避开正面的萧特烈，率兵直奔小山捉拿天祚皇帝。

天祚皇帝本想看一场猫捉老鼠的游戏，不想老鼠发威，冲自己杀来，拍马就跑，连身边的嫔妃都顾不上。

辽军见皇上都被人赶跑了，无心再战，顿时作鸟兽散，一场占绝对优势的战斗，糊里糊涂地大败亏输。

天祚皇帝率领残兵逃到四部族，恰好碰上萧德妃也逃到那里，两批人马不期而遇。萧德妃前来拜见天祚皇帝。

天祚皇帝恨这个抢班夺权的女人，当场杀了她。

跟随萧德妃的萧干乘乱逃脱，逃往卢龙镇，在那里招集旧部，自立为奚国皇帝，改元天复。

奚原来是契丹的旧部，与辽国皇室世代通婚，本姓舒噜氏，后改为萧氏，所以，契丹初兴的时候，史官或称其为奚契丹。所以，萧干称帝，自称奚帝。

天祚皇帝以为他还是皇帝，有人另立朝廷，就是谋逆之罪，于是命都统耶律马哥率兵讨伐萧干。耶律马哥还没有出发，金国的斡鲁、完颜宗望就率兵追了上来。

天祚皇帝已成惊弓之鸟，顾不上讨伐萧干，率众逃往应州。

斡鲁抓住辽将耶律大石，逼迫他当向导，一路穷追不舍。途中追上天祚皇帝的后队，活捉天祚皇帝的儿子、公主、嫔妃及随行官员。

天祚皇帝得知后队遭劫，儿女、嫔妃都成了金人的俘虏，倍感悲伤，派人带着兔纽金印，向金军乞降，并要求赐给子孙土地，让他们有一个安生立命的地方。完颜宗望拒不答应。

天祚皇帝请降不成，只得继续他的逃亡之路，投奔西夏。

萧干自立为奚帝后，率众出卢龙岭，先后攻占了景州、蓟州，前锋直逼燕城。

郭药师得知萧干来犯，率兵迎战，击败萧干，乘胜追出卢龙岭，萧干在败逃途中，被属将耶律阿古哲杀了，并将首级献给宋朝的郭药师。

郭药师派人将萧干的首级送往京师，赵佶下诏加封他为太尉。

天祚皇帝成了一个亡命天涯的流亡皇帝，满以为西夏是过去的属国，投奔西夏可以求得一个安身的地方。然而，金国先他一步就与西夏通好，天祚皇帝的愿望落空了。

李乾顺拒绝了天祚皇帝，立即向金上表邀功，表示忠诚金国。

金太宗也不食言，命宗翰将下寨以北、阴山以南，及乙室邪剌部，吐禄、泺西地区割让给西夏。夏与金从此通好，信使来往不绝。

金太宗要捉拿天祚皇帝，北宋皇帝赵佶也很惦记他。因为他的存在，终究还是北宋的心头之患。赵佶采纳童贯的建议，花重金找来一名番僧，让他给天祚皇帝送一封亲笔信，他在信中说："若来中国，当以皇兄之礼相待，位燕、越二王之上，赐第千间，女乐三百人，极所以奉养。"

意思是说，你如果来宋，朕会像对待皇兄一样对待你，你比朕的两个兄弟燕王和越王的地位还高，朕给你一千间房子，三百名戏子，朕养着你。

童贯到太原上任，是要密约天祚皇帝来降。

天祚皇帝如丧家之犬，接到赵佶的御笔亲书，大喜过望，正想率残部南下投奔北宋，找一个遮风避雨的地方。后来又觉得南朝靠不住，仍然在内蒙一带转悠。

宋人与天祚皇帝书信往来，要经过云中，金帅完颜宗望早就掌握了这一情况，但他故装不知，几次围剿天祚皇帝没有成功，便派人找童贯要人，说海上之约规定，金、宋无论谁捉到天祚皇帝，都要杀掉他，而中原违约招徕，一定是童贯将他藏起来了。

童贯当然满足不了金人的要求，因为他也在找这个人。

后来，在宣和七年二月，金军终于抓住了天祚皇帝，当时，金太宗并没有难为他，还封他为海滨王，让他带着老婆到东海边一个小镇上去居住。后又担心他死灰复燃，下令将天祚皇帝杀了，并万马踏尸。

辽自建国称帝，共九帝，历二百一十年。

最后的享受

天祚皇帝走上了不归路，赵佶依旧在荒淫，不是逛窑子，就是吟诗作画，或者到哪个宠臣家里串串门。

王黼对赵佶说，他家里的柱子上长了株灵芝，请赵佶到他家去观赏。因为赵佶偏爱稀奇古怪的事情。

有一天，赵佶突然带侍从来到王黼家，正碰上梁师成在与王黼密谈。梁师成回避不及，只得一同见驾，两人脸色都很尴尬。在赵佶的盘问下，王黼只得承认两家是隔壁邻居，有便门相通。

北宋立国之初，曾有过规定，内侍不得与权臣私相交往。这是防止权臣与内侍相勾结而扰乱朝纲。

赵佶进门的时候，问明只有王黼在家，并无外人造访。看到梁师成在王黼的家里，而且神色慌张，心里虽然明白是怎么回事，但却不露声色，看过灵芝之后，提出要到梁师成家午宴，梁师成见赵佶并无责怪之意，而且还要到自己家里喝酒，当然是受宠若惊。于是，在梁师成、王黼的陪同下，赵佶从便门进入梁府，君臣三人痛快地吃了一顿丰盛的午宴，晚上又转到王黼家吃晚宴。赵佶喝得酩酊大醉，不省人事，直到五更，才由十余名内侍带着兵器把他从艮岳山旁龙德宫的复道小门抬进宫去。

皇城使车吉看到几名带刀内侍抬着赵佶从侧门进宫，不知发生了什么事，立即将这件事报告给殿帅府，殿帅府也不知发生了什么事，立即将皇宫禁军齐集在教场，以备不虞。

次日，赵佶不能升殿上朝，闹得人心惶惶。直到下午，才从宫里传出消息，说皇上醒过来了，齐集在朝堂一直不曾离开的文武百官这才松了一口气。

退朝之后，尚书右丞李邦彦进宫请安，赵佶对他说了在梁师成、王黼家喝酒的事情。

李邦彦惊讶地说："王黼、梁师成设家宴招待陛下，怎么能把陛下灌得酩酊大醉呢？他们是想让陛下成为酒仙吗？"

赵佶听后，默不作声。

李邦彦见赵佶不出声，问道："陛下知道他们密谋什么吗？"

"怎么？"赵佶吃惊地问，"你知道？"

李邦彦神秘地说："他们图谋夺嫡，欲立郓王楷为太子。"

"真的？"赵佶很吃惊。

"没有不透风的墙，外面早有风传。"

赵桓知道王黼欲废太子，前几天他还奏说太子赵桓诋毁大臣，屡干国政，常与皇上意见相左，建议废赵桓而立郓王赵楷。他心里也正有犹疑，只是没有想到他与内侍私相往来，李彦邦说起这档子事，使他的态度立刻发生了变化。

第二天，赵佶诏命王黼退休。提升白时中为太宰，李邦彦为少宰，张邦昌任中书侍郎。赵野、宇文粹中为尚书左右丞，并再次起用老太师蔡京，让他管理三省事务。

蔡京已是八十岁高龄，已是两眼昏花，视物模糊，赵佶让他在家里办公。蔡京无力处理公务，大权落在幼子蔡絛身上，太宰白时中、少宰李彦邦惧怕蔡絛，一切都按蔡絛发出的文书办事。

蔡絛专权，为所欲为，朝臣敢怒不敢言。就连蔡攸对这个弟弟也很不满，多次在赵佶面前说他的坏话，甚至劝说赵佶杀掉他。

蔡攸为何要对弟弟下狠手呢？因为蔡京偏爱蔡絛。蔡攸升任少师之后，与蔡京地位相当，父子两分立为党，几乎成了仇人。蔡家父子的窝里斗已不是新闻。

蔡攸嫉妒蔡絛，白时中、李邦彦反感蔡絛，几个人合谋弹劾蔡絛，并牵连到蔡京。

赵佶下诏罢免蔡絛，叫童贯、蔡攸两人去蔡京家，让他自己上书辞职。

蔡京虽然已是八十岁高龄，仍然不甘心退出政治舞台，苦苦哀求，说还能再干几年，一定是有人在皇上面前进谗言。

蔡攸冷着脸说："皇上派我们来叫你写辞职书，是给你面子，一大把年纪了，还想把持朝政、为所欲为呀？不要给脸不要脸，敬酒不吃吃罚酒！"

蔡京无奈，只得写了辞职书，交出印信。

赵佶又晋封童贯为广阳郡王，让他到燕山加强对金国的防范。这个时候的北宋政权已经是日薄西山了。

— 420 —

金军南下

  金太宗的雄才大略不亚于完颜阿骨打，在决定挥师南下之前，派李孝和出使北宋，名义上是告庆抓获了天祚皇帝，以示友好，并说他正在劝说众将交割山后之地，请宋朝耐心等待几个月，山后之地迟早是会还给宋朝。

  赵佶喝了完颜晟的这碗迷魂汤，喜不自禁，设宴为李孝和洗尘。宴会上，金杯银盏，奢华至极，仙乐缭绕，赏心悦目，李孝和羡慕不已，回国后直夸汴梁城是人间天堂。

  宣和七年十月，完颜晟"诏诸将南伐"，兵分两路，向北宋发起进攻。

  完颜晟命斜也为都元帅，坐镇京师，调度军事；宗翰为西路军都统帅，率兵从云州出发，直扑河东，目标是南攻太原，然后与东路军会师，进军北宋京城；宗望率南路军都统帅，率大将拣摩，汉军都统刘彦宗，自平州入燕山。

  金军已经出兵南侵，赵佶仍然在做收复失地的美梦，派童贯去和金国商谈索地之事。童贯到达太原之后，明知宗翰领兵南下，仍然在异想天开，派马扩、辛兴宗赴金军商谈移交山后的土地。

  宗翰瞪着眼睛说："你们还想要两州、两县吗？山前、山后，都是金国的地盘，与你们宋朝无关，你们招降纳叛，暗结天祚皇帝，已经违背盟约，只有割地才可赎罪。你们滚吧！我会派人到你们那里通报的。"

  马扩见宗翰如此蛮横，知道再说是自取其辱，只得告辞而归。

  童贯见马扩垂头丧气的样子，问到底是怎么回事，马扩只说了一句话："别抱幻想，刀已架到脖子上了，准备御敌吧！"

  童贯根本就不相信金国有能力、有胆子向大宋宣战。

  马扩刚回来，金国使臣拣摩也跟着进门了，童贯以为金人是来商谈土地交割之事，高兴地开中门迎接，拣摩并不领情，脸色也不怎么友善，进来就坐后，傲慢地递给童贯一封信函。

  童贯接过一看，结结巴巴地说，"贵国说我们纳叛弃盟，为何不早告诉我们呢？"

  拣摩说："已经宣战了，用得着告诉吗？"

  童贯问："没有商量的余地吗？"

  拣摩傲慢地说："若要我朝退兵，速割河东、河北之地，宋、金以黄河为界，宋朝尚有生存的机会。否则的话，数月之内，金国大军将饮马长江，席卷中原，辽国的今天，就是你宋朝的明天。"

童贯坐在那里，吓得魂飞胆丧，连金使何时走的都不知道。

童贯害怕了，想借口向朝廷汇报，逃回京师。张孝纯正色说："金国败盟，你不督促诸路兵马抵御外敌，反而要临阵脱逃，这不是自取败亡吗？万一河东失守，河北还能守得住吗？"

童贯怒叱道："我只受命宣抚，并未奉命守土，镇守边关，驰骋疆场，是你们守臣的责任，不关我的事，要我留下来，要你们这些守臣何用？"

张孝纯仰天长叹，伤心地说，朝廷执掌兵权的三军主帅居然如此贪生怕死，临危脱逃，国家离灭亡也就不远了。

童贯离去之后，张孝纯并未放弃，他号召太原城的军民拿起武器，抗击金狗，誓与太原城共存亡。

宗翰率领军攻克朔州、代州后，直逼太原。

张孝纯率领太原城军民顽强地进行抵抗。宗翰见久攻不下，只得暂行退兵。

宗望率领的东路军自平州出发，一路上，所向披靡，顺利攻占了清化县、檀州、蓟州、松亭关、石门镇、野狐关、古北口，燕山府的门户大开。值得一提的是，金军占领这些要塞之地，大部分都是兵不血刃，士兵们排着整齐的队伍、说说笑笑地行进。这在中外战争史上，算得上是一个罕见的奇迹。

燕山知府蔡靖得知金军兵临城下，命郭药师带兵御敌。

郭药师自从张觉事件以后，早已心存异志，看在蔡靖以诚相待的份上，勉强率兵出城迎敌，见金军来势凶猛，这个昔日的常胜军将竟毫无斗志，未战先退，被金军一路追杀，败回燕山。金军直逼城下。

郭药师败回燕山后，并没有布防守城，而是劫持了蔡靖，出城投降。

宗望在郭药师的帮助下，很快平定了燕山府的所属州县，除了土地之外，金军还收获了战马一万匹，甲胄五万副，无数的军需物资，还有降兵七万多人。

北宋费了数代人的心血和数以百万计的金银收复的燕京六州，不到十天的时间，重新沦落于金人之手。

在郭药师的导引下，金军绕开一时无法攻下的城池，快速向宋朝的纵深挺进。

撂挑子

赵佶在急难之中，总算还记得兵来将挡，水来土掩这句话，命宦官梁方平率领禁军，火速赶往黎阳，力争将金军挡在黄河北岸。接着命宇文虚中调天下兵马进京勤王。

宇文虚中立即调熙河经略史姚古、秦凤经略使种师中领兵增援东京，保卫都城。可是远水救不了近火，宫廷内外，时不时传来警报，一天好几次。

赵佶只是唉声叹气，一点办法也没有。其实，他此时已经有了主意：让太子监国，自己以行幸东南为名，逃离京师。

太常少卿李纲得知这个消息后，便去找给事中吴敏，对他说："如今敌势猖獗，两河危急，皇上若弃城而去，只留太子监国，恐怕太子威不能服众，则京城必危。"

吴敏问李纲有什么好办法。李纲说："如果皇上一定要离京，就应传位于太子，这样，新天子才可以号令四方。"

吴敏认为劝说赵佶禅位的风险太大，弄得不好，会给自己惹来杀身之祸，还是奏请太子监国比较稳妥。

李纲激动地说："如今国家的形势，同当年唐玄宗在灵武禅位给太子没有两样，甚至比那更危急。国家已经危在旦夕，不另建年号，不足以复邦。我们是为江山社稷作想，又不是谋逆，何罪之有？即使获罪，为人臣者，在国家危难之时，也应万死不辞。皇上聪明仁恕，一定懂得这个道理的。吴大人还是去试试吧！"

李纲所说的唐玄宗故事，就是指安史之乱后，唐玄宗李隆基出逃四川，太子李亨走到半路不辞而别，到灵武即了皇帝位，就是唐肃宗。唐肃宗遥尊唐玄宗为上皇，然后命自己的儿子做天下兵马大元帅，召集四方志士勤王，用八年时间平定了安史之乱。但是，唐肃宗做皇帝不是唐玄宗传位，而是他自立的，玄宗无可奈何，只得默认。安史之乱平息后，李亨把玄宗迎回长安，父子失和，玄宗被软禁，最后凄凉地死去。

吴敏觉得李纲说得有理，欣然答应进宫劝说赵佶。李纲担心赵佶不听劝谏，连夜刺臂写了一封血书。

第二天，吴敏进宫，将李纲的话原原本本转奏给赵佶。赵佶当即召见李纲。

李纲进宫后，呈上写好的血书。

赵佶对皇帝这把交椅已经没了兴趣，放出行幸东南的风声，实际上是要撂挑子走人，李纲的血书激发了他的灵感，撂挑子就要撂彻底。于是答应李纲，明天给一个说法。

第二天，赵佶突然病倒了，而且还数次昏死在龙床上，御医又是捶背，又是把脉，始终诊不出得的是什么病。几位宰臣围在旁边，急得团团转，都说朝廷不幸，怎么在如此紧要关头皇上突然得了如此怪病呢？

赵佶慢慢地苏醒了，只见他伸出手，断断续续地说："纸……纸……"

"快！"蔡攸急叫道，"陛下要纸。"

内侍连忙取来笔墨纸砚，送到御榻前。赵佶抓起笔，写了"传位东宫"四个字。笔走龙蛇，刚劲有力，丝毫看不出是一个病人写的字。

蔡攸领旨，立即传吴敏草拟诏书。赵佶正式传位给皇太子赵桓。

玖

替罪皇帝

宋钦宗

赵桓在太子的位子上苦苦等了十四年，就是想坐上金銮殿上那把交椅，可是，当机会来临的时候，他哭了，坚决不当皇帝。因为他发现，金军已兵临城下，父皇是在撂挑子，留给他的，是一个百孔千疮的烂摊子，是一座即将爆发的火山，龙椅，就放在火山口上。但是，前任皇帝的禅位诏书已经下达，几位宰臣也都一致拥护，大家硬把他拽到金銮殿，按在那把至高无上的龙椅上，强行将龙袍披在他身上，他这个皇帝，做也得做，不做也得做。

一　被逼上皇位的皇帝

被逼做了皇帝

赵桓在皇太子的位子上苦苦等了十四年，就是想坐上金銮殿上那把交椅，可是，当机会来临的时候，他哭了，坚决不当皇帝。因为他发现，父皇是在撂挑子，留给他的是一个百孔千疮的烂摊子，是一座即将爆发的火山，龙椅就放在火山口上。但是，这件事由不得他，前任皇帝的禅位诏书已经签字下达了，几位宰臣也都一致拥护，虽然他心里不愿意，还是被几位宰臣硬拽到金銮殿，强行按在那把至高无上的龙椅上，将龙袍披在他身上，极不情愿地做了皇帝。

赵桓，是一个被逼上皇位的皇帝，也是北宋王朝最后一位皇帝。

宣和七年十二月二十三日，赵桓即位，他就是宋钦宗。

赵桓即位之后，命少宰李邦彦为龙德宫使，进蔡攸为太保，吴敏为门下侍郎，都兼任龙德宫副使。

立太子妃朱氏为皇后。朱氏是武康军节度使朱伯材之女，被封为皇后之后，她的父亲也跟着沾光，被追封为恩平郡王。

授李纲兵部侍郎，耿南仲签书枢密院事。

赵桓即位，按理说，当务之急便是阻止金军南下，然而，这个被逼上皇位的皇帝，也是一个昏庸之君，金军快杀过黄河了，他不思御敌，却派给事中李邺出使金营，对金人说，宋朝的皇帝换了人，新皇帝请他们停止前进，两国重修于好。

宗望知道自己孤军深入，风险实在很大，如果宋军抄了后路，他所率的部队恐怕一个也回不去。接到李邺送来的乞和书，有了回军北撤之意。

郭药师原本是宋将，对宋朝的情况知根知底，他怂恿宗望继续南下，说宋朝的防务形同虚设，不足为虑。更不用担心宋军抄后路，因为宋朝还没有出这样的人，即使有这样的人，宋朝的皇帝也没这个胆量，总之一句话，宋朝是一只纸老虎。

宗望考虑再三，终于还是采纳了郭药师的建议，率军继续南下。

天下人都知道是蔡京等人误国。太学生陈东带领一些学生联名上书，书中将蔡京、梁师成、李彦、朱勔、王黼、童贯合称为"六贼"，他们要求将贪赃误国"六贼"斩首示众，以谢天下。

李纲也上密疏，请求诛杀王黼。

赵桓早就知道六贼的罪恶，只是刚继位，难诛戮大臣，只好暂时将此事放下。

第二年是靖康元年，此时李邦彦总领政务，他刻意阻断言路，向赵桓报喜不报忧，除急事非上报不可外，一般奏疏都压而不报，故当时有"城门闭，言路开，城门开，言路闭"的传闻。

正月初一，金军东路军由邯郸分两路南进，一路以郭药师为前锋，他率领二千常胜军直扑浚州，另一路由宗弼（完颜兀术）率领，攻陷汤阴后与郭药师会师，攻打浚州。西路军则由宗翰率领攻打上党。

驻守黎阳的太监梁方平得知汤阴失陷的消息，在金军距黎阳还有一百多里的情况下，扔下全部军需辎重，率军向南溃逃。驻守浚州黄河大桥的何灌见梁方平率军溃退，以为金军杀过来了，下令烧毁了浚州黄河浮桥。

梁方平一箭未发，率兵逃过了黄河，何灌不战而退，放火烧掉了黄河浮桥，宋朝寄予厚望的黄河防线不防守，完全向金兵敞开。

金军将要杀过黄河的消息，旋风般刮遍中原大地，吹进了东京汴梁城，举国上下，朝廷内外，人心惶惶。那些嚣张一时的奸臣，都在捆扎行李，收拾私财，载运娇妻美妾，爱子宠孙，准备逃离京城。逃得最快的要算王黼，第二个就是蔡京。

赵桓大怒，前几天太学生们弹劾，他没有动手，这次王黼出逃，可是自找死路，于是命。开封府尹聂昌派人杀掉王黼。

赵桓又下诏赐死李彦，没收其全部家产；没收朱勔全部家产，削职为民。在赵桓看来，自己也算是从谏如流、惩恶扬善了，只是人心涣散，一切都已经无法挽回了。

金军赶到黄河边，看到河对岸渐渐远去的宋军旗帜，先是觉得不理解，当明白是怎么回事的时候，终于明白了闻风而逃是怎么回事。

金军从容地渡过黄河，嘲笑地说："宋朝真的没有人啊！假如有一二千军队守在黄河南岸，我们插翅也飞不过来。这样的朝廷、这样的兵，不灭亡才是怪事。"

金军已过黄河的消息传入宫中，太上皇赵佶急忙下令东行，命蔡攸为太上皇行宫使，宇文粹中为副使，保护太上皇出都，童贯带领胜捷军一同跟随。这些人跟着太上皇东行，名为护驾，实际上是自保。一群人浩浩荡荡向亳州进发。赵佶的宠臣高俅也一起跟着走了。

战、和之争

赵佶仓皇出逃之后，京城可以用一个乱字来概括，政局乱，人心乱，朝廷上下、京城内外，全都乱套了，乱成了一锅粥，乱成一团糟。

太宰白时中、宰相李邦彦觉得京城太危险，主张皇上出去避避风头。

唯独尚书右丞李纲坚决反对，说道君皇帝离京时，将宗庙社稷托付给陛下，陛下不能弃之而去。

白时中嘀咕道："京城想守也守不住，不走又能怎么样？"

李纲手指白时中、李邦彦怒斥道："你们身为宰相，不思御敌之策，先是欺蒙上皇，现在又怂恿陛下弃城而逃，京城失守，你们就是千古罪人。"

赵桓说："白时中说得有理，京城守不住，京城不可呆！"

李纲大声说："天下城池，惟京城最坚固，如京城不可守，还有哪座城池可守？宗庙、社稷、百官、万民都在这里，舍弃京城，能到哪里去？臣愿意死守京城。"

赵桓见李纲不顾个人生死，愿意领兵保卫京城，当即便命李纲为尚书右丞，东京留守。以同知枢密使李棁为副，聂昌为随军转运使，领兵守城。

李纲临危受命，立即就忙活起来，又是部署兵力，又是安排人修筑毁坏了的城墙。

白时中，李彦邦两人也没有闲着，他们害怕留在京城，但却又不敢私自逃走，因为他们舍不得头上那顶乌纱帽，要想保住乌纱帽，又能逃离京城，惟一的办法就是劝赵桓出逃，赵桓出京，做宰相的一同出行，也就顺理成章了。为了能达到他们的目的，他们连夜找赵桓做太子时的老师耿南仲，让他去劝说赵桓，说京城是不能再呆下去了，否则，就有生命危险。

赵桓本来就不想呆在京城，听人一劝，又改变了主意，下旨命禁卫军次日护送后宫、宗室，准备随他南下邓州。

次日早朝，李纲来得非常早，看到崇政殿外禁卫军全副武装，列队待发，后宫的嫔妃们都带着大包小包，准备升轿出走，觉得有些不对劲，一打听，才知道赵桓又要离京出逃。李纲冲着禁卫军大声问道："你们究竟是愿意守卫京城，还是愿意随皇上出走？"

禁卫军不约而同地说，他们的妻儿老小都在京城，情愿死守京城，也不愿意离开半步。正在这时，赵桓出来了，身后的几个太监，连太庙里的祖宗牌位也都带上了。李纲迅步上前跪下奏道："陛下昨天说得好好的，为何一夜之间又改变了主意呢？"

赵桓叹了口气说："如今人心离散，军无斗志，孤城如何能保，朕想了一夜，还是走的好。"

正在这时，一名禁卫军来报，说皇后已经起驾。赵桓一听，不顾跪在地上的李纲，拔腿就走，李纲见状，不顾一切地扑上去，抱住赵桓的脚哭叫道："陛下，不能走呀！陛下这一走，大宋江山将处于万劫不复的地步。"

周围的禁卫军见此情景，一阵骚动。

李纲哭着说："将士们的妻儿老小都在京城，他们都愿意死守京城，不愿离开京城。陛下强迫他们护驾出都，万一中途他们逃散而归，陛下的安全怎能得到保证？况且，金军已经逼近汴京，他们得知圣驾离得不远，一定会派精兵追赶，到时，谁能抵挡得住金军呢？"

李纲的话，似乎打动了禁军们的心，周围的禁军再一次骚动起来。李纲知道周围有很多禁军，灵机一动，从地上爬起来，冲着禁军大声问道："你们都是七尺汉子，热血男儿，敌人杀到家门口，你们是愿意逃？还是愿意留？"

禁军们七嘴八舌地说开了，说他们的妻儿老小都在京城或京畿，谁愿意抛妻弃子，离乡背井呢？慢慢地，竟然形成了一句话：誓与京城共存亡。

李纲乘机劝谏道："陛下，人心不可违呀！留下来吧！"

赵桓终于又被说动了，答应留下来，不走了。禁卫军得知皇上不走，高兴得齐刷刷地跪了一地，高呼万岁。

赵桓也被眼前的气氛所感染，当即下旨，设立京师守御行营司，李纲负责指挥，并给李纲充分的权力"听便宜从事"，即遇事自行决断，无需请示。

接着，又调整了中枢机构的领导班子，免去白时中太宰之职，以李邦彦为太宰兼门下侍郎，张邦昌为少宰兼中书侍郎，赵野为门下侍郎，翰林学士承旨王孝为中书侍郎，同知枢密院事蔡懋为尚书左丞。

二　城下乞盟

李纲临危受命

金军过了黄河，距东京只有两天的路程，也就是说，满打满算，东京保卫战，李纲只有两天的准备时间。

李纲立即作手部署京城防御，除部署镇守四门守卫外，将所有兵马编为六路，一路保护东门外的粮库，一路扼守朝阳门外的樊家冈。其余兵马待命听调。

正在这时，何灌带领一万残兵从黄河渡口逃回京城。李纲建议赵桓给何灌一个机会，让他戴罪立功，使何灌得以保命。

正月初七，金兵先头部队直逼东京，攻占了牟驼冈。宋朝的养马场就在牟驼冈，那里的二万匹战马，成了金军的战利品。

赵桓非常恐慌，召集群臣商量对策。朝堂上，又发生了战、和的争论。

李纲主战，他认为金军远道而来，孤军深入，击之不难，即使不胜，再闭城固守，等待勤王之师，然后内应外合，可以一鼓歼灭敌军；李邦彦、张邦昌主和，他们认为京城兵微将寡，勤王之师不知几时能到，惟一的办法是割地求和，才可避免破城之灾。

赵桓犹豫不决，李纲急着要布防，有事出去了。李邦彦、张邦昌乘机怂恿赵桓求和，赵桓竟不顾李纲的反对，派郑望之、高世则到金军求和。李纲返回的时，求和之事木已成舟，想阻止已是不及。

郑望之、高世则走到半途，正碰上金国使者吴孝民奉命前来议和，便一同返回京城。

当天夜晚，金兵偷袭宣泽门，企图从水门乘船突入外城，幸亏李纲早有防备，率军顽强抵抗，士兵们将蔡京家的假山拆掉，当着炮石用，激战一夜，击退了金兵的进攻。

宋军的顽强抵抗，让金军主帅宗望感到意外，同时也暗自庆幸，幸亏守卫黄河的不是眼前的部队，不然的话，金兵可能还在黄河对岸望河兴叹。眼见攻城无望，宗望只得命令士兵拖着百多具尸体，撤兵回营。

次日，金使吴孝民进见宋朝皇帝，责问宋朝招纳张觉之事，要求宋朝将童贯等人交给金人处理，一派兴师问罪的派头。

赵桓推说这是前代国君之事，他没有得罪过邻国。

吴孝民责问招纳张觉只是一个借口，于是大度地说，既然是前朝事，那就既往不咎，并说如果想要议和，请派一个亲王和宰相到金军营中去商谈。

赵桓表示同意，命枢密院知事李梲跟金使一起前去。

李纲当即表示反对，说朝廷安危在此一举，李梲太怯懦，叫他去谈判一定会误事。赵桓没有采纳李纲的意见。

宋朝没有脊梁

李梲到了金营，见两旁站立的金兵杀气腾腾，吓得差点尿了裤子，进入中军帐，见到高坐在上的宗望，扑通一声跪下就磕头。

宗望厉声说："拿去吧！叫你们的主子按纸上写的条款，如数送到金营，收到东西后，我方退兵，否则立即攻城，破城之日，就是屠城之时。"

李梲吓得冷汗直流，从地上捡起和约，连看都不敢看一眼，喏喏连声地退出。

宗望又派萧三宝奴、耶律中、王汭三人随宋使进城，立等宋朝皇帝的答复。

第二天一大早，金军对东京城的通天门、景阳门发起了猛烈攻击。

李纲亲自上城督战，金军离得远，用床子弩对付，离得近，用神臂弓侍候，攻到城下的，推下滚木檑石，战斗进行得异常激烈。

李纲决定组织一支二千人的敢死队，下城杀敌。何灌说黄河大桥失守，是他的耻辱，他是朝廷的罪人，愿以死向天下人谢罪。李纲见何灌决心赴难，立即让人抬来烧酒，为何灌及二千名敢死队员壮行。

何灌率领二千敢死军缒城而下，如同下山猛虎，冲入敌阵，与金军展开了殊死搏斗。

宗望站在高处，看到缒城而下的宋兵，先还不以为意，后来见宋兵杀入金兵阵中，犹如一阵风，刮到哪里，哪里就倒下一片金兵的尸体，立即紧张起来。自南下以来，没有碰到过顽强的抵抗，更没有遇到这种不要命的打法，看到满地金兵的尸体，他害怕了，下令撤兵回营。

何灌实现了他的诺言，用鲜血洗刷了他的耻辱，战死城下。

李纲击退了金军，下城入朝议事，见赵桓与李邦彦又在商谈和约之事，一纸和约就摆在案叽上，李纲凑过去一看，金人列出了四个条件：

一、送金五百万两，银五千万两，牛马万头，绸缎万匹，为犒赏费；

二、割让中山、太原、河间三镇地；

三、宋帝当以伯父礼事金；

四、须以宰相及亲王各一人为质。

李纲看完条款，立即抗议："这是金人提出的条件吗？这样的条件也能答应吗？"

李邦彦说："金军兵临城下，举国震惊，要想退敌，只能答应他们的条件。"

李纲说："他们索要的金银牛马，就是搜遍全国，也不能凑数，到哪里去拿？中山、太原、河间三镇是国家的屏障，屏障丢了，何以立国？泱泱大国，竟称金狗为伯父，岂不是奇耻大辱？要人质，宰相就可以了，亲王怎么可以去？"

赵桓问道："照你说来，没有一条可以答应，如果金军继续攻城，如何是好？"

李纲建议派一个能说善辩的人去金营谈判，拖延时间，待各地勤王之师到达之后，就不怕金军不退，那时再与金国议和，就能获得真正的和平。

李邦彦却说金人狡诈得很，不会让你拖延时间，连京城都不了，还谈什么三镇，至于金币牛马，更是不必计较，给钱买平安，没有什么不可以的。当年的"澶渊之盟"，不也是花钱买来的吗？

张邦昌随声附和，极力赞同和议。

李纲见他们二人一唱一和，正欲抗辩，赵桓却以守城要紧，叫他去安排守城的事。其实是有意支开李纲。李纲走了以后，一个昏君，两个贪生怕死的奸佞，很快达成一致意见，接受金人提出的全部条件，并派李梲同金使前往金营，商谈签约之事。

赵桓想尽了一切办法，满城搜刮金银，大家小户，搜刮一空，甚至连娼优妓院中的财产也不放过，加上库存，也只弄到金二十万两，银四百万两，尚不足金人索要的十分之一。

赵桓命李邦彦起草誓书，称金太宗为伯大金皇帝，自称侄大宋皇帝，派李棁为使再赴金营磋商。第一条输款缺少甚多，请求分期缴纳；第二条割地，先将三镇地图呈送给金人；第三条称呼，完全照办，以后文书往来，称伯大金皇帝；第四条遣质，派康王赵构前往金营做人质。张邦昌为计议使，随同康王前往。

赵构是赵佶的第九子，韦贤妃所生，曾封为康王。

张邦昌是个卖国求荣的奸贼，当初，他和李彦邦竭力主张议和，是为了谄媚金主，不料这把火却烧到自己身上，赵桓派他与康王赵构一起到金营去做人质，顿时就吓晕了，推说自己口才不好，此去恐有辱君命，求赵桓另选他人。

赵桓当然不会答应他的要求，于是，他又要求赵桓御笔亲批，割地这一条不能变，因为他知道，割地这一条最不被国人接受，他担心自己做人质以后，朝廷改变主意，他这个人质的生命就不能得到保障。赵桓仍然不答应，说三镇的地图都送去了，怎么能不算数呢？张邦昌流着眼泪退出。

十四日，康王赵构带着张邦昌及随行人员，走出城门，渡过濠沟，前往金营做人质去。

民心不可违

和议达成之后，勤王之兵陆续到达，最先到达的是统判官马忠，他自京西募兵勤王，接近京城，正逢金兵在顺天门外抢掠，马忠立即指挥部队截杀金兵，金兵猝不及防，大败而归，马忠挥军乘胜追杀，敌兵死伤无数，从西面打开了进城的通道。

最先到达的边帅是种师道，他在伐辽时征战失利，被贬官致仕，后又被重新起用，出任两河制置使，得知京师告急的消息，亲率泾原、秦凤两路兵马，进京勤王，为了赶时间，他让大队人马随后跟进，自己亲率一队骑马急驰，接近京城的时候，他命令士兵击鼓而进，大造声势，使金人弄不清楚他到底带了多少兵马。

宗望久闻种师道的威名，得知种师道率兵驰援，为避其锋，移营北退，坚守牟驼冈，收束游骑，增垒自卫。

赵桓得知种师道率兵到达，喜出望外，命李纲开安上门迎接种师道进城。种师道谒见赵桓，礼过之后，赵桓问他有何退敌之策。

种师道回答说："女真人不懂兵法，岂有孤军深入他国之境，能够平安地回去吗？"

赵桓说朝廷已经同他们订约修好了。

种师道似乎对修好不感兴趣，他说率兵进京，就是要守卫京城，保卫陛下，至于其他的事情，他不想知道。看来，种师道不赞成和议。

赵桓似乎受了种师道的感染，笑着说，你来得正好，京师正缺一个统帅，那就由你来当吧！于是下诏，命种师道为同知枢密院事兼充京畿、河北、河东宣抚使，统四方勤王之兵守卫京城。

随后，姚仲平率领熙河兵也赶到了，赵桓命他为都统制。

宋、金和议虽然达成，由于该给的钱没有给足，金军仍驻兵城下，除了不停地派人催讨欠款外，还派出多股金兵到处烧杀奸淫，肆意抢掠，各路勤王之师陆续到达之后，金军的嚣张气焰才稍有收敛。

李纲认为金人贪得无厌，猖狂至极，不用武力难以解决问题。他分析说，敌兵只有六万人，宋朝的勤王之兵已经达到二十万，如果坚守城池，截断金军粮道，等孤军深入的金军粮尽力疲、不得不后退的时候，再沿途阻击，一定能够大获全胜。

依照兵法，这是最稳妥的决策，一定能稳操胜券。

姚平仲不同意李纲的观点，他说勤王之兵集合拢来却不出战，士卒就会有怨言。他自告奋勇请战。赵桓觉得宋朝有兵马二十万，金兵只有六万，悬殊的兵力对比，使他一下子信心陡增，腰杆子似乎突然硬了起来，居然同意姚平仲的意见，向金军开战。

一个性情怯懦、没有脑子的昏君，一个不知天高地厚、狂妄自大的将军，作出了一个冒险的决定：开战。

姚平仲的招数就是夜袭金营。种师道不以为然，认为这样太冒险。姚平仲拍着胸膛，信誓旦旦地说，此去如果不胜，情愿提头来见。

赵桓征求李纲的意见，李纲竟然也同意了姚平仲的意见，说可以一试。

姚平仲率万名兵士，乘着夜色摸进敌营，谁知却是一座空营，情知中计，急令退兵，但为时已晚，金军从四面八方冲出来，将宋军包了饺子。姚平仲偷鸡不成，反蚀了一把米，他知道回城后性命难保，干脆弃军而去，当了逃兵。

种师道本来是不赞成劫营的，当姚平仲劫营失败后，却主张明天再去劫营，他说，这在兵法上叫出其不意，如果不胜，以后每天派数千兵马前去骚扰金兵，让他们吃不安，睡不宁，不出十天，金兵就会逃走。

次日，种师道向赵桓建议再次夜袭金营，并说了他的看法。李纲也认为是奇计。

李邦彦却极力反对，他说金人天天派人来催讨欠款，你再去偷袭他的营盘，他会催得更急，实在是无法应付。

赵桓本来豪气冲天、信心十足，姚平仲战败后，又成了一个泄气的气球，瘪了。思想也来了个急转弯，由主战而变为主和。种师道的计谋，不符合他的口味，被否决了。

宗望收兵之后，庆幸自己有备，才打了一个大胜仗。

次日升帐，宗望召见康王赵构和张邦昌，怒斥宋军夜袭金营，违反了协议。张邦昌吓得哭了起来，康王赵构却站立当场，泰然自若，毫无畏惧之色。

宗望挥手让他们退下，回头对王汭说，宋朝这个亲王是一个冒牌货，恐怕是个将门之后。并命令王汭马上去见宋朝皇帝，要他们换人质。

王汭奉命来到东京，要求李邦彦更换人质，并说宋兵夜袭金营，违约背盟，他们的元帅很不高兴。

李邦彦一个劲地赔礼道歉，说劫营是李纲、姚平仲两个干的，朝廷也是后来才知道。并答应王汭，他将奏请皇上，严惩李纲、姚平仲。

赵桓为了迎合金人，下诏罢免了李纲的一切职务，并派宇文虚中随王汭一起到金营去赔礼道歉。

没有原则，没有正义，没有骨气，没有脊梁。这就是国难中的一群当政者。

赵桓万万没有想到的是，罢免李纲、种师道，会激起巨大反响。数百名太学生在陈东的带领下，到宣德门外的登闻鼓院递交请愿书，强烈要求恢复李纲的职务，让李纲和老将种师道带领军民保卫京城。同时还请求罢免李邦彦、张邦昌。

登闻鼓院是朝廷接受下级官员及老百姓诉状的地方。院外架了一面大鼓，叫登闻鼓。对于这面鼓，史书有很多记载，民间也有传说，趣事很多。北宋初，有个市民丢失了一头猪，竟也跑去击鼓，而院吏居然也将这件事上报给皇帝。赵匡胤听了不但没有怪罪，反而十分高兴，除了赏钱抚慰那个人外，还给赵普下了一道手诏："今日有人击登闻鼓问朕，寻觅亡猪。朕又何以见他的猪呀？但与卿共喜者，知道天下没有冤民。"

平常，登闻鼓院有专人值班，负责受理投诉案件，金军攻城后，这里的人也就没有心思上班了，登闻鼓院的官吏唱起了空城计。太学生们见朝廷没有人理睬，一怒之下，就敲响了登闻鼓。

赵桓是一个没有主张的皇帝，他询问吴敏该怎么办，吴敏说，宣德门已经集聚了上万人，而且越来越多，要想平息这件事，除了重新起用李纲，别无他法。

赵桓皱起了眉头，立即传召李彦邦。

李彦邦在入朝途中，被围观的民众看见了，不知是谁喊了一声："打死这个奸贼！"顷刻之间，乱石如雨点般飞向李彦邦，幸亏禁军前来保护，才使得李彦邦没有被当场打死。李彦邦进见的时候，脸色惨白，浑身颤抖。

赵桓见李彦邦狼狈不堪的惨状，心里也着慌。正在这个时候，殿前都指挥王宗濋进来报告，说外面的人越聚越多，叫禁军驱赶，禁军们不但不驱赶，反而还站在那里议论起来。

"民心难违呀！"吴敏着急地说，"再拖下去，恐怕真要激起民变了。"

赵桓害怕了，外有金兵围城，求和还没有结果，内部如果再激起民变，宋朝也就要完蛋了。他急忙命太监朱拱之去宣召李纲进宫。

朱拱之原是王黼、梁师成的心腹，现在又是李邦彦的密友，李邦彦主和，李纲主战，他当然不想重新起用李纲，他带着十几名太监出去溜了一圈，回来说找不到李纲，有个小黄门悄悄地把这件事捅了出来，愤怒的人群怒不可遏，一涌而上，将朱拱之和那十几个太监活活地打死了。

赵桓知道众怒难犯，命户部尚书聂昌传旨，恢复李纲尚书右丞之职，还兼任京城四壁防御使。聂昌是个聪明人，刚走出门，就将圣旨高高举起，大声说："皇上有旨，重新起用李大人！"

大众这才欢呼万岁。

赵桓又宣召城外的种师道进城，当种师道进城的时候，大家担心有假，拦住车子，非要掀开车帘子看看，确认是种师道后，高兴地说："果然是我们的种老相公。"大家这才慢慢散去。

次日早朝，耿南仲、王孝迪等人提出，将带头闹事的太学生杀一批，关一批。吴敏坚决反对，他说太学生是出于正义，忠于朝廷，朱拱之逆命抗旨，阳奉阴违，激怒了众人，打死了是他咎由自取，怨不得别人。如今是同仇敌忾，共同对付外敌的时候，不应该打击太学生们的爱国热情。

赵桓这一次总算没有糊涂，决定不追究这些学生的责任。

陈东等太学生的这次请愿，在历史上称为"伏阙上书"，这是中国古代少有的一次学生爱国运动。

恭送强盗出门

李纲上任之后，对城防进行了整顿，一改蔡懋只守不战的规定，下令能杀敌者，朝廷给予重奖，军民一片欢腾。如此一来，金军几次攻城，都被守城的军民击退。金军知难而退。

金军虽然从气势上压垮了宋朝君臣，但主帅宗望心里其实很害怕，他也是经过金、辽十年战争洗礼的将军，深知孤军深入是兵家之大忌，尽管宋朝君昏臣庸，但中原大地是一个藏龙卧虎的地方，说不定有哪一位懂兵法的人站出来稍加点拨，自己和六万金兵就会死无葬身之地。一想到这些，他有时在睡梦中也被惊醒。为了能早日离开这个是非之地，他让宇文虚中回城，派王汭随同进城催讨金银，并要宋朝皇帝御笔亲书，将三镇割让给金国，同时要求改换人质。说办好了这些手续，他们就撤兵。

赵桓巴不得金军快点滚蛋，亲笔写下将三镇割让给金国的诏书，让宇文虚中送到金营，并命肃王赵枢随王汭去金营换回康王赵构。

宗望接见了肃王赵枢，将康王赵构和张邦昌放回。

康王赵构从金营回到京城途中，引出了一段在民间流传了数百年"泥马渡康王"的故事。据说赵构离开金营不久，宗望打探到赵构确实是康王，他对康王临危不惧、潇洒倜傥的气度印象极深，放他回去，无异于纵虎归山，说不定要成为金国的后患。宗望非常后悔放走了赵构，立即派出三千兵马追杀赵构。

康王赵构出了金营以后，自觉能活着离开金营，实属侥幸，他也担心金人出尔反尔，回京途中，不敢走大路，只抄偏僻小道行走。没走多远，果然有金兵追来，赵构躲进树林里，看着金兵向京城方向追去，他只得改换方向逃跑。跑了半天，眼看避开了金兵，但此时天已经全黑了，远远看见半山腰有一座破庙，走近一看，原来是一座崔君庙。赵构是又累、又乏、又饥、又困，只得进庙休息。

赵构太累了，坐下就睡着了，谁知刚睡着，忽然听到有人喊："王爷快跑，金人追来了！"赵构猛然惊醒，不见说话的人，却看见一匹骏马在门前急躁地扬鬃刨蹄。他也顾不得多想，起身冲出门，翻身上马，加鞭急驰，骏马四蹄腾空，如飞一般，一口气跑出七百余里，渡过一条水流湍急的大河，金兵站在河对岸傻眼了，而他身边的马，却僵立不动。赵构看时，却是崔君庙中的一匹泥马。

这个传说中的故事，只见野史，正史不曾记载，只因其流传甚广，在此稍作说明而已。

赵构回京后，晋封为太傅，加封节度使。文封太傅，武封节度使，赵构一下子成为了皇族中的一颗新星。

宗望得知宋朝重新起用了李纲，东京的守卫更加严密，而且宋朝的勤王之师陆续到达，再呆下去，不但很难再捞到油水，而且还危机四伏。他无心再等宋朝凑足下欠的金银，派韩光裔去向宋朝皇帝告辞，准备北归。

可笑的是，韩光裔向宋朝君臣告辞，给赵桓带去了人参、貂皮之类的礼物，仿佛是客人辞行一般。

宗望带着宋朝献给的大量金银绢帛、牛马驼骡，带着割让三镇的诏书与人质肃王赵枢，浩浩荡荡北归。其实，他走得提心吊胆，胆战心惊，因为他心里有四怕：一怕宋军轻骑追杀，二怕半渡黄河袭击，三怕北岸有宋军堵截，四怕沿途宋军伏击。如果真的是这样，金军将面临灭顶之灾。

侥幸得很，种师道、李纲虽然派出部队跟在金军后面伺机杀敌，赵桓、张邦昌却下了一道死命令，不准追杀，谁要擅自出手，按抗旨不遵论处。宋军护送金军顺利渡过黄河后，也就不再跟了。

黄河北岸，宋军照样是不设防，金军过河间、中山的时候，曾想进去接收城池，但守城的宋军不让进，他们不愿将国土拱手送人。宗望知道这是宋朝的地盘，不敢再纠缠，命令部队绕城而走。

两镇也没有出城击敌，因为朝廷有令，谁要是拦截金军，就是抗旨不遵。故此，他们也只能眼睁睁地看着金军通过自己的防地，大摇大摆地回家。

就这样，宋朝自己把击溃金兵的机会又一次放过了。

东京保卫战胜利了。

陈东等人的伏阙上书胜利了。

然而，大宋朝的威严荡然无存，割地、赔款，皇帝成了金国皇帝完颜晟的侄皇帝。

其实，宋朝还真的有人懂兵法，而且这个人就在京城，他就是老帅种师道。金军撤退之后，种师道主张沿途对金军进行阻击，金军黄河半渡时，再打一个歼灭战。

许翰、李纲也都极力赞同种师道的主张，因为这个时候，各路勤王之师都已陆续抵达京师，宋军在兵力上占绝对优势。

可惜，赵桓坚决不同意。这才出现了种师道率军尾追其后，却不能向金军放出一箭的情景。金军过黄河后，不见宋军的踪影，因为沿途的驻军都接到了一个相同的命令：放行。

一次绝好的反击机会，白白地丧失了。

中国有句古话，叫亡羊补牢，犹未为晚。

御史中丞吕好问对这句话颇有心得，他对赵桓说，金人此次得志，会更加轻视中国，到秋冬的时候，一定会再来，此时如果不追击金兵，但还是要早作准备，防止金军再来。

吕好问的金玉良言，被赵桓当成了耳边风。北宋的边关照样不设防，大门仍然向敌人敞开。

张邦昌因议和有功，晋升为太宰，吴敏为少宰，李纲知枢密院事，耿南仲、李棁为尚书左右丞。同时，还莫名其妙地撤了种师道的职。

三　窝里斗

六贼伏诛

宋朝虽然遵守和约，金兵却不甘心就此离去。宗翰的部队仍从西路返回，在返回的路上，他又留下银术所率的主力部队猛攻太原，而自己所率的大队兵马，顺路进攻威胜军、隆德府。威胜军守将李植，畏于金兵势大，献城投降。隆德府知府张确率城内军民誓死抵抗，终因寡不敌众，被金兵攻陷。城中军民惨遭屠杀。张确不甘受辱，自刎而亡。

威胜军、隆德府失陷的消息传到京城，又一次激怒了朝中的主战派，大臣们纷纷上书，弹劾李彦邦、张邦昌等主和派。

赵桓在金军围城的时吓破了胆，又是送金银，又是割地，总算将金军打发走了。金军撤走之后，他越想越觉得窝囊，送给金人那么多金银，还欠了一屁股帐，而且还要认贼作父，称金主为伯大金皇帝，再加上一些大臣说，三镇是中国的屏障，割让三镇之地，就等于是将宋朝的北大门拱手相让。想到这些，他的肠子也悔青了。看到大臣们的上书，便下诏罢免了李彦邦、张邦昌、李棁、郑望之、李邺等人的官。处罚这些人并不冤枉，但如果将接受金人那些耻辱条件的责任全算在这几个人的身上，那可就真有些冤了。李纲、种师道等人的良策他不听，奸佞们的逸言却当成圣经，真正的罪魁祸首不是别人，应该是他自己。

赵桓处罚了主和派，提升徐处仁为太宰，唐恪为中书侍郎，何栗为尚书右丞，许翰同知枢密院事。

吴敏上言，说金人毁约败盟在先，大宋绝不可能再放弃三镇。赵桓也顾不得与金人有约定，下诏固守三镇。

赵桓的这道诏书，极大地鼓舞了主战派的士气。接着，他又命种师道为河东、河北宣抚使，驻军渭州；姚古为河北制置使，率兵援救太原；种师中为河北副使，率兵援救中山、河间二府。当金军大队人马退去之后，姚古乘机率军重新夺回了隆德府、威胜军，扼守南北关。

按理说，金军退去之后，赵桓可以过几天安稳的日子，然而，他又遇到了一件烦心事。原来，京城谣传，说上皇在江南不甘寂寞，在童贯、高俅等人的怂恿，欲在镇江复位。

赵桓听到谣言后很恼火，心想，这皇位也不是一件衣裳，说扔就扔，要穿就穿。当初，金军大举来犯，父皇扔下一个乱摊子就跑了，现在金军走了，又想要回皇位。世上哪有这好的事呢？他准备派聂昌为东南发运使，火速赶往镇江，力图制止这件事。

李纲头脑比较冷静，他说，京城受围，东南邮路受阻，彼此信息不通。童贯、高俅向来怙恶不悛，京城的百姓非常恨他，或许是这个原因，有人故意放出谣言，要置他们于死地也说不定。现在就派人去问罪，如果真有其事，也就惊动了上皇，如果没有这件，反而逼迫童贯、高俅生变，如果他们挟上皇于东南，传诏天下，局面就难以控制了。因此，他建议改问罪为迎请。

赵桓觉得李纲说得有理，收回聂昌南行的诏命，改由李纲前去迎接上皇回京。

赵佶自从正月初三逃离京城去江南后，虽然远离了战场，没有任何危险，但他还是有些惦记京城，他担心朝廷的那些人忘了他这位太上皇。二月下旬，当他得知金兵北撤之后，便有了返回京城之意，但一直未拿定主意，正在举棋不定之时，李纲奉旨前来迎驾。

赵佶见了李纲，难免就口出怨言，说他自南巡之后，皇上与他生疏了，天冷了，也不记得进奉衣服用品。这样的小事情，也要让他这半老之人日夜盼望。

李纲一听，知道赵佶对赵桓的误会很深，父子二人在感情上出现了裂痕。于是解释说，上皇的冷暖，皇上日夜放在心上，只是金军围城，如果派人向江南送这些东西，恐怕暴露了上皇的行踪，给上皇带来危险，这样就会因小失大。

赵佶继续牢骚满腹，说他听说朝中又追赠司马光，还拆毁了夹墙等等，难道我以前做的事都错了吗？

李纲只好耐心、委婉地劝谏，说皇上仁孝小心，惟恐有一事不合上皇之意，每次收到上皇的御批诘问，忧惧得连饭都吃不下。朝廷和平常人家一样，家长有事外出，家中的大小事情都落在儿子的肩上，如果这个时候强盗前来抢劫,儿子必须随机应变,进行处理,来不及请示外面的家长。等到家长回来了,儿子心里还忐忑不安,担心家长不满意。家长应该对儿子能赶走强盗,保守家园功劳多加褒奖才是,其他一些小事,没有必要计较。上皇南巡之时,正是金兵大举来犯的时候,为江山社稷作想,政令上作一些小小的改革,也是必要的。如今江山无恙,四方安宁,上皇回到汴京,应该善言嘉勉皇上,这样,父子之间自然就会亲密无间。

李纲耐心劝谏,果然使赵佶怨气顿消,答应立即起驾回东京汴梁。

四月初三,上皇赵佶由蔡攸、高俅等护驾回京,童贯畏罪不曾随同进京。

赵桓率文武百官迎于数里之外,父子见面,和好如初。

赵佶回京后,仍居龙德宫,在他回京的当天,赵桓便将上皇最喜欢的孙子、自己的皇长子赵谌立为太子,让他呆在龙德宫侍奉上皇。

赵佶回京后,遵守自己的诺言,不过问朝政,每有手札递给赵桓,自称"老拙",称赵桓为"陛下",相处得倒也融洽。但是,赵桓仍然不放心,担心上皇会要回皇位,为此,他把上皇身边的心腹侍从全部都撤换了。有一次,赵佶上手札,说金人虽然暂时退兵,还会卷土重来,他打算到西京洛阳去募兵。赵桓感到很为难。宰相吴敏提醒说,上皇南巡时,曾截留过勤王的兵马,如今既然回京,就不要再让他管军队,否则,政出多门,会带来不必要的麻烦。赵桓心领神会,没有答应上皇的要求。赵佶知道儿子不信任自己,终日郁郁寡欢。

赵佶退位,围在他身边的一些奸佞也就失去了靠山,没有了市场。右谏议大夫杨时上表奏说童贯、梁师成等人的罪状,侍御史孙觌又上表论蔡京父子的罪行,他们强烈要求将这些误国的奸人绳之以法。

赵桓做太子的时候,就对这些人看不顺眼,曾奏请父皇惩治梁师成这些阿谀奉承的小人,没有被采纳。如今做了皇帝,就可以按自己的意志办事了,于是下诏,贬梁师成为彰化军节度副使,蔡京为秘书监,童贯为左卫上将军,蔡攸为大中大夫。

太学生陈东,布衣张炳,再次上书力数梁师成等人的罪恶。

赵桓便诏令开封府派人去追杀梁师成。再贬蔡京为崇信军节度副使,童贯为昭化军节度副使。

梁师成接到贬彰化节度使的诏令,以为朝廷对他法外施恩,带上妻儿老小,高兴地起程去前往彰州上任。刚走到八角镇,突然,开封府的差人追了上来,当他跪接赐死诏书之后,这个横行于朝政数十年的宦官,像一团烂泥一样，软倒在地。

蔡京天生阴险狡猾，在赵佶朝呼风唤雨，作威作福近二十年，四起四落，堪称政治上的不倒翁。童贯掌兵二十余年，同蔡京狼狈为奸，且专结后宫嫔妃，以小恩小惠收买人心，深得圣宠，权倾一时，内外百官，多出自童贯荐引，穷奸积恶，罄竹难书。

当时京城有一首歌谣说："打破筒，泼了菜，便是人间好世界。"筒暗寓童贯，菜则是暗寓蔡京。

中国有句古话，叫做树倒猢狲散，墙倒众人推。蔡京、童贯就是这棵烂倒的大树、就是这堵倒塌的墙，当赵桓下诏再贬的时候，言官更是猛烈弹劾他们，而猢狲们唯恐自己受到牵连，也纷纷站出来反戈一击，同蔡京、童贯划清界线，揭发他们的罪行。

赵桓下诏，再贬蔡京到儋州，蔡京的两个儿子蔡攸、蔡翛也被下诏赐死。

蔡翛平时比蔡京、蔡攸两人稍有正义感，接到诏命后，仰天长叹说，误国如此，死亦何憾！于是服毒自行了断。

蔡攸接到诏命，尚且犹豫不决，宣旨官将三尺白绫和一把钢刀丢在他脚边，喝令他自行选择，如果拿不定主意，他们可要帮忙了。蔡攸自知再拖下去，可能会死得更惨，捡起地上的三尺白绫，找一棵歪脖子树，上吊了。

蔡京前往儋州，一路上悲凄自不必说，走到谭州的时候，已经是七月天气，骄阳似火，北方人初到南方，耐不得南方炎热的天气，见路边有一个卖炊饼豆浆的小摊，让家人歇在树底阴凉处，派人去买炊饼豆浆充饥解渴。谁知那些小贩听说眼前这个老人就是老贼蔡京，不但不卖给他，反且还将他的轿子围起来，老贼长、奸贼短，痛骂起来。蔡京害怕这些百姓当场要了他的老命，躲在轿子里不敢出来，暗自流泪。

童贯贬往吉阳军（海南崖县），当他走到广东雄州时，有一个京官赶上他，刚一见面，就笑逐颜开地说："恭喜童大人，天子有诏赏赐茶药，宣召大人返回京城，听说已经任命为河北宣抚了，小人特地先赶来祝贺。"

"真的吗？"童贯惊喜万丈，"这消息可靠吗？"

"宣旨官明天即可到达。"来人信誓旦旦地说。

童贯大笑道："朝廷到底还是离不开我童贯啊！"随即命令从人停止前进，等候宣旨官的到来。

第二天，御史张澂果然赶了上来，童贯整衣出迎，张澂命他跪听诏书，童贯喜滋滋地跪下，谁知御使宣读的并不是封官诏书，而是催命符，诏书诉说了童贯的十大罪状。童贯越听越不对劲，抬头吃惊地看着昨天前来报信的那个小吏，小吏手握刀柄，眼中露出狡黠的笑容。童贯知道上了大当，圣旨刚刚读完，小吏拔出快刀，纵步上前，手起刀落，砍下了童贯的人头。

原来，这名小吏是御史张澂的随行官。张澂担心童贯诡计多端，且执掌兵权二十年，防他抗旨不遵，特地派出小吏假传消息，先稳住童贯，免生变故。

连一个赐死之人，尚对他如此畏惧，可见童贯的势力之大。

相传童贯相貌魁梧，颐下长有十数根胡须，皮骨劲硬如铁，不像是一个阉人。

高俅见六贼纷纷被诛，终日惊恐不安，得暴病而亡。最后只剩下朱勔，当赵桓派诛杀蔡攸的差人连夜赶赴朱勔贬谪地循州去处死朱勔的时候，朱勔的人头已经不属于他自己了，据说，取走朱勔项上人头的人，是方腊的余党。

窝里斗

金兵撤走了，六贼伏诛了，朝廷上下无忧无虑，似乎将金人入侵的不快忘得一干二净。除了李纲、吴敏几个人常常提醒赵桓要备战固防之外，没有人记得这档子事了。

平静的背后，预示着更大风暴的来临，因为，和平表象的背后，战争的硝烟并没有消散。金军的大队人马北撤之后，还留下了十几万大军围困太原城，边境上，宋、金之间的磨擦仍然不断发生。

五月，种师道与姚古、张灏两位将军约定，三军齐进，会师山西榆次，准备与围困太原的金军展开决战，以解太原之围。结果，因姚古的部将焦安国妒嫉种师道的军队，向姚古谎报军情，说种军离得还很远，姚古便让部队停下来等候种军。张灏见姚军停止不进，也下令停止前进。结果，种师道的部队孤军深入，此时，种师道有病，由二弟种师中、三弟种师闵各率三万人马进军。结果，种师中被金军包围，孤军无援，战死沙场。

姚古也在盘陀驿被遭到金军袭击，败退到隆德。

种师道得知弟弟遭人陷害，战死沙场的消息后，悲伤成疾，便以身体有病为由，告老还乡了。

种师中战死，姚古战败的消息传到京城，李纲大惊失色，查明原因后，立即上奏赵桓，赠种师中少师，贬姚古安置广东，将焦安国就地处死。另授解潜为置制副使，代替姚古之职。

前方战火不断，后方仍然在争论不休。此时，朝中是主战派掌权，吴敏为宰相，李纲任尚书右丞兼知枢密院事，许翰同知枢密院事。三人日夜筹划调兵遣将，谨防金兵秋后入侵。

唐恪、耿南仲两人自从金兵围困东京、他们劝赵桓逃跑被李纲谏止之后，对李纲怀恨在心，一直想找机会把李纲挤出朝廷。得知种师道因病辞职，便联袂去找赵桓，说种师道请辞了，如今要解太原之围，非李纲非属。

赵桓不知是计，还以为他们是忠心为国。于是下旨命李纲为大元帅，领兵去救太原。

李纲接旨后犯难了，如果去了前线，朝中的事情实在是放心不下，如果不去，又是抗旨不遵。吴敏、许翰都看得明白，这是那些主和派要挤走李纲，便一齐劝李纲留下来。李纲便去找赵桓，说自己是一介书生，不懂兵法，难以带兵打仗。

赵桓不答应。李纲又要求病退，赵桓还是不肯。朝中大臣们知道这件事后，纷纷上书，要求将李纲留在朝中。

耿南仲乘机密奏赵桓，说李纲游说大臣，要挟朝廷，意在不测。

真是人牵不走鬼牵跑，赵桓对大臣们建议留下李纲的奏疏无动于衷，对耿南仲的谗言却信以为真，直斥李纲专权凌上。

许翰一看情况不妙，立即派人给李纲送去一张小纸条，李纲打开纸条一看，小纸条上就两个字"杜邮"。

"杜邮"是先秦时期的一个故事。说有是秦始皇当年命大将白起带兵征伐越国，白起宁死不受命，遭到放逐，当白起走到杜邮这个地方的时候，朝中使臣追来了，带来秦始皇的一道诏书和一柄剑，诏书就两个字："赐死！"剑，当然是送白起上路的工具。结果，白起在杜邮被秦始皇赐死。

李纲当然知道这个故事，看了纸条后，流着眼泪长叹道："大宋之事，不可为也！"无奈之下，只得打点行装，离开东京汴梁，上前线去了。

李纲在河阳用了十余天时间训练士兵，修缮武器，然后进驻怀州，大造战车，誓师御敌，他派解潜驻扎在威胜军，刘韐驻扎在辽州，幕官王以宁与都统制折可求、张思正等驻扎在汾州，范琼驻扎在南北关，相约三路并进，增援太原。

耿南仲、唐恪害怕李纲得势，又向赵桓提议同金人议和，他们暗地密令解潜、刘韐等武将，直接听从朝廷指挥，不必受李纲的约束。

李纲不愿上前线，但却又不能不去，去了以后，却又没有指挥权，李纲这个仗，想不败也难。他当然不到前线来当摆设，上表向朝廷要指挥权，不想指挥权没有要到，却来了一纸调令召他回京，让种师道接替他的职务。

朝廷的这些宰臣，敌人来了做缩头乌龟，敌人走了搞窝里斗，不仅如此，他们还要去招惹金人。

肃王赵枢往金国做人质的时候，宋朝也扣留了金国的使臣萧仲恭和副使赵伦，萧仲恭、赵伦是辽国旧臣，为了达到回家的目的，两人谎称自己是不得已才投降金人，其实心里非常痛恨金人，时刻都想复国。如果宋朝能放他们回去，他们可以联络辽国旧将耶律余睹除去宗望、宗翰两人。

宋朝几个没脑子的宰臣包括吴敏在内，居然信以为真，写了一封信，蜡封后交给萧仲恭和赵伦，让他们回去策反耶律余睹，除去宗望、宗翰。

徐处仁、许翰两人虽然极力反对，但却阻止不了昏君和佞臣的愚蠢行动。

靖康元年八月，萧仲恭、赵伦返回金军营，第一件事便是将宋廷的蜡书交给宗望。宗望再转交给金主完颜晟。完颜晟看后大怒，下令命宗翰为左副元帅，宗望为右副元帅，发兵南侵。

宗翰率西路军从西京出发，直扑太原。

自去年十二月以来，太原城的军民在知府张孝纯、副都统王禀的率领下，万众一心，同仇敌忾，以弹丸之地，无数次击退了金兵的进攻，金军死伤无数，太原城九个月城池不失。太原成了宋朝抗金的一面旗帜。

这一次，宗翰下了死命令，一定要拿下太原，撕破大宋这面引以为自豪的旗帜。

实际上，太原城的情况，可以用一个"惨烈"二字来概括，军民困守孤城九个月，内无粮草，外无救兵，已经到了弹尽粮绝的地步，金兵再次围城，城里几乎断粮，守城军民一天只能吃一顿饭，饿得连武器都拿不动，更不用说同敌人展开拚命搏杀了。

在金兵的猛烈攻击下，九月三日，太原城失陷，副都统王禀率领疲惫不堪的士兵同金兵展开巷战，最后居然突出重围，在金兵穷追不舍的情况下，不甘心做金兵的俘虏，纵身跳入滚滚的汾河，以身殉国。通判方笈、转运使韩揆等三十多名一并遇难。张孝纯被俘，在金人的利诱下，变节投敌。

太原一战，是金兵第二次南侵的揭幕战。

四　铁蹄踏碎汴梁城

北宋版"烽火戏诸侯"

太原失守的消息传到京师，举朝震惊。而宋朝的君臣们，又在战、和之间发生了争吵，你言和，我主战，吵得个不亦乐乎。徐处仁、许翰是主战派，耿南仲、唐恪是主和派，吴敏原来本是主战派，这次竟然也附于耿南仲、唐恪，反对主战。两派之争异常激烈，在朝堂上差一点打了起来。御史中丞李回受耿南仲的指使弹劾徐处仁、吴敏和许翰。

赵桓是决意主和，下诏罢免了主战派徐处仁、许翰及吴敏，用主和派唐恪为宰相，何㮚为中书侍郎，陈过庭为尚书右丞，聂昌为同知枢密院事，李回签知密院事。并派著作佐郎刘岑到宗望军营请求和谈；太常博士李若水到宗翰军营中请求和谈。分别恳求金人暂缓出兵。

刘岑回来后，说宗望索要所欠的金银；李若水回来后，说宗翰要割让三镇之地。

赵桓再派刑部尚书王云出使金军，说愿意将三镇的赋税收入全部交给金国。

金人的意图，是司马昭之心，路人皆知，其意已不再是三镇，而是大宋江山，偏偏赵桓缺心眼，始终看不明白这一点。

正在这时，李纲应召回京，耿南仲、唐恪担心李纲又要主战，唆使言官弹劾李纲，说他劳师费财，有损无益。赵桓先贬李纲为扬州知州，接着又流放建昌军，最后发落到四川奉节安置。

更可笑的是，太原保卫战打响之后，赵桓下令调集各路兵马北上，太原沦陷后，他听信唐恪、耿南仲之言，让奉命北上的各路兵马停止前进，四川、福建、广东、陕西的兵马都走在半道上，接到命令后，只好掉头回去了。赵桓在耿南仲、唐恪的怂恿下，导演了一场北宋版的"烽火戏诸侯"。

"烽火戏诸侯"的闹剧可不是好玩的，当年的周幽王就曾为此付出了惨重的代价。此后不久，赵桓这场闹剧玩大了，大得让他失去了江山社稷，堂堂的一国之君，成了金人的阶下囚，这是后话。

宋朝君臣只想和谈，金国的兵马只管挺进。十月间，宗望率领的东路军越过中山府，在井陉一带击败种师道所部，围困了真定府。知府李邈快马传书，向朝廷连上三十四道告急奏章，都被唐恪、耿南仲扣压了，赵桓居深宫，不知道外面的世界。此时，真定府守军不足二千人，居然在李邈率领下，坚守了四十多天，最后粮食耗尽，真定失守。

　　副都统刘翊率兵与金人展开巷战，部卒大多战死，刘翊大叫道："我乃宋将，绝不做金人的俘虏。"随之自刎而亡。

　　李邈被金人俘虏，仍骂敌不止，金人被骂得恼羞成怒，割掉他的舌头，最后竟遭凌迟处死。

　　太原、真定失守，大宋北部再无屏障，河北、河东一片惊慌。敌人已经进了门，朝中的几位大臣，仍然还在坚持和议。

　　宗望派杨天吉、王汭为使，来东京见宋朝皇帝。王汭气冲冲地将宋廷写给耶律余睹的书信丢在地上说，你们不肯割让三镇也就罢了，为何还要挑唆耶律余睹恢复契丹呢？

　　赵桓自知理亏，推说这是奸人所为，他不知道这件事情。

　　王汭并不想听解释，他们提出了两个条件，一是必得太原、中山、河间三镇；二是派康王赵构到金国和谈。答应这两个条件，可以议和，否则，金兵将要攻占东京汴梁。

　　赵桓迟疑地说："等我们商量以后再回答你好吗？"

　　"好吧！那你们商量去吧。"王汭挖苦地说："等你们商量好了，我们的兵马已经过了黄河。"

　　赵桓犹豫不决，还是没有立即答复。

　　王汭冷哼一声说："你们就派亲王到我们军前去说吧，我没有时间在这里等了。"说罢扬长而去。

　　赵桓这下慌了，下诏四处调兵进京勤王。由于有了上次"烽火戏诸侯"的闹剧，响应者却是寥寥无几。

　　种师道料定京城很难守得住，上表建议赵桓移驾长安，暂避敌锋。唐恪反而说他贪生怕死，怂恿赵桓召回种师道，命范讷接替种师道之职。

　　种师道奉召回京，见沿途宋军毫无准备，愤慨不已，从内心发出悲叹，有昏君如此，有佞臣如此，大宋朝真的是完了。他自知自己久经沙场，浑身都是病，只求速死。种师道回京数日，竟然真的病重身亡。

　　种师道是活活地被气死了。

　　金兵第一次围攻东京汴梁，全仗李纲、种师道二人主持战局，才使京城没有落入敌手。如今，种师道死了，李纲也贬到扬州去了。京师真的无将了。

耿南仲、唐恪似乎并不担心金兵犯境，反而对贬到扬州的李纲念念不忘，再次将李纲贬为保静军节度副使，安置建昌军。

康王赴金和议

王云出使金营回来了，带回来的消息让赵桓很失望：金人坚持要三镇之地，并且要康王亲自到金国去谈判，否则就发兵南下。

赵桓又慌了，召集文武百官在尚书省开会，专门讨论三镇的弃守问题。讨论来，讨论去，还是老生常谈，唐恪、耿南仲力主割地，何㮚认为三镇乃国家之根本，不能割弃。唇枪舌剑，最终仍然毫无结果。

金人并不坐等宋朝的答复，他们表面上讲和，实际上仍然没有停止军事行动。宗翰自攻克太原以后，继续率兵南下，陷平阳，降隆德府，一路上长驱直入，直向黄河边挺进。

宗翰的部队有八万人，其中，真正的女真人不过二万人而已，其余都是契丹人、汉人、渤海人，也就是说，宗翰的部队，是一支杂牌军。宋朝这次驻守黄河天险的是宣抚副使折彦质，他的部队有十二万人，还有守御使李回率领的一万骑兵协防。从兵力上看，金兵处于劣势，且还是远道而来，而宋军不仅在兵力上占优势，而且还是以逸待劳，按常规说推断，金兵要越过黄河天险，恐怕比登天还难。

然而，实际情况却大出人们的意料之外，金兵不但过了黄河，而且还是轻而易举，不费吹灰之力地过来的。说起金兵这次过黄河，绝对是一个笑话：金兵抵达黄河岸边，为了壮军威，他们在河对岸架起了数百面大鼓，整整敲了一夜，据说为了节省体力，他们把羊绑在鼓上，让羊敲鼓。第二天，战鼓停了，河对岸却不见了宋兵的踪影。

原来，河对岸的宋军听到鼓声，以为金兵大举来攻，吓得屁滚尿流，夹着尾巴逃走了。黄河不防守，金兵也就顺利过河了。数百头羊、数百面大鼓，吓跑了十三万宋军，这在中外战争史上，绝对是一个独一无二的典型战例。

黄河天险再次失守。

赵桓又惊慌了，他就是这样，金国人一撤军，他的腰杆子马上硬了起来，不割三镇，要钱没有，金国人一来，立即成了龟孙子，又要派人去向金人求和。

刑部尚书王云建议，要谈判还是得康王去，因为金人早就放话："须康王亲到，议乃可成。"

赵桓无奈，只得召见康王赵构，请他当议和大使，到金国去走一趟。说议和是好听的，明摆着是要把羊送进狼口里。为了安慰赵构，赵桓对他"赐以玉带，抚慰甚厚"。

皇帝哥哥开了口，赵构当然不能推辞，奉旨北上，是他惟一的选择。

赵构和王云带领随从一同出使，出了京城，一路北上，经滑州、浚州进入磁州地界，当地守将、知州宗泽闻讯赶来，在城外十里坡拦住赵构的车驾，不让赵构北上，他说，康王上次为人质，侥幸逃脱，此次再去，无异于肉包子打狗，有去无回。肃王被金人带走后，从此杳无音信。金人狡诈，用心叵测，明摆着就是要诱你北上，然后将你扣押在北国。

赵构终于想明白，已经有一个亲王做了人质，而且被带过了黄河，根本不可能再回来，自己再去，确实是白白送死。这一次与上次不同，上一次，金人是怀疑自己的亲王身份，让肃王换自己回来，这一次身份明确，下场也就可想而行了。

正在赵构犹豫不决的时候，很多百姓都围了过来，当他们了解了知州与这位王爷的对话内容后，七嘴八舌地议论起来。王云怕耽误了行程，喝令百姓让路。

接下来发生的事，彻底地打消了赵构北去的念头。

人群中，不知谁大叫了一声："这不是狗官王云吗？"

"就是这个狗官，害得我们无家可归！"

"这个奸贼，又要去同金人议和，打死他！打死他！"

人群中，突然窜出几条汉子，将王云从马上拽下来，愤怒的人群一拥而上，将王云按在地上狠打。

宗泽知道百姓对王云恨之入骨。因为在抗金之战中，王云让磁州的百姓坚壁清野以抵抗金兵，将城外百姓的房子都扒掉了，弄得很多百姓无家可归。如果是为了抵抗金兵，百姓还是愿意作出这种的牺牲，因为百姓对金人恨之入骨。然而，朝廷并不是真的要抵抗金兵，而是铁了心要同金人讲和，眼前这个王云，几次路过磁州去同金人议和。百姓们都说他是汉贼。就在宗泽这么一犹豫，王云便被愤怒的人群打死了。

老百姓打死了王云，实际上表明一个态度，同金人不能讲和，以牙还牙才是正道。

有人说，百姓打死王云，是经过宗泽默许的，因为他是主战派。不然的话，当着知州和康王的面打死朝中大臣，这是一件不可思议的事情。

王云死了，赵构不能走了，但在磁州也不安全，因为金兵的侦察兵经常在城外出现，据说是在打探赵构的行踪。

相州知州汪伯彦得知宗泽留住了康王，而且得知康王在磁州也有危险，立即赶到磁州，力邀赵构南下去相州暂居。

正是宗泽、汪伯彦两人的努力，才为赵宋王朝留住了一位皇帝。

赵构到达相州后，汪伯彦极力建议他招兵买马，再挥师保卫东京汴梁。还给他引见了一位顶天立地的英雄好汉，此人姓岳，名飞，字鹏举。

岳飞是相州汤阴县人。相传他出生的时候，一只大鸟在他家的上空盘旋，其父因之给儿子取名鹏举。岳家世代务农，父亲岳和，母亲姚氏。岳飞家里虽然很穷，但他却非常好学，尤其喜好《左氏春秋》、《孙吴兵法》，长大后拜在名师周侗门下，学得一身好武艺，更兼臂力过人，两手能挽三百斤强弓，曾在刘韐部下当差，屡建奇功。

赵构问明了岳飞的来历，留在身边做了一名侍卫。

相州有一个巨盗名叫吉倩，此人武功高强，占山为王，官府奈何不得。赵构命岳飞去招抚吉倩。

岳飞领命，单枪匹马进了吉倩的山寨。吉倩也是一条好汉，他要求同岳飞比划比划，如果胜了，岳飞的命就得留下，如果败了，情愿率山寨四百名兄弟归顺朝廷。两人比箭、比力、比搏击，吉倩屡斗屡败，心甘情愿地随同岳飞投诚。赵构对岳飞另眼相看，授他为承信郎。

这一天，耿南仲突然来到相州，传达朝廷之命，说金兵即将攻打东京汴梁，命康王赵构赶快在河北招兵去保卫京师。

赵构奉命，在相州竖起了招兵的大旗。

其实，耿南仲此次出京，是同聂昌一起到金军中去求和，不料走到绛州，绛人得知他们又是去金国求和，愤怒之下，杀了聂昌。耿南仲见势不妙，只得打消了北去的念头。他打听到康王出使金国并没有成行，而是隐居在相州，便跑到相州来传了这道圣旨。

其实，这是一道假圣旨，不过没有关系，这件事他倒没有做错。

神兵陷了京师

十一月二十五日，宗翰率领的东路军抵达东京汴梁城下，七天之后，宗望率领西路军在汴梁城下同东路军会师。一时间，大兵屯集，黑云压城，东京汴梁再度陷入万分危急之中。

汴梁城的军民，又一次面临着死亡的威胁，赵桓见强兵压境，派去金营求和的人去了几拨，连金营的门都没让进，就被人家给出撑回来了。无奈之下，赵桓只好硬着头皮应战，他一面将守城的七万士兵分成五军，命姚友仲、辛永宗为统领，登城御敌。一面催促大臣们出谋划策，以退强敌。

同枢密院事孙傅想起丘浚的《感事诗》中有"郭京、杨适、刘无忌，尽在东南卧白云"之句，突发奇想，张贴布告，要找一个名叫郭京的世外高人，让他来帮助退敌。天下事也真有这么巧，布告贴出不到一天，竟然真的有一个叫郭京的人找上门来。此人自我吹嘘，说他神通广大，能撒豆成兵，驱使六丁六甲神兵作战。

孙傅居然信了，将他推荐给赵桓。

郭京向赵桓保证，只要给他七千七百七十七人，他就可以退敌。赵桓居然也信了，立即授他京城忠郎之职，命他在全城军民中任意挑选、自行召募兵士。

郭京召兵，不问技艺，只看生辰八字，只要生辰八字对路就行。于是乎，京城的一些市井无赖纷纷前来报名，不到一天时间，便凑足了名额。一个平日在街上耍刀弄棒、叫薄坚的卖艺人被封为教头，一个叫刘宋杰的江湖卖药人被封为将军。

赵桓不相信种师道、李纲这样的忠臣，却想倚仗这支"神兵"来保卫京城。在国家生死存亡的紧要关头，军国大事被当作儿戏一般，这在中国数千年的历史上，恐怕又是一个空前绝后的笑话。

唐恪密奏赵桓，请他到西京洛阳去避难。赵桓不知哪里来的勇气，恼怒地说："朕死也要死在京城，哪里也不去。"

次日，唐恪给赵桓送来了一份辞职书，一问原因，原来是他退朝回家的时候，被人痛打了一顿。打他的理由是，金人兵临城下，是他们这些奸贼造成的，如果不一味求和，金人也不至于如此猖狂。唐恪害怕了，故而递了辞呈。

赵桓知道唐恪非常不得人心，下诏罢免他宰相之职，让何栗接任宰相之位。

当时，天正在下着大雪，赵桓冒雪上城视察，并命御厨烧好热汤，送上城给守城的将士御寒。即使有皇帝御厨的热汤。但连续的大雪，还是有不少的宋军冻死在城墙上。

金兵生长在北国，天生不畏寒。望着漫天的大雪，赵桓心里着急，赤脚站在雪地里，祈求天能放晴，然而，他的愿望落空了，天不仅没有放晴，而且雪还在越下越大。看来，天也要灭宋了。

闰十一月初九，金兵开始大规模攻城，他们本想把整个汴梁城包围起来，但是，汴梁城太大，金军兵力不足，所以只围攻善利、通津、宣化三城门，每天矢石如雨，杀声震天。守城的宋军只是消极防御，尽管如此，由于城高墙厚，金兵很难破城，战事进入胶着状态。

二十日，赵桓诏命康王赵构为河北兵马大元帅，不久，赵桓又派人持腊书乘夜出城，约康王赵构和河北守将增援京师，但信使却被金兵截获。

张叔夜父子三人率兵勤王，领三万余人杀到南薰门外，张叔夜只身进城，请赵桓移驾襄阳。赵桓仍然不愿离开京城，命张叔夜领军进城，提拔他为签书枢密院事，命他率兵助守。

王宗濋领一万人出城迎战金军，一交锋，他就逃跑了。

金军猛攻南城，张叔夜和都巡检范琼，竭尽全力防守，击退金兵。

宗翰见久攻不下，又玩起了和谈的把戏，派萧庆进城，要赵桓亲自出城缔结盟约。赵桓当然不敢亲自去金营，只派冯澥和赵仲温到金营求和，宗翰的目的是赵桓，根本就不见其他的人。

东道总管胡直孺率兵增援京城，被金军击败，胡直孺被擒，绑到城下示众，城中人更加惧怕。范琼带一千人出击，渡河时冰面崩裂，溺死五百人。

何栗想到了郭京和他的六甲神兵，郭京先曾几次推说，不到危急的时候，神兵不出，现在已到危急关头，何栗再次催促郭京率神兵出战。

郭京其实是一个骗子，他当然知道六甲神兵是什么东西，在被逼出战的时候，他就留下了退路，借口有人在旁边观看，法术就不灵验，把城头上的宋兵都撵下城，只留下张叔夜等少数几个人。

六甲神兵从宣化门出城，刚过濠沟，两路金兵迎面冲杀过来，这些六甲神兵，其实就是临时凑合在一起的乌合之众，连普通的士兵都不如，有的连放箭都不会，金兵铁骑冲入六甲神兵队中，如虎入羊群一般，军刀挥舞，人头落地，犹如砍瓜切菜一般。

郭京站在城头上，情知不妙，回头面对督战的张叔夜说，金兵太猖狂，他要亲自下城去作法。张叔夜下令打开城门，放郭京出城。

这位郭神仙出城之后，带着几个人，一溜烟逃跑了。

据说，这位郭神仙逃出汴梁后，一路南逃到襄阳，竟欲聚众为乱，被张恩正拘杀了，也算是罪有应得。可他作的孽，却远远不是他的死能赎回。

郭京逃走之后，金兵乘机登上了无人防守的城墙，苦苦坚守了一个多月的京城，让一支荒诞的神兵给毁了。

张叔夜知道受骗,急命关闭城门,命令守军上城墙。但为时已晚,金兵从四面八方登上了城墙,进入南薰门。

姚友仲奋勇阻敌,死于乱军之中;刘延庆夺门出奔,为金兵所杀;统制何庆言、陈克礼,中书舍人高振等力战至死;张叔夜率两个儿子奋力抵抗,父子力战受伤,只好退回内城。

汴梁城外城失守。

赵桓得知城门失守,大哭地说:"朕悔不用种师道之言,后悔莫及啊!"

赵桓似乎很少说真话,东京汴城破城之日,竟然发自肺腑地说了一句真话,可惜,真的是迟了。

五 靖康耻

赵桓亲献降表

东京汴梁城虽然被金兵攻破,城中的百姓却不甘心做亡国奴,何㮚率领军民要与金兵展开巷战,闻者争奋,从者如云。数以万计的军民自发地组织起来,投入到巷战之中。

金军副帅宗翰有些害怕了,他知道,汴梁城内有数十万百姓,如果全部投入战斗,金兵将深陷其中。因此,他命令金兵不要下城墙,并提出与宋朝和议。

赵桓得知金人愿意和谈,立即派何㮚与济王赵栩去金营议和,宗翰、宗望接见他们,宗望说,"自古有南即有北,不可有北无南,现在要谈的,就是割地问题,但要你们的上皇亲自来谈。"

何㮚、赵栩回城,将金人的要求转告给赵桓。赵桓流着眼泪说:"父皇经过这场大变,又惊又忧,大病一场,怎么能让他去呢?罢、罢、罢,还是朕亲自去一趟吧!"

闰十一月三十日,赵桓率何㮚、孙傅、陈过庭等几位大臣到金兵大营。这恰恰中了金人的圈套。赵桓到金营后,金军统帅宗翰、宗望故意避而不见,只是派人索要降表。赵桓不敢违背,只得命何㮚写降表献上,金人对降表措词进行刁难,要求去掉"大金"两字,只称皇帝,抹去"大宋皇帝"四字，意思是只有金国皇帝，宋朝只配称臣，又把"负罪"改为"失德"，把"宇宙"改为"寰海"。赵桓一一照办，命孙觌反复斟酌，降表算是勉强通过。

接着，金人在斋宫里向北设香案，举行受降仪式，宗翰傲慢地坐在上面，命宋朝君臣面北而拜，以尽臣礼，宣读降表。当时风雪交加，赵桓君臣受此凌辱，都暗自落泪。

宗翰接受降表后，对宋朝君臣说："我国本不愿劳师动众，实在是你国君臣太昏庸，所以特来问罪。我们准备选贤者为宋国主，削去帝号。"

赵桓站在那里不敢出声。何栗抗争道："割地输金，都可以遵依，惟易主一事，不容再议。"

宗翰只是摇头。宗望狰狞地笑着说："既然愿意割地，快去割让两河之地，至于金帛，那就先送来金一千万锭，银二千万锭，帛一千万匹。"

如此漫天要价、敲诈勒索，宋朝君臣实在是没有胆量答应。

"有困难，是吧？"宗翰冷笑一声说："那你们就住在这里，想好了再回答。"说罢转身离去。

这就是说，金人已经将宋朝君臣扣押起来了，几时答应他们的条件，几时放人。迫于金人的淫威，赵桓只得硬着头皮答应金人提出的条件。

赵桓出了金营，想到在金营受到的屈辱，悲痛难抑，当他们走到南熏门，见到在那里等候的群臣和民众，悲从心来，不禁嚎啕大哭。

赵桓回到宫里，张叔夜等迎上前放声大哭，赵桓也觉得这次是两世为人，流泪不止。宫内宫外，到处是一片哀恸之声。

何栗等人归来之后，以为和议告成，竟然约在一起，摆酒庆贺，至于金人索要的金帛从哪里来，今后的日子怎么过，似乎都不是他们担心的事情。

赵桓可不敢含糊，他命何栗、陈过庭、折彦质等为割地使，分赴河东、河北给金人割让土地。又派欧阳珣等二十人到各州县，通知地方官投降金国。

割地钦差到达两河传达圣旨，两河民众一片哗然，拒不奉诏。

欧阳珣虽为宣旨官，但却不愿做亡国奴，他在金人的押送下到达深州城下，冲着城上的守兵，大声喊道："朝廷为奸人所误，丧师割地，我特拚死来此，奉劝你们，要做忠义之士，守土报国，不要做亡国奴，不要投降金狗。"

随行的金人没有料到欧阳珣会来这一手，立即将他捆起来，送往燕京。金人对欧阳珣动用酷刑，最后，竟活活地将他烧死了。

赵桓刚派出传谕割地、劝降的人，金人就上门来催讨一千万锭金，二千万锭银，一千万匹帛。赵桓已经被吓破了胆，一意屈辱退让，又下诏增派侍郎官二十四名为根括官，下令大括金银，无论是宗室、权贵、商人、还是娼妓，甚至连僧道都不能免，据记载，就连福利机构"福田院"里的贫民乞丐，也要"纳金二两，银七两"。

金人除了索要金、银、帛外，还要宋朝为他们提供后勤保障，今天来要粮食，明日来要骡马，后来，又向宋廷索要少女一千五百人。

赵桓成了金军的后勤部长，金人要什么，他就得提供什么。就说那一千五百名少女，仓促之间，一时难以凑齐，赵桓便让后宫的嫔妃、宫女抵数，可怜一班宫娥彩女，得知要把她们送往金营受金人糟蹋的消息，很多人都投河自尽了。

少女之数总算是凑齐了，金银之数实在是无能为力，因为京师已经成为一座孤城，全城的财富已经洗劫了一次，即使是挖地三尺，也不能满足金人的要求。金人没有得到他们想要的，便赖着不走，扬言要纵兵入城抢劫，并要求赵桓再次去金营商谈。

赵桓想起上次去金营的情景，心有余悸，尽管心里一百个不愿意，但却又不敢拒绝。张叔夜闻讯赶来，跪拜于地说："陛下千万不能去啊！去了恐怕就回不来了。"

赵桓扶起张叔夜，流着泪说："朕为顾全满城百姓，冒死前往，实出于无奈，嵇仲留守京城，可要努力啊！"

嵇仲是张叔夜的表字，赵桓以字称臣，这是重托之意。

皇帝做了人质

赵桓抵达金营后，宗翰、宗望根本就不与他见面，将他们君臣软禁在军营斋宫西厢房的几间简陋的小屋内。屋外还有金兵把守，天还没黑，金兵便用锁链将门牢牢地锁起，大宋朝皇帝，成了金人的阶下囚。此时正是寒冬季节，朔风凌厉，滴水成冰。赵桓晚上睡在土炕上，仅有一床毛毯御寒，又冷、又饿、又悲、又忧，一夜辗转反侧，不能成眠。

太学生徐揆到金营投书，请求放还赵桓回朝，被宗翰杀死了。

割地使刘韐到金营，宗翰派仆射韩正告诉他，说国相（宗翰）很器重他，将要重用他。刘韐义正词严地说："忠臣不事二主，烈女不嫁二夫，我就是死，也不会投靠金人，并不想得到你们的重用。"

韩正哈哈大笑地说："军中正在议立一个异姓人做南朝的皇帝，相国欲以你取代那个昏庸无能的赵桓,这样的好事你也不愿意?"

刘韐怒斥韩正,称绝不受金人的胁迫利诱。随即进入内室,写下几句绝命辞:

> 贞女不事二夫,忠臣不事两君,况主忧臣辱,主辱臣死,以顺为正者,妾妇之道也,此予所以必死也。

刘韐写完绝命辞,交给亲信送给他的家人,然后悬梁自尽,以身殉国。

赵桓去金营议和,一去不返,朝中文武大臣每天都到南薰门等候他归来,人没有盼到,盼到了圣旨:满足金人提出的所有要求,要什么,给什么,赎朕回朝。

宋朝的臣子们闻讯,加紧搜刮,开封府派官吏直接闯入百姓家里强索,横行无忌,如捕叛逆一般。为了防止百姓逃走,规定五家为保,互相监督,如有藏匿,即可告发。就连福田院的贫民、僧道、工伎、倡优等人也不放过。到正月十九日,才搜刮到金十六万两,银二百万两,衣缎一百万匹。

提举官梅执礼将金银布帛送往金营,宗翰见与他们索要的数目相差甚远,一怒之下,杀了梅执礼,将随行人员痛打一顿后,逐出了金营。

金人知道已经榨不出多少油,便改掠其他物品抵金银,如祭天礼器、天子法驾、各种图书典籍、大成乐器以及百戏所用服饰,都在他们的搜求之列。

抢完了东西,又开始抢人,首先是抢有技术专长的人,如医生、教坊乐工、各类工匠、课命官、卜祝司、天台官、六尚局修内司等等,都列入了应抢黑名单,抢完了技术人才,接着又疯狂地掠夺妇女,稍有姿色的女子,都被捉拿送往金营,供金兵淫乐。

灭宋,是金人的既定方针,所以,尽管宋朝君臣对金人俯首听命,要什么,给什么,但金人还是要废掉宋朝的皇帝。

靖康二年二月初六,对于赵宋王朝,将是一个耻辱难忘的日子,对于中国的历史,也是一个不能忘记的日子,这一天,宋朝皇帝赵桓被金人废为庶民。

二月七日,金人又传金主完颜阿骨打的旨意,将宋朝的两位皇帝都废为庶人,并命令上皇及太后等出城前往金营。

消息传到龙德宫，赵佶与郑太后抱头大哭。然而，宋朝已成为金人案板上的一块肉，除了听任其大卸八块之外，没有丝毫的反抗之力。赵佶将要出行的时候，留守的张叔夜匆匆赶来，跪下哭谏道："皇上已被金人拘押，上皇万不可再去，金欠欲灭大宋的狼子野心昭然若揭。臣愿率将士，誓死保卫上皇突围。即使逃不出去，血也要洒在大宋土地上。"

赵佶怕死，他宁愿做金人的阶下囚，也不愿冒险突围。张叔夜抱住赵佶的腿不让走。赵佶这个书画皇帝，此时倒生出满腔勇气说："如果我去金营，能把陛下换回来，我愿前往。"

赵佶想得太天真了，金人的目的，是要将宋室子孙一网打尽，他们是不可能放赵桓回来的。正在这时，早已投降金人的都巡检范琼来了，催促道："上皇，快起驾吧！金人都等得不耐烦了。我将车都备好了，快上车吧！"说罢，也不管赵佶愿意不愿意，硬将他和郑太后拽上了牛车。

牛车缓缓地驶出了龙德宫，驶出皇城，驶出东京汴梁城。一代风流天子，从此走上了不归路。

接着，金人按范琼等人拟定的一份赵氏宗室人员名单，按图索骥，将赵佶的儿子、帝姬、妃嫔、驸马以及赵桓的后妃、太子和所有赵氏宗室的人，全部拘捕，一个不留。宫里抓不到的，就在全城搜捕，五户联保，不得藏匿，若藏匿皇亲国戚一人，就要灭九族。几天时间，共捉获三千多人，皇宗中人一网打尽。金人将他们一条绳子串了，牵往金营。

这中间，有一个重要人物露网，她就是哲宗的元祐皇后孟氏，由于她是被废的皇后，居住在宫外，范琼、内侍邓述这些叛逆就没有将她列入花名册。这也就给宋朝从北宋到南宋的转换，留下了一个非常重要的过渡性人物。这是后话。

宗翰得到上皇赵佶后，命他们父子俩脱去龙袍，换上胡服。

李若水扑上前去抱住赵桓不让脱，并大骂金人，说这是大宋朝皇帝，龙袍是不能脱的。

宗翰见李若水忠义，似乎不想为难他，命人将他拖到一边去，李若水破口大骂，说宗翰是巨贼，金人是金狗。

金人恼羞成怒，用刀背砸李若水的嘴，牙齿被砸掉了，血流如注，李若水仍然是骂声不止，金人恼羞成怒，割断他的舌头，割断人的咽喉，李若水气绝而亡。

金人中有经过金人灭辽过程的，看到李若水宁死不屈的壮举，感叹地说："辽国亡国的时候，有十多人死于忠义，南朝仅李侍郎一人，算是一个血性男儿。"

宗翰也叹李若水是一个忠臣，命人用一张破席子包住他的尸体，抬出去埋了。

傀儡张邦昌

金国人没有想到宋朝这么容易就被灭亡了，他们的本意，只是想惩罚一下宋朝的言而无信，没想到惩罚得如此顺利，不但攻克了宋朝的都城汴京，而且还一举俘获了赵宋的两任皇帝和宋室的龙子龙孙。胜利来得太突然，让金人有些措手不及，如何统治广大的中原地区和汉人，他们没有经验。于是，有人建议让辽国的降臣萧庆来统治中原，因为辽国必竟占领过燕云十六州，有统治汉人的经验。

萧庆倒是有些自知之明，因为要威服这么多的宋人，统治大片的宋土，不是一件容易的事情，他赶忙表示，说能力有限，干不了这个事。金人又打算让刘彦宗来完成这项使命。刘彦庆本是辽国的汉人，是辽国降金的汉将。刘彦宗也是抵死不干，推说萧庆干不了，我就更不行了。

谁来统治中原地区成了一个难题。赵佶、赵桓两代帝被俘，宋朝是绝对不能再恢复，因为金人恨死了姓赵的，言而无信，说话不算话，总是欺骗他们。但金人又不想老呆在中原，还想回到东北老家去，再说，他们也统治不了这个地方。这个残局由谁来收拾呢？最后，金主完颜阿骨打给出了答案：宋人治宋，建立一个傀儡政府。

宗翰派人进城告诉宋朝的大臣，叫他们自己推选一个有才能、有德行的人做皇帝，废掉赵氏。

宋朝的这些大臣纷纷反对，他们说赵宋统治天下已经有一百多年，深仁厚德，百姓众望所归，并无大错，至于对金人失信，那是权臣所误，错不在他。仓促册立，会四方不服。

灭宋是金人的既定方针，他们当然不会答应宋臣的请求，甚至扬言，如果不按照他们的意图办，就要下令屠城。

二月十一日，宗翰命吴开、莫俦将宋朝旧臣召集在一起，商议推举一个人出来做皇帝。非常时期，众人谁也不敢开口。留守王时雍私自问吴开、莫俦，金人到底属意谁。莫俦说金人属意太宰张邦昌。因为张邦昌曾在金军营中做过人质，对金人竭力谄媚奉承，摇尾乞怜，早为金人看中。王时雍说张邦昌恐难服众。正在这时，尚书员外郎宋齐愈从金营归来，带回了一张纸条，上面就写三个字："张邦昌"。金人扬言，如果不立张邦昌，他们就不退兵。

王时雍便把张邦昌的姓名列入议状，吴开、莫俦首先签名，孙傅、张叔夜却拒不签名，太常寺主薄张浚、开封士曹赵鼎、司门员外郎胡寅也都进入太学躲避，拒不签名。唐恪签名之后，不知如何良心发现，服药自杀了。吴开、莫俦便将情况向金人作了汇报，宗翰派人将孙傅、张叔夜抓走了。

王时雍召集百官到秘书省开会，议题是民主选举皇帝。然而，门外却有金兵守卫，看来，这个民主，是一种刺刀下的民主。

范琼并不待大家举手表决，当众宣布拥立张邦昌为帝。

金人之所以要选张邦昌，可能是觉得这个老头子比较好管，因为他曾同康王赵构一起在金营做过人质，整天哭哭啼啼，眼泪从来就没有干过。这样的人好摆弄。

御史马伸、吴给和中丞秦桧公然站出来反对，要求迎赵桓回朝。金人便将他们几个人抓走了。

三月七日，在金人的主持下，为张邦昌举行册命之礼，立张邦昌为楚帝，国号大楚。张邦昌粉墨登场，当上了金人的傀儡皇帝。

起先，张邦昌得知自己被定为大楚皇帝，也是死活不干，他知道这不是小事，是诛九族的谋逆大罪。于是，金人就放出了狠话，说张邦昌如果不当皇帝，就血洗开封，要把开封城的男女老少杀个鸡犬不留，因此，张邦昌当皇帝，也是被逼的。

登基那天，张邦昌在文德殿接受朝贺，看着空荡荡的御座，触景生情，悲从中来，搞得即位大典像丧礼差不多。百官也是被逼向新皇帝行君臣之礼，谁的脸上也没有喜色，总觉得别扭、凄楚。惟有几个汉奸王时雍、吴开、莫俦、范琼四人面带喜色，等着大楚皇帝册封，好做开国功臣。

古代皇帝的宝座都是面朝南方，背朝北方，所以说"南面为君，北面称臣"。张邦昌不敢坐御座，他叫人在御座旁另设一个座位，面朝东而坐，文武百官面向西给他行礼。百官行礼的时候，他一定要站起来还礼，表示我不是皇帝。张邦昌也不敢穿黄袍，而是穿红袍；不敢张黄伞，张红伞，不敢称朕，称予，开口就是予怎么怎么样，下的命令也不敢叫圣旨，所有的宝殿，张邦昌都不敢进，还给贴上封条，封条上写着"臣张邦昌谨封"，表示他只不过是替大宋皇帝看摊子。

他任命的官员，前面一律加一个权字，如命王时雍为权知枢密院事，吴开同为权知枢密院事，莫俦为权签书院事，吕好问为权领门下省，徐秉哲为权领中书省，权，即是代理的意思。

张邦昌做了皇帝，虽然没有改元，但却撤去了"靖康"的字样，唯吕好问行文，仍继续签署靖康二年。王时雍进殿，对张邦昌称陛下，自称臣，并劝他到以前宋朝皇帝坐堂的紫宸垂拱殿去接见金使，由于吕好问的力阻，才没有成行。

上皇赵佶得知张邦昌僭位做了皇帝，向少帝赵桓说："张邦昌若以节死，则为社稷增光，今已僭位，我们还有什么指望呢？"说罢，父子二人泪下沾襟。

其实，他们这是自作自受，因为张邦昌等一班奸臣，都是他们一手提拔起来的。

血泪阶下囚、魂断五国城

从三月底开始，金人便开始撤离东京汴梁。

四月一日，赵佶、赵桓二帝及后妃、皇子、帝姬、驸马等四百七十余人，宫女、孝坊乐人等三千余人，被分为七批押解北上。

宗望押解上皇赵佶、郑太后、亲王、帝姬、驸马，赵佶众妃嫔及康王母韦贤妃、康王夫人邢氏，往滑州进发。

宗翰押解赵桓、皇后、太子、赵桓妃嫔及大臣何栗、孙傅、张叔夜、陈过庭、秦桧等，由郑州取道北上，各路人马，约定在燕京会齐。

赵佶一行即将启程之时，忽然有一个身着道服的女人，不顾金兵拦阻，欲进金营与上皇诀别，赵佶听到争吵声，远远望去，竟惊愕得两眼发直，原来，来人便是曾今让他神魂颠倒的奇女子李师师。

李师师自从赵佶逃往东南被贬出宫之后，便隐迹尼庵，当了尼姑。当她得知京城失陷，金人将劫二帝北去，她以为宫眷不会同去，便想来寻到上皇赵佶，前往金国服侍他。竟不顾厉害地闯进了金营，却恰巧闯进了真珠营中。

真珠是宗翰的儿子，是个好色之徒，他早闻李师师的艳名，金人攻陷京城后，他曾派人四处寻找，欲求一欢，只是杳无音信，这才作罢，此次李师师自动送上门，令他大喜过望，问过姓名之后，竟将她拥住不放。李师师面无表情，推说让她见上皇一面，她便随金人北去。否则，就死在眼前。真珠便带着她来见上皇。

李师师来到赵佶乘坐的牛车旁，看着面容憔悴的赵佶时，泪如雨下，赵佶见了李师师，几次想开口说话，却又不知从何说起，两人竟大眼瞪小眼，泪眼婆娑。

真珠站在一旁，看到两人含情脉脉，醋意顿发，扯着李师师就走。李师师回过头，惨叫一声道："上皇保重啊！"说罢，哭着被金人拖走了。

真珠将李师师带到自己车上，好言相慰，李师师两眼呆滞，口里只是念叨着上皇，时过不久，突然两眼一瞪，仰面倒在车上，猝然而逝。真珠欲想抢救也无从下手，后来经检验，才知李师师事先已经吞服了一枚折断的金簪。真珠叹惜不已，便在青城附近择地埋葬，立石以记，石碑上写着：烈女李师师之墓，并亲自吊祭一番。

赵佶这一路，分乘八百六十余辆牛车，由彼此语言不通的胡人驾车，一路凄风苦雨，受尽屈辱折磨。四月五日，赵佶见到韦贤妃（康王赵构之母）等人乘车先行而去，竟不敢吱声，不觉五脏俱焚，潸然泪下。四月七日，妃嫔曹才人如厕时，被金兵乘机奸污了。八日，抵达相州时，适逢大雨不断，车蓬渗漏，不能遮雨，宫女们到金兵帐中避雨，又被金兵奸污，很多宫女当场被糟蹋至死。

赵佶看到这些，只能暗自叹息，毫无办法。北上途中，食物匮乏，又遭风雨侵袭，宋俘饿殍满地，惨不忍睹。

赵桓出发时，被迫头戴毡笠，身穿青布衣，骑着黑马，由金人随押，一副失魂落魄的样子，不但受尽旅途风霜之苦，而且还受尽金兵的侮辱。每经过一座城池，他都要痛哭一场，走到白沟这个昔日宋、金的界河的时候，发生了一件意外的事情。

张叔夜在途中早已绝食，仅饮水以维持生命，到白河沟的时候，驾车的人说："要过界河了！"原来，澶渊之盟划定，宋、辽以白沟河为界。

张叔夜一听要过界河，从此将进入异国他乡，突然弹身而起，仰天狂叫道："苍天，苍天，此身竟为俘囚，奇耻大辱啊！奇耻大辱啊！"喊罢，以右手自扼咽喉，惨叫一声而亡。金兵围过来，见他左手却紧紧攥着，掰开五指，却见一张血写的字条，上面有七个血字："葬我于大宋国土"。

宗翰得报，也哀叹不已，敬重张叔夜是个忠臣，命人将他葬在宋境之内。

随同押往金国的中丞秦桧，见张叔夜死得如此凄惨，吓得魂飞魄散。他自拘押北上以来，便被分在完颜阿骨打的弟弟完颜昌手下为奴，鞭挞羞耻，忍饥挨饿，实在是不堪忍受，看到张叔夜的下场，想到自己的后果，不寒而栗。他伤心地对妻子王氏说，我们还年青，不能再这样过下去，得赶紧想办法啊！

"那怎么办？"王氏说："逃又逃不脱，连熟人也没有一个，谁能帮我们？"

秦桧泪流满面、唉声叹气，迟疑了一会，对王氏说："你就去求求完颜昌吧！我看他一路上总是偷偷地看你，似乎对你很有意思。"

王氏眼睛一亮，佯嗔地说："就凭我去求人家，动动嘴皮子，管用吗？"

秦桧有些不耐烦地说："都什么时候了，哪顾得了那么多虚荣？只要他能照顾我们，他想怎么的，就依了他，都这个时候了，还是性命最重要。"

这天夜里，王氏精心打扮一番，悄悄钻进了完颜昌的帐蓬。

第二天，秦桧做了完颜昌的书办，渐渐成了完颜昌的亲信。后来，经金太宗完颜阿骨打同意，秦桧和他的老婆王氏回到南朝，官至南宋宰相。他自己谎称说是杀了金人看守逃回的，其实，他是做了金人的奸细。这是后话。

七月二十日，两路金军在燕山会合，赵佶、赵桓父子二人，大宋朝的两代皇帝在异国他乡相会，四十多岁的赵佶须发皆白，二十八岁的赵桓衣冠不整，父子二人，你看看我，我看看你，几乎是不敢相认。怔忡片刻，这才相互抱头痛哭起来。

金军会合之后，宗翰的儿子真珠求见宗望，宗望笑问他何事。

原来，真珠是一个好色之徒，逼死了李师师以后，又看上了赵佶身边婉容王氏和刘氏，起了占有之心。由于赵佶这一路由宗望监押，因此，只好向宗望请求，叫他开方便之门成全他。宗望便来征求赵佶的意见。

赵佶此时连性命都不保，哪里还顾得了妻女？无奈之下，只得忍痛割爱，答应了宗望的要求。真珠带着赵佶的两个美人，回营受用去了。

九月，金人又将赵佶父子押送到更远的上京。

金人之所以再次将赵佶父子转移，是因为为金人北撤以后，傀儡张邦昌自知皇帝那把交椅不好坐，他请元祐皇后出来主持大局，孟皇后以太后的身份，册立康王赵构为帝，建立了南宋政权。此时，南宋势力渐强，金人怕他们夺回被他们囚禁的两位宋朝的皇帝，使他们在同南宋政权的交涉中失去了讨价还价的筹码。

赵佶父子再受颠沛流离之苦，跋涉千余里，抵达上京，开始的三千余人，到上京时死得只剩下一千多人。

金太宗有意羞辱北宋君臣，让他们去拜祭金人祖庙，行献俘之礼。

在金兵威逼下，赵佶、赵桓两父子脱去袍服，身穿孝服，其他人不论男女，都脱光了上衣，身披羊裘，腰系毡条，入庙行牵羊之礼。金国的君臣哄堂大笑，宋朝的宗室、大臣放声大哭。

接着，金人又逼迫他们在乾文殿拜见金太宗完颜阿骨打。赵佶、赵桓及太后、皇后，都要穿金人的平民衣服，以帕巾包头，外着衣裘。而其他诸王、驸马、妃嫔、王妃、帝姬、宗室妇女和太监们，一律赤裸着上身，披一件羊裘。身后插着五面白旗，上面分别写作："俘宋二帝"、"俘宋二后"、"俘叛奴赵构母、妻"、"俘宋诸王驸马"、"俘宋两宫眷属"。君臣人等跪在殿下听金人宣读诏书。

献俘仪式完成后，金太宗完颜阿骨打下令册封赵佶为昏德公，赵桓为重昏侯。这种封号，显然是侮辱他们的，并不是真的要让他们享受公侯的待遇。

此外，郑太后、朱皇后并封为夫人。三百名妃嫔宫女没为奴婢，送入洗衣院，供金人淫乐。

赵桓的朱皇后不堪忍受侮辱，上吊自杀不成，又愤而投水自尽了。

赵佶、赵桓两父子误国，耻辱却让这些女人来承担，朱皇后烈性，一死了之，而两位昏君却不顾廉耻，苟且偷生。

不久，金人又将赵佶、赵桓转移到荒凉而偏僻的五国城（黑龙江依兰县）居住。说是五国城，不过是一个边陲小镇。从此以后，他们便在这里定居下来。

南宋绍兴五年（1135 年）四月二十一日，赵佶病死五国城。他做了二十五年皇帝，一年太上皇，九年囚俘。赵佶享尽了人间的富贵，也受尽了人间的屈辱，终于魂归道山，得到了彻底解脱。这年，他五十四岁，死后庙号徽宗。

绍兴二十六年（1156 年），赵桓病死五国城。但他的死讯直到绍兴三十一年（1161 年）才传到南宋。宋高宗赵构表面上虽然痛不欲生，内心里却暗自高兴，上赵桓谥号"恭文顺德孝皇帝"，庙号钦宗。

北宋自金人掳走赵佶、赵桓两个皇帝后，正式亡国。

从宋太祖赵匡胤开国，到赵桓亡国，北宋共经历了九个皇帝，一百六十八年。

第九篇　替罪皇帝

图书在版编目（CIP）数据

这才是北宋史 / 余耀华著. —北京：中国书籍出版社，2016.5
ISBN 978-7-5068-5516-7

Ⅰ.①这… Ⅱ.①余… Ⅲ.①中国历史—北宋—通俗读物 Ⅳ.①K244.09

中国版本图书馆CIP数据核字（2016）第076372号

这才是北宋史

余耀华 著

责任编辑	吴 琼
责任印制	孙马飞 马 芝
封面设计	中尚图
出版发行	中国书籍出版社
地 址	北京市丰台区三路居路97号（邮编：100073）
电 话	（010）52257143（总编室）（010）52257140（发行部）
电子邮箱	chinabp@vip.sina.com
经 销	全国新华书店
印 刷	北京汉玉印刷有限公司
开 本	710毫米×1000毫米 1/16
字 数	500千字
印 张	29.75
版 次	2016年6月第1版 2016年6月第1次印刷
书 号	ISBN 978-7-5068-5516-7
定 价	58.00元

版权所有 翻印必究